Bernard Becker

Die Reaktion in Deutschland gegen die Revolution von 1848

Bernard Becker

Die Reaktion in Deutschland gegen die Revolution von 1848

ISBN/EAN: 9783743323117

Hergestellt in Europa, USA, Kanada, Australien, Japan

Cover: Foto ©ninafisch / pixelio.de

Manufactured and distributed by brebook publishing software
(www.brebook.com)

Bernard Becker

Die Reaktion in Deutschland gegen die Revolution von 1848

Die Reaktion

in Deutschland

gegen die Revolution von 1848,

beleuchtet

in sozialer, nationaler u. staatlicher Beziehung

von

Bernhard Becker.

Zweite Ausgabe.

Wien 1869.

Druck und Verlag von A. Pichler's Witwe & Sohn.

Vorwort.

Da die Reaktion die Kehrseite jeder Bewegung ausmacht, so vervollständigt und berichtigt sie das Bild, welches man sich von der letzteren entworfen hat. Indem man die Reaktion als ebenso geschichtlich nothwendig und berechtigt betrachtet, wie die ihren Gegensatz bildende Revolution, gewinnt man erst ein vom Parteileben unabhängiges Urtheil. Geschichtswerke, die in reaktionärem Sinne geschrieben sind, besitzt Deutschland mehr als genug; indeß zeichnet sich unsere Literatur durch einen auffälligen Mangel an Geschichtswerken aus, welche das Thun und Treiben der Reaktion als rückläufige Bewegung behandeln. Der Verfasser stellte sich daher die Aufgabe, dieses gänzlich unbebaute Gebiet urbar zu machen. Er suchte also die Reaktion in ihrem eigenen Lager auf.

Mit der Bewegung des Jahres 1848 ist Deutschland erst in jenen europäischen Zivilisations-Prozeß eingetreten, welcher sich dadurch charakterisirt, daß die dem Gegenstreben der Parteien zu Grunde liegenden Eigenthums-Konflikte als offene Klassenkämpfe, die sich mehr und mehr von den nationalen und staatlichen, sowie von den religiösen und ästhetisch-sittlichen Illusionen frei machen, zu Tage treten. Die unverhüllte Reaktion gegen die Bewegung von 1848 war rein sozial, so lange sie mit der ungeschminkten Revolution um den Sieg ringen mußte. Als sie dagegen in ein nationales, staatliches und religiöses Mäntelchen sich einhüllen konnte, hatte sie schon gewonnenes Spiel. Wir vermögen sie in der gegenwärtigen Zeit, obgleich uns noch nicht alle seinen Winkelzüge derselben vollständig bekannt sind, dennoch ruhigen und klaren Blicks zu überschauen, da wir nicht mehr unter ihrer Strömung leben. Wir nehmen zu ihr jetzt einen neutralen Standpunkt ein.

Zunächst zersetzte sich nämlich nach 1848 die Demokratie, der vorwärts treibende, aber von der Reaktion besiegte Faktor. Damals wandte triumphirend Manteuffel auf seine Widersacher noch den Spruch Goethe's an: „Jeder dieser Lumpenhunde wird vom andern abgethan." — Indeß hatte der glückliche Staatsmann den Tag vor dem Abende gelobt, weil er sich zu sehr hatte vom Erfolge blenden lassen. Denn nachdem die Demokratie sich völlig zersetzt hatte, kam die Reihe der Zersetzung auch an die Reaktion. Indem letztere sich erst staatlich und hierauf national auflöste, wandelte sie als Büßerin ihren früheren Triumphweg in umgekehrter Folge zurück, bis sie wieder hart an die Gränze des reinen sozialen Gebiets gekommen war. Sowie sie überhaupt Kehrt machte und ihr eigenes Werk zu zerstören anfing, gelangten wir völlig aus der Strömung des Jahres 1848 heraus. Aus diesem Grunde haben wir in vorliegendem Buche die Reaktion nur bis an den Kreuzweg zu verfolgen, wo sie, weil sie an sich selber irre wird, den „Peter in der Fremde" nachahmt und auf ihren eigenen Schritten zurückkommt. Mit andern Worten haben wir sie der Zeit nach bis ins Jahr 1858—59 zu betrachten.

Wer ein Feld zuerst bebaut, stößt immer auf gewisse Schwierigkeiten, die sich seinen Nachfolgern nicht mehr in den Weg stellen. Indeß sind mit einer Urbarmachung auch Vortheile verknüpft, welche möglicherweise die Schwierigkeiten einer solchen Erstlingsarbeit nicht bloß kompensiren, sondern sogar überwiegen. Der Verfasser stellt es der Kritik anheim, darüber zu entscheiden, inwieweit ihm einestheils die Ueberwindung der natürlichen Schwierigkeiten und anderntheils die Benutzung der sich von selbst darbietenden Vortheile gelungen ist. Jedenfalls hofft er, daß seine Arbeit nicht ohne allen Nutzen sei und bittet um schonende Berichtigung etwa begangener Irrthümer.

Wien, den 15. Februar 1869.

Bernhard Becker.

Einleitende Bemerkungen.

Die Reaktion ist vom geschichtlichen Standpunkte aus ebenso nothwendig, wie die Revolution. Beide erfolgen mit der Unaufhaltsamkeit eines
hereinbrechenden Naturereignisses. Die Revolution entsteht, wenn die aus
einem frühern gesellschaftlichen Zustande hervorgegangenen staatlichen Einrichtungen mit dem gesellschaftlichen Zustande der Gegenwart in einen unauf-
samen Widerstreit getreten sind und wenn nun sich in dieser Gesellschaft, welche
der überwiegenden Mehrzahl nach im Staate und in dessen bevorrechteten Klassen einen Feind erblicken gelernt, genug Macht angesammelt hat,
um einen gewaltsamen Umsturz nebst entsprechender Neubildung herbeizuführen. Dagegen tritt auf die Revolution siegreich die Reaktion ein, wenn
die Macht des dem Staate feindlichen Gesellschaftstheils, begünstigt von
äußeren Verhältnissen, die wieder wegfallen, ihre innere Tragweite verkannt und deßhalb eine falsche Bahn bei der Rekonstruktion eingeschlagen hat. Wo die Gesellschaft noch nicht zur Vollziehung der staatlichen
Revolution reif ist, da fehlt mit dem Massenbewußtsein der Massenzusam-
menhalt und die zur Umgestaltung des Staates erforderliche Intelligenz.
Da sowohl die Revolution als auch die Reaktion durch Menschen
hervorgebracht wird, von denen ein jeder mit Freiwilligkeit zu handeln
glaubt und freien Willen zu besitzen scheint: so wird das Eintreten der
Revolution und Reaktion mit Unrecht gewöhnlich den Einzelnen als verantwortlichen Faktoren zugeschrieben. Im Grunde aber ist der Mensch
bloß ein Produkt der gesellschaftlichen Zustände seiner Zeit. Während also
der eine durch die Orts- und Zeitverhältnisse zum Revolutionär heran-
gebildet wurde, ist der andere in reaktionärer Luft und auf reaktionärem
Boden aufgewachsen. Sowie dann eine Bewegung tief eingreift und das
ganze Volk erfaßt, nimmt, ohne daß hierzu jenes an sich ohnmächtige
Solon'sche Gesetz nöthig wäre, eine jeder Partei für oder gegen die zu
Sammelpunkten dienenden Stichwörter. Umgekehrt ist es ein Zeichen

der Unreife einer Bewegung, wenn zwischen die beiden, scharfe Gegensätze bildenden Richtungen gleich von vornherein sich eine starke Mittelpartei lagert, der sowohl die entschlossene Revolution, als auch die rücksichts= lose Reaktion nicht behagt und die aus dem Kampfe der beiden den Rahm für sich abzuschöpfen bemüht ist. Um Vortheile zu erhaschen, stimmt diese Mittelpartei anfangs der Neuerung zu, springt aber bald, weil die durchgreifende Revolution ihren Interessen schädlich sein könnte, von ihr ab und unterstützt nun in der Voraussetzung, daß ihr eigener Gewinn jetzt sicher gestellt sei, die Reaktion.

In dem Kampfe zwischen der Revolution und Reaktion entscheidet das mächtigste Klasseninteresse; mit andern Worten gibt die wirthschaft= liche Entwickelung dabei den Ausschlag. Wo wegen der geringen wirth= schaftlichen Entwickelung die Interessen der in revolutionäre Bewegung gerathenen Elemente noch zu sehr auseinander fallen: da ist keine groß= artige Parteiorganisation möglich und bleibt in Folge dieses Mangels der Parteisieg aus. Alsdann nimmt nach kurzem Scheinsiege die Verwir= rung überhand, worauf bis auf einige unmöglich gewordene Zustände die frühere Ordnung in verschärftem Grade wieder hergestellt wird. Ver= schärfte Maßregeln aber glauben die Vertreter der Reaktion deßwegen anwenden zu müssen, weil durch den eben bestandenen Kampf die Dauer der Ordnung ihnen noch in Frage gestellt zu sein scheint und sie bald einsehen, daß sich nicht Alles ganz so wiederherstellen läßt, wie es vor der Revolution gewesen ist. Doch kann die Partei der Reaktion ebenso sehr wie die der Revolution ihre Tragweite verkennen und sich somit in der Wahl ihrer Mittel vergreifen. In diesem Falle straft sich der Ge= waltmißbrauch dadurch, daß sie für ihre Gegnerin arbeitet und einen neuen Aufschwung der in Ermattung gefallenen Gesellschaft vorbereitet.

Keine große Bewegung bleibt ohne dauerndes Resultat. Dasselbe stellt sich aber meist erst klar heraus, nachdem die Aufregung nach bei= den Seiten hin sich gelegt und die Vorurtheile der bewegten Zeit einer ruhigern Anschauung Platz gemacht haben. Dieses Resultat ist das Wesen, der eigentliche Grund — das nächste geschichtliche Ziel der Bewegung. Wäh= rend der letztern wird jenes Ziel um so mehr verkannt, je verworrener sie ist. Jede große Bewegung bewirkt also einen geschichtlichen Fortschritt, welchen zu Stande zu bringen die Reaktion nolens volens ebenso gut beiträgt, wie die Revolution. Die Reaktion ist nicht einzig und allein eine hemmende, verneinende Kraft, sondern sie ist theilweise konservativ, insofern sie einen noch haltbaren Zustand vertritt und insofern ein neues Rechtsbewußtsein noch nicht tief genug Wurzeln geschlagen hat, um das überlieferte oder seitherige zu verdrängen. Sie hat das Verdienst, durch ihren Widerstand, ihre Umtriebe und Anstrengungen erst Deutlichkeit und Ernst in die Situation zu bringen.

Beim Ausbruch der Bewegung richtet sich die Reaktion gegen den ganzen Inhalt derselben. Sie leistet schroffen Widerstand, sucht die Unruhen zu unterdrücken, will die Leute des neuen Rechtsbewußtseins mit aller Strenge des alten Rechts bestrafen. Gewissenhafte Gesetzlichkeit ist da noch ihre Parole. Sowie jedoch der Aufstand sie besiegt hat und sie zum Nachgeben gezwungen worden ist, kehrt sie ihre Kraft gegen die Weiterentwickelung der Bewegung, kämpft taktisch, ohne die gemachten Zugeständnisse offen in Frage zu stellen, gegen die einzelnen Faktoren der Revolution, die sie in ihr Lager zu ziehen, zu benutzen oder gegen einander zu setzen beflissen ist, und trachtet danach, strategisch auf Umwegen und bei günstiger Gelegenheit die früheren Zustände wieder herbeizuführen. Die Reaktion zeigt sich somit anders beim Ausbruch und am Ende der Bewegung, als innerhalb derselben. Denn zuerst leistet sie offenen Widerstand, nimmt aber dann klugerweise eine Maske vor, bis sie zuletzt unverhohlen die Restauration beginnen kann.

Ihr Erfolg hängt lediglich von ihrem Verhältniß zu den Bewegungs-Elementen ab.

Schlägt eine Bewegung nicht sofort dermaßen zu ihrem geschichtlichen Ziele durch, daß sie in ihren Grundlagen nicht mehr verrückt werden kann, so fragt es sich, ob die Elemente, welche die Weiterentwicklung bedingen, stark genug sind, um den endlichen siegreichen Durchbruch herbeizuführen. Ist sie obendrein durch äußeren Anstoß ins Leben gerufen, so hängt sie auch wesentlich von äußeren Bedingungen ab. Ihre Existenz ist alsdann an eine andere Existenz geknüpft. Immer aber wird es darauf ankommen, ob sich innerhalb der Bewegung die nöthige Klarheit in weiten Volksschichten Bahn zu brechen vermag.

Die durch die französische Februar-Revolution geweckte deutsche Bewegung zerfiel vom Anfange an in zwei wesentlich von einander geschiedene und darum einander entgegenarbeitende Theile, nämlich: in die soziale und in die nationale Bewegung. Die soziale Bewegung war Sache der großen Masse des arbeitenden Volks, dahingegen die nationale hauptsächlich den sogenannten dritten Stand oder das Bürgerthum in sich faßte. Es fragte sich also von vornherein, welcher von den beiden Theilen über den andern obsiegte. Triumphirte die soziale Bewegung über die nationalen Bestrebungen, so waren

damit die Bürgschaften einer wirklichen und gründlichen Revolution ge=
wonnen, dahingegen die Besiegung und Verdrängung der sozialen Bewe=
gung nothwendigerweise die Abflachung der Revolutions=Kraft aus den
untersten Schichten der Gesellschaft, den breiten Unterlagen des Gesammt=
volks, in die zunächst über ihnen liegenden, enger begränzten bürgerlichen
und somit die Rückgängigkeit der ganzen Bewegung in sich schließen mußte.

Nachdem in Paris die Juni=Schlacht geschlagen worden war, hatten
auch in Deutschland hiermit die nationalen Bewegungs=Elemente über die
sozialen im Grunde schon den Sieg davon getragen. Denn die soziale
Revolution besaß eine europäische Tragweite und war somit solidarisch.
Von Stufe zu Stufe, wenn auch nicht ohne angestrengten Kampf, zog
sich nun der Neuerungsversuch in immer höhere Kreise zurück, bis zuletzt
die Restauration des deutschen Bundes vollzogen wurde. Waren also
zuerst die deutschen Volksmassen in der Bewegung bestimmend gewesen,
so traten nach Bei=Seite=Schiebung derselben die national (oder patriotisch)
gesinnten Kreise des Bürgerthums in den Vordergrund der Bewegung,
und als darauf auch diese ohnmächtig geworden waren, erfolgte ein müh=
sames Schaukelspiel der deutschen Staaten, das in die Wiederherstellung
des Bundestags auslief.

Somit ging die Reaktion mit großer Regelmäßigkeit vor sich; sie
geschah mit einer Methode, die weniger von dem Wollen der Reaktio=
näre, als vielmehr von den Gesetzen der geschichtlichen Entwicklung ab=
hing. Die immer mehr zurückgedrängten bewußten Revolutionäre schlossen
sich widerwillig, aber aufrichtig und ergeben jedem neuen Widerstande
an, der gegen den unaufhaltsam zurückgehenden Strom versucht wurde.
Sie allein waren es, die auf den Barrikaden der Städte und in offener
Feldschlacht bluteten.

Die Regelmäßigkeit des reaktionären Verlaufs der Be=
wegung zeichnet uns die Behandlung desselben vor. Nach=
dem wir kurz den beim Ausbruche der Bewegung unver=
hüllt hervorgetretenen Widerstand betrachtet haben wer=
den, wird uns erst die soziale, hernach die nationale, dann
die staatliche Reaktion beschäftigen, worauf wir zum
Schlusse zu zeigen haben, auf welche Weise die nebenher
laufenden europäischen Zustände die deutsche Reaktion
fördern mußten.

Die von Frankreich nach Deutschland hereinbrechende Revolution
störte zunächst einen fein gesponnenen Reaktions=Plan, indem ein in Aus
sicht genommener Fürsten=Kongreß, welcher in Dresden tagen sollte, we=

gen der immer stärker werdenden Unruhen aufgegeben wurde. Indeß hofften noch viele Fürsten mit der Bewegung leicht fertig zu werden. So schlug der König von Sachsen die Bitten der Leipziger Deputation ab. Als dann eine Woche nachher, am 8. März 1848, die Abgeordneten von sechs Städten (Zwickau, Werdau ꝛc.) dem Könige eine Adresse überreicht hatten, sagte dieser: „Ich muß Sie auf meine öffentliche Bekanntmachung verweisen; ich werde die Verlangen, welche billigen, bescheidenen Wünschen entsprechen, dem nächsten Landtage vorlegen." Darauf antwortete der Bürgermeister Schwebler von Meerane: „Majestät! Sie erlauben —," wurde jedoch von dem Könige mit den Worten unterbrochen: „„Nein, nein, nein, nein! Unbillige Wünsche werde ich nicht berücksichtigen. Ich kann mich mit Ihnen nicht in Diskussion einlassen; ich habe Ihnen Nichts zu sagen, als: Leben Sie wohl!"" Nochmals ergriff Schwebler das Wort: „Majestät! Entlassen Sie uns nicht ohne Zusagen!" Er erhielt aber wieder die Antwort: „„Ich habe Ihnen weiter Nichts zu sagen, als: Leben Sie wohl!"" Um sogleich bei der Hand zu sein, wurden gegen Leipzig preußische Truppen bis nach Schkeuditz vorgeschoben.

Ebenso ging es in Hannover. Als dort Magistrat und Bürger am 6. März in einer Adresse als dringendste Volkswünsche die sofortige Einberufung der Stände, die Benutzung des vom Bunde eingeräumten Rechts auf Einführung der Preßfreiheit und die Mitwirkung der Regierung zu einer Ständevertretung beim Bunde dem Könige überreichen wollten, wurden sie nicht empfangen und erhielten ablehnende Antwort.

Selbst in Waldeck wurden nicht sämmtliche Volkswünsche erhört. Auch der Großherzog von Oldenburg ließ sich lange bitten, ehe er in die Publikation der ständischen Verfassung willigte. Er hatte schon am 6. Oktober 1830 versprochen, in einer minder bewegten Zeit die etwa erforderliche Verbesserung der Staatseinrichtungen eintreten zu lassen, war aber seines Versprechens nicht eingedenk gewesen. Am 10. März 1848 nun überreichten 5 Abgeordnete der Bürgerschaft eine Adresse, worin um ausgedehnteste Wahlfähigkeit und Wählbarkeit aller Staatsbürger, um Verantwortlichkeit der Minister, um Oeffentlichkeit der Kammerverhandlungen, Berechtigung der Kammer zur Vorlegung von Gesetzentwürfen, sowie um Oeffentlichkeit und Mündlichkeit des Gerichtsverfahrens gebeten wurde. Der Sprecher der Deputation, Rathsherr Schröder, trug zugleich den Wunsch vor, der Verfassungsentwurf möge erst mit erfahrenen Männern des Landes berathen werden. Der Großherzog erwiderte, daß er sich die Resolution darüber vorbehalte. Einer Deputation aus dem Jeverland ertheilte er die nämliche Antwort.

In Braunschweig begab sich am 5. März eine Magistrats-, Stadt-
verordneten- und Bürger-Deputation zum Herzoge und verlangte: 1) allgemeine Bürgerbewaffnung; 2) Oeffentlichkeit in Staats- und Gemeinde-
verwaltung, sowie: Oeffentlichkeit des Gerichtsverfahrens mit Schwurgerichten; 3) Preßfreiheit und einstweilige Aufhebung der Zensur; 4) Mitwirkung zur Vertretung am Bunde; 5) eine Zollkonferenz zur merkanti-
lischen Vereinigung des ganzen Deutschlands; 6) möglichst baldige Berufung eines außerordentlichen Landtags. — Der Herzog bemerkte auf die
erste Forderung: die Bürgergarde bestehe noch gesetzlich und es handle
sich folglich bloß um eine Verbesserung des Reglements; in Bezug auf
den zweiten Punkt sollte den Ständen das Erforderliche vorgelegt werden; hinsichtlich der Aufhebung der Zensur und der Einführung der Preßfreiheit dagegen müsse das Vorgehen der größern Staaten abgewartet
werden; auf den vierten Punkt wurde ein weiterer Bescheid vorbehalten,
da der Herzog sich nicht gehörig vorbereitet erklärte; in Betreff der fünften Forderung schien ihm die gegenwärtige Zeit nicht geeignet, und hinsichtlich der sechsten wollte er erst den Vortrag der Minister abwarten.
Schließlich äußerte der Herzog, daß weitere Volksversammlungen nicht erforderlich schienen: doch war er so gnädig, darein zu willigen, daß sich
der Bürgerverein auch künftighin mit politischen Gegenständen beschäftigen
durfte.

Der nach der Herrschaft über Schleswig und Holstein trachtende Herzog von Augustenburg beklagte den Verlust der Jagdrechte. Der Groß-
herzog von Mecklenburg-Schwerin erklärte, gar keine Petitionen annehmen
zu wollen, und erließ eine einschlägige Verfügung an seine Beamten. In
Franken warfen königlich baierische Truppen den Aufruhr nieder. Der
Kurfürst von Hessen konnte bloß durch die drohende Haltung der Bevölkerung zur Nachgiebigkeit bewogen werden. Besonders zeichneten sich durch
Hartnäckigkeit hierbei die Hanauer aus, welche an das großherzogliche
Hessen abzufallen drohten. Durch Verordnung überließ der Kurfürst, „in
Anbetracht der dermaligen Lage des Landes" und behufs Gleichstellung der
Rotenburger Quartbewohner mit den übrigen Unterthanen, sämmtliche Einkünfte und Rechte der Rotenburger Quart der Finanzverwaltung des Staates, behielt sich aber zur Wahrung seiner Haus- und Familienrechte den Rechtsweg und im Falle des Obsiegens eine billige Entschädigung vor. In Kassel
wurde eine Kommission ernannt, welche die Gesetze über Emanzipation der Gemeinden, über die Abtretung der niedern Polizei an die städtischen Behörden,
eine Revision der Gemeindeordnung, ein Preßgesetz, ein Gesetz über Volksbewaffnung, über Volksversammlungen, Assoziationen u. s. w. bearbeiten

sollte. In dieser Kommission erwirkte der Abgeordnete H. König aus Hanau, wegen der in den Provinzialstädten fortdauernden Aufregung und wegen der auf dem Lande immer weiter um sich greifenden Aufstände gegen Beamte, Juden und Grundherren, ein reaktionäres Vertrauens-Votum für die Ministerien des Innern und des Krieges hinsichtlich ihrer Absichten und Mittel zum energischen Einschreiten und setzte ein Erbieten der Stände zu jeder desfallsigen Mitwirkung durch.

Am 12. März erließ Gagern, der großherzoglich hessische Minister, eine Aufsprache an die Odenwälder, worin er als sein Ziel die Gleichstellung der standesherrlichen Unterthanen mit den übrigen Staatsbürgern bezeichnete. Er rief ihnen zu:

„Ungeduldig dieses Ziel zu erreichen, habt Ihr seitdem Eure Standesherren bedrängt und Zugeständnisse von denselben erhalten, die weit über Dasjenige hinausgehen, was nach Recht und Billigkeit von ihnen gefordert werden konnte. Ihr habt, ich muß es Euch mit Schmerz, aber auch mit Ernst sagen, den Weg des Gesetzes verlassen." — Zur Beschwichtigung der Odenwälder schickte Gagern Kommissäre unter sie. Gleichwie in Baiern unterm 20. März der wegen seines Liebesverhältnisses mit Lola Montez unmöglich gewordene König Ludwig die Regierung an seinen Sohn Maximilian abtrat, so eröffnete am 5. März der Erbgroßherzog von Hessen, um das monarchische Prinzip zu retten, einer Deputation Darmstädter Bürger, daß sein durchlauchtiger Vater geruht habe, ihn zum Mitregenten mit alleiniger Namensunterschrift zu ernennen.

In Wiesbaden fand am 2. März auf dem Theaterplatze eine Volksversammlung statt, durch welche eine schon vorher in Tausenden von Exemplaren verbreitete Petition, die Forderungen der Nassauer enthaltend, angenommen wurde. Während diese Forderungen von einer Deputation dem Staatsminister v. Dungern überbracht wurden, harrte das Volk trotz des heftig niederströmenden Regens mit bewundernswürdiger Geduld auf dem Theaterplatze der Antwort entgegen. Nach einer Stunde verkündete der Deputirte Hergenhahn Namens der übrigen Deputationsmitglieder die Antwort des Ministers, welche so lautete:

„Der Herzog sei nicht anwesend; was er (der Minister) antworten könne, sei dieses: die Forderungen I. und II. nehme er an; zur Befriedigung sämmtlicher Forderungen werde er aufbieten, was in seinen Kräften stehe "

Hierauf gab die Menge ihr Mißfallen kund, weßhalb Hergenhahn die Versammlung auf den 4. März vertagte, um alsdann die eigene Entschließung des Herzogs zu vernehmen.

Nachdem am 3. März sämmtliche Bürger Wiesbadens Waffen erhalten hatten, strömten den folgenden Tag, weil man seitens des abwesenden Herzogs militärisches Einschreiten befürchtete, aus allen Theilen
des Herzogthums die Landleute und die Bewohner der kleineren Städte
in die Hauptstadt, um den Wiesbadenern kämpfen zu helfen. Die sich an-
sammelnde revolutionäre Menschenmenge mochte sich auf 30000 Mann
belaufen. Unter diesen erschien nun vormittags gegen 10 Uhr Prinz Nikolaus von Nassau, der sechszehnjährige Bruder des Herzogs, mit einigen
Begleitern und sprach Folgendes:

„Ihr glaubt wohl, mein Bruder käme mit fremden Truppen hieher?
Dazu ist er viel zu gut und edelmüthig. Sollte es aber doch möglich
sein, so ist er von Andern verleitet worden. Seid aber versichert, daß wir Alles aufbieten werden, damit die Truppen die Stadt nicht
betreten. Er läßt auf seine Bürger nicht schießen. Glaubt mir: ich bleibe
mitten unter Euch.“

Da das Volk den Herzog abzusetzen drohte, erschien nachmittags
folgende Proklamation:

„Treue Nassauer! Bürger von Wiesbaden! Der Herzog ist bis jetzt
nicht hier eingetroffen. Ich will daher nicht länger zurückhalten, Euch zu
erklären: Ich meinerseits bewillige Euch die mir vorgebrachten Forderungen unbedingt und spreche auch die feste Ueberzeugung aus, daß der Herzog sie Euch bewilligen wird. Ihre königliche Hoheit die Frau Herzogin
begibt sich mit ihrem Sohne Nikolaus, dem allein anwesenden Bruder
des Herzogs, mitten unter Euch und leistet mit ihrer Person dafür Sicherheit und Bürgschaft. Wenn der Herzog Eure Forderungen nicht genehmigen sollte, so lege ich, der Minister, wie ich bereits erklärt, bereitwillig meine Stelle ohne Pension nieder.   v. Dungern.

Daß mit Obigem ganz einverstanden, bezeuge ich mit meiner Unterschrift.

Pauline, Herzogin von Nassau.
Nikolaus von Nassau.“

Das Herbeiziehen fremder Truppen zur Unterdrückung der Unruhen
war indeß nicht wohl thunlich, weil fast gleichzeitig überall der Aufruhr
losgebrochen war Darum kehrte auch der Herzog von Nassau ohne
fremde Truppen in seine Hauptstadt zurück und bewilligte die Forderun
gen des Volks. In Baden hatte schon am 1. März aus allen Theilen
des Landes eine Sturm-Petition nach Karlsruhe stattgefunden. Solche
Sturm-Petitionen waren in vielen anderen kleinen Ländern nöthig, um
den Volkswünschen Erhörung zu verschaffen.

In den beiden großen Staaten Oesterreich und Preußen, wo der Regierung eine große Truppenmacht zu Gebote stand, konnten die Volksforderungen nicht anders, als durch blutigen Kampf in den Hauptstädten, zur vollen Geltung gelangen. In Wien wurde anfangs das Volk mit dem kurzen Bescheid: „mit dem Aufruhr werde nicht verhandelt," abgewiesen, bis sich die Regierung angesichts der Gefahr, Alles zu verlieren, zur unbedingten Nachgiebigkeit genöthigt sah.

Noch vor dem 18. März kam Gagern von Darmstadt nach Berlin, um daselbst anzufragen, ob der König das Amt eines Führers der deutschen Nation übernehmen werde. Beinahe um die nämliche Zeit ging die Nachricht ein, daß vom Südwesten Teutschlands eine republikanische Erhebung und damit der Bürgerkrieg bevorstehe. Bewogen durch diese Hiobs-Post erklärte daher der preußische König: er übernehme die Leitung des deutschen Volks für die Tage der Gefahr, womit er die Absicht, sich an die Spitze der Reaktion zu stellen, unzweideutig ausdrückte. Als Freiherr von Vincke am Nachmittage des 18. März dem Könige den Rath gab, die Truppen zurückzuziehen, antwortete ihm der König spöttisch: „Glauben Sie nicht, daß wir rathlos sind;" worauf die anwesenden Offiziere in Lachen ausbrachen. Vincke, hierdurch empfindlich verletzt, warf den Offizieren einen zornigen Blick mit der Bemerkung zu: Wer wagt es, in der Gegenwart Sr. Majestät zu lachen?*) Der Befehl, auf das Volk zu feuern, beruhte also auf keinem Mißverständniß. Daß Friedrich Wilhelm IV. nicht entfernt daran dachte, deutscher Kaiser zu werden, zeigte die Art, wie er bei seinem Umritte durch die Straßen Berlin's die Rufe Einzelner: „Es lebe der deutsche Kaiser!" aufnahm. Er rief nämlich mit allen Zeichen des Widerwillens über diese Zumuthung: „Pfui!" aus.

Nachdem der offene Widerstand der Reaktion überall gebrochen worden war, wurden Beschwichtigungsmittel angewandt. In diesem Sinne nannte die „Vossische Zeitung" den Umritt des Königs von Preußen einen Akt der Versöhnung, welcher allein Preußen habe vor der Anarchie wahren können. Die Männer der Vergangenheit, die in einer ganz andern, als in der jetzt herrschenden Rechtsanschauung aufgewachsen waren, suchten nun das Volk zu beruhigen und schienen vollständig zu der Lehre

---

*) S. Beilage der Augsb. Allg. Zeitung Nr. 100 vom Jahre 1848, Artikel vom 9. April. Vincke war nach Berlin gerufen worden, weil der König ihn bei der Bildung eines neuen Ministeriums in Aussicht genommen hatte. Durch seinen unwillkommenen Rath verscherzte sich Vincke das Vertrauen des Königs.

vom konstitutionellen Wesen belehrt zu sein. Sie bewiesen sich äußerst leutselig, herablassend und liebenswürdig. Von dem frühern Stolze war keine Spur mehr vorhanden, und sie thaten alles Mögliche, um die An= hänglichkeit und das viel berufene Vertrauen des Volks wieder zu gewinnen. So fuhr der wirklich gute, aber schwache österreichische Kaiser schon am 15. März auf den Rath des Grafen Kolowrat im offenen Wagen mit dem Thronfolger und dem Erzherzoge Franz Karl, und den folgenden Tag in Begleitung der Kaiserin, durch die Straßen Wiens und nahm allergnädigst die Huldigungen entgegen, welche ihm seine von den Errungenschaften entzückten Unterthanen jauchzend darbrachten. Auch steckte er eigenhändig die ihm von ein Paar Professoren überreichte schwarz= roth=goldene Fahne zu den Fenstern der kaiserlichen Burg heraus. Die Wiener waren hierüber außer sich vor Wonne. Nicht minder freudig nahmen sie es auf, als sie erfuhren, daß der Kaiser sich sehr bitter aus= gesprochen hätte über die Männer, welche bisher zwischen ihm und dem von ihm gänzlich verkannten Volke eine Scheidewand errichtet hätten. Und wie stand es in dieser Beziehung in Berlin? Der Umritt durch die Straßen, bei welchem der König seine „lieben Berliner" sogar wegen ihrer Tapferkeit belobte, wurde oben schon erwähnt. Eine Menge ver= wundeter Revolutionskämpfer fand im Schlosse, in den Zimmern der Herzogin von Mecklenburg, eine liebevolle Pflege, und die zarten Hof= damen wetteiferten mit der Königin in der huldreichen Wartung dieser Aufrührer, auf welche man kurz vorher das Militär hatte einhauen und schießen, auf welche man mit Kartätschen und Bomben hatte feuern lassen *). Außer dem Briefe vom 24. März, worin die Rechte Schleswig= Holstein's anerkannt wurden, erschien folgende Kundgebung des könig= lichen Willens:

„Wir Friedrich Wilhelm ... König von Preußen ... verlangen ..., daß Deutschland aus einem Staatenbunde in einen Bundesstaat verwan= delt werde ... Wir verlangen eine allgemeine deutsche Wehrverfassung ...

---

*) „Der König läßt in seinem Schlosse und zwar in den Zimmern der Herzogin von Mecklenburg einen großen Theil der verwundeten Barrikadenkämpfer pflegen. Die Königin gibt von ihrem Haushalte Betten und Kleidungsstücke her und läßt die Verwundeten aus ihrer eigenen Küche versorgen. Mehrere Militär= ärzte sind im Schlosse stationirt. Die Königin besucht die Kranken fast täglich und spricht Trost zu. Die Schloßfrauen dienen als Krankenwärterinnen" u s. w. — (Siehe die Berlinische Zeitung vom 24. März 1848). — Wie ganz anders wäre es den armen Barrikadenkämpfern ergangen, hätte der König gesiegt gehabt!

Wir verlangen, daß das deutsche Bundesheer unter einem Bundesbanner vereinigt werde und hoffen einen Bundesfeldherrn an der Spitze zu sehen. Wir verlangen eine deutsche Bundesflagge und hoffen, daß in nicht zu langer Frist eine deutsche Flotte dem deutschen Namen auf nahen und fernen Meeren Achtung verschaffen werde. Wir verlangen, daß fortan keine Zollschranke mehr den Verkehr auf deutschem Boden hemme und den Gewerbfleiß seiner Bewohner lähme; wir verlangen also einen allgemeinen deutschen Zollverein, in welchem gleiches Maß und Gewicht, gleicher Münzfuß, ein gleiches deutsches Handelsrecht auch das Band materieller Vereinigung bald um so fester schließen werde... Gegeben Berlin, den 18. März 1848. (gez.) F r i e d r i c h W i l h e l m. Prinz von Preußen. Mühler. v. Rother. Eichhorn. v. Thiele. v. Savigny. v. Bodelschwingh Graf zu Stolberg. Uhden. Freiherr v. Caniz. v Duisburg. v. Rohr "

Einer Deputation der städtischen Behörden von Breslau und Liegnitz, die eine auf Vereinbarung zwischen der Krone und den durch Urwahlen berufenen Volksvertretern gegründete konstitutionelle Verfassung vorschlug, sicherte der König zu: 1. Ein Wahlgesetz auf breitester Grundlage ohne Unterschied des Glaubens soll dem Vereinigten Landtage zur Bestätigung vorgelegt werden, ferner ein Gesetz über Sicherstellung der persönlichen Freiheit; 2. freies Vereinsrecht; 3. allgemeine Bürgerwehrgesetzgebung mit Wahl der Führer; 4. Verantwortlichkeit der Minister; 5. Einführung von Schwurgerichten für Straffachen, namentlich für politische und Preßvergehen; 6. Unabhängigkeit des Richterstandes, Abschaffung der Patrimonialgerichtsbarkeit und der Dominial-Polizeigewalt.

Ebenso huldvoll und liebreich benahmen sich die andern Fürsten. Besonders bot hierzu die Bürgerwehrfahnen-Einweihung Gelegenheit. Der Kurfürst von Hessen entzückte die Kasseler durch den Zivilrock, in welchem er bei der Fahnenweihe zu erscheinen geruhte. Nachdem der Herzog von Meiningen nebst dem Erbprinzen in die Fahne der Hildburghäuser Bürgerwehr den Nagel eingeschlagen hatte, verfügten sich Vater und Sohn in ein demokratisches Wirthshaus und unterhielten sich daselbst bei einem „Kärtle" Bier mit jedem Tagelöhner. Selbst die Gemahlin des österreichischen Erzherzogs Johann diente bei einer solchen Bürgerwehr-Festlichkeit als „Fahnenmutter." Der Herzog von Braunschweig sprach während des Märzsturmes fast täglich vom Balkon seines Schlosses zum Volke und erklärte sich bereit, auf alle billigen Verlangen einzugehen, wenn man ihm nur nicht zumuthen wollte, daß er heirathete und dem Fürstenhause Kinder erweckte. Der Herzog von Nassau, nach langem

Zögern von einer Reise in seiner Hauptstadt angelangt, ging von dem Bahnhofe nach seiner Residenz Arm in Arm mit Hergenhahn, dem konstitutionellen Volksmanne, weil er sich vor der grollenden, schon lange auf seine Ankunft harrenden Volksmenge fürchtete.

Die Eintracht zwischen Fürst und Volk war auf einmal die Losung des Tages geworden. Es gab bloß noch Liebe, Vertrauen und Herzlichkeit, und die erste Lesart von Schiller's Lied an die Freude, wonach „Bettler Fürstenbrüder werden," schien jetzt nicht mehr einen zu starken Ausdruck der Herzenserweiterung zu enthalten. In der Antwort, die der würtembergische König Wilhelm am 2. März 1848 auf die Adresse des ständischen Ausschusses gab, wurden die lieben Schwaben ermahnt: „fremden Staaten nicht das Schauspiel von Zerwürfnissen zwischen Fürsten und Völkern, von innerer Unruhe und Aufregung zu geben," und als Grund ward angeführt, daß nur „Eintracht stark macht." — Etwas deutlicher über diese Eintracht sprach sich am gleichen Tage der Großherzog Leopold von Baden aus, indem er unter einem Stoßseufzer in seiner Proklamation ausrief:

„Die schweren Ereignisse der neuesten Zeit können nicht anders als weithin sich fühlbar machen auf den Grundlagen der bestehenden gesetzlichen Ordnung. Nie mehr als in solchen Zeiten ist es Bedürfniß, daß, so wie Regierung und Stände, so Fürst und Volk fest zusammenhalten, um den Feinden unserer verfassungsmäßigen Freiheit und des gesellschaftlichen Zustandes, ob sie im Innern oder von Außen sich zeigen, mit vereinter Kraft entgegenzustehen..... Ich wende mich an Alle, denen die Ordnung, das Recht und die wahre (!) Freiheit am Herzen liegen, mit der Aufforderung: daß sie mit mir zusammenwirken, um die heiligen Güter die Ordnung, das Eigenthum und die verfassungsmäßige Freiheit, — auch in den Stürmen der Gegenwart aufrecht zu erhalten, sowie es meine Pflicht und mein fester Entschluß ist, die guten Bürger des Landes in dieser Bestrebung zu unterstützen, verbrecherische Unternehmungen mit allen gesetzlichen Mitteln niederzuhalten."

Auch der Bundestag, der seit seinem Bestehen immer volksfeindliche, erließ, als der königliche Thron Frankreichs umgestürzt und auf öffentlichem Platze durch die Pariser Arbeiter verbrannt worden war, einen ernsten Aufruf zum „einmüthigsten Zusammenwirken" der „Völker" mit ihren Regierungen.

— 13 —

Der Adel blieb hinter den Regierungen in diesem einmüthigen Wirken nicht zurück. In der baierischen Kammersitzung der Reichsräthe unterm 10. Mai wurde gnädigst ein Antrag behandelt: „die Fürsorge für die minder bemittelten und besitzlosen Staatsbürgerklassen betreffend." Dabei sagte der Antragsteller Fürst Wallerstein: „Nicht das erste Mal beschäftige er sich mit der Noth der Dürftigen; was er zur Zeit der Cholera erfahren, bleibe unauslöschlich in seinem Gemüthe. Seit 1846, wo er einen ähnlichen Antrag eingebracht, habe sich objektiv und subjektiv Alles geändert. Pauperismus (Armuth) und Aristokratie seien von je gewesen und würden nie aus der Geschichte verschwinden; es habe immer Arme an Geld und Arme an Intelligenz, Reiche an Intelligenz und Reiche an Geld gegeben. Unsere Zeit wolle das Emporkommen der Intelligenz und des Verdienstes. Es frage sich nicht, solle die Gesellschaft umgestaltet werden. Sie sei schon umgestaltet, aber die Umgestaltung müsse organisirt werden. Deutschland sei es überlassen, die Frage, über die Europa seit einem halben Jahrhundert experimentire, friedlich und gründlich zu lösen." — Nun wurde der Antrag auf Errichtung von Hülfs- und Kreditanstalten angenommen; ebenso ein Antrag in Bezug auf die Auswanderungsbeförderung; desgleichen Anträge, betreffend das Armenwesen, die Errichtung von Kommissionsbureaux, das Wecken und Wacherhalten der Theilnahme an dem Wohl und Wehe der minder begünstigten Mitbürger. Auch ward ein Antrag des Grafen Arco-Valley auf Errichtung von Landbankolonien (colonies agricoles), die dem holländischen und belgischen Muster nach gebildet wären, von den menschenfreundlichen Standesherren angenommen.

Selbst in Wien ließen die hohen Adeligen ihre Standestitel weg, so daß bei der Bürgerwehr nur noch von dem „Hauptmanne" Colloredo und von dem „Kommandanten" Hoyos die Rede war. Wie freisinnig war nicht Karl Freiherr von Reichenbach in Wien geworden, als er in Leitartikeln der Augsb. Allgem. Zeitung die deutsche Einheit und die Wiener Studentenschaft vertheidigte, das eine Mal Wien*), das andere Mal

*) Er schrieb: „Jene Befürchtungen aber, welche so schwer auf uns lasten, diese sind es, welche Deutschland uns benehmen sollte, wenn es unserm aufrichtigen und innigsten Anschluß das drückendste der Hindernisse aus dem Wege räumen will. Dazu gäbe es vor allen andern Ein ausgiebiges Mittel, und dieß bestände darin, daß das deutsche Reichsparlament möglichst bald nach Wien verlegt würde. Man wende nicht ein, daß Wien zu weit aus dem Mittelpunkte des Reichs liege; auch Frankfurt ist weit entfernt, in der Mitte zu sein, und von

Prag *) zur Hauptstadt Deutschlands vorschlug und das lebenslänglich
verliehene deutsche Kaiserthum zwischen dem Könige von Preußen und
dem Kaiser von Oesterreich wechseln lassen wollte, freilich auch in einem
der Artikel aufrichtig bekannte, daß er so eifrig für die Bewegung sei,
weil er durch die Revolution schon vier Fünftel seines Vermögens verloren habe und nicht auch noch das letzte Fünftel zu verlieren wünsche.

dort hierher ist es so weit als von hier dorthin. Wir hatten Jahrhunderte lang
die Zentralregierung in Wien, zur Zeit als eine Reise nach Hamburg, nach Trier
einen Monat erforderte: jetzt gelangt man auf Eisenbahnen in 40 Stunden
ebenso weit und sind nur erst die elektrischen Telegraphenlinien hergestellt, so sind
die Verfügungen von Wien durch ganz Deutschland so geschwind verbreitet, als
ob sie aus Wiener Munde gesprochen, unmittelbar von rheinischen Ohren gehört
würden. Die Einwendung der geographischen Lage als Hinderniß für die Zentralisation des Reichsregiments in Wien fällt mithin weg in einer Zeit, wo die Er-
findungen die Entfernungen vernichtet haben. Weiter sind wir in Wien vielfältig
der Meinung, daß die Frage des Reichsoberhaupts, deren Lösung so viele Schwierigkeiten einschließt, am Besten und am Befriedigendsten nach allen Seiten dahin
beantwortet würde, daß eine zwischen Oesterreich und Preußen abwechselnde Kaiserwürde eingerichtet würde, und zwar eine zwischen beiden erblich alternirende. So
lange der Kaiser lebte, blieb die Krone auf seinem Haupte, sie würde also lebenslänglich getragen: stürbe er, so vererbte sie von Wien nach Berlin und bliebe dort so
lange, bis wir sie beim nächsten Todesfall wieder nach Wien erbten. Baiern halten wir nicht stark genug, um die Reichskrone mit Gewicht tragen zu können.
Preußen und Oesterreich aber halten sich in ihrer Präponderanz über allen übrigen ungefähr das Gleichgewicht."

*) Seine Worte lauten: „Dieser Wunsch und Vorschlag ist, die deutsche
Nationalversammlung, das deutsche Parlament nach Prag zu verlegen. Mit Ausnahme der wirklichen Ultras wie der Czechen würden die slawischen Böhmen selbst
darin einen großartigen Akt des Vertrauens, die deutschen Böhmen darin eine
unwiderstehliche moralische Stütze, alle die ausgesetzten österreichischen Lande bis
ins tiefste Ungarn hinein ein entscheidendes Pfand der Gemeinschaftlichkeit und
gegenseitigen Stärkung sehen. Man mache sich vertraut mit dem Gedanken, er enthält vielleicht Politik im großen Style. Frankfurt wird doch nicht beibehalten
werden können. Es ist der französischen Gränze zu nahe und von da jedem
Ueberfall ausgesetzt. Es ist ferner Mittelpunkt jener deutschen Kleinstaaterei, welche
die kurzathmige Unruhe nährt, und nicht wohl Stützpunkt eines großen Welt-
reichs werden kann. . . . . Wie dem aber auch sei, über das Eine verblende
man sich nicht: fast ⅔ deutscher Macht stehen hier mit den österreichischen Völker-
schaften auf dem Spiele. Sie können verloren gehen: sie werden mit einem Zuge
gesichert, wenn solch' eine entscheidende Wahl des Mittelpunkts durchgesetzt werden
kann."

— Der gewesene preußische Kriegsminister, General von Reyher, war plötzlich ein solcher Fortschrittsmann geworden, daß er bedingungsweise sich für einen Präsidenten Deutschlands aussprach, da er zufolge der Spener'schen Zeitung vom 9. Mai in einer Wahlversammlung Berlin's erklärte: „er spreche sich für einen deutschen Erbkaiser, aber unter der ausdrücklichen Bedingung aus, daß der König von Preußen diese Würde erhalte, widrigenfalls er sich für Einsetzung eines Präsidenten des künftigen deutschen Bundesstaats erklären müsse." — Dergleichen Umschlag war damals allgemein; denn die bevorrechteten Stände, denen Worte nicht viel kosteten, wollten sich möglich erhalten und ihre Vorrechte retten. Aber hierbei blieb es nicht. Man suchte auch werkthätig zu beschwichtigen und warf den Hungerleidern der Freiheit einige Brocken hin, um die Hauptsache, die adeligen Güter, zu behalten. So gaben die schlesischen Gutsherrschaften den Dorfinsassen, welche bis dahin entweder gar kein Land oder dessen doch nur ganz wenig besessen hatten, Ackerparzellen gegen einen mäßigen Zins in Zeitpacht, damit dieselben für sich und ihre Familien den Lebensunterhalt selbst erzeugen könnten. Bloß die Angst vor dem Sozialismus entlockte den Gutsherrschaften dieses Zugeständniß.

Und ließen sich etwa die Geistlichen ihrerseits die freisinnigen Bekenntnisse sauer ankommen? Sie, die von der Kanzel gegen die Aufrührer gedonnert und den unbedingten Gehorsam gegen die im Besitze der Gewalt befindliche Regierung geprebigt hatten, suchten jetzt den Geliebten in Christo recht begreiflich zu machen, daß das Christenthum die Religion der Liebe und der „wahren" Freiheit, sie selber aber eine Art von Volks-Tribunen seien. Viele protestantische Geistliche trieben in der Kirche vom März bis zum Herbst, wo die Reaktion gesichert schien, Burschenschaftspolitik oder flochten in ihre Predigten sozialistische Bekenntnisse ein. Schon am 26. April wurde unter dem Vorsitze Uhlich's von protestantischen Geistlichen zu Köthen eine kirchliche Berathung abgehalten und daselbst beschlossen, daß die Gemeinden ihre Geistlichen auf lebenslängliche Amtsdauer wählen sollten. Diese Konferenz, auf welcher auch der Professor Schwarz aus Jena bemerkt wurde, war so zahlreich von den Herren Pastoren besucht, daß wegen Ueberfüllung nicht alle Erschienenen daran theilnehmen konnten. In Thüringen trugen sich die Geistlichen mit dem Gedanken, eine thüringische Landeskirche zu errichten, und in manchen Ländern kamen neue Kirchenverfassungen zum Vorschein. Gleichwie in Frankreich die Geistlichen die Freiheitsbäume einsegneten, so las der Erzbischof von Prag eine Messe für die Todten der Wiener Revolution vor der Wenzels-Statue auf dem Roßmarkt, und am 21. März wurde für die in Wien gefallenen Studenten ein Requiem in der Teynkirche abgehalten. Der Erzbischof von Posen begab sich nach Berlin, um bei dem Könige gegen die Einverleibung Posens in den deutschen Bund zu protestiren. Am Rhein übten die katholischen Geistlichen durch das Vorkehren fortschrittlicher Gesinnungen bei dem Landvolke einen großen Einfluß auf die Parlamentswahlen aus.

Doch das Merkwürdigste leistete der orthodoxe Leipziger Professor Harleß in seiner sogenannten „Heerpredigt" am 12. März. Dieser, einst als Student in Erlangen ein eifriger Burschenschaftler, schilderte auf der Kanzel die Revolution als das Gericht und die weise Fügung Gottes und ermahnte seine Zuhörer, allen Eigennutz und landsmannschaftlichen Partikularismus fahren zu lassen, da man nur Gottes Willen erfülle, wenn man die deutsche Einheit herstelle. „Der Herr der Herren hat geredet; wir hören seine Stimme!" rief er. „Ach daß wir des Herrn Stimme fürchteten und seine Gnade suchten! Das heißt aber in der Gegenwart nicht bloß, im engen Kämmerlein sorgen und beten, sondern in dieser Zeit der Thaten muß es die That beweisen. Weg mit den Gedanken an eignen Vortheil, an Privatvortheil, an den Vortheil des Augenblicks, an die kleinliche Spanne nächstliegender, häuslicher, örtlicher, landesgränzlicher Interessen! An die Zukunft des ganzen großen Teutschlands denkt! Gott hat die Verantwortlichkeit hiefür auf unser Haupt, auf die Häupter der gegenwärtigen Geschlechter gelegt. So bedenkt denn, daß Ihr von Gottes Gnaden Teutsche seid und thut darnach, und Schmach über Die, welche wagen sollten, an irgend eine fremde Sache, an irgend ein eigennütziges Bestreben den gottgegebenen Beruf Teutschlands zu verrathen!"

Später schlug Harleß um und donnerte von der Kanzel wieder gegen die Aufrührer. Er wurde dann an die Spitze des protestantischen Konsistoriums in Baiern berufen.

Auch die Beamten, die doch unter der strengen Kontrolle der Konduitenlisten dem despotischen Staate folgsam gedient hatten, machten nach dem von Oben gegebenen Beispiele mit dem neuen Zustande ihre Aussöhnung. Wenn sie sich bisher gewöhnlich abgesondert und daher meist nur unter einander gesellig verkehrt hatten, so suchten sie von nun an freundlich die bürgerlichen Kreise auf, und es fiel nicht selten vor, daß sie mit den gewöhnlichsten Leuten Arm in Arm gingen und mit ihnen Brüderschaft machten. Die in allen Städten ins Leben tretende Bürgerwehr brachte sie ohnehin mit den Bürgern zusammen. Zum Theil mochte

wohl die Furcht vor neuen Ausbrüchen der Volkswuth, die sich häufig
gerade gegen die harten Beamten gekehrt hatte, sie zu solchem geschmei=
digen Betragen bestimmen; ebenso mochte die Klugheit angesichts der
ungewissen Zukunft ihnen rathen, sich mit der Bewegungspartei um der
Erhaltung der Stellen willen zu befreunden; allein, jedenfalls erhielten
sie auch Weisungen von den neuen konstitutionellen Ministern, mit dem
Volke umzugehen, beruhigend auf dasselbe zu wirken und es namentlich
von allen ungesetzlichen Handlungen abzuhalten. Von der Furcht jener
Beamten, welche in der vormärzlichen Zeit sich hauptsächlich zu Werk=
zeugen der Bedrückung erniedrigt hatten, liefert das tragische Schicksal
des bekannten Berliner Polizei-Chefs Duncker einen sprechenden Beweis.
Weil dieser Mann von der Angst gequält wurde, daß ihn die Volksrache
ereilen würde, schloß er sich nach dem Berliner Straßenkampfe mehrere
Tage ins Zimmer ein. Selbst die Ofenklappe hatte er behutsam ver=
schlossen. Damit nun nicht er oder die Regierung durch seine Papiere
kompromittirt werden könnte, verbrannte er die schriftlichen Dokumente
seiner Schuld im Ofen, vergaß jedoch in der Eile, die Ofenklappe zu
öffnen. Hierdurch entstand in seinem Zimmer ein solcher Rauch, daß die
Leute auf der Straße, im Glauben, es sei Feuer ausgebrochen, ins
Haus stürzten. Da dachte der geängstigte Duncker erst recht, jetzt bräche
das Volksgericht über ihn herein. Er suchte sich hastig zu retten, sprang
in seiner Verzweiflung, weil er keinen andern Ausweg zur Flucht sah,
durch das Fenster auf die Straße hinab und brach die Beine. Aus
gleicher Furcht steckte der gewesene preußische Minister v. Kampz die
deutsche Fahne zum Fenster heraus. Denn er war nicht so ungeschmeidig,
wie jener preußische Offizier in Naumburg a. S., der seinem Leben ein
Ende machte, weil er es nicht über sich gewinnen konnte, die schwarz=
roth-goldene Kokarde neben der schwarz-weißen zu tragen. Andere hatten
ein viel weiteres Gewissen. – Auch Köln kann von einem Fenstersprung
und Beinbruch erzählen.

Bei der plötzlich entstandenen allgemeinen Eintracht und Liebe konnte
es nicht fehlen, daß sogar die reaktionären, seither im Lakaienstyle ge=
schriebenen und jeder Vergewaltigung das Wort redenden Zeitungen
plötzlich mit in das konstitutionelle Horn bliesen und den Lesern weiß
machten, daß an eine Reaktion nicht mehr zu denken sei. Die konstitu=
tionelle Kammerpartei war ja zur Herrschaft gebracht und verlangte nun
Ruhe, um die auf leichte Weise erhaltenen Freiheiten gemächlich zu ge=
nießen. Ihre Koryphäen, wie ein Behr und Sylvester Jordan, predigten
ohnehin Vergeben und Vergessen der erlittenen Unbill, und ein Matthy

2

schritt zur Verhaftung des mit Aufruhrplänen schwanger gehenden Fick=
ler's. Was die reichen Leute anbelangt, so lag es in ihrem Interesse, die
allgemeine Eintracht zu befördern. Mancher von ihnen bewirthete generös
seine Arbeiter, damit sie nicht nur selber mit ihm Frieden hielten, sondern
ihn auch bei Angriffen gegen herumziehende Proletarierhaufen vertheidigten.
Diese allgemeine Verbrüderung und Herzlichkeit mußte jedem Klar=
sehenden bedenklich vorkommen. Als einst nach der Flucht des französi=
schen Königs Ludwig XVI. in Paris eine solche Einmüthigkeit sich breit
machte, sah mit Recht einer der Revolutionsführer darin das sicherste
Zeichen der lauernden Reaktion. Denn so lange das Volk die Leute er=
blickt, wie sie sind, weil sie sich ihm offen zeigen, ist es vor ihren Um=
trieben auf der Hut und vermag sich deßhalb ihrer zu erwehren; wenn
es denselben aber gelingt, das seither beherrschte Volk, welches sich kaum
aus seiner Sklaverei erhoben hat, wieder in Sicherheit einzulullen, dann
legt das Volk eine dumme Gutmüthigkeit an den Tag, von welcher das
Schlimmste zu fürchten ist.

Die Herzlichkeit der herrschenden Klassen gegen die in Aufruhr ge=
rathenen glich dem Benehmen des Reiters, der ein wildes Pferd strei=
chelt, um sich, nachdem er einmal abgeworfen worden ist, wieder aufzu=
schwingen und ihm dann um so schärfer die Sporen einzusetzen. Sie
ähnelte der Falschheit der Katze, die wohlgefällig knurrt, ehe sie krallt,
und die freundlich mit der Maus spielt, ehe sie dieselbe frißt. Indeß
handelte es sich für die Aristokratie weniger darum, das eigentliche Volk,
als vielmehr die Wohlhabenden zu gewinnen, um sie von der Vereini=
gung mit dem niedern Volke abzuziehen. Das eigentliche Volk oder der
Pöbel *) wurde von den vornehmen Herren als eine rohe, bewußtlose Masse,
die wohl nicht grundlos, aber doch zwecklos tobte und sich von den Ge=
bildeten benutzen ließ, geringschätzig betrachtet und daher nicht sehr gefürchtet.

Um die Berechnung der Aristokratie zu verstehen, muß man er=
wägen, wie fast allerwärts die Unruhen sich entwickelt hatten und wie die
Regierungen zu Konzessionen gezwungen worden waren. Die arbeitende
Klasse, welche unsäglich elend lebte, war durch die Kunde von der fran=
zösischen Revolution in heftige Aufregung gerathen. Es brachen Tumulte
aus, die, wenn sie auch hier und da unterdrückt wurden, doch sich er=
neuerten und immer allgemeiner wurden. Von den Städten verbreitete

---

*) „Pöbel" ist das französische peuple, das lateinische populus, und heißt
eigentlich nichts Anderes als „Volk." Seine verächtliche Bedeutung hat diesem
Worte die vornehm auf das Volk herabschauende Aristokratie gegeben.

sich die Bewegung aufs Land und lähmte durch ihre Allgegenwart den Arm der Behörden. Die Bürger, feig wie sie waren, hielten sich von den Tumulten des Pöbels, obschon sie dieselben insgeheim schürten, weislich fern. Als es sich aber herausgestellt hatte, daß die Behörden zum Herstellen der vormärzlichen Ruhe unfähig waren, warfen sich die Bürger zu Ruhe= stiftern auf, organisirten und bewaffneten sich und stellten, gestützt auf die lärmenden Volkshaufen, den Regierungen ihre konstitutionellen For= derungen. So mußten dann die Regierungen nachgeben, und die Bürger steckten lächelnd den Gewinn in die Tasche. Der Bund der Bürger mit dem „Pöbel" war also ein sehr heimtückischer gewesen, ebenso heimtückisch, wie das Verfahren der Bürger den Regierungen gegenüber. Die zum Nachgeben bewogenen Regierungen zusammt den ihnen zur Basis dienen= den Bevorrechteten der Gesellschaft machten jedoch zu guter Letzt gute Miene zu bösem Spiel und führten die allgemeine Verbrüderung ein.

Wohl mochte es unter den seitherigen Bevorrechteten Leute geben, welche überzeugt waren, daß mit dem alten Systeme gebrochen werden müsse. Selbst mancher Staatsmann aus der alten Schule mochte im Drange des Augenblicks es mit den Volkserrungenschaften ehrlich meinen. Allein der den Regierungen zugefügte Zwang, durch welchen die neuen Freiheiten ihnen abgepreßt worden waren, mußte außer einer süßen Erin= nerung an die genossene unbeschränkte Herrschaft eine gewisse Bitterkeit über die abgedrungenen Zugeständnisse und die Hoffnung auf günstigere Zeiten zurücklassen. Dazu war nicht gut denkbar, daß hochgestellte, schon in der Wiege fürstlich bediente Personen, die mit der Ammenmilch das Vorurtheil ihrer unverantwortlichen Stellung eingesogen hatten, mit einem Male, bloß weil in Frankreich eine auf Deutschland einwirkende Revo= lution vorgefallen war, sich ganz in die konstitutionelle Denkweise vertieft und verloren haben sollten. Die die Throne umgebenden Schmeichler und jenes Heer von Stellenjägern, deren höchstes Ziel ein Ministerposten zu sein pflegt, thaten ohnehin das Ihrige, um den Fürsten die Ueberzeu= gung beizubringen, daß sich allmählich die verloren gegangenen Vorrechte wieder zurückerobern ließen.

Am Schlimmsten benahmen sich hiebei die Apostaten der Demokratie. Auf den „kosmopolitischen Nachtwächter" Franz Dingelstädt, der es bis zum Vorleser des würtembergischen Königs gebracht hatte, war schon 1846 das Epigramm gemacht worden:

„Sonst, als die Deutschen schliefen still,
Da bist ein Wächter Du gewesen.
Jetzt, wenn der König schlafen will,
Heißt's: Dingelstädt, mir vorgelesen!"

2*

Dieser aus einem Wächter des Volks in einen königlichen Einschlä-
ferer verwandelte Dichter benutzte den Sieg Radetzky's über Mailand
(6. August 1848) zu folgender Aufforderung an die österreichische Regierung:

> „Was ist dir, grauer Stephansthurm,
> Daß du so hoch erröthest
> Und doch in deinem Grund den Wurm,
> Den eklen, noch nicht tödtest?!
> Auf, zeig' dich deiner Helden werth,
> Gedenke, was du ihrem Schwert,
> Was deinem Schilde schuldest;
> Zeit ist's, daß du dich auch ermannst,
> Und Die, die du zertreten kannst,
> Als Zwingherr'n nimmer duldest!"

Von demselben oder doch von einem moralisch verwandten Dichter
rührte ein „Nachruf an die beiden Ermordeten des 18. Septembers
Auerswald und Lichnowsky" her, worin das neue demokratische Rechtsbewußtsein folgendergestalt gehässig dargestellt wurde:

> „Zwei Stimmen hör' ich wandern. Eine spricht
> Mit trotz'gem Ton: Nicht, Vater? Kein Verbrechen
> War jener Mord? War nur ein Strafgericht,
> Vollstreckt, des Volkes lange Schmach zu rächen,
> An zwei Verräthern? — Ja, so ist's mein Sohn!
> Fluch jeder feigen Brust, die Mitleid heuchelt,
> Und bis in's Grab hinunter Fluch und Hohn
> Den beiden Schelmen, die wir hier gemeuchelt!

> „Gemeuchelt? Ja. Was Bessers sind sie werth,
> Die Freiheit uns und Ehr' und Macht verkümmern?
> Doch nur Geduld! Bald schlägt das Herrscherschwert,
> Der dunkle Dolch, ihr Regiment in Trümmern;
> Dann halten wir ein off'nes Hochgericht
> Und fällen Die, so jetzt wir einzeln stechen,
> Zu Tausenden! Frisch, Knabe, zage nicht!
> Für Volk und Freiheit gibt es kein Verbrechen!"

Friedrich Hecker und Gustav Struve hatten ganz richtig erkannt
daß die Reaktion auf der Lauer lag. Aber ihr schlecht vorbereiteter und
darum kläglich verlaufener Aufstand im badischen Oberlande bot den
Reaktionären eine willkommene Gelegenheit, den mißglückten Revolutions-
Versuch als ein schauderhaftes, gegen die Souveränetät der deutschen
Nation begangenes Verbrechen auszumalen. Zur Unterdrückung des badi-

schen Aufstandes wurden Truppen aus anliegenden Ländern herbeigezogen, obschon jene reaktionären Bundesbeschlüsse, kraft deren bei Unruhen der eine Staat dem andern Hülfe zu leisten hatte, für immer abgeschafft sein sollten. Gerade Robert Blum war es, der in seiner Eigenschaft als Mit= glied des Fünfziger=Ausschusses, die Ortschaften der Provinz Hanau dazu beredete, zwei Tage die nach Baden ziehenden Truppen aufzunehmen. Die Nachricht, daß ein badischer Offizier erschienen sei, um das Einrücken der kurhessischen Truppen nach Baden zu beschleunigen, wirkte auf die partikularistisch gesinnten Landbewohner der Provinz Hanau beruhigend.

Freilich gaben sich die süddeutschen Republikaner die Blöße, daß sie fortwährend auf die Vereinigten=Staaten und auf die Schweiz als auf Musterländer hinzeigten. Der hinter der Zeit zurückgebliebene Moritz Arndt benutzte daher den die Vereinigten Staaten sich zum Vorbilde nehmenden Republikanismus schon am 28. März zu folgender Auslassung in der Köl= nischen Zeitung:

„Sie weisen uns auf Amerika's Bild und Gleichniß hin. Aber wie paßt Amerika's Bild zu dem Bild des gegenwärtigen Deutschlands? Wahrlich, Amerika spielt noch seinen Kindermorgen des politischen Lebens. Die Menschen und Völker, welche aus den vollgepfropften Archen Europa's dahin ausströmen, können sich dort noch sporadisch über die Länder ergießen und dort überall leere Stellen einnehmen. Aber bei uns? Indessen kommt nach einigen Jahrhunderten, ja kommt nach einigen Jahrzehnten wieder und erzählt uns, was Ihr dann dort Neues und Anderes gesehen habt! — Ihr klebt uns auch die kommunistischen und hochrepublikanischen Freiheitslehren des jüngsten großen Pariser Glücks an alle Wände und Mauern. Aber ich sage, diese Republik von 36 Mil= lionen Franzosen wird in solcher Weise keinen langen Bestand haben, sie und manche Unmöglichkeiten und Unsinnigkeiten des Tages werden tra= gisch zusammenstürzen, und ihre Verkündigungen werden vielleicht meist mit Kartätschen=Schüssen von den Wänden weggeschossen werden."

Besonders wurde Georg Herwegh's Einfall in's Badische zum Ver= unglimpfen der republikanischen Sache ausgebeutet. Der nicht sehr muthige Dichter, hieß es, habe sich auf der Flucht unter das Spritzleder seiner Frau verkrochen. Ein Brief Emma Herwegh's, datirt Rheinfelden vom 28. April, trug nicht dazu bei, den Feldherrnruhm des Verspotteten zu heben. Madame Herwegh beschrieb darin ihre Flucht folgendermaßen:

„Ich saß auf einem Leiterwagen mit einigen Andern, die vom Laufen blessirt waren, als ein Theil der Unsern herbeisprang, uns zu beschwören zu flüchten, da von allen Seiten schon nach Georg gespäht wurde.

Diesen Herwegh und sein verfluchtes Weib zu fangen, das ihm in Mannskleidern folgt, daran setzen wir Alles, d. h. 4000 Gulden, für einen Schwaben ist das die Welt. Die Besten wollten uns zum Schutz begleiten, Georg wies aber alle Hilfe ab, und so brachen wir uns durch Wald und Gestrüppe allein Bahn. Von fernhin immer das Schießen, ohne unterscheiden zu können, wer Sieger. Die Füße, die uns fast zusammenbrachen — es war entsetzlich. So vielleicht nach dreistündigem Laufen kommen wir in Karsau an, stürzen in die erste Hütte, um Einlaß flehend. — Das geht nit an, ihr müßt halt in's Saatfeld gehen, aber ein Schälchen Kaffee, wenn ihr das wollt. So hinausgestoßen, werfen wir uns ins Feld, die Dragoner immer um uns herum, nach Georg spähend. Endlich sind sie vorbei und wir bereit, weiter zu laufen. Da erbarmt sich ein Bauer unser, der uns hatte flüchten sehen, nimmt uns mit ins Haus, bringt uns Bauernkleider und versteckt uns einige Minuten auf dem Boden. Während wir die Kleider abstreifen, sprengen Dragoner an, umzingeln das Haus und fragen: Habt ihr den verfluchten Herwegh und sein Weib bei euch? Der Bauer läugnet. Wenn wir ihn bei euch finden, wird euer ganzes Haus niedergehauen. Wie mir zu Muth war, können Sie sich denken .... Georg verbarg sich hinter einem Faß, ich lag als Barrikade davor; die Dragoner ritten fort, Georg ließ sich den Bart scheeren, wodurch er ganz unkenntlich ist, mein Anzug war auch fertig, und so zogen wir, jeder eine Mistgabel auf der Schulter, ins Feld, Unkraut auszujäten, bis der Abend Rath schaffen würde. Vom Walde her immer noch das Schießen und keine Nachricht von den Unsern. Abends endlich zogen wir mit unserm Bauer und einem Schweizer, der uns, im Fall er von den Posten angehalten werden sollte, für seine Tagelöhner ausgeben wollte, an den würtembergischen Posten vorbei über die Rheinbrücke und waren gerettet."

Sehr weislich bemühte sich die Reaktion, der Bewegung das Militär feindlich zu stimmen, da sie, wenn ihr dieß gelang, vor einem Abfall desselben sicher war. Die Demokraten arbeiteten ihr hierbei in die Hände, weil sie ohne Unterlaß heftig auf die gegen die Aufstände verwendeten Truppen schimpften, ohne zu bedenken, daß ein gütliches Betragen, verbunden mit Belehrung, Versprechung und Schmeichelei, viel bessere Früchte tragen mußte. So gab es schon am 9. April zwischen jungen Leuten, die den neuen Ministern in Kassel ein musikalisches Ständchen bringen wollten, und einer Anzahl Soldaten von der Garde-du-Korps eine Reiberei, welche zu Verwundungen führte, das Aufwerfen von Barrikaden zur Folge hatte und mit einem Erlaß des Kurfürsten endete, worin derselbe die Schuldigen zu strafen versprach und die Garde auflöste. In Stuttgart kam es um die nämliche Zeit zu heftigen Auftritten, wobei Graf Wilhelm von Würtemberg umringt und mit dem Tode bedroht wurde, weil das Kriegs = Kommando einen Unteroffizier, der für die Unzufriedenen seiner Abtheilung den Sprecher abgab, hatte heimlich verhaften und auf den Hohenasperg bringen lassen. — In Darmstadt geriethen am 27. April Kavalleristen und Infanteristen wegen Meinungsverschiedenheit hart an einander, wobei es Todte und Verwundete gab. — Zu den nassauischen und kurhessischen Truppen, die nach Mannheim in Folge der republikanischen Unruhen gelegt worden waren, kamen am 1. Mai noch ein Paar Tausend Mann Baiern hinzu. Von diesen drang am 9. Juli eine Anzahl Soldaten, die zum 12. Regiment gehörte, in mehrere Bilderläden und zwang die Besitzer derselben unter Androhung persönlicher Mißhandlung und Zerstörung ihres Eigenthums, die Bilder Hecker's und Struve's aus den Schaufenstern hinwegzunehmen, wobei unter Andern ein Unteroffizier ausrief: „Ihr Mannheimer Lumpengesindel, euch wollen wir es zeigen, wer Herr über euch ist!" — Zu Trier wurde am 5. Mai auf der Reitbahn der Maximin=Kaserne ein Trierer Bürger, Namens Heis, der Wahlzettel mit Namen von Kandidaten der demokratischen Partei vertheilte, von Unteroffizieren aus dem Wahllokale hinausgestoßen, und die hierdurch erzeugte Erbitterung der Bürgerschaft kam zum Ausbruch, weil auch das 23. Linien=Infanterie=Regiment, welches Drohungen wegen der demokratischen Gesinnung der Trier'schen Bevölkerung aussprach und schwarz=weiße Fahnen ausstectte, in die Stadt gelegt worden war. Der Generalmarsch und die Sturmglocken riefen alsdann die Bürger = Garden zusammen, worauf ein Theil des Militärs selbst, der aber sofort verhaftet wurde, den Bürger Heis ins Wahllokal führte. Nun wurden Barrikaden aufgeworfen, es kam zu einem Zusammentreffen zwischen Militär und Bürgern, die Hauptwache auf dem Markte, nachdem dieselbe von der Mannschaft des 30. Regiments geräumt worden war, wurde zerstört, aber endlich stellte der kommandirende General durch die Versicherung, daß die mißliebige Mannschaft des 26. Regiments wegen ihres aufreizenden Betragens zur Rechenschaft und Strafe gezogen werden sollte, die Ruhe wieder her. — Die Spannung zwischen der Mainzer Bevölkerung und dem preußischen Militär führte am 20. Mai zu einem blutigen Zusammenstoß vor der Hauptwache der Bürgerwehr, der sich folgenden Tage wiederholte und wobei die Mainzer 1 Todten und 5 Verwundete, die Preußen 4 Todte und 25 Verwundete hatten. — Zu Friedberg ließ es

sich am Pfingstmontage (11. Juni) ein junger Mann in einem Wirths=
hause beikommen, einen Toast auf den hessischen Erbgroßherzog auszu=
bringen, indem er unter Anderm sagte, daß die Franzosen keine Feinde
der Deutschen seien. Ein anwesender Korporal, welcher hierunter eine
Anpreisung der Republik verstehen zu müssen vermeinte, stachelte sofort
seine Kameraden gegen den Sprecher auf, worauf dieser vom Tische
heruntergerissen, gehauen und verwundet wurde. Ein zweiter Zivilist
sprang dem Malträtirten zu Hülfe, erhielt aber von einem Fourier mit
der scharfen Klinge einen ihn zu Boden streckenden Hieb über den Kopf
und dann noch einen Stich in den Rücken. Auf den Ruf: „Bürger
heraus!" eilte nun Alles auf die Straße, die bereits von schreienden und
brüllenden Soldaten, welche ihre Säbel schwangen, durchzogen wurde.
Erst spät in der Nacht gelang es, durch starke Patrouillen von Militär
und Bürgerwehr die Ruhe wiederherzustellen. — Noch Schlimmeres pas=
sirte zu Ulm. Als dort Ende Juni in dem Wirthshause „zum Schiff"
in Gegenwart eines Polizei=Kommissärs die Gründung eines demokrati=
schen Vereines erfolgen sollte, stürzte eine Anzahl Kavalleristen in den
Saal und fiel ohne alle und jede Provokation mit scharfer Waffe über
die Versammelten her. Die wehrlosen Bürger mußten durch die Fenster
flüchten. Aber auch außerhalb des Gebäudes wurden sie wieder über=
fallen und viele von ihnen verwundet. Dem Bäcker Haug wurde der
Kopf gespalten. Zugleich demolirten die Soldaten das Wirthshaus. Als
jetzt die Bürger zu den Waffen eilten, zogen sich die Kavalleristen in
ihre nahe gelegene Kaserne zurück. Schon sollte auf diese ein Sturm un=
ternommen werden, als es dem Stadtschultheißen Schuster glückte, die
entrüsteten Gemüther zu besänftigen, indem er die Schritte bekannt
machte, welche er unternommen habe, um der beleidigten Bürgerschaft
Genugthuung zu verschaffen.

Um die Soldaten gegen die Lockerung der Disziplin zu schützen,
wurde ihnen anbefohlen, demokratische Gesellschaften nicht zu besuchen,
da aber, wo sie republikanische Reden hörten, entweder sofort einzuschrei=
ten oder das Lokal zu verlassen. Nichtsdestoweniger steckte der demokra=
tische Geist manche Theile des süd= und westdeutschen Militärs an, so
daß sie zum Kampfe gegen die Demokratie nicht ganz zuverlässig schienen.
Die beiden sigmaringischen Offiziere Topfer und v. Hofstetter wurden,
weil sie sich der republikanischen Partei angeschlossen hatten, schon im
Mai 1848 ihres Dienstes enthoben. Wenn in einer Stadt einige Auf=
regung herrschte, wurden die Truppen, um sie gegen die Demokraten zu
erbittern, mehrere Tage hindurch in ihren Kasernen desiguirt gehalten. Mit

offenkundigen Revolutionären durfte kein Soldat zu verkehren wagen. Als im September die Soldaten des 2. Garde-Regiments zu Potsdam an den Abgeordneten Stein wegen seines auf die reaktionären Offiziere bezüglichen Antrags eine zahlreich unterschriebene Dank-Adresse gerichtet hatten, gab es Verhaftungen und tumultuarische Auftritte.

Mit den Mitteln gegen den Barrikaden- und Straßenkampf beschäftigte sich die Reaktion bald sehr angelegentlich. Die in dieser Hinsicht angestellten Studien ergaben, daß in der neuern Zeit die Barrikaden ihren Ursprung der französischen Hauptstadt verdankten, wo sie zum ersten Male am 12. Mai 1588 gegen den Führer der Ligue, den Herzog von Guise, welcher dem Verbote Heinrich III. zum Trotz zur Bekämpfung der Rebellen vor Paris rückte, angewandt worden waren. Damals hatte das Volk die Straßen mit Ketten versperrt, sie mit Fässern verrammelt und auf diese Weise die feindlichen Truppen zum Rückzuge genöthigt. Ebenso hatte 1648 das Volk von Paris durch die Errichtung von Barrikaden die Freilassung Broussel's, des Hauptes der Fronde, erzwungen. In der ersten französischen Revolution war der Barrikaden-Bau weiter ausgebildet und in der spanischen Erhebung gegen Napoleon I. auf die pyrenäische Halbinsel verpflanzt worden. Durch die Einführung des Straßenpflasters in den europäischen Städten war für Aufstände ein gutes, gefügiges Material, welches sich leicht zur Verrammelung enger Straßen gebrauchen ließ, geliefert worden. Breite Straßen freilich ließen sich schwerer verbarrikadiren. Aber der Juni-Aufstand von Paris 1848 zeigte, daß sich auch in breiten Straßen Barrikaden nach den Regeln der militärischen Kunst anlegen ließen, wenn die Aufständischen dieselben nicht mit breiter Fronte, sondern nach Art der Festungsverschanzungen mit aus- und einspringenden Winkeln bauten: weil bei solcher Anlage einestheils dem Angriffe äußerst wenig Front geboten wurde und anderntheils sich seitens der Aufständischen auf die anstürmenden Truppen ein mörderisches Kreuzfeuer unterhalten ließ. Bereits im Juli 1848 wurde nun „von einem alten Soldaten" den Regierungen für den Barrikaden-Kampf folgendes Verfahren empfohlen *):

„Enge, krumme und winklichte Straßen sind auch unverschanzt schon schwer zu nehmen, viel weniger wenn sie verrammelt und alle Zugänge der Seitengassen verbarrikadirt sind, und obendrein noch aus den Häusern hinter wohlverwahrten Brustwehren, wie Matrazen und dergleichen, durch die Fenster herabgefeuert wird. Städte, die fast lauter gerade und

---

*) S. Augsb. Allg. Zeitung von 1848, Seiten 3244 und 3245.

breite Straßen haben, wie Berlin, St. Petersburg, Turin, Nancy, Karls=
ruhe, Mannheim ꝛc., bieten den Insurgenten für den Kampf in den
Straßen wenig Aussicht auf einen günstigen Erfolg, und die militäri=
schen Manöver, namentlich das des Straßenfeuers, bei welchem, nachdem
das vorderste Peloton einer Kolonne abgefeuert hat, dasselbe mit Sek=
tionen rechts und links in die Flanken abmarschirt, um sich hinter der
Kolonne wieder als Peloton zu formiren, während das zweite und die
folgenden Pelotons dasselbe Manöver wiederholen, sind vom besten Er=
folg, besonders wenn hinter den Pelotons noch Kanonen sind, die de=
maskirt eine Ladung geben, und dann rechts und links abfahren, um
hinter der Kolonne wieder aufzufahren und zu laden. Ein einziges Ba=
taillon kann durch dieses Manöver Wunder verrichten und viele Tau=
sende in die Flucht treiben. Bei dem Aufstand zu Madrid*) war es von
der größten Wirkung. Hat man hierdurch den Feind zum Rückzug ge=
zwungen, so thut dann das gefällte Bajonet das Uebrige.

„Würde man, statt in der jetzt üblichen Weise die Straßen zu
pflastern, die Chausseen nach Art des Mac Adam anwenden, und dabei
alle Seitenwege (Trottoirs) mit Asphalt belegen, so würde man schon
dadurch dem furchtbaren Barrikaden=Bau vorbeugen, ja ihn fast unmög=
lich machen; denn Material zu diesem Zweck, wenn auch nur aus gerin=
ger Ferne, herbeizuschaffen ist für Insurgenten, denen selten Fuhrwerke
und die Mittel dazu zu Gebote stehen, nicht wohl thunlich und kann
leicht verhindert werden. Barrikaden, aus Mobilien erbaut, zertrümmert
ein einziger Kanonenschuß, und sie sind leicht zu erklimmen, auch kostet
dieses immer erst Kämpfe mit den Eigenthümern, die ihre Stühle, Kom=
moden, Bettschränke ꝛc. selten gutwillig zu einem solchen Zweck hergeben.
Umgeworfene Wagen und Karren sind nicht furchtbarer, als gewöhnliche
Möbel, können aber leicht den Kern solcher Straßenschanzen machen, der
dann mit Pflastersteinen gehörig umgeben wird. Daher ist es das Erste,
womit man bei dem Ausbruch eines solchen Aufruhrs zu thun hat, alle
Zirkulation des Fuhrwerks zu hemmen. Der Straßenkrieg gehört mit zu
den Militär=Wissenschaften und sollte von den Offizieren gehörig studirt
werden; von seiner Bekämpfung hängt oft die Rettung des Landes ab.
Bei dem letzten Pariser Aufruhr**) hatten sich die Anführer desselben die
genaueste Kenntniß von dem Terrain verschafft und, wie aus Allem
hervorging, die Schwierigkeiten und möglichen Wechselfälle zum Voraus

---

*) Der Aufstand vom 2. Mai 1808.
**) 23—26. Juni.

gut berechnet. Ueberall, wo Hauptstraßen durch große Barrikaden ver=
rammelt waren, waren es auch alle die zu ihnen führenden Seitengassen.
Im Innern der Häuser, die zwischen den Barrikaden lagen, waren die
Mauern durchbrochen und so Kommunikationen von einem Haus in das
andere hergestellt, welche, gleich verdeckten Gängen, zu Niederlagen von
Munition, Waffen und Mundvorrath dienten. Diese Verbindungen er=
streckten sich noch auf beiden Seiten bis auf mehrere Häuser, die außer=
halb der Barrikaden lagen, so daß die Angreifenden durch wohlgezieltes
Feuer empfangen und auch im Rücken beschossen werden konnten. Man
mußte einen Häuserkrieg führen, gleich dem bei der Belagerung von Sa=
ragossa. Alle strategischen Dispositionen der Kommandirenden scheiterten
nicht selten an diesen Hindernissen, die nur durch die heldenmüthigste Todes=
verachtung und durch das Vergießen des kostbarsten Blutes überwunden
werden konnten. Die Truppen wurden mehr als dezimirt, und viele Offi=
ziere und Generale fanden so ihren Tod.

„Es gibt zwei Mittel, den Barrikaden=Aufruhr mit Erfolg und ohne
zu große Verluste zu bekämpfen. Das erste ist, sobald eine Insurrektion
der Art zu befürchten oder im Entstehen begriffen ist, sogleich alle Haupt=
punkte einer Stadt, wie das Rathhaus, die Kirchen, Schlösser ꝛc., zu
besetzen und die Zugänge zu diesen, wo es nöthig ist, selbst zu verschan=
zen, um den Aufrührern so alle Anhaltspunkte zu entziehen, durch deren
Besetzung sie einen großen moralischen Einfluß erhalten würden. Im
Fall schon Barrikaden aufgeworfen sind, muß man sich der vor ihnen
liegenden Häuser bemächtigen, sie mit Mineurs und Pompiers besetzen,
und von diesen, vermittelst des Durchbrechens der Mauern, in die hinter
den Barrikaden liegenden Häuser dringen, und aus denselben, wie von
den Dächern herab, ein gut unterhaltenes Feuer auf die Insurgenten
richten, wodurch sie bald in Unordnung gerathen, besonders wenn man
auch Granaten unter sie schleudert. Den Angriffs=Kolonnen auf den
Straßen wird es dadurch leicht gemacht, die Verschanzungen ohne großen
Verlust zu nehmen. Auf diese Weise wird man bald Herr des Aufstandes
und der Barrikaden sein. Das andere Mittel ist sehr einfach und besteht
darin: im Fall die Insurrektion schon zu weit gediehen und die Auf=
rührer Zeit gehabt, sich in den besten Vertheidigungszustand durch Ver=
schanzungen ꝛc. zu setzen, die so befestigten Stadttheile zu umringen, alle
Zugänge zu denselben womöglich mit Kanonen oder hinlänglicher Trup=
penzahl zu besetzen und die Eingeschlossenen durch Mangel und Hunger
zu einer baldigen Uebergabe zu zwingen und so großes Blutvergießen zu
vermeiden. Frauen, Kindern, Greisen, sowie allen Denen, die sich unbe=

waffnet melden, kann man unbedingten Abzug gestatten, und der Aufstand wird sich dann bald von selbst und ohne großen Kampf legen. Es versteht sich, daß man über hinlängliche Streitkräfte muß gebieten können, um die aufrührerischen Quartiere vollkommen einzuschließen." Bei dem angerathenen Verfahren war allerdings nicht in Betracht gezogen, daß die Aufständischen ihrerseits Ausfälle machen, Minen anlegen, Granaten gebrauchen und in macadamisirten Städten auf den Punkten, wo sie Barrikaden errichten wollten, links und rechts, um sich das nöthige Bau-Material zu verschaffen, Häuser einreißen konnten. Es wurde durch Experimente gefunden, daß es, um eine gewöhnliche Häusermauer von Ziegelsteinen durchzuschlagen, schon hinreichte, wenn man einen ledernen Sack mit zwölf Pfund Pulver davorhing und letzteres explodiren ließ. Die Hand=Granate ist folgendes Geschoß:

,,Hand=Granate, im Durchschnitt gezeichnet.

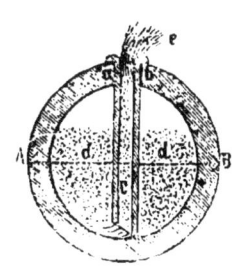

,,Durchmesser des gußeisernen oder messingenen Geschosses AB: $2\frac{1}{2}$—3 Zoll. — Eisenstärke der Wand $\frac{1}{6}$ bis $\frac{1}{8}$ des Durchmessers.

Das zylindrische Mundloch (für den Brand) $a\,b = \frac{1}{5}$ $\frac{1}{6}$ des Durchmessers.

Der unten schräg (wie eine Pfeife) abgeschnittene hölzerne Brandzünder c hat fast die Länge des Geschoß-durchmessers und ruht oben mit dem übergreifenden Kopfe auf der äußeren Eisenfläche auf. Derselbe ist in der Achse durchbohrt, und in diese Durchbohrung wird vor dem Einießen des ganzen Zündmittels eine Satzsäule von gewöhnlichem Mehlpulver, Salpeter und Schwefel fest eingeschlagen. (Der Satz für den Zünder ist: 1 Theil Mehlpulver, 2 Theile Salpeter, 1 Theil Schwefel.) Diese Säule brennt ziemlich langsam. Oben ist der Zünder*) mit leicht brennbaren Fäden versehen, damit das Geschoß schnell in Brand gesteckt und dann weggeworfen werden kann (Anfeuerung). Das Gewicht des leeren Geschosses beträgt 2 bis 3 Pfund. Die Brennzeit des Zünders beträgt etwa 13 Sekunden. Der einmal in Brand gesteckte Zünder löscht selten aus, selbst wenn das Geschoß ins Wasser fällt oder in den Erdboden eindringt. Die Sprengladung des Geschosses d beträgt 6 bis 8 Loth gewöhnlichen Pulvers. Zu 1000 Stück Hand Granaten sind an Roh=Material außer den Hohlgeschossen erforderlich: 225 Pfund Musketen=Pulver als Sprengladung; für den Zündsatz: $2\frac{3}{4}$ Pfund Mehlpulver, 5 Pfund Salpeter, $2\frac{1}{2}$ Pfund Schwefel; endlich $2\frac{1}{4}$ Pfund Zündschnur ꝛc.

*) Anm.: Der würtembergische Hauptmann Dorn erfand für Granaten einen Percussions Zünder und machte hiermit 1859 die Militär-Kommission des Bundestags bekannt. Die mit Knallquecksilber gefüllten Orsini'schen Bomben (in der Kubik=Form eines gleichmäßigen Dreiecks) hatten auf allen 3 Seiten Zündhütchen-Kapseln.

Der Preis eines laborirten Zünders beträgt etwa 6 Kreuzer rheinisch, der des laborirten Geschosses 1 Gulden. Die Franzosen haben Hand-Granaten mit Friktions-Zündung, die sich entschieden für Straßenkämpfe empfehlen. Die Zünder haben am Kopf eine Schnur, deren Reibung beim Durchziehen den Brand der Satzsäule veranlaßt. Eine geladene Hand-Granate, deren Durchmesser 3 Zoll beträgt, gibt beim Zerplatzen 8 bis 12 größere Sprengstücke, welche zum Theil bis über 100 Schritte weit geschleudert werden. Solche Geschosse können bei Auf ständen die fehlende Artillerie am Besten und Wirksamsten ersetzen."

Also bereitete sich die Reaktion sorgfältig für künftige Straßen= kämpfe vor. Allerdings fielen nach den Märztagen eigentlich gefährliche Unruhen 1848 nur noch in Frankfurt a. M. während des Septembers und in Wien während des Oktobers vor, dahingegen Berlin, die dritte Hauptstadt Deutschlands, im entscheidenden Momente sich mit dem pas= siven Widerstande des Herrn von Unruh begnügte.

Indessen gab es Leute, welche die Besorgniß vor der Reaktion für mehr als lächerlich hielten. Namentlich zeichneten sich die Professoren in dieser Beziehung aus, die fast alle von der durch die Reaktion genährten Furcht vor sogenannter „Ueberstürzung" befallen waren. Thiersch, der Rektor an der Universität zu München, ermahnte die dortigen Studenten schon sehr frühzeitig, sich von der Einmischung in die Politik fern zu halten. Er sagte: „Die Bewegung für politische Reform ist schon nach wenigen Tagen eine so allgemeine, eine so lebendige geworden, daß sie, welches auch die Haltung der Jugend sei, ihr Ziel durch die Organe der öffentlichen Meinung, durch die Thätigkeit der Gemeinden, der Ver= treter der deutschen Männer, durch die Bereitwilligkeit der Regierungen, durch die Noth erreichen wird." — Der Professor Gervinus fühlte sich in seiner Stubengelehrsamkeit dermaßen über die demokratischen Schwarz= seher erhaben, daß er Ende Juni 1848 die Reaktions=Furcht fast für Verrücktheit erklärte.

„So war es," schrieb er in seiner Deutschen Zeitung, „aber so ist's nicht mehr, so kann es nicht mehr werden. Nicht die Achse eines Reichs, das Rad der ganzen Weltgeschichte hat sich umgedreht. Wo ist der Arm, wo sind die Metternich der nächsten Zukunft, welche die Errungenschaf= ten aller Nationen eskamotiren könnten bis etwa zurück zum Karlsbader, zum Laibacher, Veroneser Kongreß?! Die Furcht ist thörig, aber doch bleibt es eine Wahrheit: Thorheit auf Besserung der Thoren zu harren. Es gibt auch keine Reaktionäre in dem ge= fürchteten Sinne 2c." — Wohl hatte Gervinus Recht, wenn er es für Thorheit erklärte, auf Besserung der Thoren zu harren; allein zu diesen

Thoren gehörte er selber und Hunderte von deutschen Professoren mit ihm. Von den Büreaukraten behauptete er, man habe selbige sehr verkannt. Dann fuhr er fort: „Reaktionäre als Partei sind nirgends, nicht auf dem Lande, nicht in den Städten, ja nicht einmal unter den Junker-Offizieren, deren jugendlicher Uebermuth nur zu oft zu gerechtem Unwillen dem Publikum Anlaß gab. Ihr Fundament ist untergraben."

Auch unter den Parlamentsmitgliedern gab es Optimisten, welche durchaus nicht begreifen konnten, warum die Demokraten an das Vorhandensein einer Reaktion glaubten. Auf den Karrikaturen jener Zeit steht deßhalb im altdeutschen Kostüm Eisenmann, wie er keine Reaktion sieht. Der Graf Solms-Laubach erging sich in folgenden Worten:

„Mein Rath ist, in den Normen der neuen Verfassungen, welche die Volksvertretung betreffen, das erhaltende Element nicht nur ebenso stark, sondern noch stärker auszuprägen als das Element der Bewegung, weil ich in der Oeffentlichkeit der Ständeverhandlungen, in der Oeffentlichkeit des Gerichtsverfahrens mit Schwurgerichten, in der Preßfreiheit ohne Beschränkungen der Zensur, in dem unbeschränkten Petitions- und Beschwerderecht ebenso viele mächtige Bürgschaften des fortschreitenden Lebens wahrer Freiheit, und bei voller Wirksamkeit dieser Bürgschaften nirgends eine Gefahr des Rückschritts sehe."

Nach der Ueberzeugung der Optimisten, unter die sich allerdings auch Viele mischten, welche vor den Folgen einer neuen Revolution sich fürchteten, war jetzt das große Werk der Freiheit unerschütterlich begründet, und sie glaubten die Märzerrungenschaften so sicher in ihrer Tasche zu haben, wie jene Denkmünzen, welche zur Erinnerung an die Sturm-Periode geschlagen worden waren. Diese Denkmünzen bestanden: 1. in einer deutschen Parlaments-Denkmünze *) zur Feier von Deutschlands Erhebung; 2. in einer baierischen Denkmünze zur Erinnerung des 6. März 1848; 3. in einer österreichischen Denkmünze zur Erinnerung des 13.,

---

*) Es wurden zwei verschiedene Parlamentsmünzen geprägt. Auf der einen steht die Umschrift: „Berathung über Gründung eines deutschen Parlaments; konstituirende Versammlung in der freien Stadt Frankfurt, 18. Mai 1848." Diese Münze führt den Frankfurter und den Reichsdoppel-Adler. — Die andere trägt die Worte: „Erzherzog Johann von Oesterreich, erwählt zum Reichsverweser über Deutschland den 29. Juni 1848; konstituirende Versammlung in der freien Stadt Frankfurt, 18. Mai 1848."

14. und 15. März; 4. in einer Denkmünze auf Heinrich von Gagern, Präsidenten des ersten deutschen Parlaments.

Eben so fest wie die konstitutionellen Monarchisten von der Unmög= lichkeit einer Reaktion überzeugt waren, glaubten viele konstitutionelle Re= publikaner an den nahen unabweislichen Anbruch einer neuen Aera. Darum fand der Plan, republikanisches Papiergeld auf diese Hoffnung hin anzufertigen und in Umlauf zu bringen, vornehmlich in Süddeutsch= land Anklang. In dem betreffenden Prospektus heißt es:

„Plan zur Abschließung einer Anleihe zu Gunsten der deutschen Republik.

„So oft eine Zeit außerordentliche Anstrengungen machen muß, hat sie das Recht, die Zukunft in Anspruch zu nehmen. In der Nothwen= digkeit, an die Zukunft eine Forderung zu stellen, befinden sich jetzt die Republikaner. Die Gegenwart verlangt die Verdrängung des Systems der Verdummung, Knechtung und Aussaugung des Volks, durch eine auf dem Grundsatze: Wohlstand, Bildung, Freiheit für Alle, beruhende Staatsverfassung und Verwaltung. Ohne außerordentliche Opfer an Geld und Menschenkräften kann dieß erhabene Ziel nicht erreicht werden. Der entschiedenere Theil des Volkes weiht der republikanischen Sache Leben und Gut. Groß ist das Kapital an Menschenkräften, welches er vorschießt. Mit Menschenkräften allein ist nicht Alles gethan. Darum sollen namentlich Diejenigen, welche der Republik keine oder nur geringe Lebensthätigkeit zu opfern vermögen, auf andere Weise der Sache Vor= schub leisten. Dieses kann geschehen durch Geldbeiträge, welche sie der werdenden Republik vorschießen. Welch' schöne Wirk= samkeit wird hiermit älteren Männern und vornehmlich aber euch deut= schen Frauen und Jungfrauen eröffnet! Auf euch setzen bei diesem Unter= nehmen die Republikaner große Hoffnungen. Und wer verzweifelt noch an der republikanischen Zukunft Deutschlands?

„Von diesen Grundansichten ging eine Gesellschaft deutscher Repu= blikaner aus. Sie beschloß, zu Gunsten der deutschen Republik eine Anleihe zu kontrahiren und dazu Schuldscheine in folgendem Werthe auszustellen: 1. à 35 kr. oder ⅓ Thaler; — 2. à 1 fl. 45 kr. oder 1 Thaler; — 3. à 7 fl. oder 4 Thaler; 4. à 70 fl. oder 40 Thaler; — 5. à 700 fl. oder 400 Thaler.

„Viele Republikaner hatten sich schon im Voraus zur Uebernahme dieser Schuldscheine verpflichtet. Sie (d. h. die Schuldscheine) sind zu haben bei der Zentralverwaltung und den von derselben bezeichneten Agenturen. Der Träger eines solchen Titels ist Gläubiger der deutschen

Republik; er erhält nebst diesem noch eine Urkunde, die als Beweis rechtmäßigen Erwerbes dient. Dieselbe muß bei einer Handänderung erneuert werden. Der Ertrag dieser Anleihe wird verwendet: zur Verbreitung demokratischer Grundsätze, zur Anstrebung freistaatlicher Zustände und — zur Verforgung aller im Streben für die Freiheit verunglückten Genoffen und ihrer Familien. Der Grundsatz: Einer für Alle und Alle für Einen, soll damit praktizirt werden, kein Mitglied darf untergehen. Dem Arbeitsfähigen wird Beschäftigung und nur dem Arbeitsunfähigen unmittelbare Hülfe verschafft. Mit den Gleichgesinnten aller Völker setzt man sich in gutes Einvernehmen. Nach Bestimmung und Richtung der Geldverwendung werden Kapital-Stöcke mit Reserve-Fonds gebildet. Die Rückzahlung mit fünf Prozent Zinsen geschieht, sobald die deutsche Republik gegründet ist. Die Anstalt ist eine öffentliche. Dieselbe kann sich nicht nur bei sichern Gewerbsanstalten durch Einschüsse interessiren, sondern auch solche gründen, dadurch ihren Anhängern Beschäftigung verschaffen und ihr gemeinsames Vermögen vergrößern. Die Oberaufsicht des ganzen Unternehmens üben beständig die unterzeichneten Mitglieder des Verwaltungsrathes und eine Aufsichtsbehörde von 15 Mitgliedern periodisch. Eine General-Versammlung wird von Zeit zu Zeit gehalten, eine Kommission von drei Mitgliedern zur Prüfung der Schlußrechnung erwählt, ein summarisches Gutachten derselben veröffentlicht. Der Verwaltungsrath ernennt den Obergeschäftsführer, Schatzmeister, die Agenten, hat die Bestätigung von deren Gehülfen. Näheres besagt das Geschäfts-Reglement; fernere Bestimmungen bleiben der Gesellschaft vorbehalten."

Das republikanische Papiergeld enthielt die Aufschrift:

„Freiwilliges Anlehen zu Gunsten der deutschen Republik. Schuldschein. (Aktie zu dem Unternehmen der Republikanisirung Deutschlands). Nr. x für Gulden x oder x Thlr. C. Die Gesellschaft deutscher Republikaner, in deren Namen: Der Präsident des Wehrbundes Hilf dir. Biel, den ersten November 1848. Joh. Ph. Becker. Der Agent X. Der Obergeschäftsführer Standau." — Die Aktie hat im Stempel auf Farbendruck eine Harfe mit gekreuzten Schwertern unter einer Eiche, nebst der Unterschrift: „Hilf dir," und der Umschrift: „Freiheit, Wohlstand, Verbrüderung, deutscher Freistaat." — An den vier Ecken steht gedruckt: „Gut für x fl. oder x Thaler; mit 5 vom Hundert verzinslich; die Bruderhand allen Völkern; 1. Buch Samuelis 8, Vers 10), 17." — Zwischen den beiden obern Ecken sind Ceres und Mars abgebildet, an einem Wappen lehnend, auf deffen schwarz roth goldenen Feldern die

Wörter: Freiheit, Bildung, Wohlstand angebracht sind. Die Göttin blickt auf einen mit Rosensträuchern umwachsenen Bienenkorb, während im Hintergrunde von Mars, auf dessen Schilde die Wörter „Einheit, Stärke" stehen, sich eine Stadt am Meere mit Schiffen zeigt. Zwischen den beiden untern Ecken befinden sich symbolisch Ackerbau, Fischerei, Gewerbe, Wissenschaft, Kunst und Wehrwesen dargestellt.

Ohne Zweifel war dieses Papiergeld eine Nachahmung der Assignaten aus der Zeit der ersten französischen Republik. Allein die besagten Assignaten hatten die eingezogenen Güter des Adels, Königs und der Geistlichkeit zur Grundlage, boten also Sicherheit und fußten auf einem Gesetz der nationalen Vertreter. Daher stand auf ihnen gedruckt: „La loi punit de mort le contrefacteur. La nation récompense le dénonciateur. Loi du 4 Janvier 1792, l'an 4 de la Liberté. Domaines nationaux. Assignat de vingt-cinq sol." Das deutsch-republikanische Papiergeld dagegen, welches in jeder Hinsicht wenig Garantien und fast keinen Schutz vor Mißbrauch bot, enthielt bloß die tröstliche Zusicherung: „Die Rückzahlung mit fünf Prozent Zinsen geschieht, sobald (?) die deutsche Republik gegründet ist!" - In der That mußte man, wofern man keine Eigenzwecke verfolgte, sehr fest an die Unmöglichkeit eines Sieges der Reaktion glauben, um es über sich zu gewinnen, den Umsatz dieses Papiergeldes zu versuchen. Auch Diejenigen, welche solche Aktien nahmen, mußten einen sehr starken Glauben an den endlichen Sieg der „guten Sache" besitzen. Denn wenn sie die auf papierene Hoffnung gegründeten Aktien nicht aus einem rein geschäftlichen Gesichtspunkte betrachteten, sondern nur Geld hergeben wollten, um Gesinnungsgenossen zu unterstützen und wo möglich die deutsche Republik herbeizuführen, so wären überhaupt gar keine Aktien nöthig gewesen. Einzelne Wortführer des radikalen Bürgerthums durften doch wohl nicht unautorisirt im Namen der Nation Anleihen machen*). Somit gab es sowohl auf Seiten der Monarchisch-Konstitutionellen, als auch auf Seiten der „deutschen"

---

*) Bei ähnlicher Gelegenheit rief Freiligrath dem Professor Kinkel zu:

Wohlgarantirt! Zwar die Nation
Gab kein Mandat uns, Anleih' auszuschreiben;
Allein die gute muß genehm'gen schon
— Im Februar! — und darf Nichts hintertreiben.
Denn unser wird die Rev'lution,
Die zweite, sein und unser wird sie bleiben.
Weil schon die erste wir, wie unbestritten,
So wunderschön verfahren und verritten.

* * *

Republikaner Leute, welche die unerbittlich um sich greifende Reaktion für geradezu unmöglich hielten: — Aberglauben hier und Aberglauben da! Inmitten der allgemeinen Befürchtung oder Hoffnung hinsichtlich der Reaktion stand der bekannte theologische Kritiker D. F. Strauß fast vereinzelt mit jenem trockenen Urtheil da, welches er über die nationale Gesinnung unterm 17. Mai 1848 in Nr. 138 (Beilage) der Allg. Zeitung veröffentlichte. Sein Urtheil war deßhalb so sicher, weil er, die Anzeichen der Zeit scharf ins Auge fassend, gewahrte, daß die Reaktion nicht bloß in den Regierungen, sondern im Volke selber lag. Er drückte sich so aus:

„In den ersten Wochen nach dem beispiellosen Umschwung, als Alles auf dem Spiele zu stehen schien, wie eilte da Alles herbei, um Opfer für die gemeinsame Rettung anzubieten. Wie schien da jedes deutsche Land bereit, seine Sonder = Interessen gegen das allgemeine Vaterland aufzugeben; wie willig die einzelnen Regierungen, sich ihrer Oberhoheits= rechte zu entkleiden und sie für das eine künftige Oberhaupt zusammen= zulegen, von dem man die Rettung des Ganzen erwartete! Wie anders ist es unterdessen geworden, seit die Gefahr ferner gerückt, oder eigent= lich nur seit man die allgemeine Unsicherheit mehr gewöhnt ist! Es ist nicht halb so gefährlich, sagt der deutsche Michel, und steckt die Opfer= gabe, die er auf dem Vaterlandsaltar darzubringen willens war, ge= mächlich wieder in die Tasche. Vor sechs Wochen klammerte sich

Schon theilten wir die Stellen brüderlich;
Bereit ist Alles, bis auf eu'ren Segen.
Drum in die Tasche greife Jeder sich:
Wer seinen Beutel zieht, der zieht den Degen,
Es ist so gut, als trotzt' er Hieb und Stich,
Als hielt er Stand im ärgsten Kugelregen;
Er ist, wie wir, Held und Apostel eben
Und alle Sünden gar sei'n ihm vergeben!

* * *

O Tezel, Tezel, nicht durch Ablaßzettel
Wirfst du der Freiheit Feinde über'n Haufen:
Kein Thron annoch fiel nieder durch den Bettel,
Die Revolution läßt sich nicht taufen!
Du machst das wilde stolze Weib zur Bettel,
Von Thür zu Thür läß'st du sie laufen —
Den all'zeit offnen Ranzen um die Lenden
Und den beliebten Teller in den Händen.

* * *

Das ist die Hohe nicht, die wir verehren
u. s. w.

Alles in dem allgemeinen Schiffbruch an den Mast der deut=
schen Einheit an: jetzt glaubt Jeder zur Noth auf seiner eigenen
Planke entkommen zu können. Den früheren Beitrittserklärungen zur kon=
stituirenden Versammlung folgen die Aber wie hinkende Boten nach. So
werden wir am Ende viel Lärmen um Nichts gemacht
haben; der Traum der deutschen Einheit wird verschwin=
den, wie Träume zu verschwinden pflegen, und statt der
Erneuerung, auf die wir hofften, die wir so nöthig hatten,
wird auf gut österreichisch, Alles beim Alten bleiben."

Hätte die Reaktion nicht im Volke selber gelegen, so würden die
Regierungen und die vornehmen Klassen der Gesellschaft bei aller An=
strengung und Schlauheit es nicht vermocht haben, die Märzerrungen=
schaften dermaßen zu beschneiden und die frühern Zustände so ungenirt
wieder herzustellen, wie es ihnen später glückte. Der Mangel politischer
Bildung und Erfahrung war nur zum Theil hieran schuld. Mehr noch
als jener Mangel richtete die in den deutschen Mittelschichten vorherr=
schende, mit ihm allerdings zusammenhängende Engherzigkeit, Zaghaftig=
keit und kleinliche Wirthschaftlichkeit, — Eigenschaften, die sich unter dem
Ausdrucke „Michelthum" oder „Spießbürgerlichkeit" zusammenfassen lassen,
— allgemeine moralische Verwüstung an. Die überwiegende Mehrzahl
der deutschen Bürger beurtheilte die Revolution nach dem Schreckens=
gemälde, welches Schiller seiner Zeit zum Preise der Dummheit und
Knechtschaft des Volks von ihr in seinem pathetischen Liede auf den
deutschen Glockengießer entworfen hatte. Der deutsche Kannengießer und
der Schiller'sche Glockengießer waren eine und dieselbe Person, aufge=
wachsen auf dem nämlichen Boden und verkommen in jener nämlichen
beschränkten Sphäre, in welcher die 1806 den Berlinern vom Grafen
Schulenburg-Kehnert und vom Fürsten Hatzfeld zugerufene und einge=
schärfte Phrase, daß „Ruhe die erste Bürgerpflicht" sei, in die denkwür=
digen dichterischen Worte gekleidet wurde: „Weh' Denen, die den ewig
Blinden des Lichtes Himmelsfackel leih'n!" -- Wären die Deutschen nicht
vom französischen Volke aufgerüttelt worden, sondern sich selbst überlassen
geblieben, so hätten sie wohl noch ein halbes Jahrhundert gebraucht, ehe
sie bis zu ihren Märzerrungenschaften vorgedrungen wären. Aber gerade
deßwegen konnten sie sich eben so wenig in dem ungewohnten Leben zu=
rechtfinden, als sie schließlich unfähig waren, die neue Freiheit zu be=
haupten und sie nach allen Richtungen auszunützen.

3*

Erstes Hauptstück.

Die soziale Reaktion.

Das deutsche Volk war von dem Ausbruche der französischen Revolution überrascht worden. Die Bewegung, in die es gerieth, kam also nicht aus Innen heraus als naturgemäße Entwickelung. Erst durch die erschütternde Nachricht von den Ereignissen in Paris wurde es plötzlich daran gemahnt, daß auch für Teutschland die Stunde der Abrechnung geschlagen hätte. Wie mächtig jedoch alle Schichten von der Bewegung ergriffen wurden, zeigte sich unter Anderm an den vielerlei Versammlungen, welche im Laufe des Jahres 1848 zu Tage traten. Es setzten da Zusammenkünfte an: die Handwerker, die Gesellen, die Schullehrer, die Landwirthe, die Gutsbesitzer, die Standesherren, die Geistlichen, die Studenten, die Universitäts-Professoren, die Setzer und Buchdrucker, die Buchdruckerei-Besitzer, die Aerzte, die Apotheker, die Bischöfe u. s. w. Dabei fehlte auch ein allgemeines deutsches Verbrüderungsfest nicht. Während nun jeder Stand und Beruf seine besonderen Wünsche hatte: was sollte da, um die vielerlei Bestrebungen zu einer gemeinsamen großen Bestrebung zusammenzufassen, das einigende Band und Losungswort sein?

Von Frankreich herüber ertönte noch aus der Zeit der ersten Revolution der alte Sammelruf: Freiheit, Gleichheit und Brüderlichkeit. Selbiger drückte die Forderung der mehr oder minder Rechtlosen der Gesellschaft aus, ihr Verlangen: zur Gleichberechtigung mit den bevorrechteten Klassen aufzurücken. Allein den gutmüthigen Leuten Teutschlands schien das Wort „Gleichheit," obschon sie mit demselben durch die christliche Religion befreundet waren, zu schrecklich in seiner Verwirklichung zu sein: weßhalb sie sich alsbald seit dem Anfange der Bewegung bemühten, an die Stelle des sozialen Feldgeschreies: „Freiheit und Gleichheit," die zahmere Parole: „Freiheit und Einheit" (oder gar völlig verwässert: „Freiheit und Einigkeit") treten zu lassen. Mit andern Worten suchte man die Bewegung vom sozialen Boden abzuziehen und sie in eine ver= schwommen politisch-nationale zu verwandeln. Die süddeutschen Revolu= tionäre, welche das Hauptgewicht auf die Einführung der deutschen Re= publik legten, hatten ein Paar soziale Phrasen aufgefischt und schillerten bald ganz roth, bald wieder schwarz-roth-golden; im Grunde also waren sie höchst konfuse Leute, die von Wirth und Siebenpfeiffer abstammten: — direkte Abkömmlinge der deutschen Burschenschaft, welche mit der Her= stellung der Republik, wie sie in der Schweiz und in Amerika bestand, schon Alles gewonnen zu haben glaubten. Ihnen schien es unbekannt zu sein, daß während der ersten französischen Revolution, in der sie sonst hin und wieder ihre Vorbilder fanden, die entschiedenen Volksmänner, wie z. B. ein Marat, Danton, Robespierre, Camille-Desmoulin, in den beiden ersten Bewegungsjahren das Wort „Republik" nie über die Lip= pen gebracht hatten und daß jene Revolution so gründlich wurde, weil sie sich auf fester sozialer Basis aufrichtete. Ferner schienen sie nicht zu wissen, daß die Menschheit nicht ohne Weiteres in den bloßen Rahmen eines Musterstaats hineinspaziert, und daß die revolutionären Errungen= schaften sich nur durch den Uebergangszustand einer im demokratischen Sinne ausgeübten Diktatur in Sicherheit bringen lassen. Freilich war die flache Richtung jener Revolutionäre, die viel von der Natur der bloßen Krakehlmacher an sich hatten, das Ergebniß der damaligen ge= ringen wirthschaftlichen Entwicklung Badens, Würtembergs und der Pfalz.

Für Phrasen und Formen allein schlägt sich das Volk nicht. Denn wenn nicht unerträgliche Leiden vorhanden sind und wenn sich nicht die Ueberzeugung von dem völligen Unrecht der bevorzugten Klassen in den unteren Schichten unerschütterlich festgesetzt hat, bringen weder Zeitungs= Artikel noch philosophische oder gründliche politische Abhandlungen über den besten aller Staaten, noch endlich der Hinweis auf das achte Kapitel des ersten Buches Samuelis eine demokratische Revolution zuwege. Zwi= schen der Rolle eines Spektakelmachers und der Aufgabe eines Organi= sators liegt eine weite Kluft.

Das Landvolk fühlte sich beinahe allerorts sehr gedrückt. Darum re= voltirten die Bauern weit und breit. Im Hannöver'schen dagegen, wo ein verhältnißmäßig wohlhabender Bauernstand existirte, blieb es ziemlich ruhig. Nur bei Hameln, Landrau, Peine und Pocrum, an welch letztern Ort mit der Eisenbahn 150 Mann Artillerie abgesandt wurden, ge=

schahen Aufstände wegen der Härte der Beamten. Im Odenwald, Hohen=
lohen'schen, in Baden und Würtemberg schüttelten die Bauern die Feudal=
Lasten ab, verbrannten die Grund= und Zehentbücher und zerstörten die
Schlösser der Standesherren. Die Jagdvorrechte, die Frohnden und die
Patrimonial=Gerichte lasteten fast überall schwer auf ihnen. In einigen
neubaierischen Provinzen bestand bis zur Märzbewegung sogar das Recht
der ersten Nacht, welches, wenn es nicht ausgeübt wurde, doch in Geld
verwandelt war und bezahlt werden mußte. Auch der Blutzehent bestand
noch, über den Kreitmayr in den Anmerkungen zum baierischen Land=
recht gesagt hat: — „Das gemeine Bauernvolk steht in der Persuasion,
daß der Pfarrer, welcher den Blutzehent zu genießen hat, auch die Obli=
gation, das Faselvieh, nämlich den Stier, Hengst ꝛc. zu halten, auf sich
habe. Es ist aber solches eine Indezenz, wohingegen auch der Pfarrer
Dasjenige, was er von der Gemeinde wegen Haltung vorhandenen Un=
thiers genossen hat, wiederum der Gemeinde ablassen muß." — Ebenso
bestand in den altbaierischen Landestheilen noch das Pfändungsrecht zur
Eintreibung der grundherrlichen Forderungen. Es gab dort noch Vogtei=
reichnisse, Vogthafer und Judenschutzgelder. Dessen ungeachtet fielen mit
Ausnahme von Franken in Baiern fast gar keine Ruhestörungen vor;
denn die Geistlichkeit übte daselbst noch einen großen Einfluß aus und
ließ, gleichwie in Tyrol, während des Jahres 1848 mehrere Wunder=
erscheinungen geschehen. Auch das preußische Landvolk verhielt sich ver=
hältnißmäßig ruhig.

Im Nassauischen gab es einen langen Streit der Gemeinden in
den Herrschaften Cransberg und Reifenberg mit ihrem Standesherrn,
dem Grafen von Waldbott=Bassenheim. In diesen Gemeinden hatte das
Elend einen hohen Grad erreicht, da der Ackerbau daselbst keineswegs
zur Ernährung der Bevölkerung ausreichte und die Kleinweber, Nagel=
schmiede und Nadler, aus denen sich meistens jene Ortschaften zusammen=
setzten, durch die inzwischen entstandenen Maschinen und Fabriken fast
gänzlich zu arbeiten hatten aufhören müssen. Die Gemeinden forderten
Ueberlassung der Jagd= und Fischereigerechtigkeit in der Gemeinde, Auf=
hebung des Zehents von allen Bodenerzeugnissen und von den Grund=
zinsen, Einführung von 2 bis 3 Holztagen im Monat zum Einsammeln
des Leseholzes, der Erdstöcke, des Laubes und Mooses ꝛc.: — aber der
Graf machte nicht die geforderten Zugeständnisse im vollen Umfange,
wollte letztere auch bloß als wieder aufhebbare Gnadengeschenke ange=
sehen wissen und beschritt den für die Gemeinden verderblichen sogenann=
ten Rechtsweg: wodurch die bedauernswerthen Landbewohner, wenn sie

auch ein Stück Wald abbrannten und fünfhundert Baumstämme umhieben, zuletzt unterliegen mußten.

Sowie die Behörden sich wieder stark genug glaubten, zogen sie auf dem Lande die Zügel wieder straffer an.

In dem Dorfe Rüdenau bei Miltenberg wurde im Juli eine fürstlich Leiningen'sche Kommission, welche wegen Wilddieberei Haussuchungen vornehmen wollte, anfangs zwar von den Bauern verjagt, kehrte aber bald mit 300 Mann Exekutions-Truppen zurück, welche nach einigem Kampfe die Bauern unterwarfen. Später wurden diese Truppen noch durch eine Abtheilung großherzoglich hessischer Infanterie und Kavallerie und vier Geschütze verstärkt. Freilich überschätzte auch manchmal die örtliche Reaktion ihre Kräfte.

Am 24. Juli 1848 beschloß zum Beispiel die Regierung in Gera, den Landkammerrath Krause, weil er sich seit dem April der Bauern kräftig angenommen und dieselben zu Sturm-Petitionen aufgefordert hatte, verhaften zu lassen: worauf das mit Waffen herbeigeeilte Landvolk, nachdem es die verschlossenen Stadtthore eingebrochen und das ihm entgegentretende Militär, die Bürgerwehr und Turnerschaft zurückgeworfen hatte, die Freilassung des Arrestanten erzwang. Ebenso erzwangen im Städtchen Penig fünf Landgemeinden die Freilassung eines Bauern, der ins Gefängniß gesetzt worden war, weil er ein Häschen geschossen hatte.

In Oesterreich bestand für die Bauern der Grunddienst oder Erbzins, das Laudemium und Mortuar, die Robot, die grundherrliche Dorfobrigkeit, der große und der kleine Zehent (Sack- und Blutzehent), die Herrschaften führten als Nutzungseigenthümer die Grundbücher, und besaßen das alleinige Jagdrecht, sowie sie auch die alleinige Gerichtsbarkeit ausübten und im Besitze der Waisenkasse und des Depositen-Amtes waren. Die österreichischen Bauern befreiten sich nicht auf gewaltsame Weise, sondern förderten im Gegentheil, wie weiter unten ersichtlich werden wird, als durch den Reichstag die Gutsunterthänigkeit abgeschafft worden war, die Reaktion. In Thüringen — besonders auf dem Walde, — wo die Landbewohner fast überall sich rebellisch gezeigt hatten, wurden in den wildesten Gegenden die Hauptanführer verhaftet und bestraft, nachdem sich die Bewegung etwas abgekühlt hatte. Das Landvolk ermattete sehr bald; denn der Bauer, wenn er halbwegs ein Gütchen besaß, bewies sich meistens als ein großer Egoist und wollte, nachdem er seine eigenen Errungenschaften in Sicherheit genießen zu können glaubte, um so sehnsuchtsvoller Ruhe haben, als ihn das Gesinde jetzt wegen größerer Ansprüche besorgt machte und als ihn die Verfassungsarbeiten der konstituirenden Versammlungen, die er nicht verstand, gleichgültig ließen. Er fing bald an für seine Habe seitens der ganz armen Leute Befürchtungen zu hegen. Die Lohnarbeiter auf dem Lande aber waren, wenn sie auch ihre kärgliche Lage verbessert zu sehen wünschten und hin und wieder re= voltirten, viel zu ungebildet, um sich über die persönlichen Bedürfnisse des Augenblicks hinaus zu allgemeinen Forderungen behufs der Hebung ihrer Klassenlage zu vereinigen. Hierzu war Deutschland wirthschaftlich noch nicht genug entwickelt.

Die nämliche Reaktion, welche beim Landvolke eintrat, zeigte sich auch in den Städten. Da hier ebenso, wie bei den Bauern auf dem Lande, die Größe der Habe den Maßstab des Werthes für den Bürger abgab und da folglich der Geldstolz in den Einzelnen das Bestreben er= zeugt hatte, reicher scheinen zu wollen als sie wirklich waren, so gehörte es in den sogenannten bessern Kreisen der Bürgerschaft zum guten Tone, sich nicht mit dem niedern Volke, den kleinen Meistern, den Hökern, Krämern, Handarbeitern und Gesellen, zu viel einzulassen. Gerade aber das niedere Volk war es, welches überall zuerst tumultuirte, weil es den meisten Druck fühlte, nicht viel zu verlieren hatte und auch von Anstand und Sitte weniger in Schranken gehalten wurde. Die harte Behandlung seitens der Beamten und Polizei, die Akzise, das Rauchverbot, die Thor= sperre, die Brottaxe, die Polizeistunde und ähnliche Leiden brachten das niedere Volk der Städte zunächst in Harnisch. Man richtete also die Blicke auf das Handgreifliche, Einzelne und vor Augen Liegende, weil die Uebersicht über das Ganze fehlte. Die lokale Natur der Beschwerden hatte zur Folge, daß die Tumulte ohne bewußte Verbindung städte= weise und abgerissen vorfielen. Revolutionärer Brennstoff war vorhanden und gab sich in lärmenden Auftritten kund; allein es fehlte der Begriff der sozialen Gliederung, das Klassenbewußtsein und die Einsicht in die Gesetze der Erzeugung und Vertheilung der Güter. Nicht minder ging den Armen die politische Kenntniß durchweg ab. Allerdings konnte die= sem Mangel an Einsicht, den die Proletarier mit den Bürgern und Bauern gemein hatten, durch den weitern Verlauf der Bewegung eini= germaßen abgeholfen werden; doch machte er sich im ersten Feuer der Volksbewegung auf Schritt und Tritt fühlbar und erleichterte der Reak= tion ihr Umsichgreifen.

Wegen der in Deutschland allgemein herrschenden Oberflächlichkeit der politischen Urtheile setzte man anfangs allgemein voraus, daß die Pariser Februar=Revolution lediglich in der Vertreibung des Königs und in der Verkündigung der Republik aufgehe. Man faßte also diese Revo=

lution gerade wieder so seicht auf, wie die erste, von der gewöhnlich die Einführung der Republik, die Hinrichtung des Königs und der Königin, die von Robespierre angewandte Guillotine, die in Umlauf gesetzten Assignaten und der Napoleonische Krieg ungefähr das Einzige waren, was das deutsche Volk wußte. Denn die in Deutschland darüber erschienenen Geschichtswerke und die von den zensirten Zeitungen verbreiteten Darstellungen und Urtheile zeichneten sich weder durch klares Verständniß, noch durch Unparteilichkeit aus. Ueber die Republik hegte das deutsche Volk die absurdesten Ansichten, und wenn sie für gleichbedeutend mit der Freiheit angesehen wurde, so stellte man sich doch unter dieser Freiheit die wildeste Zügellosigkeit, Raub, Mord und Todtschlag vor. Man meinte, daß in den Republiken Jeder thun und treiben könnte, was er wollte. Daß es aristokratische, plutokratische, oligarchische, bürgerliche, demokratische, föderalistische, einheitliche, Sklaverei-, Hörigkeits-, Zunft- Republiken gegeben hatte, daran wurde nicht gedacht. Das niedere Volk, von dem Drange nach Verbesserung seiner Lage geleitet, zeigte meistens eine Hinneigung zur Einführung republikanischer Zustände. Darum ließ sich ein großer Theil desselben von den Wortführern der demokratischen Richtung ins Schlepptau nehmen. Freilich ließ ein anderer Theil hier und da sich ebenso leicht von dem Gelde der Reaktion zu solchen Ruhe- störungen verleiten, die der Bewegung nachtheilig waren. Katzenmusiken und damit verbundenes Fenstereinwerfen bei unbeliebten Persönlichkeiten waren sehr in Aufnahme gekommen. Weil die Aufläufe und nächtlichen Ruhestörungen nicht aufhörten, waren die friedliebenden, achtbaren, wohl- habenden und besonnenen Bürger, die keinen Zweck, sondern nur Tob- sucht und Rohheit darin erblickten, schon bald gar sehr darüber aufge- bracht, besonders als ihre Geschäfte von den Unruhen litten und als mit dem eingetretenen öffentlichen Leben eine Menge Ausgaben, die sie früher nicht gekannt hatten, verbunden waren. Die Bürger suchten daher eines- theils die Armen, damit sie nicht allzu übermüthig würden, zu zügeln und anderntheils doch die unruhige Zeit zur Erweiterung ihrer Rechte zu verwerthen. Die allgemein eingeführte Bürgerwehr, die Schutz- und Sicherheits-Wachen oder die National-Garde, wie die Bürgerwehr auch in einigen Städten hieß, gaben nun das Mittel ab, die Armen, wenn sie Aufläufe machten, niederzuwerfen und auseinanderzutreiben, um so mehr, da es zum Schrecken der vermögenden Leute bekannt wurde, daß in Frankreich sozialistische Meinungen nicht nur immer mehr in den Vorder- grund traten, sondern daß sogar in der französischen provisorischen Regie- rung selbst zwei prononcirte Sozialisten, der Geschichtschreiber Louis Blanc und der Arbeiter Albert, wenn auch nur als geduldete Persönlichkeiten, um den Arbeitern Rechnung zu tragen, Sitz und Stimme hatten. Darob vermehrte sich die Mißstimmung über die Unruhen des niedern Volkes. Da durch den von der Bewegung verursachten Geschäftsstillstand viel= fache Arbeitslosigkeit einriß, hörte man zudem bei den armen Leuten wohl auch hier und da Drohungen, die gegen die Sicherheit des Eigenthums und der Person gerichtet waren. Plötzlich tauchte allerorts das Gespenst des Kommunismus auf und war in Aller Munde. Die Furcht vorm Theilen schüchterte alle Wohlhabenden ein. Die Geburts=Aristokratie und die dienstbeflissene Bureaukratie suchten diese Furcht in der doppelten Weise zu mehren, daß sie den Bürgern durch absichtliche Uebertreibung der Ruhestörungen noch ärger bange machten, die Arbeiter dagegen — (wie z. B. vom Grafen Pfeil geschah, der ihnen in einem gedruckten Pamphlete zurief, man habe ihnen Kugeln statt des Brotes geboten) — soviel als möglich zu Tumulten anreizten. Auf diese Art sollten die Be= sitzenden und Besitzlosen, die beide im Bunde für die Aristokratie zu mächtig gewesen wären, sich gegenseitig mürbe machen. Indeß trat eine solche Reaktion der besitzenden Bürgerlichen gegen die Nichtbesitzenden bei dem Stande der damaligen sozialen Entwickelung Teutschlands natur= gemäß von selbst ein. Die Bürgerwehr schritt gegen das niedere unruhige Volk fast stets ein; sie trat damit an die Stelle der Behörden, deren Arm und Ansehen Nichts mehr vermochten. Außerdem war gewöhnlich Sorge getragen worden, daß der Oberbefehl über die Bürgerwehr, von der die Arbeiter schon durch die Sorge für ihren täglichen Unterhalt ausgeschlossen waren, in Händen von Personen ruhte, welchen von der Regierung Vertrauen geschenkt werden konnte.

Wie die Zersetzung des Volkes und das Auftreten der Besitzenden gegen die Nichtbesitzenden (den sogenannten „Pöbel") sich manifestirte: davon sollen im Folgenden einige Beispiele gegeben werden.

In Braunschweig fielen am 26. März Thätlichkeiten gegen den Stadtrath Mack vor. Um die Wiederkehr der Unruhen zu verhüten, for= derte am folgenden Tage der Magistrat die Bürger zum Eintritt in die besser zu organisirende Bürgergarde auf, und als nun beim Dunkelwerden „der Pöbel" sich zur Wiederholung der Vorfälle des vorigen Abends anschickte, formirten die Bürgergardisten Haufen und schritten gegen die Unruhstifter ein. Das „Volk" seinerseits fiel die Bürgerwehr mit Knüt= teln und Steinen an und traktirte sie sogar mit einzelnen Pistolenschüssen. Dagegen brachten die Bürgergardisten die Gewehrkolben in Anwendung Um Mitternacht war die Ordnung wieder hergestellt. Tags darauf bewaffnete sich auch der Turnverein und vereinigte sich mit der Bürgerwehr gegen das niedere Volk. Der Herzog aber zeigte sich den Unterthanen nicht nur am Fenster, sondern begab sich auch mitten unter die Volksmasse und schwang die schwarz-roth-goldene Fahne. Gleichsam als Lohn für ihren Beistand erhoben die von den beiden Advokaten Dr. Aronheim und Lucius geleiteten Bürger die damals gewöhnliche Forderung der konstitutionellen Freiheiten. — In der Musterrepublik Bremen machten am 6. März, wie es hieß, „trunkene Arbeiter, fremde Handwerksburschen und Straßenbuben" einen Straßenauflauf. Sie zertrümmerten die Thorsperrbuden, vertrieben die Sperrgeldeinnehmer, zerschlugen die Laternen und warfen in öffentlichen und Privatgebänden die Fenster ein. Das geworbene Linienmilitär weigerte sich, gegen die Tumultuanten einzuschreiten. Doch die Kavallerie und Bürgerwehr brachten die Herstellung der Ordnung zuwege. Den folgenden Tag war die Entrüstung der Bürger über die Ordnungswidrigkeiten allgemein. Es thaten sich nun die Bürgerwehr, die Schützengesellschaften und andere Vereine behufs Aufrechterhaltung der Ruhe zusammen. Von wesentlichem Belang bei dieser Aufrechterhaltung der Ruhe war der Arbeiterverein „Vorwärts," bestehend aus Zigarrenmachern und gestiftet von einem gewissen Dr. Karl Andrée. Doch erhielten wohlweislich diese Arbeiter, die die Ruhe aufrecht erhalten halfen, keine Waffen, sondern verrichteten ihren Schutzmanndienst mit einer weißen Binde um den Arm. Ein zwei Monate vorher gegründeter Bürgerverein „zur Förderung ächten Bürgerthums" bildete den Mittelpunkt der gesetzlichen Bestrebungen Nachdem die Volksaufläufe überwältigt worden waren, traten die Bürger mit ihren Forderungen hervor und erlangten außer der Zusage der Verfassungsreform die üblichen konstitutionellen Errungenschaften. — In der Musterrepublik Hamburg ging es ganz ähnlich her. Denn als am „Lämmerabend", einem in Hamburg zu Pfingsten gefeierten Volksfeste, das niedere Volk abends mit Gewalt durch das Steinthor eindrang, die aus Bürgergardisten bestehende Thorwache vertrieb und sowohl das Wachtgebäude als auch das gegenüberliegende Akzise-Gebäude, in welchem sich die Sperrbude befand, in Brand steckte: da wurde sofort durch Generalmarsch die Bürgergarde aufgeboten und vermittelst derselben die Ruhe wiederhergestellt. — Daß auch anderwärts die Bürger auf diese Weise und zu diesem Zwecke die Ordnung aufrecht erhielten, davon legt unter Anderm die in der Stuttgarter Bürgerversammlung vom 2. März beschlossene Adresse an den König Zeugniß ab. Denn darin heißt es: „Immer noch sehen wir der gesetzlichen Regelung des Rechts, Waffen zu tragen, vergeblich entgegen

Kein unbescholtener Mann sollte von diesem Rechte ausgeschlossen sein, zumal jetzt, wo es gilt, seine Gemeinde, den Staat, sich und sein Eigenthum zu schützen." Man konnte sofort sehen, ob es den Bürgern mehr um ihren Besitz als um die allgemeine Freiheit zu thun war.

Bürgerwehren zum Schutze des Eigenthums gegen die armen Leute waren übrigens keine neue Erfindung in Deutschland. Abgesehen von den Maßregeln gegen die in Folge der zweiten französischen oder Julirevolution in Deutschland vorgefallenen Unruhen waren Bürgerwehren erst neuerdings im Jahre 1847 während der theuren Zeit errichtet worden, als das arme, vom Hunger getriebene Volk die Kartoffel- und Brotaufstände machte. Jetzt im März 1848 bildeten sich sogar in Baiern, wo doch wenig revolutionärer Zündstoff vorlag, überall in den größeren Städten Sicherheitswachen. In Prag veranlaßte der Oberstburggraf den Obersten der Nationalgarden Andreas Haase, daß dieser an die Nationalgarde und die Studentenlegion am 2. April die Aufforderung richtete, sich zur Unterdrückung jedes Tumults bereit zu halten. Ebenso forderte der Graf Hoyos, der vom Kaiser ernannte Kommandant der Wiener Kommunalgarde, die Nationalgardisten in einem Maueranschlage auf, daß sie alle schlechten Schriften und Plakate, die sie an den Straßenecken finden würden, abreißen und vernichten, auch die Verfasser oder Anhefter auf der Stelle in Haft nehmen sollten. Ingleichen schützte in Glauchau die Bürgergarde das gräfliche Schloß vor Zerstörung. In Göttingen sorgten die Bürger unbewaffnet und vereint mit den Studenten für die Wahrung der Ruhe. Sehr auffällig und äußerst charakteristisch für die allgemeine Tendenz der Nationalgarden war ein Vorgang in Hannover, der damals viel von sich reden machte. Dort nämlich verhafteten unter thätlichen Mißhandlungen die Männer der Bürgerwehr den unter den Krondeputirten tagenden Weinhagen aus Hildesheim auf Anordnung des hannöverischen Ministeriums. Bei dieser Verhaftung rief der Kommandant Hofrath Holscher: „Fangt den Kerl todt oder lebendig!" Und der erst in Hildesheim durch einen dem Gericht abgenöthigten Freilassungsbefehl aus der Haft entlassene Weinhagen blieb darauf 99 Tage im Kerker, mußte aber endlich, weil ihm keine Schuld nachgewiesen werden konnte, als unschuldiger Mann wieder auf freien Fuß gesetzt werden. — Sehr scharf trat die Trennung zwischen Volk und Bürgern in Wiesbaden hervor. Hier war am 4. März eine ungeheure Menge Volks zusammengeströmt. Die Leute schrien: „Wir wollen den Herzog hier haben; wenn er nicht kommt, so wollen wir ihn nicht mehr haben." Sie verlangten, weil sie sich vom dortigen Komité verrathen glaubten,

die Unterschrift des Herzogs und mißhandelten den zum Frieden mahnen=
den Hergenhahn. Das Volk, davon überzeugt, daß man es betrügen
wollte, lief nach dem Zeughaus, um sich daselbst mit Waffen zu ver=
sehen. Aber sowohl das Zeughaus und die Kanonen, wie die ganze Mu=
nition wurden von der Bürgergarde gehütet und so wirksam vertheidigt,
daß das Volk wieder abziehen mußte. Als dann der Herzog ankam und
am Arme Hergenhahn's sich ins Schloß begab, diente ihm die Bürger=
garde zur Bedeckung. Die Wiesbadener Bürgerwehr war 2000 Mann
stark, und ein sogenanntes Sicherheitskomité betrieb die Organisation der
Bürgerbewaffnung im ganzen Lande *). Am preußischen Hofe dachte man
an das Errichten von Nationalgarden, die das niedere Volk im Zaume
halten sollten, schon anfangs März **). Als sie dann nach dem Berliner
Straßenkampfe ins Leben traten, erhielten sie auch hier Gelegenheit, wie
weiter unten ersichtlich werden wird, die ihnen zugedachte Aufgabe zu er=
füllen. v. Boyen hatte dieses Sicherheitsinstitut schon zwei Jahre vorher
anempfohlen. In Köln wurde eine Sicherheitsgarde ausdrücklich zu dem
Zwecke errichtet, Personen und Eigenthum zu schützen. — Noch soll ein
Beispiel aus Thüringen hier folgen. Am 11. März strömten in Weimar
Volkshaufen vom Lande und aus den Städten Weimar, Apolda, Putt=
stedt, Jena und Eisenach zusammen. Etwa 6000 Männer rückten gegen
das Schloß vor und schwangen drohend die Stöcke. Aber den Schloßhof
hütete die in aller Eile aus Freiwilligen gebildete Bürgerwehr, und so
ward der Landesfürst vor seinen empörten Unterthanen geschützt, zumal
da auch die von Jena gekommenen Studenten, auf die das Volk allein
hörte, zur Güte sprachen und mit den einfältigen Leuten das einfältige
Lied: „Freiheit, die ich meine," sangen.

Demnach steht unumstößlich fest, daß, als den Regierungen die
Macht zum Widerstande entschwunden war, gerade die Bürger gegen die
siegreiche Bewegung die erste offene Reaktion bildeten. Die Arbeiter in
den Städten und auf dem Lande, zu denen auch die kleinen Handwerker

---

*) Dieses Sicherheitskomité, das sich bald darauf das Zentralsicherheitskomité
nannte, suchte auch Frieden zu stiften in den unter der Bormäßigkeit des Grafen
von Waldbott-Bassenheim stehenden Herrschaften Cransberg und Reifenberg. Hier=
hin begaben sich vier Komitémitglieder in Begleitung des Justizrath Spieß am
9. April, vermochten aber die Leute in den aufrührerischen Gemeinden, die eine
Menge ihnen abgezwackter Rechte wieder verlangten, nicht so leicht zu beschwich=
tigen, wie sie gehofft hatten.

**) Anfangs März entstanden in Berlin Schutzmänner mit Stäben. Sie
wurden vom Volke verhöhnt.

und kleinen Bauern zu rechnen sind, waren die Träger der Bewegung, die eigentlichen Revolutionäre. Da wurden die halbwegs begüterten Leute um ihren Besitz besorgt und traten für die ohnmächtigen Behörden be- waffnet zur Erhaltung der Ruhe und Ordnung ein. Als sie das niedere Volk gezügelt hatten und sich selber faktisch im Besitz der Macht für den Augenblick sahen, machten sie Linksumkehrt und verlangten ihrerseits von den Regierungen für die dargebrachte Rettung Zugeständnisse. Sie boten in ihren Forderungen einen Kompromiß an. Die eingeschüchterten Regie- rungen gaben nach, bewilligten ihnen Alles. Hiermit war der Bewegung Halt geboten: — sie blieb, wie man es damals ausdrückte, vor den Thronen stehen.

Wenn die besitzenden Klassen sogleich vor der Bewegung bange ge- wesen waren, weil sie befürchteten, die Armen würden in Verwilderung gerathen, alle Arbeitslust und allen Gehorsam, sowie alle Scheu vor der sogenannten Heiligkeit des Eigenthums verlieren: so wurde dieser Be- fürchtung allerdings Raum gegeben durch einige starke Ausschreitungen der in Aufruhr gerathenen untern Stände. Oft wurde indeß nur ein blinder Schrecken erzeugt, indem falsche Gerüchte über geschehene oder noch bevorstehende Raubzüge verbreitet wurden. So wurde die Umge- gend Tübingens alarmirt durch die falsche Nachricht von einem Plünde- rungszuge der Franzosen, die meiningische Grafschaft Kamburg wurde in Bewegung gesetzt durch den aus der Luft gegriffenen Einfall der armen Bewohner des preußischen Städtchens Schkölen (bei Naumburg an der Saale), und im Bambergischen wurden ängstigende Gerüchte verbreitet über einen beabsichtigten Einfall der meiningischen Waldleute. Dazu kam, daß die Ausbrüche der Volkswuth häufig falsch aufgefaßt und dargestellt wurden, wenn für Raub- und Brandzug galt, was im Grunde eine Er- hebung gegen langjährige Bedrückung, gegen Ausbeutung oder gegen un- haltbare Vorrechte des Mittelalters war. Die mit Eigenthumszerstörung verbundenen Aufstände gegen die Standesherren ließen sich freilich, wenn man den Maßstab des aus dem Mittelalter überlieferten Rechts (des Standesherrenrechts) anlegte, als eben so viele Verbrechen darstellen, doch waren sie im Ganzen meist der Durchbruch und Kampf des lebendigen neuen Rechtsbewußtseins gegen das verrottete alte. Und wenn sich in Thüringen, Franken und im Elsaß die Judenfamilien flüch- ten mußten, indem sie flehten, sie wollten gerne auf die Emanzipation verzichten, wofern ihnen nur Sicherheit zu Theil würde: so rührte doch der Grimm gegen sie großentheils daher, daß sie einen langjährigen

Wucher ausgeübt und viele Personen durch raffinirte Kredit=Gewäh=
rung und heimtückische Kredit=Entziehung ins Verderben gestürzt hatten.
Die Furcht ergriff zunächst die großen Kapitalisten und Grund=
besitzer, d. h. Diejenigen, welche am Meisten zu verlieren hatten. Auch
hatten dieselben als begünstigte Klasse der Gesellschaft triftigen Grund,
wenigstens die Besorgniß zu hegen, daß sie, wenn die untern Klassen
zur Gleichberechtigung im Staate gelangten, die bisher genossenen Vor=
rechte einbüßen würden. Aber die Furcht steckte bald auch den Klein=
besitz an. Mochte dieser immerhin aus der Bewegung Gewinn zu ziehen
suchen, so ließ er sich nichtsdestoweniger durch den Aufruhr der Besitz=
losen in Angst versetzen. Denn er war einestheils ja gewohnt, die Aller-
weltsdiener der Gesellschaft in gelassener, unterthäniger Haltung zu sehen
und sich bei einem feindlichen Gegensatz auf die Seite des von ihm er=
strebten Großbesitzes, von dem er den guten Ton bisher immer empfan=
gen hatte, zu stellen, anderntheils aber klammerte er sich an seine Habe
um so ängstlicher an, je geringer sie war und je mehr es Mühe gekostet
hatte, sie zu erwerben und zusammenzuhalten.

Die Angst um die Habe steigerte sich nicht weniger durch die Un=
gewißheit, in der man sich deßhalb befand, weil sich nicht voraussehen
ließ, welches Ende die Bewegung nehmen würde, als durch die lange
Dauer der den Verkehr lähmenden Unruhen. Aus dem äußerst bewegli=
chen Barometer der Börse läßt sich entnehmen, wie leicht durch gering-
fügige, oft grundlose Zeitungsnachrichten die Kapitalisten in Schrecken
gesetzt werden können. Damals jedoch, als der Bestand einer Menge Staaten
gefährdet schien, deren Papiere den Reichthum vieler vermögenden Leute
ausmachten, war der Schrecken der Geldleute sowohl permanent, als
auch in dem fortwährenden Krachen der vielen Staatsgebäude wohl be=
gründet. In der Verlegenheit, wohin sie ihr Geld bergen könnten, boten
häufig große Häuser kleinern Firmen bedeutende Kapitalien mit Verzicht=
leistung auf jeden Zins bloß zum Aufheben bis auf die Wiederkehr der
ruhigen Zeit an, aber — was noch mehr sagen will — diese kleinen
Häuser, obschon sie hierdurch in den Stand gesetzt wurden, sich rasch
emporzuschwingen, trauten das ihnen unverzinslich angebotene Geld in
vielen Fällen nicht einmal anzunehmen, weil es ihnen zur Last fiel oder
weil sie es bei sich nicht sicher glaubten. Gleich dem Werthe des großen
beweglichen Besitzes sank der des unbeweglichen. In Folge des unregel=
mäßigen Einganges des Miethzinses und der mit Demolirung, Brand
und Kugelregen verbundenen Straßenkämpfe fiel in den Städten der
Preis der Häuser, sowie auf dem Lande die Domanial=Gründe an Werth)

verloren. Auf der andern Seite gingen die durch die Bewegung von Lasten befreiten Bauerngüter in die Höhe Alle Verhältnisse schienen umgekehrt. Der Reiche wollte nicht für reich gelten, und er klagte schon deßhalb seine Noth, weil er dadurch die befürchtete „Theilung" abwenden zu können glaubte. In die Armen dagegen war ein bisher unbekanntes Selbstbewußtsein gefahren. Die in aller ihrer Berechnung gestörte Spekulation erlitt empfindliche Verluste, woher es denn kam, daß geachtete Handelshäuser bankerott wurden und in ihren Fall andere, von ihnen abhängige, zogen. Die Geschäftsstockung wurde allgemein und beschädigte den Gewerbfleiß selbst in seinen winzigsten Erscheinungen. Im März wurde der Augsburger Allgem. Zeitung aus Hessen geschrieben:

„Der öffentliche Kredit ist verschwunden, der Handel und Wandel wankt in allen Fugen, die Zuversicht stockt in allen Gewerben, der Verdienst, die Arbeit mindert sich mehr und mehr, die Besitzenden schränken sich ein, die Handwerker und die große Klasse Derer, welche für ihre Existenz auf den Tagelohn angewiesen sind, sehen sich in derselben bedroht und, was das Schlimmste ist, entwöhnen sich wie des Arbeitsfleißes so der heilsamen Beschränkung auf ihre gewohnte Aufgabe, bieten sich der Bewegung als willige Werkzeuge, die bald bereit sein werden, die Rollen umzukehren. Der besonnene Bürger kennt die bedrohliche Gefahr."

Schon zu Anfang Aprils traten in Leipzig nach dem Vorgange Hamburgs 56 Handlungen zu einem Vereine zusammen, um den verderblichen Folgen der Stockungen entgegenzuwirken, und zwar gab dieser Verein, indem er die Summe von einer halben Million Thaler aufbrachte, auf gesunde courante Waaren Vorschüsse zu fünfzig Prozent. Dabei bewilligte die sächsische Regierung, um der Industrie Erleichterung zu verschaffen, dem Handelsstande zwei Millionen zu Vorschüssen auf gangbare Waaren und zur Diskontirung von Wechseln.

In dieser Geschäftsnoth richtete der niederösterreichische Gewerbeverein an seinen Protektor, den Erzherzog Franz Karl, folgende Adresse:

„Ew. Majestät! Ungeheure Ereignisse haben im Westen von Europa stattgefunden, der Kredit ist auf das Tiefste erschüttert, alle Gewerbe stocken, und es droht die höchste Gefahr! Nur ein festes inniges Anschließen der Regierung an die Stände und Bürger, ein festes inniges Anschließen Oesterreichs an die Interessen des gemeinsamen deutschen Vaterlands und Offenheit kann das alte, so oft erprobte Vertrauen wieder gewinnen! In dieser Zeit der Noth wagt es daher der gehorsamste niederösterreichische

Gewerbeverein, Eurer Majestät die Versicherung zu geben, daß alle seine Glieder bereit sind, Gut und Blut für das angestammte Kaiserhaus zu opfern, indem sie überzeugt sind, daß Euere Majestät nur die weisesten und zweckmäßigsten Mittel wählen werden, das drohende Unglück abzuwenden. Ewr. Majestät treugehorsamster niederösterreichischer Gewerbeverein."

So verständigten sich Jene, welchen die Kredit- und Geschäftsnoth auf die Nägel brannte, mit den Regierungen über die Ableitung der Bewegung vom sozialen auf das nationale Gebiet. Der Erzherzog dankte im vorliegenden Falle dem Gewerbeverein in den Worten:

„Gewiß, wir haben nie in die Treue Zweifel gesetzt, welche Sie neuerdings an den Tag legen. Ja, es ist an uns, fest zusammenzuhalten, denn nur dann können wir zum gewünschten Ziele gelangen. In Ihrer Mitte zu stehen kann nur höchst erfreulich sein."

Damals war die Wiener Sparkasse von Leuten, die ihre Einlagen herausziehen wollten, den ganzen Tag hindurch umlagert, und die österreichische Nationalbank sah sich zum ersten Male genöthigt, einen Ausweis über ihre Bestände zu geben, um der Entwerthung des Papiers und dem massenhaften Abzuge des Baarvorraths einigermaßen Einhalt zu thun. Der Betrag der im Umlauf befindlichen Banknoten betrug 214.116,440 Gulden, und das Silber wurde auf einmal so rar, daß die österreichische Regierung die Silberausfuhr untersagte.

Die Verkehrsstockung machte sich am Meisten fühlbar in den beiden größten deutschen Städten, den Zentral-Punkten Wien und Berlin, von wo sich die von ihren Renten lebenden Leute, weil daselbst die Schlachten der Revolution geliefert wurden, sammt den Höfen in sichrere Plätze zurückzogen. Indem ausgesprengt wurde, daß nur Fremde, d. h. Franzosen, Polen, Italiener, Ungarn und solche Teutsche, die keine cockneys waren, die Wiederkehr der Ruhe durch ihre Hetzereien verhinderten, brach in Wien ein Sturm seitens der Spießbürger gegen den Westphalen Dr. Schütte los, nachdem dieser auf einer Volksversammlung zu einer Massen-Petition aufgefordert hatte. Nicht nur wurde Schütte von der Regierung ausgewiesen, sondern die Nationalgarde, einen übertriebenen Ordnungseifer entfaltend, legte auch zum Einschreiten gegen die radikalen Klubs ihre Bereitwilligkeit an den Tag. In Berlin bejammerten die Spießbürger sowohl den Wegzug vieler wohlhabenden Familien, als auch die Abwesenheit der Garden, die, wie sie berechneten, der Stadt jährlich gegen zwei Millionen Thaler eingetragen hätten. Zu der allgemeinen Geschäftsnoth gesellte sich noch der Umstand, daß die Bürgerwehr der den Behag-

Becker, Reaktion. 4

lichkeit zugethanen, friedlichen Geschäftsmann immer auf den Beinen hielt, weßhalb er nicht in gewohnter Gemüthlichkeit seinem Berufe obliegen konnte, und daß die unaufhörlichen Feste, Verbrüderungen und Trink= gelage an seinen Geldbeutel außerordentliche Ansprüche machten. Er hatte sich vor den Märztagen nicht sehr angelegentlich um Politik bekümmert, oder doch, wenn er es gethan, für sie kein tiefes Verständniß gehabt. Die von den Wortführern des Bürgerthums aufgestellten konstitutionellen Forderungen hatte er miterhoben, theils weil er mit dem Strome schwamm, theils weil dem deutschen Bürgerthume die Märzerrungen= schaften durch die Aufstände des Proletariats fast ohne alles Zuthun in den Schooß fielen. Diese Errungenschaften sollten zur Beschwichtigung dienen. Sie gingen über Alles hinaus, was vor den Märztagen gehofft worden war; was aber noch fehlte, sollte obendrein das Parlament be= scheeren. Der politisch beschränkte Bürger sah also keinen Grund für die Fortdauer oder Erneuerung der Unruhen. Die plötzliche allgemeine Bür= gerfreundlichkeit und huldvolle Herablassung der hohen Aristokratie ließen ihn nicht an eine Reaktion denken, und hätte er daran gedacht, so wären ihm doch die Errungenschaften, die er nie ernstlich angestrebt hatte, um den Preis allgemeiner Geschäftsstockung zu theuer vorgekommen. Ohne es zu ahnen, war er selber ein Theil und Werkzeug der Reaktion!

In den kleinen Staaten richtete das in Masse vorhandene Papier= geld große Verwirrung an. Da die Bankiers der größern Städte sich weigerten, das Papiergeld der Kleinstaaten anzunehmen, strömte dasselbe in das Heimathland zurück, wo es, indem der eine Kleinstaat das Pa= pier des andern wegen eignen Ueberflusses solcher Waare nicht brauchen konnte, die Aengstlichkeit der ohnehin durch die Enge des Verkehrs be= fangenen Leute vermehrte.

Doch die Hauptbesorgniß flößte Frankreich ein. Die plötzliche Stockung in dem Verkehr dieses Großstaates, der alle europäischen Märkte bein= flußte, übte auf das ganze Deutschland einen mächtigen Rückschlag aus. Dazu kamen die falschen Vorstellungen von der ersten französischen Re= volution, die geflissentlich in zahllosen Büchern den Teutschen im schlimm= sten Lichte dargestellt worden war. Hatten doch selbst die allverehrten Dichter Schiller und Göthe (letzterer in dem für Spießbürger mundge= rechten Epos „Hermann und Dorothea") dieses Vorurtheil genährt, wo= gegen die Schriften eines Fichte und Hegel, die der großen Revolution besser gerecht geworden, nicht ins Volk eingedrungen waren. Kein Wun= der, daß die in Frankreich abermals geschehene Proklamirung der Repu= blik sogleich den schlummernden Gedanken an einen Franzosenkrieg wach=

rief. Ging doch damals auch der Kriegsrath der schweizerischen Eidgenossenschaft an die Vorarbeiten für einen „möglichen Gränzzug" und
beschloß, für einen solchen Fall sechs Divisionen, jede 10.000 Mann
stark, zum Schutze der Schweiz aufzustellen. Die allgemeine Besorgniß
wurde keineswegs gemindert, als man entdeckte, daß hinter der neuen
französischen Revolution der Sozialismus steckte. Denn nun meinte man,
die französische Regierung werde, wenn sie anders ihre Arbeiter nicht be-
friedigen könne, dieselben in einem Kriege gegen Europa loslassen, damit
sie sich dort an Beute holten, was sie daheim nicht hätten finden können.
Von dem Sozialismus hatten die deutschen Bürger die schauderhaftesten
Vorstellungen. Noch stärker aber schreckte ihr unschuldiges Gemüth und
ihre empfängliche Phantasie der Kommunismus. Denn er war nach ihrer
liebenswürdig naiven Ansicht das Theilen, das doch nicht bloß höchst unangenehm und schwierig, sondern auch sehr unvernünftig und ungerecht
schien. Bald waren eine Menge schlechter Witze und Anekdoten über den
Kommunismus im Schwange. Namentlich erzählte man, wie Rothschild
einem sogenannten Bummler, welcher von ihm seinen Antheil verlangt,
einen Thaler gegeben habe, mit dem Hinzufügen, das sei bei vierzig Millionen deutscher Brüder der Antheil, der auf den Einzelnen komme. Die
Demokraten sind Bummler, hieß es, und die Kommunisten sind solche
Arbeiter, die nicht arbeiten wollen. Kommunisten, Bummler und Demokraten sind gleichbedeutend. Gesinnungstüchtige Leute aber sind Solche, die
in nichts Anderm tüchtig sind, als in der Gesinnung.

Wenn in Deutschland dem niedern Volke, welches überall Unruhen
hervorgerufen hatte, das kräftige Klassenbewußtsein und der großartige
Massengeist fehlte, so war es doch keineswegs unmöglich, daß die deutschen Arbeiter durch das Beispiel der französischen angesteckt wurden. Die
Angst vor dieser Ansteckung reichte hin, die Bürger in die Arme der
Reaktion zu treiben. Darum schürte die Aristokratie nach besten Kräften
das Mißtrauen der Bürger gegen die Arbeiter. Musterhaft in dieser Beziehung war ein Jammerruf der „Vossischen Zeitung" unterm 7. März
betitelt: „Ein Wort an die Arbeiter." Letztere wurden durch denselben
folgendermaßen ermahnt:

„Laßt euch nicht täuschen! Dieß Wort der Warnung wollen
wir, in dieser Zeit großer Bewegungen, schwerer Ereignisse, an unsere
wackern Arbeiter und Handwerker richten. Euer Beruf ist oft ein
schwerer; das Leben stellt euch keine leichte Aufgabe; aber noch schwerer
ist die Aufgabe zu lösen, allen Uebeln zu wehren, die euch bedrängen.
Laßt euch nicht täuschen! Versprechungen geben ist leicht, sie hal-

ten schwer, oft unmöglich. Was in der Stunde der Aufregung, unter dem Einfluß vielleicht der Begeisterung für ein edles Ziel, mehr aber noch unter dem der Furcht vor augenblicklicher, leidenschaftlicher Gewalt, am Strande der Seine dem Arbeiter versprochen wird: das wird ihm Niemand halten können. Alle Mittel und Wege dazu sind bis jetzt nur Theorien, noch keine hat die Prüfung der Ausführung bestanden. Ja die Unausführbarkeit der meisten springt so klar ins Auge, daß nur die verblendetste Leidenschaft sie übersieht; die Mittel der Abhülfe, die man darbietet, werden vielmehr, wenn sie auch für den Augenblick den Schein der Wohlthat haben, doch bald das Uebel nur maßlos vergrößern. Darum: Laßt euch nicht täuschen! Goldne Berge verspricht die neue Ordnung der Dinge dem Arbeiter in Paris! Sie wirft ihm im ersten Augenblick eine große Summe zu, die aber, auf die Menge der Bedürftigen vertheilt, doch zu einer ganz unbedeutenden wird. Dennoch bleibt sie eine so große für den Geber, daß er sie nicht öfter erschwingen kann. Um Arbeit zu geben, muß das Bedürfniß dazu vorhanden sein; künstlich geschaffene Arbeit stillt die Noth einen Tag und vermehrt sie auf Jahre. Die erste Bedingung zur einträglichen Arbeit sind Ordnung, Ruhe, Friede!.... Die praktischen, tüchtigen Engländer, die wahrlich mit dem Loose des Arbeiters bekannt sind, die seit Jahren Alles thun, um es zu verbessern oder um der Noth zu wehren, die durch die Zeitumstände, welche Gott lenkt, dennoch zuweilen eintritt und nie ganz abzuwehren ist; die Engländer sagen den Franzosen: Was ihr thut, ist thöricht! Ihr heilt das Uebel für heute, damit es morgen dreimal stärker ausbricht. Die Noth, das Unglück schickt Gott. Er schickt sie nicht dem Arbeiter allein, er schickt sie uns Allen. Und niemals haben die andern Stände sich mehr damit beschäftigt, dem Arbeiter seinen Beruf zu erleichtern, als jetzt. Darum nochmals: Laßt euch nicht täuschen! Was ihr wünscht, ist am wenigsten zu erreichen durch den Schwindel der Aufregung, der die Massen ergreift. Er tobt, wie ein Strom, der durch den Damm bricht und die Felder verwüstet, die er nähren soll, die Felder, wo Nahrung auch für euch wächst, wenn sie euch auch nicht zugehören. Was Sonnenschein und befruchtender Regen für die Ernte des Feldes, das ist Ordnung und Friede für die Ernte der Arbeit. Der Aufstand aber ist Hagelschlag! Darum und immer wieder: Laßt euch nicht täuschen!"

So jammerte die „Vossische Zeitung" in Berlin elf Tage vor dem 18. März gegen „den Schwindel, der die Massen ergriff." Als ungeachtet des Hinweises auf die „praktischen, tüchtigen Engländer," welche in der Arbeiterausbeutung das Höchste leisten und insofern mit dem Loose des Arbeiters am Besten bekannt sind, endlich „der Hagelschlag" eingetreten war, da lobte auch die „Vossische Zeitung" den Dammesdurchbruch und begrüßte die neue Zeit als das Morgenroth eines schönen Tages. Aber schon bald erneuerte sich in Berlin der Schrecken vor den kommunistischen Tendenzen der Arbeiterschaft. Und dießmal trug ein Zeitungsredakteur die Schuld. Dr. Julius nämlich, der Redakteur der „Zeitungshalle," hatte eine Proklamation verfaßt, in welcher die achtbaren Leute eine Herausforderung der Arbeiter gegen die Bürger erblickten. Die Entrüstung über solchen Frevel war entsetzlich. Die Studenten besetzten die Zeitungshalle, um in das Publikum kein Blatt dringen zu lassen. Zahlreiche Bürger und alle Leute der Börse verschworen sich, fortan diese Zeitung nicht mehr zu halten, und der Justizminister Bornemann ordnete die Verfolgung des Delinquenten an. Letzterer wurde zum Widerruf bewogen. Als darauf eine große Volksversammlung im Thiergarten vor den Zelten, wo die Arbeiterinteressen berathen werden sollten, abgehalten wurde, ging es so tumultuarisch her, daß der Präsident Gutzkow verschwand. Indeß gewannen die Bürger den Tag. Denn die Arbeiterinteressen wurden zuletzt vier „ehrenwerthen Männern," dem Konditor Klahm, dem Zigarrenmacher und Kattundrucker Bremer, einem gewissen Theophilus Bittkow und dem Kaufmanne Levinsohn zu dem Behufe anvertraut, daß sie sogleich Brot herbeischaffen und zwar das im Voraus für die Soldaten gebackene Brot requiriren sollten. Ferner wurde, damit die Arbeiter nicht aus Müßiggang und Brotlosigkeit aufs Revolutioniren verfielen, ein Kanal von anderthalb Meilen Länge zu graben unternommen.

Im preußischen Rheinlande trat das Klassenbewußtsein der Arbeiter am Frühzeitigsten und Stärksten hervor. Schon in den ersten Märztagen wurden von einer Volksversammlung auf dem Domhofe in Köln die Forderungen: Schutz der Arbeit, Sicherstellung der menschlichen Bedürfnisse für Alle, Erziehung aller Kinder auf öffentliche Kosten u. s. w., erhoben, und am 3 März erschien eine Volksdeputation, an deren Spitze der Dr. med. Gottschalk stand, bei dem sich mit Zusammenfassung der dringendsten Volkswünsche beschäftigenden Stadtrathe, um unter Anderm Regierung und Verwaltung durch das Volk, Organisation der Arbeit und Abschaffung des stehenden Heeres zu fordern. Unter den Führern der Arbeiter machten sich außer Gottschalk der frühere Hauptmann Willich und Annefe bemerkbar. Die Angränzung des Rheinlandes an Frankreich, der Zusammenfluß vieler aus Westeuropa kommenden Arbeiter, ferner die seit einer Generation weiter vorgeschrittene politische Bildung des mit

französischen Institutionen versehenen Landstrichs, sowie die dort aufge=
blühten Fabriken, die den Gegensatz zwischen „Arbeit und Kapital" grell
hervorkehrten, hatten den rheinischen Arbeiterstand mehr gezeitigt, als dieß
in den andern deutschen Landestheilen der Fall war.*).

Aber die soziale Bewegung Frankreichs weckte auch im übrigen
Deutschland den Arbeiterstand. So wird der Augsb. Allgem. Zeitung
aus Leipzig unterm 18. April geschrieben:

„Könnte es noch Jemand bezweifeln, daß die gegenwärtige
Bewegung vielmehr eine soziale als eine politische ist, der
blicke auf die neuesten Erscheinungen, die sich unter unsern Augen be=
geben. Die Gesellschaft in weitester Ausdehnung sucht nach neuen
Gesetzen, und über Das, was davon die Staatsgesellschaft im Be=
sondern betrifft, obwaltet keine eigentliche Meinungsverschieden=
heit. Denn wir, die wir für verfassungsmäßige Monar=
chie in die Schranken treten, verlangen „„mit den Für=
sten,"" was die Republikaner nur durchzusetzen glauben
ohne die Fürsten. An Namen und Formen stößt es sich,
nicht an den Geist und die Sache, und wie unwesentlich
Namen und Formen sind, das zeigt das Beispiel der Ge=
schichte... Also nicht sowohl die Republik und Monarchie, sondern
vielmehr der Besitz und die Arbeitskraft, das Kapital und die Ar=
muth, die dienende und die befehlende Gesellschaftsklasse liegen im
Hader mit einander, suchen nach gerechter Ausgleichung. So ist es
denn geschehen in dieser Stadt, daß sich die Zimmerleute und die Maurer,

---

*) Schon am 11. März suchte das rheinische Bürgerthum Schutz in einem
Bündnisse mit dem Königthum, indem es die konstitutionelle Monarchie als das
einzige Rettungsmittel gegen innere Kämpfe bezeichnete. Es heißt in
der Adresse der rheinischen Ständemitglieder vom genannten Tage: „In der inni=
gen Verschmelzung des Königthums mit der Volksfreiheit liegt die einzige Abwehr
der wachsenden Gefahren, die einzige Bürgschaft, daß die große Errungenschaft
unserer Geschichte nicht in inneren zerrüttenden Kämpfen untergehe: in dieser Ver=
schmelzung endlich und nicht in fremder Hülfe, am Wenigsten in einem Bündnisse
mit jener nordischen Macht, die der Deutsche als den Feind seiner Nationalität
und Freiheit betrachtet, liegt die Siegesgewißheit gegenüber einem Angriffe von
Außen." — Der Ausdruck: „Verschmelzung des Königthums mit der Volksfreiheit"
bedeutet im Munde der rheinischen Ständemitglieder nichts Anderes, als den Kon=
stitutionalismus, den Bund des Königthums mit dem Bürgerthume gegen die
Proletarierstände im Innern und den Angriffskrieg der französischen Sozialisten=
republik nach Außen.

die Schuster=, Schneider=, Barbier= und sonstigen Handwerksgesellen, ferner die Genossenschaften der Buchdruckereien, die Packer, die Ausläder und die Zigarrenspinner vereinigt und versammelt haben, um ihre Ansprüche zu ordnen, den Arbeitgebenden entgegen, und endlich selbst die Dienstmäd= chen... Im Kolosseum, einem Saale, der unter dem Namen „„Tannert's Salon"" noch allgemeiner bekannt ist, hatten sie ihren Tag angesagt. Es war der Palmsonntagabend... Von den Dienstmädchen mochten etwa 300 erschienen sein und drei davon ergriffen das Wort. Sie klagten in der unverfälschten Mundart des Pleißen= und Oberlandes die Herr- schaften der Arbeitsüberforderung an. Sie hoben vorzüglich die Lage der Kindermädchen hervor, die bis 10 Uhr abends die Kleinen warten, dann an das Waschfaß müßten, die mit einer „„Butterbemme"" von früh morgens 5 Uhr an aushalten sollten bis mittags... Zu einer eigentlichen Beschlußfassung gedieh es nicht. Die Rednerinnen begnügten sich, ihre Meinung kundgegeben zu haben... Bedarf es eines deut- licheren Zeugnisses für den überwiegend gesellschaftli- chen Charakter unserer Revolution, als diese Dienstmäd= chenversammlung, selbst wenn wir sie nur als einen Ver- such und sogar als einen nicht gelungenen Versuch be- trachten wollen? Nur das nationale Element behauptet seine Geltung daneben, die politische Forderung tritt dagegen als etwas Nebensächliches, als ein bereits Entschiedenes und Abgethanes in den Hintergrund." U. s. w.

Mochte immerhin ein Spaßvogel sich den Scherz erlaubt haben, im Leipziger Tagblatt eine Dienstmädchenversammlung anzukündigen, so be- wies doch der wirkliche Zusammentritt der Dienstmädchen am angesetzten Tage und Orte, daß die gesellschaftliche Gährung auch sie erfaßt hatte. Deutlicher aber und ernster, als die Dienstmädchenversammlung, sprach die in der angezogenen Korrespondenz hervorgehobene Vereinigung der Zimmerleute und Maurer, der Schuster, Schneider, Barbiere und son= stigen Handwerksgesellen, ferner der Genossenschaften der Buchdruckereien, der Packer, Ausläder und Zigarrenspinner behufs der Regelung ihrer An= sprüche gegenüber den Arbeitgebern. Die Leipziger Buchdruckereibesitzer trugen sogar kein Bedenken, in ihren Streitigkeiten mit den Buchdrucker= gehülfen die Dazwischenkunft des Staats anzurufen, indem sie die Re= gierung baten, das Schiedsrichteramt zu übernehmen.

Im Gegensatze zu andern Arbeitern, deren Bewegung lokal blieb und bloß die Erhöhung der Arbeitssätze oder die Verkürzung der Arbeits= zeit betraf, suchten gerade die Buchdruckergehülfen sich zu einer großen

Gliederung zusammenzufassen. Sie hielten vom 11. bis zum 14. Juni die erste Nationalbuchdruckerversammlung zu Mainz ab und formulirten hier ihre Klagen über den Mißbrauch der Lehrlinge, über die zu ihrem Nachtheil angewandten Maschinen und über die Herabdrückung der Arbeitspreise. Auch arbeiteten sie hier ihre Statuten für einen sogenannten deutschen Nationalbuchdruckerverein, welchem sie den Namen „Gutenberg" gaben, aus. Aber sie waren nicht minder von dem allgemeinen Wahne befangen, daß das nationale Frankfurter Parlament die glückliche Lösung der obschwebenden Fragen vollbringen werde. Deßhalb setzten sie eine Eingabe an die deutsche National-Versammlung auf, worin sie folgende Forderungen erhoben: Gründung eines aus der Wahl der Arbeitgeber und Arbeitnehmer hervorgehenden deutschen Arbeiter-Ministeriums; Abschaffung der allein dem Arbeiter nachtheiligen Ausnahmsgesetze, besonders in Betreff des Wanderns und der Niederlassung; Ueberwachung des Lehrlingswesens, damit einestheils nicht durch die zu große Zahl der Lehrlinge — namentlich in den mit Maschinen arbeitenden Buchdruckereien — den Gehülfen geschadet, und damit anderntheils den Lehrlingen ein Schutz vor Willkür und moralischer Verderbniß gewährt werde; sodann die Beschränkung des Maschinenwesens, insofern durch dasselbe ohne allgemeinen Nutzen der Einzelne bereichert und nicht einmal die fremde Konkurrenz verhindert werde, gesetzliche Beschränkung des Geschäftsbetriebes auf Solche, welche das Geschäft wirklich erlernt hätten, Aufforderung an die geschäftsverwandten Arbeiter, Vereine zu bilden, um die Arbeitspreise festzustellen, und mit Hülfe des Staats Kranken-, Invaliden-, Sterbe- und Wittwenkassen zu errichten; Verwahrung der Nationalversammlung an die betreffenden Regierungen gegen die Ausweisung und Verfolgung solcher Arbeiter, die sich mit Lösung der Arbeiterfrage beschäftigten.

Allerdings verließen sich die Buchdruckergehülfen nicht ganz auf das Parlament. Sie wollten vielmehr ihren Verein zum Ordner über die Geschicke der Buchdruckereiarbeiter machen. Von jeder größern Druckstadt und von den vereinigten kleinern Nachbarstädten sollte je ein Ausschuß, bestehend aus vier Buchdruckergehülfen und drei Prinzipalen, zur Beilegung von Differenzen gebildet werden, von welchem Berufung an den Zentral-Ausschuß, zu dessen Sitz für 1848—1849 Frankfurt am Main bestimmt wurde, eingelegt werden konnte. Jede Verschreibung von Arbeitskräften sollte unberücksichtigt bleiben, wenn sie nicht von dem Ausschusse des betreffenden Orts unterzeichnet wäre. Auch wurde festgesetzt, daß vom 1. August 1848 an jedes Mitglied die Offizin solcher Buch-

druckereibesitzer, welche sich den Beschlüssen des Vereins nicht fügten, ver=
lassen und daß die Arbeiter, welche daselbst noch fortarbeiteten, nebst der
Offizin selbst in Verruf erklärt werden sollten. Gegen die schon vorhan=
denen Maschinen sollte Nichts unternommen werden; nur hatten die Prin=
zipale dafür Sorge zu tragen, daß durch dieselben keiner ihrer Arbeiter
brotlos werde. Ferner sollten, so lange eine Presse stille stände, nur ge=
lernte Drucker bei den Maschinen verwandt, und in diesem Falle bloß
ausnahmsweise des Nachts gearbeitet werden. Endlich sollten die Prinzi=
pale für die Maschinen= und Handarbeit gleiche Preise aufstellen. Zum
Vereinsorgan wurde das in Berlin erscheinende Blatt „Gutenberg"
ernannt.

Wenn die Buchdrucker = Nationalversammlung die Einsetzung eines
freilich unter den obwaltenden Umständen allein der Reaktion dienstbaren
Arbeits=Ministeriums, die Beseitigung der allein den Arbeiter treffenden
Ausnahmsgesetze, das Eingreifen des Staats zur Unterstützung des Kassen=
wesens, sowie die Sicherheit der sich mit der sozialen Frage beschäfti=
genden Arbeiter forderte, entsprach sie dem Fortschritte der Zeit. Sowie
sie aber hemmend in die Entwickelung des Maschinenbetriebs eingreifen
und durch Vereins= oder Ausschußbeschlüsse die Preise regeln zu können
glaubte, vergriff sie sich in den Mitteln. Die Unreife der Arbeiter im
Jahre 1848 bekundete sich gerade darin, daß sie das Uebel nicht bei der
Wurzel zu erfassen vermochten, sondern durch unpassende oder unzurei=
chende Mittel Abhülfe zu schaffen gedachten. Anstatt von der Erkenntniß
auszugehen, daß Derjenige, welcher der Herr der Produktion ist, auch
Herr der Vertheilung wird, suchte man nach Palliativ = Mittelchen, wie
Spar=, Kranken=, Invaliden=, Sterbe= und andern Kassen, oder kehrte
sich gar gegen die der Neuzeit den charakteristischen Stempel aufdrückenden
Maschinen. Wenn auch die einheitliche Zusammenfassung der Buchdrucker=
arbeiter lobende Anerkennung verdient, lag ihr doch die Tendenz zu
Grunde, daß die gesammte Arbeiterschaft nicht als geschlossenes Heer auf=
treten, sondern sich nach ihren Berufsarten in kleine Trupps zersplittern
sollte.

Die Unreife der Arbeiter bildete die innere Stärke der Reaktion und
machte den Rückschlag nicht nur möglich, sondern auch nothwendig. Die
Gewerbefreiheit, welche, obschon dem Arbeiter kein Eldorado bringend,
doch in der Richtung der Zeit lag, wurde darum mit der erheuchelten
Sorge für das Volkswohl bekämpft und dem Arbeiter verhaßt zu machen
gesucht. Ein recht grelles Beispiel für die Unbildung der Arbeiter lieferte
Lübeck. Dort beschloß am 9. Oktober die Bürgerschaft bei der Verfassungs=

revision die Einführung der allgemeinen aktiven und passiven Wahlfrei=
heit mit Aufhebung aller ständischen Unterschiede. Die Arbeiter, denen
von hinterlistigen Leuten eingeredet worden war, das allgemeine Stimm=
recht sei gleichbedeutend mit der sie unfehlbar ruinirenden Gewerbefrei=
heit, verlangten Ständewahlen, machten einen Aufstand und hielten die
Bürgerschaft im Sitzungsgebäude belagert, bis sich dieselbe über die
Dächer hinweg in sichere Häuser flüchten konnte. Nachdem die Bürger=
garde einen Kampf mit den Arbeitern bestanden, das Lübeck'sche Militär
aber den Gehorsam verweigert hatte, rückten Tags darauf oldenburgische
Truppen zur Aufrechterhaltung der Ruhe ein.

Eine ebenso große Unbildung offenbarte sich in verschiedenen kleinen
Städten, von deren Jahrmärkten die auswärtigen Krämer als Ausländer
durch die neidischen einheimischen vertrieben wurden. Auch hier schimpfte
man auf die Handels= und Gewerbefreiheit, indem man sie als den
sichern Ruin des kleinen Bürgers und des Arbeiters bezeichnete.

Ein merkwürdig buntscheckiges Gemisch lieferte der Münchener „Bil=
dungsverein für Arbeiter" in seiner Antwort auf die Adresse des dortigen
Magistrats bezüglich der Gewerbefrage. In dieser aus dem Juli 1848
stammenden „Gegenadresse" kehrt der genannte Verein sich besonders gegen
die Gewerbefreiheit, als deren Nachtheil er hervorhebt, daß sie, weil sie
von persönlicher Befähigung absieht, die Gewerbe dem Pfuscher und dem
großen Kapitalisten in die Hände liefert. Gleichwohl erklärt er sich gegen
den Gewerbezwang, weil letzterer dem natürlichen Rechte, der Entwicke=
lung der geistigen und materiellen Kräfte der Arbeiter, und deßhalb der
Entfaltung der Industrie hinderlich sei. Ferner führt der Münchener Ar=
beiterbildungsverein an, daß „dieß System" (nämlich der Gewerbezwang)
das Recht der Familie und des Eigenthums nur auf Kapitalbesitzer be=
schränke, ein mächtiges „Proletariat von Ehelosen" und eine Leibeigen=
schaft der Werkstätten, die die Keime der gesellschaftlichen Störung in
sich trage, erzeuge. Zugleich sei es in seiner jetzigen Ausprägung mit der
Willkür des Arbeitgebers und der Polizei gegen den Arbeiter verbunden
und führe ungeachtet der Beschränkung der Innungsrechte nicht zur Aus=
gleichung der gesellschaftlichen Mißverhältnisse. Aber was schlägt der
Arbeiterbildungsverein dagegen vor? Zwar fordert er verbesserte Volks=
bildungsanstalten und aus öffentlichen Mitteln unterhaltene Handwerks=
und Ackerbauschulen, wünscht zur Seite des Parlaments eine aus prak=
tischen Männern zusammengesetzte volkswirthschaftliche Zentralkammer, die
offenbar das Parlament als höchst ungenügend erscheinen läßt und in
eine Gewerbe=, Handels= und Ackerbaukammer zerfallen soll, und zwar

bittet er für den Arbeiter um das in Baiern verweigerte allgemeine Stimmrecht behufs der Parlamentswahlen: allein theils verrennt er sich in die Selbsthülfe, theils verlangt er ganz reaktionäre Maßregeln und Bevormundung, so daß er in die größten Widersprüche verfällt. So will er zum Beispiel jedes Gewerbe zur abgeschlossenen Innung gestaltet und die Aufnahme in dieselbe von Unbescholtenheit und von einem Meister=stück, über das ein Ausschuß von Meistern und Gesellen richten soll, ab=hängig gemacht wissen. Obschon die „deutsche Ausländerei" getadelt und die Förderung des Wanderns als eines Bildungsmittels gewünscht wird, so sollen die Arbeiter doch nicht ohne Pässe reisen dürfen. Eine in jeder Stadt zu errichtende Arbeiterhalle soll Auskunft über Arbeitsverhältnisse geben, für augenblickliches Unterkommen sorgen und Geldunterstützung bieten. Die alten Zünfte werden aufgefrischt als sogenannte „zeitgemäße" Wander=, Werkstätten= und Gewerbeordnung. Das noch nicht verhallte Geschrei und Geheul über die Pariser Junischlacht klingt auch aus der Adresse des Münchener Bildungsvereins heraus, wenn darin gesagt wird: nicht durch ein falsches Unterstützungssystem und Nationalwerkstätten, son=dern durch ein zweckmäßiges Bank= und Kreditsysten, durch Spar= und Hülfskassen solle die nöthige Ausgleichung zwischen Kapital und Arbeit in's Werk gesetzt werden. Die Empfehlung von Lagerhäusern für Roh=stoffe und für fertige Waaren, welche durch Assoziation der Gewerbtrei=benden eines Orts gebildet werden sollten, erinnern in der Vereins-Adresse an französischen Ursprung. Wie der Vorschlag einer neben dem Parla=mente tagenden volkswirthschaftlichen Zentralkammer dem in Frankreich mit einem Arbeiterparlamente angestellten Experimente entnommen war, so auch rührte die Forderung einer allgemeinen deutschen Nationalbank, welche das ganze Volks=Kreditsystem in sich schließen sollte, von Paris her, wo Proudhon aus Unkenntniß der nothwendigen Uebereinstimmung zwischen Staat und Gesellschaft die sich selbst regelnde Anarchie herzu=stellen beflissen war. Die unselige Verblendung, wonach der Staat als ein todter Mechanismus, als ein bloßes Gerippe aufgefaßt wurde, ver=leitete den Bildungsverein auch zu der Aufstellung: die Staatsfabriken müßten abgeschafft oder der betreffenden Zunftgenossenschaft zugetheilt werden Gleichwohl wurde der Staat wieder zu Hülfe gerufen, wo es sich um die Beseitigung der erdrückenden Konkurrenz der Fabriken han=delte. Denn „zur Ermöglichung der Konkurrenz" sollten die Fabriken mit höhern Steuern belastet werden! Noch mehr. Der Staat sollte auch gegen die Kaufleute einschreiten und sie verhindern, im Detailverkauf der Waaren der Handwerker an dem Produktionsorte zu konkurriren, während der

Hausirhandel ganz verboten wäre. Ebenso wies die geforderte Ablösung der Real = Rechte auf die Staatshülfe hin. Um die Widersprüche der Adresse recht flagrant zu machen, war zwar gefordert, daß Zollschranken und Wasserzölle aufhören, aber dennoch gegen die Einfuhr fertiger Waaren Schutzzölle, sowie für die Einführung von Rohstoffen Erleichterungen bestehen sollten. Den gröbsten Verstoß jedoch gegen die Oekonomie enthielt das unausführbare, optimistische Verlangen, wonach die Arbeit nicht mehr an den Wenigstfordernden zu vergeben war, weil dadurch der Lohn herab= gedrückt, die Waare verschlechtert und die Uneinigkeit genährt würde. — Somit herrschte in dieser Adresse die ärgste Konfusion. Der Staat wurde zu Hülfe gerufen und doch wieder die Selbsthülfe als das einzige Aus= gleichungsmittel gepriesen; während neben dem ungenügenden Parlamente eine volkswirthschaftliche Zentral=Kammer bestehen sollte, verlangten die Arbeiter dennoch auch im Parlamente zu sitzen; die Gewerbefreiheit wurde verurtheilt, und ebenso die Gewerbebeschränkung getadelt, die dennoch als Gewerbeordnung und verjüngte Zunft wieder zum Vorschein kam; auf der einen Seite sollte das Fallen aller Zollschranken und Wasserzölle die Handelsfreiheit herstellen, indeß auf der andern Seite das ärgste Prohi= bitivsystem befürwortet wurde. Bei einem solchen Mischmasche konfuser Ideen konnte natürlich der vierte Stand, der nur mit einheitlichen, ein= fachen, auf den Grund gehenden und darum allgemein verständlichen For= derungen durchzudringen vermocht hätte, seinen zahlreichen und klugen Feinden keine siegreiche Schlacht liefern.

Die gefährlichsten Reaktionäre des vierten Standes waren viel we= niger die einen unmöglichen Musterstaat fertig habenden Kommunisten, als die um ihren Zunftzopf bekümmerten Handwerker. Vom 2. bis zum 6. Juni waren in Hamburg Abgeordnete des norddeutschen Handwerker= und Gewerbestandes versammelt, um die Anordnungen für einen auf den 15. Juli in Frankfurt am Main zu berufenden allgemeinen deutschen Handwerker- und Gewerbekongreß festzustellen. Dieser Kongreß sollte den Entwurf zu einer „allgemein deutschen zeitgemäßen" Handwerker= und Gewerbeordnung ausarbeiten und denselben dem „hohen deutschen" Parlamente vorlegen. Die in Hamburg niedergesetzte Kommission richtete einstweilen an das Parlament folgende Adresse:

„1. Wir erklären uns mit der größten Entschiedenheit gegen Ge= werbefreiheit und verlangen, daß dieselbe, in so weit sie in Deutschland besteht, durch einen besonderen Paragraphen des Reichsgrundgesetzes auf= gehoben werde. 2. Wir erklären uns für würdig und befähigt, unsre An= gelegenheiten selbst zu ordnen, also auch die Lösung der sozialen Frage selbst zu übernehmen. 3. Wir zeigen dem hohen Parlamente an, daß wir auf Grund des allgemeinen Versammlungsrechts, zum 15. Julius d. J. in Frankfurt a. M. eine Versammlung von Abgeordneten des Handwerker- und Gewerbestandes aus dem ganzen deutschen Vaterlande berufen, um einen durch dieselben abzufassenden Entwurf einer allgemeinen Hand-werker- und Gewerbeordnung auszuarbeiten und dem hohen Parlamente vorlegen zu lassen."

Der vom 14. bis zum 29. Juli in Frankfurt tagende Handwerker-kongreß entsprach denn auch dem Hamburger Präludium.

Das Resultat seiner Verhandlungen lautete:

I. Eine allgemeine Ordnung für die Handwerker und technischen Gewerbe ganz Deutschlands, gestützt auf folgende Grundsätze:

a) Der Betrieb eines Handwerks oder technischen Gewerbes ist be-dingt durch Gewinnung des Meister- und Ortsbürgerrechts.

b) Das Meisterrecht ist bedingt durch innungsmäßiges Erlernen des Gewerbes, durch den Befähigungsnachweis und durch das zurück-gelegte 25. Lebensjahr.

c) Alle Handwerker müssen zu Innungen zusammentreten.

d) Je einem Meister kann das Recht zur Ausübung nur eines Handwerks oder technischen Gewerbes ertheilt werden.

II. Schutz des Handwerkerstandes.

A) Nach Innen.

a) Mit Einführung der neuen deutschen allgemeinen Gewerbeordnung sind alle an dem Betriebe von Handwerken oder technischen Ge-werben haftenden Realrechte aufzuheben. Vorher sollen jedoch sämmt-liche betreffenden Staatsbehörden, nach Grundsätzen der Billigkeit, den Werth der einzelnen Realrechtbesitze mit Rücksicht auf die, in diesem Augenblicke auf fraglichen Gewerberealitäten haftenden Pas-siven ermitteln und hiernach eine billige Entschädigung festsetzen, welche, wo möglich, binnen Jahresfrist zu erstatten ist.

b) Auf dem Lande, in Dörfern und auf Höfen sollen nur solche Handwerke und technischen Gewerbe, und diese nur in solcher Anzahl betrieben werden, wie sie das Bedürfniß eines Bezirks erfordert, mit billiger Rücksicht auf solche Gewerbe, deren Fabri-kate in fernen Gegenden Absatz finden.

c) Die rechtmäßigen Zeichen und Firmen sollen gegen Nachahmung geschützt, und das Führen falscher Zeichen und Firmen für In-dustrie-Erzeugnisse soll verboten werden.

d) Der Hausirhandel mit Handwerksartikeln ist unbedingt zu ver=
bieten.

e) Staats= und Kommunalwerkstätten sind unzulässig.

f) Staats= und Kommunal=Arbeiten, sowie Lieferungen, sollen nicht
mehr an den Mindestfordernden, eben so wenig in Submission
vergeben, sondern in Uebereinkunft mit den betreffenden Behörden
von Innungen abgeschätzt und an die Innungsmitglieder der
Reihenfolge nach vertheilt werden. Bei Uebernahme solcher Ar=
beiten und Lieferungen sollen jedesmal praktische Meister den be=
treffenden Beamten an die Seite gesetzt werden.

g) Die Fabriken sollen besteuert werden. Die Fabriken sollen be=
schränkt werden. Große Gewerbe sollen zu Gunsten der kleinen
besteuert werden.

h) Nur dem Handwerkerstande ist der Handel mit seinen Erzeugnissen
und den in sein Fach einschlagenden Gegenständen gestattet.

B) Nach Außen.

a) Alle Gewerbeerzeugnisse, welche vom Auslande eingeführt werden,
müssen zum Schutze der deutschen Industrie mit hohen Eingangs=
zöllen belegt werden. Rohstoffe, welche in Deutschland selbst zur
Fabrikation nöthig sind, sollen beim Ausführen angemessen be=
steuert werden. Die Ausfuhr deutscher Fabrikate ist von Seiten
des Staates durch Ausfuhrprämien zu begünstigen.

b) Begünstigung der Einfuhr des in Deutschland gar nicht oder
nicht hinlänglich erzeugten Rohmaterials.

c) Handelsverträge mit dem Ausland, welche Deutschland auch den
Zugeständnissen entsprechende Vortheile gewähren.

C) Verhältnisse zum Staate.

a) Vertretung der Innungen durch Spezialkammern und eine allge=
meine deutsche Handwerkskammer.

b) Ausschließliches Recht der inneren Selbstverwaltung durch die
Innungen.

D) Hülfsmittel.

a) Unentgeltlicher Unterricht in allen Schulen und Verbesserung der=
selben; Gründung von Gewerbschulen auf Kosten des Staates
zur Fortbildung der für ein Gewerbe bestimmten Knaben, in denen
der technische Unterricht durch praktisch gebildete Lehrer ertheilt wird.

b) Durch Hülfskassen und Vorschußbanken.

c) Durch zweckmäßige Kreditgesetze.

Der Handwerkerkongreß machte nach zwei Seiten hin Front: ein mal gegen die Fabriken und dann gegen das Proletariat. Die Fabriken wollte er möglichst beschränken und mit Steuern belasten; die Staats= und Kommunalwerkstätten sollten abgeschafft, ferner die Staats= und Kommunalarbeiten, sowie auch die Lieferungen bloß noch von dem kleinen Handwerk besorgt werden. Dem kleinen Handwerk zu Liebe sollte auch der Hausirhandel mit Handwerkerartikeln untersagt sein. Ebenso kehrten sich die Handwerker gegen die große mit irgend einem Handwerke beschäf= tigte Arbeitermasse, welche ganz in die Innungen eingepfercht werden sollte. Jede Neubildung sollte somit verhindert und alle neuen Arbeitszweige in mittelalterliche Formen eingezwängt werden. Der Handwerkerkongreß re= präsentirte das ächte Spießbürgerthum. Mit Zähigkeit und Verblendung hing dieses an seiner beschränkten Existenz und suchte jeden über dasselbe hinausgehenden Fortschritt aufzuhalten. Hierin fand die Reaktion die Hauptnachhaltigkeit. Zwischen der oben zergliederten Adresse des Mün= chener Arbeiterbildungsvereins und den Forderungen des Handwerkerkon= gresses herrscht übrigens eine große Uebereinstimmung. Selbst die deutsche Handwerkerkammer fehlt nicht. Wenn aber insofern das Spießbürgerthum der deutschen Einheit einen Tribut zollt, als es die Ausdehnung der Handwerker= und Gewerbeordnung auf ganz Deutschland fordert, so tritt doch gleich daneben in den verlangten Spezial=Handwerkerkammern der einzelnen deutschen Länder der Zopf der Zerrissenheit hervor.

Die sich durch die Beschlüsse der Meister verletzt fühlenden, vom Handwerkerkongreß ausgeschlossenen Gesellen hielten ebenfalls einen „all= gemeinen deutschen" Kongreß ab, bekundeten aber dieselbe Unreife, wie ihre Meister, mit denen sie übrigens darin übereinstimmten, daß die so= ziale Frage bald gelöst werden müsse, wenn nicht durch das „Proletariat" Alles aus Rand und Band gehen solle. Den Gesellen mangelte demnach sogar die Erkenntniß, daß sie zum vierten Stande mitgehörten.

Mit dem antirevolutionären Bestreben des Handwerkerkongresses ist die Agitation des „rheinisch=westphälischen Gewerbevereins," welcher sich am 5. Mai konstituirte, verwandt. Derselbe verlangte Schutz für die Gewerbe, welche nicht die Konkurrenz des Auslands selbstständig aushalten könnten, empfahl in seine.n Verzollungssystem namentlich die Werth= und Rück= zölle, wünschte Begünstigung des Bergbaus und forderte ein deutsches Handelsministerium und Handelsamt. Um auf das Parlament Einfluß zu üben, beschloß er, in Frankfurt am Main eine ständige Deputation zu unterhalten. Als sein geistiges Kind muß der von uns weiter unten er= wähnte „allgemeine deutsche Verein zum Schutze der vaterländischen Ar=

beit" angesehen werden, von welchem im Januar 1849 ein „Zolltarif für
Teutschland" (Frankfurt a. M., Verlag von Gebhard und Körber) er=
schien. Dieser wirkte den Freihändlern entgegen, welche er verächtlich „ein
Paar Dutzend Kaufleute der See= und einzelner Binnenstaaten" nannte,
die ohne auf das Wohl des ganzen Vaterlands zu sehen, nur ihren Pri=
vatvortheil im Auge hätten, und er suchte durch seinen Zolltarif beson=
ders den freihändlerischen „Entwurf zu einem Zolltarif für das vereinigte
Teutschland" in der „öffentlichen Meinung" zu vernichten.

Das Rückwärtstreiben seitens der um ihre Existenz besorgten kleinen
Meister leistete also der Reaktion den kräftigsten Vorschub. Der mit Un=
recht für einen großen Revolutionär gehaltene Gottfried Kinkel, der als
Nachmittagsprediger in Bonn das Auflehnen gegen die von Gott gesetzte
Obrigkeit mit dem ewigen Höllenpfuhl bedroht hatte, war nicht erst nö=
thig, um durch sein Schriftchen: „Handwerk, rette dich!" die beschränkten
Spießbürger in die Arme der Reaktion zu treiben. Denn der kleine Mei=
ster war an sich schon reaktionär. Diesem beschränkten Handwerkerstande
gegenüber hätte nur die Arbeiterschaft an solchen Orten, wo sie gehäuft
und durch den Fabrikbetrieb zur Einsicht ihrer Proletarierstellung gelangt
war, einen heilsamen Ausschlag zu geben vermocht. Allein hier offenbarte
sich dieselbe klägliche Unreife. Ein wüstes Toben und Schreien, Katzen=
musiken, nutzlose Aufläufe und Zertrümmerungen, anstatt eines tiefgrei=
fenden einheitlichen Programms eine Menge Rezeptchen, totale Unklarheit
über das Verhältniß der Gesellschaft zum Staate, das Einsetzen der Kräfte
an einen augenblicklichen, keine Umbildung der Produktionsweise hervor
rufenden Gewinn, das Nachschwätzen von unverstandenen Forderungen,
wie z. B. der Einsetzung eines Arbeits=Ministeriums, der Organisation
der Arbeit und des Rechts auf Arbeit, der Frauen=Emanzipation, das
kindische Spiel mit der rothen Farbe, zusammt der Parteinahme für
unhaltbare Systeme und kleinliche Experimente: das waren die allge=
meinen Schwächen des Arbeiterstandes selbst da, wo die Gegner den
Hauptherd des Kommunismus voraussetzten.

Die Hauptpunkte für die Arbeiter waren Wien und Berlin. Diese
beiden großen Städte, wo durch die Staatszentralisation die Fäden von
zwei Großstaaten zusammenliefen, mußten für die Bewegung maßgebend
werden. Verstand an einem dieser beiden Punkte die Arbeiterbevölkerung
sich in den Besitz der Staatsgewalt zu setzen, so konnte und mußte sie
von da aus die Arbeiterschaft von ganz Deutschland unter ihre Leitung
nehmen und dieselbe im Klassenkampfe führen.

— 65 —

Den Zustand der österreichischen Arbeiter in damaliger Zeit schildert Ernst Violand in seiner „Sozialen Geschichte der Revolution in Oesterreich" (Leipzig 1850, 8.) folgendermaßen. Er sagt:

„Wer Oesterreich oberflächlich durchreiste, dürfte vielleicht kaum begreifen können, wie denn daselbst ein Proletariat habe entstehen können; denn es ist ja, wie man sagt, ein Agrikultur-Staat, besitzt einen Ueberfluß an herrlichen fruchtbaren Gegenden, welche noch immer der pflegenden Hand des Menschen warten und erfreut sich eines großen Reichthums der mannigfachsten Natur-Produkte. Aber es wird vollkommen klar, wenn man bedenkt, wie schädlich das Unterthänigkeitsverhältniß wirkte, wie es jede Verbesserung der Agrikultur verhinderte, wie nur der älteste Sohn einer Familie im Bauernbesitze folgte und höchstens noch ein zweiter sich als Knecht im Lande fortzubringen vermochte, und die gesellschaftliche Ordnung des Privilegiums alles Naturgemäße nothwendigerweise verkehrte, wie es erzeugen wollte, was der Boden versagte, wie es vernachlässigte, was er gab, wie es einen Handel hervorzurufen strebte, zu dem alle Mittel fehlten und Nichts zu dem Handel that und thun konnte, zu dem Oesterreich berufen war.

Das ganze Land wurde dadurch benachtheiligt, daß die Beförderung der Ausbeutung natürlicher Bezüge unterlassen wurde und unterlassen werden mußte, und hierdurch, sowie durch das Unnatürliche der künstlich hervorgerufenen österreichischen Fabrikation wurde eine große Anzahl Menschen allen Chancen des Fabrik-Lebens preisgegeben, Chancen, welche um so ungünstiger waren und noch sind, als jede Regung des Verkehrs dem Einflusse der österreichischen National-Bank ausgesetzt, dieses Institut aber eines von jenen ist, welche privilegirt nur den privilegirten Theilnehmern Nutzen bringen.

Der Ausgangspunkt, der Herd des Proletariats war Böhmen, denn es hatte besonders viel mit Noth und Elend zu kämpfen. Die Herrschaften, größtentheils Fidei-Kommisse und alle in Händen des Adels, sind zwar ungemein reich, das Land ist fruchtbar, hat ergiebige Bergwerke, Mineral-Quellen, von welchen sogar das Wasser weit und breit in Handel kommt, es gibt daselbst, namentlich im Königsgrätzer und Leitmeritzer Kreise, sehr, sehr viele Fabriken, weit mehr als in andern Provinzen, auch überschwemmten die Böhmen fast alle Aemter, und die einträglichsten Posten wurden wegen ihres listigen schmiegsamen Wesens fast ausschließlich nur ihnen zu Theil: aber der Bauernstand war dort mehr als sonst überall mit Robot, Zehent u. dgl. auf beispiellose Weise gedrückt, derart daß dort viele Bauern, — ja man kann sagen alle — bloß von Kar-

Becker, Reaktion. 5

tosseln lebten. Die Armuth des böhmischen Bauern und das Elend der Riesengebirgsbewohner übersteigt jede Vorstellung *). Die Kinder der Landleute konnten demnach von ihnen nicht ernährt werden, und die große Anzahl der sich sonach zu allen möglichen Diensten Anmeldenden drückte den Lohn fast auf Null herab, und es wurde unmöglich, für sie in ihrem Vaterlande hinlänglichen Erwerb zu finden. Sie zogen demnach in die Fremde.

Deßhalb fand man auch in allen Provinzen eine Unzahl böhmischer Dienstboten, deßhalb überschwemmten sie alle Fabriken Oesterreichs, deßhalb waren sie zu Tausenden bei allen Eisenbahnarbeiten und deßhalb zogen sie schaarenweise in der ganzen weiten Monarchie als Teichgräber oder Musikanten und zur Zeit der Aernte als Schnitter herum. Und wenn die Kartoffeln schlecht gediehen, was namentlich in den letzten Jahren (vor 1848) der Fall war, wo die Kartoffelkrankheit viele Frucht ungenießbar machte, so starben in Böhmen, namentlich im Riesengebirge und in den Fabrik-Gegenden, Tausende am Hunger-Typhus, während die böhmischen Kavaliere, wie die Schwarzenbergs, Kolowrats, die Lobkowitze und mehrere Andere im Ueberflusse schwelgten, und Diejenigen, welche die herrlichen malerischen Badeörter Böhmens besucht hatten, nicht genug von dem Reichthum und den poetischen Sagen dieses reizenden Landes erzählen und hiermit ihre Phantasie ergötzen konnten.

Besonders schlecht ging es den Fabrik-Arbeitern und zwar in der ganzen Monarchie, da die Masse der herbeiströmenden Böhmen den Lohn drückte und dadurch die Arbeitszeit immer mehr und mehr — bis auf 14, dann 16 Stunden des Tages — erhöht wurde. Traten Handels-Krisen ein, standen einige Fabriken still oder machte auch nur die Anwendung einer Maschine Menschenhände überflüssig, so hatten stets eine Menge mit dem Hungertode zu kämpfen und Viele erlagen ihm.

Die Arbeiter hatten auch gar kein Mittel, ihrem Elende abzuhelfen. Unbedingt mußten sie sich dem Willen ihrer Herren und Arbeitgeber unterwerfen. Arbeiter-Assoziationen waren strenge verboten, und die Verabredung derselben, unter einem gewissen Minimum des Lohnes nicht arbeiten zu wollen, war mit strengen Strafen bedroht. Ihnen, den Pariahs der Gesellschaft, war es verboten, für ihren Vortheil zu wirken, damit der Handel und die Industrie nicht durch erhöhten Lohn leide und die österreichische Fabrikation mit dem Auslande Konkurrenz halten könne,

---

*) Selbst die armen schlesischen Weber in der Gegend des Eulengebirges sagten dem Verfasser, daß, obschon es ihnen sehr schlecht ginge, doch die Noth in Böhmen noch viel größer sei als bei ihnen.

während doch die Arbeitgeber sich offen gegen sie zur Verkürzung des Lohnes verschworen, und sich zu diesem Behufe verschwören durften.

„Doch dieß war nur eine Konsequenz der Ordnung des Staates; denn da dieselbe auf das Privilegium gebaut war, so durfte sich nicht allein der Adel und mit ihm der adelige Grundbesitz eines Vortheiles erfreuen; denn hätte man die beherrschte Klasse nicht gleichfalls durch Privilegien und durch ihr Interesse geschieden, so würden die Adelsmacht und die Bureaukratie, diese eigentlich herrschenden Klassen, dem Stoße der gleichen übrigen ab=hängigen Gesellschaft schon lange nicht haben widerstehen können. Dem=nach mußten dem Handelsstande, den Gewerben durch Zunftordnungen und Innungsgesetze Vorrechte eingeräumt werden, und sie wurden es hauptsächlich dadurch, daß die Gewerbe= und Handelsfreiheit eingeschränkt und der privilegirte Handels= und Gewerbestand zur herrschenden Klasse über die abhängigen Arbeiter wurde. In Folge dessen mußten auch die Handels= und Industrie=Gesetze nur zum Vortheile der herrschenden Macht erfließen, und sonach hatten die Hülfsarbeiter und Bauern eigent=lich fast ganz allein die übrige Gesellschaft luxuriös zu ernähren, selbst aber — zum Lohne dafür — zu darben.

„Die Folge der furchtbaren Zustände der abhängigen Arbeiterklasse war, wenigstens in Wien, ... gränzenlose Immoralität und sittliche Verwilderung. Ganze Vorstädte, wie Thury, Lichtenthal, Altlerchenfeld, Strozzischergrund, Margarethen, Hundsthurm, neue Wieden, Fünf= und Sechshaus, wimmelten von ausgehungerten zerlumpten Arbeitern, und Abends erfüllten die unglücklichen Mädchen der Fabriken in dem jugendlichsten, selbst Kindesalter die Glacien und den Stadtgraben, um für einige Groschen Jedem dienstbar zu sein. Im Jahre 1845 und 1846 zogen sie sogar mit jungen Fabrik=Arbeitern, den sogenannten Kappelbuben, welche auf die Annäherung der Polizei zu achten hatten, in den Straßen der innern Stadt herum und scheuten sich nicht, zur größern Bequemlichkeit ihres horizontalen Nebengewerbes Bänke und Polster mit sich zu nehmen. Auch nächtliche Anfälle und Beraubungen kamen damals fast täglich vor. . . . Dieses Wegelagererwesen bestand durch fast einen ganzen Winter, welcher damals sehr streng war und welcher die Arbeiterbevölkerung deß=halb, und weil sie die Heizung nicht erschwingen konnte, zu solchen ver=zweifelten Gewaltthätigkeiten nöthigte. Endlich wurde aber doch die Polizei dieser sogenannten Kappelbuben mächtig und bei dreihundert derselben wur=den unter das Militär gesteckt und nach Dalmatien oder der Militär=Gränze gesendet, denn das Militär betrachtete eines in Oesterreich seit jeher als Straf= oder Korrektions=Anstalt.“

Die lange ununterbrochene Dauer gedankenloser Arbeit in den Fab=
riken erzeugte bei den Arbeitern auch einen bedauernswerthen Stumpfsinn,
und besonders Weber verfielen bei ihrer einfachen Beschäftigung in Blöd=
sinn und Irrsinn. Schon seit einigen Jahren vor 1848 hatten sich die
Arbeiterzustände bedeutend verschlimmert, die Brotlosigkeit verbreitete sich
immer mehr, und ungeachtet die Erdarbeiter bei den in neuester Zeit
überall lebhaft betriebenen Eisenbahnbauten einen bedeutenden Abfluß
schafften, wuchs die Zahl beschäftigungsloser Fabrik=Arbeiter wegen Still=
standes mehrerer Fabriken, Anwendung neuer Maschinen und wegen Ver=
armung mehrerer Gewerbsleute, welche in die Klasse der Arbeiter traten
und wieder Andere verdrängten, doch von Jahr zu Jahr, in geometrischer
Progression.

„Das schaudervolle Elend dieser Fabrik=Sklaven, namentlich im
Winter, ging in das Unglaubliche, und doch waren sie überglücklich,
wenn sie nur nicht ihren Verdienst verloren; denn dann blieb ihnen Nichts
übrig, als zu verhungern oder zu stehlen. Es gab viele brotlose Menschen,
welche fast ohne jede Bekleidung, sowohl im Sommer als im Winter,
sich des Tages hindurch in den Unrathskanälen aufhielten und des Nachts,
um frische Luft zu schöpfen und Etwas zu erwerben und zu genießen,
Einbrüche oder Raubanfälle begingen und sich dann im Prater oder in elenden
Kneipen herumtrieben. . . . . Zudem wurden die Arbeiter von den Be=
hörden als Gesindel, wie eine Heerde Vieh, behandelt. Wer einmal auf
der Wiener Polizei=Direktion an einem Vormittag war, wird sich wohl
erinnern, wie viele Hundert Handwerksburschen in einem engen Gange
zusammengepfropft standen und stundenlang auf ihre Wanderbücher stille
harren mußten, wobei sie ein Polizeimann mit dem Säbel oder Stock
in der Faust wie ein Sklavenaufseher überwachte. Die Polizei und die
Justiz hatten sich beinahe verschworen, diese Armen durch diese kopflose,
wirklich chinesische Anwendung des Gesetzes bis zur Verzweiflung zu
treiben. . . . .

„Wohl bestanden Gemeindenarmenanstalten, aber deren Wirken war
wie das Fallen eines Tropfens in das Meer. Ihre Einkünfte waren
viel zu gering, um dem Elende nur ein Wenig steuern zu können. . . . .
Auch bestand in Wien eine vom Staate erhaltene freiwillige Arbeiteranstalt,
aber diese war derart, daß es Niemand länger als höchstens einige Tage
aushalten konnte und Jeder lieber das größte Elend erduldete, als daß
er zum zweiten Male in diese Anstalt ging. Die Bezahlung, der Lohn
war daselbst gleich Null und die Behandlung absichtlich jedes menschliche
Gefühl empörend, damit sich ja nicht Viele melden, und dem Staate nicht
zur Last fallen möchten. Im Zuchthause war es hundertmal besser. . . . .

„Die Gefahren, welche von Seiten des Proletariats drohten und welche einen Blick in den furchtbaren Zustand desselben thun ließen, kamen zum ersten Male um das Jahr 1844 zum Vorschein. Um jene Zeit, so viel ich mich noch erinnere, wurde in den Fabriken Böhmens eine neue Maschine in Anwendung gebracht, welche viele Arbeiter überflüssig machte und zugleich wegen der nun ungeheuern Konkurrenz der Arbeit-suchenden den Lohn verringerte und die Arbeitstunden vermehrte. Da die Entlassenen nirgends eine Beschäftigung fanden und mit dem Hunger-tode rangen, auch die in den Fabriken belassenen Arbeiter wegen der zu gleicher Zeit eingetretenen Mißärnte mit allem Mangel zu kämpfen hat-ten, so rotteten sie sich namentlich im Leitmeritzer und Königsgrätzer Kreise zusammen, verlangten von den Fabrik-Herren die Abschaffung der Maschinen, und da ihrem Begehren nicht willfahrt wurde, auch wegen der Konkurrenz mit dem Auslande nicht willfahrt werden konnte, so stürmten sie die Fabriken und vernichteten die ihnen das Brot raubenden Maschinen. Andere — man sagte, mehrere Tausende — zogen mit Weib und Kind, mit Sack und Pack nach Prag, um von dem damaligen böh-mischen Oberstburggrafen dem Erzherzog Stephan Anordnungen zu er-bitten, in Folge deren sie wieder arbeiten und sicher leben könnten. In Prag fürchtete man das Herankommen dieser vielen Tausende ausgehun-gerter Menschen, und da in Oesterreich Massen-Deputationen strenge ver-boten waren, so wurde gegen das in friedlicher Absicht zur Stadt wan-dernde wehrlose Arbeitervolk die ganze Polizei- und Militär-Macht aufgeboten, und der Polizei-Direktor ließ sogleich in die ruhig heran-drängende Masse, welche bloß um Hülfe gegen das Verhungern flehen wollte, mit aller Barbarei dareinschießen, ohne daß irgend eine Gewalt-thätigkeit von Seiten derselben vorausgegangen wäre. Die Arbeiter wurden hierüber wüthend, sie machten Miene zum Kampf; doch einsehend, daß sie unbewaffnet unterliegen müßten, oder vielleicht auch aus bloßer Furcht verließen sie eilig die Stadt, zerstreuten sich, zerschlugen noch mehrere Fabrik-Einrichtungen, und obgleich dann Etwas, um die dringendste Gefahr abzuwenden, für sie geschah, so starben sie doch zu Tausenden in den Fabrik-Gegenden und im Riesengebirge am Hunger-Typhus, sich fügend in ihr hartes Geschick ohne den geringsten weiteren Angriff.

„Nicht lange Zeit darnach zeigte sich auch in Wien eine Eiterbeule des sozialen Elends. Es tauchten nämlich daselbst die sogenannten Kappel-buben auf, von denen ich bereits gesprochen, und welche die Glacien, ja sogar die Straßen der innern Stadt durch Raubanfälle im höchsten Grade unsicher machten. Nachdem dieselben gebändigt worden waren, dachte man aber doch einmal nach, woher denn plötzlich diese Menschen kämen. Man hatte von der Polizei erfahren, daß die Armuth und Brot= losigkeit sie aus den Fabriken auf den Weg der Verbrechen geschleudert habe, man fürchtete sich, man war auch durch französische, das mensch= liche Elend schildernde Romane sehr weich gestimmt worden, und demnach wurde es aus Furcht und aus Mitleid auf einmal Mode, mildthätig zu sein und Arme zu unterstützen."

„Die Kleinkinderbewahranstalten mehrten sich, und es traten einige Vereine mit behördlicher Genehmigung ins Leben, um der Armuth zu steuern. So bildete sich ein Verein zur Rettung entlassener Sträflinge; man bemühte sich, sie in Dienst und Arbeit zu bringen. Auch ein Armen= verein kam zu Stande, dessen Mitglieder an einem bestimmten Tage in der Woche sich zusammenfanden, Kaffee und Thee nahmen, sich von geladenen jungen Herren vorlesen und den Hof machen ließen und dann einige Stunden Etwas arbeiteten, das sie verkauften und dessen Erlös sie für die Armen verwendeten. Aber diese Spielereien hatten natür= lich nicht den geringsten sichtlichen Erfolg. Kein Zweifel wohl, daß hiermit manchem Einzelnen geholfen wurde; aber während man Einen aus den Armen des Elends und der Verzweiflung riß, stürzten dafür zehn Andere hinein. Wenigstens aber hatten sie das Gute, daß sie die Willkürlichkeiten, welche bei den von den Behörden überwachten Ge= meindearmenvertheilungen stattfanden und wobei größtentheils Pro= tektion entschied, an das Tageslicht zogen, daß man durch sie erfuhr, daß sogar eine Menge Kinder ohne einen Menschen, der sich ihrer annähme, ohne bestimmtes Obdach in der Residenz existirten und welche bald auf einer Stiege, bald in einem Keller oder in einem Wagen oder in Kanälen übernachteten und demnach ganz verwahrlost heran= wuchsen, und daß sie sonach das Mitgefühl für die Armen anregten und den Nimbus der Unfehlbarkeit und der weisen Fürsorge von den Behörden allein herabrissen und die Erbitterung gegen das ganze Metter= nich'sche System vermehrten. . . . . ."

„Im Winter des Jahres 1847 und 1848 trat die allgemeine Ver= armung wohl recht sichtlich hervor, aber man schmeichelte sich, sie sei nur vorübergehend und partiell; sie habe nur in dem zeitweiligen, durch Handelskrisen herbeigeführten Stillstande der Fabriken ihren Grund und werde sich bald wieder heben. Auch schien die Gefahr nicht besonders drohend; denn die Arbeiter waren ja geduldig, und man hätte auch gar nicht begreifen können, woher sie die Idee nähmen, Etwas mehr zu for= dern, wenn man ihnen nur zu essen gäbe. Und zu diesem Behufe trat eine Privat-Suppenanstalt in das Leben, welche aber sehr erstaunte, als bei der Vertheilung in den verschiedenen Vorstädten mit einem Stück Brot und einem Teller nahrhafter Rumforder-Suppe sich viele Tausende und Tausende hungeriger Armen meldeten. Die Armen schienen dafür sehr dankbar, aber dieß schien auch nur. Tiefer, fest eingewurzelter Groll gegen die Polizei, gegen alle Behörden, von welchen sie stets malträtirt wurden, unterdrückter Zorn gegen den ganzen Staat, der sie wie Sklaven behandelte, Erbitterung gegen ihre Brotherren, die fort und fort an ihrem Lohne mäkelten und sie unbarmherzig drückten, erfüllten ihre ganze Seele und Jeder von ihnen erkannte, daß die ganze übrige Gesellschaft ihnen entgegengestellt sei. Die ganz gnädig mit Herablassung zugeworfenen Almosen zeigten ihnen nur noch mehr den großen Unterschied zwischen ihnen und den übrigen Gliedern der Gesellschaft und erhöhten ihren Schmerz. Hätten sie nur die Möglichkeit gesehen, ihre Kette zu zerreißen, sie hätten sie sicher längst gebrochen. Aber Jeder vereinzelt sah sie nicht und deßhalb lebten sie in dumpfer Verzweiflung still dahin."

So stellt uns Ernst Violand, der aus persönlicher Anschauung spricht und verschiedene erlebte, hier übergangene Fälle erzählt, die Lage des österreichischen Proletariats dar. Selbiges trat zu Wien, während der Bewegung, bald stark in den Vordergrund. Allein bei ihm und seinen Führern offenbarte sich die nämliche klägliche Unreife, jener totale Mangel an politischer und wirthschaftlicher Einsicht, der sich 1848 nicht bloß unter den Arbeitern, sondern auch unter dem Bürger- und Bauernstande überall kundgab. Abgesehen davon, daß sich die Arbeiter unter einander zu einem klaren gemeinsamen Streben nicht zu vereinigen vermochten, rief auch ihr Auftreten in Wien Besorgniß seitens der wohlhabenden Bürger und also eine dem Gelingen der Bewegung selbst nachtheilige Klassen-Reaktion hervor. Somit kam Zersplitterung und gegenseitiges Mißtrauen in diejenigen Elemente, welche die Errungenschaften in geschlossener Phalanx zu hüten hatten. Wegen der herrschenden Unklarheit geschah es, daß die Wiener Studenten, weil sie der Bewegung eine starke, uneigennützige und aufopferungsfähige Mannschaft zur Verfügung stellten, in hohem Grade die Leiter und Tonangeber wurden, obschon diese jungen Leute durch guten Willen und durch Enthusiasmus nicht die fehlende gereifte Einsicht und Erfahrung zu ersetzen vermochten. Wenn man nun bedenkt, daß Wien damals die revolutionärste und größte Stadt Deutschlands war, und daß von ihrem Schicksale der Ausgang der ganzen deutschen Bewegung abhing, so erscheint das Scheitern der damaligen Organisations-Versuche Teutschlands und die mächtige Ueberhandnahme der von allen Seiten hereinbrechenden Reaktion sehr erklärlich.

Ernst Violand überschätzt den Agitator Karl Taufenau (Taußig), wenn er in seiner „Geschichte der sozialen Revolution in Oesterreich" von demselben sagt: „Durch Taufenau's Krankheit verlor die Revolution übrigens einen Mann, welcher nach meinem Dafürhalten die ganze Be= wegung allein klar erkannte, und welcher bei seinem umfassenden Wissen, seinem Talente, seiner außerordentlichen, das Volk unwiderstehlich er= greifenden kühnen Beredtsamkeit, derselben vielleicht eine andere Richtung zu geben im Stande gewesen wäre." — Taufenau setzte während des Exils in London seinen Mitflüchtlingen mehrmals ausführlich ausein= ander, daß er so gut wie Nichts von der Bewegung verstanden und erst seitdem aus den „Schriften der Meister," wie er sich ausdrückte, Etwas gelernt hätte. Die Größe seiner agitatorischen Beredtsamkeit ist allerdings nicht in Zweifel zu ziehen; allein Taufenau war ein Genußmensch, der sich wegen seiner desfallsigen Schwächen auch die erwähnte Krankheit zu= zog, und ihm fehlte mit der Klarheit die Charakterfestigkeit und der per= sönliche Muth: weßhalb er während der Oktober=Revolution unter dem schicklichen Vorwande, die Ungarn holen zu wollen, Wien verließ und von Ungarn aus, ohne nach Wien zu seinen Gesinnungsgenossen zurück= zukehren, als Pächter verkleidet durch Galizien nach Deutschland, Frank= reich und zuletzt nach England ging. Hätte es in Wien 1848 einen ein= zigen Mann gegeben, welcher die revolutionären Kräfte in heilsamer Weise zu organisiren und zu leiten vermocht hätte, so würde wenigstens der vernünftige Theil unter den Besitzenden nicht zum Nachtheile der Bewegung gegen die soziale Richtung der Arbeiterschaft reagirt, der un= vernünftige Theil aber bald seinen Einfluß verloren haben. Die Arbeiter konnten bei vernünftigen Menschen bloß Besorgniß erwecken, wenn Nie= mand vorhanden war, der ihre unbändige Kraft in geregelte Bahnen zu leiten und zum Vortheile der Gesammtentwickelung ihre Klassenlage zu verbessern verstand. An dem Mangel an organisatorischen Talenten ging die Bewegung zu Grunde.

Der Zwiespalt zwischen den Arbeitern und Bürgern trat schon am 13. März beim Ausbruche der Revolution hervor. Als nämlich an die= sem Tage die Fabrik=Arbeiter der Vorstädte auf die Nachricht, daß in der innern Stadt Unruhen ausgebrochen wären, heranrückten, um sich am Kampfe zu betheiligen, wurden gegen sie die damals noch vorhan= denen Thore geschlossen. Hierauf zogen sie in die Vorstädte zurück, zer= störten die ihnen wegen der Verzehrungssteuer verhaßten Mauthgebäude,

zertrümmerten in den Fabriken die Maschinen, weil dieselben viel Hand=
arbeit unnöthig machten, und verbrannten in Fünf= und Sechshaus die
Wohnungen verhaßter Fabrikanten. Sodann streiften einige Hundert auf
drei Meilen in der Runde Wiens umher, um in den Fabriken die viele
Menschenhände beseitigende Perotine-Maschine zu zertrümmern. Weil die
Regierung den Zwiespalt zwischen den Bürgern und Arbeitern benützen
zu müssen glaubte, wurde noch in der Nacht vom 13. auf den 14. März
Volksbewaffnung verfügt und das Zeughaus geöffnet: worauf dann die
reichen Bürger, der landständische Adel und die Beamten bewaffnet nach
den Vorstädten rückten und daselbst einige Hundert aufständische Arbeiter
verhafteten. Da die Studenten an diesen Arbeiterverhaftungen nicht
theilnahmen, gewannen sie das Zutrauen der Arbeiter und wurden in
der Folge die Führer derselben. Indeß meinte die Regierung Etwas für
die Arbeiter thun zu müssen: weßhalb sie die seit 1835 hart auf den=
selben lastende Verzehrungssteuer von den nothwendigsten Lebensbedürf=
nissen aufhob und mit kurzer Voraussicht, damit sie nicht aus Nahrungs=
losigkeit und Müßiggang aufs Revolutioniren verfielen, öffentliche Erd=
arbeiten anordnete. Nicht minder behandelten in der ersten Zeit nach der
Märzrevolution die Fabrikanten ihre Arbeiter zuvorkommend aus Furcht,
daß sich die Brand= und Zertrümmerungsszenen erneuerten. Auch beschäf=
tigten sie jetzt mehr Arbeiter, als früher, weil durch die Zerstörung der
Maschinen mehr Menschenhände nöthig geworden waren. Ueberhaupt
hatte der unter die Arbeiter gefahrene aufständische Geist den Besitzenden
einen nicht geringen Schrecken eingeflößt. Als daher von Paris die Nach=
richt eintraf, daß dort die Arbeitszeit auf zehn Stunden herabgesetzt wor=
den war, befürchteten die Eisenbahngesellschaften Arbeiterunruhen, wenn
sie nicht ein gleiches Zugeständniß machten, und beschränkten deßhalb die
Arbeitszeit gleichfalls auf zehn Stunden. Die Fabrikanten, von der näm=
lichen Besorgniß erfüllt, folgten den Eisenbahngesellschaften in der Ver=
minderung der Arbeitszeit nach, und endlich, obwohl mit Widerstreben,
verstanden sich auch die Zunftmeister zum Einhalten von bloß zehn Ar=
beitsstunden. Aber die Zunftmeister gaben nicht eher nach, als bis die
Gesellen von den einzelnen Handwerken sich zusammengerottet hatten und
mit fliegenden Fahnen vor den Magistrat, der nun die Säumenden zur
Nachgiebigkeit anhielt, gezogen waren. Somit hatten die Wiener Arbeiter
ihre Arbeitszeitherabsetzung den Parisern zu verdanken.

Bald jedoch führten die über ganz Europa hingehenden Unruhen
und das durch sie bei den Geldleuten hervorgerufene Gefühl der Un=
sicherheit in Wien eine Geschäftsstockung herbei. Viele Arbeiter, auf diese

Weise brotlos geworden, suchten darum Zuflucht bei den öffentlichen Erdarbeiten. Die Erdarbeiten sollten ursprünglich kein Fallstrick für die Arbeiter sein, sondern man wollte, da man einsah, daß letztere leben mußten, ihnen Etwas zu verdienen geben. Als reines Almosen aber wollte man ihnen den nothdürftigen Lebensunterhalt nicht gewähren, weil man die Besorgniß hegte, die Armen könnten sonst vielleicht auf ganz andere Gedanken gerathen.

Bald darauf brach, da die Geschäftsstockung vielen Leuten die Bezahlung des Miethzinses unmöglich machte, in Wien ein allgemeiner Schrei der Entrüstung gegen die Hauseigenthümer los, welche frischweg Faullenzer und Wucherer betitelt wurden. Eine im „Odeon" abgehaltene Volksversammlung sprach sich gegen Ende April für die Herabsetzung des Wohnzinses aus, so daß sich die Hausherrn genöthigt sahen, von der Eintreibung der alten Miethe abzustehen und lieber die rückständige Schuld zu erlassen, als vielleicht in Zukunft große Gefahr zu laufen *). Zugleich ging ein Sturm gegen die Wucherer und Juden los. Diese wurden in fortlaufenden Broschüren, worin Namen, Wohnort, Einkommen und Wucherzinsen genannt waren, dem Volke denunzirt. Selbst das kaiserliche Versatzamt wurde des Wuchers bezichtigt, weil es früher 8% und in der letzten Zeit 6% Zinsen genommen hatte, während es nach dem Gesetze nur 5% beanspruchen durfte. Aus diesem Grunde sah sich der Hof gezwungen, für einige hunderttausend Gulden Pfänder Unbemittelter auszulösen. Bei der Bewegung gegen die Gläubiger machten sich besonders die Zunftmeister und kleinen Fabrikanten bemerkbar, weil sie nicht mit den großen Fabrikanten die Konkurrenz aushalten konnten. Der Schrecken, welcher durch das Gerücht von der Zahlungsunfähigkeit der Bank erzeugt wurde, bestimmte damals die Regierung, den Noten Zwangskours zu ertheilen.

Mit einem Beglückungsplane für das kleine Bürgerthum trat nun ein gewisser Swoboda hervor. Gleichwie in Paris die von den Feinden der sozialen Bewegung, von Marie, Marrast, Garnier-Pagès ꝛc., ins Leben gerufenen, dem Geschichtschreiber Louis Blanc aber in die Schuhe

---

*) In frühern Jahrhunderten hatte die Regierung in den Preis der Wohnungsmiethe eingegriffen: „So meinte man noch 1697 in Oesterreich," heißt es in den Jahrbüchern für National-Oelonomie und Statistik von Hildebrand (I. Band, 3. Heft), — „es bedürfe nur eines Befehls, um die Steigerung, welche zu Wien in den Wohnungsmiethen eingetreten war, abzustellen und „„die Introduzirung der Wolfailheit"" in dieser Beziehung zurückzuführen."

geschobenen National = Werkstätten die Arbeiterbewegung irreleiten und zu Grunde richten sollten, so war auch in Wien Swoboda's Plan dazu bestimmt, die soziale Richtung der Bewegung beim Volke verhaßt zu machen. Swoboda schlug die Errichtung einer Leihanstalt vor, welche den Handwerksmeistern und kleinen Fabrikanten unverzinslich und bloß auf die Garantie ihres Fleißes, sowie gegen eine Einschreibegebühr kleine, in bestimmten Raten rückzahlbare Summen vorstrecken und so viel An= weisungen, als Häuser in Wien wären, ausgeben sollte. Einmal als ver= rückt mit seinem Plane von der untern Behörde, deren Zustimmung er um des nöthigen Kredits willen nachsuchte, abgewiesen, trat er nach einem Vierteljahre mit besserm Erfolg auf und richtete dann große Ver= wirrung an. Er versprach bei seinem zweiten Auftreten einem Jeden, der 10 kr. Konventionsmünze Einschreibegebühr bezahlte, auf eine bestimmte Frist ein Kapital von höchstens 100 Gulden bloß gegen die Garantie des Fleißes des Leihers vorzustrecken. Zugleich verhieß er die Bezahlung aller Schulden, wenn nur der Schuldner sein ganzes Leben hindurch eine ganz unbeträchtliche Monats= und Vierteljahreseinlage behufs der Ab= tragung entrichten wollte. Er stellte Aktien zu fünf, zehn und mehr Gul= den im Betrage von mehreren hunderttausend Gulden aus, indem er sich der Hoffnung hinzugeben schien, daß diese Aktien an Geldes Statt an= genommen werden würden. Swoboda hatte hohe Protektion. Weil be= kannt wurde, daß der Minister des Innern Doblhoff für 10,000 Gul= den, ebenso daß der Handelsminister Hornbostl, eine bedeutende Anzahl solcher Aktien gekauft hätte, glaubte das Publikum, daß die Swoboda'sche Leihanstalt vom Staate garantirt sei, und strömte daher in Masse zu dem Bureau Swoboda's, um durch die Entrichtung von 10 Kreuzern Einschreibegebühr des verheißenen Glückes theilhaftig zu werden. So geschah es, daß sich gegen 40,000 Menschen, meistens Handwerker und kleine Fabrikanten, einschreiben ließen. Als endlich der große Tag erschien, an welchem die Kapitalien vorgestreckt werden sollten, gab Swoboda den geldbedürftigen Leuten, deren Zahl nicht gering war, seine Aktien. Und nun kam der Skandal. Denn die Aktien wollte Niemand nehmen; viel= mehr nannten Diejenigen, denen sie angeboten wurden, die ganze Sache eine Schwindelei. Weil jedoch der Minister Doblhoff sich an dem Aktien= Unternehmen betheiligt hatte, zogen am 11. September, dem Tage der Aktien=Ausgabe, einige Tausend Menschen vor das Haus des Ministers und verlangten die versprochenen Kapitalien. Vergebens erklärte Doblhoff, daß er sich nur als Privatmann und aus Wohlthätigkeitssinn an dem Unternehmen betheiligt habe. Sein Leben gerieth in Gefahr. Von der akademischen Legion beschützt flüchtete er sich durch eine Hinterthür vor der Volkswuth *). Das Ministerium aber, das bis zu einem gewissen Grade kompromittirt war, löste nun den Verein auf, untersagte die fernere Ausgabe der Aktien und erstattete dem betrogenen Publikum die Einschreibegebühr aus der Staatskasse zurück. Auf diese Weise wurde die Ruhe wieder hergestellt. Indeß wurde Swoboda, obschon einige polizeiliche Nachforschungen geschahen, nicht verfolgt. Die hohe Protektion schien ihn zu schützen. Er hatte die Aufgabe gehabt, den Sozialismus lächerlich und verhaßt zu machen. Ein so jämmerliches Ende nahm die Volksbank der Wiener Kleinbürger!

Die Arbeiter Wiens während der Revolutionszeit zerfielen in drei streng gesonderte Theile: in die Handwerksgesellen, die Fabrikarbeiter und die Erdarbeiter. Die Handwerksgesellen oder Gewerbsarbeiter standen, wenn man an sie den revolutionären Maßstab legt, am Niedrigsten. Bei den Erdarbeitern zeigte sich das revolutionäre Element am Meisten. Zwischen diesen beiden Arbeiterarten in der Mitte standen die Fabrikarbeiter der Vorstädte. Das wird aus folgender Auseinandersetzung deutlicher werden.

Die Handwerksgesellen fanden ihre Organisation in dem bisweilen auf 2000 Mann angewachsenen „Arbeitervereine," welcher seine Sitzungen im Saale zum Sträußl in der Josefstadt abhielt. Die Mitglieder dieses Vereins trugen an ihren Hüten und Mützen einen kleinen Bienenstock aus weißem Metall zum Zeichen ihres Fleißes. Während der Vereinsverhandlungen durfte sich Niemand Etwas zu essen oder zu trinken geben lassen, weßhalb immer die musterhafteste Ordnung, Schweigsamkeit und Aufmerksamkeit in den Sitzungen waltete. Nur am Tische bei der Rednerbühne standen einige Seidel Bier, damit die Sprecher den trockenen Gaumen letzen konnten. Der Präsident hieß Sander, war ein Arbeiter und zählte etwa 25 Jahre. Der sämmtliche Vorstand war aus Handwerkern zusammengesetzt. Dieser Verein glich den Arbeiterbildungsvereinen, denn seine Mitglieder erhielten Unterricht im Lesen und Schreiben, bekamen Vorträge gehalten und übten sich nicht nur im Singen, Tanzen, Waffengebrauch und Turnen, sondern spielten auch Theater und gefielen sich im Deklamiren von Gedichten. Bei dieser Menge von Bildungsgegenständen konnte die revolutionäre Ausbildung nicht stark ge-

---

*) Mit den Studenten war Doblhoff im besten Einvernehmen. Noch kurz vor der Oktober-Revolution äußerte er: die Aula wisse recht gut, wie er zu ihr stehe.

beihen. Das Höchste, wozu sich die Vereinsmitglieder verstiegen, waren Unterstützungskassen. Sonst wollten sie auf gesetzlichem Wege und vermittelst einer Konstitution die Wohlfahrt des Staats erreichen.

Die Fabrikarbeiter fühlten sich, nachdem sie die Verminderung der Arbeitszeit erlangt hatten, im Ganzen sehr wohl und dachten, so lange als sie Arbeit hatten, an keine weitere Verbesserung ihrer Lage. Von den Erdarbeitern, die von ihnen für geringer geachtet wurden, hielten sie sich abgesondert: eine Thatsache, die ihren Mangel an Klassenbewußtsein bekundet. Zu einem Vereine organisirte sie ein polnischer Jude, der sich Doctor Chasse nannte, aber früher schlechthin Chaises geheißen hatte. Dieser schuf zuerst den Klub der „Volksfreunde," welcher sich jedoch, in Folge des Eintritts von Dr. Karl Tausenau, in die „alten" und „neuen" Volksfreunde spaltete. Als aber der unter Chaises' Leitung stehende Klub der alten Volksfreunde, der seine Sitzungen im Gasthof zu den fünf Lerchen in der Vorstadt Weißgärber abhielt, sich aufgelöst hatte, stiftete der unermüdliche Agitator in der nämlichen Vorstadt einen neuen Klub, an Zahl etwa 800 Mann stark und „der radikale" oder auch „der liberale Verein" genannt. Dieser Verein bezeichnete als das Ziel seiner Wünsche die demokratische Monarchie. Wiewohl Ernst Violand in seiner „Sozialen Geschichte der Revolution in Oestreich" vermuthet, die demokratisch monarchische Staatsform wäre bloß vor Fremden zum Aushängeschilde genommen, im Grunde aber die demokratische Republik angestrebt worden, so muß der Verein doch immerhin, wenngleich er die übrigen Fabrikarbeiter der Vorstädte beeinflußte, für unselbstständig und unbedeutend angesehen werden, weil sein Streben in jedem Falle auf eine bloße Staatsform gerichtet war. Chaises, unerschöpflich im Sprechen und fast immer heiser, war die Seele des Vereins. Er stand mit den Ungarn in Verbindung, verfolgte also einen politischen Zweck.

Hätte es in Wien unter den demokratischen Führern einen einzigen mit organisatorischem Talent und staatsmännischem Blick gegeben, so würde er die einzelnen Arbeiterabtheilungen mit einander verbunden, das revolutionäre bürgerliche und bäuerliche Element mit ihnen versöhnt und große soziale Veränderungen durchgeführt haben. Allein, sowie die Sachen standen, blieben die drei Arbeiterarten: die Handwerksarbeiter, die Fabrikarbeiter und die Erdarbeiter unter sich, sowie von den Bürgern und Bauern getrennt. Freilich waren die Erdarbeiter eine geraume Zeit hindurch zahlreich und zuweilen auch schlagfertig genug, so daß man mit ihnen allein das Geschick Oesterreichs und Deutschlands in andere Bahnen zu werfen im Stande gewesen wäre. Ehe wir jedoch uns spezieller

mit ihnen beschäftigen, müssen wir zuvor die Wiener Nationalgarde oder
Bürgerwehr und die akademische Legion näher kennen lernen: erstere, weil
sie die Kraft der Erdarbeiter brach; letztere, weil sie dieselben erst leitete
und dann in der entscheidenden Stunde im Stiche ließ. Das über die
Erdarbeiter hereinbrechende Verhängniß ist also mit dem der Bürger=
und Studentenschaft eng verkettet.

Von der Volksbewaffnung waren, wie überall, so auch in Wien die
Arbeiter ausgeschlossen geblieben. Abgesehen von dem schon vorhandenen
Bürgermilitär, welches fortbestehen blieb, erstreckte sich die Volksbewaffnung
nur auf den besitzenden und gebildeten Theil der Bewohner Wiens. Aus
den Bürgern ging die Nationalgarde (Bürgerwehr) hervor, während die
Studenten der Medizin, der Rechte, der Philosophie und der Polytechnik
sich nebst ihren Professoren in die akademische Legion einreihten. Indem
die obern Befehlshaber von der Regierung eingesetzt wurden, erhielt die
akademische Legion den Grafen Colloredo und die Bürgergarde den
Grafen Hoyos zum Kommandanten, welcher letztere zugleich auch das
Bürgermilitär befehligte *).

In den Studenten lag die Seele der Wiener Bewegung. Bei einigen
Studenten der Medizin und der Rechte, in einem Wirthshause der Vor=
städte, war der Plan für die Bewegung gereift, vor deren Gewalt
Metternich weichen mußte. Nach dem 15. März bildete sich aus der
akademischen Legion ein Komité, gleichsam der Kryftallisationsansatz zur
weitern Entwickelung der Wiener Revolution, und es verfügte, wie schon
erwähnt, auch über die Fäuste der Arbeiter, weil die Studenten sich nicht
an der in den Vorstädten stattgehabten Arbeiterverhaftung betheiligt
hatten. Weil aber dieses Komité in den Gang der Ereignisse einzugreifen
drohte und namentlich sich der Arbeiter annahm, so konnte es nicht ver=
fehlen, die Eifersucht der Bürger zu erwecken. Die Nationalgarde faßte
deßhalb den Beschluß, mit der akademischen Legion gemeinsam die Leitung
der Bewegung zu führen. Die Regierung, welcher das Treiben der jun=
gen Leute nicht gefiel, war diesem Beschlusse nicht fremd. So setzte sich
aus den Bürgern und Studenten ein den materiellen Theil der Volks=
bewaffnung besorgender Verwaltungsrath, sowie ein politische Fragen ver=
handelndes Zentralkomité zusammen. Die Arbeiter waren nicht im Zen
tralkomité vertreten; sie waren so unwissend und ungebildet und besaßen
so wenig Klassenbewußtsein, daß in ihnen nicht im Entferntesten der

*) Als Pannasch im Juli den Oberbefehl über die Nationalgarde erlangt
hatte, wurde er von reaktionärer Seite in öffentlichen Blättern angegriffen.

Wunsch, an der Leitung der Bewegung theilzunehmen, aufdämmerte. In deß erfreute sich das Zentralkomité bis zum 25. April, an welchem die neue Verfassung oktroyirt wurde, allgemeiner Anerkennung und wahrte auch in seinem Schooße die glücklichste Eintracht.

Aber die neue Verfassung störte bald die paradiesische Unschuld. Anfangs mit gränzenlosem Jubel begrüßt, wurde sie doch binnen Kurzem der Gegenstand und die Ursache arger Anfeindung. Sie enthielt das übliche konstitutionelle Zweikammer=System, demzufolge der Feudal=Adel die erste und die sonstigen reichbegüterten Leute die zweite Kammer zu bilden haben. Um selbst d i e s e neue Konstitution zu paralysiren, wurden ausdrücklich in dem kaiserlichen Verleihungs=Patente die alten Provinzial= Stände beibehalten. Dabei besaß der Kaiser noch das absolute Veto.

Die Hauptopposition gegen die Konstitution ging von den Zeitungen und vom Zentralkomité aus, in welch' letzterem die Studenten dominirten. Deßhalb beschloß die Regierung, das Zentralkomité aufzulösen. Zu dem Behufe schickte sie zu den Stadtkompagnien der Nationalgarde eine An= zahl Beamte, welche durch ihre Verdächtigungen es dahin brachten, daß in den reichen Stadtbezirken die Garde bei der Regierung anfragte, ob eine so gefährliche Revolutionsbehörde, wie das Zentralkomité, mit dem Bestande der neuerdings eingeführten konstitutionellen Ordnung verträg= lich sei. Weil jedoch das Zentralkomité Gegenmaßregeln traf und der Unterstützung der ärmeren Vorstadt=Garden und der Arbeiter gewiß war: so traute die Regierung nicht offen zur Auflösung zu schreiten. Während nun im Stillen Ränke gegen dasselbe gesponnen wurden, hieß es plötz= lich am 15. Mai, daß die Erdarbeiter drohend sich der Stadt näherten. Da wurden sogleich die Stadtthore gesperrt, das Militär besetzte die Glacien und einen Theil der Burg, die Nationalgarde stellte sich an den Thoren, auf den Basteien und den öffentlichen Plätzen auf und die akade= mische Legion sammelte sich auf das Zeichen der Allarmtrommel in der Universität. Unversehens rückten nun einige Kompagnien Studenten, ge= folgt von den übrigen, unter dem Rufe: „W i r w o l l e n E i n e K a m m e r!" gegen die kaiserliche Burg vor. Neben und hinter ihnen aber zogen Arbeiter mit Hacken und Aexten, zum Aufwerfen von Barri= kaden. Die aus Neugier herbeigelockte Menschenmenge zog mit und wie= derholte den Ruf: „Wir wollen nur Eine Kammer!" Ehe die Regierung von dem Anrücken der Studenten Kunde erhielt, waren dieselben schon in die Burg eingezogen. Der überraschte Kaiser gab nach. Binnen einer halben Stunde war die Einberufung einer konstituirenden Nationalver= sammlung bewilligt. Die Wahlen sollten allgemein, aber indirekt sein;

denn ein Versuch Dr. Taufenau's, nachträglich direkte Wahlen zu erhal=
ten, scheiterte an der spöttischen Ausrede des Ministers Pillersdorff, daß
er in der That nicht wüßte, wie sich direkte Wahlen bewerkstelligen ließen.
— Sonach war der Plan der Reaktion, an diesem Tage die revolutionäre
Kraft Wiens zu brechen, nicht nur völlig mißglückt, sondern geradezu ins
Gegentheil umgeschlagen.

Am Abend des folgenden Tages wurde unter Kavallerie=Bedeckung
der Kaiser nach Innsbruck entführt. Nun waren die Wiener ohne
Monarchen, und die größte Bestürzung ob solchen Unglücks lag auf allen
Gesichtern ausgeprägt. Zwar unterfingen sich die beiden Literaten Häfner
und Tuvora, in den Vorstädten die Republik auszurufen, aber sie wur=
den von den Arbeitern, welche die Republik für gleichbedeutend mit
Mord und Teufel hielten, aufgegriffen und wären sicher gehängt worden,
wenn nicht die Nationalgarde eingeschritten wäre und sie dem Kriminal=
gericht überantwortet hätte. Während der allgemeinen Bestürzung löste
sich, in Folge der Umtriebe der Reaktion, das Zentralkomité auf. Das
Studentenkomité jedoch bestand fort.

Natürlich bot die Reaktion, welche nicht bei halbem Erfolge stehen
bleiben wollte, Alles auf, auch die Auflösung des Studentenkomité's zu
bewerkstelligen. Die Sturmpetition vom 15. Mai wurde nun auf alle
mögliche Weise verunglimpft. Aber die Studenten standen zu fest in der
öffentlichen Achtung, als daß es der Reaktion gelungen wäre, das Volk
gegen sie aufzubringen. Bald schon waren die Leute über die Entweichung
des Kaisers beruhigt Da aber zu wiederholten Malen Gerüchte von der
Auflösung des Studentenkomité's auftauchten, schickte die akademische Le=
gion an das Ministerium eine Deputation, um über die desfallsigen Ab=
sichten Aufschluß zu erlangen. Das Ministerium stellte durchaus in Abrede,
daß etwas Derartiges im Werke wäre. Nichtsdestoweniger war am Mor=
gen des 26. Mai das Auflösungsdekret, unterzeichnet vom Regierungs=
präsidenten Montecuculi, an den Straßenecken angeschlagen. Um ganz
sicher zu gehen, hatte die Regierung vorher die Aufruhrgesetze bekannt
gemacht und insgeheim ein Plakat, welches das Standrecht verkündete,
für den Nothbedarf drucken lassen. Nach und nach sammelten sich die
Studenten in der Universität; doch hatten nur etwa fünfzig Mann ihre
Waffen bei sich. Bald erschienen auch der Regierungspräsident Montecuculi,
der Professor Hye, der im Märzsturme zusammt dem Professor Endlicher
dem Kaiser die deutsche Fahne überreicht hatte, ingleichen Graf Colloredo,
der Kommandant der akademischen Legion. Diese Herren redeten den
Studenten zu, aus einander zu gehen, und suchten die akademische Wache

zu entfernen. Allein sie wurden Verräther genannt und hinausgestoßen.
Draußen aber auf dem Universitätsplatze pflanzte sich Militär auf. Da
rief Dr. Gustav Frank, der 1859 im englischen Exil gestorbene Wiener
Literat, die Studenten auf, das Leben für die Freiheit einzusetzen, und
allgemeiner Beifall lohnte seine Worte. Nun sprangen die Studenten
nach Hause, um ihre Waffen zu holen. Mittlererweile hatte ein Publizist
30,000 Plakate drucken lassen, worauf die Worte standen: „Wir wollen
den Fortbestand der akademischen Legion!" Mit diesen Plakaten fuhr er
nebst zwei andern Literaten in die Vorstädte zu den Arbeitern und rief
sie zur Hülfe herbei. Die Arbeiter, bewaffnet mit Äexten, Schaufeln und
Stöcken, rückten massenhaft heran, jeder von ihnen mit dem erwähnten
Plakate an der Kopfbedeckung versehen. Auch die Nationalgarde der
Vorstädte, die meist aus Kleinbürgern bestand, marschirte zum Schutze
der Studenten herbei. Im Nu strotzte Wien von mehr als hundert
Barrikaden. Da fiel der Reaktion das Herz in die Knickehle. Die Studen=
ten waren gerettet, — gerettet durch die Arbeiter. Das Militär mußte
die Stadt verlassen, Graf Colloredo und Montecuculi machten sich aus
dem Staube, und das Ministerium bewilligte Alles, was die Studenten
als Garantie für die Zukunft forderten.

Der Nutzen, den die Studenten aus diesem Siege zogen, war gering
im Vergleich mit dem Gewinne, den sie hätten haben können, wären sie
einsichtiger gewesen. Sie bedangen sich nämlich aus, daß das aus Bür=
gern und Studenten neu zu wählende Zentralkomité befugt sein sollte,
die Angelegenheiten Wiens und der Stadtumgegend selbstständig zu leiten,
und die Volksrechte des gesammten österreichischen Staats zu wahren.
Ferner mußten die Truppen die innern Wachtposten verlassen, während die
Thore von den Bürgergarden und Soldaten gemeinschaftlich besetzt wurden.
Sodann waren der Nationalgarde 36 Kanonen abzuliefern. Endlich hatte
die Regierung den Studenten die Grafen Hoyos und Colloredo, den
Regierungspräsidenten Montecuculi und den Professor Hye zu Geiseln
zu stellen, von welch' letzterer Bedingung jedoch in Bezug auf Monte-
cuculi und Colloredo, weil dieselben geflüchtet waren, abgesehen wurde.
Hye und Hoyos aber wurden in der Folge absolvirt

Bereits am Abend des 26. Mai wurde aus Nationalgarden und
Studenten der neue Ausschuß errichtet. Auch jetzt blieben die Arbeiter in
demselben unvertreten, obschon ohne ihren Beistand die Entscheidung
des Tags wahrscheinlich anders ausgefallen wäre. Ja die Arbeiter dach=
ter nicht einmal daran, Sitz und Stimme im Ausschusse zu verlan=
gen. Während die Studenten und Bürger unter Taufenau's Auspizien

mit der Bildung des Ausschusses beschäftigt waren, standen die Arbeiter noch hinter den Barrikaden, und unter ihnen wurden Stimmen laut, welche die Freilassung der wegen des Ausrufens der Republik am 18. Mai verhafteten Literaten Häfner und Tuvora *) verlangten. Das Ministerium gerieth in Furcht, daß jetzt wirklich die Republik proklamirt würde, wenn es mit dieser Freilassung zögerte, und setzte sogleich die beiden Hochver= räther, welche dem bestehenden Gesetze nach eigentlich nur der Kaiser begnadigen konnte, auf freien Fuß, sowie es außerdem in alle, von den Studenten gestellten, schon angegebenen Bedingungen schnell willigte. Aber die Arbeiter, denen die neuen Errungenschaften zu gering däuchten, wichen noch nicht von den Barrikaden. Da bekamen auch die Bürger vor den Arbeitern Angst. Am 27. Mai berichtete im Ausschuß Friedrich Kaiser, daß alle Bitten und Vorstellungen, die Arbeiter von den Barri= kaden fortzubringen, nicht gefruchtet hätten. Selbst die Betheuerung, daß das Ministerium alle Forderungen des „Volks" bewilligt habe, sei ver= gebens gewesen. Um nun den unterbrochenen Verkehr wieder zu öffnen, trage er darauf an, die Arbeiter auf irgend einem Punkte, z. B. in der Universität, zu konzentriren, ihnen dann einen feierlichen Umzug mit Fah= nen zu bewilligen und sie auf diese Weise wieder hinaus in die Vor= städte an ihre Arbeit zu schaffen. Er mache sich, wenn man ihm freie Hand lasse, anheischig, daß heute abends kein Arbeiter mehr hinter den Barrikaden zu finden sein sollte. So wurden denn die Arbeiter im feier= lichen Aufzuge nach den Vorstädten zurückgeführt.

Der neue Ausschuß besaß jetzt faktisch die höchste Macht im öster= reichischen Staate. Anstatt dem Ministerium jene geringfügigen Bedin= gungen zu stellen, hätte er es in seiner Hand gehabt, die Regierung ab= zusetzen, ihre Stelle einzunehmen und den ganzen Kaiserstaat zu beherrschen. Nichts vermochte ihm zu widerstehen. Das Heer war wegen des Abzuges der Truppen nach Italien zum ernsten Kampfe zu schwach, das Ministerium mit Zittern und Zagen erfüllt, der Kaiser nach Innsbruck gereist. Dazu hatten die wiederholten Siege den Wiener Revolutionären jenen mit dem Erfolg verknüpften Ruhm errungen, welcher der Masse Respekt einflößt, so daß sich von der Hauptstadt aus mit nur einigem Geschick der ganze Staat hätte in das Schlepptau der Revolution nehmen lassen. Aber die Wiener Volksführer waren so schauderhaft unwissend und unerfahren, daß sie die Tragweite ihrer Macht gar nicht ahnten. Wo sie nur zuzu= greifen brauchten, um allmächtig zu herrschen, da stellten sie dem zwei=

---

*) Tuvora wurde später von der Regierung versorgt.

dentigen Ministerium einige unbedeutende Bedingungen und beschränkten freiwillig ihren Wirkungskreis auf die Stadt Wien und die Umgebung. In solchen gewaltigen Momenten zeigt dem Volke eine Ahnung, welche man den Massenverstand nennen kann, die Allmacht der Volkskraft an. Auch dem Wiener Volke war es so vorgekommen, als ob die Errungen= schaften in keinem passenden Verhältnisse zum Siege standen. Darum waren die Arbeiter nicht hinter den Barrikaden fortzubringen, bis sie sich endlich durch den Fahnenumzug weglocken ließen, und darum forderten sie auch die Freilassung Häfner's und Tuvora's.

Das Verbot der Geldausfuhr und die wiederholten Aufstände waren nicht geeignet, die Industrie zu ermuthigen. Viele Fabriken stellten ihre Arbeiten ein, eine Menge reiche Leute hatte Wien verlassen, verschiedene Handlungshäuser brachen zusammen, und der Ruin der großen Geschäfte zog den der kleinen nach sich. Hierdurch wurde eine Menge Arbeiter be= schäftigungs= und brotlos. Da aber die an die Luft gesetzten Arbeiter in großer Anzahl bei den öffentlichen Arbeiten Beschäftigung suchten, sah sich das Staatsministerium, dessen Finanzen durch die Reaktion stark in Anspruch genommen wurden, bald zu der Erklärung veranlaßt, daß es keine Arbeiter mehr bei den öffentlichen Arbeiten beschäftigen könne. Nun ging das arme Volk den Sicherheitsausschuß um Arbeit an. Hierauf setzte dieser ein aus 8—10 Personen bestehendes Arbeiter-Komité aus seiner Mitte nieder, welches die Arbeiterzustände zu prüfen, Berichte zu erstatten, Anträge zu stellen, über die Vollziehung der Beschlüsse zu wachen, die Aufnahmelisten der eingestellten Arbeiter zu führen, die Auszahlung des Tagelohns zu handhaben und in unbedeutenden Dingen eine selb ständige Entscheidung zu treffen hatte. Alle wichtigen Sachen jedoch wur den dem ganzen Ausschusse zur Kenntnißnahme und Beschlußfassung vor= gelegt.

Machen wir hier eine kurze Pause, um den Entwicklungsgang der Arbeiterverhältnisse zu betrachten. Zuerst werden gleich nach der März= revolution öffentliche Arbeiten eingeführt, um einen Abzug für die durch dieselbe brotlos gewordenen Arbeiter, die sonst aufs Revolutioniren ver= fallen könnten, zu haben. Gleichwohl erfolgen neue Erhebungen, bei denen die Arbeiter von den für die „reine Demokratie" schwärmenden Studen= ten und von dem demokratisch gesinnten Theile der Nationalgarde sich als Einschüchterungsmittel benutzen lassen. Die Arbeiter geben zwar bei diesen Erhebungen wegen ihrer kraftvollen Menge durch die eingeflößte Furcht den Ausschlag, ziehen aber aus den Siegen keinerlei Gewinn und denken nicht einmal daran, in den Sicherheitsausschuß aus ihrer Mitte

6*

Vertreter zu schicken, weil sie an Abhängigkeit und Leitung gewöhnt sind. Ja die neuen Erhebungen schlagen sogar zu ihrem Verderben aus, indem dieselben sie wegen der dadurch vergrößerten Geschäftsstockung in Menge brotlos machen. Der Hunger treibt neue Brotlose zu den öffentlichen Erdarbeiten. Da erklärt die Regierung, daß der Staat nicht genug Mittel hat, um sie alle zu beschäftigen. Auch jetzt fällt es ihnen nicht ein, den Staat zu erobern, weil sie der Einsicht in ihre Klassenlage ermangeln und zur Umgestaltung der Staatsverhältnisse zu unwissend sind. Sie wenden sich daher mit der Bitte um Arbeit an den aus Studenten und Bürgern gebildeten Ausschuß, der seine Entstehung und sein Ansehen ihnen verdankt. Der Ausschuß begreift, daß er die Arbeiter nicht ganz fallen lassen darf, weil ohne sie er selbst fallen muß. Darum setzt er aus seinem Schooße ein Arbeiter = Komité nieder. Die Arbeiter werden nun auf öffentliche Kosten in Tagelohn genommen. Weil aber die Regierung ihrerseits erklärt, daß der Staat zur Beschäftigung der vielen brotlosen Arbeiter nicht genug Gelder besitzt, da geräth der Aus= schuß nicht etwa auf den Gedanken, diese Regierung für abgesetzt zu er= klären und mit Hülfe der außer Brot gekommenen Arbeiter an die Spitze des österreichischen Staats zu treten, sondern er bestreitet die öffentlichen Arbeiten nun aus den Mitteln der Kommune Wien. So zeigte sich über= all eine klägliche Unreife. Die Agitatoren, die Zeitungsliteraten, die Stu= denten, die Bürger waren politisch fast ebenso beschränkt, wie die Arbei= ter; sie hatten somit einander Nichts vorzuwerfen. Die offizielle Reaktion in Oesterreich wäre rein verloren gewesen, wenn ihre Gegner mehr Ju= telligenz und Erfahrung besessen hätten. Nur die gänzliche Unfähigkeit der Bewegungspartei und der totale Mangel eines einzigen organi= satorischen Talents innerhalb derselben hat sie gerettet.

Die Hauptrolle im Arbeiter = Komité spielte der Student Willner, ein junger Mann von zwanzig Jahren. Dieser unerfahrene Musensohn, welcher nicht einmal Nationalökonomie, sondern Jurisprudenz studirte, übte auf die Arbeiter einen fast unumschränkten Einfluß aus. Er wurde der „Arbeiterkönig“ genannt, und Ernst Violand erzählte von ihm: „Er leitete die Arbeiter wie seine Kinder und viele folgten ihm unbedingt. Oft donnerte er gegen sie, aber überall war er auch ihr Schützer und wärmster Vertheidiger.“

Der Ausschuß stellte als selbstverständlich die Maxime auf, daß die brotlosen Arbeiter das Recht hätten, vom Staate Arbeit zu verlangen, und daß der Staat, wenn solche nicht vorhanden sei, die Pflicht habe, ihnen den gewöhnlichen Tagelohn auszuzahlen. Dieser Tagelohn betrug für einen Mann 25 Kreuzer, für ein männliches Kind über 12 Jahren und für ein Frauenzimmer aber 18 Kreuzer Konventionsmünze. Damit jedoch die Arbeiter das Geld nicht für Nichtsthun in die Tasche steckten, wurden neue Erdarbeiten auf Kosten der Stadt Wien angeordnet: nämlich bei der Matzleinsdorfer Linie, bei der Währinger Linie und im Prater am Flußbette der Donau. Die Arbeiter wurden nun in Kompagnien eingetheilt, wovon eine jede durch einen Studenten der Technik befehligt wurde. Jeder solcher Aufseher erhielt einen Tagesgehalt von 40 Kreuzern. Die Kompagnien zerfielen wieder in Rotten, befehligt von Rottenführern. Diese niedern Führer waren aus den Arbeitern selbst genommen und erhielten bloß den gewöhnlichen Tagelohn.

Soweit war jetzt in Wien die „Organisation der Arbeit," eine Phrase, welche damals unverstanden in Deutschland den französischen Sozialisten nachgeschwätzt wurde, durch den Drang der Umstände eingeführt worden. Dem Arbeiterkönig Willner war die geschichtliche Aufgabe zu Theil geworden, die Haltlosigkeit der damaligen sozialistischen Doktrin praktisch der Arbeiterschaft Oesterreichs ebenso zu beweisen, wie Swoboda sie dem Kleinbürgerthum Wiens ad hominem demonstrirte.

Doch im Anfange ging Alles vortrefflich. Die Arbeiter verdienten durch Arbeit ihren Taglohn, die Kompagnieführer für ihre Aufsicht ihren Tagesgehalt, es entstanden an den Arbeitsplätzen Bretterhütten behufs gemeinschaftlichen Wohnens, die Arbeiter machten sich gemeinschaftliche Einkäufe und so weiter. Wie die Sache endigen sollte: daran dachte Niemand. Die meisten nahmen, wenn ihre Gedanken überhaupt so weit reichten, an, daß die Geschäftsnoth nach und nach aufhören und daß dann die Arbeiter sich friedlich von den Erdarbeiten in die gewohnten Geschäfte verlaufen würden.

Aber die Geschäftsnoth griff immer weiter um sich. Sie riß auch in den Provinzen ein. Als aber die dort beschäftigungslos gewordenen Arbeiter in den betreffenden Kommunen, die ihrer überdrüssig waren, vernahmen, daß in der Hauptstadt des Reichs auf öffentliche Kosten Arbeit gewährt und ein hoher Taglohn gezahlt wurde, kamen sie in Masse nach Wien gewandert. Unter ihnen befanden sich auch Gestalten, welche den guten Bürgern Wien's nicht Arbeiter, sondern Strolche, Vagabunden, Bettler, Diebe und sonstige Wildfänge zu sein schienen. Auf einen so zahlreichen Besuch von Herrenlosen hatte freilich der Ausschuß nicht gerechnet, als er durch den Arbeiterkönig Willner sich zum Ausspruche hatte bewegen lassen, daß der Staat die Pflicht habe, allen Arbeitsuchenden Arbeit zu verschaffen. Die Bürger murrten ohnehin darüber, daß die Kommune Wien viel Geld für ziemlich nutzlose Arbeit verausgabte.

Doch gerieth man nun etwa auf den ganz nahe liegenden Gedanken, die Arbeiter inskünftig produktive Arbeit verrichten zu lassen? Keineswegs; denn so weit reichte weder der Begriff von der Organisation der Arbeit, noch die spießbürgerliche Ansicht von der Verpflichtung des Staates. Oder dachte jetzt der Ausschuß, da er von allen Seiten Rekruten der Arbeit heranströmen sah, endlich gar daran, die Zügel der Regierung zu ergreifen und sich aus den unbeschäftigten Leuten ein Revolutions-Heer zu bilden? Nein, solche ungemüthliche Pläne beschlichen nicht die Wiener Volksführer. Man zog sich vielmehr auf völlig armselige Weise aus der Klemme. Der Ausschuß erklärte nämlich, daß die Kommune Wien bloß die Verpflichtung hätte, ihren eigenen Arbeitern Brot zu verschaffen; die übrigen Gemeinden des Reichs dagegen hätten die nämliche Verpflichtung und müßten somit ihre armen Leute selbst ernähren; folglich werde allen fremden Arbeitern aufgegeben, auf der Stelle von Wien in die Heimath abzureisen; weil jedoch die neue Bestimmung nicht rückwirkend sein sollte, werde eine Ausnahme gemacht zu Gunsten derjenigen fremden Arbeiter, welche bei den öffentlichen Arbeiten schon eine Aufstellung gefunden hätten. Aber hiermit war noch nicht alle Sorge beseitigt. Denn die fremden Arbeiter, welche ihren letzten Rest Geldes zur Reise nach Wien drangesetzt hatten, wo sie vollauf beschäftigt zu werden und neues Geld zu verdienen hofften, ließen sich unter den damaligen Umständen nicht ohne Weiteres auf den Schub in ihre Heimath bringen. Der Arm der Polizei war gelähmt, und Diejenigen, welche dem nackten Hunger ausgesetzt waren, konnten leicht die Personen und das Eigenthum gefährden. Um also die fremden Arbeiter zur Abreise zu bestimmen, wurden jedem Abreisenden zehn Gulden Reisegeld gegeben. Auf diese Weise entledigte man sich der fremden Arbeiter.

Aber schon bald wurde die vom Arbeiterkönige Willner geschaffene Organisation der Arbeit durch ein neues unvorhergesehenes Uebel gestört. Weil nämlich die angeordnete Arbeit nutzlos war, kamen die Arbeiter auf den Einfall, es wäre wohl ziemlich einerlei, ob sie Etwas thäten oder nicht, und wenn man ihnen doch einmal, weil sie aus ihrer gewohnten Beschäftigung herausgerissen wären, einen Taglohn aus öffentlichen Mitteln verabreichte, könnte man ihnen denselben auch ebenso gut beim Müßiggehen geben: wozu noch hinzukam, daß manche sich die Hände für ihre feine Arbeit, die sie nach dem Aufhören der Geschäftsstockung wieder aufnehmen wollten, zu verderben befürchteten. Es riß also allgemeiner Müßiggang und ein wüstes Wirthshausleben ein. Jetzt überlegten sich die andern Wiener Arbeiter, die entweder in Geschäften oder als Dienstboten ihren Lebensunterhalt verdienten, daß sie ihren Arbeitgebern, wenn diese ihnen zu viel zumutheten, Trotz bieten könnten, da sie ja bei den Erd= arbeiten mit Müßiggehen Brot finden könnten. Demzufolge sahen sich eine Menge Dienstherren und sonstige Arbeitgeber von den ihnen nöthi= gen Arbeitshänden verlassen, während bei den Erdarbeiten großer An= drang und Menschenüberfluß war. Der Sicherheitsausschuß, von den Wiener Bürgern mit Klagen überhäuft, erließ daher die Verordnung: 1. daß Niemand, der ohne genügenden Grund seinen bisherigen Arbeit= geber verließ, bei den Erdarbeiten Beschäftigung erhalten sollte, und 2. daß jeder bei den Erdarbeiten schon eingereihter Arbeiter, wenn seine Dienste von einem Wiener Bürger beansprucht würden, Folge zu lei= sten hätte, widrigenfalls er aus der Liste der Erdarbeiter gestrichen wer= den sollte. Indeß ließ sich der zweite Theil dieser Verordnung schwer ausführen, da bei der großen Zahl der Arbeiter keineswegs in den Li= sten eine musterhafte Ordnung herrschte.

Natürlich erregte eine derartige Verordnung bei den Arbeitern Un= willen, und die Unzufriedenheit wurde noch genährt und aufgestachelt durch einige Hundert Emissäre der Prager Swornost=Verbindung, welche in Wien neue Unruhen hervorrufen zu müssen glaubte, um sich in Prag freie Hand zu schaffen. Diese Emissäre reizten namentlich die vielen böh= mischen Arbeiter zum Tumultuiren auf. Außerdem hetzten an den Arbei= tern auch die Sendlinge der offiziellen Reaktion, weil dieser das starke Arbeiterheer ein Dorn im Auge war und sie also vor allen Dingen Zwietracht zwischen dem Ausschusse und den Arbeitern hervorrufen wollte. Nun wurden zwar die czechischen Emissäre auf der Eisenbahn in ihre Heimath expedirt; allein der von ihnen gestiftete Unfriede machte sich gleichwohl in Tumulten Luft. Aber auch jetzt wieder wurde der Sturm beschwichtigt, und die Reaktion mußte darum nach einem andern Mittel suchen, die revolutionäre Kraft Wien's zu vernichten.

Die Zahl der Erdarbeiter war auf 50,000 Mann angewachsen. Um dieses furchtbare Revolutionsheer abzuschwächen, ließ die Regierung auf den Glacien Werbehütten errichten und für die italienische Armee Rekruten anwerben. Damit die Arbeiter aber auch sich zum Eintritt in's Heer bereit fänden, wurde ihnen ein hohes Handgeld geboten; denn die Re= gierung, die früher erklärt hatte, daß der Staat keine hinreichenden Mit= tel besäße, um für die vielen brotlos gewordenen Arbeiter zu sorgen, hatte jetzt Geld genug, als es sich darum handelte, die Arbeiter von Wien fort und in's Heer zur Bekämpfung der italienischen Revolution zu locken. Der Ausschuß gerieth über die Werbungen in große Angst, da er nur zu gut einsah, daß es um seine ganze Macht geschehen wäre, wenn er die Erdarbeiter nicht mehr zu seiner Verfügung hätte. Deßhalb erschienen die Studenten unter den Arbeitern und predigten ihnen vor, welch' schnöder Mißbrauch mit ihnen jetzt getrieben werden sollte, da die Regierung sie gegen die Freiheit in Italien zu verwenden beabsichtigte. Darüber geriethen die Arbeiter dermaßen in Zorn, daß sie in Masse auf die Glacien rückten, dort die Werbehütten zertrümmerten und die zum Anwerben angestellten Offiziere und Soldaten in die Flucht jagten. Der Ausschuß war höchlichst erfreut, daß der Werbeplan der Reaktion kläglich gescheitert war. Aber er glaubte auch dem Anstandsgefühle Rechnung tragen zu müssen und schlug daher Plakate an, worin die Gewaltthätig=keiten der Arbeiter gegen die kaiserlich=königlichen Werber scharf getadelt wurden. Das war ein neuer Beweis der lächerlichen Gutmüthigkeit des Ausschusses. Die Regierung hatte ihm wiederholt ihre reaktionären Ab=sichten an den Tag gelegt, zuletzt noch beim Werbeversuche. Jedoch weit davon entfernt, nun die Arbeiter endlich zum Sturze der ihnen feindli=chen Regierung zu verwenden, ließ er dieselben gegen die Werber, gegen die Agenten der Regierung erst aufhetzen, und als die Arbeiter gethan, was der Ausschuß gewünscht hatte, sprach derselbe hernach heuchlerisch sein Bedauern über die Exzesse aus und wusch seine Hände in Unschuld. Hierdurch mußte er unter den Arbeitern, die recht gehandelt zu haben glaubten, die größte Unzufriedenheit erregen. Ferner hatte ihm die Re=gierung gezeigt, wozu sich die Arbeiter verwenden ließen. Anstatt aber seinerseits den Wink zu benutzen und die Arbeiter in ein regelmäßiges Revolutions=Heer zur Bekämpfung der Reaktion umzuwandeln, ließ er dieselben in ihrer Zwitterstellung, die nicht lange dauern konnte, verhar=ren. Die Gährung unter den Arbeitern mehrte sich in Folge der von Paris eintreffenden Nachrichten, die in Frankreich auf einen nahe bevor=stehenden Kampf schließen ließen. Während die Arbeiter auf der einen Seite die Unhaltbarkeit ihrer gegenwärtigen Lage einsehen lernten, aber so wenig, wie der Ausschuß, ein Mittel kannten, um aus der zuwar=tenden Situation herauszukommen, wurden sie sich auf der andern Seite ihrer Massenkraft und ihres Gegensatzes zur Bourgeoisie bewußter. Rei=bereien zwischen Bürgern und Arbeitern konnten nicht ausbleiben. Na=mentlich sahen sich die Bäcker, die den Arbeitern schlechtes Brot liefer=ten, und die Fleischer, die ihnen Knochen und schlechtes Fleisch zuwogen, hin und wieder Angriffen ausgesetzt. Die Nationalgarde dagegen meinte die Bürger vor den Arbeitern schützen zu müssen. Auf diese Weise wurde die Erbitterung zwischen dem Arbeiter= und Bürgerstande genährt. Der aus „reinen" Demokraten, d. h. aus politischen Schwärmern, bestehende Ausschuß schwankte hin und her: weßhalb er auf beiden Seiten zu beschwichtigen suchte. Doch das Gefühl des Unmuths verlangte nach einem Ausbruch. Außerdem thaten die Agenten der Reaktion ihr Möglichstes, um den Zwiespalt nicht verharschen zu lassen. Den Bürgern mußten die Arbeiter immer mehr verleidet, den Arbeitern die Bürger immer mehr verhaßt gemacht werden. Weil aber der Ausschuß nicht zu rechter Zeit Partei zu ergreifen, Ordnung zu machen und einen befriedigenden Ausweg zu finden verstand, bekamen die Arbeiter auch mit ihm Händel in Bezug auf die Auszahlung des Taglohnes.

Das Pfingstfest fiel 1848 auf den 11. Juni. Obschon die Arbeiter fast gar Nichts thaten, war doch vorausgesetzt, daß sie an den Wochentagen arbeiteten, und sie erhielten dafür ihren Taglohn. Indeß bekamen sie an den christlichen Fest- und Feiertagen keinen Taglohn ausgezahlt. Nun traf es sich, daß einer Kompagnie an einem Pfingstfeiertage der Taglohn verabreicht wurde, während die übrigen Arbeiter leer ausgingen. Da verlangten die übrigen Arbeiter, die Nichts erhalten hatten, gleichfalls die Ausbezahlung des Taglohnes für die Feiertage. Wohl wäre es dem Ausschusse ein Leichtes gewesen, dem billigen Verlangen in dieser Beziehung zu entsprechen; da er aber seine Vormundschaft über die Arbeiter zu verlieren befürchtete, wenn er sich zur Nachgiebigkeit, die für Schwäche ausgelegt werden könnte, herbeiließ, so bestand er beharrlich auf seiner Weigerung. Dadurch geschah aber gerade Das, was er in seiner Kurzsichtigkeit vermeiden wollte. Er verlor bei den Arbeitern alle Autorität. Dieselben fingen nun zu tumultuiren an und geriethen mit den Bürgern in Händel. Die Nationalgarde hielt es deßhalb für angemessen, endlich einmal mit Waffengewalt gegen die Arbeiter einzuschreiten. Als darauf in der Woche von Kleinpfingsten die Arbeiterunruhen stärker wurden, kamen von der Nationalgarde mehrmals Deputationen in den Ausschuß, um energisches Zuwerkegehen gegen die Arbeiter zu fordern. Besonders wurden diese Deputationen von den reichen Leuten der innern Stadt abgeschickt. Den Bürgern war, weil sie fortwährend durch die Arbeiter auf den Beinen gehalten wurden, die Geduld ausgegangen, weßhalb sie einen großen Schlag ausführen wollten, um für die Zukunft Frieden zu haben. Auch jetzt noch konnte der Ausschuß zu keinem festen Entschlusse gelangen. Er hoffte immer noch, die Arbeiter mit den Bürgern versöhnen zu können. Der von den Studenten beherrschte Ausschuß wagte aber nicht offen Partei für die Arbeiter zu ergreifen, weil er einestheils ihnen nichts Besferes, als die Erdarbeiten, zu bieten wußte und anderntheils wegen seiner Unbekanntschaft mit der Gesellschaftswissenschaft die Arbeiterunruhen, die er vom Standpunkte des kleinen Bürgerthums aus beurtheilte, nicht ganz billigen konnte. Eben so wenig vermochte er sich für feindliche Maßregeln gegen die Arbeiter zu entscheiden: denn er kannte die aristofratisch-bürger= liche Tendenz der wohlhäbigen Leute in der innern Stadt, war in man= chen Stücken von der Gerechtigkeit der Arbeiterbeschwerden überzeugt und hatte nicht bloß Verpflichtungen gegen die Arbeiter, da er ihnen seine jetzige Machtstellung verdankte, sondern sah auch ein, daß in der bei den Erdarbeiten angehäuften Proletariermasse die Hauptkraft der Wiener Re= volution lag. Vor einem Kampfe hegte der Ausschuß also die größte Scheu. Siegten in demselben die Arbeiter, so stand das Schlimmste zu erwarten, weil er sie nicht vermittelst einer höhern Idee von Zügellosig= keiten abzuhalten und durch tiefgreifende, umsichtige Schritte einer bessern Zukunft entgegenzuführen vermochte, kurz, weil er seine Herrschaft über sie zu verlieren fürchten mußte. Siegten dagegen die Bürger, so war es um das schöne Glaubensbekenntniß der reinen Demokratie geschehen, und alle demokratischen Errungenschaften für das eigentliche Volk der Städte mehr als in Frage gestellt. Aus diesen Gründen fuhr der Ausschuß mit seinen Begütigungsversuchen fort. Mittlerweile brach der Pariser Aufstand am 22. Juni los. Die dunkle Nachricht davon erfüllte die Arbeiter mit neuer Kampflust. Bewaffnet, so gut, wie es eben ging, erschienen sie am 23. Juni massenweis in der innern Stadt, verhöhnten die Nationalgarde und forder= ten sie zum Kampfe heraus. Da halfen bei den Bürgern keine Beschwichti= gungsversuche mehr. Wie die Pariser Bürger wollten sie ihre Macht und nöthigenfalls ihre ganze Strenge entfalten. Auch stand jetzt, wie in Paris, das Kleinbürgerthum zur Bourgeoisie; denn auch die Nationalgarde der Vorstädte ließ sich zum Einschreiten gegen die Arbeiter bereitwillig finden. Indeß erlangte der Ausschuß so viel, daß zunächst bloß eine große De= monstration zum Einschüchtern der Arbeiter gemacht werd.n sollte. Am 24. Juni rückte daher die gesammte Garde auf die Glacien aus, wo auch alle Kanonen aufgefahren wurden. Sie war zum Kampfe entschlossen. Unterdessen begaben sich Studenten unter die Arbeiter, um sie zu entmu= thigen und ihnen die auf den Glacien stehende imposante Macht der Bür= ger zu zeigen. Sie erreichten ihren Zweck. Die Arbeiter, muthlos geworden, baten um Entschuldigung wegen des Vergangenen und gelobten Besserung für die Zukunft, während mit Hülfe der Studenten, der Kompagniechefs, welche die Einzelnen kannten, die Rädelsführer unter ihnen verhaftet wurden.

Hiermit war das sozialistische Experiment der „Arbeits=Organisation" gerichtet. Schon nach weniger als einem Monate war die von ihm er= wartete Arbeiterglückseligkeit dahin. Zwar waren die Arbeiter zu ihren „öffentlichen" Erdarbeiten zurückgekehrt; allein die Furcht vor ihrer Macht und Gefährlichkeit, sowie ihr Massenselbstvertrauen waren dahin. Der Sicherheitsausschuß aber, der nicht rechtzeitig einzugreifen gewagt, sondern aus Schwäche zu der blutlosen Niederlage seiner Heeresmacht beigetragen hatte, war ebenfalls um sein Ansehen gekommen. Im Grunde war dieser Sieg über die Arbeiterschaft ein Sieg der offiziellen Reaktion gewesen; denn da die Bürgerschaft, die um jeden Preis Ruhe haben wollte, zu jeder Neubildung ebenso unfähig war, wie die Studenten und Arbeiter: so ließ sie die Dinge ihren Gang gehen, benutzte den Sieg nicht nach zwei Seiten hin und erlaubte der ununterbrochen im Stillen arbeitenden Regierung, bald die Zügel wieder straffer anzuziehen.

Das seitherige Ministerium war allerdings mit den Studenten und Arbeitern nicht fertig geworden. Nun aber brauchte die Reaktion neue Män= ner, und zwar wurde von dem mittlerweile zum deutschen Reichsverweser erkorenen Erzherzog Johann, welcher in Wien den Kaiser vertrat, das Ministerium Wessenberg=Bach eingesetzt.

Kaum ist es glaublich, in wie geringem Grade die Wiener Revolu= tionäre geeignet waren, die Sachlage zu würdigen. Sie hielten nämlich das neue Ministerium für „freisinnig." Weil sie nicht wußten, daß sie in einem Uebergangszustande begriffen waren, der entweder in den definitiven Sieg der Revolution oder der Reaktion, der Republik oder absoluten Monarchie ausmünden würde, so bedachten sie nicht, daß die Minister schon ihrer Stellung nach reaktionär verfahren mußten. Offenbar schien es ihnen nicht unwahrscheinlich, daß der Hof Männer von entschiedener Freisinnigkeit, die dem Kaiser die schon abgeschwächte Macht vollends entwinden helfen würden, zu Ministern auserlesen hätte. Weil jedoch dem neuen Ministerium die besten demokratischen Intentionen zugeschrieben wurden, konnte selbiges mit Sicherheit alle Vorbereitungen treffen, welche ihm zur Ausführung des beabsichtigten Gewaltstreiches nöthig schienen. Zunächst handelte es sich für die Reaktion darum, die Erdarbeiter und Studenten vollends unschädlich zu machen.

Was die Erdarbeiter anlangt, so wurde der Befehl über sie jetzt den Studenten entzogen. Dieß war wegen der konfusen Ansichten, die über die Arbeiterfrage herrschten, keineswegs schwer. Unter den unverstan= denen sozialistischen Stichwörtern war nämlich außer der Phrase von der „Organisation der Arbeit" der Ruf nach einem „Arbeits=Ministerium"

am Gewöhnlichsten. Wenn also jetzt in dem neuen Ministerium auch ein
„Minister für die öffentlichen Arbeiten“ in Funktion trat, so entsprach derselbe einem allgemeinen Volkswunsche und konnte folglich ohne Widerrede
die Regelung der Arbeitsverhältnisse, einschließlich des Befehls über die
Wiener Erdarbeiter, an sich nehmen. So kam es denn, daß der neue
Arbeits-Minister, Namens Schwarzer, die Leitung der Erdarbeiten ergriff,
ohne daß ihm der Sicherheits-Ausschuß die geringste Opposition gemacht
hätte. Er konnte sich versichert halten, daß ihm, nachdem am 24. Juni
die Feindseligkeit zwischen den Bürgern und Arbeitern auf die Spitze getrieben worden war, nöthigenfalls auch die Nationalgarde bei neuen Arbeiterunruhen zu Gebote stehen würde. Als er dann die Zeit für günstig
hielt, mit den Erdarbeitern anzubinden, setzte er durch eine Verordnung
vom 23. August den Taglohn derselben um 5 Kreuzer herab. Er berührte
dadurch die Erdarbeiter an der empfindlichsten Stelle; denn seitdem sie auf
ihren Arbeitsplätzen vereinigt waren, hatten sie kein anderes Ideal gekannt,
als die Erhöhung des Lohnes bei möglichst geringer Arbeitszeit. Wie vorauszusehen war, entstanden Arbeiterunruhen. Die Arbeiter hingen im Prater
einen Strohmann, der ein großes papierenes Fünfkreuzerstück im Munde
hatte und auf einem Esel herbeigeführt worden war, an einem Galgen
auf. Als sie aber noch die feierliche Beerdigung des Gehängten vornehmen wollten, rückte die Munizipalgarde, d. i. die alte Polizei-Soldateska,
welche der unfähige Ausschuß ungehindert hatte fortbestehen lassen, gegen
sie an, und sie wurden nach kurzem Kampfe zerstreut. Sie sammelten
sich zwar wieder auf anderen Plätzen, verloren aber durch das Feuer der
Nationalgarde, die sich der Munizipalgarde angeschlossen hatte, an Todten
und Verwundeten gegen hundert Mann und wurden überall in die Flucht
geschlagen. Die Arbeiter hatten truppweise und ohne alle Organisation gefoch-
ten. Außerdem besaßen sie keine andern Waffen, als ihre Arbeits-Instru-
mente und Steine. Weder die Studenten noch die demokratischen Vereine
hatten ihnen beigestanden. Am nächsten Tage löste sich der Sicherheitsausschuß im Gefühle seiner Ohnmacht freiwillig auf, und nun erst, nachdem sie sich hatten die Macht durch ihre Ungeschicklichkeit entreißen lassen,
verlangten die demokratischen Vereine die Absetzung des Arbeits-Mini-
sters. Indeß war es schon zu spät. Wohl hatte die akademische Legion
Ursache, mit den gefallenen Arbeitern zu Grabe zu gehen; denn die Studenten feierten jetzt ihr eigenes Leichenbegängniß. Bald darauf wurden
nicht nur 30.000 Arbeiter an andere öffentliche Arbeiten fern von Wien
beordert, sondern auch die Studenten wurden vermindert, indem Ferien

eingeführt und die Hörsäle geschlossen wurden. Die Zahl der akademi=
schen Legion fiel auf 1500 Mann herab, und das Studenten=Komité
löste sich ebenfalls auf*). Auf diese Weise war in Wien auf längere Zeit
die Ruhe hergestellt. Während dieser Muße rüstete sich das Ministerium
für den großen Kampf, welcher mit der nunmehr abgeschwächten Demo=
kratie sammt und sonders aufräumen sollte. Da wir es hier bloß mit der
Arbeiterbewegung zu thun haben, werden wir an einem andern Orte auf
denselben zu sprechen kommen.

Man hat die großen Städte in absprechender geistreicher Manier die
„Wasserköpfe der Zivilisation" genannt. Dessenungeachtet steht fest, daß
in unserer Zeit, in welcher sich die Verkehrsmittel beispiellos gehoben
haben und die Plätze mit großer Bevölkerung einen ihrer Größe entspre=
chenden Einfluß entwickeln, die großen Hauptstädte für das ganze Land
während einer Bewegung den Ausschlag geben. Nicht Baden und Nassau,
nicht Würtemberg, Schleswig=Holstein und die Tuodez=Staaten entschie=
den 1848 im März den vorläufigen Sieg der Bewegung, sondern die
beiden Großstaaten Oesterreich und Preußen, für welche hinwiederum ihre
beiden Haupt= und Residenzstädte Wien und Berlin in blutigen Straßen=
schlachten den Volkswillen zum Ausdruck und zur Geltung brachten.
Diese Macht anerkennend, begab sich der österreichische Kaiser wiederholt
von Wien in die Provinz, während der König von Preußen es vorzog,
auf dem Schloß Sanssouci zu Potsdam in der stürmischen Zeit zu woh=
nen. So lange als die beiden großen Städte Wien und Berlin den Sieg
der Volkssache behaupteten, konnten schon wegen des moralischen Eindruckes,
den diese beiden Städte auf das Volk der Provinzen ausübten, Oester=
reich und Preußen als vor der Reaktion gesichert gelten. Hier in den
Zentren mußten auch die sozialen Gegensätze, aus deren Kampfe der end=
liche Sieg der Revolution oder Reaktion hervorgehen sollte, am Meisten
zu Tage treten. Gleich im März erkannte die durch den eklatanten Sieg
der Volkssache auf Schleichwege hingedrängte Reaktion, daß sie wieder
obenauf kommen könnte, wenn sie die Menschen an dem sozialen Interesse
faßte. Während die Demokraten, da sie ja seither unter der Ungunst der ge=
setzlichen Herrschaft weniger Bevorrechteter gelebt hatten, meistens arm
waren, gab es unter ihnen auch Glücksritter, die sich durch Bestechung,

---

*) Die akademische Legion fiel also auf ihre ursprüngliche Stärke herab.
Denn am 11. April hatte Schulz, der in Frankfurt am Main erschienene Ver=
treter des polytechnischen Instituts, dem Fünfziger=Ausschusse die Zahl der bewaff=
neten Studenten Wien's auf 1400 Mann angegeben.

nachdem sie sich anfangs durch ihr Agitations-Talent gefürchtet gemacht
hatten, in's Lager der Reaktion überziehen ließen. Manche wurden auf
diese Art zu Verräthern an der nämlichen Sache, welche sie noch vor
Kurzem laut befürwortet hatten. Andere, die sich anfangs der Demokratie
aus Furcht angeschlossen hatten, fielen wieder von dieser Partei ab, sobald
sie einsahen, daß die schlimmste Zeit überstanden sei. So waren verschiedene reiche Leute in den Monaten März, April und Mai acharnirte
Sozialisten, welche nach der Pariser Junischlacht, als sich ihr Herz erleichtert fühlte, plötzlich sich entweder den gemäßigten Konstitutionellen
oder gar den offenen Reaktionären anschlossen. Indeß hätten diese einzelnen Ueberläufer die Bewegung nicht rückgängig machen können, hätte in
den großen Volksmassen genug Verständniß ihrer Klassenlage gewaltet.
Denn wenn diese Massen von dem Anspruche der Gleichberechtigung
durchdrungen sind, vermögen einige Apostaten nicht den siegreichen Sturmschritt des Volks aufzuhalten.

In den großen Städten nun, wo Menschenmassen dicht bei einander wohnen und sich leicht verständigen können, mußte es sich erpro-
ben, ob das niedere Volk genug gebildet oder wie man das auch zu
nennen beliebte, „zur Freiheit reif" sei. Das Bischen Schulunterricht,
welchen das deutsche Volk im Schreiben, Lesen und Rechnen genießt,
konnte hierbei um so weniger ausreichen, als selbiger nicht nur mit einer
übermäßig großen konfessionell-religiösen Zugabe gemischt ist, sondern auch
weit hinter seinem angeblichen Zwecke zurückbleibt. Unter tausend Männern
aus dem eigentlichen Bürger- und Bauernstande gibt es allemal kaum
einen Einzigen, der in der Volksschule orthographisch schreiben, die Regel-
de-tri rechnen und nothdürftig geographische Kenntnisse erlernt. Mit den
Schulkenntnissen der Arbeiterbevölkerung verhält es sich gerade so, wenn
nicht schlimmer.*) Aber auch gesetzt, daß der deutsche Volksunterricht dem

*) Die Kaufleute werden gewöhnlich den Gebildeten beigezählt und unter
den Schulen diejenigen Sachsens als musterhaft angesehen. Als jedoch 1867 in
Sachsen die Prüfung für den einjährigen Freiwilligendienst stattfand, gab darüber
das „Sächsische Wochenblatt" nachstehenden Bericht.

„Von den zur Gestellung gelangten Kaufleuten wurden 36%, von den Studirenden
33⅓%, von den Gewerbtreibenden 99% für tauglich zum einjährigen Freiwilligen
dienst befunden. Weniger günstig stellte sich freilich die allgemeine Bil
dung derjenigen jungen Leute heraus, welche zur schriftlichen und mündlichen Prüfung zugelassen wurden und deren große Mehrzahl dem kaufmän-
nischen Stande angehörte. Obschon nur über deutsche Sprache, Geschichte
und Geographie und nur einmal über Rechnen und französische und englische

deutschen Volke gerade so viel Bildung beibrächte, als er ihm vorschrift=
mäßig beibringen soll, so würde derselbe doch wenig geeignet sein, das
Volk sozial und politisch reif zu machen. Denn, anstatt die Leute zu freien
Männern heranzubilden, zielt er im Gegentheile darauf ab, sie sowohl in
politischer, wie auch in sozialer Hinsicht zu folgsamen Unterthanen zu er=
ziehen. Die für eine Bewegung nöthige Bildung kann sich ein Volk, wenn
es gute Führer hat, nur innerhalb der Bewegung selbst erwerben.
Wie traurig es in dieser Beziehung um die Arbeiterschaft Wien's
stand, haben wir bereits gesehen. In Berlin, der vielgepriesenen Haupt=
stadt der Intelligenz, stand es nicht besser. Schon der Umstand, daß der
Berliner Kampf vom 18. zum 19. März weder einen politischen, noch
einen sozialen Zweck hatte, bewies zur Genüge, daß die Berliner an po=
litischer Bildung noch nicht weit vorgeschritten waren. Der Märzkampf
in Berlin brach bloß deßhalb aus, weil seit einigen Tagen die Polizei
und das Militär das Volk, um es einzuschüchtern, auf der Straße brutal
behandelt hatten, und weil die Berliner nicht hinter den Wienern zurück=
bleiben wollten. Nach dem 18. März aber brachte man es in Berlin bloß zu

------

Sprache examinirt wurde, und obwohl sich die Fragen nur auf einen Bildungs=
umfang erstreckten, wie ihn jeder Schüler der ersten Klasse einer Bürgerschule haben
muß, blieben doch eine große Menge von Fragen unbeantwortet oder wurden so
beantwortet, daß es besser gewesen wäre, sie wären unbeantwortet geblieben. Für
die Zukunft wird es daher dringend nothwendig sein, daß die jungen Kaufleute
einen andern Bildungsgang, als den bisherigen, einschlagen; denn hätte der Maß=
stab, wie er in Preußen gesetzlich für das Freiwilligen=Examen vorgeschrieben ist und
wie er in Folge auch in Sachsen eintreten wird, angelegt werden sollen, so dürfte
kaum einer der Examinanden durch die Prüfung gekommen sein."
Man würde irren, wollte man vielleicht hieraus schließen, daß der unter der
Wirkung der Schul=Regulative ertheilte Unterricht in Preußen besser sei, als in
Sachsen. Verfasser dieses hat als Präsident des Allgemeinen deutschen Arbeiter=
vereins in Erfahrung gebracht, daß die in den Schulen erlangte Bildung des
deutschen Volks überall — Preußen nicht ausgenommen — ziemlich gleich schlecht
ist. — Der bekannte E. Fr. Wagner sagt in seinen „Kritischen Bemerkungen und
Enthüllungen" (Berlin 1849): „Man versetze die aus der Schule entlassenen Kin=
der unter die Irokesen und Hottentotten, und in einer längeren oder kürzeren
Reihe von Jahren werden die allermeisten diesen gleich sein. . . . Volksbildung!
welche Begriffe machen sich doch Manche davon. Sie mögen doch herabsteigen un=
ter die niedern Schichten, unter die Masse des Volks, und sie werden verstehen
lernen, was der weltkundige Zschokke meint, wenn er von der zivilisirten Barbarei
spricht, d. h. äußerliche Bildung, eine äußere Gewandtheit im Leben bei innerer
Rohheit und Unwissenheit."

Tumulten, Katzenmusiken, Straßenaufläufen und einigen kläglichen Putsch=
versuchen, die alle mit leichter Mühe unterdrückt wurden.

Und doch gab es in Berlin ein zahlreiches Proletariat, dessen elende
Lage vor dem Jahre 1848, wie z. B. Dronke that, in eingehenden
Schriften geschildert worden war. Aber dieses Proletariat war sehr roh,
angesteckt von fader Witzelei und gut dressirt unter dem Polizei=Regi=
mente und dem soldatischen Exerzitium. Da ihm die neuen Ideen fast
durchgängig fehlten, ließ es sich nicht zum begeisterten Kampfe erwärmen.
Gleichwie in Wien wurde nach dem 18. März für dasselbe gesorgt, in=
dem von Staatswegen zur Beschäftigung der Arbeiter die Grabung eines
Kanals von anderthalb Meilen Länge unternommen ward. Außergewöhnlich
wurden Baustellen bei Berlin errichtet, eine Fürsorge der Regierung,
welche Hr. v. Unruh in seinen „Skizzen aus Preußens neuester Geschichte"
(Magdeburg, 1849, 8°) folgendergestalt tadelt:

„Aber man that weniger als Nichts für die Exekutiv=Gewalt; man
eröffnete große Baustellen dicht bei Berlin und zahlte, um doch jedenfalls
die Massen zufrieden zu stellen, 15 Sgr. Tagelohn dem Mann, nicht nur
dem Berliner unbeschäftigten Arbeiter, sondern auch Fremden, die man
dadurch wider Willen heranzog. Tagelohn ohne Arbeitmaß, ohne strenge
Aufsicht, ohne die Mittel, eine solche auszuüben, noch dazu in einer
großen Stadt, wo bestrafte Diebe und Vagabunden sich mit den tüch=
tigen Arbeitern vermischten, demoralisirt in den ruhigsten Zeiten. Solch'
hohes Tagelohn für Nichtsthun in einer Revolution bezahlen, hieß, einen
revolutionären Herd selbst schaffen. Die Bewegungsmänner brauchten keine
Sammelplätze zu bestimmen, sie fanden ihr Auditorium stets auf den
Baustellen versammelt, und nicht schlaffe Zuhörer, sondern rüstige, kräftige
Leute, denen die Regierung ein Schlaraffenleben auf Staatskosten ge=
währte. . . . . Man sah zuweilen Arbeiter in Droschken fahren, weil
sie mit wenig Mühe auf den königlichen und städtischen Bauplätzen viel
Geld verdienten und übermüthig wurden."

Der so eben zitirte Volksmann macht es der preußischen Regierung
zum Vorwurf (Seite 105), daß sie unterlassen habe: „im Interesse der
freien Entwickelung des wahrhaft konstitutionellen Systems allen Exzessen
mit Energie gegenüber zu treten und (zu dem Ende keineswegs die
Garnison von Berlin zu entfernen, sondern) mindestens 10,000 Mann
hier disponibel zu halten." Als Grund hat er hinzugefügt: „Die junge Frei=
heit wächst nicht ohne Schutz in einem alten Staat, umlagert von er=
bitterten Feinden."

Diese Unterlassungssünde, welche v. Unruh rügt, machte die Regierung augenscheinlich im November gut, als Vater Wrangel zum Schutze der jungen Freiheit in Berlin einrückte und Hrn. v. Unruh nebst Genossen maßregelte. Es läßt sich aus den zitirten Stellen, die im Anfange des Jahres 1849 niedergeschrieben wurden, hinlänglich ermessen, wie Hr. v. Unruh, der Führer der Kammer=Majorität, und seine Partei über die demokratischen Bestrebungen überhaupt und namentlich über die den Arbeitern damals gewährte Staatshülfe urtheilte. Aber die preußische Regierung war doch wohl anfangs nicht so unklug, wie Hr. v. Unruh glaubt; denn gerade dadurch, daß sie den Arbeitern einen Wochenlohn von drei Thalern verschaffte, stellte sie dieselben in der aufgeregten Zeit vorläufig zufrieden und verhütete auf diese Weise ernstliche Revolutions=Ausbrüche. Sie temporisirte, bis sie Mittel und Wege fand, die Situation zu klären. Die gemäßigten Demokraten hielt die Regierung für mindestens ebenso gefährlich, wie die auf den Bauplätzen versammelten und beschäftigten Arbeiter; aber gleichwohl ließ sie dieselben bis zum November in der Singspielhalle sich versammeln, zahlte denselben aus Staatsmitteln nicht wöchentlich, wie den Arbeitern, sondern sogar täglich 3 Thaler und übte über dieselben erst später unter Wrangel eine strenge Aufsicht aus. Somit hatte die Regierung wohl in beiden Fällen den nämlichen Grund, warum sie dem „Schlaraffenleben" durch die Finger sah. Aber noch mehr. Gerade die Arbeiter, die Leute aus dem niedern Volk, waren es gewesen, die zufolge dem Nachweise der Todtenlisten am 18. März gekämpft, geblutet und ihr Leben gelassen, und die somit die junge Freiheit in Preußen zusammt der Rednerthätigkeit der Singspielhalle ins Leben gerufen hatten. Darum war es nicht mehr denn recht und billig, daß bei der durch die Bewegung allerorts erzeugten Geschäftsstockung die Arbeiter der Hauptstadt sich einige Zeit hindurch auf den Bauplätzen versammeln, einen Wochenlohn von drei Thalern verdienen und von diesem Gelde auch zuweilen aus Uebermuth in Droschken fahren durften. Wie ungefährlich die Berliner Arbeiter waren, gab sich ja bei der Beerdigung der Gefallenen des 18. März kund. Sie sangen damals das Lied: „Jesus meine Zuversicht." Selbst das Paradiren der Todten vor dem Schlosse und das an den König gestellte Verlangen, er sollte vor den Todten das Haupt entblößen, zeigte ihre rührende Einfalt.

Uebrigens dachte die Regierung nach dem 18. März schon bald daran, dem Wunsche des Hrn. v. Unruh zu genügen. Sie wollte nämlich das Militär wieder in die Stadt ziehen, aus der dasselbe nebst dem

Becker, Reaction. 7

Prinzen von Preußen durch die Revolution verscheucht worden war. Weil ihr aber hierzu die Stimmung unter den Arbeitern zu bedenklich schien, suchte sie durch eine List die Rückkehr der Soldaten zu ermöglichen. Sie veranstaltete nämlich durch ihre Agenten *) auf den 26. März vor dem Schönhauser Thore eine Volksversammlung, auf welcher der Thierarzt Urban, welcher der königlichen Familie persönliche Wohlthaten schuldete, der spätere Stadtrath Dr. Wöniger, welcher damals ein Mit= arbeiter der „Vossischen Zeitung" war, ferner der Advokat Furbach und der Student Rau für die Rückkehr des Militärs und für die Annahme einer hierauf bezüglichen Petition plaidirten. Anfangs fanden sie auch geneigtes Gehör, denn die Spießbürger, die den jetzigen Aus= fall des Militär=Aufwands beklagten, und die politisch noch völlig un= gebildeten Maschinenbauer überwogen zuerst in der Versammlung. Allein als die Studenten und Kanal=Arbeiter (die sogenannten Rehberger) an= kamen, und Berends, Bisky (Goldarbeiter), Nauwerk und Brill die Be= deutung von der Rückkehr des Militärs klar dargelegt hatten: da wurde fast einstimmig eine Adresse angenommen, dergemäß das Militär aus Berlin fern zu bleiben hatte.

Nachdem die Reaktion mit ihrem Kunstgriffe gescheitert war, suchte sie das Militär nach und nach — zuerst bloß bataillonsweise — in die Stadt einzuschmuggeln. Als die ersten Truppen wieder in Berlin ein= zogen, war ein Lehrer des Handwerkervereins gewonnen worden, sie am Thore mit „Hurrah" zu begrüßen. Auf diese Weise sollte es den Anschein haben, als ob die Arbeiter mit der Rückkehr der Truppen gänzlich ein= verstanden wären.

Um die Arbeiterschaft Berlin's politisch aufzuhellen, gründeten die demokratischen Führer den „Volksverein unter den Zelten." Hier suchte nach dem Berichte Piersig's („Mysterien der Berliner Demokratie") den Arbeitern Eichler, ebenfalls ein Arbeiter, den Unterschied zwischen direkter und indirekter Wahl deutlich zu machen, indem er sie fragte:

---

*) Zu diesen Agenten gehörte auch der schon in den schlesischen Weberunruhen benutzte Referendar (später Polizei-Direktor) Stieber, welcher damals in der „ewigen Lampe" verkehrte, Verschwörungen erfand und den eifrigen Demokraten spielte. Stieber trug dem Könige bei dem Umritte am 21. März die schwarz-roth-goldene Fahne vor und von ihm stammt nebst andern Nachrichten in den „My= sterien der Berliner Demokratie" (Leipzig und Meißen, 1849) wahrscheinlich auch das Mährchen her, daß die Demokraten an jenem Tage den König vom Pferde zu reißen und sich des Schlosses zu bemächtigen verabredet gehabt hätten.

„Wenn Ihr eine Waare kauft, wünscht Ihr sie lieber aus erster oder zweiter Hand zu beziehen?

„Aus erster Hand!" war die Antwort aus der Menge.

„Seht Ihr nun," fuhr Eichler fort, „Volksvertreter aus erster Hand bekommt Ihr durch direkte Wahlen, dagegen Volksvertreter aus zweiter Hand durch die Zwischenhändler, die Wahlmänner, die bekommt Ihr durch die indirekte Wahl. Das volksfeindliche Ministerium Camphausen will Euch Das, was Ihr aus erster Hand besser und wohlfeiler haben könnt, aus der zweiten schlechter und theurer zukommen lassen. Welche Wahl wollt Ihr nun, direkte oder indirekte?"

Nachdem sich die Arbeiter für direkte Wahlen entschieden hatten, wurde eine Kommission niedergesetzt, bestehend aus Berends, Eichler, Held, Julius, Jung, Krause, Siegrist, Schaßler, Schlöffel ꝛc., um eine Riesen= Demonstration gegen das Ministerium in's Werk zu setzen. Der beabsich= tigte Zug wurde auf 50.000 Mann veranschlagt. Doch die vom General Aschoff befehligte Berliner Bürgerwehr vereitelte das Zustandekommen des Unternehmens, indem sie ihre ganze Macht entfaltete, Verhaftungen vor= nahm und das auf indirekten Wahlen bestehende Ministerium Camphausen beschützte. Hiermit verfuhr zum ersten Male die Bürgerwehr, weil die Mehrzahl ihrer Schützen durch indirekte Wahl ihr Interesse besser gewahrt glaubte, gegen die Arbeiterschaft reaktionär. Es zeigte sich also in diesem wichtigen Punkte deutlich die soziale Reaktion der Besitzenden gegen die mit wachsendem Mißtrauen betrachteten Besitzlosen. Der offiziellen Reak= tion gereichte dieß sehr zum Vortheil.

Indeß suchte man Eichler unschädlich zu machen. Man spürte seinen Privat=Verhältnissen nach und brachte es dahin, daß einer seiner Gläu= biger ihn wegen Schulden verhaften ließ. Freilich gehört, wie bekannt, das Schuldenmachen auch bisweilen zu den nobeln Passionen der Aristo= kratie, aber man hoffte Eichler durch den nun hervorgerufenen Skandal, weil er bloß ein Arbeiter war, in den Augen der Arbeiter und in der „öffent= lichen Meinung" zu ruiniren. Inzwischen wurde Eichler dadurch frei, daß ein Parteigenosse (Jung) für ihn bezahlte, und Held vertheidigte ihn vor den Arbeitern unter den Zelten mit den Worten: „Daß Eichler Schulden hat, ist kein Vorwurf für ihn; die Stadt Berlin und der preußische Staat haben noch mehr Schulden." Das leuchtete der Menge ein, zumal da sie sich der sprüchwörtlichen Ausdrücke erinnerte: „Er hat Schulden, wie ein Ba= ron, wie ein Graf!"

Als man glücklicherweise etwas Militär nach Berlin zurückgeschmug= gelt hatte, dachte man ernstlich daran, auch den Prinzen von Preußen,

7*

welcher sich vor der Volkswuth nach England geflüchtet hatte, wieder zu-
rückzubringen. Um die Arbeiter hierauf vorzubereiten, mußten die Regie-
rungs-Agenten das Gerücht von der bevorstehenden Rückkehr des Thronfolgers verbreiten und sich dabei nach der Volksstimmung erkundigen.
Das Ergebniß des schlauen Verfahrens war jedoch, daß in den Vereinen
und Volksversammlungen der Beschluß gefaßt wurde, vom Thiergarten
aus, wo der Sammelplatz sein sollte, in Masse vor das Hotel des Ministers Camphausen zu ziehen und diesem durch eine Deputation kund zu
thun, daß das souveräne Volk die Rückkehr des Prinzen untersage *).
Dießmal kam der Zug zu Stande, und den eigentlichen Kern desselben
bildete der vom Goldarbeiter Bisky geführte Handwerkerverein. Der Prinz
war so unbeliebt, daß nicht einmal Aschoff mit der Bürgerwehr einschreiten konnte. Aber jetzt spielte Held **) den Verräther. Dieser erzählt uns
in seinem Buche: „1848—50. Deutschlands Lehrjahre oder deutsche Revolutionsgeschichten" (Berlin, 8⁰, 1859) selbst den Verlauf dieser großen,
von 25—30.000 Menschen gemachten Demonstration folgendermaßen:
„Der Zug, welcher am Nachmittage des 14. Mai unter Vorantritt
der Kommission nach dem in der Wilhelms-Straße belegenen Minister-
Hotel zu Stande kam, ging in größter Ruhe und Ordnung vor sich.
Die Masse füllte die Straße vor dem Hotel. Camphausen als Präsident
des Ministeriums erklärte, daß der Prinz als p r e u ß i s c h e r S t a a t s-
b ü r g e r zurückkehren könne, daß die Minister ihr Amt nur auf Befehl
des Königs oder auf Antrag der National-Versammlung niederlegen dürften und daß sie jedem ungesetzlichen Angriffe mit den Waffen entgegentreten würden!" — Held beruhigte nun, wie er sich selbst rühmt, das Volk,
indem er von dem Ministerpräsidenten die Erklärung erwirkte: der Prinz
von Preußen werde nicht eher in's Vaterland zurückkehren, als bis die
National-Versammlung zusammengetreten sei. Er forderte die Versammelten auf, ihm nach den Zelten zu folgen. Hier angelangt, beschloß die Menge

---

*) In dem Gedicht: „An den pommern'schen Krautjunker, wie er war, ist
und bleiben wird" (gedruckt 1848 bei E. Litfaß) heißt es:
„O schrei du nach dem Prinzen, der dem Blut entfloh'n,
Schrei du, wie eine Waise nach des Reichen Sohn,
O flehe weinend doch um deines Fürsten Thron!"

**) Held war früher Seconde-Lieutenant. Zusammen mit Buhl, Edgar Bauer
und Wehl saß er auf der Festung Magdeburg, als die französische Revolution
ausbrach. Er ging mit seinen Schicksalsgenossen nach Berlin und gab hier 1848
die „Lokomotive" heraus.

auf Held's Antrag: „Die Frage der Rückkehr des Prinzen von Preußen, welche nach der ausdrücklichen Zusicherung des Ministerpräsidenten nicht vor dem Zusammentritte der National-Versammlung stattfinden werde, diesem gesetzlichen Organe des Volkswillens zur endgültigen Entscheidung anheimzugeben."

. Hätte Held, auf den die Arbeiter blind vertrauten, an diesem Tage die Volksmenge nicht vom Hotel des Ministers nach den Zelten fortgelockt und ihr zum Frieden geredet, so würde das Ministerium gestürzt worden und eine weitreichende Revolution in Berlin zum Ausbruche gekommen sein. Siegreich aber wäre diese Revolution gewesen, weil die Bürgerwehr für die Rückkehr des Prinzen nicht kämpfen wollte, während das in Berlin befindliche Militär kaum nennenswerth war. So unser Held, auf den wir zurückkommen werden. Nunmehr wollen wir uns Hrn. v. Unruh zuwenden, um zu sehen, was dieser bei der Rückkehr des Prinzen gethan hat. Selbiger erzählt uns im zitirten Buche auf S. 34—35:

„Noch eines Vorfalles in den Wahlprüfungen will ich erwähnen. Durch das Loos in die Kommission gekommen, und in derselben zum Vorsitzenden erwählt, machte ich dem Minister des Innern den Vorschlag, bei der Anerkennung der Wahl für Wirsitz" — der Prinz konnte nämlich nicht anders, denn gedeckt durch die Abgeordneten-Unverletzlichkeit als Volksvertreter für Wirsitz, nach Berlin zurückkehren — „darauf anzutragen, den gewählten Prinzen von Preußen einzuladen, in der Versammlung, zu erscheinen und dadurch diese damals noch schwebende Frage einfach und leicht zu lösen. Ich versicherte dem Minister, daß die Versammlung, namentlich die linke Seite, einen solchen Antrag der Kommission mit großer Majorität, vielleicht einstimmig, annehmen werde. Der Minister ging darauf ein, behielt sich aber vor, mit seinen Kollegen Rücksprache zu nehmen. Nach dieser erklärte sich der Ministerpräsident gegen meinen Vorschlag, und fand es bedenklich, den Prinzen als Abgeordneten in die Versammlung eintreten zu lassen. Nach 10 - 12 Tagen, am 8. Juni, erschien der Prinz dennoch in dieser Eigenschaft, ohne besondere Aufforderung, auf welche ich Gewicht gelegt hatte, um jeden Widerspruch außerhalb und in der Versammlung zu beseitigen. In bürgerlicher Kleidung und ohne Unterbrechung der Sitzung, wie ich vorgeschlagen hatte, würde der Prinz einen andern Empfang gefunden haben, besonders wenn die Worte, welche er sprach, und welche dem Ministerium vorher bekannt sein mußten, etwas glücklicher gewählt gewesen wären."

Die Sorge, welche Hr. v. Unruh um die Rückkehr des Prinzen von Preußen trug, hing mit seiner Lieblingsvorstellung vom konstitutionellen Staate, worin die Mittelklassen mit den Aristokraten die Herrschaft über das Volk theilen sollten, eng zusammen. Denn er spricht ohne Zweifel Seite 155 einen herzinnersten Gedanken aus, wenn er ausruft: „Wehe der Regierung, wehe der Menschheit, wenn die Mittelklassen, in die rohen Massen hineingetrieben, auf die Hülfe derselben angewiesen werden, statt sie zu sich heraufzuziehen! Das Letzte ist nur bei freier Ent= wickelung des wahrhaft konstitutionellen Staates möglich. Wenn die obern Klassen ihr wahres Interesse aufrichtig auffaßten, so würden sie den Mittelstand mit sich zu vereinigen suchen, statt ihn beherrschen zu wollen."

Die Arbeiter hatten 1848 schon zu viel gelernt, um bloß als Anhängsel der konstitutionellen Partei dienen zu wollen, und gleichwohl hatten sie noch nicht genug nachgedacht, um auf eigene Faust die Be= wegung durchführen zu können. Schon vor dem 18. März hatten sie ein Arbeiter=Ministerium verlangt. Dieses hatten sie denn auch in der Person des Hrn. v. Patow richtig erhalten. Aber nach Kurzem lernten sie erkennen, daß dasselbe nur dazu da war, um durch die sogenannte „Organisation der Arbeit" sie im Zügel zu halten. Seit ihrer Demonstration gegen die Rückkehr des Prinzen von Preußen suchte der Arbeiter=Minister ihnen die Beschäftigung auf den Baustellen nach und nach zu entziehen und sie von Berlin in die Provinzen fortzuschaffen. Sie zogen deßhalb vor das Hotel des Ministers, sprengten die verschlossene Hausthür, zerbrachen die Treppengeländer und verlangten Geld zu ihres Leibes Nothdurft, welches der eingeschüchterte Minister, um sein Leben zu retten, denn auch zuletzt herausgab. Allmählich wurden gegen 20,000 Arbeiter von dem Minister der öffentlichen Arbeiten aus Berlin fortgebracht.

Da jedoch das Fortschaffen der revolutionären Arbeiter viel zu lang= sam ging und dagegen ohne neuen Revolutionskampf auch keine zahl= reiche Militär=Mannschaft nach Berlin gelegt werden konnte, so tröstete sich die Regierung immer noch damit, daß das niedere Volk keine Waffen hätte. Denn in die Bürgerwehr waren keine Arbeiter eingereiht worden. Zudem konnten sich dieselben, da sie ihren Lebensunterhalt mit Arbeit zu verdienen hatten, für Bürgerwehr=Uebungen und Aufzüge nicht die nöthige Zeit nehmen, wofern sie nicht, wie einst in der ersten französischen Revolution unter Robespierre geschehen war, Tagessold erhielten. Aber die Arbeiter Berlin's empfanden es bitter, daß sie von der sogenannten Volksbewaffnung — bloß weil sie Proletarier waren — sollten ausgeschlossen bleiben. Die Regierung, welche von dieser Stimmung durch ihre Horcher unterrichtet worden war, befürchtete nun, daß das niedere Volk, wenn es zu einem neuen Kampfe getrieben würde, das Zeughaus stürmte und sich daselbst Waffen holte. Sie ließ daher insgeheim von dort Waffen in Kähnen auf der Spree fortschaffen und jede Nacht das Zeughaus im Innern von einer Kompagnie Linientruppen bewachen. Indeß führte sie gerade hierdurch herbei, was sie verhindern wollte. Mehrere Kähne wurden vom Volke angehalten und konnten bloß durch das energische Einschreiten der Bürgerwehr gerettet werden. Doch wurden bei diesen Unruhen einige Waffen und eine Kanone von den Proletariern wirklich erbeutet. Endlich beschlossen die Arbeiter, am Abend des 14. Juni nöthigenfalls mit Gewalt, ehe es zu spät wäre, sich Waffen aus dem Zeughaus zu holen. Am genannten Tage entstanden, wie solches in bewegter Zeit immer geschieht, allerlei aufregende Gerüchte. Es hieß unter Anderm: in Köln sei die Republik proklamirt und in Potsdam das Militär zur Stadt hinausgeschlagen worden. Mehrere Barrikaden, darunter in der Landsberger Straße auch zwei sehr gut angelegte, wurden aufgeworfen und mehrere rothe Fahnen aufgepflanzt. Die Menge umlagerte das Zeughaus, aus welchem der wachthabende Hauptmann sofort abzog, als ihm zugerufen wurde, die Republik sei in Potsdam und Berlin erklärt und mit Jubel aufgenommen, und der König befinde sich auf der Flucht. Da die Bürgerwehr einige Tumultuanten erschoß, tauchte man weiße Tücher in's Blut, schwenkte sie und rief durch die Straßen: „Verrath, Rache, es wird aufs Volk geschossen." Man zog mit einer rothen Fahne durch die Königsstraße auf den Alexander=Platz und proklamirte dort die Republik. Nach dem Abzuge des Militärs stürzte das Volk ins Zeughaus, um sich mit den längst ersehnten Waffen zu versehen. Noch waren nicht viele Gewehre weggenommen worden, als neues Militär anlangte. Denn unter Trommelwirbel im Sturmschritt rückte ein Bataillon Soldaten heran, um die Entleerung des Zeughauses zu verhindern.

Die hierbei entfaltete Thätigkeit der Bürgerwehr berichtet uns Professor Dr. Rudolph Gneist in seiner Broschüre: „Berliner Zustände" (Berlin 1849, 8°), wie folgt:

„Die auf dem Gendarmen = Markte stehenden Kompagnien (42, 43, 44) zogen hierauf ab, direkt vor die der neuen Wache gegenüberliegende Seite des Zeughauses. Von dieser Seite war der Einbruch geschehen, Thor und Fenster eingeschlagen, und über dem Thor stand eine lange Feuerleiter, welche in die Fenster des zweiten Stockes führte. . . . Vor dem Thor brannten düster einige Fackeln. Im Innern des Zeughauses war tiefe Finsterniß, und nur aus einem gewissen Summen ließ sich vermuthen, daß eine große Anzahl Menschen darin thätig war. Die Kompagnien standen einen Augenblick bewegungslos. . . . Da kam der Hauptmann Vogel (derselbe muthige Führer, welcher bei dem Arbeitertumult im Oktober zuerst die Barrikade in der Roßstraße bestieg und dort lebensgefährlich verwundet wurde) auf den überaus glücklichen Gedanken, die Tamboure vor dem Zeughauseingang einen Wirbel schlagen zu lassen *). . . . Dieser Akt war entscheidend, und augenblicklich verwandelte sich die Szene. Sofort nämlich begannen aus den einzelnen Fenstern Selbstbewaffner herauszuhüpfen und mit bewundernswürdiger Geschwindigkeit an der Wand entlang davon zu laufen. Kaum mochten fünf oder sechs entwischt sein, als die Wehrmänner meiner Sektion nicht mehr zu halten waren. Sie sprangen zu, um die Fliehenden zu erwischen, ein solcher Eifer war plötzlich in uns gefahren, daß drei Wehrmänner auf einmal mit ihren Bajonetten auf einen siebzehnjährigen Jungen losstachen, der noch räsonniren wollte. . . . Sonstige Waffenthaten zu vollbringen, wollte uns beim besten Willen nicht gelingen. . . .

Manche räsonnirten und bekamen eine Ohrfeige, wogegen sie das Gewehr ablieferten; sehr wenige endlich suchten sich mit Gewalt durchzudrängen, bekamen dann Rippenstöße und gaben das Gewehr endlich auch ab. In das Zeughaus selbst einzudringen, schien für den ersten Augenblick noch unheimlich. Indessen zwei Männer mit Schützenmützen stiegen muthig in eines der niedrigen Fenster hinein, um den Abziehenden schon vor dem Abgang die Gewehre abzunehmen. Einige Minuten darauf rückte die Bürgerwehr weiter vor. . . . Sehr selten bedurfte es wirklicher Gewalt, um einem Einzelnen das Gewehr wegzunehmen. Während wir mitten hierin beschäftigt waren, rückte zum Ueberfluß ein Bataillon des 24. Regiments mit Fahne und klingendem Spiel vor dem Finanzministerium vorbei in die Mollergasse hinein und machte vor dem dortigen Zeughauseingang Halt. Fortwährend strömten indessen Ausreißer aus dem Zeughaus heraus, und das Erdgeschoß mochte so ziemlich ausgeleert sein, als das Linienbataillon mit Trommelschlag einrückte."

So berichtet der Fortschrittsmann Gneist, welcher anderthalb Monate vor dem Zeughaussturm in seiner Wahlrede im zweiten Bezirke tadelnd

---

*) Nach Professor Gneist rührte also das erste Trommeln von der Bürgerwehr her.

gesagt hatte: „Wir verurtheilen das alte Polizeisystem, wäh=
rend unsre Bürgerwehr gerade jetzt in verkehrtem Dienst=
eifer die alte Gendamerie übertrifft." Unter der Bürgerwehr
hatte es Leute gegeben, welche nicht gegen den Zeughausſturm einſchrit=
ten, weil ſie das Recht der Arbeiter, an der Volksbewaffnung theilzu=
nehmen, anerkannten. Gneiſt, damals Mitglied der Stadtverordnetenver=
ſammlung, ſetzte daher in dieſer Verſammlung den Antrag durch, der Magi=
ſtrat ſolle dem Miniſterium den Entwurf einer Wehrordnung vorlegen und
die natürliche „Unterordnung der Bürgerwehr unter die Kommunalbehör=
den geltend machen." Im Bürgerwehrklub war man empört, daß die Bür=
gerwehr zu „Stadtknechten" erniedrigt werden ſollte, und „es war davon
die Rede, gewiſſe Stadtverordnete aufzuhängen."

Die Berliner Bürgerwehr hatte kaum vier Wochen beſtanden, als
ſie ſich auch ſchon wie ein abgeſchloſſenes Korps betrachtete, welches mit
den Waffen in der Hand dem unbewaffneten Theile der Bevölkerung
mit gewiſſen Anſprüchen entgegenzutreten habe. Auf dieſe Weiſe entſtand
ein ſchroffer Gegenſatz zwiſchen den Bürgern und Arbeitern. Wer bewaffnet war, hieß Bürger; wer es nicht war, der wurde Arbeiter genannt.
Eine Zeitlang redete man den Arbeitern ein, daß ihr Intereſſe mit dem
der Bürger zuſammenfalle, und die Arbeiter waren es zufrieden. Da
jedoch die Bürgerwehr, wie oben erzählt, den gegen die Reaktion gerich=
teten Demonſtrationen der Arbeiter ſich widerſetzte, ſo entſpann ſich zwi=
ſchen beiden Theilen eine heftige Feindſchaft. Indeß ſah auch bald ein
Theil der Bürgerwehr ein, daß ſie durch ihr Einſchreiten gegen die Ar=
beiter nur der Reaktion nütze: weßhalb ſich unter der Führung des
Buchhändlers Simion ein demokratiſcher Bürgerwehr=Klub bildete, wel=
cher ſogar dem Offizier von Natzmer wegen ſeines Abzugs vom Zeug=
hauſe eine Bürgerkrone votirte. Als ein Theil der Bürgerwehr am Abend
des 14. Juni dem interimiſtiſchen Bürgerwehrbefehlshaber, dem Major
Bleſſon, den Gehorſam verweigerte, um die Waffen nicht gegen die Ar=
beiter zu gebrauchen, legte dieſer noch in der Nacht des Zeughausſturmes
ſein Kommando nieder. Dem Bürgerwehrführer Benda aber, welcher auf
die Arbeiter an jenem Abende Feuer kommandirt hatte, wurde von etwa
600 Tumultuanten die Wohnung demolirt. (Später hieß es, daß der=
ſelbe mit einem gewiſſen Bender verwechſelt worden ſei.)
Die Stadtverordneten und der Magiſtrat Berlins beſchloſſen darauf:
1) daß der bisherige Bürgermeiſter zwar, wie die Sachen dermalen ſtän=
den, unmöglich geworden ſei, aber in Anbetracht ſeiner langen, in „Frie=
denszeiten" verdienſtlichen Amtsführung, und in Anbetracht, daß ſeine,

durch den Ausbruch der Revolution herbeigeführte Entsetzung eine ge=
zwungene gewesen, ein Anrecht auf Pensionirung mit vollem Gehalt habe,
daß man aber von ihm erwarte, er werde in der Nothzeit nicht auf vollem
Gehalt bestehen, widrigenfalls er, nach Analogie der Wartegeldordnung,
zu anderartigen Arbeiten herangezogen werden müsse; 2) daß das An=
suchen des demokratischen Klubs, auf eigne Kosten ein fliegendes Korps
von Pikenmännern herzustellen und dasselbe der Bürgerwehr anzuschließen,
zurückzuweisen sei, da es an fliegenden Korps nicht fehle und die Pike
keine Waffe sei, um die Ordnung herzustellen; 3) daß eine gemischte Kom=
mission erwägen solle, ob, um Ruhe und Ordnung in Berlin zu stiften, nicht
die Einsetzung einer interimistischen Diktatorial=Gewalt nöthig sei, und
4) daß der König nicht eher, wie beantragt worden, zur Rückkehr nach
Berlin durch eine städtische Deputation aufzufordern sei, als bis die
Stadt selbst die Ruhe in ihren Mauern hergestellt habe.

Die Reaktion beutete ihren Triumph nach Herzenslust aus. Die
Literaten und Arbeiter wurden aufs Aergste geschmäht. Den Zeughaus=
sturm behandelte sie wie einen Diebszug, wie gemeinen Raub und Ein=
bruch. Weil der Rittmeister und Gutsbesitzer v. Weiland ein Gewehr
des Zeughaussturmes an sich genommen hatte, rief eine reaktionäre
Adresse aus: „Was soll man von einer National=Versammlung erwar=
ten, die Gassenjungen und Diebe in ihrer Mitte zählt?" — Mehrere
beim Zeughaussturm Ergriffene wurden zu Zuchthaus und vier Anstifter
zu Festung verurtheilt. Auch gegen die Anfertiger von Plakaten ward
eine Untersuchung eingeleitet, während die Bürgerwehr Haussuchungen
nach Gewehren anstellte. Um den Zeughaussturm recht gehässig zu machen,
wurde das Gerücht in Umlauf gesetzt, daß die Polen, besonders aber die
französische Regierung, die hinter das Geheimniß der preußischen Zünd=
nadelgewehre kommen wolle, dazu Geld hergegeben habe. Die Zahl der
abhanden gekommenen Gewehre wurde vergrößert, und später hieß es
obendrein, daß auch sieben Kanonen vom Volke entwendet worden seien.
Der Offizier v. Natzmer, welcher seinen Posten verlassen hatte, wurde
kriegsgerichtlich verurtheilt.

Jetzt tauchten patriotische und konservativ=monarchische Klubs in
Menge auf. Die Pietisten eiferten gegen die Märzerrungenschaften: die
Hengstenberg'sche Kirchenzeitung, welche gegen alle Neuerung zu Felde
zog, bejammerte die verführende Macht des Irrthums, welcher nicht ein=
mal die Auserwählten hätten entgehen können, und Heinrich Leo be=
hauptete steif und fest in dem Mucker=Blättchen, daß man mitten in
einem Religionskriege stände. Dieses frömmelnde Treiben tobte sich aus

in geistlichen Konferenzen, in zeitschriftlichen Artikeln, in Broschüren, in Korrespondenzen und in persönlichen Zusammenkünften Einzelner. Heuch= lerisch nahm man, um die Armee ganz auf der Seite zu haben, die preußische Waffenehre in Schutz und pries als einziges Mittel des Heils die Einsetzung einer Zentral=Leitung, welche alle gutgesinnten Unterthanen Sr. Majestät gegen die Schlechten, gegen die mit dem Teufel im Bünd= nisse stehenden Demokraten, organisiren und führen solle.

Vor Allem aber suchte die Reaktion die Reihen der Arbeiter zu lichten. Wo es nur anging, wurde ihnen die Arbeit beschnitten, damit sie aus Nahrungslosigkeit entweder freiwillig das Weite suchten, oder sich zu den Arbeiten an der Ostbahn, deren hohe Arbeitslöhnung aufs Herrlichste ihnen geschildert wurde, fortschaffen ließen. Eine große Anzahl von ihnen ließ sich wirklich bethören. Doch gelang es ihren Führern, noch auf dem Bahnhofe manche zur Umkehr zu bewegen, sowie auch viele, die sich hatten fortschaffen lassen, zeitig zurückkamen, weil sie sich an der Ost= bahn in ihren Erwartungen gänzlich getäuscht gefunden hatten.

Damit gegen den Aufruhr eine nachhaltigere Kraft entwickelt wer= den könnte, rückten am 7. Juli in Berlin zwei Bataillone Infanterie ein. Auf der Wache befanden sich jetzt häufig 3000 Mann eingekleideter Land= wehr, welche aus der Stadt selbst stammte. Am meisten vertraute man auf die Linientruppen, die sich jedoch, damit sie nicht der demokratischen Verführung erlägen, selten außerhalb der Kasernen sehen lassen durften. Von diesen Linientruppen waren die Soldaten des 24. Infanterie= Regiments am 30. März nach Berlin gelegt worden; zu ihnen kam noch das 9. (die Pommern) und das 12 Regiment hinzu, wodurch sie auf sieben Bataillone anwuchsen. Rings um die Hauptstadt aber wurde ins= geheim ein Heer zusammen gezogen. Denn die durch den Waffenstillstand mit Dänemark in Schleswig=Holstein überflüssig gewordenen Truppen wurden in aller Stille in die Marken gelegt, damit sie gegen das rebellische Berlin verwandt werden konnten.

Die damalige Stimmung in den hohen Kreisen der Gesellschaft wird in folgendem, dem Volkswitz entsprungenen und bei F. Nietack ge= druckten Gedichte persiflirt:

„Mein schönes, liebes, sandiges Berlin!
Leb' wohl! Ich muß dich bombardiren lassen!
Ha! wie die Garden kampfeslustig glüh'n
Und mit den Säbeln klappern hier in Potsdam's Straßen!
Berliner, kommt, mit Schrecken sollt Ihr hören,
Wie beim Champagner sie auf Taille schwören:
Ersäufen wollen sie die freche Brut
In ihrem eigenen Kanaillen=Blut!

Noch ist es Zeit! Berliner, werd't vernünftig
Und kehrt zurück ins alte liebe Joch!
Ihr seid ja für die Freiheit noch nicht zünftig,
Und jede Kugel, wißt Ihr, macht ein Loch.
Ich kann die Gardelieutenants nicht mehr halten;
Sie wollen Euch partout die Schädel spalten.
Besinnt Euch noch bei Zeiten, oder zittert:
Die Gardelieutenants sind famos erbittert.

Hat nur die Polizei erst wieder das Kommando,
Schickt sie wohl dann und wann ein Dutzend auch nach Spandow.
Gendarmen woll't Ihr nicht. Nun gut: das werd' ich ändern,
Nie zeig' sich einer mehr — als in Konstabler-G'wändern!
So stell'n wir nach und nach die alte Ordnung her
Und thun, als ob dieß Jahr kein März gewesen wär!
Woll't Ihr das nicht: so bau't nur Katakomben,
Denn von der Höh' des Friedrichshain's schick' ich Euch Bomben.

Weil indeß die Regierung noch nicht offen eine große Truppen=
zahl nach Berlin einmarschiren zu lassen sich getraute, trug sie sich
mit dem Gedanken, die Polizeimannschaft zu vermehren. Aber auch
hierbei stieg ihr das Bedenken auf, daß das Volk die Gendarmerie
haßte. Sie glaubte deßhalb sehr klug zu handeln, wenn sie, indem sie
das in Bezug auf die englische Polizei herrschende günstige Vorurtheil
benutze, sich eine Gendarmerie unter dem unschuldigen Namen „Konstab=
ler" oder „Schutzmänner" schuf. Dieser Plan schien um so vortreffli=
cher zu sein, als die englische Polizei, die deßhalb spöttisch vom englischen
Volke blue beetles (Schmeißfliegen) genannt wird, blau uniformirt ist,
so daß sich bei der Bekleidung die 1706 durch den Chemiker von Dies=
bach erfundene preußische Lieblingsfarbe anwenden ließ. Freilich tragen
die englischen Polizisten anstatt der blanken Waffen bloß bludgeons
(Stäbe mit bleiernen Knöpfen), während die preußischen Konstabler nicht
nur mit Seitengewehren ausgerüstet wurden, sondern auch bei geeigneter
Gelegenheit mit Schießgewehren erscheinen sollten. Aber der gleiche
Name und die gleiche Farbe mußten den Unterschied verdecken und als
Beschwichtigung dienen. Nachdem also zweitausend Mann Konstabler,
welche meist aus der Polizei der Provinz rekrutirt wurden, eingekleidet
worden waren, ließen sich dieselben zum erstenMale am 24. Juli öffent=
lich sehen. Schon am 16. März hatten die Berliner Bürger, ohne je=
doch von der Behörde die geforderten Waffen zu erhalten, nach engli=

scher Mode *) Schutzmannschaften gegen die Zusammenrottungen des Volks errichtet, waren aber damals mit ihren weißen Stäben verhöhnt worden. Die jetzigen Konstabler dagegen hatten geschliffene Degen, mit denen sich nicht gut spaßen ließ.

Kaum waren die neuen Schutzleute zum Vorschein gekommen, als es zwischen ihnen und dem Volke Zusammenstöße gab. Das Volk ärgerte sie nun, indem es unter Anderm nach Seifenblasen haschte. Die Reibereien dauerten unausgesetzt fort vom 1. bis zum 8. August. Da die Konstabler keine Menschenanhäufungen auf der Straße dulden wollten, fielen jeden Abend unter den Linden, dem in's Brandenburger Thor führenden beliebten Spaziergange der Berliner, wo selbst in ruhigen Zeiten sich manchmal Menschen anhäufen, Kollisionen vor. Viele friedliche Bürger, welche, auf der Rückkehr von einem Ausfluge begriffen, aus dem Thiergarten nach Hause zu gehen beabsichtigten, wurden unter den Linden von den eifrigen Schutzleuten als böswillige Ruhestörer angesehen und brutal behandelt, ja bisweilen verhaftet. Hier war es auch, wo die Abgeordneten v. Berg und Robbertus, welch' letzterer unter Auerswald eine kurze Zeit hindurch Minister gewesen war, durch die neuen Konstabler insultirt wurden. Robbertus war zwar als Abgeordneter vor Verhaftung gesichert, aber seine dießfallsige Unverletzlichkeit schützte ihn nicht davor, daß er von einem Konstabler-Offizier wider ein Haus gestoßen und dann durch eine Glasthür in die Kranzler'sche Konditorei geworfen wurde. Unter den Linden versammelte sich zum großen Leidwesen der Schutzleute jetzt regelmäßig der sogenannte Linden = Klub, als dessen Führer ein Kaufmann, Namens Müller, galt, bis die Bürgerwehr den vergeblichen Anstrengungen der Polizei, die Zusammenrottungen zu verhindern, nachdrücklich zu Hülfe kam.

Nach dem Tage des Zeughaussturmes war es in Berlin verhältnißmäßig still geworden. Denn nicht nur wurde die Stadt um viele Arbeiter vermindert, sondern es wanderten auch viele wohlhabende Leute

---

*) In England hatten sich die Bürger gegen die Zusammenrottungen der das allgemeine gleiche Wahlrecht verlangenden Chartisten einschwören lassen. Bei der Neubelebung der Alien-Bill (des Fremdengesetzes) sagte am 11. April 1848 Lord Malmesbury im Hause der Lords: „Zugleich dürfe nicht unerwähnt bleiben, daß es auch eine große Anzahl höchst achtenswerther Fremder (foreiguors of the most respectable class) gebe, worunter er einige namhaft machen könne, wie den Prinzen Louis Bonaparte und Herrn Gaudin, die den Behörden ihre Dienste angeboten und sich als spezielle Schutzmänner hätten einschwören lassen." — S. **Parliamentary Debates** vom Jahre 1848.

aus angeblicher Furcht vor dem Kommunismus aus. Doch diese Aus=
wanderung geschah auf höhern Befehl, damit die in ihren Einnahmen
benachtheiligten Bürger sich nach der Rückkehr des Militärs sehnen sollten.
Darum mußten die meisten höheren Offiziere ihre Wohnungen kündigen,
um sich in Potsdam niederzulassen. Ebenso zogen die meisten Gesand=
ten fort. Ein Theil des Hofstaats siedelte dauernd nach Potsdam über.
Die Wiener hatten in dieser Beziehung vor den Berlinern den Vortheil,
daß bei ihnen die Donau immer einen lebhaften Verkehr unterhielt.

Die Fortschritte der Reaktion schildert unterm 19. Juli ein Berliner
Korrespondent der A. A. Zeitung (Beilage Nr. 209) wie folgt:

„Die Adressen und Protestationen der Provinzen, der hiesigen kon=
servativ=konstitutionellen Klubs, die Stimmen so vieler Tausende von
Privat=Personen, welche die hiesigen älteren Zeitungen (für schwer zu er=
legende Insertionsgebühren! patriotisch zu sein, kostet auch Geld) erfül=
len, haben denn doch allmählich gewirkt, selbst wo ihre Sprache recht
unbehülflich klang, an Zopf und Perrücke erinnernd. Es ist ein großes
Parlament von ganz anderen Tönen als das kleine in der Sing=Akade=
mie. Die Volksversammlungen unter freiem Himmel sind nicht verbo=
ten; ein Polizei=Kommissär durfte neulich als Redner auftreten und dieß
den Versammelten verkünden. Zum ersten Male ward ein Polizeimann
beklatscht. Aber vom Gerüste herab empfahl ein Redner dem Demos
unten Mäßigung, er lobte den Fortschritt im Wege des Gesetzes! Der
vielbesprochene, einst in Magdeburg inhaftirte, dann ausgewiesene Weit=
ling hat sich auch hier eingefunden und in einer andern Volksversamm=
lung schon gesprochen. Es ist gut, wenn man den Kommunismus nicht
als Gespenst in der Ferne drohend erblickt, wenn er in seiner verkörper=
ten Wirklichkeit sich uns zeigt. . . . . Der praktische Verstand unserer
Landleute, Handwerker, selbst der Proletarier ist in solchen Dingen scharf;
und hat erst gar der Berliner Witz eine Schwäche im Dinge entdeckt, so
ist es nicht mehr gefährlich. Auch die täglich aufgewärmte Lüge, welche
die müßigen Arbeiter hier zurückhalten soll, daß ihre zur Ostbahn abge=
gangenen Genossen dort barbarisch behandelt würden, hat ihre Kraft
verloren, seit man Muth hat, mit den schlagenden Gegenbeweisen her=
vorzutreten. Der Umschlag in der Meinung datirt vom Tage des Zeug=
haussturmes; erst der Prozeß gegen die Ergriffenen hat der Thatsache
indeß die schlagende Wirkung gegeben. Der Umschwung in der Meinung
ist ein überraschend schneller. Würde heute ein Staatsanwalt, wie da=
mals Herr Temme, ein Proklama wagen dürfen, worin er nur zur Au=
gabe derjenigen Individuen auffordert, welche aus den Reihen der Bür=

gerwehr auf die mit Steinhagel anrückenden Tumultuanten gefeuert, die=
ser Uebertreter des Gesetzes gar nicht gedenkend? So konnte eine Par=
teistellung einen sonst geachteten, gelehrten und hochgestellten Richter ver=
blenden, und man fand es natürlich. Und heute, kaum ist ein Monat
vorüber, wundert man sich, daß dieser selbe Richter, um ihn von der
Stellung eines öffentlichen Anklägers zu entfernen, zu einem noch höhe=
ren Posten in der Provinz befördert werden darf. Den eigentlichen Aus=
schlag in der öffentlichen Meinung hat indeß Jacoby's Antrag gegeben.
Nachdem diese Majorität und in dieser National=Versammlung ihn er=
drückte, mögen die Emissäre der Propaganda ihr Bündel gepackt haben,
wie ein hiesiger Agitator vor einiger Zeit, erklärend: Berlin ist noch
nicht reif, hier ist unser Hopfen und Malz verloren — für dießmal!"

Die Haupt=Reaktion saß in den Provinzen, namentlich in Pom=
mern, Brandenburg und in der Provinz Sachsen. Schon im April wa=
ren von Königsberg Proteste dagegen eingelaufen, daß das starke Kö=
nigreich Preußen zur bloßen Provinz Deutschlands erniedrigt werden
solle, und es waren Stimmen laut geworden, welche von der Beschickung
des Frankfurter Parlaments abriethen.

Nachdem sich der große Grundbesitz zu einer festen reaktionären
Partei organisirt und ein sogenanntes Innerparlament errichtet hatte,
erhielt er in der Kreuzzeitung, welche „mit Gott für König und Vater=
land" gegen die Revolution kämpfte, sein Partei = Organ. Einige Zeit
hernach erließ Harkort eine Ansprache an die Pommern, um das Land=
volk für die Reaktion zu gewinnen. Er rief ihnen zu: „Haltet fest, da=
mit Euch Niemand die Krone raube, die Ihr von Euren Vätern geerbt
habt!" — und indem er weidlich auf „die Schriftgelehrten und Steuerver=
weigerer" schimpfte, legte er den Bauern folgendes Rechen=Exempel vor, dessen
sämmtliche Posten im Grunde doch nicht auf Rechnung der Demokratie,
sondern auf die der Reaktion kommen mußten:

Die Brandstiftung und Einäscherung der Artillerie= Werkstätte kostet.	2,000,000 Thlr.
Für versetzte Pfänder zahlte der König	400,000 „
Für die Sparkassen	200,000 „
Die Schutzmannschaft kostet	200,000 „
An müßig gehende Arbeiter verausgabt. . . .	1,700,000 „
Die Mobil=Machung des Heeres	2,000,000 „
Das macht eine Summe von	6,500,000 Thlr.,

so die Steuerpflichtigen mit saurem Schweiß aufgebracht haben*), wäh=
rend unnütze Buben das Gesetz mit Füßen traten. Für diesen Beitrag
hätte man 6,500 bäuerliche Stellen kaufen und an tüchtige Leute vor=
geben können."

So sehr sich aber auch die Reaktion anstrengte, vermochte sie doch
nicht im Nu die revolutionäre Kraft Berlin's lahm zu legen. Denn in=
dem die Demokraten die Absichten der Reaktion durchschauten, boten sie
Alles auf, um ihre eigne Macht zu behaupten. Sie sahen ein, daß sie
jetzt, nachdem sie eine Menge Arbeiter eingebüßt hatten, den erlittenen
Verlust durch die Herstellung einer strafferen Organisation ausgleichen
mußten. Daher trat nicht nur ein aus allen Klubs und Vereinen be=
schicktes Komité, welches sich wöchentlich mehrmals versammelte, bei
Waßmann in der Leipziger Straße zusammen, sondern ganz Berlin wurde
auch von dem demokratischen Klub, dessen Präsidium über 3000 Mann
verfügen zu können sich rühmte, in 22 Bezirke eingetheilt, von denen ein
jeder unter die Leitung eines demokratischen Führers gestellt und mit ei=
nem besondern Ausschusse versehen ward. Die Maschinenbauer waren
inzwischen zur Demokratie übergetreten, und auf die Handwerker wirkte
der von Born geleitete Arbeiterverein ein. Die der altpreußischen Partei in
der Seele verhaßte Reichsverweserhuldigung, welche für ganz Deutsch=
land auf den 6. August ausgeschrieben war, gab den Demokraten Anlaß,
eine große Demonstration zu veranstalten, um ihre verfügbare Mann=
schaft zu mustern. Wenn ihnen der unverantwortliche Reichsverweser in
Frankfurt schlimmer als gleichgültig war, gewann ihre Demonstration doch
insofern eine demokratische Bedeutung, als durch dieselbe die Unterordnung
Preußens unter Deutschland ausgedrückt werden sollte. Darum setzten sie
auf den genannten Tag einen deutschthümelnden Zug nach dem vor dem
Hallischen Thore gelegenen Kreuzberg an. Vor dem Opernhause war
der Sammelplatz. Um die Preußenthümler zu verspotten, war bei My=
lius eine schwarz=weiße Fahne herausgesteckt, dahingegen an der Artil=
lerie= und Ingenieur=Schule, wo es zu einem Volks=Tumulte kam, die
preußischen Farben abgenommen werden mußten. An dem Zuge bethei=
ligten sich gegen 20,000 Mann. Wegen dieser imponirenden Menge
machte sich das von der Reaktion ebenfalls nach dem Kreuzberge beor=
derte Landvolk, welches dort Preußen=Lieder sangen und Skandal anfan=

---

*) Harkort geht hier von der falschen Unterstellung aus, als ob nicht die
große Volksmasse vermittelst der indirekten Steuern, sondern hauptsächlich nur die
Bauern den Staatssäckel füllten!

gen sollte, vor dem Eintreffen des demokratischen Heerzuges rechtzeitig aus dem Staube. Weil aber bei dieser Gelegenheit den Preußenthüm= lern die preußischen Kokarden abgerissen worden waren, erließ der Po= lizeipräsident von Bardeleben eine Verordnung, derzufolge von nun an weder mit den deutschen noch mit den preußischen Farben ein Gepränge getrieben werden durfte. In Stettin geschah am nämlichen Tage eine ähnliche Demonstration; denn hier zog eine große Menschenmenge vor das Schloß und sang daselbst das der Liedertafel vom Prinzen unter= sagte Lied: „Was ist des deutschen Vaterland."

Ziemlich drei Wochen darauf fiel wieder in Berlin eine ernste Ruhe= störung vor. Den Anstoß dazu hatten die Reaktionäre in Charlottenburg gegeben, wo die beiden Brüder Bruno und Edgar Bauer den 20. Au= gust in einer demokratischen Versammlung von frechen Eindringlingen gemißhandelt worden waren. Edgar Bauer, damals ein Liebling der „Rehberger," kam deßhalb nach Berlin und forderte die Arbeiter auf, die ihm zugefügte Unbill zu rächen. Von ihm und von Dowiat ange= feuert, unternahm sofort am 21. August die Berliner Arbeiterschaft einen Sturm auf das Hotel Kühlwetters, des Ministers des Innern. Da die= ser sich geflüchtet hatte, sollte der Justizminister Märker aufgesucht und von ihm die Freilassung der politischen Gefangenen verlangt werden. Aber auch der Justizminister hielt es nicht für gerathen, zu Hause zu bleiben, sondern rettete sich in das Hotel Auerswald's, des Ministerprä= sidenten, wo abends große Gesellschaft war. Hierdurch wurde der In= grimm des Volks auf das letztgenannte Hotel gelenkt. Die im Sturm anrückende Schutzmannschaft konnte nicht verhindern, daß an dem Hotel das Pflaster aufgewühlt, die eiserne Rampe abgerissen und die Fenster eingeworfen wurden, und daß sich die schmausenden Herren und Damen drin im Saale vor den fliegenden Straßensteinen hinter die Säulen flüchten mußten. Die Bürgerwehr, welche gerade im Kroll'schen Lokale die Erwählung Rimplers zum Kommandanten mit einem Zweckessen ge= feiert hatte, kam zu spät an; doch traf sie noch zeitig genug ein, um eine Barrikade, welche auf Rudolph Schramm's Anordnung in der Beh= renstraße errichtet worden war, zu räumen und zu zerstören. Dießmal waren selbst die Maschinenbauer, von denen manche Gewehre besaßen, un= terwegs gewesen, um den Aufstand zu unterstützen; sie hatten mit den Schutzleuten einen kurzen Kampf, bei welchem Schüsse gewechselt wurden, in der Nähe des Oranienburgerthores zu bestehen gehabt. Bei solchen Ge= legenheiten zerbrachen die Arbeiter gewöhnlich die in den Straßen be= findlichen eisernen Geländer und bewaffneten sich mit Eisenstäben. Ein=

mal wurden sogar die großen eisernen Gitterthore des königlichen Schlof=
ses mit einer solchen Kraft umgebogen und ausgehoben, als ob sie nur
von Holz gewesen wären. Am 21. August hatte das sogenannte „Krämer=Ministerium" ge=
stürzt werden sollen. In Folge dieses Vorgangs wurde auf Bauer und
Dowiat gefahndet. Letzterer ließ sich verhaften und wurde zu sechsjähriger
Festungsstrafe verurtheilt; Bauer dagegen, immer gedeckt von einer star=
ken Arbeiterwache, blieb noch längere Zeit in Berlin und agitirte weiter.
Herr v. Unruhe sagt in dieser Beziehung a. a. O., S. 96:

„Die Bande der alten polizeilichen Aufsicht waren allerdings gelöst
und eine neue gesetzliche Ordnung wegen der Unthätigkeit und Schlaffheit der
Behörden noch nicht eingeführt; aber der im Ganzen milde Sinn der
Bevölkerung trat doch hervor. Ohne denselben wäre unmöglich ge=
wesen, eine Stadt von 400,000 Einwohnern unmittelbar nach solchen
Ereignissen, wie die des Monats März, sich acht Monate hindurch fast
selbst zu überlassen. Der richterlichen Gewalt legte die Bevölkerung, un=
eradtet der Agitation gegen die Anwendung der alten Gesetze, kein
irgend nennenswerthes Hinderniß in den Weg. Es fanden Verhaftun=
gen und Verurtheilungen, sowie Vollstreckung der Urtheile statt."

Edgar Bauer flüchtete später in's Ausland und lebte bis zum
Jahre 1860 im englischen Exile. Durch das lange vergebliche Warten
auf einen neuen europäischen Umschwung mürbe und energielos gewor=
den, auch wohl nicht unwesentlich von seinem Bruder Bruno beeinflußt,
ging er zur Kreuzzeitungspartei über, legte ein jämmerlich reumüthiges
Bekenntniß in einem curriculum vitae ab, und erhielt für seine alten
Tage, wie er glaubt, ein sicheres Brot. Rudolph Schramm, viel ober=
flächlicher noch als Bauer, sehr ehrgeizig und dabei stolz auf das erhei=
rathete Geld, ging, nachdem er sich schon in England zweideutig benom=
men hatte, 1864 öffentlich zu Bismarck über, verlangte geadelt zu wer=
den und wurde mit einem Konsulat in Italien abgefunden. Ein drit=
ter Arbeiterführer jener Zeit, Braß, von welchem Pierßig in seinen My=
sterien der Berliner Demokratie schreibt:

„Im Mai, gleichzeitig mit den Katzenmusiken, *) begannen auch die
demokratischen Umtriebe in der Landwehr, welche der sich demokrati=
scher Landwehrmann zeichnende Jude Braß besorgte," ist Redak=

---

*) Die Katzenmusiken kamen in Berlin frühzeitig in Verruf, da man die
Entdeckung machte, daß die Reaktionäre sie aufführen ließen, um die Demokraten
gehässig zu machen.

teur der Bismarck'schen Norddeutschen Allgemeinen Zeitung geworden. Lothar Bucher, ein kalt berechnender Egoist, der nach einer kurzen sozia= listischen Anwandelung als vortragender Rath im Ministerium des Aeußern angestellt wurde, war nie Arbeiterführer, sondern gehörte zur „anständigen" Demokratie.

Alle diese Männer, nebst manchen Andern, deren demokratisches Be= kenntniß nicht aus der Tiefe geistigen Lebens quoll, sind gebrochen; sie haben rasch die Schwung= und Sprungkraft, die Herzensfrische verloren. Von ihnen gilt das bei der Vertheidigung Mögling's vom Advokaten Küchler trefflich gesprochene Wort: „Die Revolution verbraucht ihre Männer schnell, rasch schwingt sich ihr Rad, und die einmal auf dessen Höhe gestanden, werden schnell wieder hinabgeführt in Dunkel und Ver= gessenheit." (S. „Hans Lorenz Küchler," von J. Benedey im „Album von Combe=Varin," Zürich 1861.)

Die Arbeiterschaft Berlin's hatte für ganz Preußen die Revolution des 18. März geschlagen. Kein Wunder, daß sie über die mit ihrem Blute erkauften Errungenschaften wachte und es übel aufnahm, als die vereinbarende Versammlung, welche in der Sing=Akademie tagte, einen Antrag auf Anerkennung der Revolution ablehnte. Doch respek= tirten die Arbeiter die Unverletzlichkeit der Abgeordneten selbst in dem Prinzen von Preußen, obgleich sie sich gegen dessen Rückkehr, wie oben erzählt wurde, unzweideutig erklärt hatten. Indeß gab es Abgeordnete, die sowohl völlig anti=revolutionär waren, als auch, wenn ihnen von ihren Wählern das Vertrauen entzogen worden war, ihr Mandat nicht niederlegten. So blieben die Herren Bauer, Sydow, Prediger Jonas und Geheimerath Jonas, unbekümmert um die ihnen von ihren Wahl= freisen ertheilten Mißtrauens=Voten, in der preußischen National=Ver= sammlung und trieben ihre Kollegen zu reaktionären Beschlüssen an. Andere, wie z. B. der frühere Minister Arnim, wollten die großen Städte vertilgt wissen, weil diese Nichts als Heerlager der Revolution seien.

Nachdem sich derlei Abgeordnete durch ihre Reden immer mehr ver= haßt gemacht hatten, sahen sie sich manchmal einigen kleinen Unannehm= lichkeiten beim Heraustreten aus der Versammlung ausgesetzt. Obschon nun mehrere Abgeordnete strenge Maßregeln zum Zwecke ihres Schutzes wünschten, drang doch am 15. Juni zunächst der Antrag des Abgeord= neten Uhlich durch, des Inhaltes: — „Die Versammlung wolle beschlie= ßen, daß sie keines Schutzes Bewaffneter bedarf und sich unter den Schutz der Berliner Bevölkerung stellt;" indeß wurde schon Tags darauf von der nämlichen Versammlung auf Riedel's Empfehlung be=

schlossen: — „Auch die Versammlung als solche ist unverletzlich, und jeder gewaltsame Angriff gegen dieselbe als Hochverrath zu bestrafen:" — eine Fassung, die allerdings nicht die einzelnen Abgeordneten außerhalb der Versammlung schützte. Zweimal hauptsächlich umlagerten darauf die Arbeiter die Versammlung und drohten die Mitglieder der Rechten aufzuheben: das eine Mal, als es sich in Folge der weiter unten zu besprechenden Schweidnitzer Vorfälle um den Stein'schen Antrag, das andere Mal, als es sich um die bewaffnete Unterstützung der Wiener Revolutionäre handelte. Ueber die Thatsache, daß den Mitgliedern der Rechten mit Aufhängen gedroht worden war, berichtete am 19. Oktober der Abgeordnete Meusebach: „Ich habe wohl bemerkt, daß die Haltung der Menge gestern nicht bedrohlich war; es schien mir mehr, als wollte sich der Volks-Humor der Menge nur in symbolischen Demonstrationen kundgeben; aber der Volks-Humor muß seine Gränzen haben." Freilich waren dergleichen Späße, welche von den Engländern practical jokes genannt werden, nicht nach Jedermanns Geschmacke, zumal da die Bürgerwehr und die Mitglieder der Linken hin und wieder die Minister und die Mitglieder der Rechten vor dem drohenden Volke schützen zu müssen glaubten; allein die Tadeler sollen bedenken, daß die Reaktion nicht nur zu desfallsigen Auftritten reizte, sondern daß sie auch mit üblem Beispiele voranging. So waren z. B. gleich nach dem Auftauchen der neuen Schutzmannschaft gegen 600 Konstabler in den Deputirten-Saal eingedrungen, hatten sich auf die Gallerien, in die Korridors, in die Gänge postirt und mußten vom Vorsitzenden, der nicht in der Gegenwart Bewaffneter verhandeln lassen durfte, hinausgewiesen werden. *)

Unschuldigerer Natur war die am 5. Oktober vorgenommene feierliche Verbrennung des provisorischen reaktionären Bürgerwehrgesetzes, die vom

---

*) Selbst Hr. v. Unruh ist der Ansicht, daß von den Umlagerungen des Schauspielhauses und den damit verknüpften Vorfällen die Reaktionäre die eigentlichen Urheber waren. Er schreibt darüber (a. a. O., S. 102):

„Mehrere mit dem Volke sonst bekannte Abgeordnete versicherten, daß die Menge sie wenig beachte und unter dem Einflusse ihnen ganz unbekannter Personen stehen müsse. Wenn man diesen Umstand mit der am 17. Oktober erfolgten Verhaftung und der später geschehenen Verurtheilung eines Mitgliedes des sogenannten Junker-Parlaments zusammenhält, so scheint wirklich die Vermuthung nicht unbegründet, daß einzelne zur reaktionären Partei gehörige Personen auf irgend eine Weise die Bewegung gefördert haben."

demokratischen Bürgerwehrverein ausging und bei welcher sich die Arbeiter nur nebenher betheiligten. Die feierliche Handlung wurde vor der Sing= Akademie vollzogen. Den dabei veranstalteten Zug eröffnete ein Mann mit einer Tafel, worauf geschrieben stand: „Bürgerwehrgesetz vom 4. Oktober." Dann kam ein Esel, an dessen Schwanz das Gesetz gebunden war. Natür= lich fehlte auch eine Fahne nicht. Nachdem die Verbrennung stattgefunden hatte, schritt die Bürgerwehr ein, worauf „Vater" Karbe das Volk er= mahnte, ruhig „nach Hause zu gehen, um sich der Freiheit würdig zu zeigen."

Der am 25. Oktober in Berlin tagende demokratische Kongreß, welcher sich selbst als gescheitert ansehen mußte, übte auf die Verhältnisse der Hauptstadt keinen Einfluß aus. Denn der auf einer Volksversamm= lung gefaßte Beschluß, dem Wiener Aufstande Hülfe zu leisten, rührte von dem in Berlin lebenden Ruge her. Dagegen fiel kurz vor dem Kon= greß ein heftiger Zusammenstoß zwischen der Bürgerwehr und den Arbei= tern vor, welcher sehr folgenreich hätte werden können. Auf dem Köpnicker Felde nämlich, wo die Kanal=Arbeiter beschäftigt waren, sollte eine Ma= schine in Anwendung gebracht werden, doch wurde dieselbe von den Arbei= tern, weil sie sich in ihrer Existenz bedroht fühlten, beschädigt. Am 16 Oktober wurde daher ein Bataillon Bürgerwehr an Ort und Stelle ge= schickt und selbiges gab auf die Arbeiter, obschon sie sich ihm nicht in feindseliger Absicht näherten, sofort Feuer. Die Folge hiervon war, daß in Berlin am 17. Oktober ein großer Tumult ausbrach, bei dem es nicht ohne Todte und Verwundete abging. Denn wiewohl Waldeck, d' Ester und Berends die Arbeiter zu besänftigen suchten, was theilweise auch gelang, mußte doch eine in der Roßstraße errichtete und mit Hartnäckigkeit ver= theidigte Barrikade von der Bürgerwehr mit stürmender Hand genommen werden. Um den Aufruhr zu unterdrücken, waren sämmtliche 30.000 Mann der Bürgerwehr auf den Beinen. Man stellte den Arbeitern vor, daß Arbeiter und Bürger sich versöhnen und ihre Kräfte gegen den gemein= schaftlichen Feind, gegen die Reaktion, vereinigt halten müßten; Waldeck namentlich sagte: so weit wie in Paris sei man noch nicht gekommen. In einer Petition der Arbeiter wurde jetzt das Staatsministerium ersucht, die gemeinschaftliche Beerdigung der gefallenen Bürgerwehrmänner und Arbeiter aus Staatsmitteln zu decken und ebenso für Verwundete und Hinterbliebene Sorge zu tragen. Um die Arbeiter zu versöhnen, unter= stützte die Linke der Berliner Nationalversammlung nicht nur diese Petition, sondern sie betheiligte sich auch am Leichenbegängnisse und verlangte, daß den Arbeitern die beiden Arbeitstage, die sie im Konflikte mit der Bür=

gerwehr verloren hatten, ersetzt würden. Zu einer solchen Versöhnlichkeit hatte man bei diesem prinziplosen Arbeiterputsch auch volle Ursache. Denn schon hatte Wrangel eine Parade in Berlin abgehalten und in einem Armeebefehl mit den scharfgeschliffenen Säbeln und der blanken Kugel im Lauf gedroht. Er wartete bloß auf eine günstige Gelegenheit, um in Berlin einzurücken. Das wäre bereits geschehen, wenn die Reaktion den von der Demokratie bearbeiteten Soldaten getraut hätte. Die jetzt auf den nächsten Dörfern stehenden Truppen zählten mit der Garnison Berlin's 47.500 Mann, die von 60 bespannten Kanonen unterstützt wurden.

Auf welche Weise die Truppen von der Reaktion gegen die Demo= kraten aufgestachelt wurden, erhellt zur Genüge aus der unter sie ver= theilten, im November 1848 erschienenen Schrift: „Gegen Demokraten helfen nur Soldaten" (Berlin, Decker'sche Geheime Ober=Hofbuchdruckerei). Darin heißt es:

„Als am 20. März die treuen Truppen, die den König und sein Haus gegen fremdes Mordgesindel vertheidigt hatten, die Stadt Berlin auf den Befehl des Königs verlassen mußten und die glorreiche Revolution gemacht war, der sich jetzt jeder brave Preuße schämt, da spieen die Demokraten die Truppen an und nannten sie Bluthunde, ein Titel, der ihnen geblieben ist, bis man im Juli anfing, ihre Freund= schaft zu suchen, weil man anfing ihre Treue zu fürchten. Die Leichen der für den König gefallenen treuen Soldaten wurden nicht für würdig gehalten, am 22. März mit den Leibern der Märzhelden in dem Fried= richtshain beerdigt zu werden. . . . . Als in Schleswig dieselben Regi= menter neue Lorbeeren den alten hinzufügten, keine Freude durfte in der Heimath laut werden. Es waren die Bluthunde, es waren die ver= dumpften Söldner, die unter der Knute der altpreußischen Disziplin die Freiheit der Holsteiner und Schleswiger zugleich er= kämpften und vernichteten. Als in Posen die braven Pommern, Schlesier und Posener den Aufruhr mit starker Hand bändigten, kein Wort des Beifalls durfte laut werden, nur zarte, aber stets erneuerte Klagen über die Trangsale des von ihnen selbst heraufbeschworenen Krieges, nur Trauer über das Mißlingen des durch die verthierte Soldateska zerschmet= terten Aufruhrs wurde in dem Munde jedes wahren Demokraten, in allen öffentlichen Verhandlungen und Blättern laut. Für eure Leiden, eure Mühen, eure Gefahren und Entbehrungen, für den Ruin eurer Familien, die ihr in Noth und Sorgen zurückgelassen, als euer König euch rief, um die Provinz und eure deutschen Brüder in derselben zu retten, hatte keiner ein Mitgefühl, keiner ein Wort der Anerkennung. .... Und als im Mai die freien Mainzer Bürger die preußischen Soldaten meuchlings ermordeten, da machte in der Frankfurter Reichsversammlung, von der ihr auch wohl schon gehört haben werdet, daß sie einen Kaiser, den sie Verweser nennen, über unsern lebendigen König gesetzt haben, der Abgeordnete Zitz (ich muß den Ehrenmann nennen, er könnte euch einmal begegnen), ein Freund von dem Robert Blum, der in Wien sein gebührendes Ende gefunden, den Vorschlag, alle preußischen Truppen sogleich aus Mainz zu verjagen, sie könnten sich einmal wehren und dann stände Bürgerblut auf dem Spiel, und jedenfalls sei der freiheitsfeindlichen Soldateska das Tragen der Säbel zu verbieten. ... Und so ging es fort. Nur die Freischaaren, vor denen jedem Holsteiner und Schleswiger die Haut schaudert, wenn er an sie denkt, fanden Gnade und Ruhm und Ehre in den Augen der Demokraten, und einigermaßen die Bürgerwehr, wenn sie sich irgendwo recht lässig und feige oder aufsätzig und rebellisch gezeigt hatte; ihr aber, meine treuen und tapfern Kameraden, bliebt die Bluthunde und die entmenschte Soldateska, bis sich etwa im Monat Juli der Blick der Demokraten auf die ungebrochene Kraft der Armee lenkte und sie zusammenschreckten vor ihrem treuen Sinn und starken Arm. Von da an fingen sie ein anderes Spiel an, wenngleich solche Angriffe, wie in Mainz, nebenher, z. B. in Düsseldorf, auch noch vorkamen, der Stadt, die sich besonders dadurch auszeichnet, daß die dortigen Demokraten die Schmach soweit getrieben haben, nach eurem König und Kriegsherrn bei der Durchreise mit Schmutz zu werfen."

Das Heer wurde von der sozialen Reaktion beherrscht. Denn die meistens dem Adelsstande angehörigen Offiziere, welche die Soldaten in der Treue erhielten, erblickten im Heere eine Versorgungsanstalt, so daß sie nicht bloß durch ihren Eid und ihren Begriff von der Ehre, sondern auch durch ihre Verbindungen und namentlich durch die Sorge für ihre Existenz auf die Niederwerfung der Demokratie angewiesen waren.

Die Reaktion, nach einem schicklichen Vorwande spähend, um das in der Umgegend von Berlin angesammelte Heer in die Stadt einrücken zu lassen, suchte einen Aufstand hervorzurufen, zu dessen schneller Bemeisterung die Bürgerwehr außer Stande wäre. Unter Andern wurde der mit ihr einverstandene Ueberläufer Held dazu ausersehen, einen solchen Aufstand in Szene zu setzen. Theils deßhalb, theils aber auch, weil Held eine

Zeit lang durch seine Stentorstimme die Arbeiter Berlin's zu beeinflussen und irre zu leiten verstand, sehen wir uns genöthigt, ihm einige Betrachtungen zu widmen.

Held war seit jener großen Demonstration gegen den Prinzen von Preußen, bei welcher er den Sturz des Ministeriums abgelenkt und den Ausbruch einer für das königliche Haus verhängnißvollen Revolution verhütet hatte, mit der feudalistischen Partei in nahe Beziehung getreten und allmählich um den größten Theil seines Einflusses gekommen. Fortwährend wegen seines Verhältnisses zur Reaktion angegriffen, vertheidigte er sich anfangs siegreich mit der Gegenbeschuldigung, daß ihn die übrigen Volksführer aus purem Neid wegen seines Ansehens bei den Arbeitern verleumdeten. Endlich aber ward er durch List seiner Verbindung mit der Aristokratie überführt. Am 2. September nämlich erhielt er von Fräulein O. v. Hase ein Hand=Villet, welches ihn zum Thee einlud und ihm mittheilte, daß Frau von *** die Bekanntschaft des großen Volksmannes zu machen wünsche. Held, gleich dem Elephanten=Männchen in die Falle gelockt von einem Weibchen, stellte sich pünktlich ein. Er traf bei seiner intriganten Gastfreundin den Baron von Katte, den Präsidenten des Preußenvereins. Zugleich hatte Fräulein von Hase aber auch an Held's erbitterten Feind Dohm geschrieben und diesem gemeldet, Held werde mit Herrn v. Katte bei ihr eine Zusammenkunft haben, weßhalb sie ihn abends acht Uhr zum Besuch bitte. Die zu Protokoll gegebenen Aussagen des Fräuleins v. Hase überführten darauf Held der Verschwörung mit der Aristokratie. Umsonst suchte er sich noch länger dadurch in der Volksgunst zu erhalten, daß er in einem Plakate am 13. September das Volk über das noch einzige Mittel, die soziale Wohlfahrt herzustellen, aufzuklären versprach. Vielleicht meinte er damit jenes Mittel, über welches er in Nr. 50 seiner „Lokomotive" geschrieben hatte:

„Wir bemerken, daß es — soviel uns bekannt geworden — unter den homöopathischen Arzneikräften, welche bekanntlich unschädlich sind, allerdings einige gibt, durch deren Anwendung oder Nichtanwendung die Empfängniß ganz in die Willkür der Ehegatten gelegt werden kann."

Das geheimnißvolle Bild von den „vielen unbekannten Verhältnissen," in die er Einsicht genommen zu haben behauptete und die „im Interesse des Volkes ausbeuten" zu wollen er verhieß, entkräftete indeß nicht die Gehässigkeit des nun völlig erwiesenen Faktums: — seines Einverständnisses mit der Reaktion.

Held gibt in seinem Buche: „Deutschlands Lehrjahre oder deutsche Revolutionsgeschichten" über seine Beziehung zu Hrn. v. Katte (auf Seite 349) den nachfolgenden Aufschluß:

„Abgesehen davon," sagt er, „daß bei einzelnen kleinen Tumulten erwiese=
nermaßen Agenten jener (reaktionären) Partei als Aufwiegler thätig waren,
so ist es auch eine von uns zu verbürgende Thatsache, daß dem schon
mehrfach genannten Demagogen Held durch den Präsidenten des Preu=
ßenvereins, einen gewissen von Katte, das Anerbieten einer Summe von
25.000 Thalern gemacht wurde, um seinen noch übrigen Einfluß zur Ver=
anstaltung einer größeren Revolte zu verwenden."

Da Held seine damalige Verbindung mit der Aristokratie nicht ab
läugnen kann, gibt er in dem erwähnten Buche folgende Erklärung ab
(pag. 270):

„Es war vorzugsweise die überall ertönende gerechte Klage, daß
die Volksmänner immer nur schwatzten und niemals handelten, — wo=
durch in Held der Plan aufkeimte, einmal Etwas zu thun. Zufolge seiner
mehrjährigen publizistischen Wirksamkeit trug er ein neues Staatsprinzip
in seinem Kopfe" (— warum gerade im Kopfe? —) „umher, nach
welchem die Verfassung eines Staats eine soziale Basis haben,
in einer Aristokratie der Intelligenz seine Strebepfeiler finden
und in einem repräsentirenden Monarchen gipfeln sollte. Ein solche Ver=
fassung, die Held bis in die kleinsten Details ausgearbeitet zu haben be=
hauptete und die also (?) für und fertig war, sollte seiner Idee zufolge
ganz Deutschland innerhalb seiner Gränzen zu einem durchaus einheitlichen
Staate machen. Was den Weg zum Ziele betrifft, so gab die Idee dar=
über Folgendes an:

„Preußen muß die Revolution von Neuem und mit ganzem Ernste
in die Hand nehmen, zu welchem Zwecke es nöthig ist, in Preußen alle
Parteien für das gemeinschaftliche Ziel zu einigen. Um die bereits außer=
ordentlich stark gewordene royalistische und Militär=Partei zur Seite zu
haben, muß sich die Krone selbst für die Revolution aussprechen. In
Betracht aber, daß der König für seine Person einer solchen Rolle,
in der er schon einmal ohne Erfolg aufgetreten ist, abhold sein muß,
zeigt sich in der Person des Prinzen von Preußen, als des legitimen
Thronfolgers, ein durchaus passender Bannerträger. Alle Umstände spre=
chen dafür, daß der König zu Gunsten des Prinzen resigniren, und daß
dieser Letztere, als entschlossener, worttreuer und zuverlässiger Mann, mit
Freuden bereit sein wird, eine große welthistorische Mission zu über=
nehmen. Zur Wahrung aller Volksrechte wird es genügend sein, ihm für
die Zeit der revolutionären Umgestaltung einen Volkstribun zur Seite
zu stellen. Die Revolution selbst wird aus folgenden Akten bestehen:
Thronbesteigung des Prinzen von Preußen; Auflösung der National=

verfammlung in Berlin; Vorausverkündigung der bis zum Schluß der
Revolution zu suspendirenden Verfassung des deutschen Reichs; Er=
klärung des neuen Königs von Preußen zum Könige von Teutschland;
Proklamirung des Kriegszustandes in Preußen; Aufforderung an alle
Länder deutscher Zunge, unter Mediatisirung ihrer Fürsten dem neuen
deutschen Reiche durch Anschluß an Preußen beizutreten; Kriegserklärung
gegen alle widerstrebenden Elemente; Sicherung gegen fremdländische
Intervention durch die Unterstützung der Insurrektionen Italiens, Ungarns
und Polens." —

Vorstehender Reaktions = Plan, von welchem Held die Vaterschaft
übernommen hat, war dazu angethan, vermittelst eines Staatsstreichs
erst die Herrschaft der Junker in Preußen sicher zu stellen und dann die
junkerlich preußische Wirthschaft, unter nationalem Aushängeschilde und
mit Beseitigung der sozialen Freiheits=Idee, über das ganze Teutschland
auszudehnen. Das komödienhafte Heldenthum des Volkstribunats zur
Seite eines aufgefrischten, durch nationalen humbug verstärkten absolu=
tistischen Königthums, welches sich des deutschen Einheitsstrebens als einer
eisernen Zuchtruthe bedienen sollte, um damit die Freiheitsbestrebungen
niederzuschlagen, ist so schlau ausgedacht, daß Held sicher den Ruhm
und Preis verdient hat, womit ihn 1848 folgendes Gedicht überschüttete:

„Das Leben im Traum."

Wer ist der Heros, der der Dummheit Phalanx schlägt,
Der Schwert und Lanze in dem eh'rnen Busen trägt?
Wer ist der Nimrod, den Europa jauchzend nennt,
Den über's Meer die kalte und die warme Zone kennt?
Der Atlas, der den Staat auf seine starken Schultern hebt,
Vor dem des Ares Satelliten-Horde grimmig bebt?
In dem noch ungeboren schläft die neue, schön're Welt?
          Der brave Held!

Wer ist der Seladon, um den sich holde Engel schaaren,
Mit dem die Milde und die Liebe sinnig zart sich paaren?
Wer ist der Alkibiades, den undankbar die Fürsten ächten?
Der Washington, den Despotie und Sklavenseelen knechten?
Wer ist der Menschheit Retter, der den Himmel auf die Erde rief,
Die Treue und den Glauben, der so lange schlief?
— An dem, wie an dem Felsen, jede Zorneswoge leicht zerschellt?
          Der brave Held!

Auf, Deutschlands Söhne, hebt die Humpen hoch und frei,
Verjagt der Sorge und des Unmuths düstre Scheu,
Stoßt an! Das Feld der gold'nen Freiheit ist gewonnen,
Das Vaterland umleuchten tausend Hoffnungssonnen,
Die Einigkeit und des Gemeinsinns Kinder sind geboren,
Ihr, ihr sei jetzt ein ew'ger Eid geschworen!
Ein Gott hält, trägt und schützt die neue deutsche Welt,
Mit ihm steht treu und fest im Bund der brave Held.

Seine Verbindung mit der feudalen Partei hatte Held abgeläugnet,
so lange es ging. Nachdem durch die Intrigue des Fräuleins von Hake
das längere Läugnen unmöglich geworden, da gibt er vor, er habe sich
durch die Vermittelung der Anhänger des Prinzen mit letzterem in Ver=
bindung setzen wollen und sei bloß aus diesem Grunde mit Herrn von
Katte in Verkehr getreten. Der Herr von Katte aber, der Präsident
des Preußenvereins, ist gerade der Mann, welcher, wie uns Held selbst
erzählt, ihm später 25,000 Thaler anbot, wenn er den Rest seines
Einflusses daran setzen wolle, um einen Aufstand hervorzurufen, welcher
für das Einrücken der um Berlin lagernden Truppen zum Vorwand
zu dienen geeignet sei.

Suchte aber Held etwa einen solchen Aufstand, der dem Preußen=
verein 25,000 Thaler werth schien, nicht hervorzurufen? Lassen wir ihn
selbst sprechen. Er erzählt uns im angeführten Buche:

„In der ersten Zeit, als sich bei der Ernennung des Grafen Bran=
denburg zum Chef eines neu zu bildenden Ministeriums in der Berliner
Bevölkerung ein revolutionärer Geist zeigte, mußte man glauben, das
Volk würde dem Einrücken der Truppen nach dem Vorbilde Wiens
einen energischen Widerstand entgegensetzen. In diesem Glauben geschah
es sogar, daß der mehrfach genannte Volksleiter Held trotz des Miß=
kredits, in welchem er stand, mittelst eines Plakats auf die Nothwendig=
keit hinwies, daß sich die Hauptstadt auf mehrere Tage verproviantire,
um durch eine Zernirung nicht gleich anfangs in Noth zu gerathen.
Allein, wie wenig das Volk zu einem wirklichen Widerstande entschlossen
war, geht wohl am Klarsten aus dem Schicksale hervor, dem diese Ver=
proviantirungsidee verfiel. Ein gewisser Dr. Cohnfeldt, der unter dem
Namen „„Buddelmeier"" burleske Flugschriften im Berliner Jargon her=
ausgab und den genannten Demagogen im Interesse der Reaktion (??!)
schon von jeher mittelst solcher Flugblätter theils dem Hasse, theils dem
Spotte preiszugeben versucht hatte, persiflirte jenen Vorschlag durch ein
Blatt, welches die Ueberschrift führte: „Berlin, verproviantire dir; dein
großer Held hat Hunger!"

Der Präsident des Preußenvereins, Herr von Katte, mit dem der „mehrfach genannte Volksleiter" verkehrt hatte, angeblich um den Prinzen von Preußen für das von Held „im Kopfe herumgetragene Staatsprinzip" zu gewinnen, hatte während jenes Umgangs eine so gute Meinung vom „mehrfach genannten Volksleiter" gewonnen, daß er denselben nicht zu beleidigen glaubte, wenn er ihm für die Rolle eines agent provocatenr 25,000 Thaler anbot. Und was that der große, der brave, der unbestechliche Held? Er rieth Berlin an, sich auf mehrere Tage zu verproviantiren! Er hatte Hunger!

Noch muß zur Charakteristik Held's erwähnt werden, daß er bald in dem angeführten Buche den Prinzen von Preußen für den Mann der Situation des Jahres 1848 hält, bald dagegen Gustav Struve als den Einzigen bezeichnet, der Teutschland hätte einig machen können. Zwar ist das Eine so konfus wie das Andere; aber man möchte bei so grellem Widerspruche fragen: Wie reimt sich das zusammen?

Also von einem solchen Manne ließen sich eine Zeit lang die Berliner Arbeiter narren! Leider theilt uns Held über die „soziale" Basis der zu ottroyirenden Verfassung, die wohl nicht sehr demokratisch gewesen wäre, nichts Näheres mit. Allein eine Verfassung, die vermittelst eines Staatsstreiches in Aussicht gestellt war, konnte auch, wenn sie wirklich eingeführt wurde, vermittelst eines Staatsstreiches wieder zurückgezogen werden. Ein solcher Gewaltakt war jedenfalls kein geeignetes Mittel, um in Preußen und im übrigen Deutschland die demokratische Partei für die Held'sche Idee zu gewinnen. Letztere ließ sich erst nach der mit dem National=Verein zu Stande gebrachten Zersetzung der Demokratie von Bismarck ausführen.

Wollte der vierte Stand mit den übrigen Ständen zur Gleichberechtigung empordringen, so vermochte er sein Ziel nur durch revolutionären Kampf zu erreichen. Die Bewegung ging dann von Unten nach Oben, nicht aber, wie Held es vorschlug, von Oben nach Unten. Die Arbeiter konnten bloß in einem Kampfe siegen, welcher die von Held befürwortete Uebereinstimmung mit der feudalistischen Partei ausschloß. Der Held'sche Vorschlag lief darauf hinaus, der vor dem März herrschenden Aristokratie das Heft früher zurückzugeben, als dieselbe es auf dem langsamen Wege friedlicherer Reaction wieder zu erlangen hoffen konnte. Held spielte den Demokraten und Sozialisten, während er für die Reaction Propaganda machte. Er täuschte das Volk. Wäre er, anstatt lange seine Doppelrolle zu spielen, mit seinem Plane bald nach den Märztagen herausgerückt, so würde er zwar auch der allgemeinen Verspottung verfallen sein, allein der Vorwurf des Verraths und der Täuschung hätte ihn doch nicht so stark getroffen. Was aber den durch Held vorgeschlagenen Rücktritt des seitherigen Herrschers zu Gunsten des Thronfolgers anlangt, so war derselbe in der Bewegung von 1848 ein beliebtes reaktionäres Mittelchen, welches darauf berechnet war, durch den Wechsel das abgeschwächte Ver= trauen der Unterthanen zu beleben, das monarchische Prinzip aufzufrischen und den Glauben an eine neue Aera rege zu machen. Zwischen Held und den späteren Gothaern und National=Vereinlern war nur der Unter= schied, daß ersterer sich der Konsequenzen seines Planes viel mehr bewußt war, als die beiden letzteren, daß er also mit Absicht und Vorbedacht dem absoluten Königthum in die Hände arbeitete und daß er der Junfer= schaft auch die soziale Idee dienstbar machen wollte.

Als endlich jedem Auge ersichtlich die Reaktion über Preußen her= einbrach, da schien sich unter Rimpler's Führung anfangs die Bürger= wehr mit den Arbeitern zur Abwehr vereinigen zu wollen. Weil diese jedoch von der unter Unruh's Vorsitze vereinbarenden Berliner National= Versammlung abhängig gemacht wurde, beruhigte man sich in der Folge mit dem passiven Widerstande und ließ geduldig, indem man eine Faust in der Tasche machte, den Kriegszustand über sich ergehen. Selbst die Entwaffnung ließ sich die Bürgerwehr gefallen: nur wurden die Listen verbrannt, um die genaue Kontrolle unmöglich zu machen, und der vierte Theil der Bürgerwehrmänner überlieferte seine Waffen den Arbeitern, wo= durch denselben kein anderer Gewinn erwuchs, als daß ihnen Haussuchun= gen zugezogen wurden. Somit gelangte bei diesem Theile der Bürger= wehr das Recht der allgemeinen Volksbewaffnung zur praktischen Aner= kennung, als die Bürger selbst die Waffen, die sie siegreich gegen die Arbeiter gebraucht, vor dem Militär gestreckt und jeden Gedanken an Widerstand aufgegeben hatten. Nachdem Wien schon erobert worden war, wurde durch die Unterwürfigkeit Berlin's für ganz Deutschland der Triumph der Reaktion entschieden. Die Bürger hegten mehr Furcht vor dem niedern Volke, als vor der Wiederkehr des absolutistischen Regiments. Die Bourgeoisie hatte freilich hierzu volle Ursache. Dagegen wäre wohl die Anbahnung einer Verständigung zwischen dem bescheidenen Mittel= und kleinen Bürgerstande einerseits, und dem Arbeiterstande andrerseits, wie damals die Verhältnisse lagen, nicht unthunlich gewesen, wofern nur die Führer sich die große Gefahr vergegenwärtigt hätten, die durch die gegenseitige Abschwächung immer näher rückte. Indem die Bürgerschaft das revolutionäre Arbeiterthum, anstatt sich mit ihm auf einer für beide Theile billigen Grundlage zu vereinigen, mit gewaffneter Hand unbedingt im Zaume hielt und sich in den Mantel der Gesetzlichkeit hüllte, vollzog sie die Ruhestiftung, die den ungeschminkten Reaktionären seit den März= tagen unmöglich geworden war. Da die Gesetze aber, welche sie anrief, aus der vormärzlichen Periode unumschränkter Herrschaft stammten, so mußte sie hierdurch schon allein die Reaktion, vor welcher sie sich sicher wähnte, unfehlbar herbeiführen. Der durch den Märzsturm geschaffene Zustand charakterisirte sich in jeder Beziehung durch seine Konfusion und Halbheit. Der Ausgang der Kämpfe in Wien und Berlin war für das Schicksal der Bewegung im ganzen Deutschland maßgebend. In beiden Hauptstädten hatte die Revolution wiederholt günstige Chancen, die nicht benutzt wurden, weil die rechten Führer fehlten und weil die Vertreter der sozialen und nationalen Sache einander bekämpften.

In den Tagen, wo das Bürgerthum Frankreichs für seine Gleich= berechtigung kämpfte, hatte die Nationalgarde zum Schutz der bürgerlichen Freiheiten gegen die von Oben kommenden willkürlichen Handlungen ge= dient. In Deutschland dagegen wurde die Bürgerwehr nur zur Auf= rechterhaltung der Gesetzlichkeit gegen das niedere Volk verwandt. Dieser neuen Verwendung der Bürgerwehr war es daher entsprechend, wenn dieselbe in den wenigen Orten, in welchen sie durch die Reaktion nicht aufgelöst wurde, sich in eine Feuerwehr-Löschmannschaft zu verwan= deln hatte.

Wenn in den kleinen Ortschaften und Ländern die sozialen Gegen= sätze nicht so scharf hervortraten, wie in den großen, so rührte dieß da= her, daß dort wegen der Winzigkeit der Verhältnisse die Zustände nicht so ausgeprägt waren, und daß die persönliche Bekanntschaft fast der sämmt= lichen Ortsangehörigen unter einander die Schroffheit der Kontraste eini= germaßen verwischte. Aber wirksam war nichtsdestoweniger die soziale Reaktion auch in den kleinen Plätzen und Staaten. Jeder derselben hat seine besondere soziale Reaktions=Geschichte aufzuweisen, wenngleich sich hier das Bewußtsein nicht immer klar gestaltete und der Gegensatz sich nur dadurch Bahn brach, daß die Weniger=Bemittelten meist der radikalen politischen Richtung huldigten, während die Reicheren an der monarchi= schen Staatsform festhielten. So traten sich bereits in der ersten April= Hälfte zu Stuttgart die Bürger und Arbeiter feindlich gegenüber, indem sich die erstern für schriftliche Wahlen und für die konstitutionelle Mon= archie, die letztern dagegen für mündliche Wahlen und für Republik erklärten. Fast überall anderwärts zeigte sich dieselbe Erscheinung, daß sich die Demokratie aus den Arbeitern und aus den Wenig=Besitzenden vor= züglich rekrutirte, während für die Wohlhabenden und Reichen nach Stein's

Ausdruck das Königthum und die Gesetzlichkeit des Konstitutionalismus die Aufgabe hatte, das Eigenthum zu schützen. Zu Hamburg wurde die alte Polizeiwirthschaft während der ersten Tage des Septembers in der Person der Nachtwächter vom niedern Volke angegriffen, indeß in Kassel um die nämliche Zeit ein rein materieller Grund, die Erhöhung der Brottaxe, Zusammenrottungen und Tumulte des Pöbels hervorrief, gegen welche die Kasseler Bürgergarde rücksichtslos einschritt. Ein sehr hitziger und hartnäckiger Kampf zwischen der Kommunal=Garde und den Arbeitern, weil letztere einen der Ihrigen mit Gewalt aus dem Gefängnisse befreiten, fiel am 13. und 14. September in Chemnitz vor. Hier vermochte die Kommunal=Garde allein mit den Maschinenbauern nicht fertig zu werden, so daß Reiterei von Marienberg, Infanterie von Zwickau und endlich noch ein Bataillon leichter Infanterie von Leipzig zur Unterwerfung der Arbeiter nöthig waren. In der Hauptstadt Baiern's bildete sich anfangs Juli aus Gemeindegliedern, Bürgern und Schutzverwandten der Stadt München und der Vorstadt Au ein „Bürgerverein für Freiheit und Ordnung," durchdrungen von der Ueberzeugung, daß allein die monarchisch=konstitutionelle Regierungsform unter dem angestammten Regenten=Hause den Gesinnungen und Gefühlen der übergroßen Mehrzahl der Baiern entspräche. Zwar erklärte sich dieser Verein fest entschlossen, jeder Verkümmerung der Volksfreiheiten entgegenzutreten, doch verlangte er, daß sie geschaffen werden sollten „im Wege des Gesetzes und der Ordnung." Daher wollte er „jedes Streben nach Anarchie, wo und wie es sich immer zeigen werde, mit Entschiedenheit niederhalten und hierin mit allen seinen Mitteln die gesetzliche Gewalt unterstützen." Nicht minder sprach er öffentlich den Wunsch aus: „Möchten sich in allen Gauen Teutschlands ähnliche Vereine bilden und durch gegenseitige Verbrüderung zu diesem Zwecke wirken!"

Baiern war in seiner industriellen Entwicklung weit hinter dem übrigen Teutschland zurückgeblieben. Denn die vielen Kloster= und Kirchengüter, die vielen Bet= und Feiertage, die unbedingte Herrschaft, welche die Geistlichen dort über das Volk ausübten, sowie der ausgedehnte Grundbesitz, der sich dort noch in den Händen des Adels befand, nebst den schweren Lasten, die sich an diesen Grundbesitz knüpften, hatten mit unwiderstehlicher Macht den Fortschritt gehemmt und dem Eindringen der Aufklärung Halt geboten. Darum verhielt sich während des Jahres 1848 das Volk in Baiern sehr ruhig. Darum wurde das bairische Ablösungs= gesetz vom 4. Juni des genannten Jahres ein Muster für die Reaktion. Aus dem nämlichen Grunde fand der Widerstand, welcher seitens der bisherigen Bevorrechteten gegen die demokratische Bewegung geleistet wurde, in Baiern sehr wirksame Hülfe.

Der bairischen Reaktion kam der „katholische Bücherverein", welcher 1830 nach dem Vorbilde der Wiener Redemptoristen gegründet worden war, weidlich zu Statten *). Denn derselbe besaß einen großen Einfluß auf das Volk, da er in vielen Hunderten von pfarramtlichen Verkaufs=Lokalen Schrif= ten vertrieb und das größte Bücherlager der Welt besaß. Die meisten dieser Schriften rührten von Jesuiten her und wirkten demgemäß vor Allem für die Erhaltung der geistlichen Gerechtsame. Nicht nur trieb dieser Verein, gleich dem Zentral=Schulbücherverlag, eigene Geschäfte, sondern kaufte auch für 50% und manchmal sogar für 33⅓ % fremden Verlag. Jeder Verleger, welcher nicht zu solch' niedrigem Preise losschlug, hatte zu gewärtigen, daß sein Buch unter die schlechten und verpönten gesetzt wurde.

Die Geistlichen waren gegen die Revolution sehr thätig, weil sie die Besorgniß hegten, daß der Kirche die Macht, respektive das Kirchen= und Klostervermögen, beschnitten würde. In der Denkschrift der in Würzburg versammelten Erzbischöfe und Bischöfe Deutschlands vom 14. November 1848 wird für die Kirche Freiheit und Selbständigkeit, Freiheit des Unterrichts und ihrer Lehre, sowie ihrer Lehrbücher, Anstalten, Vereine, des Kultus, der Anstellung ihrer Diener, mit einem Wort die Zügellosig= keit, die völlige Ungebundenheit und die daraus entspringende Herrschaft im Staate, beansprucht. An diese unbescheidenen Forderungen knüpfen die Bi= schöfe folgende Erwägung: „Ob die Kirche, auch bei aller Opferwilligkeit from= mer Vereine und ihrer Bereitwilligkeit, sich zum Bettler zu machen an der Thüre des Reichen, um die Gaben seiner Mildthätigkeit in den Schooß der Armuth zu schütten, der Noth der heutigen sozialen Zustände mit Erfolg zu reichen im Stande sein möge, dieß wird wesentlich bedingt sein durch das Maß freier selbständiger Bewegung, welche auch für dieses Gebiet ihr zu vindiziren die Bischöfe als ihre Pflicht erkennen. Endlich hat die Kirche das Recht, alles katholische Kirchen= und Stiftsvermögen als ihr durch rechtmäßige Titel wohl erworbenes Eigenthum, gleich jedem Bürger oder bür= gerlichen Verein, gegen gewaltsamen Eingriff geschützt zu sehen und dasselbe frei und selbständig zu verwalten und zu verwenden. Es ist dieses überall nur zu den Zwecken

---

*) Seine Wirksamkeit eröffnete er unter königlicher Sanktion 1831 mit einem Kapital von 21,427 Gulden.

der Kirche (?) in oft viele Jahrhunderte hinaufreichenden Stiftungsur= kunden*) bestimmtes Vermögenseigenthum der Einen, als einiges Rechts=Subjekt zu erkennenden katholischen Kir= chengemeinschaft, und muß sich darum, sollen Recht und Ge= rechtigkeit den Fürsten und Völkern Deutschlands annoch heilig und kein leerer Schall sein, allerwege des gleichen Rechtsschutzes zu erfreuen haben, wie jedes andere Gesellschaftsvermögen, dessen Unantastbarkeit überall gesichert erscheint, wo öffentliche und bürger= liche Ordnung eine Wahrheit ist."

Besonders war es den Geistlichen zuwider, daß eine von ihnen unab= hängige Stellung der Schullehrer und die Trennung der Schule von der Kirche gefordert wurde.

Während in Würzburg die Vertreter des Katholizismus die Rechte ihrer Kirche dem durch die Revolution zum Ausdruck gelangten neuen Rechtsbewußtsein entgegenstellten, tagten in ähnlicher Absicht fast gleich= zeitig die Vertreter des Protestantismus sowohl zu Wittenberg, wo die Konföderation der gesammten „evangelischen Gemeinden ohne dogmatische Union" ihr herkömmliches Recht zu wahren suchte, als auch zu Leipzig, wo die strengen Lutheraner, vulgo Pietisten, sich gegen die Neuerungen ereiferten. Auch in Speier fand eine General=Synode statt.

Jetzt hielt Professor Harleß keine revolutionären Heerpredigten mehr!

Hinter der Geistlichkeit blieben die deutschen Standesherren, da ihnen die vorläufige Aufhebung der Fidei=Kommisse und gar vieles Andere ein Eingriff in ihr gutes Recht schien, beim Protestiren gegen das Ausglei= chungsbestreben nicht zurück. In einer Vorstellung, de dato Stuttgart, den 31. Oktober 1848, wünschten sie nämlich „gewissenhaftes Abwägen der mit der Neuzeit vereinbarten und in Einklang zu bringenden wohlbegrün= deten Rechtszustände."

Als ein Faktor der sozialen Reaktion muß auch der schon oben flüch= tig berührte, im Sommer 1848 entstandene „Allgemeine deutsche Verein zum Schutze der vaterländischen Arbeit" ausdrücklich namhaft gemacht werden, der sein Widerstreben gegen die Handels= und Gewerbefreiheit hinter der zur Schau getragenen Sorge für den Arbeiter und Landmann

---

*) Die Berufung der Bischöfe auf mehrere Jahrhunderte alte Titel steht im grellen Widerspruche zu der von der rechtswissenschaftlichen Forschung gemachten Entdeckung, daß alles Recht wandelbar ist und daß es stets der jeweiligen Rechts= anschauung des Volkes entsprechen soll. Schon Göthe sagt: „Es schleppen sich Gesetz und Rechte wie eine ew'ge Krankheit fort."

Becker, Reaktion. 9

verftecte. Derfelbe legte auf einer Generalverfammlung am 1. Novem=
ber 1848, welche von Vertretern des Gewerbs= und Handwerkervereins,
fowie von Fabrikanten, Kauflenten und „andern Freunden der Induftrie"
befucht war, die Grundlagen zu einem „Zolltarif für Deutfchland" (ge=
druckt Frankfurt a. M. im Januar 1849), einem Buche, in deffen Ein=
leitung (S. 5) die bezeichnenden Worte ftehen: „Sollen die glücklichen
politifchen Errungenfchaften der Nation nicht den tiefften gewerblichen
Verfall in ihrem Gefolge haben, fo müffen fie von einer Handelspolitik
begleitet fein, die den Nothwendigkeiten unferer gewerblichen Lage volle
Rechnung trägt." Der betreffende Verein fchützte folglich das National=
Intereffe vor, wenn er, wie er fich ausdrückte, „den deftruktiven Zwecken
des Freihändler=Tarifs" entgegen arbeitete. Sonach fiel bei ihm deutlich
die foziale Reaktion mit der nationalen zufammen.

Es würde zu weit führen, follte in der gegenwärtigen Schrift der
Verlauf der fozialen Reaktion, der in den mannigfaltigften Erfcheinungen
fich manifeftirte, in allen Einzelheiten dargeftellt werden. Zu viele Details
würden weniger belehrend als ermüdend fein. Dagegen ift es unerläßlich,
den eigentlichen Grund anzugeben, warum in Deutfchland die foziale
Reaktion mit unwiderftehlicher Kraft über die Ausgleichungsbeftrebungen
die Oberhand gewann. Diefer Grund ift nirgends anders, als in der
geringen wirthfchaftlichen Entwickelung zu fuchen. Aus letzterer erklärt
fich denn auch die geiftige Unreife des niedern Volks oder die Abwefen=
heit des energifchen Klaffenbewußtfeins. Erft die Groß-Induftrie nebft
den in ihrem Gefolge erfcheinenden großartigen Verkehrsmitteln vermag
jene überlieferte Befchränktheit, welche ftaatlich und gefellfchaftlich der
Ausgleichsarbeit fich entgegenftemmte, hinwegzuräumen. Denn zuvor muß
die Macht des beweglichen Befitzes fo ftark geworden fein, daß fie den
unbeweglichen Befitz und die ihm in den Städten zur Seite ftehende
Zünftler=Produktions=Weife aus feiner trägen Sicherheit und Stabilität
entwegt hat, ehe auf Grund geänderter Befitzverhältniffe ein neues fozial=
ftaatliches Gebäude vernünftigerweife entftehen kann. Phantaftifche Mufter=
staaten=Syfteme, Verfchwörungen oder optimiftifche Wünfche find ohn=
mächtig, wofern nicht die wirthfchaftliche Entwickelung dem neuen Rechts=
bewußtfein, welches verwirklicht werden foll, die unentbehrliche Unterlage
gefchaffen hat.

Wie fah es aber in diefer Beziehung 1848 in Deutfchland aus?
Es dominirte hier noch der gebundene Grundbefitz und das gebundene
Handwerk. Die Landbevölkerung überwog weitaus die ftädtifche. Im
preußifchen Staate, welcher der Fels der Reaktion war, lebte noch drei

Viertel der Gesammtbevölkerung auf dem Lande, und obschon ein real=
tionärer Schriftsteller jener Zeit *), wenn er die Landeinwohnerschaft des
preußischen Staates auf fünf Sechstel der Gesammtbevölkerung angibt,
entschieden Unrecht hat, so war doch immerhin der Einfluß des unent=
wegten Grundbesitzes so übermächtig, daß derselbe gegen die Anströmung
der industriellen Beweglichkeit einen unbezwingbaren Damm bildete. Mit
der modernen sozialen Bewegung im innigsten Zusammenhange steht die
beziehungsweise Abnahme der Landbevölkerung und die entsprechende
Zunahme der Bevölkerung der großen Städte, da mit dem Fortschreiten
der wirthschaftlichen Entwicklung der große bewegliche Besitz immer mehr
jene von ihrer Hände Arbeit lebenden Volksmassen beschäftigt, welche
früher vorzugsweise in der Dienstbarkeit und im Brote des unbeweglichen
Besitzes standen. Noch nach der amtlichen Zählung vom 3. Dezember 1861
betrug in Preußen die Landbevölkerung 12.865,368, die städtische dagegen
nur 5.611,132 Köpfe. Hiervon waren 32% des Ganzen mit Gewerben
und Fabrikation beschäftigt, 6 % = 184,232 Personen waren Kaufleute,
12% gehörten dem Militär=, dem Beamten= (65,000), dem Lehrer=
(33,000, definitiv und 10,000 vorübergehend), oder dem geistlichen Stande
(=12,803) an, oder sie fungirten als Aerzte (54,804), als Apotheker
(3812), als Schauspieler (2981) oder waren Rentiers (70,000). Die
übrigen 50 % gehörten durchweg dem Landbau an. Die Landbevölkerung
verhielt sich zu den Stadtbewohnern wie 12:5. In den Hauptgewerben
fielen die kleinen Meister ins Gewicht. Abgesehen von den 192,345 Webern,
die auch nach Erlangung der Meisterschaft meistens unselbständig blieben,
gab es im preußischen Staate im genannten Jahre

154,111 Schuster, darunter 94,849 Schuhmachermeister;
122,789 Schneider,   „   73,088 Schneidermeister;
46,987 Bäcker,   „   26,186 Bäckermeister;
34,991 Fleischer,   „   21,566 Fleischermeister.

Es unterliegt also keinem Zweifel, daß 1848 selbst bei der Arbeiter=
bevölkerung der Städte das beschränkte kleine Handwerk unverhältniß=
mäßig vorwog und durch sein Uebergewicht im sozialen Kampfe den
Ausschlag gab.

Dem entsprechend stand es 1848 um die Verkehrsmittel Deutsch=
lands, da ja zwischen diesen und der wirthschaftlichen Entwicklung

---

*) Der preußische Regierungsrath „Friede wollt' er Sperling" in seinen „Vor=
schlägen zur Verbesserung unserer geselligen Zustände in Beziehung auf Verkehr,
Religion und Regierung" (Magdeburg, 1849, Seite 15).

eine Wechselbeziehung herrscht. Zwar waren, seitdem Napoleon I. am Rhein jene Chaussee gebaut hatte, die noch heute von dem Segen der französischen Eroberung Zeugniß ablegt, die Straßen zwischen den Haupt=plätzen Deutschlands sehr verbessert worden; allein noch gar Vieles war zu wünschen übrig und die Vizinalwege fast durchgängig schlecht.

Indeß machten 1848 die Chausseen schon nicht mehr das Haupt=verkehrsmittel aus. Vielmehr waren und sind noch jetzt die Eisenbahnen die Hauptträger für den beschleunigten Verkehr des durch die Groß=Industrie in erhöhtem Maße beweglich gewordenen Besitzes. Um daher das Scheitern der sozial-demokratischen Bewegung von 1848 uns voll=ständig zu erklären, wird es nothwendig sein, mit dem Zustande des deutschen Eisenbahnwesens jener Zeit uns bekannt zu machen.

Dr. Nikolaus Hocker hat in seinem Werke, betitelt: „Die Groß=Industrie Rheinlands und Westphalens, ihre Geographie, Geschichte, Produktion und Statistik" (Leipzig 1866), dargelegt, daß 1844 — also vier Jahre vor der Zeit, mit welcher wir uns hier beschäftigen, — im preußischen Staate die Eisenbahnen bloß eine Strecke von 114⅓ Meilen einnahmen und daß sie damals nur 3.940,904 Personen nebst 7.845,026 Zentnern Gütern beförderten, dahingegen sie im nämlichen Staate zwanzig Jahre später schon auf einer Strecke von 801 Meilen 32.126,600 Personen und 535.579,910 Zentner Güter trugen.

Da Preußen als ein Militär=Staat sofort die strategische Bedeutung der Eisenbahnen ins Auge gefaßt hatte, machte es in der Frankfurter Bundesversammlung auf dieselbe 1847 aufmerksam, ersuchte die Regie=rungen, deren Länder es verspeisen wollte, bei der Anlage von Eisenbahnen auf die militärische Zweckmäßigkeit Rücksicht zu nehmen, und stellte die Bitte, daß jeder Staat hinsichtlich der schon fertigen oder noch im Bau begriffenen und veranschlagten Eisenbahnen nach einem gegebenen Formulare genügenden Aufschluß geben möge. Die amtlichen Mittheilungen, welche demzufolge von den Gesandten der meisten größern Staaten in der Bun=desversammlung gemacht wurden, liefern uns nun einen hinlänglichen und genauen Ueberblick über den Stand der deutschen Eisenbahnen in den Jahren 1847 und 1848.

Die „tabellarische Uebersicht" über den Stand des Eisenbahnwesens im preußischen Staate im August 1847" befindet sich in Beilage 3 zu S. 24 der zweiten Sitzung der deutschen Bundesversammlung vom 13. Januar 1848 *)

---

*) Siehe: „Protokolle der deutschen Bundesversammlung vom Jahre 1848. Sitzung 1—70. Frankfurt a. M. Druck von C. Krebs-Schmitt." (Orig.=Abdruck.)

und enthält von den einzelnen preußischen Eisenbahnen folgendes Verzeichniß:

1) Magdeburg-Leipzig, vollendet und am 18. August 1840 ganz er eröffnet. Länge der ganzen Bahn 15.₈ Meilen. — 20 Lokomotiven, 107 Stück Personenwagen, 181 Stück Lastwagen.

2) Düsseldorf-Elberfeld, vollendet und am 13. September 1841 ganz eröffnet. Länge: 3.₅ Meilen. — 8 Lokomotiven, 48 Stück Personenwagen, 88 Stück Lastwagen.

3) Berlin-Anhalt'sche (Berlin-Köthen), vollendet und am 16. September 1841 ganz eröffnet. Länge: 20.₂ Meilen. — 25 Lokomotiven, 102 Stück Personenwagen, 280 Stück Lastwagen.

4) Magdeburg-Halberstädter, vollendet, ganz eröffnet am 16. Juli 1843. Länge: 7.₇ Meilen. — 8 Lokomotiven, 32 Personenwagen, 58 Lastwagen.

5) Rheinische (Köln, preußisch-belgische Gränze bis Aachen), vollendet, ganz eröffnet am 15 Oktober 1843. Länge: 11.₃ Meilen. — 18 Lokomotiven, 61 Personenwagen, 446 Lastwagen.

6) Berlin-Stettin-Stargarder, vollendet von Berlin nach Stettin am 15. August 1843 und von Stettin nach Stargard am 1. Mai 1846. Länge: 22.₄ Meilen. — 21 Lokomotiven, 73 Personenwagen, 180 Lastwagen.

7) Oberschlesische (Breslau, preußisch-Krakauer Gränze bei Myslowitz), vollendet und am 3. Oktober 1846 ganz eröffnet. Ganze Länge: 26.₃ Meilen. — 24 Lokomotiven, 60 Personenwagen, 168 Lastwagen.

8) Breslau-Freiburg-Schweidnitz (incl. der 1.₂ Meilen langen Zweigbahn Königszelt-Schweidnitz), vollendet und am 29. Oktober 1843 ganz eröffnet. Länge: 8.₅ Meilen. — 9 Lokomotiven, 56 Personenwagen, 109 Lastwagen.

9) Bonn-Kölner, vollendet und am 15. Februar 1844 ganz eröffnet. Länge: 3.₉ Meilen. — 8 Lokomotiven, 42 Personenwagen, 17 Lastwagen.

10) Berlin-Potsdam-Magdeburg, vollendet bis auf die im Bau begriffenen Elbbrücken und die zugehörige Bahnstrecke bei Magdeburg, und am 13. September 1846 bis dahin dem Verkehr übergeben. Länge: 19.₄ Meilen. — 26 Lokomotiven, 80 Personenwagen, 131 Lastwagen.

11) Niederschlesisch-märkische (Berlin-Breslau) incl. der 3.₇ Meilen langen Zweigbahn Kohlfurt-Görlitz und der Bahn zur Verbindung der Bahnhöfe bei Breslau von 0.₄ Meile Länge. Vollendet und

am 1. September 1846 ganz eröffnet. Länge: 51.₇ Meilen. — 57 Lokomotiven, 91 Personenwagen, 271 Lastwagen.

12) Niederschlesische Zweigbahn (Glogau-Hansdorf), vollendet und am 1. November 1846 ganz eröffnet. Länge: 9.₅ Meilen. — 9 Lokomotiven, die Personen- und Lastwagen sind nicht angegeben.

13) Berlin-Hamburg, vollendet und am 15. Dezember 1846 ganz eröffnet. Länge: 38 Meilen — 33 Lokomotiven, 84 Personenwagen, 205 Lastwagen.

14) Wilhelms-Bahn, bis auf den kleinen Theil von Annaberg zur österreichischen Landesgränze vollendet und am 1. Mai 1847 bis dahin dem öffentlichen Verkehr übergeben. Länge der vollendeten Strecke 6.₉ (ganze Bahn 7.₁) Meilen. — 6 Lokomotiven, 25 Personenwagen, 43 Lastwagen.

Die bisher aufgezählten Bahnen waren entweder ganz oder doch größtentheils vollendet. Die nachstehenden waren im August 1847 alle noch unvollendet, nämlich:

15) Köln-Mindener (preußisch-schaumburg-lippesche Gränze bei Minden). Vollendet von Deutz bis Hamm und am 15. Mai 1847 bis dahin dem Verkehr übergeben. Die völlige Vollendung stand zum 15. Oktober 1847 zu erwarten. Länge der vollendeten Strecke: 19.₉ Meilen, ganze Bahn 35.₄ Meilen. — 14 Lokomotiven, 49 Personenwagen, 128 Lastwagen.

16) Thüringische (Halle-Gerstungen). Vollendet von Halle bis Eisenach und am 24. Juni 1847 bis dahin dem öffentlichen Verkehr übergeben. Länge der vollendeten Strecke 22.₅, ganze Bahn 24.₆ Meilen. — 12 Lokomotiven, 61 Personenwagen, 190 Lastwagen.

17) Stargard-Posener, vollendet von Stargard bis Woldenberg und am 10. August 1847 bis dorthin dem öffentlichen Verkehr übergeben. Länge der vollendeten Strecke: 9.₀ Meilen. Ganze Länge 22.₅ Meilen.

18) Brieg-Neisse, vollendet bis auf die Einführung in den Rayon von Neisse und am 25. Juli 1847 bis dahin dem öffentlichen Verkehr übergeben. Ganze Bahn: 5.₅ Meilen.

19) Bergisch Märkische (Dortmund-Elberfeld), in Ausführung. Die Strecke von Elberfeld nach Schwelm wurde noch im September 1847 eröffnet. Länge der ganzen Bahn: 7.₆₁ Meilen.

20) Prinz-Wilhelms-Bahn (Steele-Bohwinkel), in Ausführung. Ganze Länge: 4.₃ Meilen.

21) Münster-Hammer, in Ausführung. Die Vollendung stand 1848 zu erwarten. Ganze Bahn: 4.₀ Meilen.

22) Aachen=Mastrichter (auf preußischem Gebiete 1.₂ Meilen lang), in Ausführung. Die Vollendung der Strecke auf preußischem Gebiete stand 1848 zu erwarten. Länge: 4.₂ Meilen.

23) Magdeburg = Wittenberge, in Ausführung. Sie sollte mit Aus= schluß der Elbbrücke bei Wittenberge 1848 vollendet werden. Länge: 14.₂ Meilen.

24) Köln=Minden=Thüringer Verbindungsbahn, in Ausführung. Länge: 18.₇ Meilen.

25) Ruhrort = Krefeld (Kreis Gladbach), in Ausführung. Länge: 5.₅ Meilen.

26) Aachen=Düsseldorfer, in Ausführung. Länge 10.₇ Meilen.

Sonach hatten die preußischen Eisenbahnen im Jahre 1848 nicht mehr, als den dritten Theil ihrer heutigen Höhe erreicht. Wir wollen nun sehen, wie es um die Eisenbahnen in den andern deutschen Län= dern stand.

Die Uebersicht über die würtembergische Staatseisenbahn, ihre Richtung, Länge, den Stand ihres Baues, über ihre Schienengeleise, Bahnhöfe und Transportmittel ist gegeben in der Beilage zu S. 45 der dritten Sitzung der deutschen Bundesversammlung vom 20. Januar 1848. Von den rein militärischen Angaben abgesehen, finden wir daselbst den nachstehenden Aufschluß.

A. Richtung. Die würtembergische Staatseisenbahn geht von Stuttgart aus in zwei Richtungen:

1) östlich, nach Ulm an die bairische Gränze, und von da südlich nach Friedrichshafen am Bodensee; 2) in nördlicher Richtung nach Heilbronn am Neckar. Von letzterer Bahnlinie soll bei Bietigheim eine Bahn in westlicher Richtung an die badische Gränze bei Maulbronn ge= führt werden.

B. Länge. Die Länge dieser verschiedenen Bahnlinien beträgt:

1) von Stuttgart nach Ulm . .   12½ Meilen,
     von Ulm nach Friedrichshafen . .   13½ „
2) von Stuttgart nach Heilbronn . . .   7 „
3) von Bietigheim an die badische Gränze   4 „
                     Zusammen   37 Meilen.

C. Stand des Baues. Von diesen Bahnlinien sind

1) vollendet und seit November 1847 auf ihrer ganzen Länge im Betrieb:

a) in öftl. Richtung: Bahnstrecke v. Stuttgart
bis Süßen, auf einer Länge von . . . . . . 6½ geogr. Meilen;
   b) in nördl. Richtung: Strecke von Stuttgart
bis Bietigheim . . . . 3½ „   „
   c) in südl. Richtung: Strecke von Ravensburg
bis Friedrichshafen . . . . 2½ „   „
             Zusammen: 12½ geogr. Meilen.

D. Transportmittel. Auf den bereits im Betrieb befindlichen Baustrecken sind vorhanden:

Lokomotiven, durchaus mit 4 gekuppelten Trieb- und 4 Lauf-rädern nebst Tendern: 16 Stück;

Personenwagen, achträderige, welche im Durchschnitt 64 Personen fassen, 53 Stück;

Personenwagen, vierräderige, welche durchschnittlich Raum für 28 Personen haben, 10 Stück;

Lastwagen, achträderige, mit einer Tragkraft von 170 Zentnern, 12 Stück;

Lastwagen, vierräderige, mit einer Tragkraft von 75 bis 100 Zentnern, 24 Stück.

Die würtembergische Regierung hatte durch ein mit den Ständen verabschiedetes Gesetz unterm 18. April 1843 bestimmt, daß auf Staats-kosten eine zur Befahrung mit Dampfkraft eingerichtete Eisenbahn, welche von Friedrichshafen über Ravensburg und Biberach nach Ulm, von da über Göppingen und Kannstadt nach Stuttgart und von hier nach Heil-bronn führte, erbaut werden sollte. Diese Bahn, welche eine Gesammtlänge von 37 Meilen haben sollte, war also 1848 erst zum dritten Theile fertig·

In Mecklenburg-Schwerin waren 1848 zwar Eisenbahnen im Bau begriffen, aber noch keine vollendet.

Braunschweig erklärte in der 4. Sitzung der Bundesversammlung vom 27. Januar 1848, es werde das erstattete Gutachten der Bundes-Militär-Kommission vom 22. Juni 1847 und den Ausschußantrag vom 15. Juli 1847 berücksichtigen, insbesondere auch die Ausführung einer zweckmäßigen Verbindung der Festungen Köln und Koblenz mit den in Frankfurt sich vereinigenden Eisenbahnen in jeder Weise zu begünstigen geneigt sein, sobald ein Bauunternehmen dahin gerichtet werde.

Durch das Fürstenthum Schaumburg-Lippe lief 1848 eine Eisen-bahn von Osten nach Westen in einer Länge von 3,25 Meilen. Sie bildete einen Theil der Hannover-Mindener Bahn und war gleichzeitig mit dieser dem öffentlichen Betriebe übergeben worden. Das Fürstenthum besaß zwei Bahnhöfe und zwei Haltestellen.

Ueber den Stand des Eisenbahnwesens im Königreiche Hanno=
ver gibt die Beilage zu §. 92 des Bundes=Protokolls vom 24. Februar
1848 folgende Nachricht.

Im Januar genannten Jahres waren fünf hannöverische Eisenbahnen
vorhanden, nämlich:

1) Hannover=Braunschweig, eröffnet am 19. Mai 1844, mit 65 Lokom.,
187 Personen= und 810 Güterwagen. Länge auf hannöverischem
Gebiete: 5.$_{70}$, auf braunschweigischem Boden 2.$_{46}$ geogr. Meilen.

2) Lehrte = Hildesheim, eröffnet am 12. Juli 1846, von 3.$_{36}$ Meilen
Länge. Nur ein Geleis war fertig, doch war die Bahn für zwei
Geleise vorbereitet.

3) Lehrte = Harburg, eröffnet am 15. Oktober 1845 bis Zelle, am
1. Mai 1847 bis Harburg. Ein Geleis, für zwei vorbereitet. Länge
20.$_{93}$ Meilen.

4) Hannover=Minden, eröffnet am 15. Oktober 1847. Das zweite Ge=
leis war noch unvollendet. Länge auf hannöverischem Gebiete: 3.$_{41}$:
auf hessischem: 1.$_{41}$; auf lippeschem: 3.$_{36}$; auf preußischem Boden:
0.$_{58}$ Meile.

5) Wunstorf=Bremen, eröffnet am 12. Dezember 1847. Ein Geleis, für
zwei vorbereitet. Länge: 13.$_{57}$ Meilen.

Das zwischen Nord= und Süddeutschland vermittelnde Großherzog=
thum Hessen hatte, wie aus der desfallsigen Uebersicht (Beilage zum
Bundes=Protokolle vom 2. März 1848) erhellt, schon drei Eisenbahnen.
Davon war die Main=Neckar=Bahn, dem Staatsvertrage vom 25. Fe=
bruar 1843 gemäß gemeinschaftlich mit Baden und Frankfurt ausgeführt,
im Ganzen 11.$_{673}$ Meilen lang. Sie war bis auf den Bahnhof bei
Frankfurt, die Mainbrücke daselbst und bis auf die Neckarbrücke bei Laden=
burg vollendet und hatte ein einfaches Schienengeleis. Lokomotiven (hessische
12, badische 3, Frankfurter 3) zusammen 18 Stück. Personenwagen (hess.
67, bad. 17, Frankfurter 21) zusammen 105, darunter 30 Stehwagen
für die Proletarier (Wagen vierter Klasse für den vierten Stand) und
6 Wagen erster Klasse für die vornehme Welt. Gepäck=, Vieh= und
Güterwagen 146. Summe aller Transportwagen 251. Im Sommer 1846
wurde die Bahn auf der ganzen Länge eröffnet.

Die Frankfurt=Offenbacher=Bahn war zwar vollendet, aber noch nicht
in Betrieb gesetzt. Länge: 0.$_{853}$ Meile.

Die Main=Weser=Bahn, laut Staatsvertrag vom 6. Februar 1845
gemeinschaftlich vom großherzoglichen, sowie vom kurfürstlichen Hessen und
von der freien Stadt Frankfurt unternommen, sollte erst 1850 fertig
werden. Ihr nördlicher Endpunkt war Kassel.

In Luxemburg war eine Eisenbahnanlage projektirt, während in Limburg vorderhand noch an keine Eisenbahn zu denken war.

Noch soll hier der baierischen Eisenbahnen Erwähnung ge= schehen, wie dieselben am 1. Januar 1848 beschaffen waren. (Beilage zu §. 598 des Protokolls der 61. Sitzung der deutschen Bundesversammlung vom 5. Juni 1848.) In Baiern gab es folgende Bahnen:

1) Die Ludwigs=Eisenbahn von dem industriellen Nürnberg nach Fürth, die erste in Deutschland, war vollendet und eröffnet am 7. Dezember 1837 auf einer Strecke von 0.₃ Meile. — 2 Lokom., 15 Personen= wagen, 2 Lastwagen.

2) München = Augsburger=Bahn, vollendet bis auf den Bahnhof in München und ganz eröffnet am 4. Oktober 1840. Länge: 8¼ deutsche Meilen. — 13 Lokom., 66 Personenwagen, 66 Lastwagen.

3) Ludwigs=Süd=Nordbahn, projektirt von Lindau über Augsburg nach Nürnberg an die sächsische Gränze auf einer Gesammtstrecke von 75.₇₆ Meilen. Vollendet von Kaufbeuern über Augsburg nach Donau= wörth: eröffnet von Kaufbeuern nach Augsburg am 5. August 1847 und von hier nach Donauwörth am 20. November 1844. Länge dieser vollendeten Strecke 13.₄₀ Meilen (13 Lokom., 50 Personen= wagen und 83 Lastwagen). — Im Bau begriffen die Strecke von Donauwörth über Nördlingen nach Nürnberg. — Ferner war von Nürnberg nach Neuenmarkt eine Strecke von 18.₃₃ Meilen vollendet. Eröffnung von Nürnberg nach Bamberg am 25. August 1844, von da nach Lichtenfels am 15. Februar 1846 und von hier nach Neuen= markt am 15. Oktober 1846. — 22 Lokomotiven, 74 Personenwagen, 95 Lastwagen. — Die Eröffnung der sächsischen „Reichsgränze" stand 1818 zu erwarten.

4) Ludwigs=Westbahn von Bamberg über Würzburg nach Aschaffenburg an die hessische Gränze. Der Bau sollte 1848 erst begonnen werden.

5) Lichtenfels=Koburger=Bahn, ernstlich projektirt, aber noch nicht einmal im Bau begriffen.

6) Pfälzische Ludwigs = Bahn von der preußischen Gränze bei Berbach nach Speier und Ludwigshafen. Vollendete Strecke: 5.₁₅ Meilen (gleich einem Drittel der ganzen Strecke von 15.₃₆ Meilen). — 20 Lokom., 80 Personenwagen, 55 Lastwagen. — Von Berbach bis Kaiserslautern stand die Vollendung im Jahre 1848, von da bis Neustadt im Jahre 1849 zu erwarten.

Bei den baierischen Eisenbahnen muß es im Vergleich zu denen anderer Länder auffallen, daß die Zahl der Lastwagen mit der Zahl der

Personenwagen theils auf fast gleicher Stufe steht, theils sogar, wie dies bei der Ludwigs=Eisenbahn und der Pfälzischen Ludwigs=Bahn der Fall ist, unter sie herabsinkt. Das zeigt uns sofort, daß Baiern 1848 eine noch sehr gering entwickelte Industrie besaß. Eine gleiche Erscheinung bietet Würtemberg, das Land, gesegnet mit zahlreichen Standesherren und vielem reichsritterschaftlichen Adel, welches, weil die Wucht des trägen großen Grundbesitzes die gesunde Entfaltung der modernen Industrie arg hemmte, auf seiner Staatseisenbahn 63 Stück Personenwagen und dagegen bloß 36 Stück Last= oder Güterwagen aufzuweisen hatte.

In Baden ging die Eisenbahn von Heidelberg noch nicht bis völlig hinauf an die Schweizer Gränze. In Thüringen mußte man, um von Eisenach aus nach Frankfurt am Main zu fahren, sich der Post bedienen, und der Thüringer Wald, der lange zu warten hatte, ehe er von der Eisenbahn durchbrochen wurde, theilte Teutschland noch in zwei Theile. Nur im Westen war Nord= und Süddeutschland spärlich durch die Eisen= bahn mit einander verbunden. Denn auch das industrielle Sachsen, ob= schon seine Hauptstädte durch die Dampfkraft einander näher gerückt waren, hatte die Verbindung mit Süddeutschland noch nicht zu Stande gebracht.

Läßt man die kleine Bahn von Nürnberg nach Fürth außer Rech= nung, so muß als das eigentliche Entstehungsjahr des deutschen Eisen= bahnverkehrs das Jahr 1840 angesehen werden. Ja in recht eigentliche Aufnahme kamen die Eisenbahnen bei dem deutschen Volke erst in den Jahren 1843 und 1844. Hieraus wird ersichtlich, daß dieses Verkehrs= mittel, welches unter Anderm die geschichtliche Aufgabe hatte, den landes= gränzlichen Zopf zu vernichten und den Partikular=Geist der staatlichen Abgeschlossenheit zu knicken, bis zum Jahre 1848 noch keine bedeutenden Wirkungen ausgeübt haben konnte. Ebenso läßt sich mit Sicherheit aus dem Zustande des deutschen Eisenbahnwesens entnehmen, daß bis zu jenem Jahre, welches für Teutschland und für das ganze Europa den Anbruch einer neuen Zeit signalisirt, die Groß=Industrie, wie auch durch andere Erscheinungen, namentlich durch die Entwicklung des Zollvereins, unum= stößlich bestätigt wird, innerhalb der germanischen Sprachgenossenschaft noch keine großen Erfolge errungen hatte. Die Eisenbahnen sollten zu= nächst den Mittelstand kräftigen und ihn über die seitherige beengte Denk= und Anschauungsweise erheben. Das Herreneigenthum des großen Adels, welches sich theilweise bis zur staatlichen Souveränität herausgebildet hatte, war mit dem Merkantil=System und mit der Natural=Wirthschaft verwachsen gewesen; es hatte Teutschland Jahrhunderte lang im Zopf=

thume erhalten und war erst durch den mächtigen Rückschlag, welchen auf die Handels- und Verkehrsverhältnisse die Herstellung der Unabhängigkeit der nordamerikanischen englischen Kolonien hervorbrachte, langsam unterminirt worden. Denn durch die Erkämpfung der Unabhängigkeit in Nordamerika, welche zu dem Ausbruche der ersten französischen Revolution bekanntlich in inniger Beziehung stand, hatte sich der deutsche Verkehr nach Außen, der vorher auf den Zwischenhandel beschränkt geblieben war, nach und nach zu einer selbständigen Stellung erhoben und übte nun auf die Entwickelung des innern Verkehrs einen heilsamen, stärkenden Einfluß aus, so daß die bunte Mannigfaltigkeit und die vielgerühmte Zopfbildung, welche von den vielen kleinen Residenzen ausströmte, der überwältigenden Großmacht des Weltverkehrs weichen mußte. Hinterließ auch das Jahr 1848, welches die einseitige Reaktion in blindem Uebermuth das „tolle Jahr" genannt hat, keine dauernde Schöpfung, so war doch der moralische Eindruck desselben unauslöschlich, und als beim Einläuten der Reichsverweserschaft die alte Karolus- oder Kaiserglocke auf dem Frankfurter Dome zersprang, kündigte sie in Wahrheit an, daß die Herrlichkeit des alten Reichs zu Ende war.

Weil die Eisenbahnen zunächst hauptsächlich dem Mittelstande in Deutschland nützten, waren sie auch, gleichwie in andern Ländern, vorzüglich für ihn eingerichtet. Die Wagen dritter Klasse, welche durch ihre polsterlosen Sitze und ihre sonstige ganz einfache innere Einrichtung zeigten, daß sie für einen noch nicht der Verweichlichung verfallenen Stand bestimmt waren, machten überall die weitüberwiegende Mehrheit aus. Nur in jenen Gegenden, wo ein starkes, zu kleinern Reisen genöthigtes Proletariat vorhanden war, wurden Wagen vierter Klasse, deren Passagiere ihre Fahrt stehend und dicht gedrängt zurückzulegen hatten, mit billigen Fahrpreisen eingeführt. Aber auch diese Stehwagen waren, selbst in den volksreichsten Gegenden, immer gering an Zahl; denn der von der Hand in den Mund lebende und höchstens wochenweis versorgte Proletarier soll, wenn er auch in sonstiger Beziehung dem Flugsande gleicht, mit ritterlicher Treue an seinen Arbeitgeber, den Lehnsherrn der Neuzeit, so lange als möglich gebunden bleiben und, anstatt sich auf der Welt moderner Eisenstraßen herumzutreiben, zum Dienst und Verdienst stets hold und gewärtig sein. Eine Einrichtung wie in England, wo dem niederen Volke der mit einem Penny pro Meile berechnete sogenannte Parlamentszug, der freilich langsam genug geht, zur Verfügung steht, wurde bei der Einrichtung der deutschen Eisenbahnen weder für nöthig, noch für einträglich befunden.

Also spiegelte der Stand der Eisenbahnen 1848 in Deutschland den Grad der wirthschaftlichen Entwicklung und die Tragweite der Volksbegriffe ab. Er enthüllt uns den tiefer liegenden Grund, welcher bewirkte, daß die soziale Bewegung scheitern mußte. Wenn selbst der Mittelstand sich noch nicht aus den Fesseln des Partikularismus völlig herausgearbeitet hatte, und wenn folglich selbst die hoffnungsvolle nationale Bewegung nicht mit selbständiger Kraft vermittelst der Lehre von der Volks-Souveränetät zu ihrem Endziele durchzuschlagen vermochte, mußte doch wohl der auf viel weitere Beziehungen angewiesene, d. h. der an das in ganz Europa und über dasselbe hinaus herrschende System der Nationalökonomie gekettete, Sozialismus zum siegreichen und endgültigen Durchbruche noch viel weniger angethan sein.

Aber mit dem Triumphe der unverhüllten sozialen war auch der Triumph der nationalen und staatlichen Reaktion schon deßhalb im Voraus sichergestellt, weil die nationalen und staatlichen Faktoren im Grunde nur Krystallisationen sozialer Zustände sind, deren breite Unterlage doch immer das niedere, arbeitende Volk bleibt. Alle nationalen und staatlichen Erscheinungen lassen sich, auch wenn sie in der höchsten Potenz zu Tage treten, immer wieder in einfache gesellschaftliche Faktoren, aus welchen sie zusammengesetzt sind, auflösen. Ist daher die Reaktion in den großen Volksschichten entschieden, so erfolgt sie auch mit unerbittlicher Nothwendigkeit in den über ihnen liegenden und von ihnen getragenen Schichten. Der eine Sieg der Reaktion zog daher folgerecht den andern nach sich.

Der Verlauf der nationalen und staatlichen Reaktion nun soll im Folgenden geschildert werden.

Zweites Hauptstück.

Die nationale Reaktion.

Der Nachweis, welchen wir aus den amtlichen Aufzeichnungen der Bundes = Protokolle empfangen, bildet eine Hauptquelle der folgenden Darstellung. Wir sehen uns deßhalb genöthigt, über jene Protokolle einige Worte vorauszuschicken. Als die deutsche Bundesversammlung am 14. November 1816 ihre einstweilige Geschäftsordnung festsetzte, beschloß sie, „die Bekanntmachung der Bundestagsverhandlungen durch den Druck als Regel" aufzustellen, dagegen die der Oeffentlichkeit nicht zu übergebenden Verhandlungen jedes Mal besonders auszunehmen. Demzufolge wurden die Protokolle, mit Ausnahme solcher Gegenstände, deren Geheimhaltung angemessen schien, bis zum Jahre 1824 veröffentlicht. Inzwischen hatte sich der öffentliche Geist in Deutschland nach jener einseitigen Begeisterung, in die ihn ein blinder Franzosenhaß versetzt hatte, dermaßen ernüchtert, daß der Bundestag für zweckmäßig hielt, das Licht der Oeffentlichkeit, welches seine allen Neuerungen abholde Thätigkeit beleuchtete, hinfort unter den Scheffel zu stellen. Darum wurde am 1. Juli 1824 auf Präsidial=Antrag der Beschluß gefaßt:

„Daß im Geiste obigen Präsidial=Antrags vorzugehen und der Bundeskanzlei=Direktion aufzugeben sei, künftighin nach Maßgabe der verhandelten Gegenstände z w e i e r l e i P r o t o k o l l e aufzunehmen und zwar öffentliche und Separat=, bloß loco dictaturae zu druckende Protokolle."

Weil in Folge dieses Beschlusses sowohl die Anzahl, als auch die Wichtigkeit der veröffentlichten Bundes = Protokolle sich sehr verminderte, wollte bald kein Mensch mehr die dem Publikum in einer Quart = Ausgabe dargebotenen Verhandlungen der Bundesversammlung lesen: weß=

halb vom Jahre 1828 an wegen der Gleichgültigkeit der deutschen Un=
terthanen die Veröffentlichung auch dieser Quart = Ausgabe unterblieb.
Von nun an wurden nur noch einzelne Verhandlungen oder Beschlüsse
vermittelst Frankfurter Blätter amtlich bekannt gemacht. Im ganzen übrigen Europa, selbst in Neapel und Rom, gab es
keine so politisch schläfrigen und zu jeder staatlichen Selbständigkeit so
unfähigen Leute, als die Teutschen es waren. Trotz der ihnen nachge=
rühmten Bildung und Ehrliebe ließen sie es über sich ergehen, daß zwan=
zig Jahre lang über die unheimliche Thätigkeit, welche im fürstlich Thurn=
und Taxis'schen Palast der Eschenheimer Gasse der Bundestag betrieb,
kein Sterbenswörtchen in die Oeffentlichkeit drang. In denjenigen deut=
schen Staaten, in welchen Verfassungen bestanden, begnügte man sich
mit der Kenntnißnahme der Ständeverhandlungen, und in solchen Staa=
ten, wo noch keine Verfassung eingeführt war, mit der Abwesenheit der=
selben. Niemand also nöthigte die deutsche Zentralgewalt dazu, die Heim=
lichkeit, in welche sie ihre Wirksamkeit gehüllt hatte, aufzugeben. Nichts=
destoweniger dachte der Bundestag endlich selbst wieder daran, diejenigen
seiner Verhandlungen, welche für die Oeffentlichkeit geeignet wären, durch
den Druck bekannt zu machen. Denn theils witterte er, mit einer feinen
Nase begabt, Morgenluft, theils war es ihm unlieb, daß er entweder
völlig der Vergessenheit anheimfiel oder hin und wieder verkannt wurde.
Daher bewirkte am 26. Märy 1847 die würtembergische Regierung,
daß ein Ausschuß niedergesetzt wurde, welcher die Frage zu prüfen hatte,
ob solche Verhandlungen, welche unschädlicher Natur wären, wieder, wie
früher geschehen, veröffentlicht werden sollten. Hierauf erstattete am
9. September 1847 (in der 28. Sitzung) im Namen dieses Ausschusses
der königlich preußische Bundestagsgesandte Graf Dönhoff Bericht und
stellte folgende Anträge :

1) Die Bekanntmachung der Bundestagsverhandlungen bildet von
jetzt ab wieder die Regel, und die Protokolle werden daher — falls die
Bundesversammlung nicht eine frühere Publikation beschließt, — jedes
Mal 6 Wochen nach deren Unterzeichnung veröffentlicht.

2) Die hiervon zu machenden Ausnahmen werden von
einem zu diesem Zwecke zu wählenden Ausschusse von fünf
Mitgliedern der Bundesversammlung zur Genehmigung
vorgeschlagen.

3) Derselbe Ausschuß hat Vorschläge darüber zu machen, wie es
mit der Veröffentlichung der seit dem 1. Juli 1824 bis jetzt nicht ver=
öffentlichten Bundestagsverhandlungen zu halten sein wird.

Weil jedoch eine so wichtige Angelegenheit nicht überstürzt werden durfte, wurde zunächst nur der Beschluß gefaßt, sowohl über die mitgetheilten Anträge, als auch über die gleichzeitig abgegebene Präsidial-Erklärung, derzufolge zwar eine größere Publizität als bisher, aber unter einigen beschränkenden Modalitäten, eintreten sollte, Instruktion von den Regierungen einzuholen. Hiermit wurde die in Aussicht genommene Veröffentlichung auf die lange Bank geschoben.

Als demnach die Ereignisse des Jahres 1848 an den Bundestag herantraten, war immer noch nicht, weil sich die Regierungen mit der Ertheilung der erbetenen Instruktion nicht übereilt hatten, die Frage in Betreff der Veröffentlichung der Bundes-Protokolle entschieden worden. Aber gerade jetzt glaubte der Bundestag, damit nicht seine Existenz in Frage gestellt würde, der Oeffentlichkeit zu bedürfen.

Darum theilte am 29. März 1848 der badische Gesandte (der Geheime Rath Welcker) seinen Herren Kollegen mit, er sei von seiner höchsten Regierung beauftragt worden, bei der hohen Bundesversammlung den Antrag zu stellen, die Protokolle der hohen Versammlung wiederum in der Art zu veröffentlichen, wie zur Zeit des Beginnes der Bundesversammlung. Eine unbedingte, ausnahmslose Oeffentlichkeit sollte demzufolge nicht eingeführt werden, sondern stets jene Gegenstände, welche für die Publikation nicht zu passen schienen, geheim gehalten werden. Nachdem nun der in Rede stehende badische Antrag an den für diesen Gegenstand in der 9. Sitzung vom 26. März 1847 niedergesetzten besondern Ausschuß verwiesen worden war, liefen endlich bis zum 7. April 1848 die Abstimmungen der Mehrheit insoweit ein, daß am genannten Tage, weil bloß Kurhessen und die 16. Kurie mit der Instruktion noch im Rückstande waren, ein Beschluß gefaßt werden konnte. Es wurde also der in der Plenar-Sitzung vom 14. November 1816 einstimmig gefaßte Beschluß, demzufolge

„die Bekanntmachung der Bundestagsverhandlungen durch den Druck als Regel festzusetzen sei, die der Publizität nicht zu übergebenden Verhandlungen hingegen jedes Mal auszunehmen wären,"

unter Aufhebung der Beschlüsse vom 5. Februar und 1. Juli 1824, soweit solche dem Beschlusse vom 14. November 1816 entgegenständen, wieder in Wirksamkeit gesetzt, und das Präsidium ersucht, hierzu die weitere Einleitung zu treffen.

Ferner wurde, da der Bundestag in der guten Meinung, die das Volk von ihm sich bilden sollte, jetzt seine Rettung erblickte, in der 31.

Sitzung vom 11. April 1848 verabredet, außer der Veröffentlichung der Bundes-Protofolle auch möglichst schnell ein Resumé seiner Verhandlungen, ihres Gegenstandes und Inhalts, durch die damals vorhandenen drei Frankfurter Zeitungen bekannt zu machen, und hiermit die Gesandten von Würtemberg und Hessen-Darmstadt zu betrauen.

Zuletzt ward noch in der 51. Sitzung vom 12. Mai 1848 Benjamin Krebs, der Inhaber der Bundes-Präsidial-Druckerei, ermächtigt, unter Aufsicht der Bundeskanzlei-Direktion eine Quart-Ausgabe der Bundes-Protofolle zu veranstalten: weßhalb die Kanzlei-Direktion beauftragt wurde, unmittelbar nach Unterzeichnung der Protofolle selbe zu dem in Rede stehenden Behufe abzugeben und für beschleunigte Veröffentlichung zu sorgen.

Demgemäß wurden vom 10. April 1848 bis zur Abdankung der Bundesversammlung am 12. Juli genannten Jahres die Protofolle in sofern wieder öffentlich, als nicht die besondere Natur der verhandelten Gegenstände etwa die Geheimhaltung wünschenswerth machte.

Trotz der anscheinenden Oeffentlichkeit der Bundestagsverhandlungen gab es also 1848 wieder zweierlei Protofolle, nämlich öffentliche und Separat-Protofolle. Letztere, loco dictaturae gedruckt, führten die Seitenzahl mit Buchstaben fort, so daß, wenn das letzte öffentliche Protofoll z. B. mit Seite 387 geschlossen hatte, die Seiten des darauf folgenden Separat-Protofolls folgendermaßen bezeichnet wurden: — 387a, 387b, 387c, 387d u. s. w. — Das erste Separat-Protofoll wurde sogleich in der 30. Sitzung vom 10. April 1848 aufgenommen. Die Gesammtzahl dieser 1848 aufgenommenen Separat-Protofolle beläuft sich auf 23, und zwar datiren sie aus der 30., 32., 36., 37., 38., 39., 40., 42., 43., 44., 45., 46., 47., 48., 49., 50., 51., 53., 62., 64., 65., 68. und 69. Sitzung.

Schon aus vorstehenden Bemerkungen läßt sich entnehmen, daß unserer Darstellung nicht bloß die öffentlichen, sondern auch die geheimen Protofolle zu Grunde liegen. Die sämmtlichen Protofolle der Bundesversammlung vom Jahre 1816 bis zum Jahre 1866 haben dem Verfasser auf der kaiserlichen Schloßbibliothek zu Wien im Original-Abdruck zur Verfügung gestanden und sind von ihm benutzt worden. Dieß wird zur Klarlegung einer Hauptquelle, aus der er geschöpft hat, vorläufig genügen.

Die deutsche Bundesversammlung weihte das Jahr 1848 damit ein, daß sie die gegen die freie wissenschaftliche Forschung, gegen die Lehr-

und Lernfähigkeit bestehenden Vorschriften aufrecht erhielt. In ihrer zweiten Sitzung vom 13. Januar nämlich traten Oesterreich, Preußen, Kurhessen, Dänemark, Niederlande, Weimar, Meiningen, Schwerin, Strelitz, dann Hohenzollern, Liechtenstein, Reuß, die beiden Lippe, Wal= deck und Hessen-Homburg dem in der 26. Sitzung vom 26. August 1847 gestellten Präsidial=Antrage wegen Verlängerung der Gültigkeit des Be= schlusses vom 13. November 1834 in Betreff der Universitäten und an= derer Lehr= und Erziehungsanstalten a u f w e i t e r e s e c h s J a h r e bei.

Viele Sorge bereitete dem Bundestage die Schweiz. Denn von dort, wo in den meisten Kantonen eine freie Presse herrschte, drangen ungeachtet al= ler umsichtigen Vorkehrungen aufrührerische Schriften unter das deutsche Volk. Schon waren unterm 12. Juni 1845, so wie unterm 18. Februar und 17. Juni 1847 Verbote gegen den Gesammtverlag des „Literarischen Komptoirs in Zürich" und des „Literarischen Instituts zu Herisau" ergangen, aber gleichwohl hatten diese Maßregeln nicht den verhofften Erfolg gehabt, allen übrigen Buchhandlungen der Schweiz als warnende Beispiele zu dienen. Gegenwärtig erregte die Unzufriedenheit des deutschen Bundes= tags vorzüglich die Firma „Jenni Sohn" in Bern. Ein Verzeichniß von neunzehn daselbst verlegten Schriften bewies zur Evidenz, daß die= selbe mit Vorliebe sich dem Vertrieb revolutionärer Bücher widmete. Die Gehässigkeit dieser Thatsache ward noch dadurch erhöht, daß die erwähnte Firma ihre Verlags=Artikel auf sehr kluge Weise nach Deutschland ein= zuschmuggeln und selbige durch gesetzwidrige Mittel der Kontrolle der bundesstaatlichen Behörden zu entziehen wußte. In dieser Hinsicht hatte bereits ein von der königlich sächsischen Bundestagsgesandtschaft am 28. November 1847 an sämmtliche andere deutsche Bundestagsge= sandschaften gerichtetes Rundschreiben auf den Gebrauch falscher Fak= turen, deren sich die gedachte Buchhandlung bediente, aufmerksam gemacht.

Noch klarer aber war die schlimme Absicht, die deutschen Behör= den zu täuschen, in jenen, wiederholt in Preußen vorgekommenen Fällen zu Tage getreten, in welchen der erste Bogen solcher Brandschriften nebst Umschlag und Titel abgesondert, vermuthlich auf dem Korrespondenz= Wege, an seine Adresse gelangte, während der übrige Theil des Werks auf gewöhnlichem Buchhändlerwege in der Weise expedirt wurde, daß jedem Exemplar der Titel und der erste Bogen völlig unschuldiger Schriften, z. B. des „Archivs für Thierheilkunde von der Gesellschaft schweizerischer Thierärzte. Bern 1835, bei E. C. Jenni, Buchhändler" —, vorgeheftet war.

Um das deutsche Vaterland vor dem großen Unheil, welches die
Jenni'sche Buchhandlung anzurichten emsig bemüht war, wirksam zu be
wahren, war der zur Verhütung des Mißbrauchs der Presse eingesetzte
Ausschuß mit Abgabe eines Gutachtens beauftragt worden. Demgemäß
erstattete der preußische Gesandte Graf Dönhoff in der 3. Sitzung vom
20. Januar 1848 Bericht. Er hob in seinem Vortrage hervor, daß je
ner Bundesbeschluß vom 5. Juli 1832, nach welchem der Debit deutscher, außerhalb des Bundesgebiets erschienener Schriften — jedoch nur
wenn dieselben unter 20 Druckbogen stark und politischen Inhalts waren — von der speziellen Genehmigung der betreffenden Bundesregierungen abhängig gemacht wurde, den Bedürfnissen der Gegenwart keineswegs mehr genügte, da ungeachtet und kraft des besagten Beschlusses
alle politischen Schriften über 20 Druckbogen und ferner alle angeblich
nicht politischen Bücher ungehindert nach Deutschland eingingen. Frankreich,
sagte der preußische Graf, sei trotz seiner der Preßfreiheit und Oeffentlichkeit im Innern so unbeschränkt huldigenden Verfassung in dieser Beziehung weit besser gestellt, als der deutsche Bund. Denn die königlich
französische Ordonnanz vom 13. Dezember 1842 (Bulletin des
lois, Nr. 10,419, page 820) setzte außer den für die Büchereinfuhr
schon gesetzlich bestehenden Vorschriften wegen bestimmter Ursprungszeug-
nisse, Zollabgaben und anderer Formalitäten, ferner noch fest, daß alle
in französischer Sprache außerhalb Frankreichs erschienenen Drucksachen,
die nach Paris bestimmt seien, nur über gewisse, bestimmte Gränzzolläm-
ter eingehen dürften, dort plombirt und an das Ministerium des Innern
geschickt würden, so daß sie also gar nicht direkt an die Buchhändler gelangten, sondern erst von den obersten Zensur- und Polizeibehörden un-
tersucht würden. Ebenso dürften dergleichen Drucksachen, welche für das
übrige Frankreich bestimmt seien, nur über acht bestimmte Gränzzolläm-
ter eingehen, bei denen besonders hierzu angestellte Beamte des Ministeriums des Innern sie erst genau zu kontrolliren hätten. Hiernach halte
Frankreich das Prinzip fest, daß alle in französischer Sprache auswärts
erscheinenden Druckschriften, gleichviel welchen Inhalts und gleichviel ob
über oder unter 20 Bogen stark, in Frankreich nicht eher in den buch-
händlerischen Betrieb gelangen könnten, als bis sie von eigens dazu bestimmten Beamten der Regierung vorher kontrollirt und genehmigt worden seien. So lange als der deutsche Bund nicht das nämliche Prinzip
adoptire und so lange er wenigstens nicht den Bundesbeschluß vom
5. Juli 1832 ganz allgemein auf alle in deutscher Sprache außerhalb
Deutschlands erscheinenden Druckschriften — gleichviel welchen Inhalts

und ob über oder unter 20 Bogen — ausdehne: werde, wie die Er=
fahrung lehre, der Schutz gegen die schädliche Einwirkung solcher Druck=
schriften nur ein sehr unvollkommener bleiben. Verhältnißmäßig am
Wirksamsten sei bisher dieser Schutz immer noch durch Verlagsverbote
sämmtlicher Erzeugnisse solcher außerdeutschen Buchhandlungen, deren
revolutionäre und feindliche Tendenz feststehe, erzielt worden. Der Bund
habe schon einige Male, und zwar nicht ohne Erfolg, zu diesem radika=
len Mittel gegriffen. Die früher gemachten Erfahrungen zeigten, daß das
Verbot auch auf diejenigen neuen Firmen von vornherein ausgedehnt wer=
den müsse, unter welchen die Jenni'sche Buchhandlung den Vertrieb ihrer
gemeinschädlichen Verlags = Artikel etwa späterhin fortzusetzen versuchen
sollte.

Gemäß dem vom Ausschusse gestellten Antrage faßte nun die deut=
sche Bundesversammlung den Beschluß: daß der Debit sämmtlicher Ver=
lags=Artikel „Jenni Sohn" in Bern, sowie derjenigen Firmen, welche als
Fortsetzung der genannten Buchhandlung zu betrachten wären, in sämmt=
lichen Bundesstaaten möglichst zu verhindern sei.

Eine Beschwerde der kurfürstlich hessischen Regierung wegen Preß=
unfuges mehrerer unter badischer Zensur erscheinenden Blätter, nament=
lich des „deutschen Zuschauers", der „Mannheimer Abendzeitung", des
„Mannheimer Journals" und der „Heidelberger deutschen Zeitung", er=
hoben in der 5. Sitzung vom 3. Februar 1848, wurde einstweilen zur
Kenntniß genommen und beschlossen, vorerst der Erklärung der großher=
zoglich badischen Regierung entgegen zu sehen. Offenbar waren die in
Baden erscheinenden Zeitungen viel ungefährlicher, als die aus der Schweiz
kommenden revolutionären Schriften.

Die Beschwerden und Besorgnisse, zu welchen die politischen und so=
zialen Zustände der Schweizer Anlaß gaben, beschränkten sich indeß nicht
auf die Presse allein. Vielmehr meinte der Bundestag (11. Sitzung vom
2 März 1848), es müßten die ultrademokratischen und radikalen Gesin=
nungen, welche sich so häufig in der Schweiz manifestirt und zu vielfachen
Umwälzungen in den einzelnen Kantonen geführt hätten, einen übeln
Einfluß auf Deutschland überhaupt, namentlich aber auf die deutschen
Nachbarländer, üben. Die Bestrebungen, durch die revolutionären Preß=
erzeugnisse auf Deutschland zu wirken, schienen dem deutschen Bundestage
mit dem Uebelstande in innigem Zusammenhange zu stehen, daß die Schweiz
ein Asyl für deutsche politische Flüchtlinge bildete, von welchem aus die
revolutionären Umtriebe ins Werk gesetzt und in welchem sie geduldet
würden. Diese revolutionären Bestrebungen gingen aber nicht nur von

einzelnen, sich in der Schweiz aufhaltenden Individuen aus, sondern es existirten dort auch Assoziationen, welche revolutionäre und kommunistische Zwecke verfolgten und deutsche Reisende, besonders solche, die den arbeitenden Klassen angehörten, in ihre Verbindungen zu ziehen und hierdurch sowohl ihre Wirksamkeit, als auch die Verbindung selbst auf Deutschland auszudehnen suchten. Das Verbot des Wanderns nach der Schweiz war vom Bunde schon am 15. Januar 1835 verfügt worden.

Der 1847 über den Sonderbund erfochtene Sieg und die damit zusammenhängende Ausräucherung jener braven und lammesunschuldigen Leute, welche allgemein unter dem Namen Jesuiten bekannt sind, gereichten gleichfalls der Schweiz zum schweren Vorwurfe und hatten rings am politischen Horizonte schwere dunkle Gewitterwolken zusammen gezogen, deren Träuen im Jahre 1848 mit Blitz und Hagel — so wenigstens war es im Rathe der Allerhöchsten beschlossen — über das Alpenland hereinbrechen sollte. Während England die Schweiz nicht schützen konnte und wollte, waren die kontinentalen Großmächte darüber einig, daß der Radikalismus der Alpen-Republik unter allen Umständen, nöthigenfalls sogar mit Heeresmacht, vertilgt werden müßte. Frankreich, Oesterreich, Preußen und der deutsche Bund sollten nach dem festgestellten Plane die Schweiz mit Truppen überziehen, um dem Althergebrachten wieder Ansehen zu verschaffen. Somit sollte auf dem kleinen Raume, der zwischen und neben den Schweizer Bergen der republikanischen Freiheit in Europa noch übrig gelassen war, tabula rasa für die Reaktion gemacht werden.

Warum Rußland an dem beabsichtigten Kreuzzuge nicht theilnehmen konnte, darüber sprach sich die russische Regierung, um keinen Zweifel an ihrem guten Willen aufkommen zu lassen, in einem Rundschreiben unterm 24. Januar 1848 folgendermaßen aus:

„Die drei Mächte hatten sich über die durch diese Sachlage nothwendig gewordene Sprache und Maßregeln mit uns verständigt, und wenn wir ihnen die Initiative überlassen zu müssen geglaubt haben, so geschieht es, weil es uns geschienen hat, daß ihnen als an die Schweiz gränzenden Mächten dieselbe spezieller zukömmt, und weil wir die unbequemen Verzögerungen vermeiden wollen, welche unsere Entfernung vom Schauplatze der Ereignisse bei jedem dringlichen Auftreten (à toute manifestation d'urgence) hätte herbeiführen können." — Am Schlusse des Rundschreibens stand die Versicherung: „daß die moralische Unterstützung Rußlands bei keinem Vorgehen und bei keiner Maßregel fehlt, welche zum Zweck haben, dem revolutionären Geiste, unter welcher Gestalt er sich auch zeigen möge, die Aufrechterhaltung des politischen Gleichgewichts und der gesellschaftlichen Ordnung aufzuerlegen." — Aehnlich sprach sich eine an die oberste Regierung der Schweiz gerichtete russische Deklaration aus.

Die versuchte Vermittlung, beziehentlich Einmischung in die innern Angelegenheiten der Schweiz wurde 1847 vom Vorort zurückgewiesen. Darauf forderten am 10. Dezember 1847 die Höfe von Wien und Berlin die deutsche Bundesversammlung auf: „den Zustand der Dinge in der Schweiz in ernste Ueberlegung zu nehmen, und zu erwägen, welche Maß=regeln der deutsche Bund, in seiner Eigenschaft als Gesammtmacht, im Angesicht von Ereignissen, welche durch ihre materiellen und moralischen Einwirkungen nicht bloß seine Interessen, sondern selbst die Bedingungen seiner politischen Existenz gefährden, zu nehmen habe."

Bei der hierüber in der ersten Sitzung vom 7. Januar 1848 vor=genommenen Abstimmung sprachen sich die Vertreter der sämmtlichen deutschen Staaten kriegerisch gegen die Schweiz aus und setzten wegen dieser Angelegenheit in der dritten Sitzung vom 20. Januar 1848 eine Kommission ein, bestehend aus den Gesandten von Preußen, Baiern, Sachsen, Baden und Dänemark, bei welcher der hannöverische Gesandte als Stellvertreter fungirte.

In der 7. Sitzung vom 17. Februar 1848 hielten Oesterreich und Preußen Vortrag, indem sie der Bundesversammlung u. A. die Mit=theilung machten:

„Durch die seitens der schweizerischen Tagsatzung im Monat Dezem=ber v. J. erfolgte Ablehnung des Vermittlungsantrages der Mächte, und durch die gleichzeitig stattgefundene Unterdrückung des Schutzbündnisses der sieben Stände (des Sonderbundes), welche den Bürgerkrieg beendigt hat, sind die Angelegenheiten der Eidgenossenschaft in eine veränderte Lage gekommen, auf welche die Mächte, unter Fortsetzung ihres Einver=ständnisses, Rücksicht zu nehmen bemüßigt waren. Die Höfe von Wien, Berlin und Paris haben in dieser Beziehung beschlossen, der Tagsatzung durch Vermittlung ihres Präsidenten unumwunden erklären zu lassen, daß die durch die Traktate des Jahres 1815 der Eidgenossenschaft gewährten Vorzüge an die Aufrechthaltung der politischen Gestaltung geknüpft seien, in welcher die Schweiz zur Zeit des Abschlusses jener Verträge, den Mächten gegenüber, erschienen sei; nun seien aber notorisch durch die jüngsten Begebenheiten in der Schweiz die Grundlagen jener Gestaltung in wesentlichen, namhaft gemachten Punkten beeinträchtigt worden, und es werde daher von deren Wiederherstellung in den vorigen Stand und von angemessener Gewährleistung abhängen, daß die bis dahin suspen=

dirt bleibenden Wohlthaten ewiger Neutralität und der Unverletzbarkeit des schweizerischen Gebiets wieder eingeräumt werden.

„Diese Erklärung," heißt es in der dem Bundestage von Preußen und Oesterreich gemachten Mittheilung weiter, „ist in einer von den Gesandten der drei Höfe an den Präsidenten der Tagsatzung gerichteten Note vom 18. Januar, welche hiermit vorgelegt wird, der Schweiz be= thätigt worden. Nach der Aufnahme, welche dieselbe seitens der Tag= satzung finden wird, wird die fernere Stellung der Mächte, welche sich zu den Grundsätzen der Erklärung bekennen, dem schweizerischen Staats= körper gegenüber, bemessen werden. Oesterreich und Preußen werden nach Eingang der Antworten aus der Schweiz ihren deutschen Bundesgenossen über den Gang, den die Mächte nach Maßgabe jener Antworten ein= schlagen werden, ferner Mittheilung zu machen nicht ermangeln."

In der vorgelegten Note wurde darauf hingewiesen, daß in der Bundesverfassung der Schweiz vom 7. August 1815 nicht anders eine Veränderung vorgenommen werden dürfe, als unter Zustimmung eines jeden der 22 Kantone. Schwyz, Appenzell, Inner=Rhoden und Unter= walden seien 1814 und 1815 nur unter der Bedingung, daß die Kan= tonal=Souveränetät gewahrt bleibe, wieder in den Bund der Schweizer eingetreten. Die Forderungen, welche die vereinigten Regierungen von Wien, Berlin, Paris und Petersburg an die Schweiz stellten, faßten sich in folgende Punkte zusammen:

1) daß die Kantonal=Souveränetät nicht als bestehend anerkannt werden könne in jenen Kantonen, welche durch die Truppen anderer Kantone militärisch besetzt seien und welche unter dem Drucke der Maß= regeln ständen, von denen jene Besetzung begleitet sei;

2) daß der Schweizer Bund als in regelmäßiger und kontrakt= mäßiger Lage sich befindend nicht eher werde angesehen werden können, als bis die erwähnten Kantone ihrer völligen Unabhängigkeit wieder= gegeben, ihre Regierungsbehörden vollkommen frei würden haben her= stellen können;

3) daß die Rückkehr auf den militärischen Friedensfuß in allen Kantonen die nothwendige Bürgschaft ihrer wechselseitigen und allgemei= nen Freiheit sei, und

4) daß keine Veränderung in der Bundes=Akte gemacht werden dürfe, es sei denn unter einstimmiger Genehmigung aller den Bund bil= denden Staaten.

So war die Schweiz denn in der Gefahr, mit Krieg überzogen und getheilt zu werden. Bei diesem Feldzuge gegen einen kleinen Staat, dessen freiheitliche Institutionen den legitimen Regierungen ein Gräuel waren, sollte sich der deutsche Bund als Großmacht bethätigen. Der in der betreffenden Angelegenheit gewählte Ausschuß sprach sich hierüber folgendergestalt aus:

„Dieß liegt, wie gesagt, in den Grundprinzipien der deutschen Bundesverfassung; wenn aber der Ausschuß äußerte, daß diese Erwägung jetzt mehr Gewicht als je habe, so ward er hierzu durch die Wahrnehmung veranlaßt, daß seit einigen Jahren die Stimmung der Nation sich mehr und mehr für eine größere Einheit ausspricht; es ist das Nationalgefühl weit reger, als früher, und es ist ein Sinn für die Ehre des Vaterlands in dem Volke verbreitet, der, richtig geleitet, nur erfreuliche Ergebnisse haben wird, der es aber auch dem Bunde nicht vergeben würde, wenn er die Interessen und die Ehre des Vaterlands in dem Verhältnisse zum Auslande vernachlässigte."

Solche Worte wurden noch in der 11. Bundestagssitzung vom 2. März 1848 laut. Indeß sah man nun diese Zeit schon recht wohl ein, daß der beabsichtigte Feldzug gegen die Schweiz in Folge der gänzlich veränderten politischen Verhältnisse nicht recht mehr thunlich sei. Weil also die schweizerische Tagsatzung in einer Note vom 16. Februar den Großmächten die Versicherung gegeben hatte, es sollte von den Kantons-Regierungen strenger als bisher darauf gesehen werden, daß die Flüchtlinge das ihnen gewährte Asylrecht nicht mißbrauchten, war der deutsche Bundestag froh, daß er hiermit seinen Rückzug bemänteln konnte. „Es haben sich indessen," sagte jetzt der Ausschuß, „die Begebenheiten weniger bedenklich gestaltet, als man es vielleicht erwarten durfte. Zu dieser Ansicht hält sich der Ausschuß durch die jetzigen Zustände in der Schweiz, namentlich aber auch durch den Inhalt der aus öffentlichen Blättern bekannt gewordenen Antwort-Note der Tagsatzung vom 16. Februar berechtigt."

Der preußische Bundestagsgesandte Graf von Dönhoff, der seine Regierung in der Bundesversammlung schon seit dem 16. Juni 1842 vertrat, führte vom 21. Oktober 1847 bis zum 17. März 1848 ex substitutione das Präsidium und die österreichische Stimme. Denn der österreichische Gesandte Graf von Münch-Bellinghausen war abwesend. Unter preußischem Vorsitz also wurde, wie wir sahen, der Plan gefaßt, das deutsche Nationalgefühl irre zu leiten und den im Volke hervorgetretenen Sinn für des Vaterlandes Macht und Größe zu einer Vernichtung der schweizerischen Freiheit zu benutzen. Die übrigen Bundestagsgesandten waren damals folgende: — für Baiern: Gasser, seit dem

3. Juli 1847; — für Sachsen: Geheimer Rath Freiherr von Nostitz und Jänckendorf; — für Hannover: Geheimer Legations-Rath Freiherr von Lenthe, seit 1843; — für Würtemberg: Staatsrath Freiherr von Blomberg, seit dem 6. Mai 1841; — für Baden: Freiherr von Blittersdorff, seit dem 14. Januar 1841; — für Kurhessen: Geheimer Rath von Rieß, seit dem 3. Februar 1832; — für das Großherzogthum Hessen: Gruber, seit 1823; — für Holstein und Lauenburg: der dänische geheime Konferenz-Rath von Pechlin, seit dem 26. Januar 1826; — für Luxemburg und Limburg: Staatsrath von Scherff, seit Januar 1842; — für die großherzoglich und herzoglich sächsischen Häuser: Freiherr von Fritsch, seit dem 15. Oktober 1840; — für Braunschweig und Nassau: Kammerherr und Rechnungskammer-Präsident Freiherr von Wintzingerode, seit dem 7. Juni 1844; — für die beiden Mecklenburg: Wirklicher Geheimer Rath von Schack, seit dem 19. Januar 1829; für Oldenburg, Anhalt und Schwarzburg: Kammerherr und Geheimer Staatsrath von Both, seit dem 14. Juni 1821; — für die 16. Stimme: fürstlicher und landgräflicher Wirklicher Geheimer Rath Freiherr von Holzhausen, seit Dezember 1841; — für die freien Städte: Lübeckscher Senator Curtius, seit 1. Oktober 1846. — Bundeskanzlei-Direktor war Hofrath Ritter von Weissenberg.

Durch den Ausbruch der französischen Februar-Revolution wurde die Schweiz gerettet. Zwar gab die preußische Regierung nur ungern, weil sie um Neuenburg besorgt war, das der republikanischen Freiheit feindselige Unternehmen auf; allein mit dem Falle Louis Philipps war in alle Berechnungen der Diplomatie eine solche Störung gekommen, daß es klüger schien, einstweilen die Offensive mit der Defensive zu vertauschen. Indeß zeigt uns der gegen die Schweiz ausgesponnene Plan, wie die Regierungen der deutschen Bundesstaaten die freiheitlich-einheitliche National-Bewegung Teutschlands auffassen und welche Hintergedanken sich ihnen trotz aller Zugeständnisse aufdrängen mußten.

Es ist sehr interessant zu sehen, welchen Eindruck die Nachricht von dem neuen Aufschwunge Frankreichs auf die Bundesversammlung machte. Daß man sich keineswegs der Sorglosigkeit hingab, geht aus der 9. Sitzung vom 29. Februar hervor, an welchem Tage Graf Dönhoff als Vorsitzender nachstehenden Vortrag hielt. Er sagte:

„Die Größe und Bedeutung der neuesten Ereignisse in Frankreich, deren Rückwirkung auf ganz Teutschland augenscheinlich in den vielfachsten und wichtigsten Beziehungen ebenso unmittelbar als tief sein wird, macht es der Bundesversammlung zur dringendsten Pflicht, die Lage des deutschen Bundes auf diese Veranlassung sofort in ernste Erwägung zu

ziehen, und zu überlegen, welche Maßregeln sich bei dem dermaligen
Zustande der Dinge als räthlich und als nöthig erweisen.

„Die reißende Schnelle, mit der die Begebenheiten im Süden und
Westen des deutschen Bundes sich entwickeln, die unverkennbaren morali=
schen Einwirkungen derselben auf den Stand der öffentlichen Meinung
in Deutschland selbst, und die Gefahren, die aus den dermaligen euro=
päischen politischen Verwickelungen sogar für die Sicherheit und Integrität
des deutschen Bundesgebiets sich entwickeln können, gebieten dem deut=
schen Bundestage, ohne Zeitverlust seine Ansichten über Dasjenige aus=
zusprechen, was in dieser Beziehung vorzukehren sei.

„Es wird allen Bundesregierungen nur erwünscht
sein können, die entsprechenden Vorschläge ihres gemein=
schaftlichen Zentral=Organes hierüber in möglichst kur=
zer Frist zu erhalten, um dann darüber sofort bestimmen
zu können." —

Aus diesen Gründen schlug das Präsidium vor: „einen Ausschuß
von fünf Mitgliedern behufs schleuniger Berichterstattung hierüber" zu
wählen. — Die Bundesversammlung stimmte nicht nur diesem Antrage
bei, sondern schritt auch sofort zur Wahl.

Sonst hatten es sich die Herren Bundestagsgesandten sehr bequem
zu machen gepflegt; sie hatten lange Ferien gehabt und sich auch während
der nicht ganz faulen Zeit wöchentlich höchstens nur einmal, wofern
nicht etwa eine reaktionäre Maßregel größeren Eifer nöthig machte, ver=
sammelt und berathen. Jetzt dagegen wurden sie plötzlich äußerst emsig.
Schon am Tage nach erfolgter Wahl erstattete der königlich preußische
Gesandte Namens des Ausschusses folgenden Vortrag:

„Die Dringlichkeit der Umstände, vor Allem die tiefgehende Auf=
regung des öffentlichen Geistes, die sich bei allen politischen Parteien,
selbst den liberalsten, vorzüglich in einem drängenden Verlangen
nach Einigung aller nationalen Kräfte äußert, um den ge=
meinschaftlichen Gefahren zu begegnen, die Deutschland bedrohen, legt
nach der einstimmigen Ansicht des Ausschusses dem Bundestage
die Pflicht auf, diesem dringenden Verlangen ohne Zeitverlust den le=
galen Anhaltspunkt zu geben. Dieser Anhaltspunkt ist
aber nur der Bundestag selbst, als das gemeinschaftliche
Zentral=Organ aller deutschen Regierungen, und es wird
sich mithin nur darum handeln, dieß auszusprechen. Der
Ausschuß schlägt daher vor, folgende Bekanntmachung sofort der Pub=
lizität zu übergeben:

„„Der deutsche Bundestag, als das gesetzliche Organ der nationalen und politischen Einheit Deutschlands, wendet sich vertrauensvoll an die deutschen Regierungen und das deutsche Volk.

„„Verfassungsmäßig berufen, für die Erhaltung der innern und äußern Sicherheit Deutschlands zu sorgen, spricht der Bundestag seine Ueberzeugung dahin aus, daß beide nur ungefährdet bleiben können, wenn in allen deutschen Landen das einmüthigste Zusammenwirken der Regierungen und Völker und die innigste Eintracht unter allen deutschen Stämmen mit gewissenhafter Treue erhalten werden.

„„Nur auf dieser Eintracht und diesem Zusammenwirken beruht die Macht und die Unverletzlichkeit Deutschlands nach Außen und die Aufrechterhaltung der gesetzlichen Ordnung und Ruhe, sowie die Sicherheit der Personen und des Eigenthums im Innern. Die Geschichte Deutschlands gibt die Belege hierzu, sowie die bittern Lehren über die traurigen Folgen, wenn Zwietracht zwischen den Regierungen und Völkern und den einzelnen Stämmen die Kräfte der deutschen Nation zersplittert und schwächt und ihr Inneres zerreißt.

„„Mögen diese theuer erkauften Erfahrungen in der bewegten Gegenwart unvergeßlich sein und während der stürmischen Zukunft benutzt werden, die möglicherweise Deutschland nicht fern steht.

„„Der deutsche Bundesstaat fordert daher alle Deutschen, denen das Wohl Deutschlands am Herzen liegt, — und andere Deutsche gibt es nicht — im Namen des gesammten Vaterlands dringend auf, es möge ein Jeder in seinem Kreise nach Kräften dahin wirken, daß diese Eintracht erhalten und die gesetzliche Ordnung nirgends verletzt werde.

„„Der Bundestag wird von seinem Standpunkte aus (sic!) Alles aufbieten, um gleich eifrig für die Sicherheit Deutschlands nach Außen, sowie für die Förderung der nationalen Interessen und des nationalen Lebens im Innern zu sorgen.

„„Deutschland wird und muß auf die Stufe gehoben werden, die ihm unter den Nationen Europas gebührt, aber nur der Weg der Eintracht, des gesetzlichen Fortschritts und der einheitlichen Entwickelung führt dahin.

„„Die Bundesversammlung vertraut mit voller Zuversicht auf den in den schwierigsten Zeiten stets bewährten gesetzlichen Sinn, auf die alte Treue und die reife Einsicht des deutschen Volks.“

Vorstehende Proklamation an das deutsche Volk — von der, bei=
läufig gesagt, Bismarck für die Thronrede, womit er seinen König im
Frühjahr 1867 das sogenannte norddeutsche Parlament eröffnen ließ,
einige Stellen benutzt hat — ist in mehr denn einer Hinsicht beachtens=
werth. Zunächst muß es einigermaßen überraschen, daß der Bundestag,
nachdem er sich, beinahe ein Vierteljahrhundert lang, in undurchdringliches
Dunkel gehüllt hatte, mit dem Betreten der Oeffentlichkeit sein Glück
machen zu können glaubte. Sodann ist die Schlauheit nicht zu verken=
nen, womit er die Einheits=Idee aufgriff, um vermittelst derselben
die freiheitlichen Bestrebungen zurückzuhalten und unschädlich zu ma=
chen. Diesen Zweck hoffte er zu erreichen, wenn er das deutsche Volk
bei dessen schwachen Seiten anfaßte. Er wandte sich daher an das
deutsche Gemüth, indem er das Nationalthum betonte, trieb die be=
schränkten Unterthanen durch Vorspiegelung von theils unbestimmten,
theils namhaft gemachten Gefahren in die Enge, warnte mit den Leh=
ren der Geschichte, berief sich auf die reife Einsicht der unter Jahrhun=
derte langer Bevormundung Gehaltenen, rühmte die alte Treue und den
gesetzlichen Sinn, und suchte selbst dem Gedanken der Einheit durch die
Empfehlung des gesetzlichen Fortschritts und der ruhigen Entwickelung
die Spitze abzubrechen. Besonders aber war es ein Meisterstück, daß er
den konfusen deutschen Politikern den Namen „Bundesstaat" hin=
warf; denn an diesem marklosen und harten Knochen sollte sich die Ein=
heitsbewegung die Zähne ausbeißen. Zugleich verstand der Bundestag
den bittern Kern seiner Proklamation in schmackhafte Ausdrücke einzu=
hüllen und den eigentlichen Zweck mit patriotischer Gesinnung zu um=
widkeln. Leider gibt uns das betreffende Bundes=Protokoll nicht an,
welche heiteren Bemerkungen im vertraulichen Kreise die gewiegten Po=
litiker der Eschenheimer Gasse über ihre Proklamation gemacht haben. So=
wie die Einheit von der Freiheit getrennt wurde, ebenso ward und blieb
das Politische vom Nationalen, welch' letzteres vom ersteren doch immer
nur eine zufällige Zugabe sein sollte, geschieden, und beide liefen als
selbständige Faktoren neben einander her.

Nach einer solchen Vergangenheit, wie sie der Bundestag hatte, ge=
hörte in der That eine starke Portion liebenswürdiger Dreistigkeit dazu,
um jetzt in dieser sturmbewegten Zeit mit einer patriotischen Proklama=
tion vor die Nation zu treten und von ihr zu verlangen, daß sie ihn
als das gesetzliche Organ der deutschen Einheit anerkenne. Man hätte
glauben sollen, der Bundestag würde froh sein, wenn sich nicht die öf=
fentliche Aufmerksamkeit auf ihn lenkte, und er im Stillen, wie bisher,

seine reaktionären Pläne schmieden und in's Werk setzen könnte; allein er kannte die bürgerliche deutsch=nationale Partei zu gut, als daß er ge=wärtigt hätte, bei dem ersten Mucksen auf= und davongejagt zu werden. Nichtsdestoweniger beschlich ihn in den ersten Märztagen, weil ihm sein diplomatisches Gewissen sagte, was er bei der Demokratie verdient hatte, einige Angst; weßhalb er am 6. März sowohl dem Senate der freien Stadt Frankfurt für die Sorgfalt, womit dieser in den letzten Tagen die Erhaltung der Ruhe und Ordnung bewirkt habe, auf Antrag des Vorsitzenden seinen Dank, wie auch der Bürgerschaft die „allgemeinste" Anerkennung wegen ihres „loyalen, kräftigen und muthvollen Beneh=mens" auszudrücken Ursache zu haben glaubte.

Dem Bundestage war es darum zu thun, nicht nur die Regierungen in der eingetretenen schwierigen Konstellation zu berathen, sondern auch sich fortwährend in der obersten Leitung der politischen Angelegenheiten Deutschlands zu behaupten. Um dieses Ziel zu erreichen, verschmähte er es nicht, einige unbedeutende, unwesentliche Zugeständnisse zu machen und sich dadurch mit seinem seitherigen Verhalten in offenen Widerspruch zu setzen. Hierher gehört die Adoptirung 'der deutschen Farben, welche er an den Burschenschaftlern grimmig verfolgt hatte.

Der politische Ausschuß des Bundestages war zusammengesetzt aus den Gesandten Preußens, Baierns, Sachsens, Badens und Dänemarks. Als Stellvertreter war der Gesandte der sächsischen Häuser auserkoren. Weil aber dieser Ausschuß jetzt alle Hände voll zu thun hatte, ward er ver=stärkt durch den hannoverischen und den großherzoglich=herzoglich=sächsischen Gesandten. In der 16. Sitzung vom 9. März trug nun im Namen des besagten Ausschusses der königlich preußische Gesandte hinsichtlich der nationalen Symbole Folgendes vor:

„Der Ausschuß, von der Ueberzeugung ausgehend, daß die Kraft Deutschlands wesentlich auf dem Bewußtsein seiner Einheit beruht, die=ses Bewußtsein aber, damit es der Nation lebendig und klar vorschwebe, äußerer Symbole bedarf, glaubt die wiederholt schon in Anregung ge=brachte Frage wegen eines Bundeswappens und wegen Bundesfarben dermalen zur Lösung bringen zu sollen. Der Ausschuß ist der entschie=denen Ansicht, daß zum Bundeswappen sich am Besten dasjenige Em=blem eignet, welches schon im Jahre 1846 zur Bezeichnung der Geschütz=röhre und übrigen Gegenstände der Artillerie = Dotation der beiden Fe=stungen Ulm und Rastatt verwendet worden ist: — der alte deutsche Reichsadler mit der Umschrift: Deutscher Bund — da es kein anderes geschichtliches Symbol der tausendjährigen Einheit der verschiedenen deutſchen Stämme gibt. — — Ebenſo werden die Bundesfarben der deutſchen Vorzeit zu entnehmen ſein, wo das deutſche Reichspanier ſchwarz, roth und golden war. Der Ausſchuß trägt daher darauf an — unbe= ſchadet der einzelnen Landesfarben und Wappen (sic!) — jenes Emblem zum Bundeswappen und dieſe Farben zu den Bun= desfarben zu erklären. Der Ausſchuß wird unverzüglich weitere Anträge ſtellen, wo und in welcher Weiſe das Wappen und die Farben anzu= bringen ſind."

Nachdem der niederländiſche Geſandte den Vorbehalt zu einer wei= teren Erklärung ſeiner Regierung eingelegt hatte, wurde auf die nochma= lige Empfehlung des preußiſchen Geſandten in der 21. Sitzung vom 20. März der Beſchluß gefaßt:

1) Das Bundeswappen und die Bundesfarben werden ſofort in den Bundesfeſtungen angebracht, und iſt die Bundes=Militär=Kommiſſion mit der unmittelbaren Ausführung dieſes Beſchluſſes beauftragt;

2) das durch die Bundeskriegsverfaſſung (§.36) für den Fall ei= nes Bundeskriegs vorgeſchriebene gemeinſchaftliche Erkennungszeichen al= ler Bundestruppen iſt dieſen Emblemen zu entnehmen;

3) die Siegel der Bundesbehörde haben das Bundeswappen zu führen;

4) der Militär=Kommiſſion und der Bundeskanzlei=Direktion iſt Vor= ſtehendes zur Nachachtung mitzutheilen.

Auf dem Bundes=Palaſte der Eſchenheimergaſſe in Frankfurt flatterten ſchon binnen Kurzem mit den ſchwarz=roth=goldenen Farben zwei präch= tige Fahnen, die 253 Gulden 42 Kreuzer koſteten.

Gleich dem Bundes=Palaſte wurden auch die Bundesfeſtungen mit dergleichen Schmuck verſehen. So z. B. wurde in Landau der Doppel= adler angebracht an dem Gouvernements= und Kommandatur=Gebäude, ferner an den Thoren und ſonſtigen Gebäuden der Feſtung — in paſ= ſender Größe, während mit den Bundesfarben die Barrieren, Schilder= häuſer, die Laſſetten und das übrige Artillerie = Material angeſtrichen wurde.

Indeß wollte man die nationale Bewegung nicht allein mit dem kindiſchen Spiele deutſcher Farben beſchäftigen, ſondern man dachte, wie weiterhin erſichtlich werden wird, auch ernſtlich an den Fall, daß es nöthig werden würde, die innere Aufregung durch den Aderlaß eines äußern Krieges abzuſchwächen. Für dieſen Fall waren allerdings die deutſchen Farben und der Reichsdoppeladler ſehr nützliche Erkennungs= zeichen. Zudem geſtattete der Bundestag durch den Farbenbeſchluß nur,

was er nicht mehr hindern konnte. Sowohl der hierauf bezügliche
Vortrag, als auch der betreffende Beschluß selbst wurden alsbald ver=
mittelst der in Frankfurt erscheinenden Zeitungen durch den Bundes=
tag veröffentlicht.

Ein anderes nicht mehr vermeidbares Zugeständniß war die Auf=
hebung der Zensur.

Weil über diesen Schritt des Bundestags noch viele falsche Vor=
stellungen herrschen, soll hier gezeigt werden, woher es kam, daß an die
Stelle der Zensur nicht die Preßfreiheit, wie gewöhnlich irrig
angenommen wird, sondern die „Zensur=Freiheit" gesetzt wurde.
Die Bundes=Akte versprach den Teutschen im Artikel 18, lit. d:

„die Abfassung gleichförmiger Verfügungen über die Freiheit der
Presse und über die Sicherstellung der Rechte der Schriftsteller und
Verleger."

Diese Zusage war vorläufig mit der Einführung der Zensur gelöst
worden. Letztere entsprach jedoch den veränderten Verhältnissen nicht
mehr. Die deutschen Regierungen sahen dieß vor den Märztagen ein.
So äußerte z B. der bairische Gesandte bereits im Januar in der
Bundesversammlung:

„Als Erfüllung dieser Zusicherung (der Bundes=Akte) kann offen=
bar eine im Jahre 1819 als transitorisch eingeführte und im Jahre 1824
mit demselben provisorischen Charakter fortgesetzte Anordnung nicht gel=
ten, welche den einzelnen Bundesstaaten die absoluteste Prävention als
positive Norm darbietet. Auch hat die politische Tages=Literatur in
Teutschland unter der veralteten Herrschaft jener Anordnungen einen
Charakter angenommen, welcher weit bedenklicher erscheint, als selbst die
allerausgedehnteste Freiheit, indem häufig volle Zügellosigkeit ohne jenes
Gegengewicht hervortritt, welches eine ausgebildete würdige Presse der
unwürdigen entgegenstellt."

Doch nicht die bairische, sondern die sächsische und preußische Re=
gierung ergriffen die Initiative für Abschaffung der Zensur.

Die beiden letzteren meinten dem Preßunfuge wirksamer steuern zu
können, wenn anstatt des bisherigen Präventiv=Systems ein gut ausge=
arbeitetes Repressiv=System eingeführt würde. Auf Anregen dieser Re=
gierungen waren unterm 9. September 1847 die Bundesregierungen um
Beantwortung folgender Fragen ersucht worden:

1) Soll das Bundespreßgesetz vom 20. September 1819 im Sinne
der zur Erzielung einer gleichförmigen Anwendung desselben gegebenen
Andeutungen ergänzt und vervollständigt werden?

2) Soll an die Stelle des erwähnten Gesetzes, zur Lösung der durch den Artikel 18 der Bundes-Akte der Bundesversammlung vorbehaltenen Aufgabe, das neue Preßgesetz dem Präventiv- oder dem Repressiv-System angehören, oder soll das künftige Preßgesetz des Bundes durch eine zweckmäßige Verbindung und gegenseitige Ergänzung von Präventiv- und Repressiv-Maßregeln gebildet werden?

3) Sollen die von Preußen und Sachsen gemachten Vorschläge, und insbesondere der Paragraph 1 des von Preußen vorgelegten Beschlußentwurfs, zur Grundlage der weitern Regulirung der Preßgesetzgebung gemacht werden?

Die beiden ersten Paragraphen des in der 28. Sitzung des Jahres 1847 von Preußen vorgelegten Entwurfs bestimmten:

§. 1. Jedem deutschen Bundesstaate wird freigestellt, die Zensur aufzuheben und Preßfreiheit einzuführen.

§. 2. Dieß darf jedoch nur unter Garantien geschehen, welche die andern deutschen Bundesstaaten und den ganzen Bund gegen den Mißbrauch der Preßfreiheit möglichst sicher stellen.

Indem die baierische Regierung sich diese beiden Paragraphen aneignete, schlug sie anstatt der übrigen Paragraphen des preußischen Entwurfs, um den durch Artikel 2 der Wiener Schluß-Akte geforderten Garantien zu genügen, einen Zusatz vor, worin es hieß:

„Zu diesem Ende vereinigen sich sämmtliche Bundesregierungen zu dem Beschlusse, des in ihren Staaten verfassungs- oder gesetzmäßig bestehenden Zensurrechts sich nur insofern zu begeben, als in dem zu erlassenden Gesetze landesverfassungsmäßig, also rechtsverbindlich festgesetzt wird:

1) ein System durchaus erklecklicher Kautionen und verantwortlicher Redakteure;

2) absolute Nichtzulassung von Behauptungen, welche die Grundlagen der sozialen Ordnung und des christlichen Staats in Frage stellen;

3) gleiche Bestrafung der Angriffe auf die Sicherheit des Bundes und seiner Verfassung, dann auf die Sicherheit und die Verfassung der einzelnen Bundesstaaten mit den Angriffen auf die Sicherheit und Verfassung des eigenen Landes; dann der Angriffe und Ehrfurchtsverletzungen gegen die Bundesregenten mit den Angriffen und Ehrfurchtsverletzungen gegen den eigenen Landesherrn.“

Dergestalt stand es um die Einführung der Zensur-Freiheit vor den Märztagen. Bei dem langsamen Gange, mit welchem fast alle Bundestagsangelegenheiten behaftet waren, geschah es, daß bis zum 29. Februar 1848 auf die obigen Fragen nur Antworten von Preußen und

Baiern einliefen. Indeß äußerte sich auch der Vertreter der beiden Mecklenburg am letztgenannten Tage der Abschaffung der Zensur nicht
gerade ungünstig.

„Immer sind jedoch," sagte er, „Ihre königlichen Hoheiten von der
Ueberzeugung durchdrungen, daß bei den zu ergreifenden Maßregeln, in
dem einen wie in dem andern Falle, das Prinzip der Einheit nicht
verlassen und die Durchführung derselben in den einzelnen Bundesstaaten
nach möglichst gleichförmigen Grundsätzen durch die Bundesgesetzgebung
selbst thunlichst gesichert werde." —

Mag die deutsche Einheit präventiv oder repressiv bestehen; immerhin bleibt diese Art Einheit die Einheit der Despotie! Was das
Jahr 1848 verlangte, war — wenn auch noch ziemlich unbestimmt —
jedenfalls die Einheit der Freiheit!

Lenau hat einst gesungen:

> Mit ihrem heil'gen Wetterschlage,
> Mit Unerbittlichkeit, vollbringt
> Die Noth an einem großen Tage,
> Was nur Jahrhunderten gelingt.

Ob der Noth, die ihm auf den Leib rückte, mußte auch der Bundestag sich rasch zur Abschaffung der Zensur entschließen. Würtemberg
und Baden, beide in harter Bedrängniß, erklärten, daß bei ihnen die
Zensur unhaltbar geworden sei. „Wenn daher die großherzogliche Regierung," sagte der badische Gesandte in der Sitzung vom 1. März,
„bei einer wohl kaum zu vermeidenden Verzögerung der Berathungen
in der Bundesversammlung, früher in den Fall kommen sollte, den dringenden Anträgen ihrer Stände durch provisorische Anordnungen
hinsichtlich der Presse, vorbehaltlich der zu erwartenden Bundesbeschlüsse, entgegenzukommen, so dürfte die hohe Bundesversammlung unter den dargelegten Verhältnissen darin nicht
sowohl eine Vernachlässigung der Bundespflicht, als
vielmehr die Erfüllung einer ihrer größten Pflichten
gegen den deutschen Bund von Seiten der großherzoglichen
Regierung erkennen, indem sie, durch Befriedigung eines länger
nicht mehr abweisbaren Bedürfnisses in ihrem Lande, den höhern
und letzten Zwecken des Bundes am Besten zu genügen
im Stande ist."

Nicht minder verständlich sprach sich um die nämliche Zeit die großherzoglich hessische Regierung für Abschaffung der Zensur zu Gunsten
einer „kräftigen Repressiv-Gesetzgebung" aus. Gleich den beiden

Mecklenburg legte sie auf die deutsche Einheit Gewicht, da sie es würde aufs Aeußerste beklagen müssen, wenn wirklich nicht eine und dieselbe Preßgesetzgebung für alle Bundesstaaten adoptirt werden sollte. Hierfür führte sie folgenden wichtigen Grund an: „Der Bund kann die deutsche Presse, welche ihre Wirkungen überall ausübt, wo die deutsche Sprache herrscht, nicht einer ungewissen und ungleichen Behandlung durch die Partikular=Gesetzgebungen überlassen. Geschähe dieses, so würden die Gefahren der böswilligen, überall Umsturz suchenden Presse nirgends aufhören."

Auf „unmittelbare allerhöchste" Entschließung, laut Nr. 10 des groß=herzogl. badischen Regierungsblatts vom 1. März 1848, wurde in Baden, bis zur Erledigung dieser Sache durch die Bundesversammlung, provi=sorisch das Preßgesetz vom 28. Dezember 1831, welches seiner Zeit der bundesstaatlichen, beziehentlich deutsch=einheitlichen Reaktion erlegen war, wieder in Wirksamkeit gesetzt. Nach der nämlichen allerhöchsten un=mittelbaren Entschließung fand „hinsichtlich der mittelst der Presse ver=übten Verbrechen" das im Jahre 1845 mit den badischen Ständen ver=einbarte Strafgesetzbuch Anwendung.

Ebenso fand sich die würtembergische Regierung bewogen, durch eine Verordnung vom gleichen Tage (1. März), auf solange, bis ein die Verhältnisse der Presse regelnder Bundesbeschluß gefaßt sein würde, unter „einstweiliger Beseitigung der Zensur" die Bestimmungen des würtembergischen Preßgesetzes vom 30. Januar 1817, um die einschlägige Zusicherung von §. 28 der Verfassungsurkunde zu erfüllen, wieder in Kraft treten zu lassen.

In Folge dieser Vorgänge, deren Wiederholung in andern Bundes-staaten der Bundestag voraussah, legte sich der Preßgesetzgebungs = Aus=schuß die Frage vor, was unter so bewandten Umständen zu thun sei, um die Einheit der Preßgesetzgebung des Bundes aufrecht zu erhalten. Er erblickte hierzu kein anderes Mittel, als nach Nummer 3 der vor-gedachten Vorfragen die §§. 1 und 2 des von Preußen vorgelegten Ent=wurfs eines Bundespreßgesetzes, weil für deren Annahme sich schon mehrere Bundesmitglieder ausgesprochen hatten, auf der Stelle zum Bun=desbeschluß zu erheben und dieselben zu verkünden, dagegen die nähere Bezeichnung und Feststellung der „dem Bunde zu gewährenden Garantien" einer spätern Zeit vorzubehalten. In der 12. Sitzung vom 3. März stellte darum der Ausschuß den Antrag:

„Hohe Bundesversammlung wolle beschließen:

1) Jedem deutschen Bundesstaate wird freigestellt, die Zensur aufzuheben und die Preßfreiheit einzuführen;

2) dieß darf jedoch nur unter Garantien geschehen, welche die andern deutschen Bundesstaaten und den ganzen Bund gegen den Mißbrauch der Preßfreiheit möglichst sicher stellen;

3) vorstehende Bestimmungen sind sofort öffentlich zu verkünbigen."

Bei der Abstimmung erklärten sich mit vorstehendem Antrage die meisten Gesandten einverstanden, wobei jedoch die Voraussetzung ausge= sprochen wurde, daß die Kompetenz des Bundes hinsichtlich der Festsetzung der Garantien ausdrücklich vorbehalten bleibe. Nicht für den Antrag stimmten Oesterreich, Hannover und Kurhessen. Insbesondere bemerkte der hannoverische Gesandte, daß er, zur Zeit noch ohne Instruktion, sich abzustimmen außer Stande sehe und, im Hinblick auf den Artikel 65 der Wiener Schluß=Akte vom 15. Mai 1820, zu dem Beschlusse mitzuwirken, vielmehr seiner allerhöchsten Regierung Erklärung vorbehalte.

Indessen hielt es die preußische Regierung für sehr gefährlich, wenn die einzelnen deutschen Staaten hinsichtlich der Einführung der Zensur= Freiheit einige Zeit sich selber überlassen blieben. Denn gerade in den Bestimmungen, welche gegen die Freiheit der Presse ihr nöthig schienen, war nach ihrem Dafürhalten die deutsche Einheit kein leerer Schall, sondern mit tief greifenden und weit reichenden Folgen verknüpft. Sie stimmte hierin mit der Ansicht, welche in der Bundesversammlung die großherzoglich hessische und die beiden mecklenburgischen Regierungen ausgesprochen hatten, vollständig überein. Weil aber die Regelung der in Frage stehenden Preß=Garantien eine zu lange Ausdehnung erfordert hätte, hätte der Bundestag sie zu Stande bringen sollen, so nahm Preußen die Sache der deutschen Einheit unverzüglich selbst in die Hand und stellte sich an die Spitze der Reaktion, indem es zur Vermeidung jedes Zeitverlusts direkt den Regierungen das Muster eines Preßgesetzes zur Nachachtung mittheilte. Hierdurch wurde, wenn die sämmtlichen deut= schen Kabinette an den Maßregeln des preußischen Musters, gegenüber dem demokratischen Verlangen nach Preßfreiheit, festhielten und in den Einzelländern die Bestimmungen desselben in die neuen Preßgesetze einzu= schwärzen vermochten, die so nothwendig erachtete glückliche Uebereinstim= mung allerorts erzielt. Der preußische Entwurf, welcher den sämmtlichen deutschen Preßgesetzen aus den Jahren 1848 und 1849 folglich mehr oder weniger zu Grunde liegt, lautete so: *)

---

*) S. Beilage zu §. 143 des Protokolls der 18. Sitzung der deutschen Bun= desversammlung vom 13. März 1848.

11*

„Grundzüge zu dem Entwurfe eines Bundesbeschlusses über die Presse.

1.

Jedem Bundesstaate wird freigestellt, die Zensur aufzuheben und Zensur = Freiheit (sic!) einzuführen.

2.

Jeder Bundesstaat ist verpflichtet, Garantien zu gewähren, welche die übrigen deutschen Bundesstaaten, und den Bund, als solchen, (sic!) gegen den Mißbrauch der Presse möglichst sicher stellen.

3.

Diese Garantien sind sowohl gegen Druckschriften, als gegen alle mittelst mechanischer Mittel, wie Steindruck, Kupferdruck, Kupferstich, Holzschnitt, oder sonst vervielfältigten Schriften und Bildwerke zu gewähren.

4.

Jene Garantien sind theils solche, die in allen Bundesstaaten ohne Unterschied, theils solche, welche allein in denjenigen Staaten zu gewähren sind, welche, von dem in Nr. 1 verliehenen Rechte Gebrauch machend, Zensur = Freiheit (sic!) einführen.

Allgemeine Bestimmungen.

5.

Nur konzessionirte Buchdruckereien und andere Anstalten zur Verviel= fältigung von Schriften und Bildwerken, Buch= und Kunsthandlungen, Leih=Bibliotheken und Lese=Kabinette sind zu dulden, unkonzessionirte aber aufzuheben, und deren Inhaber zu bestrafen.

6.

In wie weit diese Bestimmung wegen Konzessionen zu dem Gewerbe auf die bereits bestehenden Gewerbe anzuwenden sind, bleibt zwar der Anordnung jedes einzelnen Bundesstaats überlassen, für die nach Publikation des Bundesbeschlusses entstehenden ist dieselbe aber unbe= dingt maßgebend.

7.

Die Herausgabe von Zeitungen und andern periodisch erscheinenden Schriften ist

a) nur nach vorgängiger Konzession zulässig, und es ist die Konzession an die Person des Inhabers gebunden;

b) die Konzession darf nur auf Grund eines Prospektus ertheilt werden, welcher den Umfang des Blattes, die darin zu besprechenden Gegenstände, und die Perioden, in denen es erscheinen soll, bezeichnet;

c) jedes Blatt muß einen verantwortlichen Redakteur haben, der jedoch mit Genehmigung der betreffenden Behörde auch in der Person des Konzessions=Inhabers bestellt werden kann;

d) auf jeder Nummer des Blattes muß der Name des verantwort=lichen Redakteurs angegeben sein;

e) alle Blätter, welche ohne vorgängige Konzession, oder ohne vor=herige Bestellung eines verantwortlichen Redakteurs erscheinen, sind zu unterdrücken und die Herausgeber zu bestrafen.

f) Ist gegen den verantwortlichen Redakteur eine Freiheitsstrafe er=kannt worden, so muß vor dem Antritt und für die Dauer derselben ein anderer verantwortlicher Redakteur bestellt werden, widrigenfalls das Blatt während der Dauer der Freiheitsstrafe suspendirt wird.

g) Jeder Herausgeber einer Zeitung oder eines andern periodisch erscheinenden Blattes ist verpflichtet, Entgegnungen, zu welchen sich die betheiligte Staatsbehörde veranlaßt findet, kostenfrei in die nächste Num=mer des Blattes aufzunehmen, und den Entgegnungen den Platz anzu=weisen, den die Behörde verlangt.

Auch Privat=Personen, welche in dem Blatte angegriffen sind, haben das Recht, die Aufnahme einer Entgegnung kostenfrei in der nächsten Nummer des Blattes zu verlangen.

Uebersteigt der Umfang der Entgegnung das Doppelte des betreffen=den Artikels, so sind für das Mehr in beiden Fällen Insertions=Kosten zu bezahlen.

8.

Das Recht zu dem Gewerbebetrieb eines Buchdruckers, Buchhändlers u. s. w. — Nummer 5 — so wie das Recht zur Herausgabe periodischer Schriften, dasselbe mag auf ausdrücklicher Konzession beruhen oder nicht, kann, wenn der Berechtigte sich einer Uebertretung der in diesem Bundes=beschlusse zur Verhütung des Mißbrauchs der Presse gegebenen Vor=schriften schuldig macht, nach vorangegangener Verwarnung (sic!), zur Strafe entzogen werden.

9.

Die Entziehung muß aber jederzeit erfolgen, wenn der Berechtigte sich, vorangegangener Verwarnung ungeachtet, einer dreimaligen Ueber=tretung schuldig gemacht hat.

10.

Konzessionen dürfen gar nicht ertheilt werden an Personen, welche in einem Bundesstaate innerhalb der letzten zwei Jahre wegen Preß=vergehen, oder innerhalb der letzten fünf Jahre wegen Preßver=brechen bestraft worden sind.

11.

Der Redakteur und Konzessions = Inhaber eines Blattes, sowie der Drucker und Verleger einer nicht periodisch erscheinenden Schrift, sind verpflichtet, auf Verlangen der betheiligten Behörde den Einsender eines Artikels, oder Verfasser der Schrift namhaft zu machen, und müssen dazu im Weigerungsfalle durch Strafmaßregeln angehalten werden.

12.

Die Bestimmung der auf P r e ß v e r g e h e n anzudrohenden Strafen, d. h. Strafen für die Uebertretung solcher Vorschriften, welche zur Ver= hütung des Mißbrauchs der Presse gegeben sind, sowie die Art ihrer Verfolgung, bleibt zwar den einzelnen Bundesstaaten überlassen: überall soll jedoch gegen Verfügungen und Entscheidungen der Verwaltungs= behörden in Preßsachen den Betheiligten die Berufung an eine aus rich= terlichen und Verwaltungsbeamten in gleicher Zahl zusammengesetzte Be= hörde zustehen.

13.

Die Bestrafung der mittelst der Presse begangenen V e r b r e c h e n v e r b l e i b t den ordentlichen Gerichten nach den bestehenden Landesgesetzen.

14.

Die Untersuchung wegen Preßvergehen und Preßverbrechen muß überall nach der Form des Anklage=Prozesses stattfinden.

Den Regierungen steht jedoch frei, dabei aus Gründen des öffent= lichen Wohles die Oeffentlichkeit der Verhandlungen auszuschließen.

15.

In allen Bundesstaaten müssen gleichmäßig, Urheber und sämmt= liche Theilnehmer treffende Strafen für folgende Verbrechen angedroht werden :

a) Lästerung Gottes, oder Herabwürdigung einer der christlichen Kirchen, oder einer geduldeten Religions=Gesellschaft durch Schmähungen, oder Verspottung ihrer Lehren, Einrichtungen, Gebräuche, oder der Ge= genstände ihrer Verehrung ;

b) Aufforderung, sei es unmittelbar oder mittelbar, durch Rath oder sonstige Anreizung, unter Verletzung der bestehenden Gesetze, die Ver= fassung oder die Gesetze des deutschen Bundes, oder eines der Bundesstaaten, a u f e i n e m a n d e r n, a l s z u d e r e n A u f h e b u n g o d e r A e n d e r u n g g e s e t z l i c h v o r g e s c h r i e b e n e n W e g e aufzuhe= ben, oder zu ändern, oder gegen dieselben sich aufzulehnen ;

c) Herabwürdigung des deutschen Bundes oder eines Bundesstaats durch Schmähung, Verspottung oder Verläumdung ihrer Verfassung, Ge=

setze, Staatseinrichtungen, Regierungs= und Verwaltungsmaßregeln der Behörden;

d) Verunglimpfung eines zum deutschen Bunde gehörenden Regen=ten, oder der Mitglieder seiner Familie;

e) Beleidigung eines mit dem deutschen Bunde im anerkannten völkerrechtlichen Verkehr stehenden auswärtigen Regenten, sowie Schmähung der mit dem deutschen Bunde in freundschaftlicher Verbindung stehenden Regierungen;

f) Beleidigung eines der bei dem deutschen Bunde, oder bei einem der Bundesstaaten beglaubigten Gesandten;

g) solche Angriffe auf die in dem Eigenthum und der Familie be=ruhenden Grundlagen der gesellschaftlichen Zustände, welche nach In=halt und Form das Gebiet wissenschaftlicher Erörterung überschreiten;

h) grobe Unsittlichkeiten (sic! Sind die feinen Unsittlichkeiten besser und minder anstößig?).

Außerdem muß die Beschlagnahme und Vernichtung der in den Privat=Besitz noch nicht gekommenen Exemplare der verbrecherischen Schriften, Abbildungen oder Darstellungen, sowie der dazu bestimmten Platten und Formen angeordnet werden.

16.

Der Redakteur, wie der Herausgeber einer Schrift sind stets als Miturheber des darin enthaltenen Preßvergehens anzusehen, ebenso der Verleger oder Drucker, falls der Verleger nicht genannt ist und insofern sie den Verfasser in den deutschen Bundesstaaten nicht nachzuweisen vermögen.

17.

Im Uebrigen gelten hinsichtlich der kriminellen Verantwortlichkeit des Druckers und Verlegers rücksichtlich der in einer Schrift enthaltenen Preßverbrechen die allgemeinen Rechtsgrundsätze, mit der Maßgabe, daß, wenn bei Vervielfältigung oder Verbreitung der betreffenden Schrift ein Preßvergehen konkurrirt, der Kontravenient die Vermuthung gegen sich hat, den Inhalt gekannt zu haben.

18.

Gemeingefährliche Preßerzeugnisse sind zu jeder Zeit, auch wenn wegen ihrer Veröffentlichung Niemand bestraft werden kann, zu unterdrücken, und bleiben den einzelnen Bun=desstaaten die Maßgaben, unter denen dergleichen Verbote in Ausführung zu bringen sind, überlassen.

19.

Gegen Vertriebsverbote und Beschlagnahmen der Verwaltungsbehörden findet die, Nummer 12 nachgelassene Berufung statt und entscheidet die daselbst gedachte gemischte Behörde auch über die Frage: ob und welche Entschädigung den Betheiligten zu gewähren.

20.

Die Bestimmungen über die Zulassung solcher Schriften, welche außerhalb der deutschen Bundesstaaten erscheinen, bleiben den einzelnen Staaten überlassen.

Besondere Bestimmungen für die Staaten mit Zensur-Freiheit.

21.

In denjenigen Staaten, welche (§. 1) Zensur-Freiheit gewähren, greifen außer vorstehenden, in allen Bundesstaaten ohne Unterschied geltenden Bestimmungen, noch folgende besondere Einrichtungen Platz:

a) In Betreff der Zeitschriften. (§. 7.)

Bei Konzessionirung von Zeitschriften ist von den Inhabern der Konzession vor Eintritt der Wirksamkeit derselben eine Kaution, nach dem vom Ermessen der Behörden abhängenden Betrage von 200 bis 10,000 Thalern zu bestellen. Von dieser Kaution werden die von dem Konzessionär, sowie die von dem verantwortlichen Redakteur zu erlegenden Geldstrafen, insofern sie binnen 14 Tagen nicht baar berichtigt werden, sofort baar entnommen. Tritt dadurch, oder in Folge eines Arrest-Schlages auf die Kaution, oder einer Ueberweisung derselben, eine Verminderung der als Kaution haftenden Summe ein, so ist dieselbe binnen 14 Tagen zu ergänzen, nach deren Ablauf die Befugniß zur ferneren Herausgabe der Zeitschrift aufhört.

Ausgenommen von der Verpflichtung zur Kautions-Stellung sind die von einer Staatsbehörde herausgegebenen oder unter Aufsicht einer solchen erscheinenden Zeitschriften, sowie diejenigen, welche rein wissenschaftlichen oder technischen Inhalts sind, z. B. landwirthschaftliche, medizinische, musikalische Zeitschriften, sowie solche Journale, die in monatlichen Heften erscheinen, jedoch nur in so fern, als der Prospekt der Zeitschrift das rein wissenschaftliche oder technische Gebiet nicht überschreitet und genau inne gehalten wird.

b) In Betreff aller andern Preßerzeugnisse außer Zeitschriften.

Den Druckern ist bei Vermeidung empfindlicher Geld- und Freiheitsstrafen, sowie für den zweiten Rückfall bei Vermeidung der Untersagung des Gewerbebetriebs, bundesgesetzlich die Verpflichtung aufzuerlegen, sofort nach beendigtem Drucke und jedenfalls vor Ablieferung eines Exemplars eines Preßerzeugnisses, welches nicht in einer konzessionirten Zeitschrift besteht, an irgend Jemand, ein Exemplar der Behörde vorzulegen, und eine Ablieferung und Veröffentlichung der Auflage, deren Stärke sie jedes Mal genau anzugeben haben, bis die Behörde dieselbe entweder ausdrücklich oder durch Unterlassung eines Vertriebsverbots sammt Beschlagnahme binnen einer gewissen (etwa 24stündigen bis 3tägigen) Frist freigegeben hat, nicht eintreten zu lassen. Wegen dieser Betriebsverbote und Beschlagnahme der Verwaltungsbehörden treten die oben unter Nr. 19 aufgestellten allgemeinen Bestimmungen ein.

22.

Die zur Ausgabe bei der Publikation dieses Bundesbeschlusses bereits vorhandener Zeitschriften berechtigten Personen haben innerhalb Jahresfrist nach dessen Publikation, und, im Fall sie während dieses Zeitraums eines Preßvergehens oder eines durch Druckschriften verübten gemeinen Verbrechens schuldig erklärt worden, binnen 14 Tagen nach der Verurtheilung die nach diesem Beschlusse erforderliche Kaution zu bestellen, widrigenfalls die Zeitschriften, für welche Kaution zu bestellen war, nicht ferner erscheinen dürfen.

23.

Es bleibt übrigens jedem Bundesstaate, welcher Zensurfreiheit einführt, überlassen, neben den nach Nr. 21 zu treffenden Präventio-Maßregeln andere, und namentlich die von Preußen in Vorschlag gebrachten, in Anwendung zu bringen.

24.

Damit es in den gesammten Bundesstaaten nicht an der vor Allem nöthigen möglichsten Einheit (sic!) in der Behandlung der Angelegenheiten der Presse fehlt, bestellt die Bundesversammlung ein Syndikat. Den einzelnen Bundesstaaten bleiben aber die Einrichtungen überlassen, die sie entweder bei sich selbst oder in Vereinbarung mit andern Bundesregierungen zur Ausführung des Bundesbeschlusses im Sinne und innerhalb der Gränzen desselben zur Erreichung des gemeinsamen Zweckes für gut finden werden. Dem Bundes-Syndikate liegt es ob, auf eine einheitliche Behandlung der Preßangelegenheiten in allen Bundesstaaten hinzuwirken; welche besonderen

Attribute aber demselben beizulegen, bleibt noch der näheren Berathung beim Bundestage vorbehalten."

— So beschaffen war der preußische, den Regierungen direkt zuge= schickte Entwurf. Er ist hier in seiner vollen Länge wiedergegeben wor= den, weil seine verhängnißvolle Bedeutung für den Ausgang der Bewe= gung des Jahres 1848 gar nicht hoch genug angeschlagen werden kann. In der nämlichen Sitzung, in welcher derselbe dem Bundestage vorgelegt wurde, stellte der Gesandte der großherzoglich und herzoglich sächsischen Häuser im Namen des Herzogs von Meiningen den Antrag auf Erlaß eines vollständigen und definitiven Repressiv=Gesetzes, wobei es wohl auf den preußischen Entwurf abgesehen war. Die Bundesversammlung sprach darauf die Erwartung aus, daß sie möglichst baldigen Aeußerungen sämmt= licher Regierungen über den von Preußen vorgelegten Beschlußentwurf entgegensehe. Indeß gingen wenige einschlägige Aeußerungen beim Bun= destage ein. So machte der hannöverische Gesandte am 17. März die Anzeige, daß sein König einen Gesetzentwurf wegen Aufhebung der Zen= sur und Einführung eines entsprechenden Repressiv=Systems zur Vorlage an die auf den 28. März einberufene hannöverische allgemeine Stände= versammlung habe ausarbeiten lassen; wodurch selbstverständlich jedoch den vom Bunde befürworteten Garantien nicht vorgegriffen werden solle. Ebenso übergab der dänische Gesandte um die gleiche Zeit zwei proviso= rische königliche Verordnungen vom 10. März, durch welche in den Her= zogthümern Holstein und Lauenburg die Zensur aufgehoben und ein „anderes Verfahren" an deren Stelle gesetzt worden war. Endlich theilte auch die oldenburgische Regierung unterm 29. März dem Bundestage eine in Folge des Bundesbeschlusses vom 3. März erlassene, die Auf= hebung der Zensur verfügende Verordnung mit.

Wenn aber die einzelnen Bundesregierungen es unterließen, dem Bundestage ihr Urtheil über den preußischen Entwurf einzusenden, so rührte dieß daher, daß sich das preußische Kabinet direkt mit ihnen in Verbindung gesetzt hatte. Der Entwurf diente also ihnen nichtsdestowe= niger beim Ausarbeiten der neuen Preßgesetze als Muster und fiel wie ein böser Mehlthau in die aufblühende junge Freiheit. Einen schlim= meren Streich hätte Preußen gegen die Entfaltung des demokratischen Geistes und gegen die gedeihliche Entwicklung der deutsch=nationalen Be= wegung schwerlich ausführen können. Dieser Streich allein würde hin= reichen, die 1848 in Umlauf gesetzte Redensart, daß Preußen der Staat der Intelligenz sei, in ihrer ganzen Thorheit und Lächerlichkeit zu zeigen. Denn Preußen stellte sich hierdurch auf gleiche Stufe mit jenen finstern

Mächten des Mittelalters, welche durch die heilige Inquisition, durch den Index und dergleichen Mittel den menschlichen Geist in Fesseln geschlagen hatten, und es paßten auf den vorliegenden Fall die Worte, welche am 20. Januar 1790 Sieyes in der französischen National-Versammlung sprach:

„Ainsi, gêner mal à propos la liberté de la presse, ce serait attaquer le fruit du génie jusque dans son germe, ce cerait anéantir une partie des lumiéres qui doivent faire la gloire et les richesses de notre postérité."*)

Gleichwie die deutschen Liberalen später die Aufhebung des Zunftzwanges schon für die Einführung der Gewerbefreiheit hielten, so auch nahmen sie 1848 die Aufhebung der Zensur für die Herstellung der Preßfreiheit. Darum fanden die „preußischen Kniffe," die doch nur an die Stelle des abgenutzten alten Mittels zur Knebelung der Presse ein neues verschärftes System unter dem Namen Zensur-Freiheit setzten, selbst in den liberalsten Preßgesetzen wenigstens theilweise Eingang und beraubten auf diese Art die Bewegung einer ihrer besten Waffen. Sogar über den rein abstrakten Wissenschaften hing von nun an immer das Damokles-Schwert preußischer Intelligenz.

Indeß war in den vorbeugenden Maßregeln gegen die Preßfreiheit bloß ein Theil der Fürsorge enthalten, welche zu Gunsten der deutschen Einheit, wie Preußen sie verstand, das heißt behufs Aufrechterhaltung des Absolutismus, zu ergreifen waren. Dieser Absolutismus, der so eben noch gegen die republikanische Freiheit der Schweiz hatte zu Felde ziehen wollen, machte sich jetzt darauf gefaßt, seinerseits mit Gewalt der Waffen angegriffen zu werden. Ihm schwebte es noch vor, daß auch der Gegensatz, in welchem er zur ersten französischen Republik gestanden hatte, nur auf kriegerischem Wege zum Austrag gelangt war. Sein Gewissen sagte ihm also, daß er sich von Seiten Frankreichs wiederum eines Kampfes auf Leben und Tod zu gewärtigen habe. Der demokratische Geist, welchen er durch die vorerwähnten Preßmaßregeln im Innern Deutschlands niederhalten wollte, war im staatlichen Leben Frankreichs zum vollen Ausdruck und zur Herrschaft gelangt, so daß derselbe dort mit der Staatsmacht, die in Deutschland gegen die Demokratie dem Absolutismus noch zur Verfügung stand, seine europäische Existenz durch einen

---

*) S. die Abhandlung von Armand Marrast über die Presse in dem 1848 erschienenen Buche: Paris Révolutionnaire, Paris, verlegt von Pagnerre und Guillaumin & Co. 8°. Seite 327.

Kampf gegen den wegen der europäischen Zusammenhänge auf Frank=
reich nothwendig einwirkenden Despotismus sicher zu begründen su=
chen konnte.

In der 11. Sitzung vom 2. März wurden daher die Vorbereitun=
gen für den erwarteten Prinzipien=Krieg getroffen. Indem der königlich
hannöverische Gesandte im Namen des Ausschusses für militärische An=
gelegenheiten Bericht erstattete, ging er von dem Grundsatze aus, daß
der nächste Zweck des Bundes die Erhaltung der äußern und in=
nern Sicherheit Deutschlands sei. Er sagte: „In Zeiten, wie die
gegenwärtigen, ist einheitliches Zusammenwirken geboten; von
dieser hohen Versammlung aber, als dem Organe der Gesammt=
heit, wird mit Recht erwartet werden, daß sie ungesäumt Bedacht dar=
auf nehme, die dem hohen Berufe entsprechenden Maßregeln zu ergrei=
fen. Vor allen Dingen sind es die Bundesfestungen, diese Schutzwehr
unserer westlichen Gränze, auf welche der Ausschuß die Aufmerksamkeit
der Versammlung leiten zu müssen glaubt."

Auf den Antrag des Berichterstatters wurde nun unter allseiti=
ger Zustimmung beschlossen:

1) von der Militär=Kommission ein Gutachten über die Sicherung
der westlichen Gränzen bezüglich der Bundesfestungen einzufordern, und
zwar sollte die Kommission einen Unterschied machen zwischen denjenigen
Maßregeln, welche zur schleunigen Ausführung zu gelangen hätten, und
solchen, die als minder dringend für die nächste Zeit vorzubehalten
wären;

2) von der Militär=Kommission den Entwurf des Festungs=Regle=
ments von Ulm und Rastatt, sowie den des Bundesverpflegungs=Regle=
ments einzufordern;

3) die Regierungen von Preußen und des 7. und 8. Armee=Korps
(Baiern, Würtemberg, Baden und Großherzogthum Hessen) um erforder=
liche Vorkehrungen für die Sicherheit der westlichen Gränze Deutschlands
anzugehen;

4) die Besatzung von Mainz auf 12,000 Mann Infanterie und
300 Mann Kavallerie (das Minimum der Kriegsstärke) zu erhöhen und
bis zum Eintreffen der österreichischen Truppen die preußische Regierung
die ganze Garnison=Stärke stellen zu lassen;

5) ebenso Rastatt auf das Minimum des Kriegsfußes von 5,000
Mann (davon 1/3 Oesterreicher und 2/3 Badenser) zu bringen, so zwar,
daß bis zur Ankunft der Oesterreicher Baden die volle Garnison zu
stellen hätte;

6) ingleichen nach Ulm 10,000 Mann österreichische, bairische und würtembergische Truppen zu legen und bis zum Eintreffen der Oester= reicher Baiern und Würtemberg die ganze Garnison stellen zu lassen;

7) Baiern, Würtemberg und Baden zur sofortigen Ernennung des Gouverneurs und Kommandanten der Bundesfestungen Ulm und Rastatt aufzufordern;

8) Luxemburg und Landau der Obhut Preußens und Baierns an= zuvertrauen, und es Preußen anheimzugeben, sich hinsichtlich Luxem= burgs mit der großherzoglich luxemburgischen Regierung ins Einverneh= men zu setzen;

9) gleichermaßen Preußen mit der Sorge für das linke Rheinufer und Baiern mit der für Germersheim zu betrauen;

10) zur Ausführung der beschlossenen Maßregeln und zur Bestreitung anderer nothwendiger Bundesausgaben eine binnen vier Wochen zu ent= richtende Matrikular=Umlage von einer Million Gulden auszuschreiben.

Es mußte dem Bundestage lieb sein, wenn im deutschen Publikum die Besorgniß vor französischer Eroberung sich gleichfalls regte. Denn diese Besorgniß, ein Ueberbleibsel des ursprünglich gegen die französische Demokratie losgelassenen Franzosenhasses, bewies zur Genüge, daß es in Deutschland mit der politischen Bildung noch sehr schlecht bestellt war.

Der ohnehin schwachen deutschen Demokratie mußte, wie man wenigstens annehmen konnte, vor allen Dingen daran liegen, eine innige Vereinigung mit der zur Staatsherrschaft gelangten französischen einzuleiten. Der Franzosenhaß dagegen entstammte jener Zeit, in welcher die europäische Reaktion das beschränkte National=Gefühl ihrer Unterthanen dazu benutzt hatte, um die Sympathie für die demokratischen Prinzipien der ersten französischen Revolution in tödtliche Feindschaft zu verkehren. Was also früher schon einmal gelungen war, sollte jetzt zum zweiten Male glücken. Wenigstens kam es auf den Versuch an. Deßhalb malten die Reaktionäre aller Schattirungen den deutschen Nationalen die schrecklichen, von Frank= reich drohenden Gefahren an die Wand, und die Regierungen brachten einstweilen die Truppen auf die Beine, die, wenn es nicht anders an= ging, mit nationaler Begeisterung die Freiheit Frankreichs austilgen sollten, aber auch eben so gut unter dem Vorwande äußerer Gefahr gegen die Demokratie im Innern Deutschlands verwandt werden konnten. Die Scheidung der europäischen Völkergruppen in Nationen verringerte oder beseitigte in hohem Grade die nachtheiligen Folgen, welche der große Sieg der Demokratie in Frankreich für die Eigenthümer großer europäischer Länderstrecken — für die souveränen Landesherren — nach sich zu ziehen drohte. Deßhalb war es im Interesse dieser souveränen europäischen großen Grundeigenthümer gelegen, durch das Wachrufen der Besorgniß vor französischen Eroberungsgelüsten das National=Gefühl zu stärken und länderweise den einheitlichen demokratischen Geist Europa's zu zersetzen und abzuschwächen.

Schon am 4. März stellte deßhalb der den Vorsitz führende preußische Gesandte Graf Dönhoff der Bundesversammlung die Erwägung anheim, ob es nicht angemessen sei, die aus Veranlassung der jüngsten Ereignisse in Frankreich zur Sicherung der Bundesgränzen beschlossenen und sofort zur Ausführung zu bringenden militärischen Maßnahmen ihrem Hauptinhalte nach zu veröffentlichen, um „dem Publikum die Ueberzeugung zu geben, daß die Bundesversammlung als die oberste ge= setzliche Behörde, welche für die äußere Sicherheit Deutschlands zu sorgen habe, in Erfüllung dieser Pflicht bereits diejenigen ersten Vorkehrungen, welche das Bedürfniß des Augenblicks erforderte, getroffen habe." Natürlich war die Bundesversammlung mit diesem Präsidial=Vorschlage einverstanden, und nachdem man den Inhalt und die Fassung einer mundgerechten Veröffentlichung erörtert hatte, wurde beschlossen, den patriotischen Artikel sofort in die Frankfurter Zeitungen einrücken zu lassen. In der nämlichen Sitzung wurde bezüglich der Bundesfestungen Ulm und Rastatt der von der Militär=Kommission vorgelegte Entwurf einer an die Bau=Direktionen dieser Festungen zu erlassenden Instruktion genehmigt und die für den Festungsbau desfalls beantragten Summen von im Ganzen 290,000 Gul= den rhein. vorschußweise aus dem Ulm=Rastatter=Baufond dergestalt an= gewiesen, daß der Ulmer Festungsbau=Direktion 100,000 Gulden, der Ulmer Ausrüstungs=Direktion aber 80,000 Gulden, und der Bau=Direktion Rastatt's 60,000 Gulden, sowie der Rastatter Ausrüstungs=Direktion 50,000 Gulden gegen Quittung gezahlt wurde.

Ferner wurde an die Regierungen Baierns, Würtembergs, Badens und des großherzoglichen Hessens das Ersuchen gestellt, ihre Belagerungs= Parke, insoweit als thunlich, zur Aushülfe für die Festungen Ulm und Rastatt herzugeben. Wegen des noch nicht vollendeten Festungsbaues bemerkte die Militärkommission *), deren Vorsitzender der österreichische G.=M. Graf Nobili war, in ihrem Berichte:

---

*) Die Militär Kommission ist nicht zu verwechseln mit dem Bundestags Ausschuffe für militärische Angelegenheiten. Erstere bildete den technischen Beirath der Bundesversammlung und bestand aus höhern Offizieren, aus Fachleuten. Da gegen bestand der Ausschuß für militärische Angelegenheiten aus Bundestagsge sandten, also aus Diplomaten, die im Schooße und aus der Mitte der Bundes= versammlung gewählt wurden, um den Verkehr der genannten Versammlung mit der Militär=Kommission zu vermitteln.

„Bei den eingetretenen politischen Verhältnissen könnte der Fall entstehen, daß es darauf ankomme, von den bereits ausgeführten Be= festigungsanlagen den möglich größten Nutzen zu ziehen. Es fragt sich daher, wie dieß könne bewirkt werden, ohne den angeordneten Fortgang des Baues und der Ausrüstung der Festung wesentlich zu stören und zu unterbrechen."

Bei den militärischen Vorkehrungen gegen die demokratische Revolu= tion war die würtembergische Regierung am Flinkesten. Denn auf die ersten Nachrichten von der Staatsumwälzung Frankreichs wurden alsbald die dortigen sämmtlichen Regimenter auf den großen Friedensstand, d. h. ohne die Kadres, die Infanterie auf je 800 Mann, die Reiterei auf je 400 Mann gesetzt. Auch Baden theilte der Bundesversammlung schon in der 19. Sitzung vom 15. März mit, daß durch die von der großherzoglich badischen Regierung bewirkte Erhöhung des Präsent = Standes der In= fanterie und durch die Beorderung einer Schwadron Reiterei von 100 Pferden nach Rastatt die Besatzung dieser Bundesfestung einschließlich der Offiziere und der jedenfalls zur Vertheidigung verwendbaren Maurer des Armee=Korps über 5,000 Mann zählte, nämlich: 4,500 Mann In= fanterie, 104 Mann Reiterei, 306 Mann Artillerie und 800 Maurer (Infanterie), insgesammt 5,760 Mann.

Der österreichische Gesandte Colloredo=Wallsee, Graf und Geheimer Rath, der seit dem 17. März erst provisorisch für den abwesenden Grafen Münch = Bellinghausen und dann vom 29. März definitiv bis zu seiner Abberufung am 19. Mai den Vorsitz in der Bundesversammlung über= nahm, machte bei seinem Eintritt die Anzeige, daß seine Regierung, ver= anlaßt durch den Bundesbeschluß vom 2. März und gestützt auf ein un= mittelbares Ersuchen des würtembergischen Kabinets, 3,400 Mann In= fanterie zusammt der entsprechenden Artillerie von Bregenz nach Ulm entsendet habe, damit dieselben den auf Oesterreich fallenden Antheil an der Kriegsbesatzung jener Bundesfestung bildeten. Doch kamen die österreichischen Besatzungstruppen in Mainz erst am 27. April, in Rastatt am 27. Mai und in Ulm am 20. bis 22. Mai an.

Sehr eifrig bewies sich Preußen. Denn der preußische Gesandte brachte ebenfalls den 17. März zur Anzeige, daß seine Regierung dem betreffenden Bundesbeschlusse Folge geleistet hatte. Die Linien=Infanterie und Kavallerie des 7. und 8. preußischen Armee=Korps waren bis dahin auf Kriegsstärke, d. h. die Bataillone auf 1000 Mann und die Kavallerie = Regimenter auf 600 Mann, erhöht worden. Die in der Rhein = Provinz und in den Bundesfestungen Mainz und Luxemburg garnifonirenden preußischen Reserve = Infanterie = Regimenter hatten die nämliche Stärke erhalten, und die Festungs = Artillerie der beiden ge= nannten Bundesfestungen, sowie diejenige von Saarlouis war auf die Kriegsbesatzungsstärke vermehrt. Ebenso waren die 7. und 8. Pionnier= Abtheilungen auf Kriegsstärke gesetzt und versahen die Festungen Saarlouis, Jülich und Wesel mit der erforderlichen Pionnier = Mannschaft. Bei Koblenz war ein disponibles Korps, bestehend aus 12 Bataillonen, 12 Schwadronen und 4 Batterien, aus den zur Besatzung nothwendigen Truppen gebildet. Selbiges sollte, wenn die Oesterreicher nicht rechtzeitig einträfen, die Besatzung von Mainz auf die Höhe von 12,000 Mann ergänzen. Was aber letztere Festung anbelangt, so standen dort bereits an preußischen Truppen 5,000 Mann Infanterie, 675 Mann Artillerie, 150 Mann Kavallerie und 125 Mann Pionniere, zusammen 5,950 Mann, die mit der dort befindlichen österreichischen Garnison eine Mainzer Gesammtbesatzung von 10,000 Mann ergaben. Die Festung Luxemburg enthielt an preußischen Truppen 5,000 Mann Infanterie, 600 Mann Artillerie, 125 Mann Pionniere, sowie ein Kavallerie=Detachement, und konnte von Trier aus sofort auf die volle Kriegsstärke von 7000 Mann erhöht werden. Das Approvisionnement der Rheinfestungen, nebst deren Ausrüstung mit Kriegs = Material, war vollständig vorhanden. Die fortifikatorische Armirung von Saarlouis war angeordnet und diejenige der preußischen Rheinfestungen zwar noch nicht ausgeführt, aber leicht zu bewerkstelligen. An der westlichen Gränze Deutschlands standen an preußischen Truppen einschließlich des disponiblen Korps bei Koblenz, aber mit Abrechnung der Mainzer Besatzung, 38 Bataillone, 2 Jäger= abtheilungen, 24 Schwadronen, 104 bespannte Geschütze und 2 Pionnier= Abtheilungen, eine Anzahl, die von Magdeburg aus vermittelst der Eisenbahn verstärkt werden konnte. Wie schon bemerkt, hatte die preu= ßische Regierung frühzeitig die strategische Bedeutung der Eisenbahnen ins Auge gefaßt; sie hatte auch die mit Dampf zu bewerkstelligende Be= förderung von Truppenmassen einem eifrigen Studium unterworfen *). Zu den eben angegebenen Truppen kamen noch 26 Bataillone rhein= ländischer und westphälischer Landwehr hinzu, die binnen Kurzem in den Bezirken des 7. und 8. Armee=Korps zusammentreten sollten.

---

*) S. Organisirung des Transportes größerer Truppenmassen auf Eisen= bahnen. Zweite, mit den bis zum 9. Mai 1866 befohlenen Abänderungen ver= sehene Auflage der Ausgabe vom Jahre 1861. Berlin, 1866, 8°. Verlag der Königlichen Geheimen Ober-Hofbuch=Druckerei (R. v. Decker).

Da zunächst die Festungen in Vertheidigungszustand gesetzt werden sollten, so wurden selbst die kleinen Länder, wie Lippe, Schaumburg-Lippe und Waldeck, welche zusammen 1450 Mann zu stellen hatten, aufgefordert, sich für Luxemburg in Marsch-Bereitschaft zu halten; doch wurden sie im Mai hiervon dispensirt, weil Preußen erklärte, auch ferner hin, wie bisher, diese Kontingente in Luxemburg vertreten zu wollen. Es war nämlich um diese Zeit eine Meuterei unter der Luxemburger Garnison ausgebrochen. Zudem meldete ein Schreiben des Luxemburger Zivil-Gouverneurs an die niederländische Bundestagsgesandtschaft, daß das ganze Land in heftiger Gährung begriffen sei, und daß von Frankreich aus müßige Arbeiter eingedrungen wären, wodurch die schon vorhandenen schlimmen Elemente, die in dem nur schwach geschützten Waffen-Depot von Ettelbrück eine Emeute besorgen ließen, einen bedeutenden Zuwachs erhalten hätten. Unter so bewandten Umständen wurde nicht nur der dortige Generallieutenant von Wulffen ermächtigt*), unter seiner Verantwortlichkeit nöthigenfalls kleinere Detachements über den Rayon der Festung hinaus zu entsenden, sondern es schien auch um der strengen Aufrechthaltung der Ruhe und Ordnung willen erforderlich, daß an Stelle der kleinen Kontingente eine kompakte, durch ihre Disziplin ausgezeichnete preußische Garnison Luxemburg besetzt hielt.

Auch die beiden Schwarzburg, die beiden Hohenzollern, ingleichen Reuß ältere, und Reuß jüngere Linie erhielten die Aufforderung zur Marschbereitschaft, um sich nach Landau zu begeben, dessen Kriegsstärke auf 6291 Mann angesetzt war.

Nicht minder hatten sich Weimar, Koburg-Gotha, Meiningen, Altenburg und die anhaltischen Regierungen zum Abmarsch nach Mainz in den Stand zu setzen. Von ihnen erklärte sich Weimar und Meiningen zu Anfang, Anhalt-Bernburg**) zu Ende des Monats Mai marschfertig. Baiern brachte seine Garnison in Landau bis Anfang Mai auf 4000, die in Germersheim, dessen Brückenkopf jedoch erst um diese Zeit

---

*) Anfangs hatten die Gendarmen, sowie die Zoll- und Forstwachen die Unruhen niedergehalten. Doch brach unter den in der Festung liegenden einheimischen Truppen eine Revolte aus: wodurch eine beim preußischen Ministerium des Auswärtigen eingelaufene Denunziation, daß dem Kriegsmaterial der Bundesfestungen die Gefahr der Zerstörung drohe, an Glaubwürdigkeit gewann, obwohl die Quelle, aus der sie stammte, für nicht ganz zuverlässig galt.

**) Nachdem am 23. Nov. 1847 die anhalt-köthen'sche Mannslinie ausgestorben war, hatte Leopold von Dessau, der Inhaber des Seniorats, für sich und seinen Bernburger Vetter Alexander Karl, Besitz von Köthen ergriffen.

auf dem rechten Rheinufer zu bauen angefangen wurde, auf 5145 Köpfe; bis zum 12. Mai bildeten das Haupt- und Reserve-Kontingent Baierns 36 Bataillone, von denen 7 Bataillone unter dem Generallieutenant Fürst Taxis in der Pfalz und in Mannheim, 8 Bataillone unter dem Generallieutenant Baligand im badischen Seekreise, 12 Bataillone marschbereit in den Garnisonen, die 9 Reserve-Bataillone aber in Landau, in Germersheim und in ihren Garnisonen diesseits des Rheines vertheilt waren.

Als Kurhessen am 6. März den Antrag auf Mobilmachung auch des 9. Bundes-Armee-Korps stellte, ward derselbe zwar „einstweilen" abgelehnt; doch glaubte die Bundesversammlung mit Befriedigung aus diesem Antrage den Eifer entnehmen zu können, womit die kurhessischen Truppen jedenfalls schon zum Voraus in so vollständige Kriegsbereitschaft gesetzt werden würden, daß für den Fall einer von Bundeswegen zu verfügenden Mobilmachung dann dieselbe um so rascher und vollständiger werde bewirkt werden können.

Mit diesem Waffengeklirr hing der Beschluß der Bundesversammlung vom 6. März zusammen, demgemäß an sämmtliche höchste und hohe Bundesregierungen das Ersuchen gerichtet wurde, zur Sicherstellung des Bedarfs von Pferden bei etwa erforderlich werdender Mobilmachung des einen oder des andern Bundes-Armee-Korps vorerst die Ausführung von Pferden nach andern als zum deutschen Bunde gehörenden Staaten zu untersagen „und zwar, in so weit es möglich, auch ohne Rücksicht auf deßhalb etwa bereits geschlossene Verträge." — Dieses Verbot der Pferdeausfuhr war vorzüglich auf Frankreich, Belgien, die Schweiz und Sardinien gemünzt, weil man annahm, daß bei einem Prinzipien-Kriege die genannten Staaten gegen den alten Absolutismus Front und gemeinschaftliche Sache machen würden. Selbiges erfolgte auf preußische Anregung, nachdem der Ober-Präsident der Rheinprovinz sich wegen bemerkbar gewordener größerer Ankäufe von Pferden seitens französischer Lieferanten bewogen gefunden hatte, die Pferdeausfuhr an der Zollvereinsgränze des Regierungsbezirks Trier bis auf Weiteres zu untersagen. Die Ausfuhr von Waffen, Munition, Schlachtvieh und sonstigen Approvisionnements-Gegenständen wurde jedoch, obschon die Militär-Kommission deßhalb anfragte, noch nicht verboten, weil eine solche allgemeine Maßregel wie eine grelle Herausforderung erschienen wäre.

Gegen das Verbot der Pferdeausfuhr sträubte sich der niederländische König; er wurde aber zur Nachgiebigkeit genöthigt. Mit dem König von

Dänemark, der sich ebenfalls dagegen sperrte, würde nicht glimpflicher verfahren worden sein, wenn nicht die inzwischen in Schleswig-Holstein eingetretene Veränderung eine solche Nöthigung überflüssig gemacht hätte. Die sardinische Regierung hatte im November 1847 in Hannover 500 Pferde angekauft, wovon nur ein kleiner Theil vor Erlaß des Ausfuhr-verbotes von ihr bezogen worden war. Um den Kauf vollständig zu realisiren, richtete der sardinische Gesandte Pallavicini an den deutschen Bundestag eine Note, in welcher er nachdrücklich betonte, daß das Verbot keine rückwirkende Kraft äußern dürfe. Allein der Bundestag gab eine abschlägige Antwort; denn nach seiner Ansicht wurde „ein Verbot nicht rückwirkend zur Anwendung gebracht, wenn es auf Handlungen nur in Anwendung kam, welche erst nachdem es erlassen und verkündigt wor-den war, vorgenommen werden" sollten.

Für den Oberbefehl des achten Bundes-Armee-Korps fanden sich zwei Bewerber: der Markgraf Wilhelm von Baden und der Prinz Fried-rich von Würtemberg, von denen der erstere durch die badische, der letz-tere durch die würtembergische Regierung vorgeschoben wurde. Die stär-kere Macht behauptete indeß den Vorrang. Für den Oberbefehl der sämmtlichen Truppen des 7. und 8. Bundes-Armee-Korps ward, weil damals die Prinzen dieß Geschäft am Besten zu verstehen schienen, Prinz Karl von Baiern ernannt, dem laut dem Separat-Protokolle der 36. Sitzung der Bundestag unterm 17. April den nöthigen Revers mit dem Eides-Formular zusandte. Auch die kurhessischen Truppen, welche bald darauf gegen die Republikaner Süddeutschlands in den Kampf zu rücken hatten, wurden ihm untergeordnet.

Die Truppen erhielten an der Kopfbedeckung die schwarz-roth-gol-dene Bundes-Kokarde; diese und ein breites Band mit den nämlichen Bun-desfarben am äußersten Ende des Fahnenstocks oder Reichs-Paniers be-kundeten die sie leitende deutsch-einheitliche Idee. Wenn hiernach, meinte die Bundesversammlung, die Zeichen der größeren Heeresabtheilungen, die Fahnen nämlich, das Emblem des Bundes trügen, und jeder ein-zelne Krieger dasselbe seinerseits ebenfalls, so dürfte der Zweck der Sache vollständig erreicht sein.

Mittlerweile wurde das Kriegsfeuer des Franzosenhasses durch die innerhalb Deutschlands ausbrechenden Unruhen einigermaßen abgekühlt. Denn dieselben verhinderten die kleinen Regierungen, ihre Reichs- oder Bundestruppen, die sie in der Nähe zu gegenseitiger Unterstützung besser verwenden konnten, an die westliche Gränze zu schicken. Im Grunde wurde dadurch die Verwendung nicht verändert, weil selbige ebensogut

12*

daheim, wie an der Gränze gegen ¦die Demokratie gerichtet blieb. Die in's Militär aufgenommenen jungen Leute wurden, sobald sie in den Soldaten=Rock eingeknöpft waren, der Ansteckung demokratischer Ansichten entrückt, und so groß war noch ihre Beschränktheit, daß sie sich schon in Feindesland wähnten, wenn zum Beispiel die Meininger gegen Schleiz, die Sachsen gegen Altenburg oder die Weimaraner gegen Hildburghausen behufs Dämpfung demokratischer Aufregung kommandirt wurden.

Die deutsche Bundesversammlung hatte ihre militärischen Maßregeln von Vornherein in diesem Sinne getroffen. Sie wollte als höchste Be= hörde Deutschlands, als Zentralgewalt des großen Vaterlands und als Gesammt=Organ der deutschen Regierungen, nicht bloß für die äußere, sondern auch für die innere Sicherheit sorgen. Darum blieb es sich gleich, mochten die Truppen nun gegen das franke Ausland oder gegen die franken Gesinnungen Deutschlands dienen.

Die Ergreifung von Sicherheitsmaßregeln nach Außen war somit nichts Anderes, als die Einleitung und Bemäntelung militärischer Sicher= heitsmaßregeln im Innern. Denn kaum hatten die erstern begonnen, so folgten ihnen die letztern auch schon auf dem Fuße nach. Die Rüstungen nach Außen aber liefen neben denen gegen das unruhige Innere her und dauerten fort.

In der 19. Sitzung der deutschen Bundesversammlung vom 15. März hielt der preußische Gesandte im Namen der vereinigten Regierungen von Oesterreich und Preußen folgenden Vortrag:

„Die an mehreren Punkten Deutschlands ausgebrochenen Unruhen,“ sagte er, „in Folge deren schon mehrfach die Sicherheit der Personen und des Eigenthums gefährdet worden ist, erfordern die größte Aufmerksam= keit sämmtlicher Bundesregierungen und erzeugen die Nothwendigkeit, daß alle Regierungen ohne Ausnahme ihre Bundeskontingente in die bun= deskriegs=verfassungsmäßige Bereitschaft setzen, um weiterer Verbreitung solcher Ungesetzlichkeiten entgegenzuwirken. Die Höfe von Oesterreich und Preußen glauben daher ungesäumt in Vorschlag bringen zu müssen :

1) die Infanterie der Bundes = Kontingente werde in der kürzesten Frist auf die volle Stärke des 1=prozentigen Kontingents gebracht;

2) es ist den Regierungen freigestellt, die Kavallerie, Artillerie und die Pionniers in ihrer gegenwärtigen Stärke bis auf weitere Beschluß= nahme zu belassen;

3) die Aufstellung der bundes=kriegs-verfassungsmäßigen Reserve von ⅓ Prozent bleibt fernerer Anordnung vorbehalten;

4) die zweckmäßigste Vereinigung und Vertheilung der Armee-Korps ist den betreffenden Regierungen so lange überlassen, bis es nothwendig wäre, darüber allgemeine Anordnungen vom Bunde ausgehen zu lassen;

5) alle Regierungen übernehmen es, auf ergangene direkte Requisition in Fällen von Angriffen auf die Sicherheit der Personen und des Eigenthums sich gegenseitig möglichste Hülfe zu leisten (sic!).

Da durch obige Anträge„ fuhr der preußische Graf Dönhoff fort, „dem vorhandenen Bedürfnisse genügend entsprochen ist, so wird um so mehr in den sämmtlichen Bundesstaaten Alles zu vermeiden sein, was dem Auslande gegenüber als eine provozirende Kriegsrüstung gegen dasselbe erscheinen müßte. Die Bundesversammlung spricht das Vertrauen aus, daß den Bundesverhältnissen gemäß diese Vorschläge schon sofort von sämmtlichen Regierungen möglichst berücksichtigt werden, und erbittet sich zum Behuf der Beschlußfassung innerhalb 14 Tagen Instruktionen."

Die kleinen Kabinette entsprachen nach besten Kräften dem Verlangen der beiden mächtigsten deutschen Höfe. So theilte der badische Gesandte bereits am 20. März mit, daß seine Regierung durch die bei den Ständen beantragte Erhöhung der Kompagnien der Infanterie auf 180 Unter-Offiziere und Soldaten den Präsent-Stand der großherzoglichen Infanterie im Ganzen auf 10,800 Mann (ohne die Offiziere und Spielleute mitzurechnen) zu bringen im Begriff sei, und daß die sämmtlichen Geschütze des Haupt- und Reserve-Kontingents nebst einer Anzahl Munitions-Wagen ihre Bespannung erhalten würden. Alle badischen Feld-Batterien des Armee-Korps sollten auf eine Präsent-Stärke von 100, die Festungsbatterien auf eine Stärke von 150 Kanonieren, dem Antrage an. die Stände gemäß, erhöht werden.

Andere Regierungen zeigten, wie aus einigen Beispielen erhellen wird, gleiche Regsamkeit. Der niederländische Gesandte nahm am 23. März Veranlassung, die Anzeige zu machen, daß die Miliz-Pflichtigen der Aushebung von 1847 zum 1. Mai einberufen worden, und daß in Anbetracht der Unruhen, welche seit dem 15. März sowohl im Innern des Landes, als zu Luxemburg selbst, ausgebrochen, auch die Pflichtigen der Aushebungen von 1845 und 1846 von der großherzoglichen Regierung einberufen seien. — Braunschweig zeigte am 10. April an, daß sein Kontingent an Infanterie, Kavallerie und Artillerie auf Kriegsfuß gesetzt worden war. — Bis zu diesem Zeitpunkte hatten auch die anhaltischen Regie-

rungen ihre Kontingente auf die volle Stärke des 1=prozentigen Kontin=
gent=Satzes gebracht und die vorbereitende Anordnung für die Einberu=
fung der Reserve getroffen. — Die Infanterie=Stärke der königlich säch=
sischen Armee hatte den 1=prozentigen Satz um Mitte April erreicht.
Mit den militärischen Anordnungen Hand in Hand gingen die Auf=
ruhrgesetze. Als ein Muster in seiner Art wurde für diejenigen Staaten,
welche noch keine solchen besaßen, das nachstehende hannöverische vom
16. April nur der deutschen Einheit Willen zur Nachahmung mitgetheilt:

„Ernst August, von Gottes Gnaden König von Hannover, könig=
licher Prinz von Großbritannien und Irland, Herzog von Cumberland,
Herzog zu Braunschweig und Lüneburg, u. s. w., u. s. w.

Wir erlassen hiermit unter verfassungsmäßiger Mitwirkung der ge=
reuen allgemeinen Stände des Königreichs das folgende Gesetz:

§. 1. Jeder Einwohner einer Gemeinde ist verpflichtet, zur Erhal=
tung der Ruhe und Ordnung in derselben nach Kräften mitzuwirken.

§. 2. Zu diesem Zwecke kann in jeder Stadt= und Landgemeinde
unter Leitung des Ortsvorstandes eine Bewaffnung ihrer Mitglieder und
die Errichtung einer Bürgerwehr mit selbstgewählten Führern beschlossen
und ausgeführt werden.

§. 3. Wenn bei einem Auflauf (§. 161 und 162 des Kriminal=
Gesetzbuches) öffentliches oder Privat=Eigenthum vernichtet, beschädigt
oder auf sonstige Weise beeinträchtigt wird: so ist die Gesammtheit der
Einwohner des Gemeindebezirks, in welchem ein solcher Vorfall sich er=
eignet — jedoch ohne solidarische Verpflichtung — verbunden, den da=
durch verursachten Schaden zu ersetzen, vorbehaltlich des Regresses gegen
die Schuldigen.“

Nach §. 4 dieses Gesetzes wurde das zum Schadenersatz dienende
Geld zur Hälfte nach Kopfzahl, zur Hälfte nach dem Fuße der vereinig=
ten direkten Steuern aufgebracht. Laut §. 5 war hiervon nur ausgenom=
men, wer nachwies, daß er Alles zur Verhütung des Schadens gethan.
Ebenfalls ausgenommen war zufolge §. 6, wer seine Abwesenheit nach=
zuweisen vermochte. Gemäß §. 7 wurde §. 3 in Anwendung gebracht,
wenn die zusammengerottete Menge von Außen kam. Es hieß dann mit
Bezug hierauf im §. 8:

„In solchem Falle gelten die §§. 3 bis 6 von den Einwohnern
derjenigen Gemeinden, aus deren Mitte die Theilnehmer gekommen sind,
vorausgesetzt, daß die letztern in einer Weise, welche die Aufmerksamkeit
auf ihr Vorhaben zu lenken geeignet war, sich von dort entfernten, und

die Gemeinden im Stande waren, das Vorhaben zu hindern." Endlich bestimmte §. 9:

„Ueber die Verbindlichkeiten zur Entschädigung und über den Betrag derselben haben die Gerichte zu entscheiden. Der bei denselben anzubringende Antrag ist gegen die Gemeinde zu richten."

Indem das hannöverische Aufruhrgesetz die Gemeinden für allen bei einem Tumulte verursachten Schaden verantwortlich machte, verwandelte es alle Gemeindeeinwohner in Schutzwächter der Ruhe und Ordnung. Aehnlich waren schon in der alten preußischen Verordnung vom 30. Dezember 1798 (Abschnitt I von Verhütung der Tumulte und Bestrafung der Urheber und Theilnehmer derselben) die Hauswirthe und ihre Stellvertreter, die Aeltern, Schullehrer und Herrschaften, die Entrepreneurs von Fabriken, Gewerksmeister, insbesondere diejenigen, welche Spinnereien hielten, sowie die in der Nähe eines ausbrechenden Tumultes wohnhaften Wirthe zur Mitwirkung bei Unterdrückung von Unruhen verpflichtet worden *).

In Bezug auf die Verwendung des Militärs bei Unterdrückung von Unruhen bestimmten die preußischen Gesetze, daß die Truppen in der Regel nur auf Requisition der Zivil-Behörde mitwirken durften. In dieser Requisition mußte der Gegenstand und der Zweck, wozu die Hülfe des Militärs nachgesucht wurde, so bestimmt angegeben sein, daß von Seiten des requirirten Militär-Befehlshabers die nöthigen Anordnungen mit Zuverlässigkeit getroffen werden konnten. Sobald von der Zivil-Behörde ein Militär-Befehlshaber um Beistand angegangen wurde, hatte derselbe die Anordnungen zur Erreichung des in der Requisition bezeichneten Zwecks auf eigene Verantwortung zu treffen und darüber allein zu bestimmen, ob und in welcher Art zur Anwendung der Waffen geschritten werden sollte. Bezweckte die Requisition die Zerstreuung eines Volksauflaufs, oder die Aufhebung einer Volksversammlung, so mußte, bevor zur Anwendung der Waffen geschritten wurde, die versammelte Volksmenge zuvor dreimal in kurzen Pausen, durch den Befehlshaber selbst oder durch einen Abgeordneten, öffentlich und laut aufgefordert werden, ruhig aus einander zu gehen, bei Vermeidung des Waffengebrauchs. Einer jeden solchen Aufforderung mußte ein Signal durch die Trommel, die Trompete, oder das Horn vorausgehen. Wurde auch bei

---

*) Verordnung zur Aufrechthaltung der öffentlichen Ordnung und der dem Gesetze schuldigen Achtung. Vom 17. August 1835. Nebst Auszug aus der Verordnung vom 30. Dezember 1798. Berlin, 1849, 8°.

der dritten Aufforderung nicht sofort Folge geleistet, so erzwang das Militär durch Waffengebrauch den schuldigen Gehorsam. Ohne Requisition der Zivil-Behörde fand die Verwendung des Militärs zur Unterdrückung von Unruhen und zur Ausführung der Gesetze statt: 1) an Orten, welche in Belagerungszustand erklärt waren; 2) wenn bei Störung der öffentlichen Ruhe in Folge vorfallender Exzesse der betreffende Militär-Befehlshaber „bei Beobachtung des Auftritts nach Pflicht und Gewissen" dafür hielt, daß die Kräfte der Zivil-Behörde, weil sie mit der Requisition um Militär-Beistand zu lange gezögert hatte, für die Herstellung der Ruhe nicht mehr ausreichten; 3) wenn die Zivil-Behörde durch äußere Umstände außer Stand gesetzt war, die Requisition rechtzeitig zu erlassen. Auch in diesen Fällen mußte, ehe zum Gebrauche der Waffen geschritten wurde, die dreimalige Aufforderung zum ruhigen Auseinandergehen vorgenommen werden. Uebrigens war zu jeder Zeit dem Militär bei Ausübung des Wacht- oder Patrouillen-Dienstes, oder sonst während der Dienstleistung zur Aufrechthaltung der öffentlichen Ordnung, Ruhe und Sicherheit, der Gebrauch der Waffen aus eigenem Recht in folgenden Fällen gestattet: 1) zur Abwehr des Angriffs und zur Ueberwältigung des Widerstandes, wenn dasselbe bei einer dieser Dienstleistungen angegriffen oder mit einem Angriff gefährlich bedroht ward, oder wenn es durch Thätlichkeiten oder gefährliche Drohungen Widerstand fand; 2) zur Erzwingung des ihm schuldigen Gehorsams, wenn das Militär bei einer solchen Dienstleistung zur Ablegung der Waffen oder anderer zum Angriffe oder Widerstande geeigneter, oder sonst gefährlicher Werkzeuge aufforderte, und dieser Aufforderung nicht sofort Folge geleistet wurde, oder die abgelegten Waffen oder Werkzeuge wieder aufgenommen wurden; 3) zum Schutz der seiner Bewachung anvertrauten Personen oder Sachen; 4) zur Vereitlung der Flucht bei Fluchtversuchen von Personen, welche ihm als Gefangene zur Bewachung oder Transportirung anvertraut, oder von ihm ergriffen oder festgenommen worden waren. Befand sich das Militär in einem Falle, in welchem der Waffengebrauch ihm freistand, und war es von dieser Befugniß Gebrauch zu machen genöthigt, so durfte in jedem derartigen Falle erst dann zum Gebrauch der Schußwaffen geschritten werden, wenn entweder ein besonderer Befehl dazu ertheilt war, oder wenn die andern Waffen unzureichend erschienen. Auch war in allen Fällen streng darauf zu halten, daß bei der Ausübung der Befugniß des Waffengebrauchs nicht weiter gegangen wurde, als dieß zur Erreichung des besonderen jedesmaligen Zweckes erforderlich war. Wurden Zivil-Personen durch Anwendung der

Waffen seitens des Militärs verletzt, so hatte der kommandirende Befehls=
haber, sobald die Umstände es zuließen, die Orts=Polizei=Behörde zu be=
nachrichtigen, welcher sodann die Verpflichtung oblag, die Sorge für die
Verletzten zu übernehmen *).

Eine Woche nach dem hannöverischen erschien das badische Aufruhr=
gesetz, welches so lautete:

„§. 1. Wenn Wir einen Ort oder einen Kreis in Kriegszustand
erklären, so gilt dieß, vorbehaltlich früherer Aufhebung, jeweils auf
4 Wochen. Der Kommandant einer zur Aufrechterhaltung der öffentlichen
Ordnung bestimmten Truppenabtheilung kann, im Einverständnisse mit
dem ihm beigegebenen Zivil=Kommissär, jeweils auf 8 Tage einzelne Orte
oder Bezirke selbst in den Kriegszustand erklären, und dieß in einer den
Umständen angemessenen Weise öffentlich bekannt machen.

§. 2. Wer in einem im Kriegszustande befindlichen Orte

1) Waffen trägt, ohne dazu von der Zivil=Staatsbehörde oder von
der Militärbehörde ermächtigt zu sein, oder Andere zu einem öffentlichen
Auftreten mit Waffen auffordert, oder

2) in Beziehung auf die Zahl, die Marschrichtung oder angeblichen
Siege der Aufrührer falsche Gerüchte ausstreut oder verbreitet, welche
geeignet sind, das Publikum zu beunruhigen, oder die Zivil= und Mili=
tärbehörden in Beziehung auf ihre Maßregeln irre zu führen, oder

3) eine Volksversammlung veranlaßt, derselben beiwohnt, oder zum
Erscheinen dabei auffordert, oder

4) einer zuständigen Handlung der Zivil= und Militär=Behörde
sich widersetzt, ein durch die Umstände veranlaßtes, im Interesse der
öffentlichen Sicherheit erlassenes polizeiliches Verbot übertritt, oder zu
solchen Uebertretungen Andere anreizt, oder

5) sei es durch Schrift oder Rede, oder wie sonst, zu einem Ver=
brechen des Hochverrathes, Landesverrathes, Aufruhrs, der öffentlichen
Gewaltthätigkeit, Widersetzlichkeit, oder einer Befreiung der Gefangenen,
oder zur Theilnahme an einem solchen Verbrechen auffordert, oder

6) Soldaten zur Untreue zu verleiten sucht,
wird sofort verhaftet und, bis der Kriegszustand wieder aufgehoben ist,
als Kriegsgefangener behandelt.

---

*) Allerhöchste Kabinets = Ordre vom 17. Oktober 1820. Verordnung vom
17. August 1835. — Gesetz über den Waffengebrauch des Militärs vom 20. März
1837. Verordnung vom 10. Mai 1849. — Siehe die Zusammenstellung dieser
Bestimmungen in der „Instruktion über den Waffengebrauch des Militärs und
über die Mitwirkung desselben zur Unterdrückung innerer Unruhen." Berlin, 1861, 8º.

§. 3. Der nach §. 2 vom Militär oder von der Polizeibehörde
Verhaftete wird nach §. 15 der Verfassungsurkunde innerhalb zwei Ta=
gen von den Beamten vernommen. Von einem Zivil= und zwei Militär=
Beamten, oder, wenn er eine Militär=Person ist, von drei Militär=Beamten,
wird sofort ohne Zulassung eines Rechtsmittels, entschieden, ob der Ver=
haftete als Kriegsgefangener zu behandeln sei.

§. 4. Dem Militär = Kommandanten steht es zu, den Kriegsgefan=
genen an irgend einem sichern Orte in Verwahrung fest zu halten oder
auch schon vor dem im §. 2 erwähnten Termine an den wegen des ver=
übten Verbrechens oder Vergehens zuständigen Richter abzuliefern."

Nachdem §. 5 von der Strafverschärfung, §. 6 vom Gebrauch der
Waffen bei Widersetzlichkeit und Gewaltthätigkeit gehandelt hat, erlaubt
§. 7 den Gebrauch der Waffen gegen eine Mehrzahl Bewaffneter, die
beim Erscheinen der öffentlichen Gewalt nicht sogleich die Waffen nieder=
legen und sich ergeben. Gegen Fliehende selbst dürfen die
Waffen unumschränkt gebraucht werden. Weiter heißt es:

„§. 8. Ist durch den in einer Gemeinde ausgebrochenen Aufruhr
eine militärische Besetzung des Orts nöthig geworden, so kann der Ge=
meinde, welche, wie sich von selbst versteht, die Kosten der Be=
setzung zu tragen hat, zugleich eine Kriegssteuer auferlegt
werden.

§. 9. Diese Verordnung tritt mit ihrer Verkündigung im Regierungs=
blatte in Wirksamkeit. Wir werden veranlassen, daß die beiden Kammern,
deren Mitglieder gegenwärtig wegen der Oster = Ferien großentheils be=
urlaubt sind, schleunigst wieder ihre Sitzungen eröffnen, worauf Wir
denselben dieses provisorische Gesetz zu ihrer nachträglichen Genehmigung
und noch weitere Maßregeln zur Zustimmung vorlegen lassen werden."

Wie aus vorstehenden Bestimmungen ersichtlich ist, berührte man in
Hannover, Baden und, um es gleich kurz zu sagen, auch anderwärts,
die Leute am Geldbeutel, kitzelte sie an der empfindlichen Stelle des
Eigenthumsgefühls und stach mit der kriegsgesetzlichen Sonde bis hinein
in den Nervenbüschel des sozialen Lebens, um sie für die Aufrechter=
haltung der Ruhe und Ordnung zu interessiren und sie zu getreuen
Schildknappen der Reaktion zu machen. Die Kammern, deren es in den
deutschen Vaterländern, damit die eine die andere am weniger langsamen
Verrücken verhinderte, gewöhnlich zwei gab, ließen sich zur Sanktionirung
der auf diese Weise die Personen und das Eigenthum schützenden Auf=
ruhrgesetze hold und gewärtig, bereit und willig finden.

Gleichwie am 29. März der Bundestagsausschuß für Militär-Angelegenheiten wegen seiner vielen Geschäfte um zwei Mitglieder verstärkt wurde, ebenso wurde die Kommission vom 7. Juni 1832, welcher dem Artikel 28 der Wiener Schlußakte gemäß die Wahrung der Sicherheit und Ordnung im Bunde zur Pflicht gemacht war, am 25. März durch die Wahl des Gesandten der großherzoglich und herzoglich sächsischen Häuser ergänzt.

Um gegen die Revolution in der Mitte Deutschlands ein großes schlagfertiges Heer, das sofort nach jeder Richtung hin verwendet werden konnte, bei der Hand zu haben, ward laut Separat-Protokoll vom 20. April durch die deutsche Bundesversammlung bestimmt, ein aus österreichischen, preußischen und königlich sächsischen Kontingenten zusammengesetztes Armee-Korps zwischen Würzburg, Bamberg und Hof aufzustellen. Man berechnete, daß diese Reserve-Armee im Herzen Deutschlands den bisher getroffenen militärischen Maßregeln gleichsam die Krone aufsetzte. Während die Truppen des 7. und 8. Bundes-Armee-Korps, sowie ein Theil der Truppen von der zweiten Division des 9. Armee-Korps unter bairischem Oberbefehle die westliche deutsche Bundesgränze am Oberrhein sicher stellten, und während den Niederrhein zwei preußische Armee-Korps unter ihrer Obhut hielten: war ein preußisches nebst dem 10. Bundes-Armee-Korps für die Deckung des Nordens berechnet und ferner gegen Osten und Süden preußische und österreichische Korps aufgestellt. Die Errichtung einer Armee zwischen Würzburg, Bamberg und Hof machte also das Vertheidigungs-System vollständig. Demnach sollte das sächsische Bundes-Kontingent (die erste Division des 9. Bundes-Armee-Korps) sofort mobil gemacht werden, um nach ergangener Aufforderung in kürzester Frist in die Gegend von Hof und Bamberg vorrücken zu können. Sachsen hatte 10,000 Mann zu liefern. Ebenso sollten Oesterreich und Preußen von Eger, Pilsen und Erfurt aus ähnliche Einleitungen, und zwar jede dieser beiden Regierungen für ein Korps von 20,000 Mann zu treffen haben, um dann gleichfalls nach ergangener Aufforderung sich sofort auf dem genannten Terrain aufstellen zu können. In Uebereinstimmung mit dieser Anordnung hatten die betreffenden drei Regierungen beim Bundestage anzuzeigen, wann ihre Truppen zum Marsche fertig sein würden und binnen welcher Zeit nach ergangener Aufforderung dieselben an den Bestimmungsorten anlangen könnten.

Die deutsche Demokratie hatte von Glück zu sagen, daß über der Aufstellung dieses in Aussicht genommenen Bundesheeres der gute Genius

der Revolution, oder, wenn man die Sache vom entgegengesetzten Stand=
punkte aus beurtheilt, ein böses Verhängniß waltete. Denn wäre das
betreffende Korps wirklich konzentrirt worden, so würden die nun sich
sicher fühlenden Regierungen ohne viel Federlesen die Demokraten als=
bald zu Paaren getrieben haben.

Zwar theilte die sächsische Regierung dem Bundestage *) mit, daß,
vom Beginne der Mobilisirung an gerechnet, die königlich sächsischen
Truppen binnen 4 bis 5 Wochen marschfertig sein und daß dann in
3 bis 4 Tagen nach ergangener Aufforderung die Spitzen der Kolonnen
bei Hof eintreffen könnten; allein sie sprach zugleich ihren Zweifel dar=
über aus, ob die Mobil=Machung sofort im vollen Umfange zu beginnen
habe. Jedenfalls spielten bei diesem Zweifel der Geldpunkt und die
Volksstimmung eine Rolle. Hierauf ward der sächsischen Regierung er=
öffnet, daß es genügen würde, wenn diejenigen 10,000 Mann, welche
Sachsen nach Position 2 des Beschlusses vom 20. April zu mobilisiren
hätte, 30 Tage nach ergangener Aufforderung an den bestimmten Auf=
stellungsplätzen eintreffen könnten.

Der preußische Gesandte zeigte unterm 4. Mai (zufolge dem
Separat = Protokoll von diesem Tage) an, daß die preußischen Truppen
im Stande wären, nach geschehener Aufforderung am 24. Tage in
Erfurt zum Ausmarsch versammelt zu sein und von da in fünf bis
sechs Märschen Bamberg zu erreichen.

Aber das Schicksal des Bundes = Korps wurde entschieden durch die
Bedrängniß, in welche mittlerweile Oesterreich gerieth. Wie der öster=
reichische Präsidial=Gesandte am 10. Juni mittheilte, waren die österrei=
chischen Truppen dergestalt in Anspruch genommen, daß eine Organisation
für das Korps zwischen Hof, Bamberg und Würzburg unmöglich vor
der zweiten Hälfte Juli beendet werden konnte. Durch diese Verschiebung
wurde die Aufstellung vereitelt. Die Demokratie fand hierdurch Zeit, sich
innerhalb Deutschlands besser festzusetzen. Ohne das sich in fortwährenden
Unruhen Luft machende soziale Element wären die deutschen Nationalen
von vornherein völlig verloren gewesen.

Wenn der Absolutismus in manchen Positionen durch die März=
stürme geschwächt, aus andern sogar verdrängt worden war, behauptete
er sich doch kraft der ihm zustehenden Gewalt des Schwertes innerhalb
des Militär=Bereiches in seiner vollen Stärke und Geltung. Hier fand
er seine uneinnehmbare Veste, von welcher aus er die Niederungen des

---

*) Separat Protokoll der deutschen Bundesversammlung vom 29. April 1848.

Parlamentarismus beherrschte und die dem Konstitutionalismus preis=
gegebenen Gemeinplätze wieder gewann. Die beiden unverstandenen
Lehrsätze des konstitutionellen Aberglaubens, wonach einestheils der Fürst
nie Unrecht zu begehen vermag (the king can do no wrong) und wo=
nach dieser anderntheils unbeschränkt über das Heer verfügen und mit
vollständiger Machtvollkommenheit über Krieg und Frieden entscheiden
muß, kamen den Plänen der Reaktion und der Erhaltung und Kräftigung
des Absolutismus sehr zu Statten.

Die militärischen Maßregeln trugen reichliche Früchte. Konnte jetzt
eine Regierung mit ihren rebellischen Unterthanen nicht fertig werden, so
fand sie Unterstützung bei den Nachbarstaaten. Als z. B. die fürstlich
Solm'schen Behörden die in der Umgegend von Braunfels (preuß. Kreis
Wetzlar) ausgebrochenen Unruhen nicht sofort zu bewältigen vermochten,
verlangten sie die Hülfe der an der Gränze in Weilburg stehenden
nassauischen Truppen, und der Bundestag erklärte sich am 17. April mit
der Hülfeleistung einverstanden. Die waldeck'sche Regierung rief in ähn=
licher Noth die Kurhessen an, weil das eingeborne Kontingent unzuver=
lässig schien. Nach Lauenburg rückten zwei Kompagnien hannöverischer
Infanterie.

Nur selten wurde eine Stimme gegen diese praktische Einheitlichkeit
des monarchischen Deutschlands laut. Im Gegentheil fanden die meisten
der bekannten Volksmänner eine derartige Solidarität ganz in der Ord=
nung, wie denn Robert Blum in dem oben bereits angegebenen Falle
(s. die einleitenden Bemerkungen) als Mitglied des Fünfziger Ausschusses
dieselbe thätlich förderte und unterstützte. Bloß Professor Bayrhoffer er=
hob in einer Eingabe an den Bundestag, die von 167 Marburger
Bürgern und Studenten unterzeichnet war, damals, als wider die badi=
schen Republikaner von allen Seiten zu Felde gezogen wurde, einen
kräftigen Protest. Aber vergebens. Der Bundestag beschloß, den Petenten
durch deren vorgesetzte Behörde folgende patriotische Eröffnung zukom=
men zu lassen:

„Die Herbeiziehung der Truppen der benachbarten Bundesstaaten
in dem Großherzogthum Baden sei nöthig geworden, weil eine Partei
in diesem Lande mit Hülfe fremder Eindringlinge und gegen den Willen
der großen Mehrzahl des Volks eine Aenderung der Staatseinrichtungen
mit Waffengewalt habe durchsetzen wollen, welchen Versuch keine geord=
nete Regierung dulden könne. Indem man diesem Ansuchen der badischen
Regierung, welches dieselbe in Uebereinstimmung mit der Landesvertretung
gestellt, entsprochen habe, sei hiermit zugleich dem Wunsche von ganz

Deutschland, nach Einigkeit und gesetzmäßiger Entwicklung der Rechte und Freiheiten der Nation, Genüge geleistet worden."

Was den badischen Aufstand anbelangt, so traf der Bundestag gegen denselben sehr frühzeitig spezielle Vorkehrungen. Den ersten An= stoß zu den Vorsichtsmaßregeln gab das würtembergische Kabinet, dessen Gesandter unterm 23. März anzeigte: es sei seiner Regierung von Paris „aus guter Quelle" die Nachricht zugegangen, daß der deutsche demokratische Klub daselbst beschlossen habe, am 21. oder 22. des Monats ein Frei = Korps von 5000 bis 6000 Deutschen und Franzosen von Paris aus an den Oberrhein ziehen zu lassen, um in Baden, im Groß= herzogthume Hessen und in Rheinbaiern die Republik zu proklamiren. Auch sei sicher, daß die französische Regierung diesem Zuge kein Hinder= niß in den Weg legen werde. Hierauf beschloß die Bundesversammlung stehenden Fußes: sämmtliche Bundesregierungen, zunächst und besonders diejenigen der westlichen Gränzstaaten, somit Baiern, Baden, das Groß= herzogthum Hessen, Luxemburg und Nassau, hierauf dringend aufmerksam zu machen, damit bei Zeiten die erforderlichen Maßregeln gegen die aus dem angezeigten Umstande drohende Gefahr getroffen würden, auch jede weitere Nachricht darüber sofort beim Bunde angezeigt werden könnte. Namentlich sollten die Bundesfestungsbehörden von Landau und Rastatt zu direkter Anzeige hierüber an die Bundesversammlung angewiesen werden.

Am 25. März vormittags theilte die badische Regierung dem Bun= destage mit, daß sie nähere Nachricht über den aus Frankreich drohenden Anmarsch deutscher Arbeiter erhalten habe. Abgesehen von den deutschen Arbeitern in Paris, die sich zu einem Freischaareneinfall rüsteten, sei, in Folge der Entlassung einer großen Anzahl deutscher Arbeiter aus den elsässischen Fabriken und deren Ausweisung aus Frankreich, das Groß= herzogthum von der Gefahr bedroht, mit einer Menge brotloser Arbeiter überschwemmt zu werden. Der Gesandte fügte hinzu:

„Die großherzogliche Regierung glaubt annehmen zu dürfen, daß zunächst die hohen Regierungen der das achte Armee = Korps bildenden Kontingente sich dringend aufgefordert fühlen werden, ihre militärischen Kräfte mit Baden möglichst bereit zu halten und zu konzentriren, daß aber auch vielleicht die hohe Bundesversammlung selbst wegen einer größern Truppenaufstellung Fürsorge zu treffen sich veranlaßt finden dürfte. Der (substituirte) Gesandte ist beauftragt, Hochderselben anheim= zustellen, welche Anordnungen aus Anlaß vorstehender Anzeige für nöthig zu erachten seien, um der Gefahr einer Verletzung des Bundesgebietes vorzubeugen."

Nachdem anfangs der Bundestag die vorerwähnte signalisirte Gefahr, weil er sie bloß in unbestimmten Umrissen erblickte, noch auf eine
leichte Achsel genommen und deßhalb sie einstweilen dem Ausschuße für
militärische Angelegenheiten überwiesen hatte, besann er sich in Folge
der badischen Anzeige flugs eines Bessern und beraumte noch am Nachmittage des nämlichen Tages — was sonst bei ihm unerhört war —
eine zweite Sitzung an. In dieser beschloß er, gleich mit solcher Energie
aufzutreten, daß nach Niederwerfung des ersten Versuches der Proklamirung
der Republik den Revolutionären jede Lust zu einem zweiten derartigen
Unternehmen vergehen sollte. Es wurde festgesetzt:

1) Die höchsten Regierungen von Würtemberg, Baden und dem
Großherzogthume Hessen zu ersuchen, eine jede der drei das 8. Armee-
Korps bildenden Divisionen in der Art und nach Bedarf zu konzentriren,
daß solche sofort, und zwar in erforderlicher Stärke, auf die bedrohten
Punkte entsendet werden könnten; zu solchem Zwecke auch, nach vorgängiger Verabredung unter sich, die Sammelplätze der Truppen zu bestimmen; insofern es aber zweckmäßig erschiene, mobile Kolonnen zu formiren
und außerdem durch die Bürgerbewaffnung (sic!) dahin mitzuwirken, daß den Gefahren vorgebeugt werde, welche für die Ordnung und Ruhe in Teutschland aus dem Uebertritt zahlreicher oder gar
bewaffneter Schaaren von Arbeitern auf das deutsche Gebiet drohten;

2) die königliche bairische Regierung gleichfalls zu ersuchen, in Beziehung auf die Bundesgränze der bairischen Rheinpfalz ähnliche Vorkehrungen zu treffen;

3) die Regierungen von Baiern, Baden, Kurhessen, dem Großherzogthum Hessen, von Nassau und Hessen-Homburg dringend aufzufordern, durch geeignete Vorkehrungen im Allgemeinen, namentlich aber
auch auf den verschiedenen Eisenbahnhöfen vorzugsweise durch Bürgerbewaffnung und eventuell durch Militär es zu bewirken, daß zu den beabsichtigten Volksversammlungen, sowie auch zu der Versammlung (sic!),
welche am 30. März und den folgenden Tagen in Frankfurt am Main *)
angesetzt wäre, überall kein nicht autorisirter bewaffneter Zuzug statt-
haben könnte.

Die Entlassung deutscher Arbeiter aus den französischen Werkstellen
und Fabriken trug allerdings in hohem Grade dazu bei, daß die brotlos
gewordenen deutschen Proletarier an die Rückkehr nach Deutschland und
an die Insurgirung der sonst so friedlichen, von Eichen und Linden still

---

*) Hiermit ist das Vorparlament gemeint.

beschatteten heimischen Erde dachten. Unter ihren Augen war die Errich=
tung der französischen Republik geschehen, und sie sahen es jeden Tag
mit an, welche wichtige Rolle in dem neuen Freistaate die französischen
Arbeiter übernommen hatten. Kein Wunder, daß auch sie sich zu
Großem berufen fühlten, zumal sich ihnen gebildete Führer zugesellten,
die sie anfeuerten und organisirten.

Uebrigens wurden durch den Stillstand der Geschäfte die dortigen
deutschen Arbeiter nicht allein außer Verdienst gesetzt. Den belgischen
und englischen Arbeitern passirte das Nämliche. „Anstatt uns hier das
Brot wegzunehmen," mochten zu den fremden Konkurrenten der Arbeit
die französischen Genossen sagen, „würdet ihr viel klüger und würdiger
handeln, wenn ihr in euer eignes Land zurückkehrtet und daselbst nach
unserm Beispiele die Thrannei stürztet." Den französischen Behörden,
die schon genug für ihre eigenen Arbeiter zu sorgen hatten, mußte
es lieb sein, wenn sie sich auf so glimpfliche Weise der fremden hungri=
gen Leute entledigen konnten.

Die belgischen Arbeiter, welche Frankreich zu verlassen sich genöthigt
sahen, unternahmen einen ähnlichen Einfall nach Belgien, wie derjenige
war, welcher nach Baden projektirt wurde, scheiterten damit aber
vollständig.

Was die in Frankreich seither beschäftigten englischen Arbeiter an=
betrifft, so gab damals ihr Geschick Anlaß zu Erörterungen im englischen
Parlamente. Anfangs März 1848 nämlich wurden eine Anzahl englischer
Arbeiter und Arbeiterinnen, die in den Fabriken Rouen's verwendet
worden waren, durch die französischen Arbeiter verjagt, indem diese von
den Fabrikanten die Entlassung ihrer Rivalen verlangten. Die in die
Enge getriebenen Engländer flüchteten sich, ohne ihre Löhne und Kleider
mitzunehmen, in größter Hast auf ein Dampfboot und einige davon
landeten am 4. März auf dem Boden Altenglands in Portsmouth.
Andere dagegen waren um die Erlaubniß eingekommen, noch einige Zeit
in Rouen verweilen zu dürfen, um ihr Eigenthum zu erlangen. Der
Bürgermeister (Maire) von Rouen gab ihnen am 6. März den Bescheid,
daß zwei Schiffe mit 97 Personen, welche letztere alle Flachsarbeiter
(flax-workers) waren, in Portsmouth angekommen seien. Hierauf segelten
auch sie am 6. März abends ab. Manche davon waren von Dundee
und Glasgow, die meisten jedoch von Dublin und Belfast. Als der
englische Gesandte Lord Normanby von der Vertreibung seiner Lands=
leute unterrichtet wurde, begab er sich zum Haupte der provisorischen
Regierung und erzählte ihm, was vorgefallen war. Lamartine versprach,

dafür Sorge tragen zu wollen, daß ähnliche Szenen sich nicht wieder ereigneten *).

Es kann somit keinem Zweifel unterliegen, daß auch der nach Baden beabsichtigte Freischaarenzug der deutschen Arbeiter in Paris eine soziale Grundlage hatte, wenn auch der Ruhm des bramarbasirenden Dichter=Generals Herwegh und die opferfreudige Begeisterung des muthigen, aber einem schrecklichen Loose vorbehaltenen Bornstett's dazu beitrugen, dem Knurren des hungrigen Magens Schweigen zu gebieten. Die von den deutschen Regierungen zur Auskundschaftung der republikanischen Expedition unterhaltenen Spione (observateurs), sowie die in solcher aufgeregten Zeit unermüdlich thätige Fama vergrößerten bald die Gefahr durch übertriebene Angaben hinsichtlich der Zahl, der Führung, der Zusammensetzung und der Pläne des republikanischen Korps, so daß sich schon am 26. März die badische Regierung bewogen fand, der durch=lauchtigen deutschen Bundesversammlung neue Aufschlüsse deßhalb zu machen. Diese Aufschlüsse bekundeten arge Besorgniß und lauteten fol=gendermaßen:

„Gestern abends gegen 11 Uhr sind dem substituirten (d. h. dem in Abwesenheit des badischen mit Führung der badischen Stimme be=trauten großherzoglich hessischen) Gesandten von der großherzoglichen (badischen) Regierung aus ganz zuverlässiger Quelle Mittheilungen von hoher Wichtigkeit zugekommen, welche er ohne Aufschub zur Kenntniß hoher Bundesversammlung zu bringen sich verpflichtet hält. Es steht nämlich dem deutschen Bundesgebiete von vereinigten Deutschen und Polen in Kurzem ein Angriff bevor, welcher unverzüglich die Anwendung möglichst umfassender und energischer militärischer Gegenvorkehrungen aufs Dringendste erfordert.

Die ersten 500 Marschrouten sollten Donnerstags den 23. d. M. von dem leitenden Pariser Komité ausgestellt werden; Freitags den 24. d. M. früh sollte das erste Bataillon abgehen. Man nimmt an, daß in 14 Tagen gegen 10—12,000 Deutsche und ein Paar Tausend Polen am Rhein sein werden; Emissäre sind vorausgegangen, einer nach dem Rheinkreise, einer nach Mannheim, beide einflußreich unter dem dortigen Volke; die deutsche föderative Republik soll in Zweibrücken und Mannheim zugleich ausgerufen werden; alle Fürsten sollen ver=

---

*) Siehe die Interpellation Stratfords im englischen Hause der Gemeinen unterm 9. März 1848 und die offizielle Antwort Sir George Grey's (Parliamentary Debates, dritte Serie, Band 97, Seite 336).

trieben werden. Für Waffen ist an der Gränze gesorgt. Man zweifelte nicht, daß das Pariser Volk die gemeinschaftliche Manifestation der Deut= schen und Polen unterstützen, und die dortige Regierung außer Stand sein werde, den Zug zu verhindern. Wahrscheinlich ist bereits ein Kriegs=Komité eingesetzt und der Oberbefehl einem er= fahrenen polnischen General übertragen. Franzosen und Schweizer werden sich dem Zuge anschließen; als wahrscheinlich wird angenommen, daß der Rhein=Uebergang auf Schweizer Boden er= folgen werde.

In dem zunächst abgehenden Bataillone ist ein Detachement, aus intelligenten und sogar hinreichend bemittelten Leuten bestehend, welche zur besondern Aufgabe haben, einige Tage vor der Ankunft des Gros der Armee auf das rechte Rheinufer überzugehen und die dortigen Völker zum Aufruhr aufzureizen.

Die provisorische Regierung der deutschen Republik kommt mit einem vollständigen Programm nach Deutsch= land, dessen Devise ist: „„Alles für das Volk, Alles durch das Volk!““

Hohe Bundesversammlung wird aus diesen Mittheilungen die Ueberzeugung schöpfen, daß die Gefahr für Deutschland viel größer ist, als sie bei den in der gestrigen Sitzung zu deren Abwendung gefaßten Beschlüssen unterstellt wurde, daß daher diese nicht mehr als zureichend zum Schutze Deutschlands betrachtet werden können."

Die soeben mitgetheilte Schreckensnachricht übte auf die diploma= tischen Herren der Eschenheimer Gasse eine erschütternde Wirkung aus. Ihre bereits gefaßten Beschlüsse schienen ihnen weit hinter den Erfor= dernissen der schauderhaften Lage zurückzubleiben. Nachdem also der hannöverische Gesandte Namens des Ausschusses für militärische Ange= legenheiten einen dem vorausgesetzten Sachverhalte angemessenen Vortrag erstattet hatte, wurden folgende Anträge zum Beschlusse erhoben:

1) das 7. und 8. Bundes=Armee=Korps sofort auf den voll= ständigen Kriegsfuß zu setzen und zur möglichst schnellen Verwendung zusammenzuziehen;

2) die königlich baierische Regierung um Ernennung eines Befehls= habers dieser beiden Korps zu ersuchen *);

---

*) Wir haben schon oben mitgetheilt, daß ein baierischer Prinz für den Ober= befehl auserkoren wurde.

3) dem Oberbefehlshaber die Bestimmung der Vereinigungspunkte und die Anordnung der etwaigen Dislokationen zu überlassen;

4) die Regierungen von Würtemberg, Baden und dem Großherzog=thume Hessen zu ersuchen, sich über die Wahl eines Befehlshabers des 8. Armee=Korps zu verständigen und Anzeige hiervon zu machen;

5) gegen die höchsten Regierungen von Baiern, Würtemberg, Baden und vom Großherzogthume Hessen den Wunsch auszusprechen, zu ver= mitteln, daß die Bürgerbewaffnung nach vorgängigem Einvernehmen der betreffenden Zivil= und Militär=Behörden erforderlichenfalls mitwirke;

6) den Oberbefehlshaber aufzufordern, über die politischen und militärischen Ereignisse fortgesetzte Mittheilungen einzusenden, und nament= lich auch in dem Falle, in welchem er die schon vorhandenen militärischen Kräfte verstärkt zu sehen wünschen sollte, schleunige Anzeige beim Bunde zu machen. Und so weiter.

Der großherzoglich hessische Gesandte theilte noch mit, daß er von seiner Regierung beauftragt sei, in Folge der von der Schweiz her dro= henden Einfälle in das Bundesgebiet, unter der vorausgesetzten Bereit= schaft der königlich preußischen Armee=Korps am Nieder=Rhein, die un= verzügliche Aufstellung des neunten und zehnten Bundes=Armee=Korps zu betreiben.

Die armen deutschen Arbeiter in Paris träumten nicht im Entfern= testen davon, daß ihr Führer Herwegh, noch ehe es zum Schießen käme, bei der Ankunft auf deutschem Boden sogleich vom Hirschfieber befallen werden, das Hasenpanier ergreifen, seine Leute schmählich im Stiche lassen, sich als einen Bauer verkleiden und alsdann, während sie ihr Blut vergößen, auf dem Boden eines Daches hinter einem Fasse, vor welchem seine ebenfalls in Bauernkleider vermummte Gemahlin als Barrikade läge, das alte Sprüchwort bewahrheiten würde, daß weit ent= fernt sicher vorm Schuß sei. Noch viel weniger aber konnten sie eine Ahnung davon haben, daß der deutsche Bundestag vor achthundert Mann in so panischen, kaum glaublichen Schrecken gerathen und aus diesem Grunde, um ihnen einen würdigen Empfang zu bereiten, mehrere Armee= Korps gegen sie auf die Beine bringen werde.

Es war dem Bundestage sehr viel daran gelegen, daß die Bürger bei der Abwehr des Arbeitereinfalls mitwirkten. Zu diesem Behufe wurde den Besitzenden vor den einbrechen wollenden Schaaren bang gemacht. Fremdes Raubgesindel, Lumpen aus aller deutscher Herren Ländern, aus= gehungerte Bettler, die auf Beute ausgingen, waren nach den reaktionären Schilderungen so eben in Begriff, gleich Heuschrecken über Baden herzu=

fallen, die Sicherheit des Eigenthums und der Personen zu gefährden und alle Grundlagen der Zivilisation zu zerstören. Wenn die Besitzenden sich einschüchtern ließen, war man sicher, daß die beabsichtigte republikanische Schilderhebung fehl schlagen mußte. Halfen sie dieselbe aber vollends gar bekämpfen, so konnte man den Arbeitereinfall als ein schändliches, gegen die Souveränetät des badischen Volkes unternommenes Attentat darstellen.

Die meist aus Arbeitern bestehenden deutschen Vereine der Schweiz waren alsbald nach dem Siege der Pariser Revolutionäre zum Entschlusse gelangt, einen Freischaareneinfall nach Süddeutschland ins Werk zu setzen, dort die Fürsten zu vertreiben und das republikanische Banner aufzupflanzen. Sie hatten sich organisirt, einexerzirt und mit Waffen versehen. Zwar hatte der Schweizer Vorort Bern das öffentliche Exerziren und den bewaffneten Zug auf eidgenössischem Boden untersagt; allein manche Kantons-Regierungen begünstigten den Einfall und leisteten ihm insgeheim hülfreiche Hand. In Genf gewährte die Regierung den Freiwilligen, die nach Deutschland zum Aufstande ziehen wollten, freie Fahrt über den Genfer See nach Lausanne, wo beim Landen verschiedene Mitglieder der Regierung die Freischaarenmänner mit herzlicher Umarmung empfingen, um ihnen freie Verköstigung und Wohnung anzuweisen, und dem deutschen Bundestage wurde sogar die Mittheilung gemacht, daß die Berner Regierung dem zum Oberbefehlshaber des Freischaaren-Korps erwählten Johann Philipp Becker einen Vorschuß von 45,000 Francs geleistet habe.*) Die Bekleidung der in der Schweiz sich bildenden Freischaaren bestand in einem Käppi aus Wachsleinwand, in einer blauen Bluse und in einem Ledergürtel um die Lenden, der zugleich die Patrontasche trug. Als es zum Aufbruche kam, zog kaum der vierte Theil Derer, die sich in der ersten Begeisterung hatten einzeichnen lassen, und zwar marschirten diese Freiwilligen, nachdem ihre Waffen in Kisten an die Gränze geschickt worden waren, verzettelt in kleinen Haufen, aber mit guter Mannszucht. Johann Philipp Becker in Biel, ein zum Bourgeois aufgerückter früherer Bürstenbinder, bewies sich wohl als guter Lärmmacher, aber als ganz schlechter Führer, der nicht einmal seinen Leuten gleich- und rechtzeitig die Ordre zum Aufbruche schickte. Auffällig war besonders die Begeisterung, welche die Bewohner des Kantons Neuschatel beim Durchmarsch der Freischaaren für die republikanische Sache an den Tag legten. Auf den Dörfern um Neuschatel vergossen Männer und

---

*) 28. Sitzung der deutschen Bundesversammlung vom 4. April 1848, §. 221.

Frauen Thränen der Rührung und riefen, indem sie ihrer preußischen Herrschaft gedachten, den deutschen Republikanern zu: „Schlagt sie todt, die Hunde, wenn ihr hinauskommt!"

Hätte die Schweiz jetzt tüchtige Staatsmänner besessen, so würde sie nicht nur für die Intervention, womit sie erst noch vor Kurzem bedroht worden war, reichliche Rache genommen, sondern auch in Europa bei der neuen Wendung der Dinge eine sehr hervorragende Rolle gespielt haben. Aber die meisten radikalen Führer der Schweiz waren ebenso beschränkt, wenn nicht noch beschränkter, als in Frankreich Lamartine. Es zeigte sich, analog so vielen übereinstimmenden andern Erscheinungen, auch hier, daß das Bürgerthum nichts großes Politisches mehr verrichten kann.

Zur Bekämpfung des aus Frankreich drohenden Arbeitereinfalls hatte der Bundestag, abgesehen von der Bürgerwehr, ursprünglich 65,000 Mann bestimmt. Da jedoch hiervon ein beträchtlicher Theil ausfiel, der entweder zu weit zurücklag, um sofort bei der Hand zu sein, oder wegen Mangels an Pferden nicht sogleich ausrücken konnte, oder auch wegen der daheim ausgebrochenen Unruhen nicht zu entbehren war oder endlich zur Besetzung der Bundes- und Landesfestungen zurückbleiben mußte: so hatte nicht nur Preußen bei Koblenz ein aus 12 Bataillonen, 12 Schwadronen und 4 Batterien bestehendes disponibles Korps gebildet, sondern es wurde auch das 9. und 10. Bundes-Armee-Korps auf die Stärke des 1-prozentigen Kontingents gebracht, um zur Rettung des Vaterlandes beizutragen. Der Theil der zweiten Division des 9. Armee-Korps, welcher aus kurhessischen Landeskindern bestand, sollte rasch konzentrirt und an der südlichen Gränze des Kurstaats aufgestellt werden. Außerdem wurde die österreichische Regierung ersucht, nach Rastatt ein Drittel der vollen Kriegsbesatzung zu schicken, für Ulm die Ergänzung zur vollen Kriegsbesatzung bereit zu halten und zwar ihre Truppen zuerst nach Rastatt, dann nach Ulm und zuletzt nach Mainz zu entsenden.

Bei der ersten Nachricht von dem drohenden Arbeitereinfall hatte die baierische Regierung auf der Stelle 7 Bataillone Infanterie, 5 Eskadronen Kavallerie und eine Sechspfünder-Batterie in Eilmärschen nach der Pfalz beordert. Ferner erhielten 5 Infanterie-Bataillone, 6 Schwadronen Chevaux-Legers und eine Sechspfünder-Batterie unter dem Kommando eines Brigadiers den Befehl, nach Memmingen aufzubrechen, um daselbst sich für die Hülfeleistung an der südwestlichen Gränze bereit zu halten.

Gegen den beabsichtigten Einfall aus der Schweiz, deffen Stärke die Spione übertrieben auf 12—15,000 Mann angaben, schickte die würtembergische Regierung am 2. April 2 Regimenter Infanterie, ein Reiter-Regiment und eine Batterie von 6 Kanonen vorläufig nach Rottweil, unterließ aber nicht, weitere Truppen sowohl zur Verstärkung dieses Korps, als auch zur Entsendung an andere bedrohte Punkte — unter der Voraussetzung von der Beihülfe der Nachbarstaaten — bereit zu halten. Auf Erfuchen der äußerst ängstlichen badischen Regierung vom 3. April, die Tags zuvor in den Schwarzwald abgegangenen Truppen wo möglich zu vermehren und solche bis Donaueschingen vorrücken zu laffen, erließ das würtembergische Kabinet noch an 2 Bataillone (b. h. 1,370 Mann) Infanterie und an 4 Schwadronen Reiterei der Garnison Ulm den Befehl, ebenfalls in jene Gegend zu marschiren, während gleichzeitig dem Generallieutenant von Miller die Vollmacht ertheilt wurde, mit diesen und den übrigen unter seinem Befehl stehenden Truppen nöthigenfalls über Rottweil hinaus vorzurücken.

Inzwischen steigerte sich nach den von der großherzoglich badischen Regierung gegebenen Nachrichten die Gefahr zusehends. An Kurheffen, deffen Regierung wegen der durch die Einquartierungslast hervorgerufenen Aufregung und wegen der durch die Bundeskriegsverfaffung unzuläffigen Trennung des Korps die Konzentrirung an der südlichen Gränze des Kurstaats nicht vornehmen wollte, erging darum die dringende Aufforderung, der Anordnung des Bundestags sofort zu willfahren und auf der Stelle den Oberbefehlshaber des Korps zu ernennen. Sodann wurden die hohen Regierungen von Schwarzburg-Sondershausen, Schwarzburg-Rudolstadt, Hohenzollern-Hechingen, Liechtenstein, Hohenzollern-Sigmaringen, sowie von Reuß älterer und jüngerer Linie aufgefordert, ihre Kontingente ohne weiterm Aufschub zur Kriegsbesetzung der Bundesfestung Landau abmarschiren zu laffen. Baiern hatte unverzüglich den Kommandanten der Bundesfestung Ulm zu ernennen, und der Gouverneur von Ulm (Graf zur Lippe-Bisterfeld) sollte nebst dem Kommandanten von Raftatt sofort beeidigt werden.

Trotz dieser umfaffenden Vorkehrungen fühlte sich die badische Regierung immer noch nicht beruhigt. Der geheime Rath Professor Dr. Welcker, ihr neuer Bundestagsgesandter, schilderte im Gegentheil am 15. April die Lage als höchst gefährlich, weil in förmlichen Proklamationen zum Bürgerkriege aufgefordert würde, und weil mit den Zuzügen aus Frankreich eine aufrührerische Schilderhebung im Innern des Landes zusammenfiele. In Gemäßheit mit den badischen Anträgen mußten nun die kurhessische und nassauische Regierung ihre Kontingente zum Anschluß an das achte Armee=Korps unverzüglich in Marsch setzen.

Hecker und Struve, im Jahre 1848 die beiden fähigsten Führer des deutschen Bürgerthums, hatten nicht die Energie besessen, aus eigener Initiative einen republikanischen Aufstand zu organisiren. Doch glaub= ten sie jetzt den drohenden Einfall deutscher Arbeiterschaaren aus Frank= reich und der Schweiz ausbeuten zu können, indem sie im badischen Oberlande offen die Fahne der Empörung schwangen. Indeß hatten sie angesichts der von der Reaktion ausgestreuten Bangigkeit vor den frem= den Räuberbanden nicht den Muth, sich mit den von Außen kommenden Freischaaren völlig in's Einvernehmen zu setzen und hierdurch ein Zu= sammenwirken zu ermöglichen. Namentlich wies Hecker alle nicht badische Hülfe weit von sich, und bloß Struve rief, als es schon zu spät war, die bewaffneten Arbeiterschaaren der Schweiz um Unterstützung an. Ebenso wenig hatten sie in andern deutschen Ländern den Ausbruch gleich= zeitiger Aufstände vorbereitet. Auf diese Weise wurde der schlecht ange= legte Aufstand, für den es sonst nicht an günstigen Chancen fehlte, un= terdrückt, und die von Außen einzeln und ungeordnet nach Baden ein= fallenden Trupps von der überlegenen Zahl der gegen sie bereit gehaltenen „deutschen" Soldaten geschlagen.

Ehe es jedoch zum Treffen kam, ersuchte das badische Kabinet die Regierungen der Schweiz und Frankreichs in Noten um Verhinderung der Einfälle. Ferner legte sich auch der vom Vorparlamente eingesetzte Fünfziger = Ausschuß zu Gunsten der Reaktion ins Mittel, indem er in einem Aufrufe unterm 12. April die Deutschen in Frankreich und der Schweiz abmahnte, in bewaffneten Massen nach Deutschland zurückzu= kehren. Dieser Aufruf, unterzeichnet durch den Präsidenten von Soiron, durch dessen Stellvertreter Robert Blum aus Sachsen und Abegg aus Preußen, sowie durch die Schriftführer H. Simon und Jakob Venedey aus Preußen und Briegleb aus Koburg, enthielt unter Anderm folgende lächerlich pathetische Stelle:

„Brüder! Es gilt der Welt das Beispiel zu geben, wie die deutschen Männer auf dem Wege der freien Berathung sich einigen zu einer großen Nation, wie sie Freiheit und Wohlstand dauerhaft gründen auf dem un= erschütterlichen Boden deutschen Volkswillens *)."

Ein zweiter Aufruf des Fünfziger=Ausschusses vom 28. April leistete in der Donquixotterie noch Gewaltigeres; denn er verband mit dem

---

*) S. Verhandlungen des deutschen Parlaments. Offizielle Ausgabe. Frank= furt, 1848. 8. Erster Band.

Lächerlichen das Gehässige der Denunziation. Er war nämlich an
das badische Volk gerichtet und erging sich in folgenden Phrasen:

„Jene, die sich die Freunde des deutschen Volkes nennen, sind
seine schlimmsten Feinde Um ihren Willen geltend zu machen, setzen
sie Alles aufs Spiel, was Deutschland nach langem Kampfe errungen
und mit schweren Opfern errungen hat: seine Einheit, seine Freiheit.
Der Reaktion öffnen sie Thür und Thor; den äußeren Feinden stellen
sie das deutsche Land bloß. ... Die badische Regierung hat zur Unter=
drückung des Aufruhrs ein Gesetz *) verkündet, welches die Zustimmung
aller wahren (!) Vaterlandsfreunde findet. Unterstützt die Aus=
führung dieses Gesetzes! Deutsche Krieger eilen herbei zu Be=
kämpfung der Empörer. Erkennt in diesen Kriegern Eure
Brüder! Als Eure Freunde nehmt sie auf und steht
ihnen bei, soweit Ihr könnt! Wenn Ihr das thut,
wenn Ihr den Aufrührern Eure Städte, Eure Dörfer verschließt,
wenn Ihr die Unterstützung verhindert, die Uebelgesinn ihnen
bieten möchten, so wird bald der Aufruhr unterdrückt, und in fried=
licher Weise der freie Ausdruck des wahren (!) Volks=
willens möglich werden, von welchem allein die Aufrichtung der
künftigen Verfassung von ganz Deutschland und von jedem Ein=
zelstaate abhängen kann.“

Wäre noch ein Beweis nöthig, daß das vom deutschen Bürgerthume
vertretene nationale Element der Reaktion gegen die Entwickelung der
Bewegung von 1848 diente, so würde er hinlänglich durch die vorer=
wähnten beiden Aufrufe des Fünfziger=Ausschusses geliefert werden. So
absurd sie aber auch waren, wurden sie doch noch durch den Vorschlag Jakob
Benedey's, eines Vorstands=Mitglieds des Fünfziger = Ausschusses, über=
troffen. Benedey beantragte in der 24. Sitzung des Fünfziger=Ausschus=
ses vom 28. April:

1) Es soll eine Parlaments=Wehr von 10,000 Mann, und zwar
  a) 2000 Mann Reiterei,
  b) 1000 Mann Kanoniere,
  c) 7000 Mann Infanterie
gebildet werden.

2) die Parlaments-Wehr wird gebildet aus Freiwilligen des Heeres,
der Landwehr, der Bürger=Garde und der Turner.

*) Das oben mitgetheilte badische Aufruhrgesetz.

3) die einzelnen Abtheilungen der Parlaments = Wehr wählen ihre Unter=Offiziere und Offiziere selbst.

4) Der Fünfziger = Ausschuß, und später das Parlament, wählen dagegen die Befehlshaber der drei besonderen Waffenarten, und ebenso den Obmann der ganzen Parlaments=Wehr.

5) Der Beruf der Parlaments=Wehr ist: die Ruhe und den Frieden im Lande wiederherzustellen, wo er durch Gewalt der Waffen gegen die bestehenden Gesetze gestört worden ist.

6) Der Fünfziger=Ausschuß, und später das Parlament, wählt zwei seiner Mitglieder, die als Friedensstifter überall der Parlaments=Wehr vorherziehen und stets erst im Namen des Parlaments den Frieden bieten und ihn auf alle Weise herzustellen suchen, ehe die Macht der Waffen angewendet wird.

7) Der Fünfziger = Ausschuß, und später das Parlament, allein ver= fügen über die Parlaments = Wehr, bestimmen ihre Standquartiere und senden sie an die Orte, wo der öffentliche Friede durch Gewalt der Waffen und bewaffnete Schaaren gefährdet ist.

8) Der deutsche Bund trägt die Kosten der Parlaments=Wehr und sorgt für die unmittelbare Bewaffnung der Waffenabtheilungen.

9) Der Fünfziger=Ausschuß trägt beim Bundestage darauf an, daß die obigen Vorschläge unmittelbar zu einem Bundesbeschlusse erhoben und ebenso unmittelbar zu ihrer Vollziehung geschritten werde.

Benedey's Vorschlag wurde in so weit gewürdigt, als er an eine Kommission verwiesen ward, unter deren Händen er umkam, weil sich der Bundestag nicht ins Handwerk pfuschen ließ. Aber der betreffende Antrag bekundet nichtsdestoweniger, daß Benedey wirklich Anlage zu jenem roitelet Jakobus dem Ersten von Köln hatte, als welchen ihn Heinrich Heine später verherrlichte.

Nicht genug, daß der Fünfziger=Ausschuß den reaktionären Maß= regeln sein moralisches Gewicht lieh, um einestheils die Aufständischen schwankend zu machen, anderntheils ihnen in Baden den Boden zu ent= ziehen; nicht genug, daß sich eine Menge Spione, die die Bewegungen überwachten und Alles haarklein den Regierungen mittheilten, bei den Freischaaren Zutritt verschafft hatten; endlich nicht genug, daß die Soldaten der Reaktion in furchtbarer Heeresmacht aus einem ganzen Dutzend deutscher Staaten auf die Beine gebracht worden waren, um die Insurrektion zu zermalmen und sie in Brei zu verwandeln, pour décourager les autres: vermeinte die badische Regierung die revolutio= nären Kräfte auch noch theilen und zum Abfall von der republikanischen

Sache verleiten zu müssen. Sie suchte daher sowohl die Polen, vor deren militärischer Erfahrung man sich besonders fürchtete, abzuspplittern, als auch einen Theil der aus Frankreich gekommenen Arbeiter zum friedlichen Uebertritt auf deutsches Gebiet zu verlocken. Der badische Bundestags= gesandte Geheimrath Welcker stellte deßhalb der deutschen Bundesver= sammlung unterm 25. April vor, daß es zum Zweck baldigster Be= freiung der westlichen Gränze Deutschlands von den Schaaren deutscher Arbeiter als höchst wünschenswerth erscheine: wenn die deutschen Regie= rungen denjenigen Arbeitern, welche an den bewaffneten Arbeiterschaaren als Gemeine oder auch als Führer theilnähmen, wegen dieser Theilnahme Straflosigkeit zusicherten, wofern dieselben unbewaffnet und vereinzelt friedlich zurückkehrten und nicht zu den Anstiftern der Zuzüge gehörten. Zugleich schlug Welcker vor, daß alle diejenigen Arbeiter, welche sich auf diese Weise zum Abfall bewegen ließen, nach ihrem friedlichen Uebertritt auf deutsches Gebiet nicht etwa sich selbst überlassen, sondern alsbald ins Militär gesteckt werden sollten. Dieser auf die Täuschung der Arbei= ter abgesehene Vorschlag wurde in der 40. Sitzung der Bundesversammlung (§. 337) gemacht und dem am 29. Februar gewählten Ausschusse, welcher noch durch die Gesandten von Baiern und Hannover verstärkt ward, zur Begutachtung überwiesen. Laut dem in der nämlichen Sitzung abge= faßten Separat=Protokolle wurde zudem beschlossen:

1) Die betreffenden Regierungen, nämlich die großherzoglich und herzog= lich sächsischen, die herzogl. anhaltischen und die landgräflich hessische, zu ersuchen, sofort die zur Kriegsbesatzung von Mainz bestimmten Kontin= gente der Reserve=Infanterie=Division in marschfertigen Stand zu setzen und, daß dieß geschehen, hier baldigst anzuzeigen;

2) der Militär=Kommission auf den Bericht vom 14. April vor= läufig einen Kredit von 150,000 Gulden auf den Zinsen=Fond und aushelfend den Mainzer Reserve=Fond zu eröffnen, um aus diesen Gel= dern die Kosten der dringendsten Armirungs=Bedürfnisse für die Bun= desfestung Mainz zu bestreiten.

Es ist hierbei wohl zu beachten, daß die Reaktion sich in den Bun= desfestungen zu halten gedachte, wenn etwa das offene Land ringsum von der Demokratie erobert würde. Aus dieser Berechnung erklären sich die Konflikte, welche in den Festungen Mainz, Ulm, Schweidnitz u. s. w. zwischen dem regelmäßigen Militär einerseits und der Bürgerwehr und den demokratischen Vereinen andrerseits vorfielen.

Was die Polen anbelangt, so zeigte Welcker bereits unterm 12. April (32. Sitzung, §. 263) an, daß die großherzogliche Regierung seit dem

5. dieses Monats eine Anzahl aus Frankreich im Großherzogthume an=
gekommener Polen in unbewaffneten Abtheilungen von 40 Köpfen auf
badische Kosten mit der Eisenbahn nach Mannheim und von da mit
Dampfschiffen bis Köln habe weiter transportiren und verpflegen lassen.
Zugleich sprach er im Namen seiner Regierung die Hoffnung aus, daß
von Seiten des Bundes dieser der Erhaltung der öffentlichen Ruhe ge=
leistete Dienst möge anerkannt und folglich ein Theil der desfallsigen
Kosten übernommen werden.

Zufolge dem Protokolle der 36. Bundestagssitzung vom 17. April
theilte das badische Kabinet mit, daß 500 Polen gebeten hätten, unge=
trennt und mit der Eisenbahn über Frankfurt nach Galizien befördert zu
werden. Auf diese Anfrage gab der Bundestag den Bescheid, daß die
Polen nicht anders, als in der bisherigen Weise, befördert werden dürften.

Die Weiterbeförderung der Polen geschah also nicht, wie damals im
deutschen Publikum irrthümlich geglaubt wurde, aus Sympathie mit der
unglücklichen Nation, sondern in der Absicht, die in und um Baden an=
gehäuften revolutionären Kräfte zu trennen und abzuschwächen. Die
Sympathie, welche das deutsche Vorparlament den Polen bewiesen hatte,
wurde dabei von der Reaktion mit ausgesuchter Pfiffigkeit zu benutzen
verstanden. Nur wenigen von den aus Baden fortgeschafften Polen war
es vergönnt, ihr Vaterland wiederzusehen. Denn die meisten von ihnen
waren mittellos und wurden in Hannover und Braunschweig, vorzüglich
aber in der preußischen Provinz Sachsen (zu und um Magdeburg), inter=
nirt. Ihr Loos glich dem der Kriegsgefangenen.

Sowie für Baden die Hauptgefahr beseitigt war, wurden dem
Polen=Transporte Schwierigkeiten in den Weg gelegt. Nun schickte die
badische Regierung einen besondern Kommissär nach Kehl zur Hand=
habung der Fremden=Polizei. Es wurde ferner gefordert, daß die Reisenden
auf den von den französischen Behörden ausgefertigten Marsch = Routen
nicht bloß ihren Namen, Heimathsort und ihr Land aufwiesen, sondern
daß auch die ausstellende Behörde sich verbindlich machte, alle diejenigen,
welche dessenungeachtet an der preußischen und österreichischen Gränze
zurückgewiesen würden, wieder bei sich aufzunehmen. Von dieser Anord=
nung ward dem Fünfziger=Ausschusse Kenntniß gegeben, als er wieder=
holt forderte, daß allen aus Frankreich heimkehrenden Polen der völlig
ungehinderte Durchzug durch Deutschland verstattet und erleichtert würde.
Weil der Fünfziger=Ausschuß aus lauter geringen Kapazitäten bestand,
ließ er sich vom Bundestage auf diese jämmerliche Art wirklich abfertigen.
Ebenso leicht ließ er sich durch die Erklärung der preußischen Regie=
rung zufriedenstellen, daß in Köln keine Polen zurückgehalten oder abge=

wiesen würden, sondern daß, nachdem etwa 900 Polen unentgeltlich auf
der Eisenbahn befördert worden wären, diese Beförderungsweise — an
welcher auch Franzosen und Andere ungehörigerweise theilgenommen
hätten — auf diejenigen Polen habe beschränkt werden müssen, welche
nachweislich dem Großherzogthume Posen angehörten. Seit der Ein=
führung der namhaft gemachten Beschränkungen und Schikanen hörten
begreiflicherweise die Zuzüge der Polen aus Straßburg über Köln auf. (Die
genauen statistischen Nachweise über die an den Polen verübte Inter=
nirung werden geliefert werden, wenn wir in einem andern Theile unsers
Werks auf die Kompensation der militärischen Leistungen zu sprechen
kommen.)

Die erste Nachricht über die Operationen in Baden erhielt der Bun=
destag in einer Meldung Friedrichs von Gagern, des Kommandanten
der 2. Division des 8. Armeekorps. Dieser Bericht lautete wörtlich:
„Schon am 11. d. M. (April) marschirte eine Arbeiterabtheilung
von 150 Mann durch Roast (rheinaufwärts), den 13. circa 200 Mann
über Roast nach Großheim, wo sie einquartirt wurden und übernach=
teten. Am 14. marschirte die Kolonne weiter und stehen *) am 15. d. M.
in Marfolsheim, was gar keinem Zweifel unterworfen ist. — Die Arbeiter
sind mit Pistolen und Dolchen bewaffnet, ziehen geordnet und halten
gute Mannszucht. — Es verlautet ferner, daß bei Sponeck oder bei
Rheinau eine Landung versucht werden soll, letzterer Ort soll der gün=
stigere sein. Eine gleichzeitige Landung an beiden genannten Orten dürfte
vielleicht ebenfalls stattfinden. — Auf den 16. April werden 400—500
deutsche Arbeiter, aus dem Innern Frankreichs kommend, in Straßburg
erwartet; auf den letzten Stationen von letzterem Ort werden sie durch
die Einwohner auf Wagen freiwillig geführt, damit sie noch rechtzeitig bei
dem heutigen Fest eintreffen können — Die bei Möckelsheim stehende
Kolonne erwartet 1500 Mann Deutsche, welche Zahl durch französische
Proletarier bis auf das Dreifache anwachsen dürfte. — Der heutige
Tag dürfte ein ernster werden, — doch ist das Festungsthor in Straß=
burg gegen Kehl heute bis zur Beendigung der Feierlichkeiten geschlossen.

Der Divisions = Kommandant
(gez.) Fr. v. Gagern."

Hierauf forderte der Bundestag **) die Gesandten von Baiern,
Würtemberg, Baden, Kurhessen, Hessen=Darmstadt und Nassau auf, un=

---

*) Sollte heißen: „Und sie steht."
**) S. Separat=Protokoll der 37. Sitzung vom 18. April 1848.

vorzüglich auf dem kürzesten Wege die von der Militär = Kommission ge
wünschten und auch der Bundesversammlung nothwendigen Nachrichten
zu verschaffen; besonders verlangte der Bundestag vom großherzoglich
badischen Gesandten zu wissen, ob das Vorrücken der nassauischen und
kurhessischen Truppen an die badische Gränze und in's badische Land ge=
wünscht werde. Aus letzterem Umstande geht hervor, daß die Nassauer
und Kurhessen — sei es, weil sie die Folgen scheuten, oder weil sie sich
zu langsam gerüstet hatten, — nicht so rasch gewesen waren, wie der
Bundestag und die badische Regierung gewünscht und vorausgesetzt
hatten.

Wahrscheinlich handelte es sich bei dieser Verzögerung um die Ver=
pflegungskosten. Denn die badische Regierung stellte gleich nachher den An=
trag auf Erlaß eines Gesetzes über gleichmäßige Verpflegung, „um den
bei späterer Abrechnung zu erwartenden Schwierigkeiten zu begegnen.“
Ebenso brachte kurz darauf der würtembergische Gesandte zur Sprache,
„daß, nachdem in Folge des Bundesbeschlusses die Aufstellung des ach=
ten Armeekorps erfolgt ist, die hierdurch veranlaßten Kosten auch vom
ganzen Bunde getragen werden müssen.“ Aber erst am 17. Juni setzte
über diesen Gegenstand die Bundesversammlung Folgendes fest:

„So lange ein allgemeines Militär = Verpflegungs = Reglement vom
Bunde nicht vereinbart ist, und insofern besondere Verträge unter den
betheiligten Staaten nicht bestehen, soll Verpflegung und Transport für
Bundestruppen auf anderem Bundesgebiet nach den Gesetzen und Ge=
bräuchen des Landes geschehen, in welchem sich die Bundestruppen auf=
halten, und die Vergütung dafür nach demselben Maßstabe erfolgen, wie
er gesetzlich für die eignen Truppen des betreffenden Landes bei Märschen
und Einquartierungen bestimmt ist.“

Inzwischen erging an die in Heidelberg und Mannheim liegenden
nassauischen Truppen der Befehl, in's badische Oberland vorzurücken, und
auch der kurhessische General von Bauer wurde aufgefordert, daß er in
Gemäßheit des Bundesbeschlusses vom 15. April schleunigst mit seinen
Truppen in das Großherzogthum zum Anschlusse an das achte Bundes=
Armee=Korps marschiren möge. — Die ersten nassauischen Truppen, be=
stehend aus 900 Mann Infanterie nebst 2 Geschützen und der erforder=
lichen Mannschaft, Bespannung und Munition wurden am 20. April
vermittelst der Eisenbahn nach Baden befördert. In den nächsten Tagen
folgten denselben gleichstarke Züge nach, so daß die in Baden stehenden
Nassauer schon am 24. April zusammen 3500 Mann ausmachten. Was
die Kurhessen betrifft, so ward kraft allerhöchster Entschließung vom
17. April eine mobile Kolonne gebildet, die aus 6 Bataillonen Infanterie,

2 Kompagnien Jägern, 6 Eskadronen Hussaren und 2 Batterien Artillerie (à 4 Geschützen), nebst einer Abtheilung Pionnieren bestand. Den 27. April gingen für die nassauischen Truppen von Wiesbaden weitere 4 Geschütze mit 96 Mann und 73 Pferden, sowie ein Detachement Pionniere ab. Die Mannschaft und Pferde des nassauischen Bagage-Trains verließen Wiesbaden nicht vor dem 1. Mai.

Die Militär-Kommission des Bundestags erhielt unterm 19. April eine Mittheilung vom badischen Kriegsministerium, worin gemeldet wurde, daß am 16. April 400 von Paris gekommene deutsche Arbeiter bei Kehl standen. Vom 15. auf den 16. versuchten etwa 300 Arbeiter den Uebergang bei Breisach, was vereitelt wurde. Von den Aufrührern im Seekreis war bekannt, daß in Bonndorf am 16. die Quartiermacher für 1500 Sensenmänner Quartier bestellt hatten. Zwischen Stehlen und Bonndorf waren 500 Mann, theils mit Gewehren, theils mit Sensen bewaffnet, gesehen worden. Da sie am 17. über Lenzkirch hatten nach Freiburg vorrücken wollen, so wurde hieraus der Schluß gezogen, daß die Aufrührer des Seekreises und die aus Frankreich kommenden Arbeiter sich bei Freiburg die Hand reichen wollten. Mannheim befand sich in großer Aufregung.

Die niedere Volksklasse versuchte dort die sogenannten „bessern" Bürger (das heißt: die vermögenden Leute, die auch in England our betters genannt werden) — durch Gewalt einzuschüchtern, so daß 3 Kompagnien des badischen Leib-Infanterie-Regiments und ein Zug Artillerie dahin geschickt werden mußten. Außerdem standen anderthalb Bataillone Baiern in Ludwigshafen; doch war über das Einrücken derselben nach Mannheim noch Nichts bekannt. — „Da diese Truppen" — so schloß der Bericht — „für eine Stadt wie Mannheim, wo selbst auch die große Zahl der Uebelwollenden bewaffnet ist, bei einem wirklichen Zusammenstoß nur sehr schwach, und überdieß der bedrohten Punkte zur Zeit sehr viele sind, so werden Euer Hochwohlgeboren Selbst erkennen, daß schleuniger Zuzug bundesfreundschaftlicher Hülfe im höchsten Grad zu wünschen ist."

Eine spätere, dem Bundestage am 29. April vom Kriegsschauplatz zugehende Meldung besagte, daß am 27. Prinz Karl von Baiern von Stuttgart nach Karlsruhe abgegangen und daß der baierische General von Valigand am 24. mit den königlich baierischen Truppen, ohne auf Widerstand zu stoßen, in Konstanz eingerückt war.

Zufolge dem Separat-Protokolle vom 1. Mai gab ein Bericht des baierischen Prinzen Karl Aufschluß über das Treffen bei Kandern vom 20. April, über das Gefecht vor Freiburg vom 23. und über die vom

badiſchen General Hoffmann am 24. April vollbrachte Erſtürmung letzt=
genannter Stadt. Das 8. Armee=Korps war hierauf in drei Beobach=
tungs=Korps getheilt und einem jeden derſelben ein Diſtrikt angewieſen
worden, um durch mobile Kolonnen das Feſtſetzen der Freiſchaaren im
Schwarzwalde und Rheinthale zu verhindern. Das erſte Korps unter
dem würtembergiſchen Generallieutenant von Miller durchzog das Wie=
ſenthal nach Lörrach hin, hatte bei Todtnau ein kleines Gefecht zu be=
ſtehen und nahm dort den Aufſtändiſchen eine Kanone ab. Als das näm=
liche Korps am 27. zwiſchen Schopfheim und Säckingen auf einen Hau=
fen von circa 800 Köpfen unter dem davongelaufenen Herwegh ſtieß,
zerſprengte es die Feinde und machte ungefähr 200 Gefangene. Das
zweite Korps unter General Hoffmann operirte vom erſten nördlich
zwiſchen dem Rhein und der Waſſerſcheide des Eltz= und Kinzig = Tha=
les. Das dritte Korps unter General Gayling dehnte ſeine Bewegun=
gen bis zum Kapeller=Thal aus. Als Reſerve ſtand das kurheſſiſche
Korps unter Generallieutenant von Bauer in Heidelberg, Mannheim und
Karlsruhe. Das baieriſche Korps unter Generallieutenant von Valigand
hielt die Umgegend von Stockach und Konſtanz feſt und leitete ſeine
mobilen Kolonnen auf den Raum zwiſchen den Straßen gegen Schaff=
hauſen über Singen und jener gegen Donaueſchingen über Geiſingen
zur Sicherung dieſer Gegenden, die „voll brennbaren Stoffes" waren.

Weiter meldete der baieriſche Oberbefehlshaber:

„Fortdauernde Unruhen in Mannheim haben mich genöthigt, noch
2 Bataillone Naſſauer Truppen dort zu laſſen; nachdem aber am
26. (April) die Exzeſſe zwiſchen Bürgern und Truppen ſo überhand nahmen,
daß die naſſauiſche Brückenwache, von einem Haufen mit Schüſſen an=
gegriffen, gezwungen war, ſich auf das baieriſche Gebiet nach Ludwigs=
hafen zu flüchten, und bei dem Vorrücken einer baieriſchen Abtheilung,
die zum Feuern genöthigt war, 1 Offizier und 5 Mann verwundet
wurden, wovon 2 geſtorben, habe ich mich genöthigt geſehen, die groß=
herzogliche Regierung zu ernſtern Maßregeln aufzufordern, und ihr zu
dieſem Behufe 3 Bataillone mit einer Abtheilung Kavallerie und ½ Bat=
terie von den in der Rheinpfalz ſtehenden Truppen angeboten."

Dieſe angebotenen baieriſchen Truppen, befehligt vom Generallieute=
nant Fürſt Taxis, langten den 1. Mai in Mannheim an. Aber ſchon
zwei Tage vorher waren jene Empörer, welche den 26. April an der
Rheinbrücke auf die „deutſchen Krieger" geſchoſſen hatten, unter mili=
täriſchen Vorſichtsmaßregeln verhaftet und ins Zuchthaus nach Bruch=
ſal abgeführt worden. Sowie die neuen baieriſchen Truppen ankamen,

nahmen sie noch am nämlichen Tage, in Gemeinschaft mit den dort schon in Besatzung stehenden 4 Bataillonen kurhessischer und nassauischer Truppen, die Entwaffnung des Volks durch die Zivilbehörde in der Art vor, daß bis zum Abend bereits 3000 Gewehre und 400 Sensen eingeliefert waren. *) Unterdessen war durch die mobilen Kolonnen in den Thälern des Schwarzwaldes zwar die Ruhe hergestellt, aber dadurch noch keineswegs die Stimmung für die gesetzliche Regierung und deren Behörden günstig geworden.

„Unter diesen Umständen," schreibt der baierische Prinz an den Bundestag," ist es nothwendig, daß eine hohe Bundesversammlung schär= fere Maßregeln auf irgend eine Weise vorzeichne, wenn diese Revolution zu einem guten Ende durchgeführt werden soll. So lange nicht das Standrecht publizirt ist, daß jeder mit den Waffen in der Hand Er= griffene demselben augenblicklich unterliegt; so lange nicht die Gemein= den verantwortlich gemacht werden, daß jeder Zug aus ihren Dörfern und Orten sogleich mit Exekution, Kontribution und Stellung von Gei= seln aus den angesehensten Einwohnern bestraft wird: bricht die jetzt bloß unterdrückte Gährung wieder aus, sobald die Truppen ihre Positio= nen verlassen, zurückgezogen oder auch nur in schwächerer Zahl im ba= dischen Oberlande verlegt würden .... Ueberdieß besteht ein Komité von Hecker und Konsorten in Straßburg, das durch Proklamationen und Emissäre, sowie durch Geldspenden fortwährend auf das Gelingen seiner revolutionären Zwecke hinarbeitet. Es würde deßwegen eine entschiedene Note an die französische Regierung, solche Zusammenkünfte nicht zu dul= den, sehr förderlich werden."

In dem Treffen bei Kandern war der General Friedrich von Ga= gern gefallen. Seine Leiche wurde mit großem Gepränge nach Frank= furt und von da nach Hornau, dem Familiengute des Verendeten, ge= schafft. Obschon der General in offener Feldschlacht geblieben war, schil= derten dennoch die Reaktionäre seinen Tod wie einen Meuchelmord, und obschon Gagern in einem von der Reaktion arrangirten Feldzuge gegen die Republikaner eine Hauptrolle gespielt, schämten sich gleichwohl die

---

*) Separat-Protokoll vom 4. Mai 1848. In der Verordnung, welche die Stadt in Belagerungszustand erklärte, hieß es: „Sämmtliche Bürger haben innerhalb drei Stunden, von der Bekanntmachung dieser Verordnung an gerech= net, ihre Waffen aller Art an dem vom Militär Kommando bestimmten Orte abzuliefern, bis der gesetzliche Zustand wieder hergestellt sein wird. Denjenigen, welche die Waffen innerhalb dieser Frist nicht abliefern, werden dieselben im Wege der Exekution abgenommen."

liberalen Zeitungen nicht, heuchlerisch in ihm einen der edelsten Söhne Deutschlands zu betrauern. In Frankfurt wurde seine Leiche vom Fünf= ziger=Ausschusse, von der Militär=Kommission des Bundestags, von den Mitgliedern der Behörden, von den Quartier=Schutzwachen u. s. w. in Empfang genommen, als militärische Eskorte diente die Frankfurter Stadt wehr nebst dem Linien=Militär, und von Höchst an begleitete den Lei= chenwagen eine Abtheilung Bürger = Kavallerie bis nach Hornau. Auf diese Weise ehrte die Reaktion einen ihrer verunglückten Helden. Die Helden der Revolution dagegen feierte Ferdinand Freiligrath, indem er sang:

„Wie stirbt es sich schön in der Kraft, im Zorn,
Sie liegen, emporgewandt den Blick,
Sie liegen, die Todeswunde vorn
Und das blut'ge bleiche Haupt im Genick.

„So lagen die Tapfern an Wien und Spree,
So lagen die Turner am Eiderfluß,
So lagen auf jener Schwarzwaldhöh'
Die Freischaarmänner, gefällt vom Schuß.

„So lagen und liegen sie dutzendweis,
Die der März gefordert und der April,
So findet sie liegen die Rose des Mai's,
Daß ihr Grab sie bekränze freundlich und still."

Die Revolution war jetzt in Baden niedergeworfen: aber die fort= dauernde Gährung, sowie die wiederholten Ausbrüche, und endlich der komplette Sieg derselben im nächsten Jahre zeigen zur Evidenz, daß das Volk Badens in seiner großen Mehrheit die Republik wollte. Schon die ungeheure Truppenzahl, welche nöthig war, in Baden die monarchische Gesetzlichkeit wieder herzustellen und aufrecht zu erhalten, strafte die Antwort Lügen, welche der Bundestag wider sein besseres Wissen dem Professor Bayrhoffer nebst Genossen auf die oben erwähnte Beschwerde gegeben hatte. Nicht die aus Frankreich und der Schweiz kommenden Arbeiter, sondern die deutschen Krieger, welche wie Brüder aufzunehmen der Fünfziger=Ausschuß dem badischen Volke empfohlen hatte, fielen wie eine Henschreckenschaar über das arme Land her und fraßen es aus. Der Oberbefehlshaber gestand selbst ein, daß nur mit den Schrecken des Standrechts, mit Füsiliren und Hängen, den badischen Einwohnern der Republikanismus gründlich ausgetrieben werden könne.

Das Meiste leistete Baiern bei dieser deutsch=einheitlichen reaktionären Beruhigungsarbeit. In einem Schreiben vom 10. Mai an den Bundes= tag meldete Prinz Karl: „Von Seiten des 7. Armee=Korps stehen in

Becker, Reaktion.   14

der Rheinpfalz und gegenwärtig detachirt in Mannheim 7 Bataillone, 5 Eskadronen und 1 Batterie von 8 Geschützen — in der Stärke von 6600 Mann. In dem Seekreise steht ein Truppen=Korps von 8 Bataillonen, 6 Eskadronen und 1½ Batterien (von 12 Geschützen), dessen Anzahl 12,000 Köpfe beträgt. Außer diesen 18,600 Mann sind in der Mobil= machung zur Stellung des vollzähligen Kontingents, sowohl im König= reiche, als in der Rheinpfalz, neben den bereits marschfertigen Truppen noch die dritten Bataillone sämmtlicher Infanterie=Regimenter begriffen, wodurch es möglich wird, zur Hälfte Juni mit dem Kontingent und seinen Ergänzungen in der Stärke von 47,700 Mann aufzutreten."

Auch Würtemberg strengte sich an, um allen Eventualitäten als Nachbar Badens gewachsen zu sein. Die Baden zur Verfügung gestellte würtembergische Kriegsmacht betrug über 17,000 Mann Präsent=Stärke. (Bundes=Protokolle von 1848, §. 687.)

Wegen der unerträglichen Einquartierungslast reichten die Mann= heimer beim Bundestage eine Vorstellung ein. Allein die betreffende Eingabe wurde durch die Bundesversammlung von der Hand gewiesen, jedoch dem Ober=Kommando übersandt mit dem Ersuchen, „derselben eine nach den Umständen möglichste Berücksichtigung zu gewähren." Zugleich wurde die Bundes=Kanzlei=Direktion beauftragt, den Mannheimer Depu= tirten von der zu ihren Gunsten eingetretenen Verwendung Kenntniß zu geben mit dem Hinzufügen, daß die Dislokation der Truppen nicht vom Bundestage, sondern vom Oberbefehlshaber angeordnet werde.

Wirklich wurden die kurhessischen und nassauischen Truppen nach einiger Zeit aus Baden zurückgezogen. Aber diese Truppenverminderung wurde nicht durch die Mannheimer Petition, sondern durch den Wunsch der betref= fenden beiden Regierungen veranlaßt. „Die Gründe zu diesem Antrag," sagte die kurhessische Regierung, „liegen klar vor. Die Gefahr eines äußeren Kriegs ist noch nicht vorüber, und darum die Nothwendigkeit, in jedem Staat das vollständige Kontingent mobil zu machen, von selbst einleuch= tend. Ebenso wenig ist die Ruhe und Ordnung im Innern des Kur= staats hergestellt und gesichert, ja in Folge der bekannten neuen künstlichen Aufregung mehr als je bedroht, da zudem das Absein der Truppen die anarchischen Bestrebungen, an denen es auch in Kurhessen nicht fehlt, auf eine gefährliche Weise ermuthigen dürfte. Daß aber die Unruhen in Kur= hessen, wenn sie aus Mangel an den erforderlichen Mitteln, sie nieder= zuhalten, weiter um sich greifen würden, die bedenklichsten Folgen für ganz Deutschland hervorrufen müßten, kann man wohl nicht verkennen."

Den fremden Truppen in Baden standen Zivil-Kommiſſäre zur Seite, deren Aufgabe es war, den Transport, die Einquartierung und die Ver= pflegung zu regeln. Wenn die naſſauiſche und kurheſſiſche Regierung auch nicht, gleich der würtembergiſchen, auf Entſchädigung hinſichtlich der durch das Leiſten der Bundeshülfe verurſachten Koſten wiederholt dran= gen, ſo mochte dennoch die geringe Garantie der Koſtenzurückerſtattung eines der Motive bilden, welche ſie zum baldigen Zurückziehen ihrer Streitkräfte veranlaßten. Denn noch war die ſchwierige Frage nicht ent= ſchieden, in wie weit dem Bunde ein Regreß an Baden zuſtand.

Die Unſicherheit des Koſtenpunkts brachte endlich ſelbſt die baieriſche Regierung auf den Gedanken, ihre Truppen aus Baden zurückzunehmen. Sie erwog, daß ihre Intervention täglich 5,000 fl. koſtete. Allein ein Schreiben des badiſchen Miniſters der auswärtigen Angelegenheiten unterm 24. Juni an den Bundestag ſprach die Beſürchtung aus, daß eine neue republikaniſche Schilderhebung bevorſtehe, nämlich:

„Daß theils im Elſaß, theils in der Schweiz (von Baſel über Schaffhauſen bis Konſtanz, Egliſau, Leichlingen, Tegerweilen, Kreuz= liwel ꝛc.) neue republikaniſche Freiſchaaren, wenn auch noch ſchwach an der Zahl, unter den bekannten Führern Heinzen, Hecker, Mögling, Siegel, Reſina, Kayſer, organiſirt; daß Waffen angekauft, und Depôts in manchen Orten der Kantone Baſel, Schaffhauſen, Thurgau gebildet, und daß von da aus fortwährend Verbindungen mit dem badiſchen Oberlande unterhalten, Druckſchriften, wie der Volksfreund, nebſt zahl= loſen Flugblättern, die alle zu republikaniſchen Schilderhebungen aufſor= derten, herbeigeſchleppt und vertheilt würden.“

Deßhalb wurde am 30. Juni der baieriſchen Regierung erwidert, daß die gewünſchte Zurückziehung der Truppen noch nicht ſtattfinden könne, wobei jedoch dem Ober=Kommando des 7. und 8. Armee=Korps überlaſſen bleibe, nach Rückſprache mit der badiſchen Regierung die Garniſon von Mannheim unter der Vorausſetzung zu vermindern, daß, für den Fall unerwartet eintretender Ereigniſſe, von Landau, Germersheim und andern Orten, wo baieriſche Truppen ſtänden, auf geſchehene Requiſition Deta= chirungen nach Mannheim ſtattfinden könnten und hiernach von dem Korps=Kommando die geeigneten Befehle erlaſſen werden würden.

Zugleich ſetzte der Bundestag den eidgenöſſiſchen Vorort in Kennt= niß von den auf Schweizerboden geſchehenden revolutionären Umtrieben und ſtellte an ihn das Anſuchen, die oben erwähnten republikaniſchen Flüchtlinge, namentlich Hecker, von der Gränze wegzuweiſen und keine Vorbereitung zu Angriffen auf Deutſchland zu geſtatten, was nach all=

14*

gemeinen völkerrechtlichen Grundsätzen und bei den bestehenden freundnach=
barlichen Verhältnissen zwischen Deutschland und der Schweiz um so mehr
erwartet werde, als bereits von der französischen Regierung
in diesem Sinne Zusicherungen ertheilt und Anordnun=
gen getroffen worden seien, und als ferner bei der Fortdauer
des gegenwärtigen Zustandes der Bund sich veranlaßt finden könnte,
durch Aufstellung größerer Truppenmassen und sorgfältiger Ueberwachung
alles Verkehrs mit dem an Baden gränzenden Theile der Schweiz zur
Beschwerniß der Staatsangehörigen von beiden Ländern, neuen Einfällen
aus der Schweiz und damit in Verbindung stehenden aufrührerischen
Bewegungen im Innern des Landes vorzubeugen.

Die oberste Behörde der Schweiz bewies sich den deutschen Regie=
rungen nicht weniger gefällig, als die beiden jämmerlichen französischen
Staats-Chefs Lamartine und Cavaignac. Dessenungeachtet bereitete der
Zustand Badens dem Bundestage und seinem Nachfolger, dem Ministerium
des Reichswesers, noch manch' schwere Sorge. Die Reaktion suchte darum
durch ihre Agenten unter den Flüchtlingen widerliche Streitigkeiten her=
vorzurufen, indem sie namentlich über Karl Heinzen und Gustav Struve,
die sie für besonders gefährlich hielt, das Gerücht aussprengen ließ, daß
dieselben ungeheure Geldsummen unterschlagen hätten. Bei der Verbreitung
dieser Beschuldigung waren vorzüglich zwei Literaten, Namens Homburg
und Corvin = Wiersbitzki, ihr förderlich. Hecker wurde nicht nur vom
baierischen Hauptmanne von Abel, dem Bruder des bekannten jesuiten=
freundlichen Ministers, sondern von vielen andern Emissären besucht und
umlauert, bis endlich der gefürchtete Mann, nachdem er mit seinem Ver=
suche, ins Frankfurter Parlament zu gelangen, gescheitert war, zur großen
Freude der Reaktion an der Schöpfung des bürgerlich = nationalen
Deutschlands verzweifelte und nach den Vereinigten Staaten Nord=
amerika's, seinem politischen Musterbilde, absegelte. Nur Gustav Struve
und verschiedene Schüler Hecker's blieben zurück und fachten die Flammen
des Aufruhrs vom Neuen an, so daß Baden vom Kriegszustande auf
lange hinaus nicht befreit wurde. Hätten die Bauern und Kleinbürger
Deutschlands insgesammt die nämliche Energie besessen, wie ihre badischen
Kollegen, so hätte unzweifelhaft das Jahr 1848 ein anderes Resultat
geliefert.

Der Sieg der Reaktion über den ersten badischen Auf
stand ist sehr wichtig. Denn in Baden wurde die große
Frage entschieden, ob in That und Wahrheit ein moder=
nes Deutschland geschaffen, oder ob bloß mit den bedeu=

tungslosen Phrasen des Parlaments = Geschwätzes das
alte abgestorbene Reich auf dem Verfassungspapier neu
konstituirt werden sollte. Die gewiegten Diplomaten der deutschen
Bundesversammlung, welche die verhängnißvolle Bedeutung der badischen
Insurrektion sogleich erspähten, zögerten darum nicht, gegen den unruhi=
gen Winkel Deutschlands die umfassendsten Maßregeln zu ergreifen.
Wenn unter den sämmtlichen Ländern Deutschlands in Baden allein der
sogenannte dritte Stand, obwohl angeregt von Außen einestheils durch
den Arbeitereinfall und anderntheils durch das Beispiel zweier angrän=
zender Republiken, noch einige Kraft entwickelte, so ist diese Erscheinung
einfach dadurch zu erklären, daß der wirthschaftliche Zustand des
Schwarzwaldes und badischen Oberlandes, wie schon die kommunistischen
Einrichtungen der Schwarzwälder Uhrmacher bekunden, den Gemeinsinn
in viel höherm Grade frisch erhalten hatte, als dieß in andern Gegen=
den Deutschlands der Fall war. Aber gerade deßhalb blieben die Anstren=
gungen des badischen Volks im übrigen Deutschland ununterstützt. Wohl
wogen die einzelnen badischen Revolutionäre, wie weit sie auch sonst hin=
ter ihrer Aufgabe zurückbleiben mochten, doch als Männer tausendmal
schwerer in der Wagschale, als ganze Parlamente Deutschlands; allein
ihr Unglück war, die allgemeine Entwicklung nicht in sich aufgenommen
zu haben und darum die charakteristische Bewegung der Zeit nicht zu ver=
stehen. Sie waren Partikularisten und gerirten sich als Förderativ = Re=
publikaner; deßhalb mußten sie unterliegen. Der verbundenen Reaktion
würde bloß die Kraft der einheitlichen Republik die Spitze zu bieten ver=
mocht haben. Nur die Zentralisation der Revolution konnte helfen.

Nachdem wir den Bundestag, das Gesammt=Organ oder die Zen=
tral=Gewalt der deutschen Reaktion, in voller kriegerischer Thätigkeit ge=
sehen haben, wollen wir uns jetzt, ehe wir zur Betrachtung der schles=
wig=holsteinischen Angelegenheit übergehen, seinen friedlichen Arbeiten
zuwenden.

Es läßt sich nicht läugnen und muß um der Wahrheit willen aus=
drücklich hier anerkannt werden, daß die Bundestagsgesandten bei Weitem
gescheidter waren, als die dem deutschen Bürgerthume entsprossenen Volks=
männer. So groß war der Abstand zwischen beiden Kategorien, daß
allein ein derartiger Vergleich wie eine Beleidigung der fürstlichen Ver=
treter erscheint. Hätte die deutsche Aristokratie das deutsche Bürgerthum
nicht geistig weit überragt, so wäre sie 1848 unrettbar verloren gewesen.

Als das unerwartete Unglück in Frankreich sich für die absolutisti=
sche Regiererei Deutschlands höchst bedrohlich fühlbar machte, da suchte

sich der Bundestag vor Allem über seine Lage klar zu werden. Denn
um richtig handeln zu können, mußte er zuerst wissen, wie es um ihn
stand, und wie sein Verhältniß zur deutschen Nation, beziehentlich zur
öffentlichen Meinung des Bürgerthums, beschaffen war. Am 8. März
nun erstattete der badische Gesandte Freiherr von Blittersdorff im Na=
men des in der 9. Sitzung gewählten politischen Ausschusses Bericht
über die dermalige Lage des deutschen Bundes. Er beschränkte sich, wie
er sagte, auf das Nothwendigste, redete aber mit naiver Offenheit und
fast rührender Aufrichtigkeit, gleich als ob er sich wie ein Zerknirschter
und Büßender im Beichtstuhle befunden hätte.

Blittersdorff nämlich, ein zweiter Reinecke, sprach zu seinen hohen
Kollegen:

„Die Beleuchtung der innern Lage des deutschen Bundes muß der
Ausschuß mit dem betrübenden Bekenntniß beginnen, daß der deutsche
Bund und sein Organ, die Bundesversammlung, längst schon das allge=
meine Vertrauen in ihre gedeihliche Wirksamkeit verloren haben. Ein
solches Vertrauen ist aber die Grundbedingung des
Fortbestandes einer jeden politischen Institution.....
Schon die Grundverfassung des Bundes war eine mangelhafte und un=
genügende......" (Nachdem Redner zum Beleg hierfür hervorgehoben,
daß die Erfüllung der Versprechungen und Volkswünsche von der Stim=
meneinhelligkeit abhängig und dadurch unmöglich gemacht worden sei,
fährt er fort:) ... „Der Souveränität der einzelnen Bundesstaaten wurde
dadurch eine Ausdehnung gegeben, welche die Wirksamkeit des Bundes
in stets engere Gränzen einzwängen mußte.... Die Protokolle hoher
Bundesversammlung waren Nichts mehr als ein Repositorium von Vor=
trägen und einzelnen Abstimmungen, ohne inneres Leben und Zusammen=
hang, ohne Austausch der Ideen und Ansichten, ohne ein daraus sich
mit Folgerichtigkeit ergebendes Resultat. Dazu kam eine mangelhafte
Geschäftsordnung, deren Vervollständigung nicht einmal versucht und
noch weniger erzielt wurde.... Die mit dem Präsidium hoher Bundes=
versammlung betraute erste Bundesmacht war seit vielen Jahren nur auf
kurze Zeit durch ihren eigenen Gesandten dahier vertreten.... Nur die=
jenigen Bundesbeschlüsse, welche der öffentlichen Meinung entgegentraten und
deren Verantwortlichkeit die Bundesregierungen daher lieber dem Bunde
überließen, wurden als Bundesgesetze publizirt, und als solche auf deren
Befolgung gehalten.... In demselben Verhältnisse aber, wie die Sou=
veränetät der Bundesstaaten sich auf Kosten des Bundes zu erweitern
suchte, nahm die Wirksamkeit und das Ansehen der Ständeversammlun=

gen in den einzelnen Bundesstaaten zu. Diese Ständeversammlungen bildeten die landständischen Verfassungen zu wahren Repräsentativ-Verfassungen aus und wurden dadurch zur eigentlichen Regierungsgewalt und durch die Oeffentlichkeit ihrer Verhandlungen auch zum Träger der öffentlichen Meinung...... Da die Bedürfnisse der Neuzeit dringend Befriedigung forderten, diese aber durch den Bund nicht gewährt werden konnte, wandten sich die deutschen Völker immer mehr den Ständeversammlungen zu und überließen es den Regierungen und dem Bunde, sich gegenseitig unwirksam zu machen.... Die Dynastie der Orleans wurde in kürzerer Zeit vom Throne gestürzt und aus dem Reiche vertrieben, als es bedurfte, die ältere Linie der Bourbons aus dem Erbe ihrer Väter zu verdrängen. Die Republik wurde proklamirt. Der Rückschlag auf Deutschland war ein gewaltiger.... Bei der Lage der Regierungen und des Bundes war eine sofortige Bewältigung (sic!) dieses Rückschlages schwer möglich. Die Richtung desselben wurde zuerst durch die bekannten, im Großherzogthume Baden aufgestellten 4 Forderungen: einer allgemeinen Volksbewaffnung, uneingeschränkter Freiheit der Presse, Einführung der Schwurgerichte und eines deutschen National-Parlaments, bezeichnet. Die Regierungen eilten, Konzessionen zu geben, die mehr oder weniger mit dem bisherigen Bundes-Systeme in Widerspruch stehen und eine völlige Umgestaltung der innern Verhältnisse der einzelnen Staaten herbeiführen müssen.... Die Aufgabe hoher Bundesversammlung ist es nun, wieder Einklang und Uebereinstimmung in die gestörten Verhältnisse zu bringen und dadurch den innern und äußern Frieden Deutschlands zu sichern. — Hierzu dürfte die Thätigkeit dieser Behörde in ihrer dermaligen Lage und ohne bedeutende Verstärkung der Zentral-Gewalt des Bundes nicht ausreichen. Dieß geht am Deutlichsten aus der Wirkung hervor, die durch die neuesten Beschlüsse der Bundesversammlung hervorgebracht worden ist..... Es muß daher nach anderen Mitteln geforscht werden, um Deutschland vor innerem Zwiespalt und Anarchie zu schützen. Es steht Großes und Entscheidendes auf dem Spiele. Zwar hatte es den Anschein, daß die Gemäßigteren der Anhänger der nationalen Entwicklung Deutschlands bei dem Verlangen eines deutschen Parlaments davon ausgehen, daß die einzelnen Bundesstaaten und Völker als Gesammtheit vertreten werden sollen. In diesem Sinne hat sich eben erst die am 5. d. M. in Heidelberg abgehaltene Versammlung von Angehörigen verschiedener Bundesstaaten ausgesprochen. — Allein hinter den gemäßigten Männern des Fortschrittes steht die Partei der Ultra = Radikalen und Republikaner, die nach einer allgemeinen deutschen Republik strebt. Gedrängt von der einen Seite durch die Gemäßigteren und von der andern durch die noch nicht von der Bewegung ergriffenen Regierungen, könnte diese Partei sich, unter Verläugnung alles patriotischen Sinnes, auf die Hülfe einer Partei des Auslandes stützen und dadurch den Anlaß zu den bedeutendsten Konflikten geben. Dieser Gefahr darf Deutschland nicht ausgesetzt werden. Nach Obigem muß anerkannt werden, daß die Verfassung des deutschen Bundes, wenn Deutschland einig, stark und friedlich bleiben soll, einer Revision auf breiter nationaler Grundlage bedarf. . . . . Ist einmal bekannt, daß die verfassungsmäßige Zentral Behörde des Bundes sich mit der Revision der Bundesverfassung auf zeitgemäßer nationaler Basis beschäftigt, werden damit die zur Ausführung dieser Revision erforderlichen Einleitungen mit der möglichsten Beschleunigung verbunden, so wird die Bundesversammlung die Augen der deutschen Nation auf sich ziehen und, gelingt das große nationale Werk, das allgemeine Vertrauen gewinnen."

Hier finden wir es in dürren Worten ausgesprochen, daß die Reaktion, als die sofortige Bewältigung der von Frankreich ausgehenden Revolutions-Wirkung schwer möglich schien, sich an die deutsch-nationale Idee festklammerte, um vermittelst derselben, gemeinsam mit den gemäßigten National-Liberalen, Front gegen die eigentlichen Revolutionäre zu machen. Der Bundestag wollte sich am Leben erhalten und seine Vollmachtgeber, die Regierungen der Einzelstaaten, retten. Daher suchte er um jeden Preis die Initiative zu behaupten. Um die öffentliche Meinung auf sich zu lenken, spielte er sogar den National-Reformator und unternahm eine Verfassungs = Revision auf breiter volksthümlicher Grundlage. In Anbetracht seiner Antezedentien hätte er eigentlich befürchten müssen, keinen Glauben zu finden und ausgelacht zu werden, hätte er es mit klaren Köpfen zu thun gehabt. — Allein er kannte seine deutsch - nationalen Aesthetiker und Decorums = Männer viel zu gut, um sich in ihnen zu verrechnen. Die Richtung und der Verlauf, welche die deutsch-nationale Bewegung hierauf nahm, sind das Werk des Bundestags, und wenn auch verschiedene kleine Abzweigungen und Seitenlinien des nun kommenden Prozesses nicht immer ganz genau hatten vorhergesehen werden können, so war doch der große, die Entscheidung gebende Grundriß mit Meisterhand der Bewegung jetzt vorgezeichnet. Prévoir c'est regner. Zunächst wurden noch in der 14. Sitzung vom 8. März folgende Beschlüsse gefaßt:

1) Die Bundesversammlung spricht die Ueberzeugung aus, daß eine Revision der Bundesverfassung auf wahrhaft zeitgemäßer und nationaler Grundlage nothwendig sei;

2) sie beauftragt den Ausschuß, gutachtlichen Vortrag über die Art und Weise, wie diese Revision zur Ausführung zu bringen sei, unverzüglich zu erstatten.

In Folge hiervon beantragte der politische Ausschuß und beschloß die Bundesversammlung schon zwei Tage nachher: „sämmtliche Bundes= regierungen einzuladen, Männer des allgemeinen Vertrauens, und zwar, für jede der siebzehn Stimmen des engeren Rathes einen, alsbald (spätestens bis zu Ende des Monates) mit dem Auftrage hierher abzuordnen, der Bundesversammlung und deren Ausschüssen zum Behufe der Vorbereitung der Revision der Bundesverfassung mit gut= achtlichem Beirathe an die Hand zu gehen."

Indem der Bundestag, gestützt auf den gutachtlichen Beirath der Vertrauensmänner, letztere als Strohmänner und nöthigenfalls als Sündenböcke benutzen wollte, gedachte er die nationale Bewegung selb= ständig zu leiten und sie auf eine unerklecliche Revision der Bundes= verfassung zu beschränken. Fiel auch, wie wir sehen werden, die Revision an sich nicht nach seinem Wunsche aus und ließen sich die Vertrauensmänner nicht ganz wie willenlose Werkzeuge behandeln; immer= hin erreichte er durch seinen Kunstgriff zwei Hauptvortheile, welche in beträchtlichem Grade das Schicksal der nationalen Wiedergeburt zu Gunsten der deutschen Regierungen entschieden. Einmal nämlich wurde die Thätigkeit der Anhänger der nationalen Theorie vom Handeln auf's Reden und zwar auf das Ausarbeiten einer Verfassung abgelenkt, und dann wurde — was höchst wichtig war, weil es die nationalen Volks= männer zu gänzlicher Ohnmacht verurtheilte — die neutrale Stadt Frankfurt am Main, der Sitz der Kleinstaaterei, zum Mittelpunkt der sämmtlichen deutsch=nationalen Bestrebungen gemacht.

Zunächst sollten die siebzehn Vertrauensmänner der Bundesver= sammlung als Schutzwall dienen, wenn sich das Vorparlament ver= sammelte. Die Mitglieder des Vorparlaments kamen nicht auf Grund eines Mandats, sondern traten lediglich in ihrer Eigenschaft als Ver= trauensmänner des deutschen Volkes zusammen. Diesen Vertrauens=

männern des Volkes setzte also die Bundesversammlung die Vertrauens=
männer der Regierungen entgegen. Hätte sie das Vorparlament sich selbst
überlassen, ohne ihm seitens der Regierungen ein Gegengewicht zu bieten,
so hätte dasselbe die Macht faktisch an sich gerissen und die Regierun=
gen völlig in den Schatten gestellt. Hierdurch wäre das Vorparlament
in den Fall gekommen, die Volks=Souveränetät zu proklamiren und sich
als revolutionäre Zentral=Behörde zu konstituiren. Hecker und Struve,
welche diesen Plan wirklich hegten, würden vielleicht alsdann das ganze
Vorparlament beherrscht und mit sich fortgerissen haben.

Eine der ersten Maßregeln des deutsch=nationalen Konvents würde
unter solchen Umständen die Absetzung und Vertreibung des Bundes=
tages gewesen sein. Dieser kämpfte somit um seine Existenz, wenn er
den Beschlüssen des Vorparlaments zuvorkam und sich die oberste Lei=
tung der deutschen Angelegenheiten nicht entwinden ließ. Die siebzehn
Vertrauensmänner, welche ihn in der allgemeinen Achtung wieder zu
heben hatten, sollten daher schon bis Ende März, bis wohin das Vor=
parlament zusammentrat, in Frankfurt am Main eintreffen.

Die Einführung einer deutschen National=Versammlung war, wie
die Sachen standen, nicht mehr zu verhindern. Um die Initiative in der
Hand zu behalten, mußte darum, ehe das Vorparlament jene Ein=
führung beschloß, der Bundestag sie aus eigenem Antriebe anzuordnen
scheinen. Also beantragte der badische Gesandte schon am 9. März die
Einsetzung „insbesondere einer ständischen Vertretung der deutschen Bun=
desländer bei der Bundesversammlung.“

Es war vorauszusehen, daß auch die reaktionären Beschlüsse, durch
welche die Bundesversammlung in jeder Hinsicht die Deutschen geknebelt und
ihnen, um mit dem Dichter zu reden, die Einheit der „gemeinsamen
Peitsche beschecrt“ hatte, über Kurz oder Lang fallen mußten. Am 23. März
nun erfolgte ein Antrag der freien Stadt Frankfurt wegen Aufhebung
der seit dem Jahre 1819 erlassenen Ordonnanzen, die fälschlich „Aus=
nahmsgesetze“ genannt wurden, während sie doch die Regel gebildet hatten.
Der betreffende Gesandte sagte: „Auf eine sofortige förmliche Aufhebung
derselben anzutragen, hält sich der Senat (Frankfurts) um so mehr ver=
pflichtet, als erst dadurch die Wirkung einiger dieser Ausnahmsgesetze
vollständig beseitigt zu werden vermag. Dieß gilt namentlich von dem
Beschluß vom 5. November 1835, welcher die Verschickung der Akten in
Polizei= und Kriminal=Sachen an Schöppenstühle und Universitäten unter=
sagt und die wesentlichsten Unzuträglichkeiten für hiesige freie Stadt zur
Folge gehabt hat.“ — Bei Behandlung dieses Antrages ging der Bun=

destag ganz jesuitisch zu Werke. Es bestand nämlich im Schooß des Bundestags eine Kommission, welche die Aufgabe hatte, die Vollziehung jener sogenannten Ausnahmsbeschlüsse zu überwachen. Selbige hieß die in Folge des Artikels 28 der Wiener Schluß=Akte gewählte Kommission und war am 7. Juni 1832 zur „Erhaltung der Sicherheit und Ordnung im Bunde" installirt worden. Dem Frankfurter Antrage gemäß hätte diese Kommission sofort aufgelöst werden müssen, weil die Bundesbe= schlüsse, über deren Vollziehung sie zu wachen hatte, für ungültig erklärt werden sollten. Anstatt dessen aber wurde der nämlichen Kommission der Frankfurter Antrag zur Begutachtung überwiesen; ja am 25. März ward sogar „wegen Abwesenheit des Grafen von Münch=Bellinghausen" die Zahl ihrer Mitglieder durch die Wahl des Gesandten aus den herz. sächsischen Häusern ergänzt. Da jedoch der Bundestag in die Enge gerieth und folglich Etwas zur Beruhigung des Publikums in der beregten Angele= genheit thun mußte, so hütete er sich wohlweislich, die reaktionären Be= schlüsse namentlich, förmlich und einzeln aufzuheben, sondern erklärte sie mit einer leicht ersichtlichen reservatio mentalis nur im Allgemeinen und faktisch für aufgehoben. Er beschloß nämlich: „daß die gedachten, bean= standeten Ausnahmsbeschlüsse für sämmtliche Bundesstaaten aufgehoben, mithin bereits als völlig beseitigt zu betrachten und, wo es noch erforderlich befunden werden sollte, darüber die nöthigen Bekanntmachungen zu er= lassen seien." — Das Protokoll der 27. Sitzung vom 2. April (§. 214) besagt darüber:

„Einen bereits vorbereiteten Vortrag des wegen Artikel 28 der Wiener Schluß=Akte bestehenden Ausschusses, dem der Antrag der freien Stadt Frankfurt überwiesen worden war, glaubte man um so weniger abwarten zu müssen, als der Ausschuß eine im Allgemeinen ausgesprochene Aufhebung dieser Beschlüsse nicht zu beantragen beabsichtigte, vielmehr eine Prüfung der seit 1819 gefaßten Bundesbeschlüsse, soweit sie all= gemeine Angelegenheiten betreffen, für nothwendig gehalten hat, um zu bestimmen, welche unter die Kategorie der Ausnahmsbeschlüsse fallen; es jetzt aber mehr darauf ankommt, nur den Grundsatz in bindender Weise auszusprechen, damit so dem Zweifel und dem Mißtrauen entge= gengetreten werde."

Das Einfachste würde gewesen sein, wenn der Bundestag genöthigt worden wäre, ohne Ausnahme alle auf das öffentliche Wesen bezüglichen, seit 1819 erlassenen und noch gültigen Bundesbeschlüsse summarisch auf= zuheben; denn auf diese Art wäre ihm jedes jesuitische Hinterpförtchen verriegelt worden. Indem man sich jedoch mit seiner verschlagenen Er=

klärung begnügte, geschah es, daß nicht nur der Ausschuß für Vollziehung von Artikel 28 der Wiener Schlußakte bestehen blieb, sondern daß man auch sogar jene alten gehässigen Beschlüsse, deren Abschaffung verlangt wurde, neu auffrischte. In letzterer Beziehung sei nur an Position 5 des Beschlusses vom 15. März, betreffend die zur Sicherheit der Personen und des Eigenthums zu ergreifenden militärischen Maßregeln, hier erinnert, des Inhalts: „Alle Regierungen übernehmen es, auf ergangene direkte Requisition in Fällen von Angriffen auf die Sicherheit der Personen und des Eigenthums sich gegenseitig möglichste Hülfe zu leisten.“

Gleichwie der Bundestag sein Ansehen zu kräftigen beflissen war, ebenso suchten auch manche Bundesregierungen die monarchische Autorität aufzufrischen, indem sie einen Regenten-Wechsel vornahmen. Darum trat Ludwig von Baiern die Regierung an seinen Sohn Maximilian ab. Ohne uns auf die übrigen hieher gehörigen Fälle einzulassen, sei beispielsweise nur erwähnt, daß am 10. März der Großherzog von Hessen beim Bundestage die Anzeige machte, daß er:

„um Sich bei vorgerücktem Alter eine Erleichterung in den Regierungsgeschäften zu gewähren, den durchlauchtigsten Herrn Sohn, des Erbgroßherzogs von Hessen Königliche Hoheit, zum Mitregenten, und zwar in der Weise anzunehmen geruht habe, daß alle die Staatsregierung betreffenden landesherrlichen Entschließungen von des Erbgroßherzogs Mitregenten Königlicher Hoheit ausgehen, auch von Höchstdemselben allein unterzeichnet werden sollen.“

Bald schien es aber, ganz abgesehen von den Vertrauensmännern, durchaus nöthig, die alten Bundestagsgesandten, deren Namen wir oben angegeben haben, abzuberufen und sie durch neue Persönlichkeiten zu ersetzen. Der oben genannte bairische Gesandte Gasser war schon vorher durch Dr. Willich ersetzt worden; allein auch dieser trat bald ab, weil er angeblich die angestrengten Arbeiten des Bundestags nicht aushalten konnte. Wohl glaublich! Die Ueberlast der Arbeit — das heißt: die böse Zeit — suchte der Reihe nach alle Bundestagsgesandten heim, so daß einer nach dem andern von diesen durchlauchtigen Diplomaten vom Bundestags- oder Revolutions-Typhus ergriffen wurde und folglich einem neuen Gesandten Platz machen mußte. Doch unterschieden sich die neuen Gesandten nicht viel von den alten.

Ende März räumte der badische Gesandte Freiherr von Blittersdorff seine Stelle dem geheimen Rath Dr. Welcker ein. Blittersdorff schied mit Wehmuth aus der hohen Versammlung, in der er so lange Zeit einen ehrenvollen Platz eingenommen hatte, und richtete an seine Kollegen noch ein Abschiedsschreiben, worin er jammerte:

„Diese hohe Behörde wird mir, wie ich hoffe, das Zeugniß nicht versagen, daß ich nie einen andern Gedanken und ein anderes Streben hatte, als für die fortschreitende Entwicklung der Bundesversammlung und Bundesmacht in ächt förderativem und nationalem Sinne zu wirken, und daß ich daher den Namen nicht verdiene, den man mir im entge=gengesetzten Sinne zu machen gesucht hat."

Die Bundesversammlung stellte ihm durch ihr Präsidium das erbe=tene Zeugniß alsbald schriftlich aus.

Für das Großherzogthum Hessen trat um die nämliche Zeit der Freiherr von Lepel ein. Er begrüßte die Bundesversammlung mit einer hochfliegenden Antrittsrede. Als nächster Gast stellte sich für Kurhessen dem Bundestage am 12. April Dr. Sylvester Jordan vor. Die übrigen Lückenbüßer werden weiter unten erwähnt werden. Doch sei schon jetzt erwähnt, daß die neuen Bundestagsgesandten sich nicht nur ohne Schwierigkeit den alten Einrichtungen der Eschenheimer Gasse fügten, sondern sich auch an den geheimen Protokollen, theilweise sogar in her=vorragender Weise, betheiligten.

Von den Vertrauensmännern trafen zwar nur wenige zu Ende März in Frankfurt ein, allein der Bundestag machte sich ihre Anwesen=heit flink zu Nutze. Denn er bedurfte ihrer dringend, um vermittelst derselben gegen das Vorparlament zu operiren. Indem der königlich säch=sische Gesandte am 29. März im Namen des von der Bundesversamm=lung eingesetzten Revisions=Ausschusses Vortrag erstattete, sagte er:

„Sowie die Militär=Kommission den Ausschuß mit ihren technischen Kenntnissen und Erfahrungen unterstützt, so wird der jetzt gewählte Aus=schuß in dieser Verfassungssache Nichts vornehmen, ohne vorher die An=sicht der 17 Vertrauensmänner zu vernehmen, und wird sich verpflichtet halten müssen, diese Ansicht jedenfalls und auch dann hoher Bundesver=sammlung vorzutragen, wenn sie mit der seinigen nicht ganz übereinstim=men sollte. Er wird, da die Zeit drängt, noch ehe alle die zu erwarten=den 17 Männer hier angekommen sind, die schon in der Mehrzahl An=wesenden als den schon bestehenden Beirath zu betrachten und dieselben aufzufordern haben, sich über die Wahl eines Vorstandes u. s. w. zu einigen . . . . Daß eine vollständige Mittheilung der Bundestags=Proto=kolle, soweit sie gewünscht wird, und jedenfalls der auf diese Reorgani=sations=Arbeiten bezüglichen, geschehen müsse, versteht sich ebenso von selbst, als daß das Bundeskanzlei=Personal dem Beirath zur Disposition zu stellen sein wird. .... Der Ausschuß glaubt auch, daß die Initiative mit vollem Vertrauen in die Hände dieser Männer zu legen sei, ist aber des Dafürhaltens, daß es dem Ausschusse nur förderlich sein könne, wenn denselben ausdrücklich anheimgestellt würde, nach Befinden, auch während ihrer Arbeiten, mit dem Ausschusse in Kommunikation zu treten. Wenn sich Zweifel über Hauptgrundsätze herausstellen, oder wenn es dem Bei= rath wegen einzelner Fragen erwünscht sein sollte, so wird es zweckmäßig sein, diese Fragen dem Ausschusse vorzulegen, damit sie durch ihn begut= achtet und von hoher Bundesversammlung entschieden werden können, damit eine sichere Grundlage des weiteren Baues gewonnen werde. Dieß wird so lange eine um so wünschenswerthere Rücksichtnahme sein, als nicht sämmtliche Stimmen in dem Beirathe vertreten sind. Auch kann im Laufe des Geschäfts eine gemeinschaftliche Berathung des Beirathes und des Ausschusses hie und da zweckmäßig erscheinen, und letzterer wird hierzu immer bereit sein."

Aus einem andern Vortrage desselben Gesandten ersehen wir, wie der Bundestag sich das Zustandekommen der neuen Verfassung vorstellte. Herr von Nostiz und Jänckendorf bemerkte nämlich im Namen des Re= visions=Ausschusses:

„Eine neue Verfassung kann entweder einfach aus der Vereinbarung der Regierungen hervorgehen und von diesen gemeinschaftlich durch Bun= desbeschluß oktroyirt werden, oder sie kann im Wege des Vertrages und freier Zustimmung der Regierungen auf der einen und des Volks auf der andern Seite zur Gültigkeit gebracht werden. Nur dieser letztere Weg gibt eine Gewähr für den Bestand einer Verfassung; eine oktroyirte würde unter keinen Umständen rathsam sein; sie ist unter den jetzigen Verhält= nissen eine Unmöglichkeit: denn die freisinnigste, den ausgesprochenen Wünschen entsprechendste, und selbst mit den größten Opfern der ein= zelnen Bundesfürsten verbundene, würde, oktroyirt, nie auf Beifall und Dank rechnen können. .... Ob überall neuere Volkszählungen statt= gefunden haben, ist nicht bekannt; es ist also, da es eben nur auf ein Verhältniß ankommt, sicherer, die in der bestehenden Matrikel ange= nommene Volksmenge zur Unterlage zu nehmen. Setzt man fest, daß unter dieser Voraussetzung ein Abgeordneter auf 70,000 Einwohner ge= rechnet und abgesandt wird, so ist dieß ziemlich das Nämliche, als wenn man von der wirklichen Bevölkerung einen auf 100,000 Ein= wohner rechnet, da die Zunahme dann sich ohngefähr wie 7 : 10 verhält."

Just als das Vorparlament zusammentrat, veröffentlichten nun die Frankfurter Zeitungen folgenden Beschluß des Bundestags:

„Zu beschleunigter Entwerfung der Grundlagen einer neuen Bundesverfassung hat die Bundesversammlung mit einleitenden Arbeiten zu diesem Zwecke unter Zuziehung von Männern des öffentlichen Vertrauens bereits begonnen.

Zu weiterer Förderung dieser wichtigen Angelegenheit beschließt dieselbe, die Bundesregierungen aufzufordern, in ihren sämmtlichen, dem deutschen Staatensystem angehörigen Provinzen auf verfassungsmäßig bestehendem oder sofort einzuführendem Wege Wahlen von National-Vertretern anzuordnen, welche am Sitze der Bundesversammlung an einem schleunigst aufzustellenden, möglichst kurzen Termin zusammenzutreten haben, um zwischen den Regierungen und dem Volke das deutsche Verfassungswerk zu Stande zu bringen.

Da der Drang der Umstände die einstweilige Annahme eines bestimmten Maßstabes der Bevölkerung, nach welchem die gedachten Volksvertreter in jedem Bundesstaate zu erwählen sind, erforderlich macht, so erscheint es zweckmäßig, in Bezug auf die bisherigen Bestandtheile des Bundes das bestehende Matrikular-Verhältniß dabei zu Grunde zu legen und die Aufforderung dahin zu richten, daß auf 70,000 Seelen der Bevölkerung jedes Bundesstaats ein Vertreter zu wählen, auch denjenigen Staaten, deren Bevölkerung nicht 70,000 Seelen beträgt, die Wahl eines Vertreters zuzugestehen sei."

Zeit gewonnen, Alles gewonnen, sagt das Sprüchwort. Und so verhielt es sich jetzt mit dem Bundestage. Derselbe war dem Vorparlamente nur um einen Katzensprung zuvorgekommen; allein er nahm durch die Veröffentlichung seines Beschlusses den bürgerlichen Vertrauensmännern den frischen kräftigen Eindruck weg, den sonst ihre Festsetzungen bezüglich der National-Versammlung auf das Publikum gemacht hätten. Der Bundestag schien durch schnelles Entgegenkommen dem Fortschritte Bahn zu brechen, und so diente in doppelter Hinsicht die Einsetzung eines Parlaments nun als Beruhigungsmittel. Indem man das Volk auf den Ausdruck des Gesammtwillens hinwies und es auf die Wunder der Verfassung vertröstete, entzog man den Revolutionären fast alle Kraft.

In jedem Betreff muß der in Rede stehende Bundesbeschluß als äußerst praktisch und wirksam angesehen werden. Den Zeitpunkt für den Zusammentritt des Parlaments festzusetzen, unterließ er, wodurch er den Regierungen einen möglichst freien Spielraum gewährte. Ebenso wenig enthielt er eine Bestimmung, ob die Vertreter mit direkter oder indirekter

Wahl erwählt werden sollten. Nur in Bezug auf die Seelenzahl traf er eine Bestimmung, welche eine Falle für das Vorparlament war.

Obschon das Vorparlament, indem es für 50,000 Seelen einen Ver= treter festsetzte, die Anordnung des Bundestages zu verbessern suchte, so traf es doch keineswegs das Richtige. Denn es behielt die alte Bundesmatrikel bei, welche angeblich vom 14. April 1842, im Grunde aber aus dem Jahre 1819 herstammte. Der Bundestag hatte die alte Matrikel unter Anderm auch deßhalb gewählt, weil das Vorparlament, wenn es die= selbe annahm, hiermit das alte Bundesrecht anerkannte. Es handelte sich nicht darum, irgend ein Verhältniß der deutschen Landesbevölkerungen zu haben, sondern das richtige Verhältniß zu wählen. Seit 1819 hatten sich in der Bevölkerungszunahme die einzelnen deutschen Staaten nicht gleichen Schritt gehalten. Die einen waren hinter den andern in der Einwohnervermehrung zurückgeblieben. Zufolge der alten, den Wahlen zu Grunde gelegten Matrikel hatte der deutsche Bund nur 30,164,392 Einwohner, gegen zwölf Millionen weniger als in Wirklichkeit. Demnach betrugen die österreichischen Bundesangehörigen 9,482,227, während sie in Wirklichkeit sich auf 12,277,261 beliefen. Preußen hatte laut der Matrikel bloß 7,948,439 anstatt 12,249,000 Bundesbevölkerung, Baiern 3,560,000 statt 4,504,874, Würtemberg 1,395,462 statt 1,781,810, Baden 1,000,000 statt 1,367,486, das Großherzogthum Hessen 619,500 statt 852,679, das Kurfürstenthum Hessen 567,868 statt 754,702, das Königreich Sachsen 1,200,000 statt 1,836,664, Hannover 1,305,351 statt 1,782,771, Holstein 360,000 statt 530,933, Mecklenburg = Schwerin 358,000 statt 522,144 u. s. w.

Nach Reden's Zeitschrift des Vereins für deutsche Statistik (Dezem= ber 1847) betrug im Jahre 1846 die Gesammtbevölkerung des deutschen Bundes 41,672,375 Köpfe, die sich folgendermaßen auf die Einzelstaaten vertheilten:

1) Oesterreich (unter und ob der Enns nebst Salzburg, Steiermark, Kärnten, Krain, Küstenland, Tyrol und Vorarlberg, Böhmen, Mähren und Schlesien) enthielt 12,277,261 Einwohner; 2) Preußen mit seinen zum Bunde gehörigen Provinzen Pommern, Brandenburg, Schlesien, Sachsen, Westphalen, Rheinland zählte 12,249,126 Einwohner; 3) die Bevölkerung Baierns (Ober= und Niederbaiern, die Pfalz, die Oberpfalz und Regensburg, Ober=, Mittel=, Unterfranken und Aschaffenburg, Schwa= ben und Neuburg) war 4,504,874 Köpfe stark. Die kleinen deutschen Staaten enthielten folgende Seelenzahl: 4) Würtemberg 1,781,810 Ein= wohner; 5) Baden 1,367,468 E.; 6) das Großherzogthum Hessen

852,679 E.; 7) das Kurfürstenthum Hessen 754,702 E.; 8) Nassau 418,627
E.; 9) das Königreich Sachsen 1.836,664 E.; 10) das Königreich Hannover
1.782,771 E.; 11) das Herzogthum Braunschweig 274,214 E; 12) das
Großherzogthum Oldenburg 279,063 E.; 13) das Großherzogthum
Mecklenburg-Schwerin 522,141 E.; 14) das Großherzogthum Mecklenburg-Strelitz 95,450 E.; 15) das Großherzogthum Sachsen-Weimar
257,573 E.; 16) das Herzogthum Sachsen-Koburg-Gotha 174,216 E.;
17) das Herzogthum Sachsen-Meiningen-Hildburghausen 160,515 E.;
18) das Herzogthum Sachsen-Altenburg 128,819 E.; 19) Anhalt-Dessau
63,082 E.; 20) Anhalt-Bernburg 48,844 E.; 21) Anhalt-Köthen 43,180 E.;
22) Holstein-Lauenburg 530,933 E.; 23) Luxemburg-Limburg 384,557 E.;
24) Hohenzollern-Sigmaringen 45,431 E.; 25) Hohenzollern-Hechingen
20,226 E.; 26) Hessen-Homburg 24,433 E.; 27) Schwarzburg-Sondershausen 58,682 E.; 28) Schwarzburg-Rudolstadt 70,918 E.; 29) Lippe-
Detmold 106,046 E.; 30) Lippe-Schaumburg 32,244 E.; 31) Waldeck
59,704 E.; 32) Liechtenstein 6,585 E.; 33) Reuß, ältere Linie 35,150 E.;
34) Reuß, jüngere Linie 77,016 E.; 35) Hamburg 188,054 E.;
36) Bremen 75,727 E.; 37) Lübeck 42,320 E. 38) Frankfurt am Main
68,240 Einwohner.

Durch das Zurückgehen auf die veraltete Bundes-Matrikel wurde
die Zahl der Deputirten sehr bedeutend vermindert, wie aus folgender
Tabelle ersichtlich werden wird. Kam nämlich auf je 50,000 Köpfe ein
Abgeordneter, so stellte

	nach wirklicher Bevölkerungszahl		nach der alten Matrikel		
Oesterreich	245	. . .	190	Vertreter, also 55 zu wenig.
Preußen	244	. . .	159	" " 85 " "
Baiern	90	. . .	71	" " 19 " "
Würtemberg	35	. . .	28	" " 7 " "
Baden	27	. . .	20	" " 7 " "
Großherzogthum Hessen	17	. .	12	" " 5 " "
Kurfürstenthum Hessen	15	. .	11	" " 4 " "
Nassau	8	. .	6	" " 2 " "
Königreich Sachsen	36	. .	24	" " 12 " "
Hannover	35	. .	26	" " 9 " "
Braunschweig	5	. .	4	" " 1 " "
Oldenburg	5	. .	4	" " 1 " "
Mecklenburg-Schwerin	10	. .	7	" " 3 " "
Mecklenburg-Strelitz	1	. . .	1	" " 0 " "
Sachsen-Weimar	5	. . .	4	" " 1 " "

Becker, Realtion.   15

nach wirklicher Bevölkerungszahl		nach der alten Matrikel				
Sachsen-Koburg	3 . . .	2	Vertreter, also	1	zu	wenig.
Sachsen-Meiningen	3 . .	2	„ „	1	„	„
Sachsen-Altenburg	2 . . .	2	„ „	0	„	„
Anhalt-Dessau	1 . . .	1	„ „	0	„	„
Bernburg	1 . . .	1	„ „	0	„	„
Köthen	1 . . .	1	„ „	0	„	„
Holstein-Lauenburg	10 . . .	7	„ „	3	„	„
Luxemburg-Limburg	7 . . .	5	„ „	2	„	„
Hohenzollern-Sigmaringen	1 . . .	1	„ „	0	„	„
Hohenzollern-Hechingen	1 . . .	1	„ „	0	„	„
Hessen-Homburg	1 . . .	1	„ „	0	„	„
Schwarzb.-Sondershausen	1 . . .	1	„ „	0	„	„
Schwarzburg-Rudolstadt	1 . . .	1	„ „	0	„	„
Lippe-Detmold	2 . . .	1	„ „	1	„	„
Lippe-Schaumburg	1 . . .	1	„ „	0	„	„
Waldeck	1 . . .	1	„ „	0	„	„
Liechtenstein	1 . . .	1	„ „	0	„	„
Reuß, ältere Linie	1 . . .	1	„ „	0	„	„
Reuß, jüngere Linie	1 . . .	1	„ „	0	„	„
Hamburg	3 . . .	3	„ „	0	„	„
Bremen	1 . . .	1	„ „	0	„	„
Lübeck	1 . . .	1	„ „	0	„	„
Frankfurt	1 . . .	1	„ „	0	„	„

Summa 824, Summa 605, also 219 Vertreter zu wenig.

Kam es auch nicht gerade auf die Zahl der Vertreter, so kam es doch, wenn der Volkswille zum Ausdrucke gelangen sollte, auf das richtige Verhältniß an. Als der Irrthum entdeckt wurde, brachte Abegg denselben im Fünfziger-Ausschusse zur Sprache, worauf Simon den Antrag stellte, die wirkliche Bevölkerungszahl anstatt der verrotteten Matrikel zu setzen. Dieser Antrag wurde unterstützt von Kolb, Jakoby und Reh. Allein Wedemeyer, Professor Biedermann, Buhl, Kierulff, Siemens, Mühlfeld, Benedey, Jürgens, Hergenhahn und Wiesner setzten die Beibehaltung der Bundes-Matrikel durch.

Die Reaktion feierte hiermit einen großen Triumph; denn da gerade die Vertreterzahl der großen Staaten beeinträchtigt wurde, begünstigte diese Wahlart die Kleinstaaterei und benachtheiligte die Einheitsbewegung. Ebenso leistete das Vorparlament der Krähwinkelei Vorschub durch die Annahme der vom Bundestage herrührenden Bestimmung, daß auch jeder Staat unter 50,000 Seelen einen Vertreter wählen sollte. Hierdurch wurden die Liliputer-Ländchen Bernburg, Köthen, Sigmaringen, Hechingen, Homburg, Reuß, ältere Linie, sowie Lübeck, und nach der alten Matrikel auch Schwarzburg-Sondershausen, Lippe-Schaumburg, Bremen und Frankfurt am Main, mit je einem Abgeordneten bedacht, obschon sie nicht 50,000 Einwohner zählten, während auf der andern Seite in den größern Staaten gegen eilf Millionen Menschen unvertreten blieben. Aus diesem Verfahren des Vorparlaments schon ging die unumstößliche Wahrheit hervor, daß die sogenannten „deutschen Männer" noch lauter Kleinigkeitskrämer und ihr Einheitsstreben Flausenmacherei, Wortschwall und Nichts als eine Selbsttäuschung oder schöne Lüge war. Man verfuhr aber auch sehr inkonsequent, als man die alte Bundes-Matrikel wählte; denn auf derselben waren die neu aufgenommenen Länder Ost- und Westpreußen, sowie Schleswig, welches 362,900 Einwohner zählte, nicht enthalten, so daß man sich, um die Matrikel-Zahl zu finden, bei diesen Ländern doch wohl an die wirkliche Bevölkerungszahl, deren Verhältniß sich seit 1819 sehr geändert hatte, halten mußte. Manche Staaten hatten sich seitdem rasch entwickelt, andere dagegen waren in der Bevölkerung nur langsam vorwärts gekommen. So war das Königreich Sachsen jetzt volkreicher als Hannover und Würtemberg, obschon es nach der alten Matrikel weniger Abgeordnete als diese beiden Länder zu wählen hatte. Die Bevölkerung von Holstein-Lauenburg und Luxemburg-Limburg hatte sich fast verdoppelt, die wirkliche Bevölkerungszahl Badens erreichte fast die alte Matrikelzahl Würtembergs, sowie auch die wirkliche Zahl des Kurfürstenthums über die alte des Großherzogthums Hessen hinaus ging; Preußen und Oesterreich aber waren im Bunde fast völlig gleich geworden.

Von den 16½ Millionen preußischen Einwohnern, welche sämmtlich zum Zollvereine gehörten, standen anfangs März 1848 beinahe 4.300.000 noch außerhalb des deutschen Bundes. Während also etwas mehr als der vierte Theil der preußischen Bevölkerung nicht zum deutschen Bunde gehörte, fielen doch beinahe drei Viertel innerhalb desselben. Von der Gesammtbevölkerung Oesterreichs dagegen hatten bloß 12.277,261 Köpfe Antheil am Bunde, das heißt bloß ein Drittel der österreichischen Gesammtbevölkerung, so daß etwa 24 Millionen österreichische Einwohner nicht zu Deutschland gerechnet wurden. Gleichwohl übertraf die zum Bunde gehörige wirkliche Einwohnerzahl Oesterreichs die Bundesbevölkerung Preußens zu Anfang des Jahres 1848 um 28,000 Köpfe.

Das durch die alte Bundes-Matrikel herbeigeführte falsche Wahl-

15 *

und Vertreterverhältniß springt sogleich in die Augen, wenn in Zahlen angegeben wird, wie die einzelnen Staaten nun wählten. In Oesterreich kam jetzt nämlich ein Vertreter auf 65,000 der zum Bunde gehörenden Einwohner. In Preußen betrug das Verhältniß, wenn Ost= und Westpreußen hinzugerechnet wurden, 95,000 und mit Einschluß von Posen sogar 103,000, wobei wir auf die weiter unten besprochene Aufnahme dieser preußischen Provinzen in den deutschen Bund verweisen. In Baiern kam auf 75,000 Menschen ein Vertreter. In Würtemberg wurden 67,000, in Hannover, Baden und Braunschweig 68,000, im königlichen Sachsen 76,000, in Holstein 75,000 und in Luxemburg=Limburg 77,000 Köpfe mit einem Parlaments=Abgeordneten bedacht. Dagegen wählte Reuß älterer Linie mit 35,000, Lübeck mit 42,000, Hessen=Homburg mit 24,000, Schwarzburg=Sondershausen mit 58.000, Hohenzollern=Hechingen mit 20,000, Hohenzollern=Sigma= ringen mit 45.000 und endlich gar das Fürstenthum Liechtenstein mit 6,000 Einwohnern einen Deputirten.

Man schien es lediglich darauf abgesehen zu haben, das partikula= ristische Element der Kleinstaaten auf Kosten der großstaatlichen Bevöl= kerung zu bevorzugen. Auf diese Weise gelangte kein einheitliches Deutsch= land zur Vertretung.

Das Vorparlament beging einen großen Fehler,.als es, anstatt ganz genaue Bestimmungen zu treffen und Deutschland in gleichmäßige Wahl= kreise einzutheilen, die Handhabung der Wahlen dem Belieben der Viel= staaterei anheimgab. Es hätte im Gegentheil die Staaten zusammenlegen und unter einander werfen, vor Allem aber verfügen sollen, daß bis auf Weiteres keine einzige Ständekammer, geschweige denn eine konstituirende Versammlung, sich in den deutschen Einzel=Ländern versammeln durfte Das Mißlingen der nationalen Bewegung von 1848 ist theilweise aus den Kon= sequenzen dieses Fehlers herzuleiten. Die Eintheilung Deutschlands bei der Zusammensetzung des Reichskammergerichts nach dem westphälischen Frieden auf dem Reichstage von 1654 konnte ebenso wenig, wie die von 1781, noch maßgebend sein. Denn beide waren verrottet. Im Juli 1848 machte August Ravenstein in Frankfurt a M. für den Parla= ments = Abgeordneten Thame, wegen eines von demselben für die Organisation des Reiches gestellten Antrags folgende neue Kreiseintheilung:

1. Preußen, bestehend aus Ost und Westpreußen (einschließlich des Reg.=Bez. Bromberg);
2. Pommern;
3. Mecklenburg;

4. Schleswig Holstein mit Hamburg, Eutin;

5. Nieder-Sachsen, bestehend aus Hannover, Braunschweig und Oldenburg nebst Bremen;

6. Brandenburg mit Posen;

7. Schlesien;

8. Böhmen;

9. Ober-Sachsen, bestehend aus dem Königreiche Sachsen und Thüringen (dieses bis zum Rücken des Thüringerwaldes gedacht);

10 Mittel-Sachsen, bestehend aus der preußischen Provinz Sachsen, aus Anhalt und den schwarzburgischen Unterherrschaften;

11. Hessen- und Mittel-Rheinland, bestehend aus den drei Hessen, aus Nassau, Frankfurt und Wetzlar;

12. Franken, bestehend aus den baierischen Provinzen Ober-, Mittel- und Unterfranken;

13. Westphalen mit Lippe und Waldeck;

14. Nieder-Rheinland, bestehend aus der preußischen Rhein-provinz und Birkenfeld, nebst Limburg und Luxemburg;

15. Oesterreich mit Mähren;

16. Steiermark-Illyrien, dazu der Salzach-Kreis;

17. Tyrol mit Liechtenstein;

18. Baiern, bestehend aus den baierischen Provinzen Ober-Baiern, Nieder-Baiern und Ober-Pfalz;

19. Schwaben, bestehend aus Würtemberg, Hohenzollern und der baierischen Provinz Schwaben;

20. Ober-Rheinland, bestehend aus Baden und der baierischen Rheinpfalz (Elsaß).

Aber auch diese Eintheilung wäre unthunlich gewesen und sie liefert uns einen Beitrag für die ausnahmslose Regel, daß man sich 1848 schlecht aufs Organisiren verstand. Die auf diese Weise geschaffenen Kreise sind viel zu groß und berücksichtigen — was einen Hauptmangel derselben aus-macht — viel zu viel, sowohl die mittelalterliche Stammes-, wie auch spätere Staatsländer-Eintheilung. Da Deutschland 1848 gegen 42 Millionen Einwohner zählte, so ließ es sich kurzweg in 84 Departements, jedes durchschnittlich zu einer halben Million, und die Departements wieder in 10 Wahlkreise oder Kantone, wovon jeder einen Teputirten wählte, eintheilen. Die Departements durften nicht groß und mußten so gleich-gewichtig als möglich sein, wobei den Städten und den industriellen Gegenden, weil diese das Zivilisations-Element gegenüber der einheitlichen Ländereintheilung bildeten, vorzüglich Rechnung zu tragen gewesen wäre.

Die seitherigen Länder hätten gar nicht berücksichtigt werden und die Departements, sowie die nach den Hauptorten zu benennenden Kantone geeignete Namen und Hauptstädte erhalten sollen, damit das Volk sich möglichst schnell und leicht in die neuen einheitlichen Einrichtungen hineinlebte. Freilich hätte alsdann das Vorparlament sich behufs der Einheitsschöpfung permanent zu erklären und nach allen Seiten Wahl-Kommissäre mit strengen Instruktionen auszusenden gehabt. Zudem hätten diese Kommissäre die Beamten, die Polizei und die bewaffnete Macht, respektive die alsbald überall herzustellende Volks- und Bürgerwehr, zu ihrer Verfügung haben müssen. Wie die Sachen in der ersten Zeit standen, wären die Truppen leicht für die Revolution gewonnen worden, das stehende Heer hätte sich reinigen und umformen, freilich bei der bedrohlichen Haltung Rußlands, nicht beträchtlich vermindern lassen; — alsdann wären die Truppen nicht blinde Reaktions-Werkzeuge geblieben. Ein solches energisches Vorgehen hätte die Durchführung der einheitlichen Revolution zur Folge gehabt, das Vorparlament hätte sich zum Konvent erhoben, und für die erst nach Vollendung der Wegräumungsarbeit zusammentretende konstituirende Versammlung wäre freier Boden und freie Luft geschaffen worden. Es war eine Tollheit, Deutschland einheitlich konstituiren zu wollen, während doch die alten staatlichen Trennungen bestehen blieben. Sollte sich die deutsche Einheit nicht, wie es wirklich gekommen ist, als eine abergläubische Phrase und ein konstitutioneller Papierwisch erweisen, so durfte von der angestammten staatlichen Organisation nicht ein Stein auf dem andern bleiben. Unter den Führern des Bürgerthums besaßen Struve und Hecker, welch' letzterer seine Zeit für die „der wandernden Habe" — für die Zeit der Bourgeoisie — ansah, allein Scharfblick; doch auch ihnen fehlte der politische Feldherrnverstand, denn sonst hätten sie eingesehen, daß die Revolutionirung des Schwarzwalds für Deutschland nicht entscheidend sein konnte.

Einen andern großen Fehler beging das Vorparlament, als es dem Antrage Karl Vogts aus Gießen beistimmte, demzufolge den einzelnen Ländern freigegeben wurde, die Wahlen entweder direkt oder indirekt einzuleiten. Kam schon wegen des veränderten Zahlenverhältnisses keine richtige Vertretung zu Stande, so wurde selbige auch jetzt noch dadurch verpfuscht, daß man den Regierungen, die nicht vom besten Willen beseelt waren, sehr vielen Spielraum ließ. Die einen Länder wählten nun die Vertreter direkt, die andern indirekt; manche, wie z. B. Baiern, bedienten sich sogar gegen die ausdrückliche Anordnung des Vorparlaments, eines Wahl-Zensus. Ebenso wurde in den meisten Ländern den sogenannten deutſchen Ausländern die Wahlfähigkeit nicht zugeſtanden, wodurch allen jenen deutſchen Arbeitern, Gewerbtreibenden, Studenten, Literaten, Sprach= lehrern u. ſ. w., die ſich in einem andern deutſchen Staate aufhielten und nicht gerade wegen der Wahl nach Hauſe reiſen konnten, das natio= nal=einheitliche Wahlrecht entzogen wurde. Ferner war die Beſtimmung, daß jeder Wähler „ſelbſtändig" ſein müßte, ſo zweideutiger Natur, daß reaktionäre Regierungen und Beamte, von welchen die Wahlliſten abhingen, einen Zenſus ausüben und eine Menge volljährige Männer von der Wahl ausſchließen konnten. Viele Wahl=Reklamationen wurden übrigens vom Fünfziger=Ausſchuſſe, den das Vorparlament eingeſetzt hatte, gar nicht beachtet: ſo z. B. die Reklamationen aus Augsburg, Frankenthal, aus Meiningen, Oggersheim u. ſ. w.

Hierzu kam, daß das Vorparlament das Verhältniß Poſens und des Iſtrianer Kreiſes zu Teutſchland unentſchieden gelaſſen hatte. Ja der König von Preußen hielt ſich an den Beſchluß der Bundesverſammlung vom 30. März, demzufolge aus je 75.000 Seelen ein Vertreter auf Grund der alten Bundes=Matrikel zu wählen war, und er verordnete ſomit, daß in Preußen nur 113 Abgeordnete gewählt werden ſollten, nämlich: für Brandenburg 19, für Pommern 11, für Schleſien 28, für die Provinz Sachſen 16, für Weſtphalen 14, für die Rheinlande 25. Das desfallſige „allerhöchſte Propoſitions=Dekret" beſagte weiter:

„Für den Fall, daß die Provinzen Preußen und Poſen in Folge unſeres Patentes vom 18. März den Wunſch ausſprechen ſollten, dem deutſchen Bunde einverleibt zu werden, richten wir zugleich an unſere zum Vereinigten Landtag verſammelten getreuen Abge= ordneten der Ritterſchaft, Städte und Landgemeinden die Aufforderung, eine angemeſſene Anzahl von Abge= ordneten, welche für die Provinz Preußen 23 und für die Provinz Poſen 12 betragen würde, für die deutſche Natio= nal=Verſammlung zu wählen. . . . . Sollte die auf Grund des neuen Wahlgeſetzes zu bildende Verſammlung der Vertreter unſeres Volks, wie jedoch kaum zu erwarten iſt, früher als die Verſammlung der deutſchen National=Repräſentanten zuſammentreten, ſo behalten wir uns vor, mit derſelben über eine den veränderten Ver= hältniſſen angemeſſene Vertretung unſeres Volks bei der deutſchen National=Repräſentation eine Vereinba= rung zu treffen. Wenn übrigens bei Konſtituirung der neuen deutſchen Bundesverfaſſung die Bildung eines theilweiſe aus Mitgliedern der erſten deutſchen Ständekammern beſtehenden Oberhauſes vereinbart werden möchte, ſo werden wir zur Vollziehung dieſer Wahl, ſofern nicht bis dahin eine andere erste preußische Kammer gebildet sein sollte, unsere Herren-Curie besonders einberufen." Unterzeichnet war dieses reaktionäre Dekret von Friedrich Wilhelm, Camphausen, Graf von Schwerin, von Auerswald, Bornemann, Arnim, Hansemann, von Reyher. Der Frankfurter Fünfziger-Ausschuß richtete deßhalb an den König von Preußen die Aufforderung, die Parlamentswahlen in der vorschriftmäßigen Weise vornehmen zu lassen.

Der Bundestag war durch das Vorparlament nicht abgesetzt und vertrieben worden. Hiermit war viel für die Reaktion gewonnen. In Bezug auf die 50,000 Seelen, die zufolge dem Beschlusse des Vorparlaments je einen Vertreter für die Nationalversammlung wählen sollten, gab er nach, obgleich er dem Vorparlament nicht unbedingt Recht gab. Sein Ausschuß sagte darüber bei der Begutachtung:

„Da ja überhaupt jede Vertretung nur ein Auskunftsmittel ist, geboten durch die Unmöglichkeit, den Volkswillen in anderer Art zu vermitteln, so wünscht man dieses Auskunftsmittel so wenig wie möglich auszudehnen, d. h. man wünscht eine möglichst zahlreiche Versammlung .... Der Ausschuß muß also bekennen, daß er weder behaupten kann, daß das Verhältniß 1 : 70,000, noch das von 1 : 50,000 das wirklich richtige sei."

Vom Präsidium des Vorparlaments erhielt die Bundesversammlung am 2. April folgendes Schreiben:

„Das Präsidium von der Versammlung zur Vorbereitung der deutschen konstituirenden National-Versammlung an die deutsche Bundesversammlung.

Der unterzeichnete Präsident gibt sich die Ehre, der deutschen Bundesversammlung in dem anliegenden Auszuge der Protokolle die Beschlüsse ergebenst mitzutheilen, welche die hier zur Vorbereitung der deutschen konstituirenden National-Versammlung versammelten Männer im Namen des deutschen Volks gefaßt haben, mit dem Ersuchen, im Verein mit dem gewählten Ausschusse der gegenwärtigen Versammlung die Einleitung zu treffen, daß den gestellten Anträgen Statt gegeben werde, insbesondere für die Beschleunigung der Wahlen zu wirken, damit die konstituirende National-Versammlung zuverlässig im Interesse der Beruhigung des deutschen Volks am 1. Mai ihre Sitzungen eröffnen könne.

(gez.) Mitteraier.

vdt. die Sekretäre

Bauer, Kierulff, Simon, Briegleb, Blankenhorn, W. Müller, Dr. Georg Varrentrapp."

Der Präsident der Bundesversammlung ertheilte hierauf die Antwort:

Euer Hochwohlgeboren

bekenne ich den Empfang der geehrten Mittheilung vom 2. April, welche ich der Bundesversammlung vorgelegt habe. In dessen Folge ist Letztere gern bereit, den in dieser Mittheilung und in den Beschlüssen der Versammlung vom 31. März und 1. April ausgesprochenen Wünschen entgegenzukommen. In Beziehung auf die beanstandeten Bundesbeschlüsse hat sie bereits einen Beschluß gefaßt, den ich in der Anlage mitzutheilen mich beehre. Empfangen Euer Hochwohlgeboren die Versicherung meiner ausgezeichneten Hochachtung."

Der Bundestag hatte seit Anfang April nicht bloß seine eigenen Vertrauensmänner, sondern auch die Mißtrauensmänner des Fünfziger=Ausschusses neben sich. Der Fünfziger=Ausschuß war beauftragt, die Bundes=Versammlung einzuladen, mit ihm bis zum Zusammentritt der konstituirenden Versammlung ins Vernehmen zu treten; er hatte sie bei Wahrung der Interessen der Nation selbständig zu berathen und die nöthigen Anträge an die Bundesversammlung zu bringen, sowie „bei eintretender Gefahr*) des Vaterlands" das Vorparlament sofort wieder einzuberufen. Er sollte ferner die allgemeine Volksbewaffnung bei den Regierungen durchsetzen, und aus Oesterreich sechs Männer als weitere Ausschußmitglieder zuziehen. Anstatt den Bundestag, der doch, weil man ihm mistraute, vom Fünfziger=Ausschuß überwacht wurde, sofort abzuthun, hatte ihm das Vorparlament, indem es den Bock zum Gärtner setzte, „die Angelegenheit der Begründung eines konstituirenden Parlaments" überlassen. Vom Vorparlamente förmlich anerkannt, durfte er jetzt seine Stellung einstweilen für ganz gesichert betrachten.

Freilich ging das Beisammensein der drei Körperschaften nicht ganz ohne Unannehmlichkeiten ab. Allein es kam hier kein rechter prinzipieller Manneszorn zum Durchbruch, sondern der Zwist glich vielmehr dem Keifen, Grollen und Schmollen der Weiber. Den Fünfziger=Ausschuß suchte sich die Bundesversammlung so weit als möglich vom Leibe zu halten und gedachte darum mit ihm lediglich durch ihre Strohmänner — durch die sogenannten Vertrauensmänner — zu verkehren. Indeß wollte sich der Fünfziger=Ausschuß nicht vom hohen Pferde herab behandeln lassen

---

*) Man ersieht aus diesem Theile des Auftrages, daß das deutsche Bürgerthum sich nochmals michelartig bereit finden ließ, gegen die französische Republik zu Gunsten der deutschen Monarchen zu Felde zu ziehen.

und überſandte am 7. April der Bundesverſammlung nachſtehende Mit=
theilung:

„Nach längerer Verhandlung wurden auf die Anträge von Zachariä,
Hergenhahn und Anderer folgende Beſchlüſſe gefaßt:

1) Die proponirte Art der Verhandlung iſt abzulehnen und eine
direkte Verhandlung des Ausſchuſſes mit der Bundesverſammlung zu
verlangen;

2) die Bundesverſammlung iſt einzuladen, die Siebenzehner in ihre
Mitte aufzunehmen und dann eine Kommiſſion zu ernennen, die mit dem
Ausſchuſſe verhandelt;

3) die Siebenzehner ſind anzugehen, daß ſie ihre Aufnahme in die
Bundesverſammlung verlangen;

4) die Bundesverſammlung iſt zur ſofortigen Erklärung darüber zu
veranlaſſen, in wie weit ſie mit den ihr mitgetheilten Beſchlüſſen der vorbereitenden Verſammlung übereinſtimmt, und was ſie zu deren Ausfüh=
rung gethan hat.“

Sonach gedachte der Fünfziger=Ausſchuß mit den Siebenzehnern
gemeinſchaftliche Sache zu machen und durch dieſelben in das Heiligthum
der Eſchenheimergaſſe einzudringen. Dagegen mußte vor Allem dem
Bundestage daran gelegen ſein, die Siebenzehner nicht in ſeinen Schoos
aufzunehmen, weil dieſelben einestheils ſonſt aufgehört hätten, ſeine
Strohmänner zu ſein, und weil anderntheils eine ſolche Aufnahme ſich
nicht mit den beſtehenden Bundeseinrichtungen vertrug. Darum half ſich
der Bundestag auf diplomatiſche Weiſe, indem er zwar ſich im Allgemeinen ſehr zuvorkommend und verſöhnlich zeigte, aber höflich die Auf=
nahme der Siebenzehner ablehnte. Demgemäß antwortete er:

„Das Präſidium der Bundesverſammlung erwidert Namens der=
ſelben auf das Schreiben des von der vorbereitenden Verſammlung zur
Begründung eines neuen verfaſſungsmäßigen Zuſtandes in Deutſchland
gewählten Ausſchuſſes:

1) daß die Bundesverſammlung die ihr mitgetheilten und ferner
noch mitgetheilt werdenden Anſichten und Wünſche des Ausſchuſſes ſeit-
her ſchon beachtet hat und auch ferner beachten wird;

2) daß die Form der fortlaufenden Berathungen und Verhandlungen mit den ſiebenzehn Männern des Vertrauens ſchon zu gegenſeitiger
Zufriedenheit geregelt iſt, und daß die Bundesverſammlung auch in den
Fällen, in welchen der Gegenſtand und das Bedürfniß eines leichtern
und zeitſparenderen Geſchäftsganges es wünſchenswerth machen, gemein=
ſchaftlich mit jenen Männern berathen wird;

3) daß anliegend die Beschlüsse der Bundesversammlung vom 4. und 7. b. M., betreffend die schleswig-holsteinische Angelegenheit und die Wahlen zur konstituirenden Versammlung, *) mitgetheilt werden, und

4) daß ähnliche weitere Mittheilungen vorbehalten bleiben." (Bundes-Protokoll vom 10. April, § 254.)

Außer dieser Antwort, welche dem Fünfziger-Ausschusse Alles verhieß, aber Nichts gewährte, gebrauchte der Bundestag auf den Antrag des badischen Kollegen Welcker, der durchaus nicht rein im Kamisol war, den Kunstgriff, daß er scheinbar seine Sitzungen der Heimlichkeit ent-kleidete, indem er seine Protokolle in der von uns Eingangs dieses Hauptstücks dargelegten Weise zu veröffentlichen beschloß. Inzwischen führte er die loco dictaturae gedruckten Separat-Protokolle ein, worin er Alles, was geheim bleiben sollte, also namentlich seine anti-demo-kratischen Maßnahmen für die äußere und innere Sicherheit des Vater-lands, niederlegte.

Um zu zeigen, wie volksfeindlich das eingeschlagene Verfahren war, soll im Nachstehenden aus dem Separat-Protokoll vom 4. Mai 1848 jener Theil hier mitgetheilt werden, welcher im besagten Protokolle als Nummer 3 bezeichnet ist. Derselbe lautet:

„Nachdem die Vertrauensmänner in der Sitzung hoher Bundesver-sammlung vom 27. vorigen Monats den von ihnen ausgearbeiteten Ent-wurf zur Verfassung für Teutschland eingereicht haben, ist es durchaus nöthig, daß hohe Versammlung einen Beschluß fasse, ob sie

1) vorerst Instruktionen der einzelnen Regierungen abwarten, oder

2) gleich zur Prüfung der in dem Entwurf enthaltenen Bestimmun-gen übergehen und versuchen wolle, über die den einzelnen Gesandten ange-messen scheinenden Modifikationen sich zu verständigen, in welchem Fall weiter zu beschließen wäre,

a) ob der Revisions-Ausschuß zunächst jene Prüfung und resp. Be-gutachtung vorzunehmen hätte, oder etwa

b) für diesen Fall die gewöhnliche Geschäftsordnung zu verlassen und wegen der hohen Wichtigkeit und großen Eile der Sache eine an-dere, etwa die Einrichtung zu belieben wäre, daß hohe Bundesversamm-

---

*) Hier ließ sich die Bundesversammlung den immer ängstlich vermiedenen Ausdruck: „konstituirende Versammlung" entschlüpfen. Des Bundesbe-schlusses vom 4. April hinsichtlich Schleswig-Holstein's wird unten kurz gedacht werden.

lung sich in 2 oder 3 Sektionen theilte und in diesen erst den Entwurf beriethe, das Resultat dieser vorläufigen Prüfung aber in einer vollen Versammlung von den Referenten der einzelnen Sektionen gegenseitig mitgetheilt und dann weiter berathen würde, wenn nicht hohe Bundesversammlung vorziehen sollte, gleich in pleno zu verhandeln, weil, wie bemerkt, die Zeit so außerordentlich sparsam zugemessen ist. Leider kann nicht verkannt werden, daß, es möge prozedirt werden, wie da wolle, es ganz unthunlich erscheint, die Resultate der Verständigung hoher Bundesversammlung noch so zeitig zur Kenntniß der einzelnen Regierungen zu bringen, daß diese annoch sich über einen im Namen der Regierungen der National=Versammlung vorzulegenden Entwurf verständigen könnten; ohne spezielle Autorisation aber wird hohe Bundesversammlung nicht dazu sich verstehen wollen, einen von ihr gefertigten oder emendirten Entwurf der National=Versammlung hinzugeben. Verhalten sich aber die Regierungen ganz unthätig, so ist vorauszusehen, daß die bevorstehende Versammlung eine **rein konstituirende** sein und den Regierungen eine Konstitution **oktroyiren**, wenigstens dieß zu thun versuchen werde, auch den mächtigsten gegenüber.

„Selbst übrigens, wenn — wie augenfällig — die Regierungen in ihrer Gesammtheit nicht im Stande sein sollten, mit einem ihnen genehmen Verfassungsentwurfe hervorzutreten, würden ihre Rechte und Interessen noch sich wahren lassen, sofern sie die geeigneten Organe der National-Versammlung gegenüber zu stellen vermöchten. Allein hier wirft sich gleich das Bedenken auf: wird die **konstituirende** Versammlung solche Organe, also eigentliche Regierungs=Kommissäre, wenn sie außerhalb ihr stehen, zulassen? Und könnte nicht durch den Versuch der Formirung einer solchen Minister=Bank sofort ein Prinzipien=Kampf hervorgerufen werden, dessen Ausgang für die Regierungen leicht gefährlich werden könnte? Handelten die Regierungen deßhalb nicht vorsichtiger, wenn sie zu bewirken suchten, daß die Männer ihres Vertrauens in die Nationalversammlung gewählt würden, oder wenn sie diese Männer in den Reihen der Abgeordneten selbst suchten, und — ohne ihnen einen offiziellen Charakter beizulegen — mit ihnen sich verständigten, was in dem zu identifizirenden Interesse der Regierungen und Völker über die gegenseitigen Rechte und Pflichten, sowohl in Beziehung auf ganz Deutschland, als auch die einzelnen Theile des Bundesstaates, verfassungsmäßig festzusetzen wäre?

„Es ist nicht wohl denkbar, daß die Regierungen be=
absichtigen, die National=Verfammlung ganz frei ge=
währen zu lassen, und ruhig abzuwarten, welche Verfaf=
fung von derselben werde zu Stande gebracht werden —
in der Hoffnung etwa, daß die Verfammlung nicht das
beendigte Werk sogleich dekretiren und promulgiren,
sondern zunächst den Regierungen als Verfassungsent=
wurf zur Annahme und resp. weitern Verhandlungen
vorlegen werde. Dieß wird voraussichtlich nicht geschehen, sondern,
wie schon bemerkt, es ist zu erwarten, daß die Verfammlung, selbst wenn
sie in einer großen Mehrzahl aus Angehörigen der sogenannten konsti=
tutionellen Monarchie besteht, das ihr nun einmal eingeräumte und fort=
während zu gefährlichen Konsequenzen ausgebeutete Prädikat „„konsti=
tuirende"" wird realisiren und folgeweise in eine förmliche Verhand=
lung und vertragsweise Vereinbarung mit den Regierungen nicht sich
wird einlassen wollen.

„Gerade um an dieser Klippe nicht zu scheitern, ist es wünschens=
werth, daß die Verfaffung dem Schooße der National=Verfammlung,
der Form und dem Inhalte nach, so entsteige, daß die Regierungen der
Einzelstaaten sie annehmen können, ohne hierdurch den Bedingungen ihrer
Existenz zu entsagen und in dem Bundesstaate auf= oder eigentlich
unterzugehen. Das ist aber eher zu hoffen, wenn den Regierungen ge=
lingt, Organe zu finden, welche nicht von Außen nach Innen, sondern
umgekehrt, den Willen und die Kraft haben, damit durch Gründe der
Vernunft, des Rechts und der Erfahrung die Ueberzeugung neu begrün=
det und gestärkt werde, daß Deutschland seinem Partikularismus auch
die allerwohlthätigsten Folgen verdanke und noch künftig derselbe edle
Blüthen und Früchte treiben könne, die Nachtheile jenes Partikularis=
mus aber sich beseitigen, eine wahre (!) Einheit und Größe Deutsch=
lands sich herstellen lasse, ohne gewaltsame Vernichtung der Staaten=
Individualitäten.

„Gegen den Vorschlag, die Organe der Regierungen in der Ver=
fammlung selbst zu suchen, wird zwar eingewendet werden, daß davon
zu besorgen sei, es werde sofort das Vertrauen der öffentlichen Meinung,
welche jene Männer gewählt hat, wieder geschwächt und diesen hierdurch
der nöthige Einfluß, um den Zweck erreichen zu können, entzogen werden.
Allein diesem Einwande läßt sich durch die Bemerkung entgegnen, daß
eben deßhalb die fraglichen Organe keine offiziellen sein sollen, daß einer
förmlichen Minister=Bank noch mehr Bedenken der Art entgegentreten

würden, daß überhaupt sich das Bilden einer rechten und linken Seite und eines centri gar nicht verhindern läßt, weil die Verschiedenheit der Ansichten und Ueberzeugungen mit Nothwendigkeit dazu führt, und Verdächtigungen überhaupt weder Gesammtheiten noch Individuen sich entziehen können, alle Parteien ohne Unterschied ihnen ausgesetzt sind.“

„Außerdem ist nicht zu verkennen, daß es für die Regierungen äußerst schwierig sein würde, unter ihren Beamten und zwar denjenigen, welche den neuen Zeitrichtungen ergeben sind, eine genügende Anzahl von Männern zu finden, welche die erforderlichen physischen, geistigen und moralischen Eigenschaften besitzen, um mit Erfolg von einer Regierungsbank aus auf eine so zahlreiche Versammlung zu wirken. Und sind die Regierungen so glücklich, solche Männer zu haben, so bedürfen sie ihrer auch zu Hause in den gegenwärtigen anarchischen Zuständen, und weil in jedem einzelnen Lande auf legislative Abänderungen des Bestehenden gedrungen wird, ohne erst die Resultate der konstituirenden National-Versammlung abzuwarten.

„Die Bundesversammlung, in ihrer Gesammtheit oder durch Deputationen, kann die Regierungen in dieser Versammlung nicht vertreten. Von andern, nicht entfernt liegenden Gründen abgesehen, genügt die Erwägung, daß die Bundesversammlung, als Repräsentantin der Regierungen, der National-Versammlung gewissermaßen gegenübersteht, und nicht wohl angeht, daß beide direkt mit einander, wie dieß sonst in Vertragsverhältnissen wohl geschieht, verkehren, sondern es vermittelnder Organe bedarf, wenngleich diese ebenfalls von den Regierungen gewählt werden. Offenbar sind auch in dem Verhältniß der Regierungen zur National-Versammlung verschiedene Gesichtspunkte festzuhalten: — einmal haben nämlich die Regierungen ein solidarisches Interesse dem Volk in seiner Totalität gegenüber, bei Feststellung also der gegenseitigen Volks- und Regierungs-Rechte und Pflichten, sodann haben die Regierungen ein besonderes Interesse gegen einander, bezüglich des Verhältnisses zur konstituirenden, obersten Reichsgewalt, und endlich haben die einzelnen Staaten, Regierungen und Volk vereinigt, gewisse Partikular-Interessen den allgemeinen Interessen von ganz Teutschland gegenüber zu wahren.“

„Diese verschiedenen und zum Theil einander widerstrebenden Rücksichten einem höhern Gesichtspunkt unterzuordnen, oder in diesem zu vereinigen, wäre zwar eine würdige Aufgabe für die Bundesversammlung, allein sie wird sie unter den gegebenen Verhältnissen nicht zu leisten vermögen. Es dürften aber die Regierungen auf die angedeuteten Momente aufmerksam zu machen sein, selbst auf die Gefahr hin, daß dieses über-

flüssig sein könnte, weil sie von selbst schon solche in Betracht ge=
zogen und möglicherweise geeignete Maßregeln ergriffen haben könnten.

„Wenn übrigens die so lange schon (auch im relativen und den
gegenwärtigen Verhältnissen angemessenen Sinne) besprochene, aber immer
noch nicht in Ausführung gebrachte **Schaffung einer Bundes=
Zentral=**, resp. **Exekutiv = Behörde** (sic!) noch zu Stande ge=
bracht werden sollte, ehe die National=Versammlung zusammentritt —
**und die Nothwendigkeit einer solchen Maßregel im In=
teresse aller Regierungen, der größten wie der kleinsten,
dürfte wahrhaftig nicht verkannt werden,** wenn nicht fort=
während beklagenswerthen Illusionen sich hingegeben würde, — **so
möchte wohl jene Behörde auch als die geeignetste er=
scheinen, um der National=Versammlung gegenüber zu
treten, Namens der Regierungen mit ihr zu verkehren,
und für diesen Verkehr die passendsten Organe zu suchen.**

„Selbst aber, wenn es nicht gelingen sollte, die fragliche Behörde
ins Leben zu rufen, wenn hohe Bundesversammlung oder die einzelnen
Regierungen an den buchstäblichen Bestimmungen der Bundes=Akte fest=
halten wollten, während hiervon doch in andern Fällen so häufig schon
in der neuesten Zeit ist abgegangen und überhaupt der Boden betreten
worden ist, auf welchem instinktmäßig nur die Nothwendigkeit, das Be=
dürfniß des Tages, Qualität und Quantität des Handelns bestimmt, so
würde doch unter allen Umständen es nöthig sein, daß die Regierungen
eine Kommission von 3—5 Mitgliedern unverzüglich bestellten und in
Frankfurt zusammentreten ließen, um eine einheitliche Leitung in die Ver=
hältnisse zur National=Versammlung zu bringen. Jene Kommission würde
die formelle Vermittlung zwischen den Regierungen in ihrer Gesammtheit
und der National=Versammlung wahren, mit den einflußreichsten Mit=
gliedern dieser Versammlung stets sich benehmen und je nach den Um=
ständen die geeignetsten Maßregeln zur Wahrung der Regierungs=Inter=
essen vorsehen.“

Vorstehendes war ein Promemoria, eingebracht vom Freiherrn von
Lepel, dem neuen Gesandten des allverehrten neuen hessendarmstädtischen
Ministers Freiherrn von Gagern. Der Revisions=Ausschuß, dessen Mit=
glied Lepel war, sprach die Ansicht aus, welcher der Bundestag einstim=
mig beipflichtete: „daß dieses Promemoria den Regierungen einzusenden
sei, weil **dasselbe, theilweise wenigstens, Bemerkungen und An=
deutungen** (sic!) **enthält, deren Berücksichtigung sich em=
pfehlen dürfte.“**

Was war der kurze Sinn dieses Promemoria's? Einfach der: die Wahlen zu beeinflussen, die einflußreichen Parlaments-Mitglieder zu bestechen, die zu schaffende Zentralgewalt in einen Verschwörungsherd der Regierungen zu verwandeln und das Volks-Interesse dem Regierungs-Interesse zu opfern.

Wer stak hinter Freiherrn von Lepel? Sein Vollmachtgeber der Edle Heinrich von Gagern, der beim Zugrundcrichten der nationalen Bewegung noch eine so hervorragende Rolle spielen sollte.

Auf einem Schleichwege gelangte zur Kenntniß des Fünfziger-Ausschusses, daß am 4. Mai ein der konstitnirenden Befugniß der deutschen Volksvertretung feindliches Separat-Protokoll vom Bundestage abgefaßt worden war. Einzelne Stellen des Promemoria's fanden sogar durch die Presse ihren Weg in die Oeffentlichkeit. Was geschah nun? — Wurde jetzt der Bundestag etwa abgesetzt? — O nein! — Heinrich von Gagern desavonirte seinen Gesandten und berief ihn ab, der Bundestag suchte auf den Rath des neuen würtembergischen konstitntionellen Minister-Präsidenten Paul Römer *) sich weiß zu waschen, und der unfähige Fünfziger-Ausschuß, obwohl er sehr ergrimmt that, begnügte sich damit, das Promemoria — wie er sich ausdrückte, der öffentlichen Meinung anheimzustellen.

Die Bundesversammlung war so keck, dem für jede männliche politische That zu feigen Fünfziger-Ausschusse rundweg am 12. Mai zu antworten

„Die Bundes-Versammlung nimmt keinen Anstand, in Erwiderung auf das Schreiben des Herrn Vorsitzenden des Fünfziger-Ausschusses vom gestrigen Tage demselben hierüber einen Abdruck des §. 3 des Separat-Protokolls der 47. Bundestagssitzung vom 4. d. M. zukommen zu lassen, indem dieselbe dabei die Bemerkung nicht zu unterdrücken vermag, daß nur durch Mißbrauch von Vertrauen die Mittheilung eines Separat-Protokolls mit dem darin enthaltenen Promemoria eines einzelnen Mitgliedes erfolgt sein kann, welches an sich zwar das Licht der Oeffentlichkeit nicht zu scheuen hat, aber darum für die Oeffentlichkeit

---

*) §. 191 des Protokolls der 52. Sitzung vom 15. Mai. Der würtembergische Gesandte beantragt, zur Widerlegung irrthümlicher Auffassung eine offene beruhigende Erklärung über das Verfahren des Bundestags hinsichtlich des Separat-Protokolls vom 4. Mai abzugeben. Diese öffentliche Erklärung, durch welche das Volk dumm gemacht werden sollte, wurde beschlossen am 16. Mai (§. 506).

nicht bestimmt ist, weil dasselbe nur bei Gelegenheit einer Instruktions=
Einholung in der deutschen Verfassungsangelegenheit den Bundesregie=
rungen, als theilweise der Beachtung werth, mitgetheilt wurde."

Die übrigen Theile des Separat=Protokolls vom 4. Mai enthielten
militärische Maßregeln gegen die Demokratie, nämlich einen oben theil=
weise mitgetheilten Bericht des Ober=Kommando's aus Baden, mit
dem Antrage auf die standrechtliche Exekution, die Kontribution und
Stellung von Geiseln seitens der badischen Gemeinden, sodann Näheres
über die Aufstellung des gegen die demokratische Revolution zu richtenden
Armee=Korps zwischen Bamberg, Würzburg und Hof.

Einigermaßen gefährlich schien dem Bundestage Heckscher unter den
Fünfzigern zu sein, der damals, wie so viele Andere, republikanische
Reden gegen die Reaktion hielt. Doch derselbe ließ sich gewinnen und
wurde darauf zu einem Reichsminister gemacht.

Auch unter den siebenzehn Vertrauensmännern gab es einen Schreckens=
mann. Dieses enfant terrible war Niemand anders als der Geschichts=
Professor Droysen. Weil sich derselbe ebenfalls auf den andeutungsweise
im Lepel'schen Promemoria angegebenen Wegen hat gewinnen lassen, und
sich sogar dazu hergegeben hat, die deutsche Geschichte zu Gunsten des
preußischen Herrscherhauses zu verunstalten, so mag es der Mühe sich ver=
lohnen, hier darauf hinzuweisen, daß Droysen zwei Promemoria's gegen
die Reaktion anfertigte, worin er sich als Republikaner bekannte und
gegen das nämliche Preußenthum zu Felde zog, welchem er nachher
dienstbar wurde. Auf die Schriftstücke selbst werden wir unten zurück=
kommen. Nachdem die Streitigkeit mit Dänemark ausgebrochen war,
hatte die Bundesversammlung den Professor Droysen aus Kiel „aus=
nahmsweise und bis auf Weiteres" in ihrer 28. Sitzung unter die sie=
benzehn Männer des öffentlichen Vertrauens aufgenommen.

Den geistigen Mittelpunkt der Siebenzehn bildete Professor Dahl=
mann, welcher von der preußischen Regierung erwählt worden war, und
die Aufgabe zu erfüllen hatte, den Verfassungsentwurf — dem Plane
der Reaktion gemäß — im preußischen Sinne auszuarbeiten. Dahlmann
war damals eine so gesuchte Persönlichkeit, daß ihn auch die 16. und 17.
Stimme gewählt hätte, wenn Preußen nicht zuvorgekommen wäre. Der
geheime Legationsrath Max von Gagern vertrat die 13. Stimme (Braun=
schweig und Nassau) und führte den Vorsitz. Für Baiern fungirte Kirch=
geßner, der, als der Verfassungs=Entwurf nicht im baierischen Sinne
ausfiel, seinen Austritt anzeigte, ohne dabei eines Ersatzmannes zu er=
wähnen; weßhalb die Bundesversammlung — obschon vergeblich — an

die baierische Regierung das Ansuchen richtete, daß dieselbe für Wieder=
besetzung der erledigten Stelle schleunigst Sorge tragen möge. Kurhessen
hatte zuerst den Regierungsrath Wippermann zu seinem Vertrauensmann
bestellt; als aber derselbe sich für die ihm zugedachte Rolle nicht zu
eignen schien und Frankfurt verließ, trat an seine Stelle der Professor von
der kurhessischen Landes=Universität und Abgeordnete Dr. Bergk. Von öster=
reichischer Seite war der ständische niederösterreichische Verordnete, Appella=
tionsrath Ritter von Schmerling erschienen, und ihm noch der Landrath
Freiherr von Sommaruga zur Beihülfe im Geschäfte, sowie zur Sub=
stituirung in Verhinderungsfällen zur Seite gestellt. Hannover wurde
durch den Göttinger Professor Zachariä vertreten. Die übrigen Ver=
trauensmänner waren: Todt aus Adorf für das Königreich Sachsen;
der Dichter Dr. Uhland aus Tübingen für Würtemberg; Bassermann
aus Mannheim für Baden; Dr. Langen aus Rheinhessen für Hessen=
Darmstadt; der Staatsanwalt Willmar aus Luxemburg für Luxemburg;
von der Gabelentz aus Altenburg und Luther aus Meiningen, für die
sächsischen Herzogthümer; Stever aus Mecklenburg für Mecklenburg;
Professor Dr. Albrecht aus Leipzig für Oldenburg und die andern
Staaten der 15. Stimme; Jaup aus Darmstadt und Petri aus Detmold
für die kleinen Staaten der 16. Stimme; endlich Professor Dr. Gervinus
aus Heidelberg für die freien Städte der 17. Stimme.

Der von den Vertrauensmännern ausgearbeitete Entwurf *) bestimmte,
daß „nunmehr an die Stelle des bisherigen deutschen Bundes eine auf
National=Einheit gebaute Verfassung treten sollte." Die zum bisherigen
deutschen Bunde gehörigen Lande, mit Einschluß von Ost= und West=
preußen und von Schleswig, sollten fortan ein Reich — einen Bundes=
staat bilden, während wegen des Großherzogthums Posen und des
Istrianer Kreises eine Bestimmung vorbehalten blieb. Die Selbstständigkeit
der einzelnen deutschen Staaten wurde nicht aufgehoben, aber, soweit
es die Einheit Deutschlands zu fordern schien, beschränkt. Diese Beschrän=
kung sollte theils darin bestehen, daß fortan einzelne Staatsange=
legenheiten ausschließlich der Reichsgewalt anheimfielen, theils darin,
daß dem Volke gewisse Grundrechte und Einrichtungen von Reichswegen
gewährleistet wurden. Der Reichsgewalt sollte zustehen: a) die völker=
rechtliche Vertretung Deutschlands und der einzelnen Staaten nach Außen,

*) S. Deutschlands Einheit und der Entwurf des deutschen Reichsgrundge=
setzes, von den 17 Männern des öffentlichen Vertrauens überreicht am 26. April
1848 und beleuchtet von J. J. Weichsel Magdeburg 1848, S.

sowie die Ueberwachung der von den einzelnen Staaten unter sich oder mit dem Auslande abzuschließenden Verträge; b) das Recht über Krieg und Frieden; c) das Heerwesen, beruhend auf stehendem Heere und Landwehr, und auf dem Grundsatz der allgemeinen Wehrpflicht ohne Stellvertretung; d) das Festungswesen; e) die Sicherung Deutschlands zur See, durch Kriegsflotte und Kriegshäfen; f) das Zollwesen, so daß das ganze Reich ein Zollgebiet bildete; g) das Postwesen; h) Gesetz= gebung und Oberaufsicht über Wasserstraßen, Eisenbahnen und Telegraphen; i) Ertheilung von Erfindungs=Patenten, die sich aufs ganze Reich zu erstrecken hatte; k) die Gesetzgebung im Gebiet des öffentlichen und Pri= vatrechts, insoweit eine solche zur Durchbildung der Einheit Deutschlands erforderlich sei, wohin insbesondere ein Gesetz über deutsches Heimaths= recht und Staatsbürgerrecht, sowie ein Gesetz über ein für ganz Deutsch= land gleiches Münz=, Maß= und Gewichtsystem gezählt wurde; l) die Gerichtsbarkeit, insoweit sie dem Reichsgericht zukäme; m) die Verfügung über sämmtliche Zoll= und Posteinkünfte und, sofern diese und sonstige Reichseinnahmen (wie Taxen, Konzessionsgelder rc.) für den nun ver= wickelten und vervielfachten staatlichen Mechanismus nicht ausreichten, die Belegung der einzelnen Staaten mit Reichssteuern. Die Reichsgewalt war im Reichsoberhaupte und Reichstage vereinigt; die Verwaltung ein= zelner Zweige geschah durch eigene Reichsbehörden, an deren Spitze die Reichs=Minister standen. Das Reichs=Oberhaupt hatte den Titel: „Deutscher Kaiser", und seine Würde sollte „um der Sicherstellung der wahren Wohlfahrt und Freiheit des deutschen Volks willen" erblich sein Dieses Reichsoberhaupt resi= dirte zu Frankfurt am Main und bezog eine mit dem Reichstage zu vereinbarende Zivilliste. Der Kaiser hatte die vollziehende Gewalt in allen Angelegenheiten des Reichs, ernannte die Reichsbeamten und die Offiziere des stehenden Heeres und der Marine, sowie die Stabsoffiziere der Landwehr; desgleichen verfügte er über die Vertheilung des stehenden Heeres. Ihm stand die außerordentliche Berufung, die Vertagung, Schlie= ßung und Auflösung des Reichstags zu, dessen Beschlüsse erst durch seine Verkündigung für alle Theile des Reichs verbindliche Kraft erhielten, er erließ die zur Vollziehung der Reichsgesetze nöthigen Verordnungen, und das Recht des Vorschlags und der Zustimmung zu den Gesetzen theilte er mit dem Reichstage. Er übte die völkerrechtliche Vertretung Deutsch= lands aus, entschied über Krieg und Frieden und war un= verletzlich und unverantwortlich, obwohl er ein verantwortliches Ministerium zur Seite hatte. Der Reichstag bestand aus zwei Häusern:

dem Ober= und Unterhause. Das Oberhaus, bestehend aus höchstens
200 Mitgliedern, wurde gebildet aus den regierenden Fürsten, aus einem
Abgeordneten von jeder freien Reichsstadt und aus den Reichsräthen,
welche vierzig Jahre alt waren, und aus den einzelnen Staaten durch
die Stände, der Bevölkerung angemessen, auf 12 Jahre gewählt wurden,
so daß alle 4 Jahre ein Drittel austrat. Das Unterhaus bestand aus
Abgeordneten des Volks, welche auf sechs Jahre gewählt wurden, so
daß alle zwei Jahre ein Drittel ausschied. Auf je 100,000 Seelen der
wirklichen Bevölkerung kam ein Abgeordneter, jedoch so, daß auch
Staaten von geringerer Volkszahl einen Abgeordneten schickten, und ein
Ueberschuß von wenigstens 50,000 Seelen ebenfalls zu einem Abgeordneten
berechtigte. Die Wahl geschah durchs Volk (nicht durch Ständever=
sammlungen); ob aber direkt oder indirekt (durch Wahlmänner), blieb
der Gesetzgebung der einzelnen Staaten überlassen. Wähler war jeder
volljährige, selbständige Staatsangehörige, mit Ausschluß der wegen
eines entehrenden Verbrechens Verurtheilten, wählbar jeder Wahlberech=
tigte nach vollendetem dreißigsten Lebensjahr ohne Unterschied des Staates,
aus dem er stammte. Beamte bedurften zur Annahme der Wahl keiner
Genehmigung. Die Reichsräthe und die Mitglieder des Unterhauses
bezogen Reise= und Taggelder aus der Reichskasse. Jedes Mitglied des
Reichstags vertrat ganz Deutschland und war an Instruktionen nicht
gebunden. Zur Gültigkeit eines Reichstagsbeschlusses gehörte die Ueber=
einstimmung beider Häuser, die auf gleiche Weise das Recht
des Gesetzvorschlags, der Beschwerde, der Adresse und der Minister=An=
klage hatten. Der Voranschlag des Reichshaushalts war stets zuerst
dem Unterhause zur Beschlußnahme vorzulegen, deren Ergebniß das
Oberhaus nur im Ganzen verwerfen durfte. Zum Beschluß eines jeden
Hauses gehörte die Gegenwart von einem Drittel der Mitglieder und
die absolute Mehrheit der Stimmen. Sitz des Reichstags war Frank=
furt am Main, die Verhandlungen und Beschlußfassung beider Häuser
geschahen öffentlich. Eine Vertagung durch den Kaiser durfte nicht über
sechs Wochen ausgedehnt werden, und einer Auflösung hatte die Anord=
nung neuer Wahlen binnen 14 Tagen zu folgen, widrigenfalls der Reichs=
tag drei Monate nach der Auflösung in seiner alten Gestalt zusammen=
treten sollte, wenn die Zeit der ordentlichen Sitzung nicht früher fiel.
Die Mitglieder des Reichstags durften — außer im Fall der Ergreifung
auf frischer That bei einem peinlichen Verbrechen — während ihrer
Anwesenheit auf dem Reichstage, sowie auf der Hin= und Herreise
nicht ohne Zustimmung des Hauses, dem sie angehörten, verhaftet

werden, auch nicht wegen ihrer Aeußerungen im Hause an einem andern Orte zur Rechenschaft gezogen werden. Die Reichsminister hatten Zutritt in jedem Hause und mußten auf ihr Verlangen gehört werden, ebenso wie sie zu erscheinen hatten, wenn ihre Gegenwart verlangt wurde; doch hatten sie nur Stimmrecht in dem einen oder andern Hause, wenn sie Mitglieder desselben waren.

Die Reichsräthe vertheilten sich (zufolge Anlage A des Bundestags-Protokolls vom 27. April 1848) folgendermaßen: Oesterreich 24, Preußen 24, Baiern 12, Sachsen, Hannover, Würtemberg und Baden je 6 = 32, Kurhessen, großherzogliches Hessen, Schleswig-Holstein und Mecklenburg-Schwerin je 6 = 24, Luxemburg, Braunschweig, Nassau, Weimar, Oldenburg je 4 = 20, Koburg, Meiningen, Altenburg je 2 = 6, alle andern Staaten je 1 = 19: zusammen 161.

Hierzu kam ein Reichsgericht, das seinen Sitz in Nürnberg haben sollte. Alle Bundesbeschlüsse, Landesgesetze und Verträge zwischen einzelnen deutschen Staaten waren, insoweit sie mit einer Bestimmung des Reichsgrundgesetzes in Widerspruch standen, außer Kraft gesetzt. Zu Abänderungen des Reichsgrundgesetzes war die Uebereinstimmung des Reichstags mit dem Reichsoberhaupte, in jedem Hause die Anwesenheit von wenigstens Dreiviertel der Mitglieder, und eine Stimmenmehrheit von Dreiviertel der Anwesenden erforderlich. Die regierenden Häuser der einzelnen Bundesstaaten hatten das Reichsgrundgesetz nicht zu beschwören.

Dahlmann, der eigentliche Schöpfer des Reichsverfassungs-Entwurfs, welch' letzterer in der That den Arbeiten der zusammentretenden konstituirenden Versammlung zur Grundlage diente, hatte keine Revolutions-, sondern eine Restaurations-Verfassung geliefert. Allerdings waren derselben einige Grundrechte beigegeben, allein diese bildeten gerade zu dem übrigen Inhalte einen schreienden Kontrast und eine schwere Anklage. Noch schlimmer als die verschimmelte Institution des Erbkaiserthums war die Einführung des Zweikammer-Systems; denn hierdurch wurde die neue Rechtsanschauung, welche erst noch vermittelst des allgemeinen Stimmrechts sich schwach und allmählig Bahn brechen sollte, schon von Vornherein, an Händen und Füßen gefesselt, der alten Welt überliefert. Zwar ließ der Verfassungsentwurf anscheinend zweifelhaft, ob der Erbkaiser aus dem Hohenzollern'schen oder aus dem Habsburg-Lothringer Herrscherhause zu nehmen war; indeß konnte Niemand, der die Pläne der Erbkaiserpartei kannte, darüber unklar sein, daß der Bonner Professor für die preußische Regierung, die ihn zu ihrem Vertrauensmann bestellt, gearbeitet hatte. Der Plan der Reaktion war fix und fertig. Der König von Preußen wollte nicht Kaiser der Teutschen und die Reichsverfassung sollte nicht eine Wirklichkeit werden. Aber Dahlmann's Verfassungsentwurf hatte die Aufgabe, die öffentliche Meinung irre zu.führen. In diesen Plan paßte es, wenn einestheils das baierische Haus Wittelsbach dem Verfassungs= entwurfe der Vertrauensmänner den Verfassungsentwurf eines dreiköpfigen Direktoriums entgegenstellte *), um zu verhindern, daß die deutschen Fürsten „zu bloßen Vorstehern der Landes=Polizeigewalt herabgesetzt" würden, und wenn anderntheils zur Wahrung des Scheines ihrer Unab= hängigkeit die Vertrauensmänner den Entwurf, nachdem sie ihn fertig gemacht hatten, sogleich veröffentlichten, ohne ihn erst in der Bundesver= sammlung diskutiren zu lassen. Es war im Rathe der Allerhöchsten be= schlossen, daß aus der nationalen Bewegung kein dauerndes, gesetzlich anerkanntes Werk hervorgehen durfte. Einzig und allein der Herzog von Koburg sandte dem Bundestage die gothaische Verfassung ein, um die= selbe vom Bunde gewährleisten zu lassen.

Weil die Vertreter der nationalen Bewegung Nichts zu Stande bringen sollten, wandte sich die Spener'sche Zeitung vom 6. Mai, die den Tag vorher für die preußische Hegemonie geschwärmt hatte, in einem inspirirten Artikel gegen den Entwurf der Siebenzehner, indem sie schrieb: „Welch' ein Speck mit dem deutschen Kaiser! Was einmal abge= storben ist, kann in der alten Form nicht wieder auferstehen. Und wenn es noch ein Titular=Kaiser wäre, so könnte man eine solche Schöpfung denjenigen Einrichtungen zuzählen, welche je nach den Umständen ent weder nützlich, überflüssig oder schädlich sind; aber ein Kaiser mit einer Apanage mit so und so viel Millionen, einem kostspieligen Ministerium und Beamtenheer! Als Ergänzung dazu ein ebenfalls kostspieliges und

---

*) S. Entwurf von Grundzügen zu einer nationalen deutschen Bundesver= fassung. (Von Baiern vorgelegt. Außerordentliche Beilage zur Allgemeinen Zeitung vom 15. Mai 1848, Seiten 2—4. — Die innern Verfassungszustände des Königreichs Baiern werden am Besten charakterisirt durch folgende Bestimmung der baierischen ständischen Verfassung: „Abänderungen in den Bestimmungen der Verfassungsurkunde oder Zusätze zu derselben können ohne Zustimmung der Stände nicht geschehen. Die Vorschläge hierzu gehen nur von dem Könige aus, und nur wenn derselbe sie an die Stände gebracht hat, dürfen diese darüber berathschlagen. Zu einem giltigen Beschlusse in dieser höchst wichtigen Angelegenheit wird wenigstens die Gegenwart von drei Viertheilen der bei der Versammlung anwesenden Mitglieder in jeder Kammer und eine Mehrheit von zwei Dritteln der Stimmen erfordert." §. 7. Titel X der baierischen Verfassungsurkunde.)

überflüssiges, aus der Rumpelkammer der Vergangenheit hervorgeholtes Reichsgericht in Nürnberg! Laßt doch die Todten ruhen! Nicht die Weisheit der Doktrinäre und Verfassungsmacher bestimmen den, der die Hegemonie in Deutschland führt, sondern die Gewalt der Umstände und Verhältnisse. Diese geben Preußen die Hegemonie Deutschlands, denn Preußen ist der erste und mächtigste rein deutsche Staat!"

Um das Einheitswerk der National = Vertretung zu Nichte zu machen, ertheilte die preußische Regierung auf eine Anfrage der meiningischen, wie bekannt wurde, den guten Rath, neben der konstituirenden Versammlung, die in Frankfurt am Main zusammentreten sollte, überall in den einzelnen Staaten die Landtage einzuberufen und durch dieselben Konstituirungs=Arbeiten vornehmen zu lassen. Die ehrgeizigen Männer des Bürgerthums, die gern vor der Welt ihre staatsmännische Weisheit anbringen wollten, suchten ohnehin ihren Heimathsstaat zu einem Musterstaate umzugestalten und kamen auf diese Weise den Absichten der Reaktion auf mehr als der Hälfte des Wegs entgegen. Angesichts dieser Gefahr suchte der Fünfziger=Ausschuß nur einen Beschluß des Bundestages zu erwirken, wonach es bei Doppelwahlen Jedermann freistehen sollte, entweder im Frankfurter Parlamente oder in seinem Heimathlande als Volksvertreter zu fungiren. Der Fünfziger = Ausschuß setzte matt hinzu:

„Es erscheine wünschenswerth, daß während der Dauer der konstituirenden National = Versammlung die Landtage der einzelnen Staaten wo möglich (!) ausgesetzt und nicht ohne die dringendsten Gründe einberufen werden. Der Ausschuß sei entschieden der Ueberzeugung, daß konstituirende Versammlungen in einzelnen Staaten nicht einberufen werden sollten, bevor das Verfassungswerk für Deutschland vollendet sein werde, indem andernfalls widersprechende Grundsätze und Bestimmungen, eine Quelle späterer Störungen und Zerwürfnisse, kaum zu vermeiden sein werden."

Die Bundesversammlung wich dem Ersuchen des Fünfziger=Ausschußes geschickt aus und hütete sich klüglich einen Beschluß zu fassen, der die Absichten der Reaktion gestört hätte. Sie erwiderte nämlich den Fünfzigern:

„Die Bundesversammlung glaube zwar, daß die geäußerten Wünsche so viel für sich haben, daß die hohen Regierungen dieselben schon erwogen haben werden und sie, soweit es die Verhältnisse der einzelnen Länder gestatten, berücksichtigen werden; sie wolle aber noch ausdrücklich die hohen Bundesregierungen auf dieselben aufmerksam machen, da sie selbst einen Beschluß hierüber nicht zu fassen vermöge, ohne vorher genaue Kenntniß der gegenwärtigen Verhältnisse der einzelnen Länder zu haben, und daher besorgen müßte, störend in die innern Angelegenheiten derselben einzugreifen." (41. Sitzung vom 26. April.)

Ein später in der Frankfurter National-Versammlung gestellter Antrag Jakob Venedey's, welcher die mit dem Einigungswerke der Pauls-kirche in Widerspruch stehenden Konstitutions-Arbeiten der einzelnen Ständeversammlungen untersagte, war nicht gegen die reaktionären Regierungen, sondern gegen die süddeutschen Republikaner gerichtet.

Angeregt von Professor Droysen, beantragten die Vertrauensmänner nicht bloß den bewaffneten Schutz Deutschlands zur See, sondern auch, soweit es nicht bereits geschehen, die Einführung einer allgemeinen Volks-bewaffnung. Den Anträgen der Vertrauensmänner waren zwei Denk-schriften beigefügt, in deren einer ihr Verfasser, der Republikaner Droysen, über die Volksbewaffnung unter Anderm sagte:

„Es ist eine der bedenklichsten Wendungen in der derzeitigen extem-porisirten Volksbewaffnung, daß sie sich, wenigstens vieler Orten, aus-drücklich gegen die sogenannten Proletarier wendet. Der traurige Unter-schied zwischen National-Garden und Volk hat in Frankreich nicht wenig zu dem Unheil der jüngsten Tage beigetragen. Diesen Unterschied in das System der deutschen Volksbewaffnung übertragen, heißt nichts Anderes, als einen innern Hader verewigen, ja zum Theil erst erwecken, dem über Kurz oder Lang alle Güter des Friedens, der Sicherheit, der Zivilisation selbst erliegen müssen." (Beilage 2 zu §. 299 des Protokolls der 37. Sitzung der deutschen Bundesversammlung vom 18. April 1848.)

Auch diese Anträge verstand die Bundesversammlung geschickt zu umgehen, indem sie einfach die Einführung der Volksbewaffnung den Regierungen anempfehlen zu wollen versprach. Die meisten kleinen Staaten reichten der Bundesversammlung ihre Gesetze und Verordnungen bezüg-lich der Volksbewaffnung ein. Das besitzlose Volk blieb ohne Waffen, denn nur die Besitzenden sollten sich und ihr Eigenthum vermittelst der Volksbewaffnung vertheidigen und den Behörden die Ordnung und Ruhe aufrecht erhalten helfen. Gleichwie früher hinsichtlich der Preßfreiheit den einzelnen Staaten ein Musterentwurf geliefert, und gleichwie in der Ge-stalt eines Aufruhrgesetzes allen deutschen Landen ein Vorbild zugegan-gen war, so erhielten sie jetzt auch ein reaktionäres Ideal für die Ein-führung der Volksbewaffnung als Nachtwächter-Instituts. Selbiges ging wieder von Hannover aus und lautete folgendermaßen: *)

*) Beilage 2 zu §. 309 des Protokolls der Bundesversammlung vom 20. April 1848.

„Bekanntmachung des kön. hannöverischen Ministeriums des Innern die Errichtung von Bürgerwehren (Schutzwachen) in den Gemeinden betreffend.

„I. Für nicht amtssässige Städte und Flecken.

...... Die Bürgerwehr soll vorzugsweise aus Bürgern bestehen.

... Die Bürgerwehr und ihr Führer bleiben aller Orten den Anordnungen und der Leitung der Stadt= und Flecken=Obrigkeit unterworfen; die Ob= rigkeit kann die Bürgerwehr, um sie neu zu ordnen, auflösen, sobald sie deren Fortbestehen in bisheriger Weise nicht angemessen erachtet. In Städten und Flecken, wo Bürgerwehren unter hiervon abweichenden Ver= hältnissen sich gebildet haben, werden dieselben hierdurch den Anordnun= gen und der Leitung der Obrigkeit ausdrücklich unterworfen.

„II. Für Landgemeinden und amtssässige Städte und Flecken.

...... Aus welchen Einwohnern die Schutzwehr gebildet werden soll, bleibt dem nach den jedesmaligen Umständen zu bemessenden Be= schlusse der Gemeinde überlassen. Die Art der Bewaffnung, sowie, ob Jeder sich selbst die Waffe anzuschaffen hat, oder ob dieselbe auf Kosten der Gemeinde anzuschaffen ist, bestimmt die Gemeinde. Der Ortsvor= stand hat auch die Bildung der beschlossenen Schutzwachen zu leiten; die wegen Bildung derselben zu treffenden Einrichtungen unterliegen seiner Genehmigung. Die Obrigkeiten sind angewiesen, den Landgemein= den behufs zweckmäßiger Bildung von Schutzwachen aller Orten durch geeignete Anleitung behülflich zu sein; sie sollen daher von dem gefaßten Beschlusse auf Errichtung einer Schutzwache sofort Anzeige erhalten, und werden, wo sie es nöthig finden, mit einem von der Gemeinde zu wählen= den Ausschusse darüber berathen.

„III. Gemeinschaftliche Bestimmungen für Stadt= und Land= gemeinden.

„Befreit von der Verpflichtung zur Theilnahme an der Bürgerwehr oder Schutzwache sind: 1. Gebrechliche, 2. Geistliche und Aerzte, und 3. Einwohner, welche im aktiven Militär=Dienste stehen. Staatsdiener dürfen nur insoweit daran theilnehmen, als der öffentliche Dienst die Theilnahme gestattet; sie haben in dieser Beziehung, mit Ausnahme der auch ohne Bezeugung befreiten Vorstände der Behörden, auf Erfordern eine Bezeugung des Dienstvorgesetzten beizubringen. Die Errichtung der Bürgerwehren in den Städten 2c. und der Schutzwachen auf dem Lande 2c. ist nur Angelegenheit der einzelnen Gemeinde; die Bürgerwehr oder Schutzwehr darf daher ihre Wirksamkeit über die Gränzen des Gemeinde= bezirks nur dann hinaus erstrecken, wenn eine Aufforderung der Obrigkeit erfolgt, oder der, durch den §. 8 des Gesetzes *) über die Verpflichtung zum Schadenersatz bei Aufläufen vom heutigen Tage bezeichnete Fall einer aus der eignen Gemeinde gegen benachbarte Orte beabsichtigten Ruhe= störung eintritt. Die Verbindung mehrerer Gemeinden zu einer gemein= schaftlichen Bewaffnung ist nur auf erfolgte Genehmigung der Ortsbe= hörde statthaftnehmig. In der Regel beschränkt sich der Dienst der Bürgerwehr und der Schutzwache auf die Ausführung von Nachtwachen rc."

Zuletzt fiel den Vertrauensmännern, da sie längst ihre Aufgabe er= füllt hatten, die Fortdauer ihrer Stellung selbst zur Last; weßhalb am 27. Mai der Vorsitzende derselben ein Gesuch um Auflösung einreichte. Diese Auflösung wurde von der Bundesversammlung am 5. Juni aus= gesprochen. Laut dokumentirter Rechnung beliefen sich allein die während der Verhandlungen der Vertrauensmänner verursachten Druck=, Expedi= tions= und ähnliche Kosten auf 534 Gulden 31 Kreuzer. Die nicht un= beträchtlichen Diäten bestritten natürlich diejenigen Staaten, welche die ein= zelnen Vertrauensmänner auserlesen, bevollmächtigt und abgesandt hatten.

Die Bundesversammlung gewahrte mit Schrecken, daß alle Mittel, sie wieder in der öffentlichen Meinung zu befestigen, nicht genug an= schlugen. Indeß erhielt sie gewisse Beweise des Vertrauens in den Ein= gaben, die jetzt von Zeit zu Zeit an sie gelangten. Da diese Eingaben im Allgemeinen zur Kennzeichnung der Bewegung beitragen, auch manche von ihnen drollig genug sind, sollen einige davon hier Erwähnung finden.

Schon im Januar erstattete Dr. Freiherr von Reden in Berlin, Namens des Vereins für deutsche Statistik daselbst, Anzeige über den gedeihlichen Fortgang dieses Vereins und verband damit die Bitte um Unterstützung der von demselben beabsichtigten Herausgabe einer Statistik des deutschen Bundes entweder durch ein Geschenk von 4000 Thalern oder aber durch Zusicherung der Abnahme von 500 Exemplaren dieses Werkes von zirka 200 Druckbogen. Nachdem der Bundestag, der sonst bloß den Verein für deutsche Alterthumskunde reichlich besoldete, den Re= gierungen die Unterstützung Reden's an's Herz gelegt hatte, trat die Februar=Revolution ein. Nunmehr erneuerte Reden seine Bitte zu wieder= holten Malen, beschränkte sich aber füglich auf eine einstweilige Unter= stützung von 1000 Thalern und setzte seine Unterstützungsgesuche, nachdem

---

*) Des hannöverischen Aufruhrgesetzes, zu welchem das Bürgerwehrgesetz die Ergänzung bildet.

die Zentral = Gewalt errichtet und nachdem der Bundestag restaurirt worden war, jahrelang fort. Aus der Petition vom 13. Januar 1848 ist die Stelle bemerkenswerth, welche sich auf eine soziale Preisfrage be= zieht. Reden meldet nämlich, daß der statistische Verein zur Bildung eines Prämien=Fonds für statistische Preisfragen die Einleitung getroffen und als erste Aufgabe die Beantwortung folgender Frage gewählt habe: „Ist die oft gehörte Behauptung gegründet, daß in Deutschland oder einzelnen Staaten des deutschen Bundes Verarmung und Sittenverderbtheit gegen frühere Zeiten unverhältnißmäßig zugenommen haben, und welches sind (im Falle der Bejahung) die allgemeinen Ursachen dieser Erscheinung?" (S. §. 80 der 6. Sitzung des Bundestages vom 10. Februar 1848.)

Von einem Pseudonymus (Möller) in Gießen, der sich Karl Moritz Emanuel XIX. nannte, wurde der Bundestag gleichfalls mit mehreren Eingaben behelligt. Der Betreffende übersandte Vorstellungen und Mit= theilungen über die Anwendung des Sprengens bei dem Entsanden der Flußbette, sowie überhaupt über das Sprengen unter Wasser. Außer einer Denkschrift und fünf Blättern Zeichnungen war seiner Eingabe eine ver= siegelte Anlage beigefügt, die den Namen und Stand des Verfassers enthielt.

Politischer Natur war eine Eingabe vom provisorischen Ausschuß des National=Vereins für deutsche Auswanderung. Selbige enthielt die Vorstellung und Bitte, daß hohe Bundesversammlung zur Berathung über bald möglichste Erreichung der nationalen Zwecke des Vereins durch kommittirte Männer mit ihm in Verbindung treten möge.

Unterm 5. März überreichte Adolph Henze, Direktor des „Zentral= Vereins für Industrie, Handel und Gewerbe" zu Leipzig, eine Vorstellung in Betreff der Konstituirung einer Zentral=Patent=Behörde.

Ein Postverweser, Namens Joseph Müller, zu Wallmerod im Herzog= thum Nassau, wünschte sich dem Freischaarenzuge nach Schleswig=Hol= stein anschließen zu dürfen; doch wurde seine Petition als unstatthaft ad acta gelegt.

Aus Mölle im Herzogthum Lauenburg ging eine Eingabe von 82 Unterzeichnern ein, betreffend die Erfüllung der Bundespflichten seitens des Herzogthums Lauenburg, nebst einer Bekanntmachung der Ratze= burger Regierung vom 18. April. Eine ähnliche Eingabe wurde am 5. Mai vom Justizrath Höchstädt persönlich überreicht; andere derartige Eingaben folgten.

Die Aeltermeister und Beisitzer des Töpfergewerks zu Bromberg suchten unterm 28. April um den Schutz der Rechte der Zünfte und Innungen, insbesondere der Töpfermeister, nach.

Unterm 29. April richtete das deutsche Komité zur Wahrung deut= scher Interessen für Rawitsch und Umgegend an den Bundestag die Bitte, die Aufnahme der deutschen Bewohner des Kröbner Kreises in den deutschen Bund und die Wahl eines Abgeordneten zur konstituirenden Versammlung zu verfügen.

Dr. Chr. Fr. Elvers, kurhessischer Ober=Appellations=Rath zu Kassel, sandte am 1. Mai ein Promemoria ein, betreffend die Wiederherstellung des deutschen Reichs und verbunden mit der Mittheilung eines Projekts über eine direkte Verbindung der Ost= und Nordsee durch eine Schiffs= eisenbahn zwischen Flensburg und Husum.

J. J. Weber, Buchhändler zu Leipzig, übersandte unterm 1. Mai 20 Exemplare der Nummer 252 der Illustrirten Zeitung, enthaltend den Entwurf einer deutschen Reichsverfassung, zur Vertheilung an die Mit= glieder der hohen Bundesversammlung.

Unter gleichem Datum schickte Dr. Theodor Bernd, Professor zu Bonn, als Zeichen seiner Verehrung eine kleine Druckschrift unter dem Titel: „Die drei deutschen Farben und ein deutsches Wappen. Bonn, 1848."

Vom Justiz=Kommissarius Robert in Berlin lief der Abdruck eines von ihm durch die Zeitungen veröffentlichten kurzen Aufsatzes, betitelt: „Ein Wort über Abhülfe der Gewerbenoth und des Geldmangels," bei der Bundesversammlung ein. Der Verfasser schlug die Errichtung nationaler Industrie=Banken vor, welche verpflichtet sein sollten, alle Arten von Fabrikaten zu einem Normal=Schätzungswerth von 20 Prozent unter dem Verkaufswerth des Fabrikats anzunehmen. Dieser Normal= Schätzungswerth sollte dem Produzenten als ein Zeitpfanddarlehen in Papiergeld ausgezahlt werden. — Ferner beantragte Robert ein unbe= dingtes Ausfuhrverbot des gemünzten Geldes und allen nicht kunst= mäßig verarbeiteten Goldes und Silbers nach dem Auslande. Für die Zwecke des Handels mit dem Auslande sollten einige Städte zu Stapel= Orten designirt werden, in denen der Austausch der gegenseitigen Pro= dukte stattzufinden hätte. — Der barbarische Plan wurde vom Bundes= tage ad acta gelegt.

J. A. Mohr, Privat=Gelehrter in Meiningen, richtete unterm 9. Mai an den Bundestag eine Vorstellung und ein Gesuch in Betreff der Organisation der deutschen Gesindeschaft.

Vom deutschen Zentral=Komité und den Wahlmännern der Stadt Posen langte am 11. Mai eine Eingabe an, betreffend die möglichst baldige Einverleibung der Stadt und des Kreises Posen in den deut= schen Bund.

Der Mechanikus Ludwig Arnold Leinberger zu Nürnberg theilte in einer Eingabe vom 13. Mai mit, daß er ein eisernes Luftdampfschiff, welches als Brander bei einer Armee oder Kriegsflotte verwendbar sei, erfunden habe. Ernst von Bursian, Dr. phil. von Braunschweig, reichte am 22. Mai ein Gesuch um Beschäftigung, resp. Anstellung, persönlich ein. Sodann langte am 23. Mai eine Eingabe von Siegfried Justus an, dem Apostel für das Reich Gottes auf Erden, welcher im Auftrage seines Herrn und Meisters und als Bevollmächtigter von Zion eine Denk=schrift unter dem Titel: „Amtliche Bestätigung eines diplomatischen Aktenstücks von Zion in Betreff des Reiches Gottes," einreichte. Klaproth, kön. preuß. Major a. D., machte in einem Schreiben vom 29. Mai dem Bundestage den Vorschlag, ein mobiles freiwilliges deut=sches Jäger=Korps zu errichten.

Außer polnischen Protesten gegen die Einverleibung in den deutschen Bund sei hier nur noch die dem Bundestage eingereichte Schrift Theodor Bahrl's, des Agenten der kön. preuß. Seehandlungs=Sozietät in den mexikanischen Freistaaten, erwähnt, bezüglich der Frage: ob Hamburg in dem deutschen Zollsysteme ein völliger Freihafen bleibe, oder in dem künftigen allgemeinen Zollverbande eine deutsche Handelsstadt mit einem wohlgeordneten Entrepot=System werde?

Alle diese Eingaben konnten den Bundestag nicht trösten hinsichtlich der Einbuße an Vertrauen, die er durch das Bekanntwerden des Lepel'=schen Promemoria's erlitten hatte. Er war sehr vorsichtig geworden und faßte vom 17. Mai bis zum 10. Juni kein geheimes Protokoll mehr ab. Dann aber verfiel er doch wieder seiner alten Gewohnheit, indem er meinte, daß nun einmal nicht alle Angelegenheiten an die große Glocke gehängt werden könnten. Die neuen konstitutionellen Minister: ein Römer in Würtemberg, ein Wippermann in Kurhessen, ein Stüve in Hannover, u. s. w. thaten ihr Möglichstes, um den Bundestag in der allgemeinen Achtung aufzuwärmen; weßhalb denn von der würtemberg'schen Regie=rung sogar der Antrag gestellt wurde, die Sitzungen des Bundestags — mit Ausnahme solcher, die geheim bleiben müßten — öffentlich zu machen *). Endlich wurde der Bundestag durch gänzlich neue Gesandte

---

*) Auch von der braunschweigischen Regierung lief ein gleicher Antrag ein. Die Absicht ging in beiden Fällen dahin, unvermerkt das Plenum anzubahnen, welches erforderlich war, wenn die zu schaffende Zentral=Gewalt aus den Händen des Bundestags ihre Machtbefugniß empfangen sollte. Nicht minder sollte der Bundestag dem Parlamente gegenüber einen vollwichtigen Körper bilden.

aufzufrischen gesucht, um ihn wenigstens so lange um der Rechts=Kon=
tinuität willen am Leben zu erhalten, bis die im Lepel'schen Promemoria
als nothwendig bezeichnete Zentral=Gewalt an seine Stelle treten konnte.
Den baierischen Gesandten Willich ersetzte der Kämmerer Freiherr von
Closen, den würtembergischen Freiherrn von Blomberg der Ober=Tribu=
nal=Rath Freiherr von Sternenfels, und für Hamburg trat zeitweilig —
wegen des auf einer Mission nach England begriffenen Syndikus Banks —
Lutteroth-Legat ein. Aus der Militärkommission ging Herr von Radowitz
ab und überließ, bis der Generalmajor von Peucker ankam, dem preußi=
schen Mitgliede From dort die Angelegenheiten allein. An die Stelle des
Lübecker Gesandten Curtius rückte Dr. von der Hude ein, Wintzigeroda
wurde durch Dr. Liebe, von Both durch Oberst Mosle ersetzt. Für den
abtretenden dänischen Gesandten von Pechlin erschien Dr. Madai, und
der Frankfurter Dr. Harnier, der das Lepel'sche Promemoria mit unter=
zeichnet hatte, mußte seinen Platz dem Schöff und Senator Dr. Souchay
einräumen Den preußischen Grafen Dönnhoff löste Herr von Usedom,
den sächsischen Freiherrn von Nostitz und Jänkendorff Dr. Todt aus
Adorf ab. Als der thüringische Staatsrath Freiherr von Fritzsch abbe=
rufen wurde, nahmen seine Stelle sogar mehrere Gesandten ein, nämlich:
der geheime Rath und sachsen=weimarische Landmarschall Herr von der
Gabelentz (für Weimar und Altenburg), der geheime Rath Freiherr von
Stockmar (als Bundestagsgesandter für Koburg=Gotha) und Professor
Dr. Perthes (als Vertreter von Meiningen=Hildburghausen). Hierbei ist
indeß zu bemerken, daß die Regierungen, indem sie zu ihrer Sicherheit
eine Zentral=Gewalt einsetzen wollten, die Herstellung eines für organi=
sche Einrichtungen im Bundesrechte vorgeschriebenen Plenums im Auge
hatten. Der schwerin'sche Regierungsrath Dr. Karsten ersetzte Herrn von
Schack, der hannöversche Klosterrath von Wangenheim den Freiherrn
von Lenthe, und der Geheime Justizrath Petri erschien lippe'scherseits zur
Herbeiführung des heimlich angestrebten Plenums. Zuletzt bot der Bundes=
tag ein ganz neues Bild dar, aber sein Geist war immer noch der alte.
Zum Präsidenten für diese funkel-nagel-neue Bundesversammlung war
der kaiserlich=königliche niederösterreichische Apellations=Rath und ständi=
sche Verordnete Ritter von Schmerling auserkoren. Selbiger eröffnete sein
Präsidium am 19. Mai mit den Worten:

„Meine Herren!

In der ernstesten Zeit, die je Teutschland erlebte, trete ich in Ihre
Mitte. Das Werk, welches unsere Freiheit und Stärke auf immer schaffen

soll, es wird begonnen *) Auch wir sind berufen, bei diesem Baue mitzuwirken, denn nunmehr kennen die Regierungen keine andern Interessen,
als die Völker. Von dem redlichen Streben zu dieser Mitwirkung sind
wir Alle durchdrungen. Empfangen Sie die Versicherung, daß alle meine
Kräfte unserm wichtigen Berufe geweiht sein werden, und erlauben Sie
mir die Bitte, mir Ihr Vertrauen, Ihre Unterstützung nicht zu versagen.
Möge es mir gelingen, Sie, meine Herren, im Laufe unserer Geschäfts-
verbindung zu überzeugen, wie ich von dem lebendigsten Gefühle durchdrungen bin, daß unser schönes Vaterland mächtig, frei und dadurch
glücklich werde."

Wenn man diese Rede Schmerlings, von der gegenwärtig Satz für
Satz sofort unsere Lachmuskeln reizt, mit Bedacht liest, wird man begreifen, daß sie als diplomatisches Phrasenstück für die Oeffentlichkeit bestimmt war, daß sie dem Bundestage in der öffentlichen Meinung
nützen sollte. Doch sei erwähnt, daß ein Gesandter in der Bundesversammlung
sich befand — Tobt aus Aborf —, welcher es viel ehrlicher mit dem
Volke meinte, als seine sämmtlichen Herren Kollegen. Vor Tobt mußte
sich die Bundesversammlung in Acht nehmen. Zwar führte auch Tobt
einen Titel, der gewöhnlich bei Demokraten zu begründetem Verdachte
Anlaß gibt: er hieß nämlich „Geheimer Legations-Rath"; allein Tobt
blieb immerhin im Schooße der Bundesversammlung als sehr unklarer
Mensch gefährlich und fand sich mit seinen Kollegen nicht so leicht zurecht, wie z. B. der Geheime Rath Welcker oder der gebrochene Sylvester
Jordan.

Wie ungeschickt benahm sich Tobt nicht, als in Mainz ein blutiger
Zusammenstoß zwischen der Bürgerwehr und der dortigen preußischen
Besatzung stattgefunden hatte! Allerdings war nach den traurigen Vor-
fällen in Kassel der Bundestag sehr besorgt gewesen und hatte sein
Präsidium ersucht, genaue Nachrichten einzuziehen; allein einestheils
haschte die Bundesversammlung, ohne im Ernste die Thaten der Kasseler
Garde du Corps zu bedauern, bloß nach Popularität und anderntheils
befürchtete sie, weil Kassel nicht sehr weit von Frankfurt liegt, aus einem
etwa erfolgenden republikanischen Umschwunge in Kurhessen für sich selbst
Gefahr. Anders jedoch stand es um Mainz.

Bereits am 25. April berichtete Freiherr von Lepel, der großherzoglich hessische Gesandte im Bundestage, Namens des Bundesausschusses
in Militär-Angelegenheiten über eine Mittheilung des Festungs-Gouver-

---

*) Tags vorher war die National-Versammlung zusammengetreten.

nements von Mainz vom 22. d. M. in Bezug auf die sich daselbst
bildende Bürgerwehr und deren Eingreifen in die Befugnisse der Militär-
Behörden. Mit einem Worte war es anstößig, daß sich in einer Bundesfestung eine Bürgerwehr organisirte. Darauf ersuchte der Bundestag die
großherzoglich hessische Regierung: sofort die geeigneten Einleitungen zu
treffen, damit den Paragraphen 14 und 15 des Bundesfestungs-Regle-
ments in Mainz entsprochen werde, ferner bei Erlassung der die Volksbewaffnung regelnden Gesetze auf die eben angezogenen Bestimmungen
des Festungs-Reglements Rücksicht zu nehmen, und endlich über das Verfügte Anzeige zu machen.

Weil man jedoch in jener aufgeregten Zeit mit den Mainzern,
welche das munterste Völkchen Deutschlands ausmachen, nicht leichten
Kaufes fertig werden konnte, mußte durch einen Konflikt zwischen Bürgerwehr und Militär die Gelegenheit zum Einschreiten herbeigeführt werden.
Nun erfolgte die Entwaffnung der Mainzer Bürger, die ersehnte Auflösung der Bürgerwehr, und die Bundesversammlung faßte am 22. Mai
den Beschluß:

„1. Da nach dem Berichte des Generals von Hüser vom gestrigen
Tage die in Mainz ausgebrochenen Unruhen die Versetzung dieser Festung
in den Belagerungszustand nöthig gemacht haben, so findet die Bundesversammlung die bezüglichen, von dem Gouvernement getroffenen Maßregeln gerechtfertigt und erwartet, daß dasselbe von den ihm durch das
Festungs-Reglement an die Hand gegebenen Befugnissen zur Herstellung
der Ruhe mit eben so viel Festigkeit als Mäßigung Gebrauch machen,
auch über den weitern Verlauf, und namentlich über die Vollziehung der
Entwaffnung, Bericht erstatten wird; 2) die großherzoglich hessische Regierung ist, unter Mittheilung vorstehender Verfügung, dringend aufzufordern, dem Bundesbeschlusse vom 25. April d. J., §. 341 der Protokolle, Folge zu geben."

Als der Gegenstand in der Paulskirche verhandelt wurde, beschloß
man motivirte Tagesordnung, nachdem Ritter von Schmerling erklärt
hatte, daß die Truppen in Mainz zu bleiben hätten, weil sie dazu bestimmt seien, „auch uns hier in Frankfurt zu schützen."

Am 27. Mai theilte Schmerling als Vorsitzender dem Bundestage
drei weitere Berichte des Mainzer Festungs Gouvernements mit, aus
denen folgende Thatsachen hervorgingen:

In Folge der von den Regierungs- und Stadtbehörden gemachten
Vorstellungen wurde die Frist zur Ablieferung der Waffen bis zum
22. Mai Mittags 12 Uhr verlängert. Nach Ablauf derselben waren

1004 Infanterie-Gewehre, 107 Büchsen und Jagdgewehre, 11 Karabiner, 61 Sensen und 120 Säbel abgeliefert worden. Von den abgegebenen Gewehren, waren 257 Stücke noch scharf geladen und 23 Stücke abgefeuert. Von der preußischen Garnison waren 4 Mann getödtet und 25 zum Theile schwer verwundet. Die Verwundungen wurden theils durch Schießwaffen, theils durch Dolche, und zwar die Mehrzahl derselben — zufolge dem gouvernementalen Berichte — rücklings beigebracht. Von der Bevölkerung wurden bei den Vorfällen am 21. Mai nur 5 Personen verwundet und eine getödtet, seitdem aber ein Mann, welcher trotz wiederholten Anrufens einer Schildwache nicht zurückgehen wollte, verwundet und durch dieselbe Kugel ein Knabe zufälligerweise dergestalt verletzt, daß er bald hernach starb. Zur Ermittelung der Schuldigen war eine gemischte Kommission, bestehend aus einem österreichischen und preußischen Stabs-Offiziere, sowie aus drei hessischen Justiz-Beamten niedergesetzt worden, ohne daß es derselben jedoch gelungen war, irgend eine der Zivilpersonen zu ermitteln, welche die Tödtungen oder Verwundungen der Soldaten veranlaßt hatten: denn selbstverständlich wurden die Zivilpersonen als der schuldige Theil betrachtet.

Nach Verlesung dieser Berichte bemerkte Schmerling, die motivirte Tagesordnung in der Paulskirche sei damit begründet worden, daß man vertraute, es würden die Verwaltungs-Organe künftigen Ruhestörungen vorzubeugen bedacht sein. Da stellte nun der neue sächsische Gesandte zur großen Ueberraschung seiner Kollegen folgende Anträge: 1) daß sofort ein Garnisonwechsel eintrete; 2) daß nach Publikation des großherzoglich hessischen Bürgerwehrgesetzes die Bürgerwehr der Stadt Mainz, unter Berücksichtigung der Festungsverhältnisse, reorganisirt, auch 3) eine Aufhebung der während der jüngsten Ereignisse daselbst getroffenen Ausnahmsbestimmungen, in soweit sie überhaupt beständen und ihre fernere Aufrechterhaltung nicht aus Rücksicht auf die Festungsverhältnisse unbedingt erforderlich wäre, veranlaßt werde. Diese Anträge bewiesen, daß Todt nicht in den Bundestag paßte. Sein Herz gehörte dem Volke. Zwar sah sich der Bundestag genöthigt, eine gemischte Kommission, bestehend aus den Bundestagsgesandten für Würtemberg und Oldenburg, und aus den Militär-Bevollmächtigten Oesterreichs und Preußens, nach Mainz zu entsenden, und die preußische Besatzung hatte den Wunsch auszusprechen, daß sie von Mainz wegverlegt werden wollte: allein es blieb bei der Entwaffnung und bei der Auflösung der Bürgerwehr, weil hierin das Ziel des blutigen Konflikts zu suchen war. In dieser Hinsicht berichtete das Festungs-Gouvernement unterm 28. Mai: „Was die Reorgani-

— 258 —

sation der Bürgerwehr betrifft, so ist es für die nächste Zeit wohl mit
der Sicherheit der Festung nicht vereinbarlich, solche wieder zu bewirken,
und es könnte dieses nur unter veränderten Verhältnissen im beschränkten
Maße und allein unter den im Festungs-Reglement begriffenen und
gebotenen Garantien und nach Maßgabe des hierbei zu erwartenden
Bewaffnungsgesetzes stattfinden"*).

Besser als Todt hatte sich der großherzoglich hessische Freiherr von
Lepel im Bundestage heimisch gefunden. Daher widmete ihm bei seinem
Ausscheiden am 22. Mai der Vorsitzende des Bundestags einen ehrenden
Nachruf, in welchem es hieß: „Sie (die Bundesversammlung) fühlt sich
verpflichtet, Eurer Exzellenz für Ihre eifrige und einsichtsvolle Mit=
wirkung in dieser ernsten Zeit ihren Dank durch mich auszudrücken;
sie wird es schmerzlich empfinden, Ihre Thätigkeit künftighin entbehren
zu müssen."

Sehr gut in die Art schlug auch der hannöverische Klosterrath von
Wangenheim, von Lenthe's Nachfolger, welcher an den konstitutionellen
neuen Minister Stüve in Hannover folgenden Bericht am 18. Juni einsandte:

„Oesterreich und Preußen werden, wie heute die Sachen stehen, die
Beschlüsse der Nationalversammlung, wie sie auch fallen, als ein unaus=
weichliches Fatum annehmen, es dem waltenden Arme der Vorsehung
überlassend, ob in der weiteren Entwickelung ein Stadium eintritt, w o
sie wieder an Etablirung eines geordneten Gleichge=
wichts unter den Gewalten denken können; sie ergeben sich
ins Schicksal, weil sie keine Gesetzlichkeit und Ordnung dabei mehr zu
verlieren, sie vielleicht aber wieder daraus zu gewinnen
hoffen. In welche Lage gerathen aber dadurch alle die Länder, die noch
einen Rest von Ordnung sich bewahrt, die noch nicht alle Treue gegen
ihren Fürsten und alle Anhänglichkeit an das spezielle Vaterland und
seine Gesetzgebung aufgegeben haben? Sollen sie ohne Weiteres auch
ihr Bischen Ordnung in den chaotischen Brei werfen, aus welchem in
unbestimmter Zukunft ein einiges Teutschland gebacken und geformt
werden soll? Oder sollen sie dem Strome der omnipotenten Volks=

*) Auch als im Juni die Handhabung der Polizei an die Zivil-Behörden
zurückgegeben wurde, blieb das Verbot gegen das Tragen und Einführen von
Waffen, sowie gegen Zusammenrottungen und gegen die Veranstaltung von Versammlungen unter freiem Himmel in Kraft. An den Preußen suchten sich die
Mainzer zu rächen, indem sie die preußische Kabinets-Ordre aus dem Jahre 1798,
welche die Brutalität des Militärs gegen die Bürger verbietet, als Plakat
druckten und an die Straßenecken von Mainz anschlugen.

Souveränetät entgegentreten und sich in der Nothwehr für das Bischen
eigene Freiheit, nicht allein in Opposition mit dem übrigen Theile von
Deutschland setzen, sondern auch den Bürgerkrieg im Innern auflodern
lassen und dabei den anarchischen Elementen im Innern, welche sofort
das Schild der Legitimität im Sinne der deutschen Einheit vorschnallen
werden, sich als Verfechter des Partikularismus und des Separatismus
gegenüberstellen? Beide Chancen sind gleich verderblich!"

Den 4. Juli berichtete der nämliche Diplomat an seinen Herrn und
Meister: *)

„Je weniger ich nun im Stande bin, den Glauben an das Einigungswerk, das hier in Frankfurt gebaut wird, aufrecht zu erhalten,
weil ich davon das Bestehen der Einzelstaaten als Grundbedingung
deutschen Wesens nicht trennen kann, um so mehr steigt in mir die
Besorgniß vor dem unvermeidlich werdenden Konflikte
auf, und es wird nur darauf ankommen, unter welchen
augenblicklichen Verhältnissen dieser Konflikt eintritt, und da ist allerdings zu wünschen, daß von Seiten
der Regierungen dabei nicht aggressive, sondern defensive gegen die Attentate der National-Versammlung
verfahren werde."

Als sehr nützliches Mitglied der Bundesversammlung bewährte sich
der neue badische Gesandte Geheimrath Dr. Welcker. Wäre selbiger ein
Mann von echtem Schrot und Korn gewesen, so hätte er sich überhaupt nicht zum Bundestagsgesandten machen lassen. Sein volksthümlicher Ruf hielt nicht den Stich; denn sonst hätte er sich vor der Ver-
mengung und Berührung mit dem übeln Rufe der Bundesversammlung
gewahrt. Die Zeit der Opposition hatte aus ihm mehr gemacht, als er
war. Selbstüberhebung und Geldliebe verleiteten ihn, wenigstens Bundes-
gesandter zu werden, wenn er nicht badischer Märzminister werden konnte.
Seine Schuld war es sicher nicht, wenn das abgelebte Institut des
Bundestags trotz aller Gegenanstrengungen sich am Leben zu erhalten,
zuletzt doch dem Bedürfnisse der neuen Zeit weichen mußte. Der geheime
Rath Welcker nahm es über sich, jene Anträge zu stellen, welche darauf
berechnet waren, den Bundestag zu popularisiren und neu zu befestigen.
Er führte den das Volk täuschenden Beschluß herbei, der die Separat-
Protokolle einführte, indem er den Glauben erweckte, daß die sämmtlichen
Bundes-Protokolle der Oeffentlichkeit übergeben würden. Seine Thätigkeit

---

*) Diese hannöverischen Akten-Stücke erschienen im November 1848 gedruckt.

17*

bei Bekämpfung des badischen Aufstands ist oben erwähnt worden. Von ihm ging der Vorschlag aus, die aus Frankreich an der badischen Gränze erschienenen Arbeiter zu amnestiren, um sie in der Falle der Militär-Assentirung zu fangen. Er bot hülfreiche Hand zu der Internirung der in ihr Vaterland zurückkehren wollenden Polen. Er suchte nicht bloß, um der Demokratie entgegenzuwirken, das preußische Element im Bunde zu stärken, indem er (§. 319 der Protokolle) sich für die definitive Aufnahme Posens in den deutschen Bund aussprach, sondern er zeigte sich durchaus den der Reaktion Vorschub leistenden Worten treu, die er in seinem Kommissions-Bericht über den Antrag des Abgeordneten Vassermann auf Einführung eines National-Parlaments gebraucht hatte. Er hatte damals gesagt:

„Da wir keinen einfachen Staat und keine Aufhebung der einzelnen Staaten und Regierungen und des reichen deutschen individuellen Staatslebens wollen, so ist es wohl klar, daß die Staaten als Einheiten im Bunde vertreten sein müssen. . . . . Auch bei der größten Vorliebe für die Volksfreiheit darf man sicher der großen moralischen Kraft der National-Repräsentation in ihrer Verbindung mit der öffentlichen Meinung trotz aller monarchischen Rechte vertrauen."

In diesem Sinne handelte er, als er behufs der Einführung vollkommener Verkehrs- und Zollfreiheit beantragte, die einzelnen Regierungen sollten besondere Bevollmächtigte ernennen und mit ausgedehnter Vollmacht versehen nach Frankfurt senden, um eine Vereinbarung über gemeinschaftliche deutsche Ausgangs- und Eingangszölle und sonstiger Maßregeln zu bewirken. Er übersah hierbei, daß die Einzelstaaten, deren Bestand und Rechte er nicht antasten wollte, wegen ihrer verschiedenartigen Interessen nicht zu einer Vereinbarung würden gelangen können. Zwar kamen einige staatliche Gesandte nach Frankfurt, und die Kommission für Artikel 19 der Bundes-Akte, die längst verschollen war und nur noch aus den Gesandten Preußens und der freien Städte bestand, wurde wieder in Thätigkeit gesetzt: allein die Einheit des Verkehrs ließ sich auf diesem ihr widersprechenden Wege nicht ins Leben rufen. Welcker machte hierdurch bloß Hoffnungen rege, die sich an die falsche Adresse richteten.

Viel wichtiger war ein anderer Antrag, den er in der nämlichen (37.) Sitzung (§. 297.) stellte. Selbiger sollte ins Werk setzen, was Lepel in seinem Promemoria zur Wiederbelebung der Regierungsmacht vorschlug. Er sollte eine Zentral-Gewalt im Interesse der Regierungen schaffen und durch dieselbe verhindern, daß die Staatseinheit Deutschlands durch die konstituirende Versammlung begründet würde. Der betreffende Antrag lautete auf provisorische Begründung einer exekutiven Bundes= gewalt bis zur Beendigung des Verfassungswerks und der konstituirenden Versammlung. Er ging auf die Herstellung einer Trias und enthielt folgende Bestimmungen:

„Diese exekutive Behörde ist für jetzt in der Art zu bilden, daß die beiden größern Bundesstaaten Oesterreich und Preußen je ein Mitglied, und die übrigen Bundesstaaten ebenfalls ein Mitglied derselben er= nennen, wobei die übrigen Bundesstaaten, außer Oesterreich und Preußen, in der Art verfahren, daß Baiern drei Kandidaten vorschlägt, aus welchen die übrigen Staaten durch Stimmenmehrheit einen als Mitglied wählen. Diese Bundesvollziehungsgewalt soll in minder wichtigen und in sehr eiligen Fällen allein und auf eigene Verantwortlichkeit, in wichtigern, nach dem Rathe der Bundesversammlung, die für die allgemeine innere und äußere Sicherung und für die Wohlfahrt des Vaterlands noth= wendigen gemeinschaftlichen Maßregeln vollziehen. Sie soll insbesondere sofort zur Ernennung eines Bundesfeldherrn schreiten. Sie soll die, für Sicherung und Wohlfahrt des Vaterlands nöthigen, gesandtschaftlichen Verbindungen und Unterhandlungen zu ihrer Aufgabe machen. Sie soll von den gesammten Vertheidigungseinrichtungen, und insbesondere auch von der Volksbewaffnung, die höchste gemeinschaftliche Leitung über= nehmen.‟

Zehn Tage später liefen seitens des Fünfziger=Ausschusses bei der Bundesversammlung zwei Schreiben ein, welche mit dem Welcker'schen Antrage ziemlich harmonirten. Sie lauteten:

„Die Bundesversammlung soll durch 3 Mitglieder verstärkt werden, welchen die Wahl des Bundesoberfeldherrn, der diplomatische Verkehr zwischen Teutschland und den auswärtigen Mächten, sowie die exekutive Gewalt in eilenden Fällen unter eigener Verantwortlichkeit, in allen andern Fällen aber noch dem Rathe der Bundesversammlung übertragen wird. Die drei Personen werden von der Bundesversammlung nach Verein= barung mit den Männern des Vertrauens und mit dem permanenten Aus= schusse den Regierungen vorgeschlagen. Dieselben sind für ihre Handlungen der deutschen Nation verantwortlich, und ihre Wirksamkeit währt so lange, als sich nicht die konstituirende Versammlung gegen deren Fortdauer erklärt.‟

Das zweite Schreiben wünschte, daß die Wahl des Bundesober= feldherrn nicht bis zur Ernennung der drei neuen Mitglieder der Bundes= versammlung verschoben, sondern sofort vorgenommen werde.

Unterzeichnet waren diese beiden Schreiben vom Vorsitzenden Abegg.

und vom Schriftführer Schott. Enthielt der badische Antrag die Tren=
nung der Einheit von der Freiheit und war er ein volksfeindlicher
Ein= und Angriff gegen die Souveränetät der Nation, die im Parlamente
verkörpert erscheinen sollte: so wurde er, als die Bundesversammlung ihn
am 3. Mai zum Beschluß erhob, auch durch seine Fassung vollständig
zu einem anti=demokratischen Akte zugespitzt; denn zufolge dieser Fassung
sollten die drei zu wählenden Regierungsvertreter in den Bundestag ein=
treten, um diesen zu konzentriren, und als ihre Aufgabe wurde nament=
lich auch bezeichnet, daß sie „die Vermittlung und Vereinigung der An=
sichten der Regierungen unter einander und mit der konstituirenden Ver=
sammlung in Beziehung auf die im gemeinschaftlichen Vereine in das
Leben zu rufende neue deutsche Verfassung" bewirken sollten. Auf unver=
merkte Art wurde das Vereinbarungs=Prinzip eingeschmuggelt, die Konsti=
tuirungs=Arbeit der National=Versammlung von vornherein gelähmt und
zu einer Halbheit gemacht, und ferner die Volksbewaffnung, deren Ober=
leitung hiermit in die Hände der Bundesversammlung überging, in eine,
wenn nicht geradezu freiheitfeindliche und gemeinschädliche Anstalt, so doch im
günstigsten Falle in eine bedeutungslose Spielerei und Nachtwächterei
verwandelt.

Der Fünfziger=Ausschuß hatte sich durch die Agenten und Augen=
diener der Regierungen zu einem unüberlegten Schritte fortreißen lassen.
Glücklicherweise hatte er den Standpunkt der Volks=Souveränetät in dem
einen Schreiben nicht ganz verleugnet, sondern ihn wenigstens nothdürftig
gewahrt. Als er nun den dummen Streich, den er begangen hatte, immer
besser einsehen lernte, da lehnte er sich gegen den Bundesbeschluß auf
und erklärte sich gegen die Schöpfung der neuen Exekutiv=Gewalt, weil
sie nicht bloß als bleibende Maßregel hingestellt, sondern auch, wegen
der ihr attribuirten Vermittelung der Regiminal=Ansichten und Wünsche
gegenüber der konstituirenden Versammlung mit den Beschlüssen des
Vorparlaments und Fünfziger=Ausschusses im Widerspruche sei. Doch
die Bundesversammlung erwiderte keck: man habe erst die Veröffentli=
chung des amtlichen Protokolls abwarten, nicht aber auf Grund eines
außer offiziellen Artikels *) Einsprache erheben sollen. Sie fügte kühn hinzu:

---

*) Die Bundesversammlung behauptete hier eine wissentliche Unwahrheit.
Denn die Artikel über ihre Verhandlungen wurden für die Frankfurter Zeitungen
durch eine von ihr eingesetzte Kommission angefertigt und waren somit offiziell. Auch
stimmte das amtliche Protokoll in diesem Falle mit dem fraglichen Artikel ganz
überein.

„Zur vorläufigen Einsetzung dieses Organs die erforderlichen Ein=
leitungen zu treffen, fand sich die Bundesversammlung — da solches
lediglich ein Ausfluß ihrer gesetzlich bestehenden Autorität sein soll und
da demselben keine andern Befugnisse übertragen werden sollen, als solche,
welche ihr nach der allseitig anerkannten, gegenwärtig bestehenden gesetz=
lichen Ordnung zustehen — vollkommen befugt. Wenn der Fünfziger=
Ausschuß von der Voraussetzung ausgeht, daß die Bundesversammlung
hierbei an den von ihm unterm 27. April gefaßten Beschluß irgendwie
gebunden sei, so kann man hierin nur eine Verkennung der Stellung
des Fünfziger=Ausschusses und der der Bundesversammlung gegenüber
den Regierungen zukommenden Befugnisse erblicken, und indem die Bundes=
versammlung ihr Bedauern ausspricht, daß bei den nach ausdrücklichem
Beschlusse des Fünfziger=Ausschusses veröffentlichten Verhandlungen des=
selben so maßlose Angriffe eines seiner Mitglieder vorkommen konnten,
wie solche in öffentlichen Blättern zu lesen sind, muß sie die Protestation
des Fünfziger=Ausschusses gegen den gesetzmäßigen Gang dieser Ange=
legenheit entschieden zurückweisen.“

Hiermit nicht zufrieden, nahm Welcker am 10. Mai (50. Sitzung
§. 457) ausdrücklich und einseitig die Rechte der Regierungen und des
Bundes in Schutz, wobei er in hochfahrender Weise schließlich die Worte
sprach:

„Die Bundesversammlung kann ruhig auch hier, wie überall, seit
der großen Regeneration unsers vaterländischen Rechtszustandes, ihre
Maßregeln dem Richterstuhle der öffentlichen Meinung unterstellen. Sie
wird, davon bin ich überzeugt, auch fernerhin die Behauptung der Würde
und der unentbehrlichen Rechte der Regierungen und Staaten, welche sie
zu vertreten berufen ist, mit leidenschaftsloser ernster Bemühung für das
einträchtige Zusammenwirken aller Kräfte und Organe des Vaterlands
zu verbinden wissen.“

Die geheimen Protokolle freilich vermochten vor dem hier ange=
rufenen Richterstuhle der öffentlichen Meinung schlecht zu bestehen. Denn
als gleich darauf das Lepel'sche Promemoria bekannt wurde, konnte
Welcker sich glücklich preisen, daß er bei der Abfassung jenes Separat=
Protokolls vom 4. Mai, worin dasselbe enthalten war, wegen zufälliger
Abwesenheit seinen Namen nicht mit unterzeichnet hatte. Von den übrigen
Separat=Protokollen aber, die er mit unterschrieb, wurde dem Publikum
Nichts bekannt. Von den Separat=Protokollen war Metternich der Er=
zeuger und Welcker der Pflegevater.

Welcker benahm sich ganz als durchlauchtiger Bundestagsgesandter. Für eine Reise, welche Seine Excellenz im Auftrage des Bundestags nach Lauenburg unternahm, reichte er eine liquidirte Rechnung von 1,455 Gulden 10 Kreuzern ein. So theuer mußte das arme Volk diesem Emporkömmling, als er fürstlicher Vertreter geworden war, eine kurze Dienstreise bezahlen!*) Daß die Freiherren und Grafen, aus welchen gewöhnlich die Bundesversammlung bestand, mindestens 100 Thaler per Tag bei Dienstreisen ansetzten, kann dem would-be-patriot, einem sein wollenden Volksmanne, nicht zur Entschuldigung dienen.

Die Reaktion hatte jetzt offen an den Tag gelegt, wozu sie eine Zentral=Gewalt wollte und warum sie der Einsetzung derselben seitens des Parlaments zuvorzukommen suchte. Aber auch der Fünfziger=Ausschuß hatte nun wiederholt gezeigt, daß er seiner Zeit nicht gewachsen war. Er bewies seine Kopflosigkeit nochmals eklatant in Bezug auf die Parlamentswahl. Der Graf Wilhelm Friedrich Christian v. Bentinck nämlich, der mit der oldenburgischen Regierung, weil er die frühere reichsunmittelbare Stellung seines Hauses nicht verschmerzen konnte, im alten Hader lag, legte in einem Schreiben dem Fünfziger=Ausschusse die Gründe dar, warum das Volk der Herrschaft Kniphausen zur selbständigen Wahl eines besonderen National=Vertreters berechtigt sei. (§ 481 der Protokolle von 1848.) Ebenso suchte das Fürstenthum Birkenfeld um die Verwendung des Fünfziger=Ausschusses nach, um einen selbständigen Abgeordneten zur National=Versammlung wählen zu können. Die Fünfziger waren der deutschen Einheit so schlecht eingedenk, daß sie wirklich für die beiden Afterstaaten ihre Fürsprache eintreten ließen. „Der Fünfziger=Ausschuß", heißt es in dem betreffenden, von Abegg unterzeichneten und an die Bundesversammlung gerichteten Schreiben, „läßt diese Verwendung eintreten und stellt einer hohen deutschen Bundesversammlung das geziemende Ersuchen, in dieser Sache bei den betreffenden Bundesregierungen das Geeignete schleunigst einleiten zu wollen."

Glücklicherweise handelte dießmal die Bundesversammlung vernünftiger als der Fünfziger=Ausschuß, und zwar aus dem einfachen Grunde, weil die Anordnung selbständigen Wählens in der Herrschaft Kniphausen gegen den Bundesbeschluß vom 30. April 1831 verstoßen hätte, wonach Kniphausen der oldenburgischen Matrikel eingereiht war. Der oldenbur-

---

*) S. die Revision der Rechnungen der Bundes Kanzlei und Bundes-Matrikular Kasse vom 1. Januar bis 31. August 1848. — Dreißigste Sitzung der deutschen Bundesversammlung vom 2. Dezember 1851, §. 243. — Protokolle des deutschen Bundes vom Jahre 1851. Original-Ausgabe.

gifche Gefandte theilte in der 39. Sitzung zwei neue Gefetze mit, denen gemäß Lübeck und Birkenfeld den 8. und 9. der neun in feinem Lande errichteten Wahlkreife bildeten.

In den reußifchen Landen traten ähnliche feparatiftifche Gelüfte in den Vordergrund. Nachdem eine Verordnung der fürftlich reuß=plauen'= fchen gemeinfchaftlichen Landesregierung zu Gera vom 10. April 1848 für die Landftriche der fürftlich reußifchen jüngern Linie die Wahl nur e i n e s Deputirten angeordnet hatte, wurde gleichwohl im Widerfpruch hiermit durch eine Verfügung der nämlichen Behörde vom 15. April die Wahl d r e i e r Parlaments=Abgeordneten ausgefchrieben. In diefer Sache fällten die Fünfziger ein befferes Urtheil, denn fie gingen von der An= ficht aus, daß nicht nur der ehemalige Staat Reuß=Gera in Reuß= Ebersdorf und Reuß=Schleiz aufgegangen fei, fondern daß auch die letz= teren beiden nur einen einzigen Staat bildeten. Auf diefe Weife wurde zwar nicht die Einheit Deutfchlands, wohl aber diejenige der Fürften von Reuß jüngerer Linie gerettet. Zwifchen dem Bundestage und den Fünf= zigern herrfchte hierbei glückliche Uebereinftimmung.

Der Zufammentritt des Parlaments war vom Vorparlament fpä= teftens auf den 1. Mai angefetzt worden. Weil jedoch den Regierungen die Wahlen anheimgeftellt worden waren, mußte der angefetzte Termin aufgegeben werden. Vorzüglich waren Preußen und Hannover an diefer Verfchleppung fchuld. Der preußifche König hatte nämlich, indem er fich an den Bundesbefchluß vom 30. März hielt, die Wahlen der preußifch= deutfchen National=Vertreter am 3. April eingeleitet und horribile au= ditu! — am 6. April durch den in Berlin anwefenden Landtag vollzie= hen laffen. Als hierauf der Bundesbefchluß vom 7. April, welcher fich dem Wunfche des Vorparlaments anbequemte, erfolgte, mußte angeblich aus diefem Grunde eine Frift über den 1. Mai hinaus für Preußen be= willigt werden. In Hannover follten die Wahlmännerwahlen am 27 April und die Abgeordnetenwahlen am 2. Mai — wo möglich! — be= ginnen: weßhalb die hannöver'fche Regierung beim Bundestage eine drei= wöchentliche Hinausrückung des Termines für den Zufammentritt des Parlaments befürwortete. Nur Würtemberg, wo direkte Wahlen gefchahen, und Baiern, wo das allgemeine Stimmrecht mißachtet wurde, waren rechtzeitig fertig. Die fächfifchen und öfterreichifchen Wahlen konnten nicht vor dem 18. Mai beendigt werden. In Sachfen war die Wahlbethei= ligung fo gering, daß der Leipziger Vize=Bürgermeifter Koch feinen Stadt= kindern deßhalb eine Rüge ertheilte. In Anhalt=Deffau war bis zum 15. Mai noch kein Abgeordneter gewählt. Zwar richtete die Bundesverfamm=

lung in ihrer 41 Sitzung (26. April) an die sämmtlichen Regierungen die Einladung, es zu ermöglichen, daß die Abgeordneten wenigstens bis zum 18. Mai erscheinen könnten — an welchem Tage die Eröffnung des Parlaments auch wirklich erfolgte — allein trotzdem hinkten manche Regierungen noch sehr hinterdrein. So wurde die letzte Wahl im 11. Bezirk von Kurhessen (Kreis Hünfeld) erst am 27. Mai angezeigt, und Waldeck wurde auch erst um diese Zeit fertig. Ja der substituirte großherzoglich hessische Gesandte reichte dem Bundestage ein Verzeichniß der 12 Vertreter des Großherzogthums erst am 2. Juni ein, bis wohin auch Hannover und Limburg die Vollendung ihrer Wahlen anzeigten.

Weil bei den Parlaments-Wahlen bereits die Nationalitäts-Streitigkeiten zum Vorschein kommen, sehen wir uns genöthigt, hier die Reaktion gegen das restaurirte Teutschthum in Betracht zu ziehen. Das Nationalthum an sich hat keine Berechtigung und keine stichhaltige geschichtliche Grundlage. Es hängt in seiner Anschauung mit dem mittelalterlichen Wildfangsrecht (Wildfangiatus Jus, Droit d'Aubaine), demzufolge die Luft und der Umgang mit Hörigen eigen machte, eng zusammen und ist ein vom Adel, der den sämmtlichen Grund und Boden in Beschlag genommen, auf unsere Zeit herab überliefertes Vorurtheil, welches indeß modernisirt und vom Bürgerstande mit demokratischen Bestandtheilen geschwängert worden ist. Der vassallische Stolz der territorialen Abstammung ist eine Ergänzung und ein matter Abglanz des Adels der Geburt. Während jedoch der letztere in dem Eigenthum und in den staatlichen Vorrechten eine vernünftige Basis hat, ist ersterer, wofern er sich nicht auf ein großes Klassen-Interesse zu stützen vermag, eitel Täuschung, Schwärmerei und Sklavensinn. Der Kammerdiener brüstet sich mit seiner Herrschaft und der Knecht weiß sich viel darauf, daß er gerade dem und keinem andern Herrn angehört. Ein solcher Gesinde-Patriotismus machte sich meistens 1848 breit. Die großen Grundeigenthümer durften sich darüber freuen, daß damals die ungeheure Mehrzahl ihrer Unterthanen noch nicht über die Jahre der Minderjährigkeit des Michelthums hinausgerückt war.

Die schleswig-holsteinische Streitigkeit gehörte zu jenen Fällen, in denen das deutsche Bürgerthum, weil ihm das angestammte, nicht aber das demokratische Recht die Grundlage des nationalen Strebens war, für Kleinstaaterei und fürstliche Legitimität schwärmte und mit dem viel demokratischeren dänischen Bürgerthum wegen eines territorialen Besitzanspruches feindlich verfuhr. Wenn indeß das deutsche Bürgerthum sich auf ein, vier Jahrhunderte altes, Recht berief und dabei mit der schleswig-holsteinischen Ritterschaft gemeinſame Sache machte, wog doch beim ſee= handeltreibenden Bürgerthum des deutſchen Nordens das Handels=Inter= eſſe vor. Ganz klar und praktiſch war dieß ausgeſprochen in einem durch den „Deutſchen Verein" in Kiel erlaſſenen Aufruf für Bildung einer deutſchen Flotte den 4. Mai, worin es hieß:

„Schleswig=Holſtein iſt das wichtigſte Land für dieſe deutſche Flotte. Ohne Schleswig·Holſtein kann Deutſchland keine Flotte, der deutſchen Landmacht ebenbürtig, erreichen; mit Schleswig=Holſtein wird es ſie be= ſitzen müſſen.... Es (Schlesw.=Holſt.) beſitzt vor Allem in dem Kieler Hafen einen Hafen erſten Ranges, groß und gegen jede Gefahr ſicher genug, um die größte Flotte der Welt darin zu erbauen und zu ſtatio= niren. Es wird ferner von der bisherigen däniſchen Marine den ihm zu= kommenden anſehnlichen Theil als einen nicht ganz unwichtigen Anfang einer deutſchen Seemacht Deutſchland bieten können. Es hat endlich in ſeinen Seefahrern an der Oſt= und Weſtküſte einen Kern der tüchtigſten Seeleute, die mit Achtung in allen Theilen der Welt genannt werden."

Wäre ein feſtes, auf der Grundlage bürgerlicher Freiheit einheitlich organiſirtes Deutſchland und ſomit ein dauerhafter Stock für das ſonſt auf der Konfuſion überſchwänglichen Gefühles beruhende Nationalthum vorhanden geweſen, ſo würde die Einwohnerſchaft an den deutſchen Grän= zen ſichere Stütze und klare Anhaltspunkte gehabt haben. Aber Deutſch= land war nicht bloß an den Gränzen, ſondern auch in ſeinem Innern in Nationalitäten zerriſſen. Der Baier, der Würtemberger, der Badenſer, der Sachſe, der Heſſe, der Hannoveraner, der Preuße und ſofort — ſie Alle bildeten After=Nationalitäten innerhalb Deutſchlands, die noch kaum den beengenden Schranken oder vielmehr der Abſperrung des Merkantil= Syſtems zu entwachſen anfingen.

Innerhalb des in höchſt ungleichartige Einheiten zerſplitterten Bun= des von beinahe 42 Millionen Menſchen beſtand der von Preußen ge= ſtiftete Sonderbund des Zollvereins, deſſen Bevölkerung nach einer vor= läufigen Abrechnung des Jahres 1847 (zufolge der Kölniſchen Zeitung, April 1848) 29,393,372 Seelen zählte, welche wiederum ſich folgender= maßen auf die einzelnen Staaten vertheilten:

Preußen 16,453,540 Einwohn.; Baiern 4,510,700 E.; Würtemberg 1,768,870 E.; Kurheſſen 726,883 E.; Thüringen 997,243 E.; Luxem= burg 186,140 E.; Königr. Sachſen 1,836,664 E.; Baden 1,365,034 E.; Großherzogthum Heſſen 863,152 E.; Braunſchweig 248,519 E. *)

---

*) Die Abweichung dieſer Bevölkerungsangabe von derjenigen in Reden's Zeitſchrift iſt unbedeutend und leicht erklärlich. — — Laut Bundes=Matrikel vom

Demnach betrug die Bevölkerungszahl des Zollvereins beinahe drei
Viertheile der deutschen Gesammtbevölkerung. Die nicht zu ihm gehörigen
Staaten waren Oesterreich, Hannover,*) Holstein-Lauenburg, Oldenburg,
Hamburg, Lübeck, Bremen, Mecklenburg, Limburg und Liechtenstein. Der
Gebietsumfang des Zollvereins enthielt seit 1. Oktober 1845, nachdem
Braunschweig mit allen seinen Besitztheilen beigetreten war, 8,247⁵⁴/₁₀₀
Quadrat-Meilen. Unter der Bevölkerung des deutschen Bundes gehörten
15,719,662 Köpfe (also beinahe 16 Millionen oder weit über $^3/_5$) dem
Zollverein nicht an.

Dieses Bevölkerungsverhältniß ist sehr wichtig, denn da in jeder
großen Bewegung die materiellen Interessen den Ausschlag geben, erklärt
es uns in Zahlen das Scheitern des deutschen Einigungswerkes. Nicht
bloß Mecklenburg sträubte sich, obschon es in nächster Nähe Preußens
lag, wegen seiner mittelalterlichen Besitzzustände gegen den Eintritt in
den Zollverein, sondern außerdem noch im Norden die dem Freihandel
geneigten Hansestädte. Zwar war vor drei Jahren der von Hannover
geleitete, auf freihändlerischer Basis ruhende Steuerverein durch den Abfall Braunschweigs sehr empfindlich betroffen worden; allein die Einwohnerschaft Hannovers glaubte sich besser zu stehen, wenn sie ihre Aus-
und Einfuhr nicht mit den Schutzzöllen des preußischen Zollvereins beschwerte. Holstein und Lauenburg gehörten dem dänischen, Limburg dem
holländischen Zoll-Systeme an. Zwar waren seit 1818, dem Jahre, in
welchem Preußen durch ein, seine Nachbarn schmerzlich berührendes Gesetz
über Zoll und Verbrauchssteuern und über den innern preußischen Verkehr die Grundlage des Zollvereines schuf, und seit der 1819 von Franz

---

3. Mai 1848 betrug die Zahl der den deutschen Bund bildenden Staaten 38 und
zwar sind hierbei Luxemburg und Limburg, sowie Holstein und Lauenburg für ein
einziges Land gerechnet. Es ist somit nicht genau, wenn Professor Wilhelm Müller neuerdings in seiner „Geschichte der neuesten Zeit 1816—1866" (Stuttgart
1867, 8°) auf Seite 225 sagt: „Zu allererst mußte man sich darüber ins Klare
setzen, auf welche Weise man den Regierungen der 35 souveränen Staaten, worunter 31 Monarchien und sogar 2 Großmächte waren, den durch die National-
Versammlung repräsentirten Volkswillen oktroyiren könne." — Die Beilage zu
§. 400 des Protokolls der 46. Sitzung der deutschen Bundesversammlung vom
3. Mai 1848 enthält die „achte provisorische Matrikel."

*) Hannover schloß mit Preußen erst am 7. September 1851 über die Ver-
einigung des Steuervereins mit dem Zollverein einen Vertrag ab, welcher am
1. Januar 1854 ins Leben trat.

Lift betriebenen Agitation für ein gemeinsames deutsches Zoll= und Han=
delssystem allmählich die Mehrzahl der deutschen Staaten auf volkswirth=
schaftlicher Basis geeinigt worden und sowohl der am 28. Juli 1824
entstandene süddeutsche Zollverein, welchen Baiern, Würtemberg und die
Fürstenthümer Hohenzollern gebildet hatten, als auch der durch Vertrag
vom 24. September 1828 in Kassel zu Tage gekommene Mitteldeutsche
Handelsverein, zu welchem Kurhessen, Hannover, Braunschweig, Nassau,
Homburg, Frankfurt a. M., fast ganz Thüringen, Sachsen und Olden=
burg gehört hatten, schon zu Anfang der Dreißigerjahre völlig unhaltbar
geworden, weil es Preußen gelungen war, durch Vertrag vom 14. Febr.
1828 Hessen=Darmstadt zu sich überzuziehen und somit zwischen die geg=
nerischen Verbände einen sie auseinander sprengenden Keil zu treiben;
allein die süddeutschen Staaten Baiern und Würtemberg waren, wie sich
1841 bei der Erneuerung des Zollvereins zeigte, noch nicht so fest an
den preußischen Zollverein gekettet, daß ihr Abfall, wenn ihren wider=
streitenden Interessen nicht Rechnung getragen wurde, geradezu unmöglich
war. Jede folgende Erneuerung des Vereins bewies, wie schwer sich die
vielen Sonder=Interessen abfinden und zusammenhalten ließen. Das Ge=
ringste, was man vom Einigungsstreben des Jahres 1848 erwarten
konnte, wäre doch wohl, hätte weniger die Phrase vorgeherrscht, die so=
fortige Verschmelzung aller deutschen Staaten in einen einzigen Zollver=
band und die Einführung von einem einzigen Münz=, Maß= und Gewicht=
System gewesen. Glückte nicht einmal diese Verschmelzung, die doch eine
unumgängliche Vorbedingung der Einheit war, so mußten alle übrigen
Einigungsversuche, weil sie der realen Grundlage entbehrten, vergeblich
sein. Aber diese Verschmelzung durfte nicht, wie Welcker that, den Regie=
rungen anheimgegeben werden, sondern das Volk selbst mußte sie zu
Stande bringen. In Oesterreich waren es besonders die böhmischen Fa=
brikanten, die sich gegen den Zollanschluß an Deutschland sträubten, da=
hingegen die steiermärkische Gewerkensitzung vom 18. August 1848 zu
Leoben sich für die Vereinigung günstig aussprach. Das deutsche Bür=
gerthum, welches die nationale Bewegung vertrat, hatte nur in seinem
kleinsten Theile erkannt, daß es beim Zustandebringen des Einigungs=
werkes viel weniger auf eine in der Luft schwebende Verfassung für ganz
Deutschland, als vielmehr auf die Aussöhnung und Vereinigung der ma=
teriellen Interessen ankam. Allerdings genügte die Zolleinigung nicht zur
Herstellung der Einheit, zu welcher sie nur die Einleitung bildete; allein,
wenn man nicht einmal die leichte Vorbedingung der Einheit durchzu=
führen im Stande war, um wie viel weniger konnte man das Schwerere

zu erreichen hoffen! Der Kampf der Schutz= und Prohibitiv=Zöllner gegen die Freihändler enthielt innerhalb des deutschen Bürgerthums selbst recht eigentlich die Reaktion gegen die nationale Einigung. Die in der Paulskirche zu Frankfurt am Main tagenden Professoren hatten hiervon nicht die leiseste Ahnung.

Auch die **nationale** Bewegung war, sofern sie auf Ver= nünftigkeit Anspruch machen konnte und nicht in bloß un= verstandenem Geschwätz bestand, durchaus sozialer Na= tur. Die mit der Vielstaaterei verbundenen Hemmungen waren dem Auf= schwunge des nationalen Wohlstandes nachtheilig. Das alte, durch den Bundestag repräsentirte und in viele Staaten zersplitterte Deutschland war das Ergebniß eines Besitzverhältnisses, demzufolge einzelne große Adelige über die Ländereien, die sie ursprünglich bloß verwaltet und zu Lehn besessen hatten, im Laufe der Zeit souveräne Herren geworden waren. Die jetzige Einheitsbewegung war also gegen dieses Herreneigenthum zu richten und zwar hatte mit Beseitigung der vielen Herrenstaaten der sich erstarkt fühlende dritte Stand die Herrschaft über das ganze Deutschland zu erringen. Nachdem die Revolution in den einzelnen deutschen Ländern vor den Thronen stehen geblieben war, sollte die den Fürsten übrig ge= bliebene Macht von einem Zentral=Punkte aus, an welchem der Wille des deutschen Bürgerthums maßgebend wäre, vollends in einen Schatten verwandelt werden. Indeß bestand der Unterschied zwischen der sozialen Bewegung des niedern Volkes und der national gefärbten des Bürger= thums darin, daß die erstere **gleiches Recht für Alle** erstrebte, wäh= rend die letztere es nur auf die Gleichstellung der **Inhaber des beweglichen Besitzes** mit den seitherigen Bevorrechteten abge= sehen hatte, um dann gemeinsam mit den oberen Klassen die nur von ihrer Hände Arbeit lebende, dienende Volksklasse zu regieren. „Wenn die oberen Klassen", schreibt Hr. v. Unruh, „ihr wahres In= teresse richtig auffaßten, so würden sie den Mittelstand mit sich zu vereinigen suchen, statt ihn beherrschen zu wollen." — Die unteren, besitzlosen Klassen sollten zwar den Schutz genießen, den der staatliche Landfriede, um die Autorität der Obrigkeit aufrecht zu er= halten, auf alle im Staate lebenden Individuen ausdehnt; allein gleiches Recht sollte doch nur den Besitzenden zu Theil werden, die sich für die Fortdauer der bisherigen Rechtlosigkeit der unteren Klassen entschieden, wofern sie nur selber zur nationalen Geltung und Gleichberechtigung ge= langten. Das niedere Volk hielten die Mittelklassen für unreif zur Frei= heit und an die Bevormundung und Rechtlosigkeit desselben waren sie dermaßen gewöhnt, daß sie sich an den schreienden Widerspruch nicht stießen, in den sie verfielen, wenn sie zu ihrem eigenen Vortheil die demokratischen Freiheitslehren bis zu einem gewissen Grade geltend machten, während sie die dienenden Besitzlosen in der Rechtlosigkeit erhalten wissen wollten. Gleichwie unter den alten Griechen nicht einmal die größten Philosophen die Sklaverei für anstößig befunden hatten, und gleichwie es einst unter den alten Römern trotz ihrer republikanischen Freiheit und Gleichheit gang und gäbe gewesen war, die Sklaven — die Mitglieder der „Familie", die infimos — für eine „untergeordnete Nationalität" (quasi secundum hominum genus) anzusehen: ebenso war ein Jahrtausend lang in dem germanisirten Europa erst die Hörigkeit und Leibeigenschaft für ganz selbstverständlich betrachtet worden, worauf nun die bewegliche Dienstbarkeit, die sogenannte „freie Arbeit als ebenso nothwendig und selbstverständlich, wie natur= und rechtsgemäß galt. Der moderne Sklave hatte, was das gleiche Recht anbelangt, so wenig, wie der frühere Familien=Sklave, ein Vaterland. Die Nation sollte immer da aufhören, wo der wohlhäbige Besitz aufhörte. Denn das Rechts= bewußtsein und großentheils auch die Sittlichkeit gehen Hand in Hand mit den Besitzverhältnissen.

Die nationale Bewegung war somit eigentlich eine versteckte soziale, aber sie stand im Gegensatz zur offenen sozialen Revolution und bildete unter patriotischer Hülle eine Reaktion zu derselben. Im Grunde war daher der Streit um die deutsche Einheit ein Klassenkampf. Obschon reaktionär nach Unten, war selbiger in seiner prinzipiellen Bedeutung gleichwohl revolutionär nach Oben. Weil aber die konsequent verfahren= den obern Schichten nicht geneigt waren, die bisher ausschließlich ge= nossene Macht mit den Mittelklassen zu theilen, und auf das Niveau mit Denen herabzusteigen, die sie beherrschen zu sollen glaubten, so re= agirten sie theils versteckt, theils offen ihrerseits gegen die nationale Ein= heitsbewegung. Bei dieser Reaktion stützten sie sich auf die einzelnen Staaten, deren Bestand ja die Bewegung geschont hatte und in denen sie überall noch), wenn auch durch Konstitutionen beschränkt, das Ruder führten. Die Verwaltung, das Militär, die Polizei, die Geistlichkeit, die Verkehrsanstalten und das große Eigenthum an Grund und Boden stand ihnen noch zur Verfügung. Sie besaßen die exekutive Macht, die Ge= walt des Schwertes. Konnte das Bürgerthum, weil es aus Angst vor den Besitzlosen sich vor einer gründlichen Revolution scheute, die aufge= zählten furchtbaren Reaktionsmittel nicht an sich reißen und somit die Einzelstaaten oder das große unbewegliche Herreneigenthum nicht hinwegräumen, so mußte die Einheitsbewegung, so hoffnungsreich sie auch war, zuletzt doch der staatlichen Reaktion jämmerlich unterliegen.

Die Achtung der deutschen Stärke im Auslande, von welcher man 1848 viel redete, hatte erst dann Sinn und Verstand, wenn der deutsche Bürger in der Fremde als Theilhaber der Staatsmacht anzutreten und als solcher sicher auf den Staatsschutz sich zu verlassen vermochte. Sonst respektirte man ihn trotz des in der Phrase starken Deutschlands so wenig wie etwa den gemeinen Russen, dessen Nation im Adel aufging. Die cives Romani waren einst im Auslande deßhalb geachtet gewesen, weil sie an der Souveränetät oder staatlichen Majestät Theil hatten, und weil folglich eine ihnen angethane Beleidigung als eine über den römischen Namen verhängte Schmach gerächt wurde. Vernünftigerweise durfte die Herstellung der deutschen Einheit also in nichts Anderm bestehen, als in der vollständigen Erringung der einheitlichen deutschen Staatsmacht für das Bürgerthum.

Wäre weniger Gewicht auf die äußere Macht und Größe, als auf die gleiche Freiheit im Innern gelegt worden, aus der allein ein homogenes, kompaktes und untheilbares Neu-Deutschland hervorgehen konnte, so würde das Widerstreben der Nationalitäten nicht so grell hervorgetreten, auch viel leichter überwunden worden sein. Einige zweifelhafte Gebiete, die durch Personal-Union an auswärtige Herrscher geknüpft waren, zeigten sich ohnehin dem Deutschthume günstig genug. In erster Reihe steht in dieser Hinsicht, wenn wir uns die ausführliche Besprechung der schleswig-holsteinischen Angelegenheit hier noch ersparen, das an den König von Holland gebundene Luxemburg. Mit Luxemburg aber stand und fiel Limburg. Zur geschichtlichen Erläuterung diene Folgendes:

Seit dem Jahre 1839 hatte Limburg eine Doppelstellung zwischen Holland und dem deutschen Bunde eingenommen. Dieß war so gekommen· Als die Belgier 1830 ihre Revolution machten, besetzten sie, mit Ausnahme der Festungen Luxemburg und Maestricht, das Großherzogthum Luxemburg und die Provinz Limburg, welche beide mehrere Jahre hindurch unter belgischer Verwaltung blieben. Darauf zeigte der niederländische Gesandte im Namen des Großherzogs von Luxemburg (des holländischen Königs) dem Bundestage an, daß für den Theil Luxemburgs, welcher an Belgien abgetreten werden müsse, dem deutschen Bunde keine Entschädigung gegeben werden könne, obgleich die Bundesversammlung eine solche ernst beanspruchte. In dem definitiven Vertrage, welcher nun am 19. April 1839 zu Stande kam, erhielt der König von Holland als Entschädigung für das an Belgien abgetretene luxemburgische Gebiet

zu beiden Ufern der Maas einige Distrikte, unter dem Namen der Provinz Limburg begriffen, über deren Verhältniß zu Deutschland und zu
den Agnaten aus dem Hause Nassau er sich mit den letzteren und mit
der deutschen Bundesversammlung „verständigen" sollte. In dem Vertrage war zweifelhaft gelassen, ob der König von Holland die Provinz
Limburg als Großherzog von Luxemburg oder ob er sie als einen inte-
grirenden Theil des Königreichs Holland erhielt; denn der Artikel IV.
besagte: „Il sera assigné à Sa Majesté le Roi de Pays-Bas, soit en
sa qualité de Grand-Duc de Luxembourg, soit pour être
réunis à la Hollande, les territoires dont les limites sont indi-
quées ci-dessous." Noch im nämlichen Jahre erklärte der luxemburgische
Bundesgesandte, daß der König von Holland aus der Provinz Limburg,
an den beiden Ufern der Maas gelegen, ein Herzogthum Limburg gebildet habe und daß er für dieses Herzogthum, mit Ausnahme der immer
holländisch gewesenen Festung Maestricht, zwar dem deutschen Bunde bei-
trete, aber sich ausbedingen müsse, dasselbe mit Holland unter die nämliche Verfassung und Verwaltung zu stellen, ein Vorbehalt, durch welchen
er die Bundesverfassung in keiner Weise beeinträchtigen werde.

Da der Bundestag die zweideutige Stellung Limburgs sich gefallen
ließ, wurde 1840 bei der holländischen Verfassungs-Revision das Herzogthum Limburg unter die Provinzen Hollands aufgenommen. Also gehörte Limburg, wenn es auch am 5. September 1839 förmlich dem
deutschen Bunde einverleibt wurde, nur scheinbar zu Deutschland; denn
in Wirklichkeit war es eine rein holländische Provinz geworden. Wenn
gleichwohl in Limburg für die deutsche konstituirende Versammlung endlich gewählt wurde, so geschah es, weil man dort hoffte, von der drücken-
den holländischen Staatsschuld, deren Antheil für Limburg 81 Millionen
Thaler betrug, loszukommen und dadurch ziemlich abgabenfrei zu werden. Die Parole der deutschgesinnten Limburger Bauern hieß im Sommer 1848: „Keine Steuern mehr!" Indeß wurden zu diesen nach Steuer-
freiheit sich sehnenden Limburgern, bei denen deutlich der soziale Unter-
grund des nationalen Bekenntnisses hervorschimmerte, holländische Truppen
geschickt und durch letztere die deutschen Fahnen und Farben abgerissen
und insultirt. Dem Deutschthume in Limburg arbeiteten die holländischen
Beamten entgegen, und wiewohl auf Betreiben des Fünfziger-Ausschusses
endlich ein Wahl-Kommissär von der holländischen Regierung eingesetzt
worden war, so wurden die Wahlen für das Frankfurter-Parlament doch
nur strichweise in den beiden Bezirken von Roermonde und Falkenburg
vorgenommen. Obschon Limburg 198,400 Einwohner zählte, stellte es

doch nur zwei Abgeordnete. Ohne Zweifel hatte die holländische Re=
gierung unter dem Volke Limburgs viele Anhänger. Dagegen betrach=
teten sich die meisten Einwohner Luxemburgs 1848 als Angehörige
Deutschlands.

Vom Königreiche Preußen gehörten beim Ausbruche der Märzstürme
beinahe 4 Millionen Einwohner nicht zum deutschen Bunde. Das Vor=
parlament sprach seine Willensmeinung dahin aus, daß Ost= und West=
preußen dem deutschen Bunde einverleibt werden müßten; denn man
wähnte Deutschland hierdurch zu stärken, während man doch nur das
separatistisch-reaktionäre Preußenthum auf diese Art förderte.

Robert Blum sagte über diesen Gegenstand im Vorparlamente:

„Ich glaube aber auch zudem, so lange die Länder deutscher Zunge
staatlich mit deutschen Bundesstaaten verbunden sind, müssen wir ihnen
die natürlichen Rechte und Freiheiten geben, die wir selbst genießen.
Mein Antrag geht also dahin: Bei der konstituirenden Versammlung
sollen vertreten sein alle deutschen Bundesländer mit Einschluß von Ost=
und West-Preußen und Schleswig-Holstein, sowie die Länder deutscher
Zunge, so lange sie mit andern Ländern staatlich verbunden sind.“

Ebenso konfus, wie Robert Blum, war Gustav Struve. Derselbe
nahm, mit Rücksicht auf die Stimmung in der Versammlung, seinen An=
trag, daß die in Polen wohnenden Deutschen zur konstituirenden Ver=
sammlung geladen werden sollten, zwar zurück, beharrte aber um so
nachdrücklicher auf dem weitern Antrage, unumwunden auszusprechen,
daß es „heilige“ Pflicht des deutschen Volkes sei, Polen wieder herzu=
stellen, indem die Theilung Polens als ein schreiendes Unrecht erklärt
werde.

Nachdem Struve's Antrag bei der Abstimmung fast einhellig an=
genommen worden war, sagte Präsident Mittermaier: „Um möglichen
Mißverständnissen über diesen Beschluß vorzubeugen, will ich nachträglich
erläuternd bemerken: Es ist in dieser Abstimmung nicht gelegen, daß
die in Polen wohnenden Deutschen eingeladen werden sollen, sondern es
ist damit bloß die Ueberzeugung ausgesprochen worden, es soll mit aller
Kraft dahin gewirkt werden, daß die Wiederherstellung Polens erwirkt
werde.*)

Der König von Preußen genügte dem Wunsche des Vorparlaments
durch folgende schikanöse Bekanntmachung vom 6. April:

---

*) Verhandlungen des deutschen Parlaments. Offizielle Ausgabe. Frank-
furt 1848.

„Wir Friedrich Wilhelm von Gottes Gnaden, König von Preußen
2c. 2c., haben aus der Erklärung Unserer getreuen Stände
vom 3. d. M. mit Wohlgefallen ersehen, daß dieselben, in Ueberein=
stimmung mit Unserm in dem Patente vom 18. v. M. aus=
gesprochenen Wunsche, die Einverleibung der Provinz Preußen in
ihrer gegenwärtigen Begränzung in den deutschen Bund beantragen.
Wir haben in Folge dieser Erklärung Unser Staatsministerium beauf=
tragt, schleunigst die zur Aufnahme der gedachten Provinz in den deut=
schen Bund erforderlichen Einleitungen zu treffen, was Wir Unsern ge=
treuen Ständen hiermit vorläufig eröffnen."

Demgemäß erklärte und beschloß die Bundesversammlung unterm
11. April, den „Beitritt der Provinz Preußen (Ost= und Westpreußen)
in den deutschen Bund mit freudiger Anerkennung der dem Antrage zu
Grunde liegenden nationalen und föderalen Gesinnung einstimmig anzu=
nehmen und somit Ost= und Westpreußen in den Bund aufzunehmen."
Ferner wurde die preußische Regierung ersucht, die Matrikular=Bevöl=
kerung in der Weise zu ermitteln, daß „deren jetzige wirkliche Bevölkerung
in demselben Verhältniß reduzirt werde, als die Matrikular=Bevölkerung
aller übrigen preußischen, bisher schon zum deutschen Bunde gehörigen
Provinzen geringer sei als deren wirkliche Bevölkerung." Endlich sollte
Preußen nach Maßgabe der so ermittelten Matrikular=Bevölkerung die
Wahlen zu der konstituirenden National=Versammlung in Gemäßheit des
Bundesbeschlusses vom 7. April schleunigst veranlassen und von der in
dieser Weise festgestellten Matrikular=Bevölkerung, so wie der sich daraus
ergebenden Anzahl von Abgeordneten für Ost= und Westpreußen sofort
an den Bundestag Anzeige machen.

Der König von Preußen hatte sich „für die Tage der Gefahr an
die Spitze Deutschlands" gestellt. In die Sprache des gemeinen Lebens
übersetzt, hieß das so viel als: er wollte vermittelst der ihm zu Gebote
stehenden Macht in ganz Deutschland die Demokratie am Aufkommen
verhindern. Deßhalb war ihm daran gelegen, bei der Einverleibung
von Ost= und Westpreußen in den Bund nicht stehen zu bleiben, son=
dern auch Posen zum deutschen Bunde zu schlagen, zumal, da dem vom
Vorparlamente ausgesprochenen Wiederherstellung eines Polenreichs ent=
gegengetreten werden mußte. Auf den Antrag der preußischen Regierung
erklärte also der Bundestag in der 39. Sitzung vom 22. April folgende
Theile in den deutschen Bund aufgenommen: Jnowraclaw, Schubin,
Bromberg, Wirsitz, Czernikau mit Ausnahme der Südostspitze, Chod=
ziesen mit Ausnahme der Wischiner Güter an der südlichen Gränze, die

Stadt und Herrschaft Golamcz des Wongrowiecer Kreises, sowie vom Mogilnower Kreise die nördliche Hälfte, abgegränzt durch eine Linie von dem südlichsten Punkte auf der Gränze des Schubiner Kreises nach den Städten Moyslnow, Wilatowo und Gembice, einschließlich dieser Städte. Zu gleicher Zeit wurden in den deutschen Bund aufgenommen die Kreise Birnbaum, Meseritz, Bomst und Fraustadt, nebst einem Theile des Kreises Buck und Kröben, nämlich vom Kreise Kröben die Ortschaften Kröben, Rawic und Jutroschin, und vom Kreise Buck der südwestlichste Theil mit der Stadt Gräz.

Die Gesammtzahl der Bevölkerung dieser zum deutschen Bunde hinzugefügten polnischen Lande belief sich nach der Zählung von 1846 auf 593,390 Köpfe. Auf den Maßstab der übrigen preußischen Matrikular-Bevölkerung reduzirt, stellte sich für die annektirten Gebiete eine Zahl von 385,065 Seelen heraus, welche nach dem Bundesbeschlusse vom 7. April 8 Abgeordnete für das Frankfurter-Parlament zu wählen hatten.

Hierauf beantragte der preußische Gesandte am 1. Mai und beschloß die Bundesversammlung am 2. Mai, noch folgende polnische Theile in den deutschen Bund aufzunehmen: die Stadt und Festung und einen Theil der Kreise Posen und Obornick, den Kreis Somter, den noch nicht aufgenommenen Theil des Kreises Buck, sowie den südlichen Theil der Kreise Kröben und Krotoschin nebst der Stadt Kempen. Die Bevölkerung vorstehender Distrikte zählte ungefähr 273,500 Köpfe oder, auf den bundesmäßigen Maßstab der alten Matrikel zurückgeführt, 177,600 Köpfe, die nun weitere 4 preußische Vertreter ins Frankfurter Parlament zu wählen hatte. Hiernach erhob sich die Gesammtzahl der preußischen Abgeordneten schon von 191 auf 203.

Sodann zeigte der preußische Gesandte am 3. Mai im Bundestage an, daß die Bevölkerung von Ost- und Westpreußen nach der Zählung vom Ende des Jahres 1846 sich auf 2,499,423 Köpfe stellte und daß, da die Gesammtbevölkerung sämmtlicher zum deutschen Bunde schon gehörigen preußischen Provinzen zu jener Zeit

$$12,249,126$$

Köpfe betrug, während die Matrikular-Bevölkerung dieser Provinzen sich nur auf

$$7,948,439$$

Köpfe stellte, die oben angegebene wirkliche Bevölkerung von Ost- und Westpreußen, in dem gleichen Verhältniß reduzirt, 1,621,871 Köpfe als Matrikular-Bevölkerung Ost- und Westpreußens ergab. Demgemäß stellte sich), nach dem Bundesbeschlusse vom 7. April, wenn man mit 50,000 dividirte, die Zahl der ost= und westpreußischen Abgeordneten für die deutsche National=Versammlung auf 32. Der Bundestag beschloß also unterm gleichen Tage, in der Bundes=Matrikel bei Preußen 1,621,871 Köpfe hinzuzufügen, wodurch sich die matrikelmäßige preußische Bundes= bevölkerung auf 9,570,310 Köpfe erhob, und in entsprechender Weise stieg auch das preußische Bundes=Kontingent um 16,219 Mann, indem es von 79,484 auf die Höhe von 95,703 Mann emporrückte. Durch diese Veränderung gelangte die sogenannte achte provisorische Matrikel vom 3. Mai zur Gültigkeit. Die sämmtlichen nach Frankfurt zu entsendenden Abgeordneten Preußens betrugen 235, so daß das Preußenthum nun vollständig im Vergleich zu den Abgeordneten der übrigen Staaten das Uebergewicht bekam.

Nach Schubert's Handbuch der allgemeinen Staatenkunde des preu= ßischen Staats beliefen sich die Slawen in den Provinzen Posen und Preußen damals auf mehr als anderthalb Millionen, eine Zahl, welche so niedrig als möglich gegriffen ist und die die Sprache als Merkmal der Nationalität annimmt, während nach derselben Quelle die Slawen in Schlesien ½ Million zählten. Die Polen im Großherzogthume Posen welche sich gegen die Aufnahme in den deutschen Bund sträubten, be= trugen in runder Zahl 800,000 und bildeten die Mehrzahl der posen= schen Bevölkerung.

In Preußen selbst fehlte es für die Polen nicht an Sympathie. Denn das Berliner Volk hatte am 20. März die Freigebung der gefan= genen polnischen Rebellen gefordert und dieselben, nachdem sie auf freien Fuß gesetzt worden waren, im Triumph durch die Straßen gezogen. Schon am nämlichen Tage hatte in der Stadt Posen ein blutloser Auflauf statt= gefunden, bei welchem an die Deutschen und Juden eine Proklamation mit der Versicherung gerichtet worden war, daß ihnen Nichts zu Leid gethan werden sollte. Dann war der Posener Erzbischof nach Berlin gereist, um gegen die Einverleibung der Provinz in den deutschen Bund zu protestiren. Bald verlangten die Polen die Herstellung ihres Reichs innerhalb der Gränzen von 1772. Zwar wurde ihnen von der preußischen Regierung, um sie zu beschwichtigen, eine Reorganisation zugesagt, aber hiermit gaben sie sich nicht zufrieden. Schon Ende März wurden in Posen überall, wo die Bevölkerung überwiegend polnisch war, die preußischen Adler abgerissen. Von dem Adel und der katholischen Geistlichkeit aufgestachelt, be= waffneten sich die polnischen Bauern und Knechte mit Sensen und begannen den Aufstand. Der Hauptanführer des polnischen Unabhängigkeitskampfes war Mieroslawski.

Die deutschen Bewohner Posens dagegen fanden die Wiederherstellung eines Polenreiches ihrem Vortheil nicht angemessen. Sie machten geltend: Posen sei nicht polnisches Land, sondern von dem deutschen Bauer mit Pflug und Spaten erobert; Polen sei keine Vormauer gegen Rußland, man schulde den Polen keine Dankbarkeit, und auch der polnische Bauer, der stets von den Edelleuten geknechtet worden sei, habe keine Ursache, die Wiederherstellung Polens zu wünschen; es sei daher eine falschverstandene Humanität, die deutschen Landsleute Posens auf Kosten der Fremden zu vernachläſſigen. Der von den geſammten Deutschen des Netze-Diſtrikts erwählte permanente Ausschuß wandte sich darum an den deutschen Bund mit der Bitte um Einverleibung Posens.

Die Polen ihrerseits suchten bei der Wahl für die preußische vereinbarende Versammlung so viel als möglich Vertreter nach Berlin zu bringen und protestirten gegen die Abtrennung der deutschen Gränz-Diſtrikte zum deutschen Bunde. Die von ihnen hervorgerufenen Unruhen in Landsberg an der Warthe, in der Gegend von Pinne u. ſ. w. wurden durch Militärgewalt unterdrückt.

Aus sehr vielen Gründen, besonders auch wegen der unabläſſigen Vermischung und Untermischung, ist die rohe Scheidung der Menschen nach der Abstammung höchst unzuverläſſig. Eine genaue Bevölkerungszahl der Nationalitäten angeben, heißt darum immer, etwas Trügerisches und Willkürliches aufstellen. Gleichwohl suchte man sich 1848 streng nach Nationalitäten abzusondern, weil man zu unwiſſend und ungebildet war, um in der demokratischen Freiheit für den ganzen Erdtheil ein Vereinigungsmittel zu finden und vermittelst eines neuen Rechtes die Verschmelzung der Europäer anzubahnen. Der Reaktion kam diese Absonderung und gegenseitige Anfeindung der europäischen Volksgruppen sehr zu Statten. Denn das Volk lähmte nun seine eigene Kraft und zersplitterte seine Anstrengungen, anstatt sich, unbekümmert um die Vorurtheile der Geburt, zur Bekämpfung und Hinwegräumung der Vorrechte zu verbrüdern und bloß das gleiche Menschenrecht anzuerkennen. Namentlich in Oesterreich entbrannte der Nationalitäten-Konflikt sehr heftig. In Anbetracht, daß verschiedene österreichische Nationalitäten in eine feindselige Stellung zur deutsch-nationalen Bewegung geriethen, soll im Folgenden das Nationalitäten-Verhältniß, wie es, dem allgemeinen Vorurtheile gemäß, sich für Oesterreich gestaltete, statistisch dargelegt werden.

Was die Deutschen anbelangt, so gab es   Slawen gab es

in Niederösterreich	1,400,000		in Böhmen .	2,558,000
„ Oberösterreich .	850,000		„ {Mähren / Schlesien}	1,451,000
„ Steiermark	662,000 (Cilli u. der halbe Marburger-Kreis)		„ {Galizien / Bukowina}	5,000,000
„ Kärnten . .	200,000 (zwei Drittel)		„ {Ungarn / Kroatien} .	6,500,000
„ Böhmen . .	1,830,000		„ der Militär-	
„ {Mähren / Schlesien}	726,000		gränze . .	1,136,000
„ {Tyrol / Vorarlberg} .	838,000 (ohne Abzug von Südtyrol)		„ dem Küsten-	
„ Ungarn u. Sie-			land . .	120,000
benbürgen etwa	1,025,000		„ Krain . .	450,000
Zusammen	7,531,000 Deutsche.		„ Kärnten .	100,000
			„ Steiermark .	338,000
			„ Siebenbürgen	1,050,000

Zusammen 18,730,000 Slawen.

Die Zahl der Italiener betrug

in der Lombardei	2,570,000
in Venetien. .	2,170,000
im Küstenland.	360,000
in Dalmatien .	392,000
Zusammen .	5,492,000 Italiener

Die Magyaren, obschon ein sehr kräftiges Volk, welches unter allen Nationalitäten Oesterreichs sich während der Bewegungszeit am Meisten durch Thaten auszeichnete, betrugen nicht mehr als 4,500,000 Köpfe.

Die im Ganzen nicht sehr beträchtliche Zahl der südtyrolischen Italiener ist hierbei nicht besonders berechnet. Sie machte etwa ⅓ oder ¼ der tyrolischen Einwohnerschaft aus. Von der österreichischen Gesammtbevölkerung bildeten demnach die Slawenstämme die Hälfte.

Die meiste Schwierigkeit bereiteten den deutschen Patrioten die Czechen in Böhmen. Wählten nicht einmal diese für das Frankfurter Parlament, so mußte natürlich alle Aussicht schwinden, daß jene Deutschen Oesterreichs, welche nicht zu den deutschen Bundesländern gehörten, in Ueberreinstimmung mit dem im Vorparlamente ausgesprochenen Verlangen Robert Blums ihre Vertreter in die deutsche konstituirende Versammlung schickten. In Oesterreich fielen darum sehr viele Wahlen für das Frankfurter Parlament aus. Während Preußen viel mehr Deputirte schickte als es nach der Bundesmatrikel zu stellen hatte, lieferte Oesterreich viel weniger. Dort wählten Slawen mit, hier nicht einmal alle Deutschen.

Am 11. März bildete sich in Prag ein Bürgerausschuß, das Wenzels-Komité genannt. Selbiger bestand meistentheils aus Czechen und wurde am 10. April im St. Wenzels-Bade in einen National-Ausschuß umgetauft. Anfangs war die Spannung zwischen Deutschen und Czechen wenn auch merklich, doch nicht heftig. Denn auf der Vorversammlung slawischer Schriftsteller vom 20. März in Prag für die am folgenden Tage stattfindende Schriftstellerversammlung ward beschlossen, Nichts gegen die Eintracht der böhmischen und deutschen Nationalität, noch gegen den festen Verband der böhmischen Krone mit dem österreichischen Kaiserstaate zu unternehmen. Aber die Zugehörigkeit zu Deutschland, welche von den Slawen nicht gewollt wurde, fachte den h e i m l i ch e n Groll zur hellen Flamme an. Während die Deutschen das Verbleiben beim deutschen Bund und die deutschen Farben verfochten, forderten die Czechen im April, daß sie nicht mit Deutschland, sondern mit Mähren und Schlesien vereinigt sein, ein eigenes Ministerium erhalten, und daß die Beamten beide Sprachen können müßten. Als die Deutschen, welche eine deutsche „Konstitutionelle Zeitung" zu gründen beschlossen, einen deutschen Ausschuß gebildet hatten, wurde dieser zwar zum czechischen National-Ausschusse zugezogen, allein letzterer ersuchte am 13. und 14. April die Deutschen dringend, die deutschen Farben abzulegen, damit die Czechen nicht gereizt würden. Der deutsche Ausschuß, sich schwach fühlend, machte dieses Zugeständniß. Doch nun weigerten sich die Czechen, die deutschen Parlamentswahlen vorzunehmen. Deßhalb schickte der deutsche konstitutionelle Verein in Prag eine Deputation nach Wien, welche dem Minister des Innern vorzustellen hatte, daß in den deutschen Kreisen Unruhen ausbrechen würden, wenn man sie an den Wahlen behinderte, worauf der Minister antwortete: „Gut, wenn die deutschen Kreise Wahlen vornehmen, so haben sie ja, was sie wollen; in Bezug auf die czechischen Kreise wird später ein Ministerial-Befehl erfolgen, ob sie die Wahlen vornehmen sollen oder nicht."

Der Frankfurter Fünfziger-Ausschuß konnte angesichts der czechischen Agitation nicht ruhig bleiben. Nachdem er den Beschluß gefaßt hatte, daß die czechische Sprache und die czechische Nationalität ungefährdet bleiben sollten, sandte er drei Deputirte, die Herren von Wächter, Kuranda und Dr. Schilling, nach Prag ab, um die Böhmen für das deutsche Parlament zu gewinnen. Allein diese Deputirten richteten Nichts aus. Hawliczek, der Führer der czechischen Partei, machte gegen die Beschickung des Frankfurter Parlamentes hauptsächlich geltend, daß jetzt, da der böhmische Landtag und der Wiener Reichstag zu beschicken wären,

Böhmen nicht auch für das Frankfurter Parlament wählen könnte, und daß die Czechen im Kampfe gegen das Deutschthum den Polen und Illyriern die Hand reichen müßten. Hawliczek gerieth dergestalt in Eifer, daß er sagte: man müsse die Fremden, die Schlangen, die sich zwischen den National-Ausschuß und das böhmische Volk stellten, ausweisen. Obendrein erließ der czechische National-Ausschuß einen feurigen Aufruf, worin die in Oesterreich lebenden Stammesgenossen zu einem Reichstage nach Prag einberufen und auch alle daselbst erscheinenden nichtösterreichischen Slawen einer brüderlichen Aufnahme versichert wurden.

Als die Deputation des Fünfziger-Ausschusses unverrichteter Sache nach Frankfurt zurückkehrte, brach man über die Verstocktheit der Böhmen in Wuth aus und drohte ihnen mit Anwendung von Gewalt. Allein die Czechen ließen sich nicht einschüchtern. In der Sitzung des Prager National-Ausschusses vom 11. Mai verlas Dr. Rieger die Verhandlungen des Fünfziger-Ausschusses über die Weigerung der Böhmen, das Parlament zu beschicken, und als er an die von Schilling gebrauchten Worte kam: „dann müsse man mit der Schneide des Schwertes den Anschluß erzwingen," rief er, indem er auf den Hussitenkrieg anspielte, mit erhobener Stimme: „Nun denn, so werden wir mit Dreschflegel-Argumenten antworten."

Also blieb von Seiten der Czechen das Parlament unbeschickt. Der Widerstand der Böhmen bewirkte, daß von reaktionärer Seite der arglistige Vorschlag gemacht wurde, die deutsche konstituirende Versammlung nach Prag, wo dieselbe ganz in die Falle gesteckt hätte, zu verlegen. Nur die deutschen Kreise Böhmens wählten. Etwas besser gestaltete sich die deutsche Sache in Mähren und Schlesien, weil die Slawen dieser Länder von einem Anschlusse an Böhmen Nichts wissen wollten. Auch stifteten die deutschen Böhmen und Mähren in Wien einen Verein, der die panslawistische Bewegung einzudämmen und die Kärntner, Krainer und Steirer zum Festhalten an Deutschland zu bestimmen suchte.

Das Bevölkerungsverhältniß war, wie aus dem Obigen ersichtlich, 1848 in Böhmen, Mähren und im österreichischen Schlesien folgendes. In Böhmen wohnten 2,558,000 Slawen und 1,830,000 Deutsche; in Mähren und Schlesien 1,451,000 Slawen und 726,000 Deutsche. Also überwogen die Slawen in Böhmen die deutsche Bevölkerung um 728,000 Köpfe, oder sie verhielten sich in der Gesammtbevölkerung von 4,388,000 zu den Deutschen etwas höher als 4 zu 3. Die Slawen in Mähren und Schlesien dagegen bildeten in der Gesammtbevölkerung von 2,177,000 Seelen volle zwei Drittel. Vereinigten sich die Stammesangehörigen in den erwähnten drei Ländern, so kam folgendes Verhältniß heraus.

Slawen in		Deutsche in	
Böhmen .	2,558,000	Böhmen .	1,830,000
Mähren }	1,451,000	Mähren	726,000
Schlesien		Schlesien	
Zusammen	4,009,000	Zusammen	2,556,000

Demnach verhielten sich der Zahl nach die Deut- schen zu den Slawen wie

5 : 8

Alle guten deutschen Patrioten waren darüber empört, daß unter den Führern der Czechen-Partei sich Männer mit deutschen Namen be- fanden. Allein diese Thatsache hätte keine Entrüstung hervorrufen kön- nen, wenn man sich klar gemacht hätte, daß den nationalen Bewegungen immer ein soziales, meist Klassen-Interesse zu Grunde liegt, und daß so- mit hinter den schönen gefühlvollen Worten des Patriotismus egoistische Motive stecken. Erst hierdurch wird der Patriotismus, der sonst Nichts als Schwärmerei wäre, vernünftig und bekommt Nachhaltigkeit. Auch die deutschen Männer, welche 1848 außer sich vor lauter Deutschthum gerathen waren, verfolgten entweder ein Privat- und Klassen-Interesse, oder sie machten bloß die Mode mit und vermochten ihre schönen Be- kenntnisse, als es galt, für dieselben einzustehen, im Kampfe gegen die Reaktion nicht mit ihrem Blute zu besiegeln. Was aber den aus den Familiennamen gefolgerten deutschen Ursprung anbelangt, so beruhte er hier wie dort auf dem Scheine. Denn die Deutschen in den rein deut- schen Staaten waren nicht unverfälschte Nachkommen der alten Ger- manen, sondern ein Mischvolk, welches unter anderm auch viel slawisches Blut in sich aufgenommen hatte: woher es denn kam, daß in Deutsch- land 1848 eine Menge slawische Abkömmlinge mit ihrer deutschen Gesinnung prahlten und sich irrthümlich wegen ihrer deutschen Namen für reine Deutsche hielten. Auf diese Weise wirkten wenigstens eben so viele Leute slawischen Ursprungs für die deutsche Sache, als Männer mit deutschem Namen für die slawische: ganz abgesehen davon, daß sich von den Slawen wie von den Deutschen der geschichtliche Ursprung nicht nachweisen läßt und daß wahrscheinlich beide auch der Raçe nach eng zu einander gehören. Zudem stammen die bürgerlichen Familiennamen erst aus dem dreizehnten bis fünfzehnten Jahrhunderte, und die Art und Weise ihrer Entstehung liefert uns nicht die geringste Bürgschaft dafür, daß Derjenige, der einen deutschen Namen trägt, auch deutscher Natio- nalität sein muß. Das Einführen von bürgerlichen Familiennamen war erst zum Bedürfniß geworden, als das römische Recht sich an die Stelle des deutschen setzte, und als sich das Städtethum in Deutschland der- maßen zu heben anfing, daß die bürgerlichen Familien wegen der Vererbung des Vermögens und behufs der Unterscheidung bei bürgerlichen Gerichtsstreitigkeiten die Familiennamen brauchten. Bis dahin waren nur einfache, an die einzelne Person geknüpfte Namen im Gebrauch. Die Familiennamen des ländlichen Grundbesitzes, die mit dem Lehensrecht zusammenhingen, waren dagegen viel älter; aber auch bei ihnen hatte der Besitz zur Entstehung der Familienunterscheidung geführt, denn der Adel oder die „Herren von" benannten sich nach dem von ihnen be= sessenen Grund und Boden. Von den bürgerlichen Familiennamen hatten nur wenige auf die Nationalität Bezug, wie z. B. die Namen Sachse, Schwab, Franke, Schweizer, Fries, Hesse, Engel (Angel) ꝛc. Viele zeigten die Beschäftigung, das Handwerk oder auch das Amt an: weßhalb die Namen Schmidt, Fleischer, Metzger, Becker, Maurer, Müller, Vogt, Graf, Schulze ꝛc. sehr häufig zu finden sind. Doch ist ein großer Theil der bürgerlichen Familiennamen ebenfalls von einem liegenden Besitz, besonders von einem Hause, herzuleiten. Weil in der Zeit vom 13. bis zum 15. Jahrhunderte die Häuser der Städte noch nicht numerirt waren, sondern gewöhnlich, um der Unterscheidung willen, wie noch jetzt die Gasthöfe und Apotheken, Symbole (Schilder) aus der Pflanzen= und Thierwelt führten, so wurden nach diesen Merkmalen die darin wohnen= den Leute, die Besitzer der betreffenden Häuser, benannt. Daher solche Namen, wie Falke, Geier, Sperling, Bär, Lindner, Eichler, Bucher ꝛc. Endlich deuteten gewisse Familiennamen auf geistige und körperliche Be= schaffenheit, zeigten etwas Auffälliges in der Erscheinung eines Menschen an oder waren sogenannte Spitznamen. In seiner vortrefflichen Geschichte der Stadt Frankfurt a. M. hat Krieger die Entstehung der Frankfurter bürgerlichen Familiennamen, welche mit dem gleichzeitigen Aufkommen der Familiennamen in andern Theilen Teutschlands analog ist, deutlich und überzeugend dargelegt.

Somit ist es ein großer Irrthum, von den Familiennamen auf die Nationalität zu schließen, obschon in einzelnen Fällen der Familienname bis zu einem gewissen Stammbaumsgrade, wenn die Ehe einer Familie seitens der Frau immer von Geschlecht zu Geschlecht untadelige Reinheit bewahrt hat, für das Herkommen einen Anhaltspunkt geben kann. Allein eine allgemeine Regel darf davon nicht hergeleitet werden.

Auf die Anregung von Dr. Heinrich Wuttke, dessen Namen eher russisch als deutsch klingt und vielleicht so viel als Branntwein bedeutet, entstand in Leipzig ein deutschthümelnder „Verein für Wahrung der deutschen Interessen in den östlichen Gränzländern." Außer Wuttke (jetzt an der Leipziger Universität Professor der Geschichte) waren die bekann=

testen Mitglieder des besagten Vereines Dr. Gustav Kühne, Fürst, J. Kaufmann und Dr. Julius. Anstatt die dem phrasenhaften Deutschthum widerstrebenden Nationalitäten zu besänftigen und ihnen klar zu machen, daß nicht im Nationalitäten-Schwindel, sondern allein in der demo= kratischen Freiheit das Vereinigungsmittel für alle Volksgruppen zu suchen sei, fachte die Leipziger Gesellschaft mit einem heiligen Eifer, für welchen ihr die Reaktion zu Dank verbunden war, den Haß an den deutschen Gränzmarken an. Sie richtete an die Posener die Aufforde= rung, für das deutsche Parlament zu wählen, und ersuchte die preußische Regierung, den General von Willisen wegen angeblicher Mißgriffe in Posen zur Verantwortung zu ziehen.

Dem eben genannten Vereine boten auch die Slawen in Oesterreich eine günstige Gelegenheit, seinen Patriotismus an den Tag zu legen. Er erließ am 1. Mai eine Adresse „an unsere deutschen Brüder in Böh= men," des Inhalts:

„Die czechomanische Partei säet Haß und Verachtung des deutschen Namens unter dem unkundigen Theile des Volkes aus. Euere Väter haben seit allen Zeiten das Land bebaut, und sie haben in Städten und Burgflecken Wohlstand und Bürgersinn begründet; Euch aber verschreit man als Fremdlinge, als Aufdringlinge, Euch hofft man dereinst aus dem Lande zu jagen. Jetzt schon wagt sie es, die deutschen Kokarden zu verpönen, und sie erfrecht sich öffentlich in Prag, im Angesicht von 50,000 Deutschen, weil sie den deutschen Widerstand und seine Kraft nicht kennen gelernt hat, die deutschen Farben zu beschimpfen! Jener Widerstand muß von Euch ausgehen. Ihr aber, sagt man, zögert und schwankt in der Behauptung Eueres guten Rechts, Ihr versäumt es, jenem unsinnigen Treiben mit Nachdruck entgegenzutreten Woher diese verhängnißvolle Bangigkeit? Blickt doch um Euch, und Ihr werdet sehen, daß die künstlichen Schranken gefallen sind, welche die diploma= tische Arglist zwischen Deutschen und Deutschen so lange zu erhalten be= müht war. Die Gränzen Euerer Heimath sind nicht mehr das Erz= und Fichtelgebirge, Euer Vaterland erstreckt sich bis an die Alpen, bis an die Ost= und Nordsee. Ganz Deutschland steht zu Eurem Schutz hinter Euch. Ermannt Euch also und handelt!"

Der Verein erließ auch eine Ansprache an die „Deutschen Brüder in Mähren, Teschen, Troppau und Jägerndorf." Da er mit diesen besser zufrieden war, belobte er sie wegen des männlichen Muthes, den sie für das Deutschthum entfaltet hatten. Ein im Juni zu Aussig veranstaltetes Verbrüderungsfest, welches wir bei dieser Gelegenheit erwähnen wollen, ging gleichfalls von jenem Vereine aus. Ungefähr 70 Männer, treue deutsche Herzen, aus Leipzig, Dresden und andern sächsischen Städten, langten am 18. Juni mit dem Dampfschiff in Aussig an, wo sie nach Gebühr festlich empfangen und begrüßt wurden. Die am Ufer der Elbe aufgestellte Nationalgarde präsentirte vor ihnen das Gewehr. Darauf führte sie der Stadtrath auf den mit Guirlanden und Kränzen ge= schmückten Marktplatz, wo eine neue herzliche Begrüßungs=Szene statt= fand. Nachdem hier Dr. Göschen aus Leipzig im Namen der Sachsen eine mit Jubel aufgenommene Rede gehalten hatte, begab man sich im festlichen Zuge auf die Ferdinandshöhe. Hier waren die Tribünen er= richtet, von denen herab feurige Reden zu inniger Verbrüderung der deutschen Volksstämme an die versammelte Menge gehalten wurden. Das anwesende Volk wurde auf fünftausend Köpfe abgeschätzt. Unter den Rednern thaten sich namentlich Dr. Göschen und Dr. Wuttke hervor. „Bei irgend einer Gefahr, Ihr deutschen Böhmen," so riefen sie der Menge zu, „werden wir mit Leib und Leben Euch als Brüder zu Hülfe eilen!" — Einstweilen ließen die siebenzig Sachsen beim Schlusse des Festes als Unterpfand der Hülfsleistung eine deutsche Fahne zurück. Im Uebrigen erwuchs den deutschen Brüdern in Böhmen aus dem Feste kein Gewinn.

Dr. Wuttke war, bis er mit der Demokratie in offenen Konflikt ge= rieth, eine Zeitlang auch Obmann des leitenden Ausschusses der sämmt= lichen Vaterlandsvereine Sachsens. Er bewirkte, daß ihn der Verein für die Wahrung der Deutschthümelei der östlichen Gränzmarken am 18. Mai nach Dresden an das sächsische Ministerium mit der Auffor= derung schickte, die nöthigen Vorbereitungen zu treffen, um den Deutsch= böhmen die nöthige Hülfe senden zu können. Eine gleiche Aufforderung wurde an die preußische und baierische Regierung gerichtet, als ob diesen Regierungen an der deutschen Sache, welche das Frankfurter Parlament sich zur Aufgabe stellen zu wollen schien, so viel gelegen gewesen wäre, daß sie — ohne das Vorhandensein bedrohlicher Gefahr für das mo= narchische Prinzip — hätten unaufgefordert wollen in den Bereich des österreichischen Kabinets eingreifen. Anders freilich hätte die Sache ge= standen, wenn in Böhmen, wie es in Baden der Fall gewesen war, eine demokratisch=revolutionäre Bewegung stattgefunden hätte.

Aber gerade eine solche Erhebung seitens der „czechomanischen Partei" wurde damals befürchtet. Die Gefahr, die von der czechischen Demo= kratie drohte, wurde großentheils durch den gegenseitigen Haß der Deut= schen und Czechen paralysirt. Als Ergänzung und Erklärung zu der vom Leipziger deutschthümelnden Verein betriebenen Agitation dient Das, was in dieser Beziehung im Bundestage vor sich ging.

Dort stellte nämlich, nachdem ein Schreiben des Fünfziger-Ausschusses, welches die Wahrung der deutschen Integrität zum Gegenstande hatte, eingelaufen war, die großherzoglich-hessische Regierung — von der auch das Lepel'sche Promemoria herrührte — am 8. Mai folgenden Antrag:

„Hohe Bundesversammlung wolle die kaiserlich-österreichische Regierung auf das Dringendste ersuchen, im Interesse des gesammten deutschen Bundes und des deutschen Volkes, sowie der österreichischen Monarchie insbesondere, mit aller Kraft dem Losreißen einzelner, bisher zum deutschen Bunde gehört habender Bestandtheile der Monarchie von dem Bunde entgegenzuwirken, folgeweise die geeignetsten Maßregeln zu ergreifen, damit in keinem zum deutschen Bunde gehörigen Landestheile die Wahlen zur konstituirenden National-Versammlung unterbleiben, und insbesondere auch da solche vorgenommen werden, wo ein Theil der Bevölkerung sich ihrer enthalten will, aus der völlig unbegründeten Besorgniß vor Beeinträchtigung seiner Nationalität, während diese, nämlich die Freiheit volksthümlicher Entwicklung auch der nicht ursprünglich deutschen Volksstämme, durch Gleichberechtigung ihrer Sprache in Rücksicht auf Unterricht und innere Verwaltung, gerade im Bunde die sicherste Beachtung und Verbürgung finden würde, wogegen durch den Versuch eines Losreißens vom Bunde die Gefahr des Verlustes jeder Selbständigkeit für die Abtrünnigen würde herbeigeführt werden."

Als die erste Kunde vom Prager Aufstande an die Bundesversammlung gelangte, stellte Schmerling, allerdings nicht im Namen seiner Regierung, sondern zuvörderst aus eigenem Ermessen nachstehenden, sofort zum Beschluß erhobenen Antrag:

„Die königlichen Regierungen von Preußen, Baiern und Sachsen durch Vermittelung Höchstihrer Bundestagsgesandtschaften zu ersuchen, dem vom Präsidio gestellten Antrage zu entsprechen, d. h. auf Ansuchen der kaiserlich-königlichen Regierung oder auf Einschreiten der dortigen (böhmischen) Behörden zur Herstellung der Ordnung und zum Schutze der Personen und des Eigenthums der Einwohner, die entsprechende militärische Hilfe eintreten zu lassen." (65. Sitz. d. Bundesverf. vom 20. Juni, §. 639.)

Die Gesandten von Preußen, Baiern und Sachsen erklärten, die vollste Bereitwilligkeit ihrer allerhöchsten Regierungen bereits im Voraus versichern zu können. Durch den Sieg, welchen der Fürst Windischgräz mit seinem Heere über den Prager Aufstand erfocht, erledigten sich der Schmerling'sche Antrag und die an die genannten Regierungen gerichteten Petitionen des Wuttke'schen Vereins von selbst.

Der Leipziger Verein brachte es zuwege, daß Peter Jordan, Lektor an der Universität zu Leipzig, von seinem Posten abgesetzt wurde, weil er die Aufforderung zum Slawen=Kongresse mit unterschrieben hatte. Ferner ist zur Charakterisirung dieses Vereins noch folgendes Akten=Stück erwähnenswerth:

„An die hohe kaiserl. kön. österreichische Staatsregierung.

„Es ist verhängnißvoll genug, daß die slawische Hauptmacht, das nordische Kaiserreich, seit geraumer Zeit auf die Zustände der mittel- europäischen Völker und Staaten einzuwirken nicht ohne Erfolg versucht hat, was, bei der Gemeinsamkeit des griechischen Kirchenthums mit jenem bei österreichischen Slawen, der Czaren=Herrschaft Anhänger und Partei= gänger verschafft und panslawistischen Umtrieben Spielraum gegeben hat. Für Oesterreich ist es eine Lebensfrage, hier einen Damm aufzurichten Die Umwandlung seiner Staatsverwaltung in eine slawische dagegen würde der Weg sein zu unfehlbarer Unterordnung unter jene Macht mit einem Nachwuchs von Gefahren für Selbständigkeit und Freiheit des Staates und der Kirche, für die Deutschen in Oesterreich würde damit die trostloseste Abhängigkeit von einer minder gebildeten und feindselig gestimmten Nationalität eintreten, dem gesammten Deutschland eine schwer zu heilende Wunde geschlagen werden . . . . Es ist kein Heil für Oester= reich ohne Deutschland, nicht für Deutschland ohne Oesterreich. Gott erhalte ein deutsches Oesterreich im innigsten Verbande mit Deutsch= land, erhalte das hohe Kaiserhaus, entsprossen aus deutschem Blut und mit deutscher Treue zu wahren und zu schirmen; gegen unsere Feinde aber stehe fest verbunden Stamm mit Stamm; nicht Preußen, nicht Oesterreich — sondern Deutschland.

Leipzig, den 12. Mai 1848.

Im Namen und Auftrag des Vereins zur Wahrung der deutschen Sache im Osten: Dr. Gustav Kühne, Dr. Wilhelm Wachsmuth, Profeffor der Geschichte.

Im Namen und Auftrag des deutschen Vereins zu Leipzig: Dr. Julius Ludwig Klee.“

Indem sowohl die Deutschen, als auch die Slawen sich auf die vorausgesetzte Souveränetät ihrer Abstammung versteiften, stellten sich beide auf den nämlichen konfusen Standpunkt, geriethen aber gerade deß=

wegen mit einander in Haber. Gleichwie für den Pangermanismus, war auch für den Panslawismus eine geraume Zeit hindurch agitirt worden. Im Grunde hatten sich also beide einander Nichts vorzuwerfen. Zu der sich immer mehr entwickelnden Feindseligkeit hatte das Vorparlament, als es die Vornahme der Wahlen nach dem Vorschlage des Bundestages länderweise bestimmt, wesentlich beigetragen. Insofern nun die Sprache als Erkennungszeichen der Nationalität galt, bildeten in Böhmen die Czechen zweifelsohne die Mehrheit. Zufolge dem national-demokratischen Grundsatze der Volks-Souveränität konnten sie daher fordern, daß man den Willen der Majorität des Landes respektirte. Dagegen wären sie zufolge dem nämlichen Grundsatze in der entschiedenen Minderheit gewesen, wenn die Wahlen nicht länderweise, sondern einheitlich für ganz Deutschland, zu dessen Bunde und Reiche sie gehört hatten, angeordnet worden wären. Freilich hatten sie selbst dann immer noch in einer nationalen Bewegung, welche den Staat vom Standpunkte des Familienvaters aus betrachtete und in gemüthvoller Weise den Hauptnachdruck auf die Abstammung legte, sich auf ihren slawischen Ursprung und auf den Glanz alter Erinnerung berufen können. Der Adel czechischer Geburt war doch sicherlich eben so viel werth, wie derjenige germanischen Herkommens. Denn das Urtheil der befangenen Individuen bleibt hierbei immer subjektiv, wenn auch der nationale Stolz zum Hegel'schen Außersichsein im Beisichsein gehört.

Auch mit dem Italienerthume gerieth das Teutschthum in Zwistigkeiten. Die Südtyroler enthielten sich zwar nicht der Wahlen für Frankfurt, aber ihre fünf Abgeordneten stellten, wie wohl vergeblich, im Parlamente einen motivirten Antrag des Inhalts:

„Die hohe Nationalversammlung wolle beschließen, die italienischen Kreisbezirke Tyrols, Trento und Reveredo, sollen, unbeschadet ihrer Verbindung mit dem Kaiserhause Oesterreich, aus dem politischen Verbande mit dem deutschen Staatenbunde entlassen werden."

In Tyrol selbst wüthete zwischen Teutschen und Wälschen ein so heftiger Kampf, daß eine schauerliche Ermordung italienischer Arbeiter in Bozen vorfiel. In einer Proklamation vom 16. Juni 1848 forderte der Erzherzog Johann die deutschen Tyroler zur Vertheidigung des Landes auf, indem er sagte:

„Bisher wurde der heimathliche Boden freigehalten, und alle feindlichen Unternehmungen auf denselben abgewiesen . . . . . Männer von Tyrol! Noch eine Weile heißt es ausharren, bis sich die Verhältnisse so stellen, daß der Friede werde; dann kehrt Jeder mit dem Bewußtsein zu

seinem Herd zurück, daß der in Euch lebendige Wille sich durch die That
bewährt, daß Ihr, den Vätern gleich, die Söhne eines Landes seid, des=
sen Namen unsern deutschen Brüdern lieb und Keinem fremd ist, dem
Treue, Muth und Vaterlandsliebe werth sind."

Den Siegen Radetzky's über die Italiener zollte das Frankfurter
Parlament frohlockenden Beifall. Fast stand Arnold Ruge völlig verein=
zelt da, als er erkärte, daß die Radetzky's, die Tilly's der Neuzeit, geschla=
gen werden müßten, und Heinrich von Gagern, der Präsident der deutschen
National=Versammlung, nannte in Uebereinstimmung mit der Versamm=
lung eine solche Erklärung wenigstens einen halben Vaterlandsverrath.
Am 21. August 1848 ging von Abgeordneten der deutschen Natinal=
Versammlung sogar eine Adresse an Radetzky ab, um ob seiner Er=
folge über die italienische National=Bewegung „herzliche Theilnahme, An=
erkennung und Bewunderung auszusprechen." Auf diese Kundgebung gab
der greise Feldherr folgende Antwort:

„Nicht als Eroberer, nicht als Unterdrücker haben wir das Schwert
gezogen. Wir thaten Nichts, als unser gutes Recht vertheidigen. Nichts
verhinderte uns, unserem Feinde den Frieden in seiner Hauptstadt zu
diktiren, aber wir machten in unserm Siegeslaufe Halt an den Gränzen
unseres Rechts; wir wollten der Welt, wir wollten selbst unsern Feinden
die Mäßigung erneuert zeigen, die Oesterreich stets im Glück, sowie seine
Standhaftigkeit im Unglück bewies. Wir bringen nicht Despotie, nicht
Unterdrückung den Völkern, sondern Freiheit, vielleicht mehr Freiheit, als
sie zu ihrem Wohle ertragen können."

Es fehlte selbst nicht viel daran, daß Deutschland in den Krieg
Oesterreichs gegen Italien verstrickt worden wäre. Als nämlich der sar=
dinische Contre=Admiral Albini mit dem vereinten neapolitanisch=sardi=
nisch=venetianischen Geschwader eine drohende Haltung gegen Triest an=
genommen hatte, richtete die deutsche Bundesversammlung am 16. Juni
an den sardinischen Gesandten Pallavicini eine Note, worin hinsichtlich
jeder gegen die Stadt und den Hafen von Triest, sowie gegen irgend
einen Theil des deutschen Bundesgebiets erfolgenden Verletzung und unter
Hindeutung auf die Folgen einer solchen Verletzung Verwahrung einge=
legt wurde. Nachdem die Anzeige über die wirklich eingetretene Blokade
des zum deutschen Bundesgebiete gehörigen Freihafens eingelaufen war,
beantragte der Präsident der Bundesversammlung den 20. Juni in Er=
wägung, daß nach Artikel 39 der Wiener Schluß=Akte der Kriegszu=
stand gegen das Königreich Sardinien verhängt werden mußte, sofort

den diplomatischen Verkehr mit Sardinien abzubrechen und dieß dem beim deutschen Bunde beglaubigten sardinischen Gesandten zu eröffnen. Nachdem letz= terer den Bundestag der freundschaftlichen Gesinnungen seines Kabinets versichert hatte und auf kurze Zeit durch den sardinischen Geschäftsträger Evase Nadice ersetzt worden war, benachrichtigte Pallavicini endlich in einer Note unterm 1. Juli den deutschen Bund von der Aufhebung der Blokade Triest's. In der Note hieß es: „Die Anwesenheit des sardini= schen Geschwaders vor Triest und die Haltung, zu welcher sich daselbst der Vize=Admiral Albini genöthigt gesehen hat, sind theils durch die Blokade Venedigs und den Angriff auf Chioggia, theils durch einige andere feindselige Handlungen seitens der österreichischen Seekräfte, theils end= lich durch die Kanonenschüsse, welche ohne Veranlassung (sans provoca tion) von den Triester Batterien auf die sardinischen Fahrzeuge abge= feuert wurden, hervorgerufen worden."

So wurde denn zwischen Deutschland und Italien der drohende Krieg, zu welchem sich die deutsche konstituirende National=Versammlung ganz bereit finden ließ, noch glücklich abgewendet.

Aber nicht mit Italien allein, sondern auch mit der Schweiz droh= ten Feindseligkeiten auszubrechen. Daß und warum die Schweiz seit einer Reihe von Jahren bei den deutschen Regierungen nicht gut angeschrieben war, ist im Eingang des zweiten Hauptstücks auseinander gesetzt worden. Zwar wurde den 29. Mai 1848 auf den Antrag Kurhessens der Bun= desbeschluß vom 15. Januar 1835, welcher den deutschen Handwerksge= sellen das Wandern in die Schweiz verbot, aufgehoben; allein das den republikanischen deutschen Flüchtlingen gewährte Asyl, obschon sich die Schweizer Behörden zur Ueberwachung und Internirung verstanden, regte immer den alten Groll vom Neuen an. Namentlich hätte es die Regie= rung Badens nicht ungern gesehen, wenn ein Krieg gegen die Schweiz herbeigeführt worden wäre. Der unfähige Fünfziger=Ausschuß ließ sich hierbei wieder als Mauerbrecher benutzen. Am 9. Mai sandte er der Bundesversammlung ein Schreiben ein, welches die Mittheilung enthielt, daß sich in der Schweiz eine feindliche Stimmung gegen die daselbst leben= den Deutschen kundgebe, und daß selbst die deutsche Flagge von den Schweizern beleidigt worden sei. Diese Nachricht war dem Bundestage sehr willkommen. Obwohl er selber bis vor zwei Monaten die deutsche Flagge unausgesetzt beleidigt hatte, ersuchte er doch auf der Stelle die badische Regierung, über die in Frage stehenden Thatsachen durch ihren diplomatischen Agenten in der Schweiz geeignete Erhebungen veranlassen

— 291 —

und deren Ergebniß mittheilen laſſen zu wollen. Indeß erwies ſich die
Nachricht von jener Inſultirung des Deutſchthums theils als übertrie=
ben, theils als unbegründet. Als ſich aber auf dieſe Weiſe kein Kriegs=
fall hatte zurechtlegen laſſen, erhob Baden ſchon am 2. Juni und wieder=
holt am 25. Juni über die Schweizer Behörden Klage und bewirkte, daß
der Bundestag in einer Note vom 30. Juni die Eidgenoſſenſchaft um die
Ausweiſung der deutſchen Flüchtlinge erſuchte. Ihrerſeits dagegen ſteckte
die Schweiz manche Beleidigung, die ihr von Teutſchland angethan wurde,
ruhig ein. Denn nicht bloß benahmen ſich die zur Bewachung der Flücht=
linge ausgeſandten deutſchen Spione ſehr übermüthig, ſondern es fiel
auch vor, daß ſtarke Militär=Patrouillen die Gränze überſchritten und
Schweizer Dörfer durchſuchten, um Flüchtlinge ausfindig zu machen:
worauf die Verletzung der Schweizer Bodens für eine zufällige Verir=
rung einer Patrouille erklärt wurde. Einige heißblütige Patrioten der
Paulskirche wiegten ſich ſogar in der Hoffnung, daß nun die Schweiz
mit dem deutſchen Reiche, zu dem ſie bis zum Weſtphäliſchen Frieden
gehört hatte, wieder würde vereinigt werden können.

Indeß erſtreckte ſich die Freundſchaft der Schweizer nicht bis auf die
Sehnſucht nach Einverleibung in's deutſche Reich. Denn als Raveaux
während des Sommers als Reichsgeſandter in der Schweiz erſchien und
daſelbſt hochfahrend anftrat, da zeigten ſie ihm, daß ihnen an ihrer
republikaniſchen Freiheit bei Weitem mehr gelegen war, als an der einen
überwundenen Standpunkt bildenden geſchichtlichen Erinnerung und an
der inhaltsleeren deutſchen Stammesverwandtſchaft.

Wenn in Bezug auf den Elſaß ein ähnlicher renommiſtiſcher Glaube
obwaltete, ſo ſollte auch dieſer bald gründlich beſeitigt werden. Die Straß=
burger feierten nämlich zuſammt dem ganzen Elſaß am 21. Oktober 1848
ein großes Freudenfeſt zum Andenken an ihren zweihundertjährigen Ab=
fall vom deutſchen Reiche.

So gerieth denn das Teutſchthum, welches nicht einmal ſeine After=
Nationalitäten im Innern zu bemeiſtern vermochte, der Reihe nach in
ein geſpanntes Verhältniß zu Holland, Polen, Böhmen, Italien, der
Schweiz und Frankreich. Auch die Freundſchaftshand, welche mehrmals
die Ungarn dem deutſchen Parlament darreichten, empfing bloß einen
kalten diplomatiſchen Händedruck. Doch der Haupthader in nationalität=
licher Beziehung brach mit Tänemark wegen der Herzogthümer Holſtein
und Schleswig aus.

Wir haben den ſchleswig=holſteiniſchen Hader bisher nur flüchtig
berührt, weil wir ihn um des Zuſammenhanges willen erſt an dieſer

19 *

Stelle besprechen zu müssen glaubten. Derselbe überflügelte die ganze innere nationale Bewegung Deutschlands und führte zum kompletten Siege der staatlichen Reaktion, die sich seiner von Vornherein bemächtigt hatte.

Der dänische König Christian VIII. starb am 20. Januar 1848. Ihm folgte in der Regierung Friedrich VII. Indem die deutsche Bundesverfammlung in ihrer 6. Sitzung (§. 75 vom 10. Februar) ihre schmerzliche Theilnahme an dem tödtlichen Hintritte Seiner Majestät Christian VIII., sowie ihren lebhaften Dank für die Aeußerungen der föderativen Gesinnungen Seiner Majestät des Königs Friedrich VII. ausdrückte, wurde die auf den königlich dänischen Geheimrath und Kammerherrn, Freiherrn von Pechlin, ausgestellte neue Vollmacht, dd. Kopenhagen, 24. Januar 1848, verlesen und für die Hinterlegung im Archiv in Empfang genommen.

Der neue König erließ für die Herzogthümer Schleswig und Holstein nachstehende Urkunde:

„Wir Frederik der Siebente, von Gottes Gnaden König zu Dänemark, der Wenden und Gothen, Herzog zu Schleswig, Holstein, Stomarn, der Dittmarschen und zu Lauenburg, wie auch zu Oldenburg u. f. w., u. f. w.

„.... Unser erstes und wichtiges Ziel wird sein, dem erhabenen Beispiele Unsers vielgeliebten Vaters zu folgen, wie Er, Milde und Gerechtigkeit in Unserer Regierung zu vereinen, die Einwohner aller Landestheile mit gleicher landesväterlicher Liebe zu umfassen und nicht allein die von ihm begonnenen Verbesserungen in der Verwaltung fortzusetzen, sondern auch die von ihm beabsichtigte Ordnung der öffentlichen Verhältnisse des Staates zu Ende zu bringen, deren Vollendung nur durch die Krankheit und den Hintritt Unseres vielgeliebten Vaters aufgehalten, und deren Zweck darauf gerichtet ist, die gegenseitigen Gerechtsame der Bürger zu sichern, in Unserem geliebten Vaterlande die Eintracht zu fördern und dadurch die Kraft und Würde des Gemeinwesens zu befestigen.

C. Moltke.   Frederik R."

L. S.

Am 3. März 1848 trat Freiherr von Pechlin, indem er der Stimme der öffentlichen Meinung nachgab, aus dem Bundestagsausschusse für militärische Angelegenheiten aus, und an seiner Statt wurde einstimmig der königlich hannöverische Gesandte gewählt. Die Bundesversammlung hatte sich durch ihren Beschluß vom 17. September 1846 ihre Kompe-

tenz hinsichtlich der ferneren Erledigung der zwischen Dänemark und Hol=
stein obschwebenden Streitfragen vorbehalten. Eine solche Streitfrage
kam aber jetzt zum Austrag, als die Holsteiner, sich berufend auf ihre
vierhundertjährigen Gerechtsame, ihre untheilbare Verbindung mit Schles=
wig geltend machten, während die dänische Regierung die Elbherzog=
thümer insgesammt, zuvörderst jedoch bloß Schleswig, so eng als mög=
lich mit dem übrigen Dänemark vereinigen wollte.

Einer Deputation von schleswig=holsteinischen Ständemitgliedern,
welche am 22. März nach Kopenhagen kam, um eine gemeinschaftliche
„freie" Verfassung der Herzogthümer und den Anschluß des niemals zu
Deutschland gehört habenden Schleswigs an den deutschen Bund zu er=
bitten, ertheilte der dänische König die Antwort: daß er sein Herzog=
thum Schleswig dem deutschen Bunde einzuverleiben weder das Recht,
noch die Macht, noch den Willen habe, daß er dagegen die unzertrenn=
liche Verbindung Schleswigs mit Dänemark durch eine gemeinsame
„freie" Verfassung kräftigen wolle.

In Anbetracht, daß der Parteigeist die schleswig=holsteinische Streitig=
keit sehr entstellt hat, soll die Antwort des dänischen Königs hier wörtlich
folgen. Sie lautete:

„Auf Ihre Anträge haben Wir Ihnen zu eröffnen:

Daß Wir gesonnen sind, Unserm Herzogthum Holstein, als einem
selbständigen deutschen Bundesstaate, eine auf der Grundlage eines aus=
gedehnten Wahlrechts gebaute, in Wahrheit freie Verfassung zu gewähren,
worin namentlich auch Volksbewaffnung, Preßfreiheit und Vereinsrecht
ihre Geltung finden werden;

Daß als Folge dessen Unser Herzogthum Holstein neben einer eig'nen
Regierung und Militär=Verfassung auch getrennte Finanzen erhalten
wird, sobald die gegenseitige Auseinandersetzung neben den andern Be=
dingungen einer Union mit Dänemark und Schleswig festgestellt ist;

Daß Wir Uns daneben den Bestrebungen für Errichtung eines
kräftigen und volksthümlichen deutschen Parlaments anschließen werden;

Daß Wir Unser Herzogthum Schleswig dem deutschen Bunde ein=
zuverleiben weder das Recht, noch die Macht, noch den Willen haben
dagegen die unzertrennliche Verbindung Schleswigs mit Dänemark durch
eine gemeinsame freie Verfassung kräftigen wollen.

Daneben wollen Wir Ihnen bedeuten:

Daß es Unser ernster Wunsch ist, in aufrichtigem Einverständnisse
mit Unsern lieben und getreuen Unterthanen, Frieden und Freiheit in
Unsern Landen zu gründen;

Daß Wir daneben es als die heiligste Pflicht des legitimen Fürsten erkennen, die Herrschaft des Gesetzes und die Aufrechthaltung des Land=friedens mit aller Macht zu schützen.

Gegeben in Unserm Schlosse Christiansburg, den 24. März 1848.

Frederik R.

A. W. Moltke,
Konseil=Präsident."

Hierauf rüstete die dänische Regierung, um das Herzogthum Schles=wig militärisch zu besetzen. Auf der andern Seite griff die Bevölkerung der Herzogthümer zu den Waffen und schickte sich an, einem Angriffe auf Schleswig Widerstand zu leisten. Eine provisorische Regierung, welche in Kiel zusammentrat, erklärte, daß die Herzogthümer nicht gegen ihren angestammten Herzog, sondern nur gegen die Angriffe der dänischen Partei auf ihre Landesrechte die Waffen zu führen beabsichtige.

Somit schien ein Krieg zwischen Dänemark und den nordalbingischen Herzogthümern unvermeidlich zu sein. Da wegen der demokratischen Strömung, welche in Folge der Pariser Februar=Revolution durch Europa ging, die Gefahr nahe lag, daß Schleswig=Holstein, wenn auch die dortigen Einwohner wirthschaftlich und politisch noch sehr weit zurückstanden und vielleicht mit Hinterpommern auf die nämliche Stufe zu setzen waren, doch aus purer Verzweiflung sich der Demokratie in di Arme werfen konnte, so mischte sich sehr frühzeitig, um die Situation zu beherrschen, der König von Preußen als mächtigster norddeutscher Fürst, dem es außerdem nach dem Besitz von Schleswig Holstein gelüstete, in den unverständigen Streit und hoffte sich auf diese wohlfeile Art zu=gleich populär zu machen. Der preußische Gesandte bereicherte daher am 2. April die Bundes=Protokolle mit folgender Auseinandersetzung:

„Seine Majestät haben es für nöthig erachtet, diesen Ereignissen gegenüber eine Stellung einzunehmen, welche Allerhöchstdieselben in den Stand setzt, sowohl zur Aufrechterhaltung des Friedens, als auch zur Abwehr der (demokratischerseits drohenden) Gefahr von einem deutschen Bundesgebiete, je nachdem die Umstände sich gestalten, in Gemeinschaft mit Allerhöchstihren deutschen Bundesgenossen handelnd auftreten zu können. Allerhöchstdieselben haben zu dem Ende befohlen, daß unver=züglich ein Observations=Korps zusammengezogen und an einem geeigneten Punkte an der Gränze, zunächst dem Schauplatze, aufgestellt werden solle. Zugleich haben Seine Majestät der hannöverischen Regierung an=heimgestellt, im Verein mit den Regierungen, deren Kontingente das

10. Bundes=Armee = Korps bilden, ähuliche Maßregeln anordnen zu wollen. Seine Majestät der König von Hannover sind hierauf ein=gegangen."

Auf die preußische Warnung hin hatte der hannöverische König an die Höfe von Braunschweig, Schwerin und Oldenburg in außer=ordentlicher Sendung die Eröffnung machen laſſen, daß abſeiten dieſer zunächſt betheiligten Staaten eine Truppenmacht von etwa 10,000 Mann aufzuſtellen ſein dürfte.

Um die nämliche Zeit erſuchte die Kieler proviſoriſche Regierung, beſtehend aus Beſeler, Friedrich Prinz zu Schleswig=Holſtein, Reventlou, M. T. Schmidt und Bremer, den Bundestag in einem Schreiben, daß er die Aufnahme Schleswigs in die Reihe deutſcher Bundesſtaaten un=geſäumt beſchließen und die angemeſſenen völkerrechtlichen Feſtſtellungen dieſer Aufnahme veranlaſſen möge. Das Vorparlament hatte einen mit dieſem Erſuchen harmonirenden Beſchluß gefaßt. Allein der Bundestag verſtand der Einverleibung Schleswigs auszuweichen. Er ſchob die Sache auf die lange Bank, indem er einen Ausſchuß für ſie einſetzte.

Dagegen war er mit dem Vorgehen Preußens natürlich ganz ein=verſtanden und faßte, während der däniſche Geſandte alle Rechte ſeiner allerhöchſten Regierung gegen dieſen Vorgang feierlich verwahrte, auf Antrag des für die ſchleswig=holſteiniſche Angelegenheit gewählten Aus=ſchuſſes am 4. April folgende Beſchlüſſe:

1. Die Bundesverſammlung erklärt in Gemäßheit des Art. 38 der Schluß=Akte, daß Gefahr eines Angriffes für das deutſche Bundes=land Holſtein vorhanden iſt, und ſpricht ihre volle Anerkennung für die im föderalen und nationalen Sinne von Preußen und den Staaten des 10. Bundes=Armee=Korps zum Schutz der Bundesgränze in Holſtein getroffenen Einleitungen aus;

2. Die Bundesverſammlung, um eine einheitliche Leitung in die zu jenem Zwecke etwa noch ferner nothwendigen militäriſchen Maß=regeln zu bringen, erſucht Preußen, ſich mit den Staaten des 10. Ar=mee=Korps hierbei in's Einvernehmen zu ſetzen;

3. Die Bundesverſammlung iſt bereit, behufs Verhütung von Blut=vergießen und zum Zwecke der Herbeiführung einer gütlichen Einigung, die Vermittlung zu übernehmen, und erſucht Preußen, das Vermittlungsgeſchäft Namens des deutſchen Bundes auf der Baſis der unverkürzten Rechte Holſtein's, namentlich auch auf die ſtaatsrechtliche Verbindung mit Schleswig,

zu führen. Als selbstverstanden wird vom Bunde voraus=
gesetzt, daß die Feindseligkeiten sofort eingestellt werden,
und der status quo ante wieder hergestellt werde."

Sowie das siebente und achte Armee=Korps aufgestellt wurden, um
der badischen Bewegung Halt zu gebieten, ebenso sollte das preußische
Observations=Korps nebst dem zehnten Bundes=Armee=Korps die schles=
wig=holsteinische Bewegung vor Ausartungen behüten. Welche Unter=
handlungen die preußische Regierung in Folge des ihr übertragenen
Vermittlungsgeschäftes mit dem dänischen Kabinete pflog, wird aus nach=
stehender Note ersichtlich werden, auf welche man mit Recht die Worte
anwenden kann: ex hoc uno disce omnes. Der preußische Legations=
rath von Wildenbruch schrieb unterm 8. April aus Sonderburg an das
dänische Gouvernement:

„Der Unterzeichnete, mit einer außerordentlichen Mission Seiner
Majestät des Königs von Preußen an Seine Majestät den König von
Dänemark gesendet, beehrt sich, mit seinen mündlichen Aeußerungen
übereinstimmend, den Zweck seiner Sendung Seiner Excellenz dem könig=
lich dänischen Minister der auswärtigen Angelegenheiten noch einmal
schriftlich darzulegen. Dieser Zweck ist, Seiner Majestät dem König von
Dänemark die Ansichten der preußischen Regierung über die schleswig=
holsteinische Frage vorzulegen und deren volle Mitwirkung anzutragen,
sobald die dänische Regierung sich entschlösse, auf einen Versuch zur
friedlichen Lösung des rücksichtlich der Herzogthümer bestehenden Zer
würfnisses einzugehen. Preußen kann und will den Beschlüssen nicht
vorgreifen, welche der deutsche Bund über Fragen, die er seiner Kom=
petenz unterwirft, treffen wird. Es kann jetzt nur seine Ansicht über
eine mögliche Ausgleichung des Streites darlegen und diese einzuleiten
suchen. Preußen wünscht vor allen Dingen die Herzog=
thümer Schleswig und Holstein ihrem König=Herzog zu
erhalten und ist gleichweit davon entfernt, seinen eig'nen
Interessen oder dem Ehrgeiz dritter Personen dienen zu
wollen. Im Interesse Dänemarks aber, sowie dem aller
Nachbarstaaten liegt es, daß die deutschen Fürsten sich
der Angelegenheit kräftig annehmen, und einzig der
Wunsch, die radikalen und republikanischen Elemente
Deutschlands zu verhindern, sich unheilbringend einzu=
mischen, bewog Preußen zu den gethanen Schritten. Das
Einrücken preußischer Truppen in Holstein hatte den
Zweck, das Bundesgebiet zu sichern und zu verhindern,

daß die republikanischen Elemente Teutschlands, an die die Herzogthümer als letztes Mittel der Selbsterhaltung hätten appelliren können, sich der Sache zu bemächtigen vermöchten. Die Idee einer nordalbingischen Republik, welche bereits hervorgetreten ist, ist geeignet, sowohl Dänemark als auch die deutschen Nachbarländer ernstlich zu gefährden. Preußen wird in dieser Stellung abwarten, ob Dänemark zu einer friedlichen Ausgleichung die Hand bietet. Sehr bereit ist der Unterzeichnete, soviel an ihm liegt, daß die von Seiner Majestät dem König von Dänemark als erste Bedingung friedlicher Unterhandlungen gestellte Forderung der Zurückziehung preußischer Truppen ans der Altstadt Rendsburg erfolge. Eine friedliche Ausgleichung ist jetzt noch möglich; sie wird es nicht mehr sein, wenn der König von Dänemark in einem erbitterten Kampfe seinen Unterthanen entgegengetreten sein wird, der, den unwahrscheinlichen Fall auch angenommen, daß Dänemark der Kraft des gesammten Teutschlands gegenüber in dem Kampfe Sieger bliebe, einen dauernden und bleibenden Besitz für Dänemark niemals begründen kann. Der eig'ne Vortheil Dänemark's ist es, den Preußen im Auge hat, seine Größe, seine Selbständigkeit will es, die ihm durch Abreißung der Herzogthümer bedroht scheint, und ist erbötig, dazu mit zu wirken. Der Unterzeichnete ergreift 2c."

Die beiden Steckenpferde und Lieblings-Themata der Teutschen waren gegenwärtig das Parlament und Schleswig-Holstein. Es war deßhalb für die Reaktion, die im Bundestage ihren Zentral-Punkt hatte, von unschätzbarem Werthe, wenn wenigstens das eine Steckenpferd unter ihrer unbedingten Leitung blieb. Denn sie beherrschte dadurch nicht nur die Hälfte der nationalen Bewegung, sondern konnte auch vermittelst dieser einen Hälfte, wenn sie es geschickt anfing, die andere Hälfte sich völlig unterthan machen. Gelang es dem mit der Hegemonie in der schleswig-holsteinischen Sache betrauten preußischen Kabinete, die nationale Begeisterung schrittweise abzukühlen, so wurde sowohl dem Teutschthume die aus dem schleswig-holsteinischen Brande entflammende Kraft entzogen, als auch mußte das Parlament, wollte es gegenüber der staatlichen Reaktion seine Autorität behaupten, auf einem ganz ungünstigen, des demokratischen Prinzips ermangelnden Felde, auf dem die National-Vertretung die Leitung nicht in den Händen hatte, den Kampf auf Tod und Leben wagen. Der Bundestag erblickte zugleich in der schleswig-holsteinischen Sache eine vortreffliche Gelegenheit, um seine wankend ge-

wordene Existenz, welche weder die Vertrauensmänner, noch die neuen
Bundesgesandten genügend zu stützen vermocht hatten, bis auf Weiteres
in der öffentlichen Meinung zu befestigen.

Die Bundesversammlung setzte darum die patriotische schleswig=hol=
steinische Maske auf und fand sich am 12. April, im Verfolg ihres Beschlusses
vom 4. April, die schleswig=holsteinische Angelegenheit betreffend, veranlaßt:

1. zu erklären, daß, falls dänischerseits die Einstellung der Feind=
seligkeiten und die Räumung des Herzogthums Schleswig von den ein=
gerückten dänischen Truppen nicht erfolgt sein sollte, dieß zu erzwin=
gen sei, um das durch den Bund zu schützende Recht Holsteins auf
die Union mit Schleswig zu wahren;

2. da nach ihrer Ueberzeugung die sicherste Garantie jener Union
durch den Eintritt Schleswigs in den deutschen Bund erlangt werden
würde, Preußen zu ersuchen, bei dem Vermittlungsgeschäft
möglichst auf diesen Eintritt hinzuwirken;

3. sich dahin auszusprechen, daß der Bund die provisorische
Regierung, welche sich mit Vorbehalt der Rechte ihres Her=
zogs und Namens desselben zur nothgedrungenen Verthei=
digung der Landesrechte konstituirte, als solche und in diesem
Maße anerkenne und daher von der vermittelnden preußischen Re=
gierung erwarte, daß sie die Mitglieder dieser provisorischen Re=
gierung und deren Anhänger in Schutz nehme.

Sehr schlau wußte auch hierdurch wieder der Bundestag die von
ihm geforderte Aufnahme Schleswigs in den deutschen Bund zu um=
gehen. Er schob sie Preußen zu, indem er die Erwartung aussprach,
daß dasselbe bei dem Vermittlungsgeschäft möglichst auf jene Aufnahme
hinwirken werde. Die Aufnahme Schleswigs stellte er der preußischen
Vermittlung anheim, während er doch verfügte, daß die Räumung
Schleswigs zu erzwingen sei.

In diesem Unterschiede zwischen Vermittlung und Zwang lag der
diplomatische Haken versteckt, hier lag der Hase im Pfeffer. Ferner er=
kannte der Bundestag die Kieler Regierung nur an, insofern sie provi=
sorisch war, nothgedrungen die Landesrechte vertheidigte, insofern sie sich
mit Vorbehalt der Rechte ihres Herzogs und Namens desselben kon=
stituirt hatte. Bloß diese Regierung und ihre Anhänger sollten von
Preußen geschützt werden.

Welcher wollte in den vorstehenden Bundesbeschluß noch als den
wichtigsten Rechtsgrund aufgenommen wissen das Recht einer gemein=
schaftlichen schleswig=holsteinischen Ständeversammlung, die in Gemein=

schaft mit dem Herzog auszuübenden Hoheitsrechte der Gesetzgebung auch
über das ganze schleswig'sche Gebiet: so daß eine gegen jenes Unions-
Recht gerichtete militärische Invasion in diesem Gebiet eine Verletzung
Deutschlands wie Holsteins begründete und daß in so weit Schleswig
bereits als ein mittelbares deutsches Land erschien. Aber der Welcker'sche
Rechtsgrund war nicht nach dem Geschmacke des Bundestags und wurde
folglich aus dem Beschlusse ferngehalten. Nichtsdestoweniger zeigte nun
der dänische Gesandte seinen Austritt aus der Bundesversammlung an,
indem er begreiflicherweise die Rechte seiner Regierung feierlich verwahrte.
In einer Erklärung vom 28. April sagte er: „Würde nun gar noch
der Bund die Einverleibung Schleswigs aussprechen, oder auch nur
Bundestruppen in dieses Herzogthum rücken lassen, so müßte die königliche Regierung dieß wie ein offenbar feindseliges Einschreiten betrachten."
Diese Erklärung wurde ad acta gelegt.

In den preußischen Regierungskreisen sah man den schleswig-holsteinischen Kampf für eine völlig unmotivirte Erhebung an. Man
stimmte Metternich bei, der gesagt hatte, daß sich an diese Sache Alles
hängen würde, was es in Deutschland Schlechtes gäbe. Die Junker,
namentlich Manteuffel und Bismarck, sprachen ausdrücklich und unverhohlen ihre Mißbilligung über den Aberwitz des Dänenkriegs aus; nur
meinte ersterer, daß dieser Aufstand wenigstens Nichts mit der landes-
läufigen Revolution gemein habe.

Indeß wurde vorläufig, weil die schleswig-holsteinische Angelegenheit einen Ausweg aus der verzwickten politischen Lage eröffnete, Dänemark von Preußen zum Sündenbocke gemacht. Hier fand man einen
guten Vorwand, jene Rüstungen zu veranstalten und die zahlreichen
Truppen auf die Beine zu bringen, die sich gegen die Demokratie im
Innern Deutschlands verwenden ließen. Die öffentliche Meinung wurde
von den inneren Zuständen nach Außen gelenkt. Bezüglich der auf
Preußen übertragenen Hegemonie äußerte sich der preußische Gesandte in
der 33. Sitzung des Bundestags (§. 268 vom 13. April) folgendermaßen:

„Die Regierung Seiner Majestät des Königs unterzieht sich mit
Freuden diesem Mandate und ist entschlossen, dasselbe im Verein mit
ihren Bundesgenossen seinem ganzen Umfange nach auszuführen. Sie
faßt den Inhalt und den Umfang desselben so auf: daß ihr danach zunächst die Pflicht obliege, jeder weitern Veränderung des status quo zum
Nachtheil der Herzogthümer entgegenzutreten und denselben eventuell in so weit wieder herzustellen, daß jene Basis der

Vermittlung nicht faktisch verloren gehe. Hieraus folgt die Nothwendigkeit, die königlichen Truppen, welche, als Vorhut des Bundes-Korps, bereits in Rendsburg stehen, sofort in Schleswig einrücken zu lassen. Die Lage der Dinge ist folgende:

„Zugleich mit dem Einrücken der Truppen in Holstein haben Seine Majestät der König einen Abgesandten in das Hauptquartier Seiner Majestät des Königs von Dänemark geschickt, um denselben davon zu unterrichten" u. s. w. Der Gesandte gibt dann den Inhalt der Verhandlungen, welchen wir genau aus obiger Note vom 8. April kennen gelernt haben. Hierauf heißt es weiter::

„Die dänischen Truppen sind bereits bis Tondern und bis in die Nähe von Flensburg vorgedrungen. Vorpostengefechte haben stattgefunden, und nach soeben eingegangenen Nachrichten ist die Landung eines dänischen Korps unter dem Schutze von Kanonenböten bei Glücksburg bewirkt worden. Die noch schwach organisirten Streitkräfte der provisorischen Regierung stehen bei Flensburg und sind in der dringenden Gefahr, von der ihnen bei Weitem überlegnen dänischen Armee auf Schleswig und Rendsburg zurückgedrängt zu werden. Angesichts solcher Eventualitäten ist es nicht thunlich, daß die preußischen Streitkräfte noch länger an der Eider eine nur beobachtende Stellung behaupten. Man kann sich nicht der Gefahr aussetzen, daß die schleswig-holsteinischen Truppen vor den Augen der deutschen Hülfsmacht geschlagen und ganz Schleswig okkupirt werde. Eine solche Wendung der Dinge würde das Ansehen Teutschlands, sowie die Ehre der preußischen Waffen kompromittiren, die Herzogthümer zu den extremsten Schritten treiben, die Möglichkeit einer Vermittlung und eines friedlichen Austrags vernichten und die Erhaltung der Souveränetäts-Rechte von Dänemark in Frage stellen."

· Die Zahl der preußischen Truppen betrug gegen 8000 Mann (zehn Bataillone), 6 Schwadronen Reiterei und 18 Geschütze. Das hannöverische Hülfs-Korps stand jetzt noch größtentheils in Harburg. Der Bundestag ersuchte Preußen, bei der Verhandlung mit Dänemark ein Hauptaugenmerk auf die Sicherung des deutschen Handels und der deutschen Schifffahrt zu richten und wo möglich durch Vertrag mit einer Seemacht für den Schutz der deutschen Küsten und Seestädte Vorsorge zu tragen.

Hören wir jetzt, wie der damalige Republikaner Gustav Droysen, der spätere Lobhudler der preußischen Politik, über die an seinen Staat des deutschen Berufs übertragene Hegemonie urtheilte. In seinem, dem

Bundestage über die schleswig-holsteinische Frage von den Siebzehnern eingereichten Promemoria (Beilage I zu §. 299 des Protokolls der 37. Sitzung der deutschen Bundesversammlung vom 18. April) sprach sich Professor Droysen so aus:

„In diesen Tagen, wo ganz Deutschland sich stolz erhebt und wo es endlich das Wort von 1816 wahr machen müßte, daß Deutschland wieder als Gesammtmacht in die Reihe der europäischen Mächte eintrete; in diesen Tagen, noch am 2. und 4. April, hat der hohe Bund die wichtigsten und dringlichsten auswärtigen Angelegenheiten Deutschlands nicht selbst in die Hand genommen, sondern an ein einzelnes Kabinet übertragen, — ein Kabinet, das sich seinem Länderbestande nach immer noch als eine nicht bloß deutsche, sondern auch europäische Macht anzusehen scheint und welches in dieser Frage nicht allein das deutsche, sondern sein eigenes Interesse wahrzunehmen hat; ja man ist soweit in der Selbstverleugnung gegangen, daß man eben darum Preußen gewählt hat, die Vermittlung mit Dänemark zu übernehmen; die Vermittlung, ich weiß nicht ob zwischen Dänemark und Schleswig-Holstein oder Deutschland! Die Stettiner Kaufmannschaft hat in Berlin gefleht: nur um Gotteswillen keinen Krieg, weil sonst der Handel ruinirt ist..... Vielleicht ist es zu spät, die Verhandlungen mit Dänemark in seine (des Bundestags) Hand zu nehmen. Aber der hohe Bund versäume nicht die Gelegenheit in dieser großen Frage: Preußen, ich sage nicht zu überwachen, wohl aber zu instruiren, die preußische Diplomatie verantwortlich zu machen, ihr scharf und unzweideutig die Wege und Ziele zu bezeichnen, welche Deutschland fordert..... Eine deutsch-holländische Allianz wird der Anfang heilsamster Gegenseitigkeit auch für die wiederkehrende Segnung des tiefen Friedens sein.... Endlich die wichtigste Anknüpfung und diejenige, auf welche das größte Gewicht zu legen, wäre eine nordamerikanische. Wer den Gang der deutschen Angelegenheiten mit größerem Blick zu überschauen vermag, muß die Nothwendigkeit und die innere Wahrheit derselben sofort einsehen. Deutschland und Amerika sind für Krieg und Frieden die natürlichen Verbündeten; so Gott will, ist in Kurzem auch ihr Inneres in wesentlichsten Beziehungen völlig analog; und sind die Gefahren, die Deutschland bedrohen, nicht mit heute und morgen abgethan, so kommt eine nordamerikanische Allianz auch noch nach Wochen und Monaten nicht zu spät".....

Unterzeichnet ist vorstehendes Aktenstück: „(gez.) Droysen. Frankfurt den 10. April 1848." Und der nämliche Geschichtsforscher, der heute, in-

dem er den Gang der Dinge „mit größerem Blick zu überschauen" ver=
mag, Deutschland eine republikanische Zukunft prophezeit und es für den
natürlichen Verbündeten Nordamerika's ansieht, gibt morgen schon —
durch irgend welche Hebel zum Preußenthume bekehrt — Deutschland
und Preußen für identisch aus und schreibt eine speichelleckerische, wenn
auch doktrinär gehaltene „Geschichte der preußischen Politik!" Droysen
urtheilte in seinem Promemoria ganz richtig über die Sonderstellung
Preußens, über das Interesse des Einzel=Kabinets und über die Zwei=
deutigkeit des Vermittlungsgeschäfts; aber er übersah, daß auch der Bun=
destag unter der Vermittlung nichts Anderes verstand, als die allmähliche
Dämpfung des Aufstandes und die Herstellung des status quo ante.

Während Preußen mit Dänemark verhandelte, wurden mittlerweile
die schleswig=holsteinischen Truppen, welche unter dem Kommando des
Prinzen von Noer standen, bei Bau zurückgeworfen, sowie auch auf dem
Rückzuge nach Flensburg die deutschen Freischaaren an der Kupfermühle
bei Krusau mit einem Verlust von 800 Gefangenen geschlagen. Die
Reaktion wollte offenbar die schleswig=holsteinischen Streitkräfte durch die
Dänen abschwächen lassen, damit die sogenannte Vermittlung um so
leichter vor sich gehen konnte. Vorzüglich waren der Reaktion die Frei=
schaaren, die Wettervögel des Freistaats, ein Dorn im Auge. Weil aber
die erste Niederlage, anstatt zu entmuthigen, in Deutschland den Eifer
der Komité's anfachte und von allen Seiten neue Freiwillige nach Schles=
wig=Holstein führte, erließ das General=Kommando der Herzogthümer
von Rendsburg aus am 21. April folgende Bekanntmachung:

„Die Begeisterung der deutschen Nation für den Kampf der Her=
zogthümer Schleswig=Holstein hat ein Herbeieilen Freiwilliger veranlaßt
und in Aussicht gestellt, welches gegenwärtig nicht mehr mit den militä=
rischen Bedürfnissen in Uebereinstimmung steht. Es ist für jetzt die Hülfe
Freiwilliger unnöthig und es ist daher die Pflicht des General=Komman=
do's der Herzogthümer Schleswig=Holstein, alle Deutschen, welche ihren
Arm unserer Sache leihen wollten, hiervon zu unterrichten und besonders
die an vielen Orten gebildeten Komité's aufzufordern, fortan keine Frei=
willigen mehr abzusenden. Zugleich spricht das General=Kommando den
wärmsten Dank für eine Hingebung aus, welche für Deutschland eine
ruhmvolle Zukunft verspricht. Sollten die Verhältnisse sich ändern, so
hoffen wir uns mit Vertrauen an die Vaterlandsliebe und Tapferkeit der
Deutschen wenden zu können."

Die Niederlage der schleswig=holsteinischen Truppen wurde von der
preußischen Regierung damit entschuldigt, daß das preußische Heer hätte

unthätig bleiben müſſen, weil die Kavallerie und ein Theil der Artillerie noch nicht eingetroffen, in den Bewegungen der Hülfsarmee eine Verzö= gerung eingetreten und Holſtein nicht von Truppen zu entblößen geweſen wäre. Um indeß nicht das Vertrauen und mit dieſem die Leitung der ſchleswig=holſteiniſchen Bewegung zu verlieren, mußten jetzt die Preußen nebſt ihren Verbündeten vorſchreiten, Fürſt Radziwill wurde über die Preußen geſetzt, die Seeküſten wurden befeſtigt, Verſtärkung kam an, und der Kavallerie=General v. Wrangel erhielt den Oberbefehl über die ſämmtlichen deutſchen Krieger und beanſpruchte die Kompetenzen eines Bundesfeldherrn (Gehalt und ſonſtige Emolumente). Kurz, jetzt lautete die Parole: Vorwärts! Zum großen Jubel der deutſchen Patrioten ſiegte das deutſche Heer über die Dänen, drang in Jütland ein, zog ſich Ende Mai auf Befehl des preußiſchen Königs aber wieder nach Schleswig zurück und verharrte ſodann bis zum Abſchluß des Waffenſtillſtandes von Malmö, obſchon es fortwährend von den Dänen genedt wurde, in faſt ununterbrochener Unthätigkeit.

Wir können die Ereigniſſe in Schleswig=Holſtein bloß inſoferne be= rühren, als ſie in den Bereich der Geſchichte der nationalen Reaktion fallen. Große Sorge bereitete dem norddeutſchen Handelsſtande die dä= niſche Flotte. In dieſer Hinſicht hatte Droyſen nicht nur ein holländi= ſches, belgiſches, ſchwediſches und nordamerikaniſches Bündniß vorge= ſchlagen, ſondern auch auf den nordamerikaniſchen Unabhängigkeitskrieg hingewieſen, in welchem eine Flotte „gleichſam aus Nichts geſchaffen" worden war. „Deutſchland," ſagte Droyſen in ſeinem Promemoria, „be= ſitzt bereits ein Paar Kriegsfahrzeuge: die preußiſche Amazone, die Wacht= Korvette vor Altona, derzeit im Beſitz der proviſoriſchen Regierung von Schleswig=Holſtein, einige kleinere Fahrzeuge im Beſitz von Mecklenburg und Hannover... Mit großem Entſchluß vermag man, gilt es Däne= mark allein, dieſen Danebrog in 14 Tagen von der Oſtſee zu vertreiben. Eine kühne Landung in Seeland und Fühnen verſcheucht das ganze Ge= ſpenſt einer für Deutſchland unerreichbaren Dänenmacht. Die Militär= Kommiſſion des hohen Bundes werde ſofort beauftragt, in dieſem Sinne zu berathen und zu verfahren; es werde auf Grund der Matrikel des deutſchen Bundes die Geldverwendung für den Anfang einer deutſchen Flotte gemacht."

Zum Aufbringen des Geldes für eine deutſche Marine wurden in allen Theilen Deutſchlands freiwillige Beiträge geſammelt. So laut aber auch die Begeiſterung für das „meerumſchlungene" Land ſich in Worten äußerte, zeigte ſich doch wenig Opferwilligkeit, als dieſelbe durch die

Obolen der Tasche thatsächlich bewiesen werden sollte. Denn so groß war die Knickerei der begeisterten Patrioten, daß nicht einmal die Summe von 200,000 Gulden zusammenfloß. Der Leipziger Buchhändlerverein steuerte zu diesen freiwilligen Beiträgen 1000 Thaler. Auf welche un= verantwortliche Art übrigens bei der Ablieferung der Flottengelder ver= fahren wurde, geht aus dem Vortrage des Bundestagsausschusses für Revision des Kassenwesens vom 14. Februar 1856 hervor, worin die Stelle vorkömmt:

„Wie aus der Nebenrechnung Ziffer LXXXIV., die für die Ma= rine eingeflossenen freiwilligen Beiträge betreffend, hervorgeht, berechnet der Revisor Häffel die Summe jener Beiträge aus den aus den Akten und stenographischen Notizen entnommenen Angaben auf 191,369 Gul= den 20 Kreuzer, während die Rechnung der Reichskassenverwaltung nur 190,492 Gulden 25 Kreuzer, mithin 876 Gulden 55 Kreuzer weniger nachweist. Diese Differenz ist muthmaßlich aus den Cours=Verlusten und dem Manco bei der Versilberung und der Verwechselung der ein= gelieferten Werthgegenstände entstanden; ein genauer Nachweis ist je= doch hierüber nicht zu führen, und am Wenigsten dürfte die Bundes= kassenverwaltung dafür verantwortlich zu machen sein. Die Vereinnah= mung jener Beiträge zur Bundeskasse erfolgte nämlich nicht auf Grund einer besondern Einnahme=Ordre des Reichs=Finanz=Ministeriums, son= dern unter Zustimmung desselben wurden die bei dem Marine=Ausschusse der National=Verfammlung eingehenden und durch deren Rechnungs= führer Kerst bei dem hiesigen Rechneiamte asservirten Beiträge an Geld und an Werthgegenständen unmittelbar an die Bundeskassenverwaltung abgeliefert, ohne daß es der letzteren möglich war, von Seiten des Ma= rine=Ausschusses eine Regulation über den Betrag der wirklich abgelie= ferten Gelder und Werthgegenstände, oder gar die Aufnahme eines Pro= tokolls über die erfolgte Ablieferung zu erhalten. Sie mußte sich viel= mehr mit einem von der Hand eines Mitglieds des Marine=Ausschusses angefertigten Verzeichnisse begnügen, von dessen Ungenauigkeit sie sich erst nach erfolgter Ablieferung überzeugte, ohne jene Ungenauigkeit redressiren zu können.“

Aus den freiwilligen Beiträgen wurde also keine Summe aufge= bracht, die hinreichend gewesen wäre, um nur eine ganz kleine Flotille anzuschaffen. In dieser nationalen Sache mußte darum der nun einmal unentbehrlich gewordene Bundestag wieder hülfreiche Hand leisten. Dieser wandte sich zunächst durch Vermittlung der österreichischen Regierung an die Gesellschaft des „Lloyd,“ ohne jedoch ein günstiges Resultat zu er=

zielen. Denn nach beinahe sechswöchentlichem Warten erhielt die Bundesversammlung die sehr deutliche Antwort: „Der Verwaltungsrath beehrt
sich, hierauf zu erwidern, daß, abgesehen von der kaum für die eigenen
Dienstbedürfnisse hinreichenden Zahl der Dampfer seiner Anstalt, er damit
einen ausgedehnten Postdienst zu versehen hat, welcher unmöglich beeinträchtigt werden kann, ohne die bedauernswürdigsten Folgen nicht nur
für die Unternehmung selbst, sondern für den Verkehr des Platzes und
Staates nach sich zu ziehen, und daß ferner die Dampfschiffe, welche augenblicklich disponibel waren, dem k. k. Marine-Oberkommando abgetreten
wurden. Der Verwaltungsrath ist demnach nicht in der Lage, dem geehrten Ansinnen zu entsprechen."

Die Bundesversammlung hatte, um „für den bewaffneten Schutz
Deutschlands zur See" zu sorgen, eigens eine Kommission ernannt, bestehend aus den Gesandten Preußens, Hannovers, Mecklenburgs, Oldenburgs und der freien Städte. Dieselbe erstattete am 20. April gutachtlichen Bericht und beantragte, den bei Liverpool vor Anker liegenden
nordamerikanischen Dampfer „The United States," welcher in der Folge
den Namen „Hansa" erhielt, zu besichtigen und ihn in ein Kriegsschiff
umzuwandeln. Ferner schlug die betreffende Kommission vor, einige
sachverständige und erfahrene tüchtige Männer nach England abzusenden,
um daselbst zuverlässige Nachrichten einzuziehen, ob und welche Gelegenheit in England oder an andern Orten, namentlich in Nordamerika, vorhanden sei, die zur Armirung und Equipirung von Kriegsfahrzeugen
nöthigen Ausrüstungsgegenstände sich zu verschaffen. Laut Separat-Protokoll vom nämlichen Tage wurde beschlossen, den Hamburger Bundestagsgesandten mit der Mission nach England zu betrauen. Selbiger sollte
zwar nicht befugt sein, Ankäufe zu machen und Kontrakte über zu lie,
fernde Armirung zu autorisiren; aber er durfte diejenigen Kosten anweisen,
welche zur gründlichen Untersuchung tauglicher Schiffe und zur Remuneration von Sachverständigen veranlaßt werden möchten, sowie es auch
seinem Ermessen anheimgestellt wurde, ob etwa ein Opfer zur Festhaltung
einer Akquisition bis zum Zeitpunkte, in welchem die Entscheidung der
Bundesversammlung eintreffen konnte, zu bringen sei. Um Banks mit
Geldmitteln auszurüsten, richtete das Präsidium, hierzu von der Bundesversammlung ermächtigt, an M. A. von Rothschild und Söhne folgendes Schreiben:

„Euer Hochwohlgeboren ersuche ich, für den Bundestagsgesandten
der freien Stadt Hamburg, Herrn Syndikus Banks, einen auf London
lautenden Kredit-Brief bis zum Belaufe von 40,000 Gulden ausstellen

und Sich hierfür aus den Matrikular-Geldern des deutschen Bundes eventuell decken zu wollen."

Unter der Bedingung, daß Dänemark in seinem Länderbestande un= geschmälert blieb, verstand sich die englische Regierung dazu, dem deutschen Bunde Schiffe, die nicht makellos wären, zu verkaufen. Sie meinte hier= mit, ganz abgenutzte und nach veralteten Prinzipien gebaute Fahrzeuge, sowie langsame Segler um einen guten Preis los zu werden. Der Bun= destag ließ sich eine solche schändliche Bedingung, obschon sie gegen die National=Ehre verstieß, von der englischen Regierung gefallen. Eine schlechte Fregatte, unter dem trefflichen Namen crack frigate bekannt, welche 2000 Pfund Sterling gekostet hatte, wurde der deutschen Nation um 52,000 Mark Banko, d. i. um beinahe 4000 Pfund Sterling, ver= kauft. Die von den sprüchwörtlichen „Obern Zehntausend" gebildete herr= schende Gesellschaftsklasse Englands hatte, nachdem sie den patriotischen Michesln solchergestalt über das Ohr gehauen hatte, vollen Grund, mit gewohntem Uebermuthe ihre bewundernden Nacheiferer und Nachbeter in Deutschland zu bespötteln und zu verachten. Mit ausgezeichnetem Ver= gnügen sprach die Times, das Orakel der öffentlichen Meinung Englands, noch nach Jahren von den Tollheiten der deutschen Professoren, die sie lunatic professors zu betiteln beliebte.

Angeblich zu einem Unternehmen gegen Dänemark wurde auf den einstimmigen Beschluß des vom Parlamente niedergesetzten Marine=Aus= schusses der Bundestag am 17. Juni bewogen, für die Flotte aus den Ulm=Rastatter Festungsbaugeldern 300,000 Thaler oder 525,000 Gul= den disponibel zu machen, eine Summe, die unterm 10. Juli 1848 realisirt wurde. Ob mit diesem Gelde haushälterisch und durchaus zweck= entsprechend umgegangen wurde, ist nicht hinlänglich klar; denn die Ver= handlungen des Bundestags mit dem genannten Marine=Ausschusse wur= den aus Vorsicht mündlich geführt. Jenes Geld war, wie aus einer offiziellen Denkschrift hervorgeht, für die Ausrüstung von Kriegsdampf= schiffen bestimmt. Als Empfänger wird der Hamburger Marine=Kongreß bezeichnet.*)

Um die erforderliche Summe für die Herstellung einer deutschen Flotte zu beschaffen, beschloß das Frankfurter Parlament unterm 14. Juni, daß auf die deutschen Bundesstaaten eine Steuer ausgeschrieben werden

---

*) In den Bundes=Protokollen wird noch eines geheimnißvollen Anschlags gegen Dänemark gedacht, für welchen eine große Geldsumme angesetzt wurde.

sollte, worauf in Uebereinstimmung mit diesem Beschlusse die provisorische Zentral-Gewalt durch die Verordnungen des Reichsverwesers vom 10. Oktober 1848 und vom 12. Februar 1849 die Summe von sechs Millionen Thalern zur Umlage brachte. Indeß entsprach die Reichssteuer nicht den Erwartungen, welche die aufrichtigen Patrioten davon hegten. Denn bis zum Eintritt der Wirksamkeit der Bundes-Zentral-Kommission (bis Ende 1849) wurden von den deutschen Staaten bloß 3,629,047 Gulden 41 Kreuzer eingezahlt, so daß 6,870,952 Gulden 19 Kreuzer (also Zweidrittel) rückständig blieben. Vollständig bezahlte nur Hannover, welches sich um seiner selbst willen für die Flotte interessirte, ferner Holstein und Lauenburg, Schwerin, Nassau, Oldenburg, Dessau, Rudolstadt, Waldeck, Schaumburg-Lippe, Lübeck, Frankfurt, Bremen und Hamburg. Dagegen entrichteten die Flottensteuer bloß theilweise: Preußen, Baiern, Würtemberg, Baden, das großherzogliche Hessen, Braunschweig, Weimar, Meiningen, Koburg-Gotha, Altenburg, Strelitz, Bernburg, Köthen, Sondershausen, Hechingen, Liechtenstein, Sigmaringen, Reuß älterer und jüngerer Linie, Lippe, Hessen-Homburg. Ohne ausdrückliche Verwahrung, vielmehr unter Vorkehrung von aufschiebenden, auf die Zahlungs-Modalitäten und besondere Verhältnisse bezüglichen Motiven bezahlten ihren Steuerbetrag ganz und gar nicht die folgenden Staaten: Oesterreich, das Königreich Sachsen, Kurhessen, Luxemburg und Limburg. Obschon Oesterreich unterm 16. Oktober und 8. Dezember 1848 eine gelinde Verwahrung gegen die Theilnahme an der Flottensteuer einlegte, stellte es gleichwohl eine Ausgleichung der Last durch andere Mittel, namentlich die Bereithaltung von Kriegsschiffen, in erfreuliche Aussicht. Die Interessen der einzelnen Staaten widersprachen einander hinsichtlich der Flotte dergestalt, daß die deutsche Marine zwar nicht als ein todtgeborenes, aber doch als ein böslich vernachlässigtes Kind in die Welt trat, das durch Mangel an liebevoller Pflege früh sterben mußte. Hätte der Bundestag auf Grund des Bundesrechts aus der Flotte eine organische Einrichtung Deutschlands machen wollen, so hätte ein dahin lautender Bundesbeschluß durch eine Plenar-Sitzung gefaßt werden müssen. Aber eine solche Plenar-Sitzung zu diesem Behufe anzuberaumen, unterließ er vorsätzlich. Unter so bewandten Umständen muß es fast wunderbar erscheinen, daß immerhin, indem noch aus den Festungs-Fonds Vorschüsse im Betrage von 1,502,864 Gulden 13 Kreuzern geleistet wurden, im Ganzen bis zum Eintritte der Bundes-Zentral-Kommission für die deutsche Marine 5,322,404 Gulden 19 Kreuzer zur Verwendung kamen, und daß der wiederhergestellte Bundestag im Juni 1851 einen

Flottenbestand vorfand, der 11 Kriegsfahrzeuge (nämlich 9 Dampf= und 2 Segelschiffe) umfaßte.

Unter diesen Kriegsfahrzeugen war die Dampffregatte „Hansa" mit 8 Stück 8" und 3 Stück 10" Bombenkanonen ein Kriegsdampfer ersten Ranges von 1800 Tonnengehalt und 750 Pferdekraft.*) Eine schöne Er= rungenschaft, an die sich der deutsche Kriegsruhm knüpfte, war ferner die Segel=Fregatte Gefion=Eckernförde; sie war bestimmt, 48 Kanonen zu führen. Die beiden Dampf=Fregatten „Barbarossa" und „Erzherzog Johann" besaßen je 1200 Tonnengehalt, 440 Pferdekraft und 9 Stück 68pfündige Kanonen. „König Ernst August", eine Dampf=Korvette erster Klasse, war mit 6 Stück 68pfündigen Bombenkanonen versehen und hatte bei 850 Tonnengehalt 270 Pferdekraft. Fünf andere Dampf=Korvetten waren geringer. Von diesen besaßen der „Großherzog von Oldenburg" und „Frankfurt" je 612 Tonnengehalt, 180 Pferdekraft, 1 Stück 68= pfünder und 1 Stück 32pfünder. Die übrigen drei Korvetten hießen „Lübeck", „Hamburg" und „Bremen" und waren eine jede mit 1 Stück 56pfünder und 1 Stück 32pfünder ausgerüstet. Die traurigste Erschei= nung gewährte die 32 Kanonen tragende crack frigate „Deutschland," in deren Namen ein böses Omen lag. Außerdem enthielt die deutsche Marine 26 Kanonenbote mit je 2 Geschützen für die Küstenvertheidi= gung**). Die Marine=Verwaltung hielt Ordnung im Kassewesen, be= wahrte die Vorräthe jeglicher Art auf, sorgte für den Unterricht der Seejunker und Schiffsjungen, überwachte den Gesundheitszustand und beschäftigte sich mit der Heilung und Pflege von Verwundeten und Kranken. Auch gab es auf der deutschen Flotte eine erkleckliche Anzahl tüchtiger Offiziere.

Trotz Alledem mußte die deutsche Flotte, deren Bildung langsam vorschritt, zu Grunde gehen, da nicht nur die nöthigen Geldmittel aus=

---

*) Hannöverische Denkschrift. Beilage zu §. 46 des Protokolls der 10. Sitzung der deutschen Bundesversammlung vom 11. Juni 1851.

**) Nach Vorschrift vom 12. Juni 1849 lautete der Diensteid auf der deut= schen Flotte: „Ich N. N. schwöre, daß ich dem deutschen Reiche und der Reichs= regierung in allen und jeden Vorfällen, zur See wie zu Lande, und an welchem Orte es immer sei, getreu und redlich — die ganze Zeit hindurch, für die ich mich zum Dienste auf der deutschen Reichsflotte verpflichtet habe — dienen, die Vorschriften und Befehle meiner Obern mit Gehorsam, Genauigkeit und Tapfer= keit befolgen und mich allenthalben so betragen will, wie es einem rechtschaffenen, pflicht= und ehrliebenden Seemanne (Soldaten) geziemt. So wahr mir Gott helfe!"

blieben, sondern auch die deutsche Flagge keine völkerrechtliche Aner=
kennung fand. In letzterer Beziehung besagt die vorhin angezogene han=
növerische Denkschrift:

„Bekanntlich hatte die Verwendung dreier Kriegsdampfschiffe der
deutschen Flotte bei einem kurzen Seegefechte am 4. Juni 1849 die von
einer außerdeutschen Seemacht gegen deutsche Bundesregierungen abge=
gebene Erklärung zur Folge, daß jene deutschen Kriegsschiffe wie See=
räuber behandelt werden würden, sofern keine bestehende Regierung sich
zu der Befehlshaberschaft über selbige bekenne..... Das Vertheidi=
gungsbedürfniß der Küstenstaaten bedarf überhaupt einer erschöpfenden
Auffassung. Es ist ein anerkannter Grundsatz des Völkerrechts, daß die
Schiffe auf freiem Meere als die wandelnden Gebietstheile der Staaten
zu betrachten sind, denen sie angehören. Sie verlieren ihre Nationalität
auch in fremden Gewässern nicht."

Mit der Flotte im engen Zusammenhange stand die Küstenbefesti=
gung. Nachdem von der Bundesversammlung ein seitens der braun=
schweigischen Regierung gestellter Antrag auf sofortige Formation der
Landwehr, deren militärische Ausbildung eifrig betrieben werden sollte,
dem Ausschusse für militärische Angelegenheiten überwiesen und dadurch
beseitigt worden war, kam am 19. Mai 1848 der Beschluß zu Stande,
sämmtliche betreffenden Regierungen zu ersuchen, auf Verstärkung der
Küstenschutzmaßregeln nach Kräften Bedacht zu nehmen und für die als=
baldige Anschaffung und Ausrüstung der nöthigen Anzahl von Kanonen=
boten zu sorgen. Gleichwohl unterstützte der eine Staat den andern in
dieser Hinsicht nicht mit Zuvorkommenheit. Umsonst wandte sich Bremen
an Hannover, um einige Kanonen zum Anlegen einer Strandbatterie zu
erlangen, und auch in Berlin verweigerte der Ministerrath die erflehte
Hülfe, wenn auch, um den Schein zu retten, der preußische Kriegsmi=
nister endlich sechs Stücke schweres Geschütz von Minden zusagte. Wegen
des separatistischen Benehmens der preußischen Regierung wurden so
heftige Klagen laut, daß sich der Bundestag bewogen fand, Preußen zu
ersuchen, es möge Lübeck und Mecklenburg mit Strandgeschütz und Be=
dienungsmannschaft versehen. Der Handelsstand sollte durch die ihm
von Dänemark zugefügten Verluste mürbe gemacht werden. Droysen
hatte Recht gehabt, als er das preußische Kabinet partikularistischer Ten=
denzen bezichtigt hatte.

Aus den Verhandlungen des Bundestags erhellt hinlänglich, welch'
eine Furcht in den deutschen Küstenstaaten vor der dänischen Seemacht

die Handelswelt befallen hatte. Der Patriotismus hörte gerade da auf,
wo die Benachtheiligung des Interesses anfing. Als der preußische Ge=
sandte am 4. Mai einen Vortrag über das von Dänemark auf hannö=
verische und preußische Schiffe gelegte Embargo abgehalten hatte, wurde
der Bundesversammlung zur Erwägung und Beschlußfassung anheimge=
stellt: 1. ob durch Bundesbeschluß die Beschlagnahme der dänischen Schiffe
in allen deutschen Häfen zu verfügen, und ob 2. eine Sicherstellung des
Schadenersatzes für die durch Dänemark in Beschlag genommenen deut=
schen Schiffe auszusprechen sei? Zur Entscheidung dieser Fragen wurde
ein aus den Gesandten Preußens, Kurhessens, Holsteins, Lübecks und
Hamburgs gebildeter Ausschuß bestimmt, bei dem der hannöverische Ge=
sandte als Stellvertreter fungirte. Bei dieser Gelegenheit sprach sich der
Gesandte der freien Städte so aus: „Der Senat der freien Stadt Ham=
burg glaubt, daß nach den Bundesbeschlüssen vom 4. und 12. April des
Jahres die Rechtfertigung einer gegen das dänische Privat=Eigenthum ge=
richteten Maßregel nicht zu finden sei und das um so weniger, als nach
jenen Bundesbeschlüssen ein Krieg zwischen Deutschland und Dänemark
nicht obwaltet, sondern durch dieselben nur die Rechte der Herzogthümer
Schleswig=Holstein gewahrt und dieselben, wo sie bereits verletzt waren,
wieder hergestellt werden sollten und gegen den König von Dänemark
nur als deutschen Bundesfürsten mit Exekution verfahren werden sollte.
Wenn sich sonach schon aus diesem Grunde der Senat befugt erachten
mußte, der von der königlich preußischen Regierung unter dem 26. April
ergangenen Requisition, die im Hamburger Hafen befindlichen Schiffe
mit Embargo zu belegen, nicht sofort nachzukommen, so mußte er sich
auch um so mehr verpflichtet halten, so zu handeln, als unausbleiblich
die nachtheiligsten Folgen, ja selbst eine allgemeine Kalamität für ganz
Deutschland aus der Ausführung jener Maßregel entstehen würde, wo=
von die Verantwortlichkeit zu übernehmen der Senat durchaus ablehnen
muß."

Der Gesandte hob ferner hervor, daß einestheils die Hamburger
Schiffe von den Dänen verschont worden seien, und daß anderntheils bei
dem nunmehrigen Stande der Zivilisation der Seekrieg sich nicht mehr
gegen das Privat=Eigenthum kehren dürfe, wobei er freilich vergaß, daß
ein solcher humanitärer Grundsatz erst dann sich halbwegs nachhaltig erweist,
wenn er von beiden kriegführenden Theilen anerkannt und durchgeführt
wird. Mit dem demokratischen Prinzip, wonach der Staat der Ausdruck
der Intelligenz des ganzen Volks oder des Volkswillens sein und folg=
lich auch jeder Krieg nur mit Zustimmung oder auf Geheiß des Volks

geführt werden soll, stimmt eine solche, sich hinter die Zivilisation ver-
steckende Eigensucht, Verweichlichung und Feigheit der Staatsbürger ohnehin nicht überein. Aber hören wir den Hamburger Senat, in dessen Namen der Gesandte spricht, weiter, da seine Auseinandersetzung höchst lehr-
reich ist, insofern sie die soziale Unterlage des schwarz-roth-goldenen Patriotismus in ihrer Nacktheit darlegt. „Die reiche Ladung eines einzigen,
aus West- oder Ostindien kommenden Dreimasters hat," fuhr der Gesandte fort, „unstreitig einen größern Werth, als der Gesammtwerth
aller Ladungen der kleinen dänischen Schiffe, die man jetzt auf der Elbe,
Weser, Trave, Jahde und Ems unter Embargo legen könnte, — abgesehen davon, daß am Bord dieser dänischen Schiffe sich wahrscheinlich auch
viele Waaren befinden, welche deutsches Eigenthum oder bei deutschen Asse-
kuranz-Kompagnien versichert sind . . . . Sollte sich dazu noch die Blokade unserer Ströme und namentlich die der Elbe gesellen, so würde das
ein Unglück für ganz Deutschland sein, und zwar ein Unglück, welches
sich nicht nur momentan, sondern für eine lange Reihe von Jahren geltend machen würde."

Nach der Ansicht des Hamburger Senats war der Ruin der Hamburger Handelswelt gleichbedeutend mit dem Ruine Deutschlands. Der
Gesandte entwickelte diese Ansicht folgendermaßen: „Zunächst träfe es
(das Unglück) freilich Hamburg und zwar nicht bloß dessen Rhederei,
sondern auch dessen ganze Börse; alle deutschen See-Assekuranz-Kompag-
nien würden zahlungsunfähig werden, der ganze Handelsstand wäre ruinirt, eine Krisis in Hamburg unvermeidlich, und es kann dreist behauptet werden, daß eine Krisis in Hamburg eine Krisis für ganz Deutschland zur Folge haben würde. Aller Handel würde stocken, fast alle Fabriken würden aufhören müssen zu arbeiten, die Arbeiter, die jetzt überall
erhöhten Lohn zu erstreben suchen, würden brotlos werden, und es ist
nicht schwer vorherzusehen, daß der dadurch veranlaßte Ausbruch der
Unzufriedenheit sich auf eine Weise Bahn brechen würde, die für die
Ruhe von Deutschland im höchsten Grade bedrohlich sein würde."

Nicht bloß schloß sich Lübeck der vorstehenden Ausführung Hamburgs an, sondern auch der von Preußen provozirte Bundestagsbeschluß
lautete dahin, daß, nachdem dänischerseits auf deutsche Schiffe Embargo
gelegt worden, zwar der Bundesversammlung das volle Recht zustehe,
eine gleiche Maßregel anzuordnen, daß sie jedoch eine solche nicht allgemein verfügen wolle, indem sie von der Voraussetzung ausgehe, daß
Dänemark zum Ersatze des durch den von ihm angeordneten Embargo

der deutschen Schifffahrt zugefügten Schadens verpflichtet und demnach bei der Vermittelungsverhandlung darauf zu sehen sei.

Wenn sich die Bremer Handelsherren im Ganzen viel wackerer benahmen, als ihre hanseatischen Genossen, so mußte doch auch ihr Eifer durch die ihnen zugefügten Verluste erlahmen, zumal da sie mit der Zeit entdeckten, daß nur ein Scheinkrieg geführt und den Dänen nicht nach Kräften Schaden beigebracht wurde. Eine dänische Fregatte, welche auf der Rhede von Swinemünde erschien, um diesen Hafen zu blokiren, verbreitete Schrecken längs der ganzen deutschen Küste. Bald verlautete auch, daß sich die Feindseligkeiten selbst auf hanseatische Schiffe erstreckten. Die Einbußen mehrten sich, da ein gemiethetes englisches Schiff, welches im Kanale kreuzte, um die deutschen aus der Ferne heimkehrenden Fahrzeuge vor den Dänen zu warnen, unmöglich alles Unglück verhüten konnte.

Es war der offiziellen Reaktion, besonders aber dem preußischen Kabinet sehr erwünscht, den Handelsherren, weil diese als die Blüthe des deutschen Bürgerthums angesehen werden durften, Mangel an Patriotismus vorwerfen zu können. Denn durch heuchlerische Entrüstung lenkte man den Verdacht von sich selber ab. Der preußische Bundestagsgesandte beschwerte sich über das Haus Barbeck und Wall in Altona, welches, obschon es zu den schleswig-holsteinischen Unterthanen gehörte, dennoch das dänische Schiff Betty von Kopenhagen (Kapitän Lilholdt) für Montevideo in Ladung gelegt, und daß ferner, nach dem Aufhören der dänischen Post daselbst, die Hamburger Stadtpost über Lübeck alles Vorkommende nach Kopenhagen und nach Dänemark befördere: woher es denn geschehen sei, daß die großen, in letzter Zeit von Rußland an Dänemark gezahlten Geldsummen von Hamburg aus in Silberbarren nach Kopenhagen gelangt, und den Dänen immer genaue Nachricht über die Kriegs-Operationen gegeben worden sei. Freilich hatte die früher bestandene Postverbindung zwischen Lübeck und Kopenhagen aufgehört, sowie der Scheinkrieg ausgebrochen war. Dann aber wurde der Verkehr zwischen Lübeck und Dänemark durch schwedische und norwegische Postdampfschiffe besorgt, welche zweimal wöchentlich zwischen Lübeck und Malmoe, einmal wöchentlich zwischen Lübeck und Christiania, indem sie Nyborg auf Fühnen anliefen, und einmal wöchentlich, Kopenhagen anlaufend, zwischen Lübeck und Gothenburg fuhren. Die englische Post wurde sogar von dem schleswig-holsteinischen Postamte in Altona entgegengenommen und von dort versiegelt über Lübeck zur Weiterbeförderung nach Kopenhagen geschickt.

Bald kam es dahin, daß die einzelnen deutschen Staaten mit Dänemark in Frieden und Freundschaft lebten, während der deutsche Bund mit demselben Krieg zu führen schien. Oesterreich blieb gleich vom Anfange auf gutem Fuße mit Dänemark, weßhalb auch der Bundestagsgesandte der provisorischen Regierung Schleswig-Holsteins, Dr. Madai, mit alleiniger Ausnahme Oesterreichs durch einstimmigen Beschluß in die Bundesversammlung zugelassen worden war. Freilich zeigte, um den Schein zu wahren, Hannover am 1. Mai an, daß vor fünf Tagen der dänische Kammerherr von Reedtz in Hannover mit dem Anerbieten angelangt sei, eine Separat-Uebereinkunft unter der Vermittlung Englands und Rußlands herbeizuführen, daß er aber lediglich zu einer Privat-Besprechung zugelassen und an Preußen verwiesen worden sei. Indeß wurde bekannt, daß der hannöverische König, ein Mitglied des englischen Oberhauses, der schon als König dort seinen Sitz genommen und von England regelmäßig eine Jahresrente bezog, offenherzig gesagt: „Ich bin Engländer; eher lege ich meine Krone nieder, als ich meine Einstimmung zu der geringsten Benachtheiligung Englands ertheile."

Der schleswig-holsteinische Bundestagsgesandte stellte nicht bloß die Anträge auf Einführung eines allgemeinen deutschen Gesetzbuches auf Realisirung des badischen Vorschlags hinsichtlich eines allgemeinen deutschen Zoll-Systems, auf Aufnahme Schleswigs in den deutschen Bund und auf Erhebung Rendsburgs zur Bundesfestung, sondern er beschwerte sich auch bitter darüber, daß mehrere Staaten sich geweigert hatten, ihr Truppen-Kontingent in Schleswig-Holstein zu verstärken. Da die öffentliche Meinung keinen Zweifel darüber ließ, daß der Abschluß des preußischen Vermittlungsgeschäfts noch nicht an der Zeit war, so sahen sich die Einzelregierungen genöthigt, einen neuen Eifer für die schleswig-holsteinische Sache an den Tag zu legen. Darum verstärkte Oldenburg sein Kontingent in Schleswig, Braunschweig erklärte seine Bereitwilligkeit, den Krieg mit Ernst zu führen, und die Bundesversammlung selbst beschloß, auf zweideutige Art den betreffenden Regierungen durch deren Gesandtschaften eröffnen zu lassen, daß sie von dem Vollzuge des Bundesbeschlusses vom 10. April zwar nicht zu entbinden vermöge, daß dagegen aber der Oberbefehlshaber der in Schleswig-Holstein operirenden Bundestruppen nicht Anstand nehmen werde, die Bedürfnisse der einzelnen, zum 10. Armee-Korps gehörigen Staaten bezüglich der Vertheidigung ihrer Küsten, soweit als thunlich, zu berücksichtigen. Nun meldete Hannover, daß sein Militär jetzt effektiv 14,291 Mann betrüge, welche bis zum 14. Juni mit Ausnahme der wahrscheinlich nicht erforderlichen Kavallerie (1865 Mann) sämmtlich ausgerückt sein würden. Braunschweig entsandte zwar keine Kavallerie nach Schleswig, versprach aber seine dortigen Truppen (Infanterie und Artillerie) auf 2090 Mann erhöhen zu wollen. Von Lübeck marschirte am 24. Mai die Infanterie ab, nämlich 7 Offiziere, 1 Arzt und 330 Unteroffiziere, Spielleute, Fu= silire und Train=Soldaten, nebst 10 Offiziers= und Zugpferden; des= gleichen am 25. Mai die Kavallerie, nämlich: 2 Offiziere und 44 Unter= offiziere, Trompeter, ein Kurschmied, Dragoner und Train=Knecht, nebst 41 Eskadron=Pferden und 8 Offiziers= und Zugpferden. Die Lübeck'sche Infanterie traf am 26. Mai, die Kavallerie den folgenden Tag in Rends= burg ein. Schwerin gab die Stärke seines auf den Kriegsschauplatz zu entsendenden Kontingents auf 2500 Mann an, und zwar sollte dasselbe vollständig vom 18. bis zum 24. Juni in Rendsburg anlangen, wäh= rend der Rest des schwerin'schen Militärs, 1080 Mann stark, zum Küstenschutz für nothwendig angesehen wurde.

Nichtsdestoweniger vollzog Wrangel am 25. Mai den Rückmarsch aus Jütland nach Schleswig. In einem Bericht vom 30. Mai an die Bundesversammlung motivirte er denselben mit seinem Mangel an ge= nügenden Streitkräften. In dem Kampfe der deutschen Nation mit dem kleinen Dänemark, der ohnehin wegen der Ungleichheit der Staats= kräfte Deutschland keine große Ehre einbringen konnte, mußte sich also das deutsche Heer angeblich aus Mangel an Soldaten vor den Dänen zurückziehen! So wurde die nationale Bewegung mit Schande und Schmach bedeckt, ehe ihr die staatliche Reaktion völlig das Lebenslicht ausblies! Mochten jetzt die an hochtönende Phrasen gewöhnten Pa= trioten toben und schelten, so ließ doch Preußen das deutsche Heer nicht wieder nach Jütland vorrücken.

Indeß sah der Bundestag recht wohl ein, welche Gefahr gerade ihm aus dem von Preußen vollführten Rückzuge erwachsen konnte. Um sich die Hände in Unschuld zu waschen, mußte er also jetzt einen neuen Akt der patriotischen Komödie, die er bisher mit so viel Glück gespielt hatte, in Szene setzen. Aus diesem Grunde gab das Präsidium der Bundes= versammlung in der 61. Sitzung unterm 5. Juni 1848 nachstehende Erklärung zum Besten:

„Der deutsche Bund kann die Verantwortlichkeit für diesen Rückzug nicht auf sich nehmen und muß sich daher aufgefordert fühlen, sofort dahin zu wirken, daß die Folgen des Rückzugs aufgehoben werden. Die erste Bedingung ist, eine angemessene Verstärkung des Heeres i n H o l= s t e i n (!) zu bewirken. Diese wird erreicht sein, wenn das volle 10. Armee= Korps schlagfertig in Holstein sich befindet."

Demnach schlug das Präsidium vor, eine Kommission abzuordnen, die mit den Regierungen des genannten Armee-Korps persönlich verhandeln sollte. Bei der Abstimmung über diesen Vorschlag sprach sich der hannöverische Gesandte dagegen aus, während die betreffenden Gesandten für Braunschweig, Oldenburg, Lübeck, Bremen und Hamburg sich zwar der Abstimmung enthielten, aber der Fassung des Beschlusses in keiner Weise entgegentreten zu wollen erklärten. Sonach wurde beschlossen, den königlich baierischen Bundestagsgesandten Freiherrn von Closen und den Präsidirenden der Militärkommission, General-Major Grafen Nobili, abzuordnen und durch dieselben die Regierungen des zehnten Armee-Korps dringend aufmerksam zu machen, daß sie den Anforderungen des Generals v. Wrangel zur Nachsendung des Restes ihrer Kontingente unverzüglich entsprechen müßten. Zugleich sollte sich die Kommission Auskunft über den vorbereiteten oder schon erfolgten Abmarsch der Truppentheile und über die Bedürfnisse der Küstenbewachung in den betreffenden Staaten ertheilen lassen. Auch sollte dem General v. Wrangel Kenntniß von den an ihn gelangenden Verstärkungen gegeben werden.

Dieser neue Akt in der patriotischen Komödie glückte gleich den vorhergehenden. Obschon es auf der Hand lag, daß der Bundestag der preußischen Regierung, an der die Hauptschuld lag, die Führung hätte aus der Hand nehmen, und dagegen der dänischen Regierung, mit der inzwischen vermittelt worden war, endlich im Namen des Bundes den Krieg erklären müssen, führte er durch das Absenden der beiden Kommissäre dennoch wieder die deutschen Patrioten irre, lenkte von sich die Wuth auf die kleinen Regierungen ab und beschwichtigte durch das kleinstaatliche Waffengeklirr den Schmerzensschrei der Teutschthümler. Die Reise der beiden Kommissäre kostete 2982 Gulden; im Uebrigen war sie von keinem Werthe.

Zwischen dem deutschen Bunde und Dänemark bestand kein Krieg. Ein Kriegsfall wäre bloß dann eingetreten, wenn Schleswig Teutschland einverleibt worden wäre. Diese Einverleibung wurde jedoch unter allerlei Kapriolen von der Hand gewiesen. Um indeß einen Scheinkrieg führen zu können, war Preußen die Vermittlung, und zwar die bewaffnete Vermittlung, — zwischen Schleswig-Holstein und Dänemark übertragen worden. Da aber der Scheinkrieg, den Preußen nebst dem 10. Bundes-Armee-Korps führte, wiederum, wenn er in einen Waffenstillstand und endlichen Frieden ausmünden sollte, einen Vermittler nöthig hatte, so wurde der Hauptfeind der schleswig-holsteinischen Angelegenheit, das englische Kabinet, dazu erkoren, die Vermittlerrolle zwischen dem schon vermittelnden Preußen und dem Bunde einerseits, und den Herzogthümern und dem vermittelnden Dänemark andererseits zu übernehmen.

Schon am 18. April 1848 hatte der englische Gesandte Westmore= land in Berlin bei Arnim, dem preußischen Minister des Auswärtigen, eine Note eingereicht, worin die englische Regierung unter Berufung auf den Vertrag vom 3. Juni 1720 das preußische Kabinet ersuchte, die Ordre zum Einmarsch in Schleswig zurückzunehmen oder, wofern der Einmarsch schon erfolgt sei, Kontre=Ordre zu geben. Graf Arnim er= theilte unterm 19. April die Antwort, daß Preußen, weil es an den Bundesbeschluß vom 12. April, welcher die Räumung Schleswigs von den Dänen verfügte, gebunden sei, nicht auf eigene Faust handeln könne. Graf Arnim bediente sich dabei der Worte: „Erst nach Vollendung dieser Aufgabe wird jene Aufgabe der königlichen Regierung anfangen, die in der Vermittlung Namens des Bundes zwischen dem Kö= nig von Dänemark und seinen deutschen Unterthanen be= steht (Ce n'est qu' après l'accomplissement de cette tâche que com- mencera celle du Gouvernement du Roi, qui est la médiation, au nom de la Confédération, entre le roi de Danemarc et ses sujets Allemands)". — Arnim setzte hinzu: „In Ihrer Note vom 18. c. und in den begleitenden Stücken ist ferner die Rede von der durch Großbritannien bezüglich eines Theiles von Schleswig geleisteten Garantie. Die königliche Regierung kennt diese Garantie und erkennt sie vollständig an, aber sie hegt die Ansicht, daß der jetzige Streit dieselbe in keiner Weise berührt. Die Garantie Großbritanniens behält ihre ganze Kraft und wird eben so unverletzt bleiben, wie die Souveränetät des Königs von Dänemark über sein Herzogthum Schleswig=Holstein. Der deutsche Bund denkt nicht daran, diese Souveränetät eines seiner Mitglieder zu bestreiten, er hat die provisorische Rendsburger Regierung bloß insoweit anerkannt, als sie ihre Autorität im Namen des König=Herzogs aus= übt, — wenn aber die Regierung des (preußischen) Königs schnell zwischen Dänemark und den Herzogthümern eingeschritten ist, und wenn der deutsche Bund unverzüglich diese föderale Handlung Preußens gutgeheißen und bestärkt hat, so ging die offenbare Absicht dieser Maßregeln nicht allein dahin, die Rechte Deutschlands gegen den dänischen Angriff zu schirmen, sondern auch und zwar ebenso sehr dahin, darüber zu wachen, daß die legitimen Rechte des König=Herzogs nicht geschädigt werden sollten durch den Ausbruch eines blutigen Konfliktes und durch einen

Bürgerkrieg, bei welchem der erlaubte Widerstand und die Vertheidigung eines Rechtes leicht in Rebellion und in die Anmaßung gleich geheiligter Rechte hätte ausarten können (mais aussi, et tout autant de veiller à ce que les droits légitimes du Roi-Duc ne fussent compromis par l'éclat d'un conflit sanglant et par une guerre civile pendant laquelle la résistance légale et la défense d'un droit pouvaient facilement dégénérer en rébellion et en usurpation de droits également sacrés).

Dieses für Dänemark traurige und zugleich für die Ruhe der an die Halbinsel gränzenden Staaten bedrohliche Resultat ist verhindert worden durch das rasche Handeln Preußens und durch die Anwesenheit der Bundestruppen in Holstein."

Dem Bundestage wurde laut Separat=Protokoll vom 22. April 1848 diese preußische Note vorgelegt, und er ertheilte ihr nicht nur seine volle Zustimmung, sondern beschloß auch: daß erstens an den Beschlüssen vom 4. und 12. April festzuhalten sei; daß zweitens, unter dieser Voraus= setzung und insofern eine Abkürzung der Feindseligkeiten und eine Ver= meidung weiteren Blutvergießens davon zu hoffen stände, die bona officia Englands zur Ausgleichung der Differenz zwischen Dänemark und dem deutschen Bunde anzunehmen seien; endlich drittens, daß Preußen ermächtigt sei, Namens des Bundes hiernach zu verfahren, und daß dasselbe weitere Mittheilung darüber hierher machen möge.

Ferner suchte der Bundestag das englische Kabinet durch den außer= ordentlichen Gesandten zu beruhigen, welcher um diese Zeit nach Eng= land abging. Denn die Mission des Hamburger Syndikus Banks be= stand nicht sowohl darin, für die deutsche Flotte Schiffe einzukaufen, wie die veröffentlichten Protokolle den deutschen Patrioten vorspiegelten, als vielmehr darin, die englische Regierung über die eigentlichen Absichten der deutschen Reaktion aufzuklären. Das eben erwähnte Separat-Pro= tokoll gibt hierüber unumstößlichen Nachweis (Seite 452 d—e). In der Instruktion, die dem Hamburger Bundestagsgesandten schriftlich mit= gegeben wurde, heißt es nämlich wörtlich:

„Der Herr Gesandte hat namentlich darauf hinzuweisen, daß die Auffassung, als werde vom deutschen Bunde beabsichtigt, dem König von Dänemark das Herzogthum Schleswig zu entziehen, unbegründet sei. Sollte das königlich großbritannische Kabinet seinerseits seine bona officia zur Erledigung dieser Differenz anbieten, so hat der Herr Gesandte zu bemerken, daß die Krone Preußen mit Verhandlung in dieser Differenz, vorbehaltlich der Genehmigung des Bundes, beauftragt sei."

Nachdem das englische Kabinet auf diese Weise von dem Feldzugs= plane der deutschen Reaktion unterrichtet worden war, brauchte selbiges wegen einer Lostrennung Schleswig=Holsteins von Dänemark nicht mehr besorgt zu sein. Als daher das englische Ministerium wegen dieser An= gelegenheit in der Unterhaussitzung vom 4. Mai durch Urquhart inter= pellirt wurde, antwortete Lord Palmerston in aller Gemüthsruhe:

„Es ist kein Fall eingetreten, der unsere Dazwischenkunft behufs Er= füllung unsers mit Dänemark bestehenden Vertrages erheische. Was die von uns angebotene Vermittlung anbelangt, so kann ich dem Hause mit vielem Vergnügen mittheilen, daß unser Antrag angenommen ist. Der deutsche Bund mit der preußischen Regierung als seinem Organe auf der einen Seite, und Dänemark auf der andern, haben eingewilligt, unsere guten Dienste anzunehmen, und dermalen sind gegenseitige Mit= theilungen im Gange, um die Vermittlung wirksam zu machen."

Bald auch regte sich das kleine Schweden. Unruhig geworden durch das Vorrücken der preußischen Truppen nach Jütland, gab die schwedische Regierung durch ihren Gesandten in Berlin. Baron d'Ohson, am 9. Mai eine Erklärung ab, worin sie einestheils ihre Truppen auf Fühnen zu landen und mit dem dänischen Heere zu vereinigen drohte, anderntheils aber ebenfalls ihre Vermittlung anbot. Schweden rechnete sich unter die Mächte, welche ein Anrecht auf eine Vermittlung zur Wiederher= stellung des Friedens hätten (des puissances, qui, par leur position ou leurs rapports politiques, ont le droit et le désir de s'interposer pour le rétablissement de la paix et de la bonne harmonie).

Indem der preußische Bundestagsgesandte dem Bunde von der schwedischen Erklärung Kenntniß gab, bemerkte er:

„Es ist dem schwedischen Gesandten hierauf erwiedert worden, daß bereits vor Eingang dieser Erklärung der Oberbefehlshaber der deutschen Bundestruppen unter gewissen Bedingungen, namentlich der sofortigen Rückgabe der mit Embargo belegten deutschen Schiffe, Jüt= land wieder zu räumen sich bereit erklärt hatte. Es ist ferner dem schwe= dischen Gouvernement zu erwägen gegeben worden, ob in dem Augen= blicke, wo die Einstellung der Feindseligkeiten und der Eintritt der Unter= handlungen als nahe bevorstehend anzusehen sei, es nicht bedenklich wäre, wenn Schweden Schritte thäte, die nur dazu dienen könnten, Dänemark zu den nöthigen Zugeständnissen weniger geneigt zu machen, und so eine Verlängerung der Feindseligkeiten herbeizuführen, die immer größere Verwiklungen und zuletzt einen allgemeinen Krieg zur Folge haben

könnten, dessen Verantwortlichkeit dann Schweden zu tragen hätte."
(Separat-Protokoll der Bundesversammlung vom 12. Mai 1848).

Frankreich und Rußland mischten sich ebenfalls zu Gunsten Däne=
marks ein. Ersteres berief sich, gleich England, auf die 1720 bezüglich
eines Theiles von Schleswig geleistete Garantie, so wie es auch drohte,
die Einverleibung des preußischen Polens in den deutschen Bund zu
einem casus belli zu machen. Beide Mächte wurden in ähnlicher Weise
begütigt, wie England und Schweden.

Demnach steht fest und ist durch die mitgetheilten offiziellen Akten=
Stücke klar bewiesen, daß in der schleswig-holsteinischen Sache die deut=
schen Patrioten auf das Aergste getäuscht wurden. Denn allgemein
glaubten sie, daß der deutsche Bund ernstlich mit Dänemark Krieg führe,
und daß Schleswig, um seine unzertrennliche Verbindung · mit Holstein
zu besiegeln, dem deutschen Reiche durch diesen Krieg einverleibt werden
solle. Der unvermeidliche Konflikt zwischen nationaler Revolution und
Reaktion, von welchem, wie oben mitgetheilt wurde, der hannöverische
Bundestagsgesandte Wangenheim in einem seiner Berichte an Stüve
sprach, brach endlich, nachdem er sorgfältig vorbereitet worden war, in
der prinziplosen schleswig-holsteinischen Sache aus und bewirkte die voll=
ständige Niederlage der nationalen Partei. Hatte der Bundestag das
Seinige gethan, um diese Niederlage herbeizuführen, so wurde die Krisis
doch hinausgeschoben, bis er von der Schaubühne abgetreten und bis er
der von ihm herbeigewünschten provisorischen Zentral-Gewalt seine Befug=
nisse übertragen hatte. Wir sehen uns deßhalb genöthigt, unsere Auf=
merksamkeit jetzt dieser Zentral-Gewalt zuzuwenden.

Wie bei der politischen Unreife der großen Volksmassen und bei der
Ungleichartigkeit der Wahlen nicht wohl anders zu erwarten stand, war
das Resultat der Parlamentswahlen für die nationale Bewegung keines=
wegs günstig ausgefallen. Der Adel und die Stockgelehrten bildeten die
den Ausschlag gebende Mehrheit. Besonders schlimm für die nationale
Sache war es, daß eine Menge Universitäts-Professoren gewählt worden
waren. Denn theils zeichneten sich dieselben nicht durch ein klares Ver=
ständniß der politischen und sozialen Tagesfragen aus, theils besaßen
sie so wenig Mannesstolz und Unabhängigkeitssinn, daß schon der Kö=
nig von Hannover 1837 bei der Maßregelung der sieben Göttinger
Professoren sie mit jenen unglücklichen Dirnen verglichen hatte, von de=
nen man für Geld so viele, als man ihrer haben wolle, bekommen könne.
In die Metternich'schen Universitätsgesetze, welche die Freistätten der
Wissenschaft ausschließlich in Erziehungs-Anstalten für Diener des abso=

lutistischen Staates verwandelten, hatten sie sich ohne Sträuben gefügt und waren sogar den Wünschen der volksfeindlichen Staatsmänner meistens bereitwillig entgegengekommen. Zudem trugen die Universitäten in ihrer ganzen Einrichtung so viele Merkmale der Zeit der Innungen und des Zunftwesens, der sie entstammten, an sich, daß 1848 Arnold Ruge und Andere mit Recht auf den Gedanken geriethen, die Reform der Universitäten durch Gründung einer obersten freien deutschen Hoch= schule anzubahnen. Die meisten Professoren standen durch ihre Denk= und Sprachweise dem Volke fern, ermangelten der Klarheit und Charakter= festigkeit und wurden vom Buchstabenglauben beherrscht. Selbst die= jenigen, die redliche Absichten hegten, waren überspannt oder vom Ge= lehrtendünkel eingenommen. Dazu kam die Verführung, welche den Re= gierungen im Lepel'schen Promemoria angerathen worden war. Viele Deputirte, die Anfangs mit den Republikanern kokettirt hatten, rückten immer weiter von Links nach Rechts, manche machten sogar die Schwen= kung auffällig über Nacht. Wie viel Geldmittel bei diesen Bekehrungen mitgewirkt haben, läßt sich nicht nachweisen. Doch verminderte sich das Bundesvermögen*) binnen wenigen Monaten nach Ausbruche der März= stürme in ganz auffälliger Weise, ohne daß sich die Verwendung des Geldes auf die bekannten Bundesbedürfnisse für die Festungen, die Flotte u. s. w. beschränkt hätte. Vielmehr wurden große Summen zu unbe= kannten und ungenannten Zwecken oder mit ungenauer Bezeichnung ver= wandt. So sagt die Kommission für die Revision der Bundeskassen vom 2. Dezember 1851 ausdrücklich:

„Davon ganz verschieden ist aber die Prüfung der entsprechenden Verwendung der ausgezahlten Summen, und hier wird wohl bei manchen derselben kaum etwas Anderes übrig bleiben, als von einer nähern Nach= weisung abzusehen, da es an den nöthigen Anhaltspunkten fehlen würde. In dieser Rechnungsperiode gilt dieß insbesondere von den für die Na= tional=Versammlung aufgewendeten Kosten im Betrage von 92,000 Gulden."

Gegen die National=Versammlung benahm sich der Bundestag sehr liebenswürdig. Schon unterm 14. April 1848 bewilligte er aus der Bundes=Matrikular=Kasse die Summe von 4500 Gulden, um durch den Frankfurter Baumeister Henrich die akustischen Mängel der Paulskirche, in welcher das Parlament tagen sollte, zu beseitigen, indem er einen

---

*) S. in den Bundesprotokollen §. 243, dreißigste Sitzung vom 2. De= zember 1851: „Die Revision der Rechnungen der Bundes=Kanzlei= und Matrikular= Kasse vom 1. Januar bis 31. August 1848 betreffend."

tieferen Schalldeckel herstellen ließ. Ferner wurde für die ankommenden Deputirten eine aus acht Personen bestehende Anmeldungs-Kommission niedergesetzt, zu welcher der Fünfziger-Ausschuß die Herren Wippermann und Stedtmann, der Frankfurter Senat den Schöff Harnier und den Senator Kloß, die Siebenzehner den Appellations-Gerichts-Rath Cnenmus und Dr. Langen, der Bundestag aber den großherzoglich-hessischen Freiherrn von Lepel und den baierischen Freiherrn von Closen stellte. Dieser Anmeldungs-Kommission wurden aus der Matrikular-Kasse für laufende, nicht verschiebbare Ausgaben 2000 Gulden angewiesen.

Bei ihrem Zusammentritt wurde die National-Versammlung vom Bundestage durch folgendes Schreiben begrüßt:

„Die Macht außerordentlicher Begebenheiten, das Verlangen, welches sich laut in unserm ganzen Vaterlande ausgesprochen hat, und der aus Beiden hervorgegangene Aufruf der Regierungen, haben in dieser großen Stunde eine Versammlung hierher geführt, wie unsere Geschichte sie noch niemals sah. In seinen Grundvesten hat das alte politische Leben gebebt, und von dem Jubel und Vertrauen des ganzen deutschen Volks begrüßt, erhebt sich eine neue Größe: das deutsche Parlament. Die deutschen Regierungen und ihr gemeinschaftliches Organ, die Bundesversammlung, mit dem deutschen Volke in der gleichen Liebe für unser großes Vaterland vereint, und aufrichtig huldigend dem neuen Geiste der Zeit, reichen den National-Vertretern die Hand zum Willkommen, und wünschen ihnen Heil und Segen."

Vor allen Dingen mußte es den Regierungen daran gelegen sein, den Vorsitz des Parlaments in die Hand eines Mannes zu bringen, der ihnen vollständig ergeben war. Dieß gelang denn auch. Heinrich von Gagern, der neue darmstädtische Minister, von imponirender Gestalt und großer diplomatischer Gewandtheit, wurde zum Präsidenten erwählt und mit einem monatlichen Gehalte von 2000 Gulden bedacht. Dieser Mann genoß das volle Vertrauen der Regierungen, namentlich jenes der beiden Großmächte; er war, wie er sich selbst nannte, der Freund Schmerlings und hatte sich gleich im März mit dem preußischen Könige über den von der Reaktion einzuschlagenden Weg verständigt. Durch ein Schreiben an den Vorsitzenden des Fünfziger-Ausschusses und durch kluge Desavonirung des Freiherrn von Lepel hatte er sich von dem Verdachte der Mitschuld, den das Lepel'sche Promemoria auf ihn warf, zu reinigen gewußt. Bei der Eröffnung der National-Versammlung verkündete er, um sich auch beim Volke in Gunst zu setzen, die Souveränetät der deutschen Nation: ein Kunstgriff, der in Anbetracht des schlechten Ausfalls der Parlamentswahlen, der Demokratie weniger schmeichelhaft als gefährlich scheinen mußte.

Gagern war es, der bei der Einsetzung der Zentral-Gewalt, die an die Stelle des Bundestags treten sollte, die Entscheidung gab. Denn als offenbar das sieben- und dreiköpfige Direktorium nicht durchzubringen vermochte, und sowohl die Preußenthümler, die nicht einmal den sehr verhaßt gewordenen Prinzen von Preußen zum Reichsstatthalter vor- schlagen konnten, als auch die in entschiedener Minderzahl befindlichen Demokraten keine ihnen zusagende Zentral-Gewalt durchzusetzen im Stande waren: da blieb nichts Anderes übrig, als einstweilen eine provisorische Zentral-Gewalt unter dem Titel: „Reichsverweserschaft" zu begründen. Gagern erklärte daher unter allseitiger Zustimmung:

„Ich würde bedauern, wenn man die Regierungen grundsätzlich von der Mitwirkung ausschlösse. Aber vom Standpunkte der Zweck- mäßigkeit aus urtheile ich anders als der Antrag des Ausschusses. Meine Herren, ich thue einen kühnen Griff und sage: Wir müssen die Zentral-Gewalt selbst schaffen."

Mit überwiegender Mehrheit wurde nun der Erzherzog Johann von Oesterreich zum Reichsverweser eingesetzt.

Auf diese Weise bereitete das Parlament der hoffnungsvollen Ein- heitsbewegung den Untergang; denn es folgte blindlings Herrn von Gagern, der von den Professoren so wenig durchschaut wurde, daß sie ihn vielmehr für einen Idealisten zu halten geneigt waren.

Nachdem man einmal die Einsetzung eines Reichsverwesers be- schlossen hatte, war es nicht mehr zweifelhaft gewesen, wer gewählt wer- den würde. Gleichwie in einem großen Drama in der Regel nur Per- sonen aus hohem Range dem Stücke den ästhetischen Anstand verleihen, so auch konnte in dem Schauspiel, welches sich auf der politischen Bühne Deutschlands vollzog, nur eine Person aus fürstlichem Blute — ein Prinz — der Auserlesene sein. Doch mußte dieser Prinz etwas Bürger- freundlichkeit aufzuweisen haben, so daß ein Poet ihn im „Morgenblatte" folgendermaßen besingen konnte:

„Ja das Schicksal übt Vergeltung! Den einst von des Thrones Stufen, Einst aus seines Lagers Mitte Neid und Mißgunst abberufen, Den die alte Zeit verbannte: diesen hat die neue Zeit, Hat des freien Volks Vertrauen heut' zum Führer eingeweiht."

Zwar hatte die Linke den „Vater" Itzstein zum Reichsverweser aus- ersehen, allein ohne alle Hoffnung auf Erfolg. Denn obschon Adam von Itzstein aus Mannheim vor gewöhnlichen Menschenkindern gleichfalls

das voraus hatte, daß er seinem Namen ein „Von" vorsetzte, so ver=
mochte er doch so wenig mit einem Manne aus dem Fürstenstande zu
konkurriren, daß solche Abgeordnete, welche für Itstein stimmten, sogar
öffentlich von manchen Wählern, wie z. B. dem Professor Haggenmüller
aus Kempten geschah, zurecht gewiesen wurden. Nur der Erzherzog Jo=
hann von Oesterreich war der Mann der Situation. Da er sich mit
der Tochter eines bürgerlichen Postmeisters vermählt hatte, so fand man
darin eine Gewähr seiner liberalen Gesinnung; wozu noch kam, daß sein
1842 bei der Grundsteinlegung des Kölner Domes ausgebrachter Spruch:
„Kein Oesterreich, kein Preußen — ein einiges Deutschland!"
ihn sehr populär gemacht hatte. Indeß wußten die Eingeweihten, die
seine Wahl in Szene gesetzt hatten, recht gut, daß Erzherzog Johann
die Einigkeit Deutschlands im reaktionären Sinne, nicht aber unter diesem
Ausdrucke die demokratische Einheit verstand. Deßhalb war seine Wahl
den deutschen Fürsten genehm und deßhalb akzeptirten sie dieselbe als
ein Unterpfand der monarchischen Eintracht. In seinem Briefwechsel
mit Johannes von Müller (herausgegeben von Maurer=Konstant, Schaff=
hausen 1840) hatte er sich sehr deutlich über diese Einigkeit ausgesprochen,
wenn er geschrieben hatte:

„Eine feste Vereinigung zwischen Preußen und Oesterreich, Rußland
als Garant der Aufrichtigkeit dieser Vereinigung, ist Jenes, was ich für das
Zweckmäßigste ansehe. Sollte noch der alte Neid bestehen, dann wehe
uns Allen: dann ist eine Krisis nahe, an der Oesterreichs Koloß sich
verbluten, und sein Sturz Preußens Grundvesten so erschüttern wird,
daß dieser Staat bald folgen muß."

Es ist bei der Wahl des österreichischen Erzherzoges nicht außer
Acht zu lassen, daß Oesterreich, welches aus seiner Dynastie den Reichs=
verweser lieferte, in der Bundesversammlung den Vorsitz führte. Wenn
auch einige Regierungen hinsichtlich der Wahl Johann's wegen der Kon=
sequenzen, die sich daraus herleiten ließen, ihre Verwahrung einlegten,
so hatte doch das Parlament nur als ihre Puppe gehandelt und eine
Einrichtung geschaffen, die unter den obwaltenden Umständen für den
Schutz der meisten Staaten unvermeidlich geworden war. Die Monarchie
brauchte eine Art Diktatur gegen die Demokratie.

Das Reichsverwesergesetz gab dem zu erwählenden Vikar die oberste
Polizeigewalt Deutschlands, schloß ihn aber von der Mitwirkung an der
Verfassung aus und übertrug ihm nicht einmal die Vollziehung der von
der Versammlung gefaßten Beschlüsse oder zu Stande gebrachten Ge=
setze. Dagegen erklärte es ihn, während es ihn mit einem verantwort=

lichen Ministerium umgab, für unverletzlich, das heißt, es übertrug die Souveränetät, die es dem Parlamente und dem Volke entzog, auf den Reichsverweser. Derselbe war bestimmt, gegen die fortdauernden Revolutions-Versuche in den kleinen Staaten die Ruhe und Ordnung aufrecht zu erhalten und sofort, nachdem vom Parlamente die Verfassungs-arbeit beendet war, von seinem Posten abzutreten. „Die Errichtung des Verfassungswerks," hieß es im §. 3 des betreffenden Gesetzes, „bleibt von der Wirksamkeit der Zentral-Gewalt ausgenommen." Somit beraubte sich die National-Versammlung selbst des Armes, den sie zur Einführung ihrer Verfassung nöthig haben konnte. Der Reichsverweser sollte zwar über die gesammte bewaffnete Macht Deutschlands verfügen und die Oberbefehlshaber derselben ernennen; allein da man kein Parlaments-Heer schuf, mußte er in dieser Hinsicht auf den guten Willen der Einzelstaaten angewiesen bleiben. Ueber Krieg und Frieden sollte die Zentral-Gewalt im Einverständniß mit der National-Versammlung beschließen, eine Halbheit, die sich beim Malmöer Waffenstillstande rächte. Die Reichs-Minister hatten das Recht und die Pflicht, in der National-Versammlung sich hören zu lassen und Auskunft zu geben; — gleichwie der Reichsverweser kein Abgeordneter der National-Versammlung sein durfte, brauchten die Minister keine Parlaments-Mitglieder zu sein. Mit andern Worten sollte der Reichsverweser über dem Parlament erhaben dastehen und in keiner Hinsicht an einen deutschen Präsidenten oder Vollziehungs-Ausschuß erinnern, während die Minister nicht im Sinne der Mehrheit zu handeln brauchten. Mit dem Eintritt der provisorischen Zentral-Gewalt sollte der Bundestag, den die Zentral-Gewalt ersetzte, abtreten. Dagegen schuf der vierzehnte Paragraph einen neuen Bundestag unter veränderter Form, indem er bestimmte, daß die Zentral-Gewalt in Bezug auf Vollziehungsmaßregeln sich, so weit thunlich, mit den Bevollmächtigten der Landesregierungen ins Einvernehmen zu setzen hätte. War also der Reichsverweser in Betreff der Gesetze und Beschlüsse der National-Versammlung eine souveräne Null, die keine Willensäußerung des Parlaments auszuführen brauchte, so war er doch laut der letztgenannten Bestimmung der vollziehende Arm der staatlichen Reaktion, der Präsident des neu aufgewärmten Bundestags: wobei zu bemerken ist, daß die von den Regierungen nach Frankfurt als Bevollmächtigte gesandten Vertreter ganz nach der Weise des alten Bundestags sich beriethen und einen Verschwörungsherd gegen die Demokratie bildeten.

Der Bundestag beschloß in seiner 67. Sitzung vom 29. Juni 1848, an den österreichischen Erzherzog nachstehendes Schreiben zu senden:

„Durchlauchtigster Erzherzog!

In würdigem feierlichen Akte wurden Euere Kaiserliche Hoheit so eben von der deutschen National=Versammlung zum Reichsverweser un= seres Vaterlands erwählt. Die Bundesversammlung theilt die Ver= ehrung mit der ganzen deutschen Nation für Eure Kaiserliche Hoheit, und die erhebenden patriotischen Gefühle, die sich an dieses große Ereig= niß knüpfen; sie theilt das feste Vertrauen, daß diese Wahl heilver= kündend und die beste Bürgschaft für die Einheit und Kraft, für die Ehre und Freiheit des Gesammtvaterlandes sein werde. Sie beeilt sich, Eurer Kaiserlichen Hoheit diese Ueberzeugung und diese Gesinnungen glück= wünschend auszudrücken. — Ganz besonders aber gereicht es den in der Bundesversammlung vereinigten Bevollmäch= tigten der deutschen Regierungen zur höchsten Genug= thuung, Eurer Kaiserlichen Hoheit die Versicherung aus= drücken zu dürfen, daß sie schon vor dem Schlusse der Be= rathungen über die Bildung einer provisorischen Zen= tral=Gewalt von ihren Regierungen ermächtigt waren, für die Wahl Eurer Kaiserlichen Hoheit zu so hohem Berufe sich zu erklären" u. s. w.

Den 11. Juli kam der Erzherzog in Frankfurt an. Nachdem er den folgenden Tag im Schoose der National=Versammlung erklärt hatte, daß er hiermit das Amt eines Reichsverwesers antrete und das Reichs= verwesergesetz halten und halten lassen werde zum Ruhm und zur Wohl= fahrt des Vaterlands, versprach er sich dem neuen Amte ungetheilt wid= men und deßhalb seinen Kaiser ersuchen zu wollen, ihn nach der bereits zugesagten Eröffnung des österreichischen Reichstages von der weiteren Stellvertretung in Wien zu entbinden. Am Nachmittage des nämlichen Tages jedoch begab sich Johann in den Bundespalast der Eschenheimer= gasse, wo er aus den Händen der Bundesversammlung, die sich in ihrer bisherigen Gestalt auflöste, die Vollmacht derselben empfing.

Die deutschen Regierungen wahrten die Rechts=Kontinuität. Sie übertrugen an den Reichsverweser in feierlicher Plenar=Sitzung, welche nach dem Bundesrechte zur Herstellung des neuen Organismus, wenn er für die Regierungen gültig sein sollte, nöthig war, die Ausübung der Befugnisse und Pflichten des Bundestags. Unvermerkt hatten die einzelnen Staaten ihre Gesandten abgeschickt, so daß sie zur Aufnahme eines feierlichen Plenar=Protokolls vollstimmig vertreten waren. Damit aber jeder Verdacht von der rechten Fährte abgelenkt würde, stellte der braunschweigische Gesandte, ohne daß begreiflicherweise darüber ein Beschluß gefaßt worden wäre, schon am 16. Mai den Antrag: „1. In Bundesangelegenheiten, welche sich überhaupt als nicht bloß diplomatische, administrative oder exekutive zur öffentlichen Verhandlung eignen, namentlich also auch die Verfassungsangelegenheit, werden im Plenum öffentlich berathen; 2. die Bestimmung der Wiener Schlußakte und der Bundesakte, nach welcher Unanimität zu allen Verfassungsveränderungen erforderlich ist, wird aufgehoben, und es entscheidet eine Majorität von zwei Dritteln; 3. die Bestimmung, daß Gegenstände, über welche im Plenum zu beschließen ist, zuvor im engern Rathe vorbereitet werden, wird aufgehoben; 4. jeder Staat beschickt das Plenum mit so viel Personen, als ihm Stimmen zustehen; 5. Das Plenum entwirft sich selbst eine möglichst einfache Geschäftsordnung."

Auf diese Weise wurde das Publikum, das nun glaubte, die Bundesversammlung wolle die Oeffentlichkeit ihrer Sitzungen inauguriren, über die Bildung eines Plenums irre geführt. Die eigentliche Bedeutung des letztern bestand indeß in der Nichtanerkennung der Parlaments-Souveränetät, vermittelst welcher der Reichsverweser eingesetzt wurde; in der Wahrung der Rechts-Kontinuität und im Verharren beim Bundesrecht; endlich in dem indirekten Gelöbniß einer jeden Regierung, auf dem Wege der Reaktion zu dem vormärzlichen verfassungsmäßigen Zustande Deutschlands zurückkehren zu wollen. Indem Erzherzog Johann durch ein Bundestags-Plenum eingesetzt wurde, wurde nicht nur ausgesprochen, daß die Einsetzung desselben durch das Parlament keine Gültigkeit habe, sondern auch, daß sich zu ihm die Fürsten nicht anders stellten, als zu dem seitherigen, von ihnen beschickten Bundestage. Sie wurden seine Vollmachtgeber, er ihr Untergeordneter und das Zentral-Organ ihres Gesammtwillens.

Als der Reichsverweser im Bundespalaste erschien, um die sämmtlichen Befugnisse und Verpflichtungen der Bundesversammlung für sein hohes Amt zu übernehmen, redete ihn Schmerling, der Vorsitzende des Bundestags, so an:

„Euere kaiserliche Hoheit treten an die Spitze der provisorischen Zentral-Gewalt, jener Gewalt, geschaffen nach dem Wunsche des deutschen Volkes, um für die allgemeine Sicherheit und Wohlfahrt des deutschen Bundesstaats zu sorgen, seine bewaffnete Macht zu leiten und seine völkerrechtliche Vertretung auszuüben. Nach der Verfassung Deutschlands war die Bundesversammlung berufen und verpflichtet, die Sicherheit und Unabhängigkeit unseres Vaterlandes zu wahren, den Bund in seiner Gesammtheit vorzustellen und das beständige Organ seines Willens und Handelns zu sein. Sie war berechtigt, für die Aufrechterhaltung fried= licher und freundschaftlicher Verhältnisse mit den auswärtigen Staaten Sorge zu tragen, Gesandte von fremden Mächten anzunehmen und im Namen des Bundes solche an dieselben abzuordnen, Unterhandlungen für den Bund zu führen und Verträge für denselben abzuschließen. Der Bun= desversammlung war es übertragen, die auf das Militärwesen des Bun= des Bezug habenden militärischen Einrichtungen und die zur Sicher= stellung seines Gebietes erforderlichen Vertheidigungsanstalten zu be= schließen und zu überwachen, über Krieg und Frieden zu entscheiden. — Die Bundesversammlung überträgt Namens der deut= schen Regierungen die Ausübung dieser ihrer verfassungs= mäßigen Befugnisse und Verpflichtungen an die provi= sorische Zentral=Gewalt, sie legt sie insbesondere mit dem Ver= trauen in die Hände Eurer kaiserlichen Hoheit als des deutschen Reichs= verwesers, daß für die Einheit, die Macht und die Freiheit Teutschlands Großes und Erfolgreiches erzielt werde, Ordnung und Gesetzlich= keit bei allen deutschen Stämmen wiederkehren, und das deutsche Volk der Segnungen des Friedens und der Eintracht dauernd sich erfreuen werde."

Also wu:den sorgfältig die einzelnen Befugnisse und Verpflichtun= gen, die auf den Reichsverweser übergingen, aufgezählt. Die Fortdauer des alten Bundesrechts schloß von selbst die versuchte Einführung eines neuen Rechtszustandes aus. Johann erwiderte auf die Ansprache Schmer= lings folgendermaßen:

„Ich übernehme nun die von der Bundesversammlung Namens der deutschen Regierungen an die provisorische Zentral=Gewalt übertragene Ausübung ihrer bisherigen verfassungsmäßigen Be= fugnisse und Verpflichtungen." (S. Plenar=Protokoll vom 12. Juli 1848.)

Ehe der Bundestag abdankte, sorgte er noch für die Heeresver= mehrung, um der provisorischen Zentral=Gewalt nicht nur eine gefüllte Kasse, sondern auch eine beträchtliche Truppenmacht zu überliefern. Die Rüstungen gegen die inner= und außerhalb Teutschlands befindliche Demokratie waren ohnehin unausgesetzt weiter betrieben worden. Eines= theils schrieb nämlich der königlich preußische Bevollmächtigte bei der Militär=Kommission, General=Major von Peucker, eine Schrift, betitelt: „Beiträge zur Beleuchtung einiger Grundlagen für die künftige Wehr=

verfassung Deutschlands", und anderntheils hielt am 5. Juli Oberst Mosle von Oldenburg, der Bundestagsgesandte für die 15. Stimme, einen längern Vortrag in der Bundesversammlung zu dem Zwecke, daß in den gegenwärtigen überaus dringlichen und gefährlichen Zeitumständen in allen Bundesstaaten, deren bewaffnete Macht nicht ohnehin schon ein gleiches Maß erreichte, solche personelle und materielle Vorbereitungen getroffen werden sollten, welche es ermöglichten, die bestehenden, auf ein Prozent der Bevölkerung berechneten militärischen Formationen innerhalb einer Frist von längstens sechs Wochen um einen gleichen Bestand zu vermehren, also auf das Doppelte zu bringen. Der Vortrag Mosle's wurde nicht nur dem Militär-Ausschusse überwiesen, sondern im Druck allen Regierungen, sowie den sämmtlichen Mitgliedern der National-Versammlung zugestellt. Der Wehr-Ausschuß der National-Versammlung nahm darauf die Sache in die Hand und bewirkte, daß das Parlament seinen bekannten Beschluß über Heeresvermehrung faßte, womit der Reaktion unendlich viel gedient war. In der Folge bewilligte die National-Versammlung (unterm 27. November 1848) dem Reichs-Ministerium auch einen Kredit von 1,750,000 Gulden, damit die gegen die Demokratie verwandten Reichstruppen, — weil die Länder, worin sie hausten, schon zu sehr erschöpft worden waren, — der nöthigen Verpflegung nicht entbehrten.

Das vom unverantwortlichen Reichsverweser eingesetzte, angeblich verantwortliche Ministerium bestand aus den Personen:

Fürst von Leiningen, Minister-Präsident, bald durch Schmerling ersetzt;

Freiherr von Schmerling, Minister des Innern;

Heckscher, Minister des Aeußeren;

R. von Mohl, Minister der Justiz;

v. Peucker, Kriegsminister;

v. Beckerath, Finanzminister;

v. Duckwitz, Minister des Handels;

Bassermann und J. v. Würth, Unterstaats-Sekretäre im Ministerium des Innern;

Max von Gagern, und M. L. von Biegeleben, Unterstaats-Sekretäre im Ministerium des Aeußern;

Widemann, Unterstaats-Sekretär im Justizministerium;

Matthy, Unterstaats-Sekretär im Finanzministerium;

J. Fallati und Mevissen, Unterstaats-Sekretäre im Ministerium für den Handel.

Ein besonderer Polizeiminister schien nicht nöthig, in Anbetracht, daß

der Minister des Innern die höhere Polizei im kleinstaatlichen Reiche aus=
übte. Die Handhabung dieser Polizeigewalt war die eigentliche Aufgabe
des Reichsverwesers. Sein Wirkungskreis erstreckte sich vornehmlich über
Baiern, Würtemberg, Baden, die beiden Hessen, Nassau, Hessen=Homburg,
die beiden Lippe, die beiden Hohenzollern, Sachsen und die thüringischen
Länder. Das im Neubau begriffene Reich beschränkte sich also im
Grunde auf die soeben aufgezählten Länder, zumal, da die übrigen
deutschen Staaten, wenn sie auch nicht immer den Wünschen der großen=
theils reaktionären National=Versammlung Trotz boten, außerhalb der
Tragweite der Zentral = Gewalt lagen. In diesem engen Gebiete der
reichsverwesten Macht=Sphäre besorgte hauptsächlich Herr von Schmer=
ling den Schutz der reaktionären Interessen. Ja selbst Baiern, obschon
es dem Erzherzoge seine Truppen zur Verfügung gegen die Nachklänge
der Märzbewegung stellte, mußte in Bezug auf seine alten Provinzen
als ein Staat angesehen werden, der von dem gelinden Hauche der Par=
lamentsluft fast gar nicht berührt wurde. Braunschweig, Oldenburg,
Hannover, die beiden Mecklenburg, Preußen und Oesterreich fühlten sich
vor den Eingriffen der Frankfurter Gesetzgeber schon ihrer geographischen
Lage wegen sicher, und die dortigen Herrscher brauchten nicht bange zu
sein, daß die zehn Millionen kleinstaatlichen Einwohner, auf welche das
Parlament Einfluß ausüben konnte, bei einem etwaigen Sturze des Reichs=
verwesers, ihnen Gewalt anzuthun vermöchten. Indeß zum Temporisiren
genöthigt, verwarfen auch die günstig situirten Regierungen das Parla=
ment nicht unbedingt, weil sie die Gelegenheit zum unvermeidlichen Kon=
flikte erst heranreifen lassen wollten.

Als die Stunde endlich gekommen war, gab Preußen bei der natio=
nalen Reaktion den Ausschlag. Während Oesterreich mit seinen außer=
deutschen Ländern vollauf zu thun hatte, die sich getrennt fühlenden Na=
tionalitäten im Kaiserstaate hinter einander brachte und das Frankfurter
Einigungswerk mehr durch souveräne Nichtbeachtung, als durch feind=
liches Eingreifen gefährdete: glaubte Preußens Regierung die Aufgabe
erfüllen zu müssen, thatsächlich die nationale Bewegung niederzuwerfen,
die Patrioten erst hinters Licht zu führen und dann sich offen als den
Hort der Reaktion zu bewähren. Darum hatte der preußische König, als
Gagern bei ihm während der Märzstürme deßhalb in Berlin angefragt
hatte, die Zusage gegeben, daß er „für die Tage der Gefahr" die
oberste Leitung Deutschlands übernehmen wolle; darum hatte er auch bei
seinem Umritte durch die Straßen Berlins verkündet, er stelle sich an die
Spitze Deutschlands, um die niedergetretene Ordnung wiederherzustellen,

und darum hatte er ein Heer unter Wrangel nach Schleswig-Holstein
geschickt. Wahrscheinlich hatte Gagern im Einverständnisse mit ihm oder
auf seine Eingebung auch jenen „kühnen Griff" gethan, durch welchen
der Erzherzog Johann von Oesterreich zum Reichsverweser erkoren wor=
den war. Denn die Empfindlichkeit des österreichischen Kaiserhauses
mußte vor allen Dingen geschont werden und die preußische Regierung
mußte eine Bürgschaft geben, daß sie das Niederwerfen der demokratischen
Revolution nicht dazu benutzen wollte, sich zum Nachtheile Oesterreichs
zu vergrößern. Von der völligen Eintracht der beiden deutschen Groß=
mächte hing das Gelingen der beabsichtigten Reaktion vorzüglich ab. Um
das Einverständniß aber vollkommen zu machen, sollte eine Zusammen=
kunft des preußischen Königs mit dem Reichsverweser anberaumt wer=
den, auf welcher sich die großstaatliche Reaktion über ihr Vorgehen gegen
die kleinstaatliche kurzathmige Unruhe gänzlich zu einigen vermöchte. Die
Gelegenheit zu einem solchen reaktionären Rendezvous sollte der Kölner
Dombau an die Hand geben. Zwar fiel, wie Berthold in seiner „Ge=
schichte der deutschen Städte" überzeugend nachgewiesen hat, die Grün=
dung des Doms nicht in das Jahr 1248, sondern erst nach dem Jahre
1270; aber nichtsdestoweniger wurde vom preußischen Könige der
14. August 1848 als sechshundertjähriges Dombau-Jubiläum angesetzt.
Er konnte dabei sicher sein, daß die Professoren der Paulskirche den
historischen Irrthum, wenn selbiger von ihm ausging, nicht aufdecken
würden. Zu diesem Jubiläum reiste der Erzherzog Johann in Beglei=
tung Heinrichs von Gagern, nebst dem Geschichts-Professor Biedermann,
dem Sekretär der deutschen Nationalversammlung, und 23 anderen Par=
lamentsmitgliedern. Obschon der König das Parlament bei sich zu Gast
geladen hatte, verletzte er dennoch die Gastfreundschaft, indem er demon=
strirend an Gagern in Köln die Worte richtete:

„Vergessen Sie nicht, daß es noch Fürsten in Deutschland gibt,
und daß ich zu ihnen gehöre."

Nachdem am 14. August große Revue des Militärs und der Bür=
gerwehr und ähnliche Festlichkeiten stattgefunden hatten, feierten am
Abende des folgenden Tages der König und der Reichsverweser bei einem
Eß= und Trinkgelage auf dem Gürzenich das herzliche Einverständniß
der Reaktion. Friedrich Wilhelm IV. brachte hier auf den Erzherzog den
Trinkspruch aus:

„Diesen Toast bringe ich einem deutschen Manne, der mein Freund
ist, dem Manne, dem Sie vertrauen und dem ich auch mein Zu=
trauen schenke; möge er uns die Einigkeit schenken!"

Johann erwiderte:

„Das dem Fürsten, der meine Gesundheit ausbrachte! Gott erhalte ihn noch lange, wie auch unsere Eintracht!"

In vino veritas. Die sämmtlichen Schattirungen der deutschen Reaktion konnten aus diesen beiden Trinksprüchen entnehmen, daß zwischen Preußen und Oesterreich die entente hergestellt war. Hauptsächlich war über die eine brennende Frage, den schleswig-holsteinischen Krieg, eine Verstän= digung erzielt worden, die schon im nächsten Monate aller Welt ersicht= lich werden sollte. Mit dieser Angelegenheit wollen wir uns nun wieder beschäftigen.

Am 2. Juni stellten Dahlmann und mit ihm 9 Vertreter Schles= wig-Holstein's den Antrag: die National-Versammlung möge erklären, daß die schleswig-holsteinische Sache in den Bereich ihrer Wirksamkeit gehöre, und daß beim Friedensschlusse das Recht der Herzogthümer und die Ehre Deutschlands gewahrt werden müsse. Drei Tage später beschloß die damals noch in Funktion befindliche Bundesversammlung, dem Ge= neral Wrangel die Mittheilung zu machen: es lägen ihr keine Gründe vor, die der Wiederbesetzung der geräumten Landestheile entgegenständen. Den 8. Juni verlangte Heckscher als Berichterstatter des schleswig= holsteinischen Ausschusses, indem er sich mit dem erwähnten Dahlmann'= schen Antrage einverstanden erklärte, daß man die Erwartung ausspräche, es werde für die nöthige Verstärkung des deutschen Heeres in Schleswig gesorgt werden.

Die dänische Regierung sollte, — so wurde den leichtgläubigen Pa= trioten vorgegaukelt, — bei den im April und Mai zu London gepflogenen Verhandlungen geltend gemacht haben, daß die Bevölkerung im Norden Schleswigs mit Dänemark vereinigt zu werden wünsche: worauf die preu= ßische Regierung in einer Note an ihren Gesandten v. Bunsen in Lon= don unterm 18. Mai zugestanden haben sollte, über diesen Punkt in den nördlichen Distrikten Schleswigs durch eine Volksabstimmung entscheiden zu lassen. Auch Lord Palmerston sollte sich den 19. Mai und der deutsche Bundestag den 30. Mai damit einverstanden erklärt haben.

Herr v. Schmerling, der doch als Vorsitzender der Bundesversamm= lung sehr genau wußte, wie unwahr er sprach, hielt bei der Verhand= lung der schleswig-holsteinischen Angelegenheit im Parlamente zum Ent= zücken der in solchen Dingen unbewanderten Professoren folgende Rede:

„Nur mit gerechter Entrüstung habe ich vernommen, in welch' be= dauernswerther, strafbarer Weise von der früheren Bundesversamm= lung eine Angelegenheit behandelt wurde, die die gerechten Wünsche von

Deutschland auf sich gezogen hat. Ich, meine Herren, sage mich los von einer ähnlichen Handlungsweise. Ich kann es laut betheuern, daß ich längst einen Platz verlassen hätte, auf den mich, wie ich hoffe, das Vertrauen meines Volkes und das Vertrauen meiner Regierung hinstellte, wenn ich je voraussetzen dürfte, daß eine ähnliche Zumuthung mir werde gemacht werden, wie die damals an die Bundesversammlung ergangene. Wir wollen hoffen, und ich bin es innigst überzeugt, daß die Zeit einer zweideutigen Diplomatie für immer verschwunden ist. Von nun an kenne ich nur eine Pflicht der Regierungen, die Pflicht, die wohlverstandenen Interessen der Völker mit aller Kraft zu vertheidigen." — — Schmerling war ein Meister in der Kunst, die Leute durch Wortgeklingel zu täuschen!

Der Geschichts-Professor Friedrich von Raumer, welcher der Reaktion gute Dienste leistete, theilte endlich im Parlamente mit, daß Palmerston in folgende, von Preußen aufgestellte Punkte eingewilligt habe:

1. Der König von Dänemark zieht die Einverleibung zurück und erkennt das Recht der Unzertrennlichkeit der Herzogthümer an.

2. Ueber die Trennung der Finanzen, des Heeres, der Flotte und Schulden wird eine gütliche Verständigung stattfinden.

3. Die beiden Herzogthümer werden in den deutschen Bund aufgenommen, wobei sich das nördliche Schleswig frei aussprechen darf.

Hieraus folgerte Herr von Raumer, daß Preußen für Deutschland das Möglichste gethan habe. Da es, setzte er hinzu, mit einem gleichzeitigen Angriff von Osten und Westen bedroht sei, wenn der Krieg nicht beigelegt werde, so dürfe man Preußen angesichts des zwischen Dänemark, Schweden und Rußland im Entstehen begriffenen Bündnisses keinen Selbstmord zumuthen. Raumer hatte die Aufgabe, das Parlament auf die schönen Bedingungen des Waffenstillstandes vorzubereiten.

Daß den einzelnen Regierungen der gute Wille fehle, den Krieg gegen Dänemark eifrig zu betreiben, war eine einleuchtende Thatsache, klar für Jedermann, der seiner fünf Sinne mächtig war. Nichtsdestoweniger entging sie dem Scharfblicke vieler Professoren der Paulskirche. Selbige gewahrten wohl die Lauheit, mit welcher der Krieg geführt wurde, aber sie meinten sie aus den äußern ungünstigen Verhältnissen erklären zu müssen. Darum blieben die Versuche einzelner Parlaments-Mitglieder, ihren Kollegen die Augen zu öffnen, ohne Wirkung. Es nützte also Nichts, wenn Stavenhagen am 17. Juni darauf verwies, wie der Bundestag schon in einer Sitzung vom 8. Mai den Grundsatz aufgestellt, daß die deutschen Regierungen zwar berechtigt, aber nicht ver-

pflichtet wären, die dänischen Güter und Schiffe mit Beschlag zu be=
legen, daß die hannöver'sche Regierung in Berlin mitgetheilt, sie wollte
die angeordnete Beschlagnahme dänischen Eigenthums aufheben, daß die
provisorische Regierung in Schleswig=Holstein eine solche Aufhebung
schon am 17. Mai verfügt und daß andere Regierungen ein Gleiches
gethan hätten; woher es denn käme, daß dänische Fahrzeuge ungestört
in deutschen Häfen verkehrten, während deutsche Schiffe und deutsches
Eigenthum von Dänemark feindselig behandelt würden. — Ebenso ver=
geblich stellte Herr v. Reden den Antrag, jede auf den Kriegszustand
bezügliche Unterhandlung zwischen einzelnen deutschen Staaten und Däne=
mark für eine Verletzung deutscher Ehre und für einen Verrath am
Vaterlande zu erklären. — Als Francke darauf aufmerksam machte, daß
ein dänischer Gesandter am österreichischen Hofe verweile, antwortete ihm
Sommaruga, der dänische Krieg gehe den König von Ungarn Nichts an.

Nachdem diese und ähnliche Diskussionen durch die Einsetzung der
provisorischen Zentral=Gewalt unterbrochen worden waren, verlautete
plötzlich das die deutschen Patrioten nicht wenig aufregende Gerücht,
daß von der englischen und schwedischen Regierung den 15. Juli ein
Waffenstillstand zuwege gebracht worden sei.

Der 15. Juli war gerade der Tag, an welchem das Parlament
auf des Herrn von Radowitz Antrag beschlossen hatte, die Zentral=
Gewalt zu einer Vermehrung des Heeres auf zwei Prozent der jetzigen
Bevölkerung zu ermächtigen.

Indeß sollte das deutsche Volk ganz allmählich auf den Waffen=
stillstand vorbereitet werden. Denn bald stellte es sich heraus, daß vor=
derhand nur eine Waffenruhe eingetreten sei, weil die dänische Regierung
sich geweigert habe, die deutsche Zentral=Gewalt anzuerkennen. Die
National=Versammlung wurde nun durch die am 21. Juli eingetretene
Wiedereröffnung der Feindseligkeiten beruhigt, und die Reichs=Minister
boten Alles auf, die Parlaments=Mitglieder in Sicherheit zu wiegen. So
verkündete Schmerling zu ihrer großen Genugthuung: wenn es nun
einmal nicht anders geschehen könnte, als daß der Krieg mit deutschen
Reichstruppen geführt werde, läge es ja wohl auf der Hand, daß die
einzelnen Staaten aus der Reichskasse entschädigt werden müßten. Oester=
reichs Nichttheilnahme am Kriege erklärte er theils aus der inneren Be=
drängniß des Kaiserstaats, theils aus dessen Weltstellung. Dagegen ver=
kündete der Kriegs=Minister Peucker zu der Professoren lebhafter Freude:
binnen Kurzem würden auch Bundestruppen aus Oesterreich, wie das
siebente, achte und neunte Bundes=Korps, auf den Kriegsschauplatz

rücken. Hierdurch in dem Glauben bestärkt, daß die provisorische Zentral-
Gewalt energisch den Krieg zu führen gedenke, versahen sich die Par-
laments-Professoren nicht im Geringsten der argen Enttäuschung, die
ihrer binnen wenigen Wochen wartete. Sie ließen sich daher auch nicht
am 11. August durch Nanwerck in Unruhe versetzen, als ihnen derselbe
vorhielt, daß der preußische Minister des Auswärtigen, Herr v. Arnim,
in der Berliner Vereinbarungs-Versammlung eingestanden, Hannover
habe mit Dänemark ein freundliches Abkommen getroffen, und als sie
der nämliche Abgeordnete an die dem österreichischen Gesandten, Freiherrn von Brinks, unterm 18. Mai zugestellte dänische Note erinnerte,
worin der österreichischen Regierung von Dänemark versichert worden
war, Dänemark werde, weil es auf die Wahrung der freundschaftlichen Beziehungen zu Oesterreich hohen Werth lege, die österreichische
Flagge stets als eine neutrale behandeln.

Auch von Seiten demokratischer Vereine wurde das Parlament vor
dem in der schleswig-holsteinischen Angelegenheit getriebenen falschen
Spiele gewarnt. So langte aus Baiern unterm 15. Juli eine Adresse
des „Vereines für Volksrechte" an, worin der deutschen National-Versammlung zugerufen wurde:

„Der sich allenthalben bestätigende Waffenstillstand, abgeschlossen im
Norden, gleicht einem Verrath an Euerer Souveränetät, an der neu geschaffenen Zentral-Gewalt, und erreicht durch den Inhalt seiner Bestimmungen ein solches Uebermaß von Schmach gegen die Ehre der
deutschen Nation, daß längeres Schweigen Treubruch am Vaterland
wäre."

Während jedoch der Abschluß des Waffenstillstandes längst in Aller
Munde war, ging nichtsdestoweniger die Reaktion, gleich als ob ihr die
Bemäntelung desselben vor der Oeffentlichkeit schwer fiele, sehr behutsam
zu Werke. Sie suchte nach einer schicklichen Form, durch welche einigermaßen die Zentral-Gewalt gedeckt werden könnte. Zu diesem Behufe
erschien der preußische General Below in Frankfurt am Main, um sich
eine Vollmacht zur Abschließung des Vertrags geben zu lassen, indem er
geltend machte, daß es der preußischen Regierung wegen der von Osten
drohenden Gefahr schlechterdings unmöglich sei, den Krieg fortzusetzen.*)
Das Reichs-Ministerium, welches recht gut wußte, daß dieses Manöver
einzig den Zweck hatte, den Verrath zu verbrämen und eine Art Zwick-

---

*) Mit Recht fragte Vogt: warum, wenn von Osten Gefahr drohe, die
preußischen Truppen im Westen aufgehäuft seien?

mühle herzustellen, ertheilte am 6. August die geforderte Vollmacht, an=
geblich unter der Bedingung, daß dem Abschluß des Waffenstillstandes
nicht der Malmöer, sondern der am 19. Juli auf dem Lustschlosse Bellevue
abgefaßte Entwurf zu Grunde gelegt werden sollte.

Zufolge dem Entwurfe von Bellevue sollten sämmtliche schleswig=
holsteinische Truppen in Holstein und 3000 Mann deutsche Truppen
in Schleswig stehen bleiben, dahingegen eine gleiche Anzahl dänische
Truppen auf Alsen gelegt werden. Eine neue Regierung sollte einge=
setzt werden aus Personen, die ihren „Bestand und ihre gedeihliche Wirk=
samkeit" verbürgten. Die sämmtlichen Truppen in den beiden Herzog=
thümern hatten unter preußischem Oberbefehl zu bleiben, und alle bis
zum Abschluß des Waffenstillstandes erschienenen Gesetze sollten volle
Gültigkeit behalten.

Dagegen bestimmte der Entwurf von Malmoe, daß, nachdem die
beiden kriegführenden Theile die Herzogthümer geräumt, der deutsche
Bund nur 2000 Mann in Schleswig=Holstein, Dänemark aber, welches
angeblich seine Kriegsvorräthe und Hospitäler überwachen mußte, eben
so viele Truppen auf Alsen unterhalten dürfe. Die einheimischen Truppen
der Herzogthümer wurden getrennt. Die einheimischen Truppen Schles=
wigs sollten in einzelnen Abtheilungen in Schleswig aufgestellt und von
der neuen Regierung zur Aufrechterhaltung der öffentlichen Ruhe verwandt
werden, wobei es dieser Regierung auch gestattet sein sollte, in beliebiger
Anzahl die Offiziere und Soldaten in ihre Heimath zu entlassen. Die
einheimischen Truppen Holstein's sollten in ihrer gegenwärtigen Zahl
nicht vermindert werden, wenn sich darüber nicht der Oberbefehlshaber
des deutschen Bundesheers mit der neuen Regierung, der sie zur Ver=
fügung standen, einigen werde. Die neue Regierung sollte aus fünf
Personen bestehen, wovon Dänemark zwei und Preußen im Namen des
deutschen Bundes zwei Personen erwählen und dann diese vier ge=
wählten das fünfte Regierungsmitglied ernennen sollten. Würden sich
aber die vier von Preußen und Dänemark erwählten Regierungsmitglieder
nicht über die Wahl des fünften einigen können, so sollte der Vorsitzende
der Regierung (oder das fünfte Mitglied) durch das englische Ministerium
ernannt werden. Alle seit dem 17. März für die Herzogthümer erlassenen
Gesetze und Verordnungen wurden außer Kraft gesetzt, mit Ausnahme
solcher, welche die neue Regierung für nöthig halten würde.

Der Entwurf von Bellevue schien gemacht worden zu sein, damit
das Reichs=Ministerium sich durch denselben vor dem Parlamente noth=

dürftig den Rücken decken konnte. Einen andern Zweck hat dieser Ent=
wurf wohl nicht gehabt.

Das Reichsministerium suchte sich aber auch noch dadurch sicher zu
stellen, daß Heckscher dem Parlamente die Mittheilung machte, der Unter=
staatssekretär Max von Gagern sei nach Berlin und nach den Herzog=
thümern gesandt worden, um den Abschluß des Waffenstillstandes zu
überwachen. Freilich bestand die Mission des Unterstaats-Sekretärs Max
v. Gagern weniger darin, die preußische Regierung beim Abschluß des
Waffenstillstandes zu überwachen, als das Parlament, das deutsche Volk
und namentlich die Schleswig=Holsteiner irre zu führen.

Denn in Schleswig=Holstein verlangte das Volk so heftig die Be=
rufung einer konstituirenden Versammlung, die das Schicksal der Herzog=
thümer feststellen sollte, daß die dortige provisorische Regierung nicht
umhin konnte, für den Zusammentritt derselben den 15. August zu be=
stimmen.

Dieß war Preußen und der Zentral=Gewalt äußerst unangenehm,
weil eine solche Versammlung den ganzen Anschlag der Reaktion durch=
kreuzte. Daher verlangten Beide, um in Muße ihren Plan ausführen
zu können, peremtorisch von der provisorischen Regierung die Verschiebung
des Zusammentritts der konstituirenden Versammlung, und Max von
Gagern, indem er den Schleswig=Holsteinern vorspiegelte, der Waffen=
stillstand werde ihren Rechten keinen Abbruch thun, brachte es auch zu
Stande, daß die schleswig=holsteinische Konstituante auf 4 Wochen ver=
tagt wurde. Hierdurch war die nöthige Zeit gewonnen, um das ver=
rätherische Spiel in aller Ruhe zu betreiben.

Der Waffenstillstand wurde nun am 26. August vom General Be=
low förmlich zu Malmoe abgeschlossen auf Grund des Malmöer Ent=
wurfs. Max von Gagern behauptete, daß er über den Vertragsinhalt
so lange im Unklaren gelassen worden sei, „bis Preußen seine Geneh=
migung ertheilt" gehabt habe. Der Reichs=Minister Heckscher seinerseits,
der den Vertrag erst am 4. September dem Parlamente vorlegte, gab
die Versicherung, daß ihm derselbe erst am 2. September durch den Ge=
sandten Camphausen zugestellt worden sei. Heckscher verlas zugleich mit
dem Vertrage ein Schreiben Camphausens, worin gesagt war, es sei
ganz unmöglich gewesen, sich völlig an den Wortlaut der von der
Zentral=Gewalt ausgestellten Vollmacht zu halten, und in ihrem Namen
hätte der Vertrag nicht abgeschlossen werden können, weil das Ausland
nur den deutschen Bund kenne. Der Vertrag war von preußischer Seite
also im Namen des deutschen Bundes auf sieben Monate abgeschlossen;

er erkannte folglich die deutsche Zentral-Gewalt nicht an, sondern fußte auf dem vormärzlichen Rechtszustande Deutschlands. Nach dem Friedens= abschluß aber zogen in aller Eile die Truppen von zehn deutschen Staaten aus den Elbherzogthümern ab, damit ein etwa die Sistirung des Ver= trages verfügender Parlaments=Beschluß unwirksam werde.*) Ueberhaupt hatten in der letzten Zeit die Dänen das deutsche Heer ungerochen necken und gar manchem braven Soldaten desselben keck das Leben rauben dürfen. Wrangel's Arm war gelähmt gewesen durch die Instruktionen seiner Regierung.

Noch vor Kurzem hatte der Reichskriegs=Minister v. Peucker bei der Fortsetzung des Kriegs gegen Dänemark in einer Proklamation die pomphaften Worte gebraucht: „nun solle man sehen, daß Deutschland sich nicht ungestraft durch einen Haufen übermüthiger Dänen verhöhnen lasse!" — Jetzt dagegen vertheidigte das Reichs=Ministerium vor dem Parlamente nicht nur den nämlichen Vertrag, welcher gegen die ertheilte Vollmacht verstieß und die Zentral-Gewalt nicht anerkannte, sondern Schmerling machte sogar eine Kabinets=Frage aus der unbedingten Ge= nehmigung des Waffenstillstandes.

Inzwischen war die schleswig=holsteinische konstituirende Versammlung zusammengetreten und erhob ohne Diskussion folgende, durch den Land= vogt Jansen von Sylt gestellte Anträge zu Beschlüssen:

1. Die konstituirende Versammlung kann wider ihren Willen weder aufgelöst noch vertagt werden; 2. jede Veränderung in der bestehenden Landesregierung bedarf der Zustimmung der Landesversammlung; 3. alle seit dem 24. März 1848 erlassenen Gesetze können nur mit Zustimmung der Landesversammlung verändert oder aufgehoben; 4. neue Gesetze und Steuern nur mit ihrer Bewilligung aufgelegt werden; 5. alle bestehenden Steuern und Abgaben, sowie andere Staatseinkünfte, werden bis zum 31. Dezember 1848 von der durch die Landesversammlung anerkannten Landesregierung forterhoben.

---

*) Das nassauische Militär traf erst am 26. September in Wiesbaden ein. Da es alsbald nach Baden, wo Struve um diese Zeit einen republikanischen Aufstand versuchte, abmarschiren sollte, erhoben einige Kompagnien Meuterei, in= dem sie Hecker hoch leben ließen und den Weitermarsch verweigerten. Sie wur= den hierauf ermahnt, sie möchten Vertrauen zu ihren Führern haben und nicht daran zweifeln, daß sie nur für eine gute Sache zu streiten haben würden.

Ein Antrag Olshausen's, dahin lautend:

„Die Versammlung möge die sofortige Abfassung und Einsendung einer Eingabe an den Reichsverweser, und einer andern an die National-Versammlung mit Darlegung der Gründe, welche die Annahme des Waffenstillstands unmöglich machen, und mit der Bitte um Nichtgenehmigung desselben beschließen,"

sowie der Antrag Jansen's:

„Die Versammlung möge sofort den frühern Beschluß zunächst der Reichsgewalt und der National-Versammlung anzeigen, vorbehaltlich gründlicherer Motivirung,"

wurden gleichfalls zum Beschluß erhoben.

Als am 5. September im Namen der beiden Parlaments-Ausschüsse, an welche die Waffenstillstands-Angelegenheit verwiesen worden war, der Professor Dahlmann Bericht erstattet hatte, entspann sich eine heftige Debatte, innerhalb deren die Führer der Rechten — besonders der jesuitische Herr von Radowitz — aus Gründen der Nothwendigkeit die Genehmigung des Vertrages anempfahlen. Nichtsdestoweniger ging Dahlmann's Antrag auf Verwerfung des Waffenstillstands mit 238 gegen 221 Stimmen durch. In Folge davon trat das Reichs-Ministerium zurück, und Dahlmann, damit betraut ein neues Ministerium zu bilden, fühlte sich ebenso wenig, wie v. Hermann aus Baiern, hierzu im Stande. Niemand vermochte ein neues Ministerium fertig zu bringen. Auf diese Weise stellte sich das Parlament, worin angeblich die höchste Intelligenz der Nation saß, das erbärmlichste Armuthszeugniß aus. Heinrich von Gagern aber, welcher in dieser Parlaments-Noth hätte helfen können, hütete sich jetzt, nochmals einen kühnen Griff zu thun, weil er durch denselben der Reaktion wehe gethan haben würde.

Nachdem mittlerweile die auf den Vertrag bezüglichen Aktenstücke gedruckt worden waren, erneuerten sich die Debatten vom 14. bis zum 16. September, worauf Francke's Antrag mit 258 gegen 237 Stimmen angenommen wurde, des Inhalts: „Die Vollziehung des Waffenstillstands, soweit solcher nach der gegenwärtigen Sachlage noch ausführbar, nicht länger zu hindern; die provisorische Zentral-Gewalt aufzufordern, die geeigneten Schritte zu thun, damit auf dem Grunde der dänischerseits amtlich erklärten Bereitwilligkeit über die nothwendigen Abänderungen des Vertrags bald eine Verständigung eintrete; sie aufzufordern, wegen schleuniger Einleitung von Friedensverhandlungen das Erforderliche wahrzunehmen und über das

Verfahren der preußischen Regierung der Zentral-Gewalt gegenüber Bericht zu erstatten."

Das Parlament gab also die schleswig-holsteinische Sache auf und fügte sich in den Waffenstillstand. Zu dieser Nachgiebigkeit wurde es hauptsächlich durch die Furcht vor dem Ausbruch einer demokratischen Revolution bewogen. Robert Blum, der Führer der Linken, gestand dieß offen während der Debatten ein, indem er die Anschuldigung, daß die Parlaments-Demokraten die Bewegung steigern und einen Konvent herstellen wollten, mit folgenden bezeichnenden Worten abfertigte:

„Wenn das der Fall wäre, so würde ich Ihnen mit aller Kraft, die mir zu Gebote steht, rathen: Genehmigen Sie den Waffenstillstand! Es ist aber nicht wahr; und ich will Ihnen ehrlich sagen, weßhalb: — weil wir die ernste Besorgniß hegen, daß die Bewegung, wenn wir sie nicht behalten, in Hände übergeht, die weit von uns nach dieser oder jener Seite liegen, und die vielleicht ohne unsere Schuld die gesammten Errungenschaften unseres geistigen Daseins in Frage stellen. Deßhalb wollen wir es nicht; und deßhalb bitten wir Sie: Wagen Sie es nicht darauf, daß es dahin komme, daß die Bewegung sich steigere!"

Der von Preußen abgeschlossene Waffenstillstand enthielt eine Mißachtung des Parlaments und der von demselben geschaffenen Zentral-Gewalt; er war in seinen Folgen der entscheidende Sieg der staatlichen Reaktion über die nationale Bewegung. Das dem Kampfe mit Preußen ausweichende Parlament zeigte jetzt vor aller Welt, daß es zu schwach war, um sich an der Spitze der Nation zu behaupten und seinen Willen gegen das widerstrebende preußische Königthum durchzusetzen. Es war hiermit in den Augen des Volkes gerichtet. Die Linke, die sich ebenso schwach wie die Rechte bewies, hatte schon nach der Einsetzung des unverantwortlichen Reichsverwesers austreten wollen, war aber durch Robert Blum daran verhindert worden. Auch jetzt war es wiederum Robert Blum, der die bessern Mitglieder der Linken vom Austritte aus der National-Versammlung abhielt. Die Parlaments-Demokraten, die radikalen Führer des deutschen Bürgerthums, wagten nicht va banque zu spielen, weil sie die Besorgniß hegten, daß ihren schwachen Händen das Heft der Bewegung entwunden werde, und daß die Sozialisten, die von ihnen mehr als die Reaktionäre gefürchtet wurden, zur Herrschaft gelangen würden.

Bald nach dem Zusammentritt des Parlaments war es offenbar geworden, daß die große Mehrheit der Deputirten, auch wenn sie eine liberale Farbe zeigte, die Reaktion förderte. Darum war schon im Juni seitens der radikalen Partei Süddeutschlands daran gedacht worden, durch einen Volksaufstand das Parlament aufzuheben. Indeß sahen die demokratischen Vereine, welche am 14. Juni unter des zweideutigen Fröbels Vorsitz in Frankfurt tagten, von einem solchen kühnen Unternehmen ab, indem sie sich damit begnügten, die demokratische Republik für die einzige, Deutschland angemessene Staatsform zu erklären, die Frauen-Emanzipation anzupreisen und die Gründung einer freien deutschen Akademie zu veranschlagen.

Nachdem jedoch der Malmöer Waffenstillstand vom Parlamente am 16. September genehmigt worden war, suchte das aus der Umgegend herbeigeströmte Volk am Abend des nämlichen Tages die Mehrheit, welche für die Annahme gestimmt hatte, zu züchtigen. Die Westendhalle, wo sich viele Parlaments-Mitglieder zu versammeln pflegten, wurde gestürmt und durchsucht; aber die Mitglieder der Rechten, unter Andern der Turnvater Jahn, der sich unter einem Tische verkrochen hatte, und der Reichsminister Heckscher, dem der Ueberläufer Wilhelm Jordan Nachtquartier gab, waren nicht aufzufinden. Jahn suchte sich in der Folge für die ausgestandene Todesangst dadurch zu rächen, daß er eine lächerliche sogenannte „Schwanenrede" drucken ließ, um die „Rothen" zu beschimpfen, welche nur deßhalb über den Malmöer Waffenstillstand erbost seien, weil sie hätten „die Franzosen in's Land locken" wollen.

Am 17. September, der auf einen Sonntag fiel, fand auf der Pfingstweide, einem großen Anger in der unmittelbaren Nähe Frankfurts, eine von etwa 30,000 Menschen besuchte Volksversammlung statt. Nachdem hier das Volk, als ob die Linke des Parlaments ganz unschuldig an dem Zustandekommen des gehässigen Beschlusses gewesen wäre, von verschiedenen Rednern, namentlich auch von den Parlaments-Mitgliedern Vogt, Schlöffel, Zitz und Ludwig Simon, gegen die reaktionäre Mehrheit der National-Versammlung aufgestachelt worden war, suchte am nächsten Tage, den 18. September, die nach Frankfurt geströmte Menge in die Paulskirche einzudringen, wurde aber durch das bereits von Mainz beorderte Militär daran verhindert. Hierauf erfolgte ein schwacher Barrikadenkampf, in welchem die preußischen, österreichischen und hessischen Truppen um so leichter siegten, als die Wortführer der Linken (Vogt, Simon, Rösler :c.) einen Waffenstillstand mit den Aufständischen vermittelten, während dessen die großherzoglich hessische Artillerie von Darmstadt herbeikam. Auf der Seite des Volks gab es 24 Leichen, eine Zahl, die in der Folge durch den Tod Schwerverwundeter auf 33 stieg. Dieselben mußten ohne Geleit begraben werden, und selbst eine nachträgliche, auf den 24. September anberaumte Leichenfeier, bei welcher Professor Zimmermann die Grabrede halten wollte, wurde von der Zentral-Gewalt, welche schon am 19. September den Belagerungszustand über Frankfurt verhängte, untersagt. Dagegen wurden die im Kampfe gefallenen Militärs am 21. September mit großem Gepränge bestattet.

Zu den Todten der Reaktion gehörten auch die beiden Reichstagsabgeordneten Fürst Lichnowsky und Graf Auerswald, zwei Hauptstützen des Rückschritts, welche während des Kampfes „aufs Spioniren" ausgeritten, aber von den Aufständischen verfolgt und außerhalb der Stadt in dem Hause eines Gärtners, worin sie sich versteckt, gefangen genommen worden waren. Auerswald war sofort vor der „an der eisernen Hand" liegenden Gärtnerwohnung erschossen worden. Lichnowsky dagegen, den ein gewisser Dr. Hodes dadurch retten wollte, daß er ihn nach Bornheim in Gewahrsam zu bringen vorschlug, war unterwegs, weil er durch Widersetzlichkeit das Volk reizte, niedergemacht worden.*)

Der mißlungene Frankfurter Aufstand wurde von der Reaktion nach Kräften als ein großes Verbrechen gegen die deutsche Nation ausgeschrieen. Er wurde als ein Attentat gegen die deutsche Einheit, als ein Hochverrath an der Souveränetät des Parlaments, und als der Versuch, in Deutschland den Bürgerkrieg zu entzünden, dargestellt. Der sittlich anständige Theil des deutschen Bürgerthums stimmte in dieses Geschrei ein, ohne zu bedenken, daß die Umtriebe und Ränke der Reaktion den Aufstand erst verursacht hatten und daß ein Theil der Schuld wenigstens der Zaghaftigkeit des Parlaments selbst zur Last fiel. Besonders aber ward der Tod der beiden Reaktionäre Lichnowsky und Auerswald als ein gräßliches Verbrechen ausgemalt, als ob diese beiden Abgeordneten, welche sich muthwillig in Gefahr begaben, es sich nicht selbst zuzuschreiben gehabt hätten, wenn sie von dem anständischen Volke, das sie oft verhöhnt und herausgefordert hatten, bei dem revolutionären Kampfe niederge-

*) Lichnowsky setzte sich zur Wehr, als man unterwegs, um Andenken an ihn zu haben, seine Kleider zerriß. Er fiel in einer Pappel-Allee, die seitdem entfernt worden ist. Dr. Hodes erzählt den Hergang in der Beilage der A. A. Z. Nr. 276. Nachdem Lichnowsky den tödtlichen Schuß erhalten, „schrie er laut auf, that noch einige Schritte und stürzte zusammen." Er ward zuerst wieder in die Wohnung des Gärtners Schmidt, dann in das Haus des Herrn v. Bethmann, und als dieser den sterbenden Parteigenossen aus seiner Wohnung wies, in das Hospital zum heiligen Geist gebracht, wo er Nachts 1 Uhr verschied.

macht wurden. Freilich war die sogenannte sittliche Entrüstung, welche die konstitutionelle Partei zur Schau trug, meist eitel Heuchelei oder Feig= heit; denn, wäre solches nicht der Fall gewesen, hätte man doch wohl auch die Opfer aus dem Volke und die in Schleswig=Holstein hinge= schlachteten Soldaten beklagen müssen. Sehr mißfällig wurde es aufge= nommen, daß ein Bataillon der Quedlinburger Bürgerwehr den Tod der beiden Reichstagsabgeordneten, anstatt ihn zu bejammern, freudig ge= feiert hatte.

Um sich gegen fernere Angriffe des Volkes zu schützen, glaubte das Parlament dem Reichs=Justizminister Mohl beistimmen zu müssen, als dieser ein Gesetz zum Schutze der Abgeordneten vorlegte. Demgemäß sollten gewaltsame Angriffe auf die Versammlung mit Zuchthausstrafe bis zu zwanzig Jahren und die Aufforderung zu einem solchen Angriffe nach rich= terlichem Ermessen geahndet werden. Auch wer sich an einer Zusammen= rottung in der Nähe des Sitzungs=Lokales betheiligte und sich nach drei von wahrnehmbaren Zeichen begleiteten Aufforderungen nicht entfernte, sollte strafällig sein. Alle Volksversammlungen unter freiem Himmel in= nerhalb eines zehnstündigen Umkreises vom Sitzungs=Lokale wurden un= tersagt. Ebenso wurden Strafen über Solche verhängt, welche unbefugt in das Parlaments=Gebäude eindrangen, oder die Mitglieder und Be= amten des Parlamentes bedrohten. Selbst Beleidigungen gegen Reichstags= abgeordnete als solche, mochten sie auch nicht am Parlaments=Sitze vor= fallen, wurden verpönt und gleich den an Parlamentsmitgliedern ver= übten Thätlichkeiten mit strengen Strafen belegt. Ja auch die Beamten des Reichsverwesers wurden unter den Schutz dieses Gesetzes gestellt. Hiermit war die Trennung der Volkssache von der nationalen Sache gesetzlich ausgesprochen.

Der Malmöer Waffenstillstand und die mit ihm zusammenhängen= den Ereignisse bezeichnen einen entscheidenden Wendepunkt in der deutschen Bewegung. Bisher hatte die staatliche Reaktion einen nationalen Schleier vorgehangen. Unter dem Dunkel, welches dieser Schleier über ihre Pläne warf, war es ihr gelungen, sich in allen Staaten trotz der konstitutio= nellen Errungenschaften am Ruder zu erhalten. Sie hatte es auf diese Weise vermocht, das Militär zu vermehren und die radikalen Versuche des südwestlichen Deutschlands zu Nichte zu machen. Geborgen unter der nationalen Hülle, war es ihr geglückt, in Schleswig=Holstein die Leitung in die Hand zu nehmen, in Frankfurt das Parlament zu beeinflussen und dort den Bundestag so lange am Leben zu erhalten, bis an die Stelle desselben eine provisorische Zentralgewalt in ihrem Sinne getreten war.

Zwar wurde jetzt der Schleier noch nicht ganz abgeworfen, aber er wurde hinreichend gelüftet, so daß man deutlich das darunter steckende Antlitz zu erkennen vermochte. Der Anfang von einer langen Reihe nationaler Niederlagen war hiermit eröffnet. Wenn anstatt eines Friedens zuvörderst nur ein Waffenstillstand eingetreten war, so offenbarte sich in dem vorsichtigen Zuwerkegehen eben die Schlauheit, gute Berechnung und der staatsmännische Plan, die Bewegung schrittweise zu überwinden und sie gleichsam an der Auszehrung oder an langsamer Vergiftung sterben zu lassen.

Aber die Reaktion hatte jetzt schon so gut wie Alles gewonnen. Darum zeigte sie sich von nun an viel offener. Gerade in der Lieblingssache der Nationalen hatte sie mit dem Malmöer Waffenstillstande ihren Willen durchgesetzt. Sie hatte das Parlament, das Schooßkind der Nation, seines Zaubers entkleidet und unter ihren Einfluß gebeugt, nachdem es hin- und hergezappelt, sich erniedrigt und durch das anfängliche Verwerfen des Waffenstillstandes selber den Stab über sich gebrochen hatte. Die Zentral-Gewalt, von dem Alpdruck des parlamentarischen Demokratismus befreit, erschien fortan auch den blödesten Augen nicht mehr als Dienerin der National-Versammlung, sondern als legitime Nachfolgerin der Bundesversammlung. Seit dem März war jetzt der erste bedeutende Sieg über die Barrikaden der Revolution an einem Zentral-Punkte erfochten, der Sieg über jenes Republikanerthum, das seinen Sitz in dem südwestlichen Teutschland hatte. Und dieser Sieg wog um so schwerer wegen des moralischen Gewichts von Frankfurt am Main, weil dieser Platz für die Hauptstadt Teutschlands angesehen wurde. Vor der Macht der Bajonette war die Macht der Phrasen wie Spreu in alle Winde zerstoben. Die Gut- und Blut-Adressen der Patrioten offenbarten vor aller Welt ihre Schwäche, und der Ausdruck der öffentlichen Meinung von einer ganzen Nation wich unrettbar der Stärke der Thatsachen. Die absolute Monarchie triumphirte über den beschränkten Unterthanenverstand vermittelst des mächtigen Staates, dessen Herrscher sich zum Führer der Bewegung aufgeworfen hatte. Die national-einheitliche Freiheit war durch den preußischen Partikularismus in den Staub getreten, krümmte sich unter dem kräftigen Tritte wie ein schwacher Wurm und mußte obendrein froh sein, daß sie nicht auf der Stelle ganz in Brei zermalmt wurde. Um das Maß der Erniedrigung zum Ueberlaufen voll zu machen, kam noch hinzu, daß das großsprecherische Teutschthum, welches dem ganzen Europa hatte Trotz bieten wollen, aus keinem andern Grunde als wegen der vorgeblichen drohenden Haltung des Auslandes sich in die schmählichen Bedingungen des Waffenstillstandes fügte. Der nationale Stolz war gedemüthigt, die glänzenden Waffenthaten über das kleine Dänemark erhöhten die Schande, und die Faust der Kannengießer, die vermessen im Norden und Süden, im Westen und Osten den Feinden unter der Nase herumgefahren, hatte sich fortan, wie es vordem gewesen, geballt in die Hosentasche zurückgezogen. Das allmächtige Vaterland hatte seine Rolle ausgespielt; es war mit Auszeichnung durchgefallen.

Die Professoren ahnten gar nicht den weiten Umfang ihrer Niederlage. Anstatt zu handeln, hatten sie bisher geschwätzt. Sie setzten ihre oratorischen Anstrengungen fort. Weil sie nicht einsahen, daß das jeweilige Recht der zum Gesetz erhobene Wille der herrschenden Klassen und als solcher nur dann von Dauer ist, wenn die Macht, das Recht zu behaupten, dahinter steht: schufen sie eine Menge Grundrechte auf dem Papier und arbeiteten eine Reichsverfassung auf dem Papier aus. Ihre Arbeit hatte schließlich keine andere Bedeutung als die: ein bleibendes Denkmal ihrer Kurzsichtigkeit und Stümperhaftigkeit zu bilden. Denn sie verstanden es nicht, die Energie der alten Aristokratie zu brechen. Sie wußten nicht, daß im Allgemeinen das gebieterische Wort erst dann gilt, wenn die That zu seinem Vollzuge bereit steht.

Woher kam aber diese unselige Verblendung der nationalen Partei? Einzig daher, daß das Bürgerthum nicht mehr mit den großen Volksmassen sich identisch fühlte. Dasselbe verschmähte den Bund mit dem niedern Volke, der die nationale Bewegung in einen durchaus demokratischen Kampf umgewandelt, aber auch die Rechtsgleichheit, die Emporhebung der Nichtbesitzenden zur Gleichberechtigung mit den Besitzenden, in sich geschlossen hätte. Das Bürgerthum wollte sich zwischen den Aristokraten und Plebejern in der Mitte behaupten, den Ton angeben und die entscheidende Macht spielen; es wollte so zur Aristokratie aufrücken. Es überschätzte seine Kräfte. Indem die alte Aristokratie die Gesellschaft der Bürgerlichen mit Stolz zurückwies und Alles daran setzte, um die lange genossene ausschließliche Herrschaft zurückzuerobern, und indem das niedere Volk, welches seine eigenen Interessen vom Parlamente verrathen sah, mit Mißtrauen erfüllt, den nationalen Gesetzgebern den Rücken lehrte: stand bald das Bürgerthum isolirt da und setzte sich zu guterletzt nicht auf den Thron, sondern zwischen zwei Stühle. Die deutsche Bewegung des Jahres 1848 lieferte den Beweis, daß das Nationalthum in unserer Zeit völlig bedeutungslos ist, wenn derjenige Gesellschaftstheil, der es auf sein Banner schreibt, aus Klassen-Interesse sich von der

Demokratie lossagen muß, weil er nicht mehr mit der großen Volkszahl sich identisch weiß.

Schon vor dem Zusammentritt des Parlaments hatten sich nicht nur mild-konservative, streng-konservative und retrospektive Elemente aus der konstitutionellen Partei losgewunden, sondern auch die alte Diplomatie hatte bereits hin und wieder den Pferdehuf blicken lassen. Jetzt, nach dem Abschluß des Malmöer Waffenstillstandes, trat die staatliche Reaktion mit ihren Anhängseln immer entschiedener in den Vorgrund.

Mit dieser staatlichen Reaktion werden wir uns nun zu befassen haben.

Drittes Hauptstück.

Die staatliche Reaktion.

Durch die Annahme des Malmöer Waffenstillstands seitens des Parlamentes war der Beweis geliefert worden, daß das vom Bürgerthume vertretene nationale Element keineswegs der staatlichen Reaktion Stand zu halten vermochte. Konnte aber die Partei, welche sich zwischen die Demokratie und Aristokratie, zwischen den Sozialismus und Absolutismus oder zwischen das neue und alte Rechtsbewußtsein in die Mitte gelagert hatte, um die weiteren Kämpfe zwischen beiden zu verhindern, sich in ihrer schiedsrichterlichen Stellung nicht behaupten: so mußte sie entweder der Revolution oder der Reaktion zum Opfer fallen. Daß sie nicht freiwillig sich der Revolution, weil diese zum verhaßten Sozialismus leitete, in die Arme werfen wollte, hatten selbst ihre radikalsten Führer durch den Mund Robert Blum's bei den Debatten über den Waffenstillstand rücksichtslos verkündet. Außerdem hatte das deutsche Bürgerthum durch Bekämpfung der Proletarier-Aufstände gleich jenem Schildbürger, von dem in dem bekannten Volksmährchen die Rede ist, den Ast abgesägt, worauf es selber saß. Somit blieb nichts Anderes übrig, als daß es der Fangball der staatlichen Reaktion wurde.

Bei dem Waffenstillstande hatte Preußen seinen Willen durchgesetzt. Wer stand aber hinter Preußen? Der seitherige deutsche Bund. Denn Preußen war mit der Vermittlerrolle vom Bundestage beauftragt worden und handelte bloß im Namen des Bundes. Mit Preußen hatte die provisorische Zentral-Gewalt unter einer Decke gespielt. Wen vertrat indeß diese Zentral-Gewalt? Zunächst wohl die Großmacht Oesterreich, aus dessen Dynastie der Reichsverweser stammte. Doch stand hinter der Zentral=Gewalt ebenfalls der deutsche Bund, in welchem Oesterreich den Vorsitz geführt hatte; denn, wie oben geschildert wurde, empfing der Erzherzog am 12. Juli 1848 aus den Händen der Bundesversammlung deren Befugnisse und Verpflichtungen. Demnach hatte die staatliche Reak= tion **unter der Führung der beiden Großstaaten** durch den Waffenstillstand von Malmoe der nationalen Sache die große moralische Schlappe beigebracht. Der gleich darauf folgende republikanische oder mit andern Worten, **staatliche Aufstand Struve's** konnte hieran, weil Baden im deutschen Bunde eine sehr untergeordnete Bedeutung hatte, selbst im Falle des anfänglichen Gelingens, Nichts ändern.*) Ebenso wenig vermochte der fast gleichzeitige Putschversuch in Köln auszurichten. Die Veranstalter dieser lokalen Erhebungen bekundeten durch ihr Vor= gehen nur ihre Unkenntniß hinsichtlich der politischen Schwerpunkte und ihre völlige Unfähigkeit zur politischen Führung.

Dagegen mußten allerdings die beiden Großmächte, ehe sie den er= rungenen moralischen Sieg gehörig ausbeuten konnten, sich zu Hause an

---

*) Ueber Struve's Verhaftung enthält die Frankfurter Oberpostamts=Zeitung einen authentischen Bericht, so lautend:

„Am 25. September früh 7 Uhr kam Struve mit seiner Frau, als Bauer und Bäuerin verkleidet, nebst seinen bekannten Genossen im Gasthofe zur Krone in Wehr an. Der Koth, womit die Kleider überzogen waren, zeigte, welche Anstrengungen sie gemacht hatten, noch in der Nacht die Schweizer Gränze zu erreichen. Das Verlangen nach Manns= kleidern für vier Personen schlug der Wirth ab, Strümpfe und Schuhe für die Frauen sagte er zu. Inzwischen waren mehrere Leute in das große Wirthszimmer getreten — Struve mit seinen Gefährten befand sich im sogenannten Herrenzimmer — welche sich über den Freischaarenzug und das Mißlingen desselben unterhielten. Da sagte der Wirth, es befänden sich auch Flüchtlinge in seinem Hause; er glaube, Struve sei darunter. Damit öffnete er die Thür des kleinen Gastzimmers, und aus einem Munde hieß es: „„Das ist Struve, den müssen wir festnehmen!"" Sofort schritten die Männer zur Verhaftung des Rebellen und seiner Genossen, ohne daß von deren Seite Widerstand geleistet worden wäre. Dem Amt Säckingen wurde durch Expressen von dem Vorfall augenblicklich Nachricht gege= ben. Oberamtmann Schey glaubte anfangs, man wolle ihm eine Falle legen, ihn von Säckingen weglocken und verhaften. Um jedoch seiner Pflicht in einem so außerordentlichen Fall zu genügen, entschloß er sich zu gehen, nahm jedoch aus Vorsicht den Amtsrevisor und eine erlesene Schaar Säckinger Bürgerwehr mit. In Wehr verhielt es sich, wie ihm be= richtet worden war. Um die Gelegenheit zur Flucht möglichst abzuschneiden, wurde auf gepflogene Berathung beschlossen, die Gefangenen unter Bedeckung nach Schopfheim zu brin= gen, da dieser Ort mehr Sicherheit gewähre..... Struve und Gefährten wurden sohin wohlverwahrt nach Schopfheim abgeführt. Als die Flüchtlinge einsahen, daß an Rettung nicht mehr zu denken sei, zerrissen sie mehrere Briefe in kleine Stücke, warfen dieselben in den Ofen und wollten sie durch Feuer vernichten, vergaßen aber den Zug des Ofens zu ziehen, und so kamen auch diese Papiere unversehrt in die Hände des Beamten."

den Zentral-Punkten, wo die staatliche Revolution noch dominirte, erst wieder vormärzlich einrichten. Sie mußten also die Macht und Mög- lichkeit des Volkswiderstandes in den Hauptstädten Wien und Berlin zu Nichte machen. Die kleinen Staaten, welche ohnehin keinen Ausschlag gaben, konnten sie immerhin unterdessen geradeso innerhalb eines gewissen Spielraumes gewähren lassen, wie die Redeübungen des unter ihren Druck gebrachten Frankfurter Parlaments. Waren einmal Preußen und Oester- reich zu Hause über die Revolution Meister, so mußte wegen ihrer poli- tischen Schwerkraft das übrige Deutschland ihnen folgen, auch wenn sie nicht mit einem Schlage tabula rasa machten. Vorsichtig bahnte sich nun Schritt für Schritt die staatliche Reaktion den Weg, um ihr Ziel, die Wiederherstellung der unterthänlichen Ordnung und Ruhe, zu erreichen. Rastlos suchte sie wichtige verlorene Positionen wieder zu nehmen; doch machte sie, um nicht einen Gesammtwiderstand aller sozialen und nationalen Revolutionskräfte wach zu rufen, bei ihrem Vordringen so wenig als möglich Lärm und verfuhr daher äußerlich mehr abwehrend als angreifend. Freilich schickte die staatliche Reaktion, als sie sich zur Aufnahme des Kampfes hinlänglich erstarkt glaubte, allerorts ihre Plänk- ler vor, welche das Volk zu aufständischen Schritten reizten.

Während das Frankfurter Parlament absichtlich mit dem langwei- ligen Geschwätz über die Grundrechte die Zeit vergeudete, damit unter- dessen die beiden Großstaaten sich die Arme frei machen könnten (wie es denn auch von allen Seiten eingestanden wird, suchten hauptsächlich die von ihren Regierungen beeinflußten preußischen und österreichischen Ab- geordneten die Diskussion und Vollendung der Verfassung möglichst weit in die Ferne zu rücken und betrieben bloß darum das zeitraubende Grund- rechtsgeschwätz!) —: wurde in den einzelnen Staaten unabläßig der kleine Krieg zwischen Revolution und Reaktion fortgeführt. Um in dieser Hinsicht nur einiges Wenige anzuführen, sei erwähnt, daß laut der an- erkannten schwäbischen Volks-Souveränität in den durch die Göppinger Versammlung im März gebildeten vaterländischen Verein zu Stuttgart auf einmal 5—600 Personen folgenden Schlages eintra- ten: Hofmusiker, Hoflüster, Hofköche, Hoftheater-Intendant Baron Gall, Oberbüchsenspanner, königliche Tafeldecker, Theater-Friseure, Hofschau- spieler, Hofsänger, Souffleure, Hof-Banquiers, Hofkellermeister und ähn- liche Sippen. Dazu waren in Würtemberg und Baden schon bis zum August seitens der Behörde eine Menge Eingriffe in das Vereinsrecht geschehen. In Sachsen hatte der „Deutsche Verein", von verkappten Re- aktionären (Wuttke u. s. w.) geleitet, gleißnerisch sich für demokratisch

ausgegeben, aber anti=demokratische Kandidaten aufgestellt. Als der Köl=
ner Bürgerverein am 13. September einen Sicherheits=Ausschuß gebil=
det hatte, protestirten mehrere Mitglieder dagegen, weil die Bildung
eines solchen Ausschusses der erste Schritt zur Revolution sei, und ins=
besondere wurden „alle Bürgerwehrmänner aufgefordert, ihre Pflicht zu
erfüllen." An die Gelehrten, welche wegen der unruhigen Zeit ihre regel=
mäßigen Jahreszusammenkünfte nicht abhalten wollten, richtete die Reak=
tion die Aufforderung, „trotz und gerade ob der Bewegung"; ihre Ver=
sammlungen nicht einzustellen.

Auch die rein staatlichen (politischen) Revolutionäre in den kleinen
Ländern förderten die Reaktion. Wenn sie es hoch brachten, wollten sie
in ihrem Vaterländchen die Republik einführen und dasselbe in einen
republikanischen Föderativ=Verband der Deutschen Vereinigten Freistaaten
einreihen. Sie wollten die Vielstaaterei erhalten, damit sie nach giron=
distischem Vorgang in den kleinen republikanisch umgeformten Gemein=
wesen ihrem Ehrgeize genug thun könnten. Höchstens beabsichtigten sie,
wie in den sächsischen Herzogthümern, die Zusammenlegung kleiner Länder
die Herstellung einer Republik Thuringia. Daher kam es, daß diese partikula=
ristischen Revolutionäre Vaterlandsvereine stifteten: die den Gegensatz
zu den konstitutionellen deutschen Vereinen bildeten und die spezielle
demokratische Landsmannschaft bezeichneten. Weil derartige Demokraten,
deren Gesichtskreis selbstverständlich sehr beschränkt war, innerhalb ihrer
kleinen Vaterländchen glänzen und darum diese selbstständig erhalten wollten,
schwächten sie die einheitliche Kraft der nationalen Bewegung ab. Sie
nützten allein der Reaktion. Denn der Reaktion war an der Erhaltung
der Vielstaaterei Alles gelegen.

Allerdings gab es in den Einzelstaaten auch hirnverbrannte Aus=
wüchse, wie die dem Getümmel des Jahres 1848 entsprungene Kutt'sche
Sekte zu Frankfurt am Main, die wir hier um der Kuriosität willen
erwähnen wollen. Ihr Stifter glaubte sich zum Propheten berufen, weil
seiner Mutter, als sie ihn noch unter dem Herzen trug, im Traume ein
Engel erschienen war, der ihr verkündet hatte: sie werde einen zum Füh=
rer der Menschheit bestimmten Sohn gebären, diesen sollte sie gut er=
ziehen und Jakob heißen. Wirklich gebar sie einen Sohn, der nun in
der Taufe den Namen Johann Jakob Kutt empfing. Nach zurückgelegter
Kindheit, während deren er gestorben und von dem Tode auferstanden
(d. h. 24 Stunden bei einer Krankheit scheintodt gewesen) war, wurde
er in der Kunstgärtnerei unterrichtet und versah bis 1848 beim Herzoge
von Nassau die Stelle eines Hofgärtners. Durch die Lektüre der Bibel

einerseits und durch sein Geschäft andrerseits setzte sich im Kopfe des durch die Botschaft des Engels angekündigten Propheten die Schrulle fest, daß er von der Vorsehung berufen sei, die Erde in einen Garten umzuwandeln und das verlorene Paradies wieder herzustellen. Die 34 Paragraphen, welche die Einladung oder das Programm zur Einzeichnung in das Register „des politischen Reiches Gottes" enthielten, entwarf er, wie er selbst in einer seiner Schriften erzählt, *) im Wirthshause „zum Storch" zu Rheinfelden den 6. November 1848. Die Weiber- und Gütergemeinschaft, die Gleichstellung der Frauen mit den Männern, die Einsetzung der Kuh in ihre unveräußerlichen Rechte, aus denen sie durch das übermüthige Pferd verdrängt worden ist, die Entlassung der Kinder seitens der Eltern vom siebenten Lebensjahre an, die Beseitigung der Geldherrschaft, die größtmögliche Benutzung der Natur- und Maschinenkräfte, die Freisprechung aller irgendwie Gebundenen, kurz: „das allgemein erwartete messianische Reich", hatte Kutt kraft seiner vom Himmel stammenden Sendung auf Erden einzuführen; denn es stand bei ihm fest, daß er „allein es sei, der in diese Geheimnisse eingedrungen ist", und daß er einen Namen habe, „den Niemand weiß", aber auch), wenn er ihn wüßte, nicht verstehen könnte. Kutt berechnete genau die Jahre, die erforderlich sind, wenn vermöge einer Kreuzersammlung, zu der jeder Deutsche beisteuert, die ganze, in das Paradies umzuwandelnde Erde angekauft wird. Ueber die Zentral-Gewalt des Reiches Gottes sagt er in seinem Programm:

„Wir wollen, daß 144,000 der edelsten Menschen sich aus allen Sprachen und Religionen der Völker sammeln möchten, um voranzugehen und unfehlbar rasch und gut zu handeln. . . . Wir wollen also ein Weltreich, bestehend aus National-Reichen und diese wieder in Ortsbezirke eingetheilt, eingerichtet und geleitet durch die 144,000, welche von einem Punkte aus, nämlich von Palästina, alle Reiche dadurch überwachen, daß jedes Reich nach Verlauf einer Zeit, als z. B. alle sieben Jahre, demselben Hauptrechnung abzulegen hat; daß aber durch unerwartetes Erscheinen Visitationen zu jeder Zeit unternommen werden sollen."

Den Papst, Hecker und den Herzog von Nassau, also Hauptvertreter der Religion, des Republikanismus und Monarchismus, ernannte Kutt zu Ehrenmitgliedern des Reiches Gottes. Er gewann gegen 400

*) Kutt hat nicht weniger als vierzehn Schriften drucken lassen. Wir wollen sie nicht aufzählen. Wer sich mit dem Studium des Irrsinns beschäftigt, kann sie sich bei Kutt's Frankfurter Jüngern verschaffen.

Gläubige („Kinder Gottes") in Frankfurt am Main und Bornheim, kaufte ein Paar Aecker Land an und büßt jetzt seine religiöse Verschrobenheit, nachdem er mehrere anstößige und gesetzwidrige Handlungen begangen hat, im Frankfurter Irrenhause. Wenn indeß, um die demokratische Partei zu beschimpfen und sich bei der Regierung zu empfehlen, in Preußen während der trüben Zeit krasser Reaktion ein junger Mann, als er sein Doktor-Examen machte, eine Dissertation „De morbo democratico (über die demokratische Krankheit)" gehalten hat, so muß darauf hingewiesen werden, daß nicht minder Irrsinnige vorhanden gewesen sind, welche sich für eine Tochter des Kaisers Joseph (wie z. B. eine Koburger Schauspielerin), für Napoleon I. und andere aristokratische Personen hielten, und daß es schon nach dem Gesetze des Gegensatzes zu der Demokraten-Krankheit immer auch eine Aristokraten-Krankheit als ergänzenden Kontrast geben muß. Kutt litt an religiöser Krankheit. Aber das Vae victis („Wehe den Besiegten") hat sich den Demokraten in jeder Beziehung bewahrheitet!

Was die politische Organisation anbetrifft, wollten allerdings die staatlichen Revolutionäre, wenn auch in bescheidenerem Umfange, ein ähnliches Weltreich, wie Kutt es vorhatte, begründen. Dasselbe sollte sich auf den deutschen Bund erstrecken, aus den seitherigen, in vollkommene Republiken umgewandelten National-Vaterländchen bestehen, Freiheit, Wohlstand und Bildung für Alle enthalten, und von einem einzigen Punkte aus — von Frankfurt am Main — durch die Edelsten und Besten, die ins Parlament zu wählen wären, geleitet werden. Der Traum dieser staatlichen Revolutionäre (oder Föderativ-Republikaner) verwandelte Teutschland gleichfalls nicht in das verloren gegangene Paradies, sondern endete mit einem sehr nüchternen Erwachen, herbeigeführt durch die Kolbenstöße und das Säbelrasseln der Reaktion.

Den nationalen Einheitsbestrebungen war es sehr nachtheilig, daß in den sämmtlichen einzelnen Staaten die Ständeversammlungen zusammentraten. Denn diese entzogen dem Parlamente nicht nur einen großen Theil der Aufmerksamkeit, des Ansehens und der Sympathie bei den Massen, sondern ließen auch das Parlament theils unnütz erscheinen, theils setzten sie sich zu demselben, besonders als es über dem Geschwätz Nichts ausrichtete und der Reaktion verfiel, in Opposition. Die partikularistischen Schwaben rühmten sich ihres radikalen Jagdgesetzes. Bei der Eröffnung der kurhessischen Ständeversammlung prahlte der Staatsrath Eberhard: „Was die deutsche Reichsverfassung an Grundrechten gewährte, das besitze man hier schon im Wesentlichen." Auch die könig lichen Sachsen waren stolz auf ihre durch den Landtag errungenen Rechte, die der Minister Braun die Magna Charta Sachsens nannte. In Anhalt-Dessau erklärte auf die Mittheilung des Landtags-Abgeordneten Schilling, daß eine Mediatisirung beabsichtigt werde, der volksthümliche Minister Habicht, das Ministerium werde durch schleunige Verkündigung der Verfassung die vollen Sympathien des anhaltischen Volkes und eben so diejenigen des gesammten Deutschlands gewinnen, worauf es zweifelhaft werden dürfte, einem Lande mit solchen Institutionen seine Selbständigkeit zu rauben: weßhalb Vorstellungen bei Zentral-Gewalt und Reichstag gemacht und der Schutz Preußens angerufen werden sollte. Der anhaltische Landtag gab dieser patriotischen Rede seinen vollen, lauten Beifall, und das Ministerium versicherte, auf die Unterstützung aller politischen Vereine Anhalts rechnen zu können. Nicht minder zufrieden als die Anhalter waren die Weimaraner, deren Landtag wie anderwärts förmlich aufgelöst wurde, um einem auf Grund des neuen Wahlgesetzes zusammentretenden Landtage Platz zu machen. Der neue weimarische Landtag bestand aus 41 Mitgliedern, und jeder selbständige, steuerpflichtige, nicht wegen gemeiner Verbrechen bestrafte Staatsbürger über 24 Jahre war wahlfähig, jeder über 30 Jahre wählbar. Als in Kurhessen der Antrag gestellt worden war, das kostspielige und unnütze Ministerium des Auswärtigen abzuschaffen, erstattete der Abgeordnete König dem Landtage darüber Bericht und sagte: das auswärtige Amt müsse bleiben, um sich mit der deutschen Zentral-Gewalt über die künftige Verfassung Deutschlands zu benehmen. Auf diese Weise wurde die partikularistische Einrichtung Kurhessens nach Außen gerettet. Der sächsische Abgeordnete Schaffrath, selbst ein Parlaments-Mitglied und auf der Linken sitzend, drohte dem Frankfurter Parlamente schon sehr frühzeitig mit einem andern Orte: worunter er die sächsische Kammer verstand. Nachdem am 18. September der Hanauer Kühl mit dem Antrage auf Selbstauflösung beim Parlamente nicht durchgedrungen war, begaben sich im Oktober Evans, Helbig und Tschirner, drei Abgeordnete der sächsischen Kammer, erst nach Berlin, um dort mit Ruge den Plan zu einem Gegenparlament zu verabreden, und dann nach Frankfurt, wo das Weitere berathen werden sollte. Dem verabredeten Plane zufolge, der jedoch an der Zaghaftigkeit der betreffenden Frankfurter Verfassungskünstler scheiterte, sollte die Linke von Frankfurt zusammt den linken Seiten der deutschen Kammern in Berlin ein Vorparlament bilden, sich für permanenterklären, den Frankfurter Reichstag in die Acht thun und neue Parlaments-Wahlen mit der Bestimmung ausschreiben, daß die Gewählten sofort ins Vorparlament einzutreten

hätten. Die auf eine reaktionäre Sandbank gerathene nationale Volks=
Souveränetät suchte sich also in ihrer Verzweiflung auf kleinstaatlichem
Rettungsboote in einen vermeintlich sicheren Hafen zu bergen. Als ob
jetzt überhaupt noch Rettung für den bloß in Worten tapfern Parlamenta=
rismus möglich gewesen wäre!

Schlimmer, als die bloßen Ständeverſammlungen, waren für die
nationale Sache die vielen konstituirenden Verſammlungen.

Das Konstituirungs = Fieber ergriff jeden Tuodez-Staat. Selbst
das kleine Lauenburg mit seinen 46,000 Seelen beschwerte sich bitter
darüber, daß die vom Bundestagsgesandten Welcker in der ersten Hälfte
des Juli eingesetzte Regierung keine Wahlen zu einer konstituirenden
Versammlung ausſchrieb, damit das Verfassungswerk berathen, die all=
gemeine Wehrpflicht eingeführt, eine Gemeindeordnung festgesetzt und an=
dere wichtige Arbeiten unternommen werden könnten.

Lief in den kleinen Staaten das Konstituirungs=Werk auf reine
Spielerei und auf die Befriedigung kleinlichen Ehrgeizes hinaus, so
stand es doch anders in den beiden Großstaaten Preußen und Oesterreich.
Denn hier waren die konstituirenden Versammlungen nichts Anders, als
Gegen=Parlamente, welche der staatlichen Reaktion als Gegengewichte
gegen die Frankfurter National=Versammlung zu Gute kamen. Die
Berliner Versammlung, obschon bloß aus Preußen bestehend, führte
schlechterdings den Namen National=Versammlung. Die Preußen machten
hiermit den Anspruch geltend, eine besondere Nation zu sein.

Nachdem nun durch den Malmöer Waffenstillstand die Revolution
in Frankfurt gebändigt worden war, glaubte man die beiden Gegen=
Parlamente nicht mehr schonen zu brauchen. Man ging also daran, in
Wien und Berlin vollständig aufzuräumen. Denn erst dann, wenn die
großen Hauptstädte unterworfen waren, hatte die staatliche Reaktion
einen ziemlich ebenen Weg vor sich. Der württembergische Staatsminister
Römer hatte dieß im Juni schon in einer dem „Schwäbischen Merkur"
eingesandten langen Erklärung angedeutet, indem er die Worte gebrauchte:

„Aber — entgegnet man mir -- wenn auch die National=Ver=
sammlung weder über Geld, noch über Soldaten zu gebieten hat, so ist
doch ihre moralische Kraft unendlich, und — das souveräne deutsche
Volk steht hinter ihr! Würden sich Worte zu geeigneter Zeit in Thaten
verwandeln, so wäre die National=Versammlung nicht nur moralisch,
sondern auch materiell sicher gestellt. Aber es begibt sich zuweilen, daß
Diejenigen, welche am Lautesten schreien, unsichtbar werden, wenn es
zum Handeln kommt, und zudem theilen nicht alle deutschen Provinzen

Becker, Reaktion. 23

die politischen Ansichten der Badener, Würtemberger 2c., so daß es immerhin angemessen sein dürfte, tapfern Worten kein allzugroßes Gewicht beizulegen und nicht zu vergessen, daß ein Erfolg gewisser Höfe alle unsere politischen Errungenschaften auf's Spiel setzen könnte."

Der Erfolg der beiden Höfe von Berlin und Wien, welche mit den Worten Römer's gemeint sind, ließ nicht lange auf sich warten. Wie er zu Stande kam, werden wir sogleich sehen.

Zwischen Oesterreich und Preußen wurde unterm 19. März 1848 eine Punktation abgeschlossen, deren Wortlaut nicht bekannt geworden ist. Es verlautete nur aus der Angabe des preußischen Gesandten, welcher sie abgeschlossen hatte, daß neben den bisherigen engern Bundestag eine aus Kammerwahlen der Einzelstaaten in entsprechender Zahl hervorgehende weitere Bundesversammlung treten sollte, daß ein oberstes Bundesschiedsgericht, gemeinschaftliches Strafrecht und Strafverfahren, ein allgemeines Handelsrecht nebst einer Kredit-Ordnung, allgemeines Heimathsrecht, allgemeine Heeres-Inspizirungen und die Einführung von gemeinschaftlichen Maßen, Gewichten, Münzen, von einer allgemeinen Post- und Eisenbahnordnung, von Bundes-Konsulaten 2c., so wie die Ausdehnung des Zollvereins auf den ganzen Bund, vereinbart worden seien.

Indeß liegt die Vermuthung nahe, daß die erwähnten Punkte bloße Vorschläge enthalten sollten, mit welchen man den Sturm zu beschwichtigen hoffte, und daß man somit nicht ernstlich an die Ausführung derselben dachte. Wahrscheinlich ist dieses Ziel der fraglichen Vereinbarung in einem besonderen Artikel nebst weiteren Bestimmungen über die Art und Weise, wie man zum alten Zustande der Dinge zurückkehren wollte, ausdrücklich stipulirt worden. Die geheimen Archive von Wien und Berlin werden einst hierüber Aufschluß geben.

Mag aber dem sein, wie ihm wolle, geht doch aus der Existenz einer solchen geheimen Punktation mit Gewißheit die Thatsache hervor, daß die beiden deutschen Großstaaten sich gleich im Anfange der Revolution darüber verständigten, welche Haltung sie der nationalen Bewegung gegenüber einnehmen wollten, daß zwischen ihnen kein Zwiespalt und Mißtrauen, sondern völlige Eintracht herrschte, und daß auch — was für die Beurtheilung des weitern Verlaufs der Bewegung äußerst wichtig ist — der drei Tage nach dem Abschluß der Punktation vollzogene Umritt des preu-

ßischen Königs, wobei letzterer sich an die Spitze Deutschlands stellen zu wollen erklärte, im Sinne und Geiste
des Uebereinkommens, im völligen Einklange mit der erwähnten Punktation geschah. Bei der beabsichtigten
Niederwerfung der nationalen Bewegung war Preußen
demnach die im Allgemeinen aktive, Oesterreich die mehr
passive und abwehrende Rolle zugetheilt. In der Folge
haben jedenfalls noch andere geheim gebliebene Abmachungen zwischen
Oesterreich und Preußen stattgefunden.

Erst schien die österreichische Regierung die deutsch-nationale Bewegung gern zu sehen. Große Freude erregte unter den Deutsch-Oester-
reichern das auf das deutsche Parlament bezügliche Wahlgesetz, wonach
jeder deutsche Staatsbürger, mochte er ein geborener Oesterreicher sein
oder nicht, in Oesterreich gewählt werden durfte, und wonach kein De-
putirter an eine Instruktion seiner Wähler gebunden sein, sondern allein
nach seiner Ueberzeugung handeln sollte. Allein nachdem die amtliche
„Wiener Zeitung" im letzten Drittel des März und in der ersten Hälfte
des April die innige Verbindung Oesterreichs mit Deutschland befürwortet hatte, schwenkte sie sich plötzlich in der Mitte des letztgenannten
Monats und suchte nun in ihren Leitartikeln, indem sie das Publikum
warnte, Oesterreich nicht über Deutschland zu vergessen, den subtilen
Unterschied zwischen Bundesstaat und Staatenbund auseinander
zu setzen. Dieser Unterschied war also nicht bloß eine Erfindung von
Gagern und der preußischen Regierung, sondern ging auch vom österreichischen Kabinette aus; denn er war ein wesentlicher strategischer Zug
im vereinbarten Entwurfe — im Feldzugsplane — der staatlichen Reaktion. Was noch mehr: am 21. April brachte die „Wiener Zeitung"
in ihrem amtlichen Theile den entscheidenden Ausspruch: „Oesterreich
muß sich die besondere Zustimmung zu jedem, von der
Bundesversammlung gefaßten Beschlusse unbedingt vorbehalten." Am gleichen Tage erschien ein österreichischer Mini-
sterial-Erlaß, demgemäß Oesterreich als ein Land angesehen werden
mußte, welches sich im Voraus von dem im Werden begriffenen neuen
Deutschland lossagte. Dieser Erlaß legte den deutschen Sympathien
weniger Werth bei, als den nichtdeutschen Antipathien.

Schon das Patent vom 8. April 1848 stellte die Czechen den
Deutschen gleich. Es hieß darin:

„Um Meinen treuen Pragern einen Beweis Meiner landesväterlichen
Gesinnung zu geben, verordne Ich:

23 *

1. Die Gleichstellung der böhmischen Nationalität mit der deut=
schen hat als Grundsatz zu gelten. Die böhmische (czechische) Sprache
wird der deutschen in allen Zweigen der Staatsverwaltung und des
öffentlichen Unterrichts vollkommen gleichgestellt . . . 3. Die Errichtung
verantwortlicher Zentral=Behörden für das Königreich Böhmen in Prag
wird bewilligt . . . . 9. Von nun an sollen in Böhmen alle öffent=
lichen Aemter und Gerichtsbehörden nur durch gebürtige Böhmen, welche
beider Landessprachen kundig sind, besetzt werden."

In dem österreichischen Reichsverfassungsentwurfe, welcher im letzten
Drittel des April das Licht der Welt erblickte, wurden nicht allein die
Provinzial=Stände ausdrücklich bestätigt, sondern auch Galizien und
Dalmatien in den Reichsverband aufgenommen. Hierdurch erhielten
die Slawen über die übrigen Nationalitäten das Uebergewicht. Ferner
enthielt §. 12 die auf Deutschland abzielende Bestimmung: daß „alle
Verträge mit fremden Staaten der nachträglichen Genehmigung
des Reichstags" bedürften. Der österreichische Reichstag sollte also im
Gegensatze zum einheitlichen Deutschland stehen, seinerseits aber durch
die Provinzial=Landtage im Schach gehalten werden.

Wenn man diese Politik begreifen will, muß man sich völlig in die
Lage der österreichischen Regierung versetzen. Letztere mußte bemüht
sein, das Reich sowohl vor dem Auseinanderfallen, womit es durch die
Nationalitäten=Kämpfe bedroht war, zu behüten, als auch in den einzelnen
Kronländern vermittelst des Parlamentarismus zur Besänftigung der
aufgeregten Gemüther beizutragen. Die Aussicht auf die Herstellung
einer freisinnigen Verfassung diente als Mittel, das Bewußtsein der
Reichseinheit zu stärken, während die Provinzial=Landstände den Reichs=
tag daran verhindern sollten, sich als souveränen Herrn zu gebärden. In
Italien spukte der Unabhängigkeitskampf gegen die österreichische Herr=
schaft, und die dortigen regierenden Häupter hatten sich, um ihrer Kronen
nicht verlustig zu gehen, dazu verstanden, gegen Oesterreich Krieg zu
machen und ein ähnliches Spektakel=Stück aufzuführen, wie Preußen
nebst seinen Verbündeten in Schleswig-Holstein mit Bezug auf Däne=
mark. Die Ungarn standen ebenfalls im Begriff, sich von Oesterreich
loszuwinden. Am 15. März war unter der Führung Kossuth's eine
ungarische Deputation in Wien erschienen und hatte vom Kaiser fol=
gende Forderungen bewilligt erhalten: 1. ein verantwortliches ungarisches
Ministerium; 2. unbeschränkte Preßfreiheit*); 3. Verlegung des Reichs=

---

*) In dem freilich sonst sehr einseitig (von einem gewissen Zerst oder Hirsch)
geschriebenen und allem Vermuthen nach aus einer trüben Quelle geflossenen

tages von Preßburg nach Pest; 4. Gleichheit vor dem Gesetze; 5. Ein=
führung des Repräsentativ=Systems; 6. Einberufung des ungarischen
Militärs und Weglegung der „fremden" Truppen; 7. Beeidigung des
Militärs auf die Verfassung; 8. Bildung einer Nationalgarde; 9. Auf=
hebung der Frohndienste des Landmanns, sowie aller Abgaben des=
selben an Adel und Geistlichkeit; 10. gleiche Vertheilung der Staats=
lasten; 11. Einführung von Geschwornengerichten; 12. Union mit
Siebenbürgen.*) Unter diesen Punkten verliehen besonders die unter den
Ziffern 4, 5, 6, 7, 8, 9 und 10 aufgezählten der ungarischen National=
Bewegung nachhaltige Kraft; denn sie gewannen das Heer und die
großen Massen, fesselten an das speziell magyarische Regime durch demo=
kratische Vortheile die Nicht=Magyaren Ungarns und liefern uns die
Erklärung, warum die 500,000 Edelleute, welche bisher in Ungarn do=
minirten, einen so gewaltigen Widerstand gegen die kaiserlichen Heere in
der Folge leisten konnten.

Die Teutschen Oesterreichs, namentlich die Bewohner der Reichs=
hauptstadt, nahmen eine Doppelstellung ein. Sie schwankten zwischen
Teutschland und Oesterreich, sowie zwischen Nationalität und Demokratie.
Manche ihrer Führer gedachten mit Teutschland zu gehen, wenn ihnen
das Frankfurter Parlament genug Vortheile bescheerte, dagegen bei Oester=

Buche: Civilization in Hungary. By an Hungarian (London, 1860, 8º),
wird diese Preßfreiheit (Seite 121) so geschildert: „Die Zeitungen waren haupt=
sächlich in den Händen verarmter Advokaten, die aus Mangel an Prozessen sich
der Literatur als einer letzten Zuflucht zuwandten, und von diesen Leuten for=
derte die Regierung 1000 Pfund Strl. Kaution (10,000 Gulden), während die
österreichische Regierung bloß 200 Pfund Strl. heischte. Ueberdieß wurde ver=
ordnet, daß ein Verfasser bei Verletzung der Preßgesetze mit zwei= bis sechsjährigem
Gefängniß bestraft werden sollte. Durch jene hohe Kaution sollte die Presse bloß
den reichen Magnaten zugänglich gemacht werden, und die Möglichkeit einer so
langen Haft entzog den Autoren alle Freiheit. Doch den interessantesten Theil
dieses (Preß=) Gesetzes bildete §. 11, demgemäß die Beleidigung eines gewöhn=
lichen Bürgers nicht auf gleiche Weise wie die Beleidigung eines Beamten be=
straft wurde. Die Geldbuße und Einkerkerung wegen Beamtenbeleidigung waren
viel höher gegriffen, als wegen eines ähnlichen Vergehens gegen einen Nicht=
beamten. Und dieß nannte man mit gänzlicher Verdrehung aller Begriffe der
Gerechtigkeit Preßfreiheit und Gleichheit vor dem Gesetze!"
*) S. Ungarn's gutes Recht. Nach historischen Quellen und eigenen Er=
lebnissen von einem Magyaren (Luzern, Genf und Brüssel, 1861, 8º). Dieses
Buch ist im Kossuth'schen Tone gehalten.

reich zu bleiben, wofern vom österreichischen Reichstage mehr für die Sache der Freiheit gethan werden würde, als seitens der Frankfurter. Das Schwanken hörte auf, als sich offenkundig die österreichische Reaktion mit den Slawen verbündete, und als die Frankfurter sich abnutzten und blamirten.

Die Ultra=Czechen, der sich ihnen anschließende böhmische Adel und Fürst Windischgrätz, der Oberbefehlshaber der bewaffneten Macht im Norden, unterhielten enge Beziehungen zu jenen Personen am Hofe, welche nicht bloß vielen Einfluß besaßen, sondern auch den stärksten Widerwillen gegen die Demokratie hegten. Dieses Verhältniß blieb nicht lange geheim. Zwar erhob das Wiener Ministerium Protest, als Graf Leo Thun in Folge der Wiener Ereignisse vom 26. Mai eine provisorische Regierung, die aus sechs Czechen und nur zwei Deutschen bestand, in Prag einsetzte; allein die Deutschen trauten diesem Protest nicht recht, weil sie Näheres über das verdächtige Benehmen des Grafen Thun, welches er schon angesichts der Kunde vom 15. Mai eingehalten hatte, erfuhren. Leo Thun hatte schon damals, wie die öffentlichen Blätter berichteten, den Baron Villani und einen zweiten Czechen=Führer (Palacky) zu sich kommen lassen, hatte ihnen gesagt, Prag müsse ruhig bleiben, und ihnen von einem guten Plane gesprochen, nach welchem das Slawen= thum in Oesterreich das herrschende Element werden könne. Die Barrikaden = Tage Wien's boten nun den Czechen den Vorwand, den Ministerrath in Wien für unfrei zu erklären und die Einsetzung einer pro= visorischen Regierung in Prag zu verlangen, die denn auch, wie erwähnt, nach dem 26. Mai zu Stande kam. Diese neue Regierung trug kein Bedenken, Befehle zu erlassen; denn sie schien für sicher anzunehmen, daß durch die Fürsprache der Aristokratie der inzwischen nach Innsbruck gereiste Kaiser sie bestätigen würde. Indeß verhinderte zunächst das Auftreten der Magyaren, daß sich der Hof sofort offen für die Czechen erklärte. Zudem befanden sich auch unter den Czechen demokratische Köpfe mit revolutionären Ideen, Leute, die erst beim Prager Aufstande im Juni unschädlich gemacht und gründlich zur Ruhe verwiesen werden mußten. Der Prager Aderlaß besiegelte also das Bündniß zwischen den Czechen und der Reaktion. Dieser Umstand erklärt die auffällige Er= scheinung, daß die Anstifter des Aufstandes straflos ausgingen. Wenn der Wiener Sicherheitsausschuß die In=Anklage=Stellung des Fürsten Windischgrätz und die Aufhebung des Prager Belagerungszustandes be= schloß, zeigte er, daß er den realen Verhältnissen wenig Rechnung trug.

In Abwesenheit des Kaisers war der Erzherzog Johann zu seinem Stellvertreter in Wien ernannt worden. Als dem Erzherzoge die auf ihn gefallene Reichsverweserwahl durch eine Deputation des Frankfurter Parlaments förmlich kundgethan wurde, antwortete er: „Ich fühle mich geschmeichelt und geehrt durch die auf mich gefallene Wahl zu der wichtigen Stelle eines Reichsverwesers, welcher, wie die Bundesversammlung mir angezeigt hat, die deutschen Regierungen ihren Beifall gegeben haben.... Nur durch Einigkeit, gegenseitige Mäßigung, Uneigennützigkeit der Absichten und Liebe zur Gerechtigkeit gelangen wir zu dem erwünschten Ziele. Ich, meine Herren, ich bitte davon überzeugt zu sein, ich bringe keinen andern Ehrgeiz mit, als dem gemeinsamen Vaterlande in meinem vorgerückten Alter meine letzten Kräfte zu weihen.... Nun sind wir alle Brüder!"

Ravaux, ein Mitglied der Deputation, hielt von den Fenstern im Hause des Herrn Max Springer zu Wien (Kärntnerstraße) an das unten versammelte Volk eine gemüthvolle Rede, worin die Worte vorkamen: „Wir haben nun so oft gesungen: Was ist des Deutschen Vaterland? und ich hoffe, daß wir heute zum letzten Male so gefragt haben; denn seitdem der deutsche Johann an der Spitze der Deutschen steht, wissen wir, wo unser Vaterland ist." — In gewissem Sinne, nur nicht im Sinne des Redners, sollten sich diese Worte erfüllen.

Johann kehrte von Frankfurt schnell noch einmal nach Wien zurück, um hier ein neues Ministerium einzusetzen und den österreichischen Reichstag zu eröffnen In der Thronrede verkündete er die Gleichstellung der Nationalitäten und drückte sich sehr unbestimmt über die Stellung Oesterreichs zu Deutschland aus. Eine Deputation des Wiener Ausschusses ersuchte ihn um diese Zeit, das deutsche Parlament nach Wien zu verlegen. Doch war dem neuen Reichsverweser ein solcher Gedanke völlig fremd; denn die Ausführung desselben würde der deutsch-nationalen Bewegung große Energie und Tragweite gegeben und den ganzen Reaktionsplan zu Schanden gemacht haben. Uebrigens waren für Frankfurt anstatt 190 nur 116 österreichische Deputirte gewählt worden, deren Zahl durch Urlaub und unbefugte Abwesenheit obendrein gewöhnlich auf 70 bis 80 zusammenschmolz.

Der Wiener Reichstag verlor, wie sein Frankfurter Kollege, eine geraume Zeit mit der Diskussion der Grundrechte, weil auch er von dem Wahne befangen war, daß die Grundrechte, auch wenn sie nicht aus den thatsächlichen Verhältnissen hervorwachsen und folglich der demokratischen Umgestaltung des Gesellschaftszustandes entsprechen, schon fest=

stehen und Dauer haben, sobald sie nur von einem Parlamente beschlos=
sen und auf ein Stück Papier gedruckt worden sind. Doch hat dieser
Reichstag eine hiermit kontrastirende große That aufzuweisen. Denn er
befreite auf den Antrag des Bauernsohns Kudlich, welcher seines ple=
bejischen Ursprungs eingedenk war, die Bauern vom Unterthanenverbande
und bewirkte die Entlastung des Bodens. Wären die im Reichsrathe
sitzenden galizischen Bauern aufgeklärter gewesen, so würden die dem
Bauernstande hiedurch erwiesenen Wohlthaten sogar ohne alle Entschä=
digung verliehen worden sein. Aber die österreichischen Bauern, unter
dem Drucke des alten Rechts=Systems um jede Ahnung ihrer Menschen=
würde gebracht, standen sogar noch viel tiefer als das Landvolk draußen
im deutschen Reiche. Während der Oktober=Revolution suchte sie Kud=
lich vergebens zum Schutze des bedrohten Wiens aufzubieten; denn
gleichwie ihnen ohne ihr Zuthun ihre Befreiung als reife Frucht in den
Schooß gefallen war, so auch legten sie größten Stumpfsinn an den Tag,
als es fraglich geworden war, ob die erlangten Vortheile ihnen nicht
wieder von der Reaktion entrissen werden würden. Aber auch der Wiener
Reichstag, den der österreichische Kaiser am 22. Oktober, um ihn un=
bedeutend zu machen, für den 15. November nach Kremsier verlegte,
nahm während der Oktobertage eine sehr kraftlose und sogar zweideutige
und bedenkliche Haltung ein.

Der Wiener Oktober=Aufstand kam so zum Ausbruche. Indem die
Wiener Demokraten die Ueberzeugung gewannen, daß sowohl das Frank=
furter Parlament als auch die sich auf die Slawen stützende österreichi=
sche Regierung es nicht aufrichtig mit der neuen Freiheit hielten, sym=
pathisirten sie nicht nur mit den Italienern, sondern glaubten auch vor=
züglich an den Ungarn eine Stütze finden zu müssen. Die Magyaren
nämlich befanden sich mit Bezug auf die Slawen in einer ähnlichen
Lage, wie die Deutsch=Oesterreicher. Gegen sie waren die Slawen auf=
gewiegelt, war der Kampf der Walachen, Raitzen, Serben und Kroaten
angesponnen worden. Allerdings traten anscheinend das ungarische Mi=
nisterium und der ungarische König Ferdinand den separatistischen Un=
ruhen entgegen, und in einem Reskript vom 10. Juni 1818 wurde der
Ban von Kroatien, Baron Jellacic, welcher den kroatischen Aufstand lei=
tete, des Hochverraths schuldig und seiner Aemter und Würden verlustig
erklärt. Der König berief sogar, um den in den untern Donaugegenden
ausgebrochenen Unruhen zu steuern und die Integrität der Stephans=
krone zu wahren, auf den 2. Juli einen außerordentlichen Landtag nach
Pest, und dieser Reichstag bewilligte ein Heer von 200,000 Mann zum

Schutze Ungarns, sowie die Summe von 42 Millionen Gulden Konventions-Münze zu gleichem Zwecke. Allein die Ungarn fingen nach Kurzem ein an den Ban Jellacic gerichtetes Schreiben auf, worin derselbe ermahnt wurde, seine „im Interesse des Kaiserhauses unternommenen loyalen" Anstrengungen fortzusetzen. Hieraus glaubte man schließen zu müssen, daß Jellacic insgeheim vom Hofe kräftig unterstützt würde, und daß in nicht ferner Zukunft ein gänzlicher Bruch zwischen Ungarn und der Dynastie unvermeidlich wäre. Batthiány, der ungarische Minister-Präsident, welcher einem Kriege der Ungarn mit ihrem Herrscherhause abhold war, suchte deßhalb in Wien, wohin er sich im Juli begab, mit Jellacic eine Verständigung herbeizuführen; doch führten seine Unterhandlungen nicht zu dem gehofften Resultate.

Ungarn wurde nun von mehreren Seiten zugleich angegriffen. Zudem erklärte eine königliche Proklamation die Beschlüsse der ungarischen National-Versammlung für ungesetzlich, sprach die Auflösung dieser Versammlung und des ungarischen Ministeriums aus und stellte den Feldmarschall-Lieutenant Grafen Lamberg, der jedoch auf der Pester Donau-Schiffbrücke vom Volke todtgeschlagen wurde, an die Spitze der ungarischen Zivil- und Militär-Gewalt. Zwar trat jetzt das ungarische Ministerium ab, aber nur zu dem Zwecke, um Kossuth Platz zu machen, der vom ungarischen Reichstage die Präsidentschaft bei dem aus Deputirten gebildeten Landesvertheidigungs-Ausschusse erhielt. Der Oberbefehl über das ungarische Heer wurde von Kossuth dem Feldmarschall-Lieutenant Moga übertragen, nachdem der Erzherzog Palatin, der Stellvertreter des ungarischen Königs, welcher zur Uebernahme des Oberbefehls gesetzlich berufen war, inzwischen für gut befunden hatte, in aller Stille Ungarn zu verlassen. Kossuth wurde Ungarn's Diktator; doch führte er den vornehmen Titel: Gouverneur.

Kossuth, seiner gewaltigen Beredtsamkeit vertrauend, reiste zunächst umher und bot den Landsturm gegen den heranrückenden Jellacic auf. *) Bei Velencze kam es am 30. September 1848 zur Schlacht ohne Entscheidung. Denn obschon die Ungarn den Hauptvortheil errungen hatten, bewilligten sie gleichwohl ihrem Feinde einen dreitägigen Waffenstillstand, den dieser dazu benutzte, um vermittelst Flankenmarsches auf Wien loszurücken, wo gerade um diese Zeit der oben erwähnte sogenannte Oktober-Aufstand ausbrach.

---

*) Eine ziemlich vollständige Sammlung Kossuth'scher Reden ist 1853 zu London bei Holyoake in englischer Sprache erschienen.

Die Demokraten Wien's hatten die daselbst garnisonirenden Trup=
pen, als diese nach Ungarn beordert wurden, am Abmarsche verhindert;
denn sie erkannten die aus einer Niederwerfung Ungarn's ihnen selbst drohen=
den Folgen. Der Kriegsminister Latour war während des Wiener Kampfes
vom wüthenden Volke getödtet worden. Die Revolution hatte über die
Legitimität gesiegt. Aber die Wiener Demokraten verstanden ihren Sieg
nicht zu benutzen. Sie setzten weder eine provisorische Regierung noch
eine Diktatur ein, sondern die oberste Leitung, wenn unter diesen Um=
ständen von einer solchen überhaupt gesprochen werden kann, vertheilte
sich zwischen dem Gemeinderathe und dem zu einem Rumpfparlamente
zusammengeschrumpften Reichstage, die beide nicht die Brücke hinter sich
sofort abzubrechen wagten. Ja ein Theil des Ministeriums durfte sogar
in der insurgirten Stadt bleiben und daselbst einen höchst nachtheiligen
Einfluß gegen die Revolution geltend machen. Nachdem der Gemeinde=
rath vergeblich alle Mittel erschöpft hatte, um den in Olmütz befind=
lichen Kaiser zur Rückkehr zu bewegen, dachte er endlich an die Verthei=
digung. Auf diese Weise war unwiederbringlich eine kostbare Zeit ver=
strichen, die dazu diente, Jellacic von Ungarn und Windischgrätz von
Böhmen zur Verstärkung des schon bei Wien stehenden Generals von
Auersperg heranziehen zu lassen. Die Aufständischen wurden am Ende
des Oktober=Monats unterworfen. Denn auch die ungarische Hülfe traf
zu spät ein, da sich die ungarische National=Versammlung erst nach lan=
gen Debatten dazu entschließen konnte, das ungarische Heer über die na=
tionale Gränze rücken zu lassen. Obendrein wurden die Ungarn am 30.
Oktober bei Schwechat durch den Fürsten Windischgrätz geschlagen und
der linke Flügel wäre sogar in die Donau gesprengt worden, wenn nicht
der Offizier Görgey, den Kossuth nun an die Stelle Moga's zum Ober=
befehlshaber ernannte, dieses Unglück noch rechtzeitig verhütet hätte.

Jetzt herrschte in Wien der Belagerungszustand und der Schrecken.
Wer hatte flüchten können, war geflüchtet. Messenhauser, Julius Becher
und Andere wurden standrechtlich erschossen. Die von der deutschen De=
mokratie grundrechtlich beschlossene Abschaffung der Todesstrafe fand ihr
Gegenstück. Es erlitten hier den Tod auch zwei Männer, die sich im Leipziger
Redeübungsvereine 1846 und 1847 oft heftig bekämpft hatten: Hermann
Jellinek, der immer radikalen Ansichten gehuldigt, und Robert Blum,
der sonst konstitutionell-monarchisch gesinnte Führer der Frankfurter Lin=
ken. Blum sühnte mit seinem Tode seine parlamentarischen Schwächen
und Sünden. Aber seine Hinrichtung war zugleich ein Todesstreich für
die deutsche National=Versammlung. Oesterreichs Regierung zeigte damit,

daß sie, die keinen einzigen Parlaments-Beschluß für gültig und verbind= lich erachtet hatte, jetzt vollständig von der deutschen Einheitsbewegung frei war. Sie warf den deutschen Einheitsstiftern den Handschuh hin, überhäufte sie mit Schmach und Spott. Diese Wendung trat auch äußer= lich hervor, als am 2. Dezember 1848 Ferdinand der Erste die Regie= rung zu Gunsten seines Neffen Franz Joseph des Ersten deßhalb nie= derlegte, weil „es jüngerer Kräfte bedürfe, um das große Werk zu för= dern und einer gedeihlichen Vollendung zuzuführen." Indem der neue Kaiser (s. Reichstags-Blatt Nr. 3 vom 3. Dezember 1848) seine Thron= besteigung verkündigte, sagte er unter Anderm:

„Fest entschlossen, den Glanz der Krone ungetrübt und die Gesammt= Monarchie ungeschmälert zu erhalten, aber bereit Unsere Rechte mit den Vertretern Unserer Völker zu theilen, rechnen Wir darauf, daß es mit Got= tes Beistand und im Einverständnisse mit den Völkern gelingen werde, a l l e L a n d e u n d S t ä m m e d e r M o n a r c h i e z u e i n e m g r o ß e n S t a a t s k ö r p e r z u v e r e i n i g e n.... Alle Vorkehrungen sind ge= troffen, um die Achtung vor dem Gesetze allenthalben wieder herzustellen. D i e B e z w i n g u n g d e s A u f s t a n d e s u n d d i e R ü c k s i c h t d e s i n= n e r n F r i e d e n s s i n d d i e e r s t e n B e d i n g u n g e n f ü r e i n g l ü c k= l i c h e s G e d e i h e n d e s g r o ß e n V e r f a s s u n g s w e r k e s.... Wir zählen auf den gesunden Sinn der stets getreuen L a n d b e w o h n e r, welche durch die neuesten gesetzlichen Bestimmungen über die Lösung des Unter= thanenverbandes und Entlastung des Bodens in den Vollgenuß der staats= bürgerlichen Rechte getreten sind. Wir zählen auf Unsere getreuen S t a a t s d i e n e r. Von Unserer g l o r r e i c h e n A r m e e versehen Wir Uns der alt bewährten Tapferkeit, Treue und Ausdauer. Sie wird Uns, wie Unsern Vorfahren, ein Pfeiler des Thrones, dem Vaterlande und den freien Institutionen ein unerschütterliches Bollwerk sein."

Der nach Kremsier in das exil honorable verbannte Reichstag wurde am 7. März aufgelöst, als er mit seiner Arbeit beinahe fertig war. Die nun oktroyirte Verfassung trat nie in eigentliche Wirksamkeit. Denn nicht sie, sondern der große Staatsmann Schwarzenberg, den der neue Kaiser beim Regierungsantritte im Amte bestätigt hatte, war dazu berufen, die Reichseinheit herzustellen und das große Werk zu vollenden. Die Macht= verhältnisse entschieden; sie waren die lebendige und wirkliche Verfassung, während die geschriebene ein todter Buchstabe blieb. So lange als die Ungarn noch nicht unterworfen waren, hoffte ein Theil der deutsch=öster=

reichischen Demokraten von dort eine Umkehr zu ihren Gunsten;*) allein mit der Waffenstreckung von Vilagos vom 13. August 1849 war auch der letzte schwache Hoffnungsschimmer geschwunden, und sie mußten sich dem Walten der Reaktion geduldig ergeben. Wenigstens konnten sie als Partei das über sie unerbittlich hereinbrechende Geschick nicht ab= wenden oder abändern. Das war der Erfolg des österreichischen Hofes. Der preußische Erfolg lief dem österreichischen zur Seite.

In Preußen wurde nach dem Berliner Märzkampfe viel darüber gestritten, auf welcher Seite der Sieg gelegen habe, und ob durch jenen Kampf überhaupt eine Revolution bewirkt worden sei. Der Graf Ar= nim=Boytzenburg, welcher damals an der Stelle des abtretenden Bodel= schwingh mit der Bildung eines neuen Ministeriums betraut wurde, hat indeß die hierüber waltenden Zweifel völlig zerstreut. **) Am 19. März vormittags 9½ Uhr, erzählt er, ward von bürgerlichen Deputationen die Bitte vorgetragen, die Straßen vom Militär zu räumen, indem die Bürger dann dafür ständen, daß auf der andern Seite mit dem Weg= räumen der Barrikaden sofort begonnen und fortgefahren, und die Rück= kehr der Ordnung erfolgen werde.

Unmittelbar darauf ließ der König den General von Prittwitz her= beirufen, um Auskunft über die augenblickliche Lage der Dinge zu er= halten. Der General beharrte bei der schon öfter ausgesprochenen An= sicht: sich nicht stark genug zur Eroberung der ganzen

*) Der österreichische Dichter Hartmann drückte diese vielfach gehegte Hoff= nung aus in der „Reimchronik des Pfaffen Maurizius," wo er im 4. Kapitel die Heldenthaten der in Ungarn mitkämpfenden Wiener Studenten feierte:

„Sie wissen's besser, als ihr's wißt,
Daß dort die Freiheit wird aufersteh'n,
Daß Teutschland's Feinde dort untergeh'n,
Daß dort der Deutschen Schlachtfeld ist,
Die braven Wiener Studenten."

Den aus Wien kommenden Studenten war nach dem Falle Wien's der Eintritt in's baierische Land verwehrt und schon unterm 28. Oktober 1848 dem Senate der Münchener Universität die Weisung zugegangen, mit der Aufnahme von Wiener Studenten vorsichtig zu sein.

**) Bemerkungen des Grafen Arnim Boytzenburg zu der Schrift: Die Ber= liner Märztage, vom militärischen Standpunkte aus geschildert. Berlin, im Oktober 1850. — Graf Arnim sagt am Schlusse seiner Schrift: „Wer künftig eine Geschichte der Berliner Märztage schreibt, der möge diese Thatsachen nicht übersehen." — Sein Wunsch ist, insofern es innerhalb der Gränzen des gegen= wärtigen Werkes geschehen konnte, von uns erfüllt worden.

Stadt, Straße um Straße, zu fühlen, wohl aber zum Be=
haupten der eingenommenen Stellung. Sollte die Einwohnerschaft sich
nicht unterwerfen, so befürwortete er eine enge Einschließung und ma.hte
außerdem auf den bedenklichen Zustand in mehreren Straßen, als Folge
der seit dem Morgen eingetretenen Ungewißheit, aufmerksam. Um 10 Uhr
wiederholte eine neue bürgerliche Deputation, der Bürgermeister Naunyn
an der Spitze, die obige Bitte. Gegen 11 Uhr überbrachte der Minister
von Bodelschwingh dem General von Prittwitz den Befehl des Königs
zum Abzuge der Truppen. Der General von Prittwitz machte in An=
betracht des Zustandes der Straßen dagegen geltend, daß in solchem
Falle die fremden Truppen nach den Kantonnirungen, die einheimischen
nach den Kasernen abrücken müßten: wodurch die Verbindung der ein=
zelnen Truppentheile nicht allein unter sich, sondern auch mit dem Befehls=
haber abgeschnitten, Schloß und Zeughaus nicht mehr unterstützt, und
die Truppen mit gebundenen Händen dem Gegner überliefert werden wür=
den. Gleichwohl fügte er sich dem bestimmten königlichen Befehle. Der
König hatte die Besetzung des Schlosses, des Zeughauses und einiger an=
deren wichtigen Gebäude befohlen. Es waren mehr als 20 Bataillone,
30 Geschütze und ein Regiment Kavallerie innerhalb des von den Truppen
okkupirten Stadttheils zur Disposition. Von diesen wurden nur zwei
Bataillone nach dem Schlosse beordert, von denen nur sechs Kompagnien
eintrafen, und nur zwei sich im Schloßhofe, den die königliche Familie
bewohnte, aufstellten; ein im Zeughaus stehendes Bataillon erhielt den
Befehl, dort bis 2 Uhr zu bleiben. Von den übrigen Gebänden in der
Nähe des Schlosses und Zeughauses wurde, außer von der gewöhnlichen
Wache, keines militärisch besetzt. Um 12 Uhr wurde Graf Arnim zum
Minister ernannt. Er machte sogleich die Wahrnehmung, daß die Be=
satzung des Schloßhofes, den der König bewohnte, aus nur einigen Hundert
Mann Infanterie bestand, die, Gewehr beim Fuß, inmitten des Hofes
von einer mehrfach überlegenen Anzahl ihrer Gegner umgeben standen,
welche letzteren die freie Zirkulation im Schloßhofe und die Ein= und
Ausgänge zu diesem inne hatten. Die erste amtliche Handlung des neuen
Ministers war: in den Schloßhof zu eilen und den General v. Prittwitz
zu fragen: ob denn das alle Truppen wären, welche derselbe hier habe?
Der General antwortete Nichts als die Worte: „Die andern haben
sich verkrümelt!" *) Unmittelbar darauf umgab der bekannte

---

*) Einige Stunden später antwortete auf die Frage: wo denn die übrigen
Truppen geblieben seien? Prittwitz dem Könige: „Sie sind mir durch die
Finger gegangen!" — S. Arnim's Schrift, Seite 35.

Leichenzug mit Tausenden des zur Wuth gereizten und bewaffneten Volks das Schloß und setzte die Leichen dicht an der Wendeltreppe nieder. Der König nebst der Königin trat auf den Balkon, und der stolze Hohenzoller sah sich auf den Befehl des Volkes genöthigt, vor den Todten der Revolution das Haupt zu entblößen. Er war ein Gefangener in den Händen des Volkes *) und blieb es einige Zeit, weil er Be= denken trug, dem Beispiele Louis Philipps zu folgen und aus seiner Hauptstadt zu fliehen. Der Prinz von Preußen dagegen war im ersten Schrecken nach England entwichen, und sein Palast trug, damit selbiger vor Zerstörung sicher sei, die Aufschrift: „National=Eigenthum."

Jedermann kann sich aus der authentischen Schilderung des Grafen Arnim=Boytzenburg ein Urtheil bilden von der großen Demoralisation der Truppen und der Kopflosigkeit ihres Befehlshabers, von der Ver= wirrung und Muthlosigkeit im königlichen Schlosse, sowie von den gün= stigen, unbenutzt gebliebenen Chancen der Berliner Barrikadenkämpfer. Jedermann kann einsehen, daß nur die Angst der reichen Bürger, welche Deputation auf Deputation an den König schickten und um den Abzug des Militärs flehten, den vollständigen Sieg der Demokratie über das preußische Königthum verhinderte. Jedermann wird angesichts solcher Thatsachen aber auch zu bemessen verstehen, welchen Werth die Auf= schneidereien der Junkerpartei, denen zufolge der Sieg auf der Seite der Truppen gewesen sei, gehabt haben.

Nichtsdestoweniger zog der Umstand, daß der Berliner Straßen= kampf nicht zu Ende gekämpft worden war, den großen Nachtheil der Halbheit nach sich, indem nun zwischen Volk und Krone seitens der letztern der Vereinbarungsstandpunkt beansprucht wurde. Dieser Stand= punkt stand im grellen Widerspruche zu dem 1848 in Preußen einge= führten allgemeinen Wahlrechte. Denn das allgemeine Wahlrecht legte, wenn es damals auch nur indirekt Platz griff, allen erwachsenen Männern, welche die „preußische Nation" bildeten, die Souveränetät bei. Kein Standesunterschied, kein Rang, kein Titel, keine Geburt, kein Reichthum verlieh vor der Wahlurne Jemandem ein Vorrecht; der König war vor ihr dem Aermsten und „Geringsten" gleichgestellt. Der Prinz von Preußen

---

*) Der Minister Arnim gebraucht Seite 34, um die schreckliche Lage des Königs zu schildern, die Worte: „Der König und die ganze in jenen Gemächern versammelte königliche Familie sind abgeschnitten von den Truppen, sind mit einem kleinen Häuflein eingeschlossen in einer rebellischen Hauptstadt voll fremder und einheimischer Pöbelrotten."

selber (der jetzige preußische König) bewarb sich, weil er allein auf diese Weise nach Preußen zurückkehren konnte, um einen Sitz in der preußischen konstituirenden Versammlung, erhielt einen solchen für den Deutschland einverleibten Wirsitzer Wahlkreis und erschien wenigstens einmal — am 8. Juni — unter den Volks=Deputirten.

Er sah sich also durch die Ereignisse gezwungen, die Volks=Sou=veränetät anzuerkennen. In der preußischen National=Versammlung saßen außer dem Prinzen von Preußen ein Taglöhner, ein Gesell, ein Kommis, 68 Bauern, 5 Literaten, 11 Aerzte, 4 Offiziere, 40 Adelige, 28 städtische Beamte, 48 Verwaltungsbeamte und 98 Justiz=Beamte. Mit der souveränen Versammlung, worin der Kronprinz neben einem Tag=löhner, einem Gesellen und einem Kommis saß, vereinbaren zu wollen, mußte als das Uebermaß von Absurdität erscheinen und auf Hinter=gedanken hindeuten. Mochte immerhin der Kronprinz den Eintritt in die Volksvertreterversammlung als Mittel benutzen, um sich wieder in das Königreich einzuführen und sich die damals nicht anders mehr an=erkannte Unverletzlichkeit zu sichern: so wird doch hierdurch Nichts an der Thatsache geändert, daß in der mit allgemeinem Stimmrecht ge=wählten konstituirenden Versammlung Alles bis auf den Kronenträger inbegriffen, und daß es folglich widersinnig war, wenn die Versammlung, worin die seitherige Krone nur einen entsprechenden Theil bildete, mit der nämlichen Krone, die sich vor und außerhalb der Versammlung als ab=solut, unabhängig und souverän gebärdet hatte, als mit einer selbstän=digen Macht noch unterhandeln und vereinbaren sollte. Innerhalb der Versammlung war die Krone der Nation untergeordnet, ja sie wurde überhaupt als nicht mehr existirend vorausgesetzt, weil sonst keine kon=stituirende Versammlung nöthig und möglich gewesen wäre. Dagegen beanspruchte die Krone außerhalb der Versammlung und außerhalb der Nation mit dieser letztern kraft des Vereinbarungsstandpunkts die Ebenbürtigkeit und stellte sich als monarchische Souveränetät drohend der Volks=Souveränetät entgegen.

Die Bauern, welche 68 Vertreter aus ihrer Mitte abgeordnet hatten, gewannen durch die Bewegung von 1848 bedeutende Vortheile. Sie gelangten durch sie mit dem Bürgerthume auf gleiche Stufe und traten hinfort rascher in den Prozeß bürgerlicher Ausbeutung ein. Nach=dem die preußischen Bauern erlangt hatten, was sie wollten, schlugen sie sich auf die Seite der Reaktion. Das preußische Bürgerthum war in der Berliner Versammlung so gut wie gar nicht vertreten. Es hatte, weil an Beamtenbevormundung gewöhnt, fast lauter Beamte zu seinen

Vertretern gewählt. Nun war nicht wohl denkbar, daß bei dem unaus=
bleiblichen Konflikte, wo es einen Kampf auf Tod und Leben galt, die
aus der Bureaukratie hergenommenen Vertreter, welche in der Ver=
sammlung die Mehrzahl bildeten, das Aeußerste wagen würden.

Die Beamten, mit der preußischen Monarchie verwachsen, in deren
Schreibstuben sie als Angestellte ihr Brot fanden, bemaßen die Macht=
frage, um welche es sich in letzter Instanz handelte, nach ihrer gesell=
schaftlichen Stellung und nach ihren juristischen Begriffen. Sie erhoben
sich höchstens bis zu jener gesetzlichen Entrüstung, die passiver Wider=
stand genannt wurde. Sie erinnerten an die passive obedience men
der englischen Revolutionszeit.

Das neue preußische Ministerium legte der konstituirenden Ver=
sammlung einen Verfassungsentwurf vor, der so reaktionär war, daß er
selbst der rechten Seite nicht genügte. Hunderte von Petitionen und fast
die ganze Presse verlangten die Verwerfung desselben. Doch die Majo=
rität scheute sich vor diesem Schritte; sie suchte nach einem Auswege.
Darum stellte Wachsmuth den Antrag auf Verweisung in eine Kom=
mission, und Waldeck, der die konstitutionelle Monarchie für die einzige
vernünftige Verfassungsform Preußens ansah, trat dem Harrassowitz'schen
Amendement bei, welches lautete: „zur Berathung und eventuellen Um=
arbeitung." Indem die Versammlung den Antrag nebst Amendement
annahm, wollte sie vermeiden, dem Ministerium wehe zu thun. Sie beob=
achtete diese zarte Rücksicht, weil in ihr die Beamten, die Untergebenen
des Ministeriums, dominirten. Gleichwohl bekennt der Beamte von
Unruh:

„Der neu erfundene Begriff, oder besser, das neu erfundene Wort
der Vereinbarung, und der wichtige Umstand, daß aus der Revolution
nicht allein die Krone unangetastet hervorgegangen war, sondern auch
die ganze Exekutiv=Gewalt, die ganze Regierungs=Maschine in der Hand
behalten, die Minister frei gewählt hatte, gab der Ver=
sammlung eine ganz eigenthümliche Stellung zum Mi=
nisterium."

Eben so schwach benahm sich die Versammlung, als die erste große
Prinzipien=Frage zur Verhandlung kam. Weil man nämlich auf Schritt
und Tritt daran erinnert wurde, daß die Revolution wegen des Da=
zwischentretens der Bürger am 19. März nicht zur ganz vollendeten
Thatsache erhoben und folglich ihr Sieg nicht außer allem Zweifel ge=
stellt war, wollte Behrends jede Mißdeutung in dieser Hinsicht beseitigen,
indem er den Vorschlag machte:

„Die Versammlung wolle in Anerkennung der Revolution
zu Protokoll erklären, daß die Kämpfer des 18. und 19. März sich wohl
um das Vaterland verdient gemacht haben."

Was that jedoch die Versammlung? Sie zog es vor, die brennende
Frage unentschieden zu lassen und zur Tagesordnung überzugehen. Herr
von Unruh, der ein parlamentarischer Minister zu werden hoffte und
deßhalb bei jeder Gelegenheit den Regierungs-Organen seinen klugen Rath
ertheilte, trug nicht wenig zu dem schwächlichen Verhalten der Berliner
Konstituante bei. Er könnte ein Gagern im Kleinen genannt werden,
wenn er einigermaßen mit staatsmännischem Blick begabt gewesen wäre.
Da ihm dieser jedoch durchaus mangelte, benutzte die Reaktion seine
Schwächen und lachte über seine Schlauheit ins Fäustchen.

„Im Hôtel de Russie herrschte fast (?) kein Ehrgeiz," aber desto mehr
Eitelkeit!

Nichtsdestoweniger wuchs die Zahl der Linken, da auch die vielen
Stellvertreter, die zur Auffrischung der Versammlung dienten, in Folge
der unter dem Volke sich verbreitenden demokratischen Ideen meist die
linke Seite der Versammlung verstärkten. Das Stellvertreter-System gereichte deßhalb der preußischen Reaktion zum großen Aergerniß und es
ist bei der spätern Oktroyirung wieder abgeschafft worden. Mehr jedoch
als dieses System trug die Haltung der Bevölkerung der Hauptstadt bei,
die Versammlung von gar zu reaktionären Beschlüssen abzuhalten. Denn
die Hauptstädte sind in bewegten Zeiten gewöhnlich die Wächter der Freiheit.
So kam es denn, daß die Berliner Konstituante nicht bloß sentimental die
Todesstrafe, sondern auch frischweg radikal die Titel, Orden, den Adel
und die königliche Bezeichnung: „von Gottes Gnaden," für abgeschafft erklärte. Auch das Jagdgesetz fiel radikal aus. Wenn sie nun auch nach
dem Einwerfen der Fenster im Hôtel des Minister-Präsidenten das ein-
gebrachte Tumultgesetz mit Sammethandschuhen angriff, damit daraus
keine Niederlage des Ministeriums hervorgehe, so fiel sie doch durch die
erwähnten radikalen Beschlüsse beim Könige dermaßen in Ungnade, daß
Nichts sie rehabilitiren konnte. Aber vollends unrettbar verloren war sie,
als sie von dem Gedanken angewandelt wurde, das Heer — den Pfeiler
des preußischen Absolutismus — zu demokratisiren.

Die Vereidigung des Militärs auf die Verfassung ist von je ein
Punkt gewesen, den die Reaktion nicht hat vertragen können.*) Doch

---

*) Vgl. Ueber die Vereidigung des Heeres auf die Verfassung. Geschrieben
im August 1849 vom Grafen von Arnim-Boytzenburg. Berlin.

zuvörderst handelte es sich um den unliebsamen Punkt noch nicht, son=
dern einestheils um die Wahl der Landwehr=Offiziere durch die Ge=
meinen, und anderntheils um die Maßregelung, respektive Zurechtweisung,
reaktionärer Offiziere. Hiermit berührte die Versammlung die kitzlichste
Stelle des preußischen Königthums. Der von der Zentral=Kommission
der preußischen National=Versammlung redigirte Verfassungsentwurf ent=
hielt nämlich im Artikel 30 über die Organisation der Volkswehr und
Landwehr nachfolgende Bestimmungen:

„Die Volkswehr hat das Recht ihre Führer bis zu den Chefs der
Bataillone selbst zu wählen. Sind höhere Führer erforderlich, so hat die
Regierung das Recht der Wahl unter drei von der Volkswehr vorge=
schlagenen Kandidaten. Der Landwehr steht das Recht der
Wahl nur bis zum Grade des Hauptmanns einschließlich
zu. Die Art der Wahl bestimmt das Gesetz.“*) — So Etwas konnte
nicht geduldet werden.

Den andern Anstoß gab der Reaktion der Stein'sche Antrag. Er
ging aus folgendem Anlaß hervor. In Schweidnitz war, wie zwei Mo=
nate vorher in Mainz, zwischen der Bürgerwehr und dem Militär eine
arge Spannung hervorgerufen worden. Bei der Schweidnitzer Bürger=
wehr herrschte also bereits Mißstimmung, besonders auch, weil ihr die
Allarmzeichen hatten untersagt werden sollen, als am 31. Juli bei einem
— vermuthlich von der Reaktion angestifteten — Tumulte, während
dessen dem Festungs=Kommandanten, Namens Rolas du Rosay, die
Fenster eingeworfen wurden, ein ganz unprovozirter Angriff des Mili=
tärs auf die Bürgerlichen geschah. Nachdem eine Kompagnie Linien=In=
fanterie den Platz vor der Wohnung des Kommandanten bereits von
Menschen gesäubert hatte, rückte eine zweite, aus polnischen Oberschlesiern
bestehende Kompagnie heran und gab unverweilt auf die Bürgerwehr
Feuer, die doch auf das gegebene Allarmzeichen erschienen war, um
Ruhe und Ordnung herzustellen. Es fielen auf die Bürgerschützen 102
Schüsse, die 14 Mann tödteten oder verwundeten. Die Hauptschuld
hieran wurde dem Festungs=Kommandanten Rolas du Rosay (einem
Franzosen) und dem Bürgermeister Berlin beigemessen. Die Entwaffnung
der Schweidnitzer Bürgerwehr sollte bald nachfolgen.

Wegen dieser Katastrophe stellte Stein in der Berliner Versamm=
lung den Antrag:

**) S. Ueber den schädlichen Einfluß der für die Landwehr in Aussicht ge=
stellten Wahlen der Vorgesetzten durch ihre Untergebenen. Geschrieben im Sep=
tember 1848. Berlin, Verlag der Decker'schen geheimen Ober-Hofbuchdruckerei.

„Der Herr Kriegsminister möge in einem Erlasse an die Armee sich dahin aussprechen, daß die Offiziere allen reaktionären Bestrebungen fern bleiben, nicht nur Konflikte jeglicher Art mit dem Zivil vermeiden, sondern durch Annäherung an die Bürger und Vereinigung mit denselben zeigen möchten, daß sie mit Aufrichtigkeit und mit Hingebung an der Verwirklichung eines konstitutionellen Rechtszustandes mitarbeiten wollen," und Schulze schlug zu dem Antrage noch den viel weiter gehenden Zusatz vor:

„Und es denjenigen, mit deren politischer Ueberzeugung dieß nicht vereinbar ist, zur Ehrenpflicht zu machen, aus der Armee auszuscheiden."

Sowohl der ursprüngliche Antrag, als auch der mitgetheilte Zusatz wurden am 9. August von der Versammlung angenommen. Wenn die übrigens erst nach der Annahme des Stein'schen Antrages gefaßten radikalen Beschlüsse über die Abschaffung des Adels, der Titel und Orden nur die Heiterkeit der Aristokratie erregten, weil selbige wußte, daß derlei Beschlüsse keine Bedeutung haben, wofern nicht dem Adel der große Grundbesitz entzogen und eine gänzliche soziale Umwälzung vorgenommen wird: so war man dagegen bei Hofe darüber empört, daß durch den Stein'schen Antrag das Heiligthum der preußischen Könige verletzt, und die souveräne Gewalt des Schwertes angetastet wurde. Das preußische Heer ist das Bollwerk des Absolutismus, und treffend heißt es in der preußischen National-Hymne, im sogenannten Preußenliede:

„Noch steht der Thron wie immer,
Als wie ein Fels im Meer,
Und rings im Waffenschimmer
Mein treues Heer."

Der König Friedrich Wilhelm IV. war, ehe sich an ihm buchstäblich der Fluch der Revolutionssänger erfüllte, ein Witzbold. Die Neigung zu praktischen oder handgreiflichen Späßen hatte er von seinem Ahnen Friedrich Wilhelm I. geerbt. Dieser ließ bekanntlich am 10. November 1737 die Professoren der Universität Frankfurt an der Oder durch Unteroffiziere zusammentreiben und sie zu einer Disputation mit seinem Hofnarren dem Magister Morgenstern zwingen, welcher mit einer großen Perrücke auf dem Kopfe, mit einem Fuchsschwanze anstatt des Degens an der Seite und in einem mit lauter Hasen bestickten scheckigen Anzuge gegen die Professoren Roloff und Fleischer die Meinung zu vertheidigen hatte, daß die alten Schriftsteller bloß alte Salbader und Narren gewesen seien. Friedrich Wilhelm IV. suchte einen ähnlichen praktischen Spaß mit den Abgeordneten der Berliner konstituirenden Versammlung zu treiben. Zudem er die Schwäche der meisten Abgeordneten, für hoffähig gelten zu wollen, recht gut kannte, ließ er durch das Ministerium die Abgeordneten zu einem Besuche beim Könige in Charlottenburg verlocken. Nur sehr wenige Deputirte waren ihrer Stellung dermaßen eingedenk, daß sie sich zu dem großen Narrenspiele, welches mit ihnen aufgeführt werden sollte, nicht verleiten ließen. Lassen wir jetzt Herrn v. Unruhe, einen Mitdulder, die Aufführung des Spektakelstücks erzählen:

„Die Versammlung erschien fast vollzählig, selbst die äußerste Linke und die meisten Polen. Am Wildpark verließ man die Eisenbahn, eine Reihe Wagen stand bereit, voran der bekannte Zeltwagen, welcher zu jedem Zuge nach und von der Eisenbahn fährt; dann zwei Hofequipagen, deren sich Hofbeamte in Geschäften zu bedienen pflegen; endlich eine Reihe zum Theil schlechter, gemietheter Privatfuhrwerke, zum Theil Droschken, ja anscheinend einige Charlottenburger Wagen, und doch zu wenige. Manche Abgeordnete mußten vorn bei dem Kutscher Platz nehmen. Der Garten-Direktor Lenné führte den Zug; es fehlte ihm aber an einigen Dienern, welche die Gäste zurechtwiesen. Man machte eine Spazierfahrt von fast 2 Stunden durch die Gärten. Leider war die Hitze noch groß, und entsetzlicher Staub erhob sich. Die Demokraten wurden zu Hoffiguren aus der Zeit Ludwig XIV. eingepudert. Vom Hofe nahm Niemand an diesem eigenthümlichen Vergnügen Theil. Endlich langte der Zug wieder am neuen Palais, und zwar dick bestaubt, an. Von der andern Seite sah man den Wagen des Königs bereits herankommen. Die im Vestibül stehenden Lakeien schienen keine Neigung zu haben, den Abgeordneten beim Wegschaffen des Staubes behülflich zu sein, und Niemand hielt es auch für nöthig, Befehle dazu zu geben. So mußten denn die Abgeordneten in Gegenwart des Publikums einer dem andern zur Noth den Staub ausklopfen, um vor dem Könige nicht schmutzig zu erscheinen.“

Dem entsprechend war die Behandlung im königlichen Palais und die Rückfahrt. „Die Abfahrt des Eisenbahnzuges rückte heran; mehrere Abgeordnete mußten zu Fuße in großer Eile nach dem entfernten Bahnhof, um den Zug nicht zu versäumen. So unbedeutend die ganze Sache Manchem erscheint“, setzt Herr v. Unruh hinzu, „so war sie dem besonnenen Beobachter doch bezeichnend genug.“

Um den Stein'schen Antrag kümmerte sich zuerst das Ministerium nicht. Als es aber behufs der Ausführung desselben von der konstituirenden Versammlung angehalten wurde, trat es zurück, nachdem es eine königliche Kabinets-Ordre publizirt hatte, worin sich der König mit dem

Ministerium einverstanden erklärte, daß sich die Versammlung in die Verwaltungsmaßregeln nicht einzumischen habe.

Inzwischen waren Truppen in der Mark zusammengezogen worden, und General Wrangel, ihr von Schleswig-Holstein zurückgekehrter Oberbefehlshaber, erließ einen Armeebefehl, in welchem er die Demokraten Berlin's bedrohte. Um der Versammlung außerdem eine Lektion zu ertheilen, setzte der König ein neues Ministerium ein mit dem General von Pfuel an der Spitze. Die Versammlung benahm sich nun ziemlich zahm. Ja sie ließ sich sogar dazu benutzen, in einem von Bloem und Berg veranlaßten Beschlusse ihren Abscheu über die Frankfurter Ereignisse vom 18. September auszudrücken. Nicht minder leistete sie der Reaktion einen Dienst, als sie mit Bezug auf das Großherzogthum Posen das Philipps'sche Amendement, welches mit den Beschlüssen der Frankfurter deutschen National-Versammlung im Widerspruch stand, annahm und dadurch eine Gegenerklärung der Frankfurter hervorrief. Hinsichtlich des Stein'schen Antrags begnügte sie sich mit einem matten und verwässerten Ministerial-Erlasse, zu dem Herr v. Unruh, als schlauer Diplomat, insgeheim den Entwurf geliefert hatte.

Nichts desto weniger wurde sie vom Neuen verhöhnt. Der General Brandenburg in Breslau nämlich erließ eine Bekanntmachung, worin er die Drohworte gebrauchte:

„Als kommandirender General in der Provinz liegt mir in Vereinbarung mit dem königl. Oberpräsidenten die Pflicht ob, im äußersten Falle selbst unter alleiniger Verantwortung, die Ruhe und Ordnung überall unter Anwendung der gesetzlichen Mittel herzustellen... In obiger Eigenschaft warne ich daher alle Bewohner der Provinz und fordere sie auf, sich von dem wühlerischen Treiben nicht hinreißen zu lassen, da mir mit der Pflicht auch die Mittel zu Gebote stehen, dem Gesetze Nachdruck zu verschaffen."

Wenn diese Worte anscheinend an die Bewohner Schlesiens gerichtet waren, so ging doch die eigentliche Adresse derselben an die Berliner Versammlung. Sie waren eine Antwort auf den Stein'schen Antrag. General Graf Brandenburg wollte den Deputirten einstweilen einen Vorgeschmack seiner spätern Wirksamkeit geben.

Eine Zeit lang wurde die Berliner Versammlung durch die von der Reaktion erfundene und verbreitete Anschuldigung, daß sie, anstatt die Verfassung fertig zu machen, sich mit fremdartigen Dingen beschäftige, im Lande verdächtigt. Indeß gereichte gerade die Beschäftigung mit den fremdartigen Dingen der Versammlung meist zum Ruhme. Denn außer dem Verfassungsentwurfe berieth sie die Gesetze über Sistirung aller schwebenden Verhandlungen und Prozesse behufs Auseinandersetzung der gutsherrlich-bäuerlichen Verhältnisse; über die Auswanderung; über Abänderung der Gesinde-Ordnung; über Abschaffung der den Adel bevorrechtigenden Gesetze; über Zivil-Ehe, Zivilstands-Register; über Abschaffung der Todesstrafe; vielfache gesetzliche Vorschläge über die Gewerbefreiheit, Gewerbebetrieb, Gewerbeordnung, über Wechselfähigkeit, Wechselarrest, Zinsfuß, Pfandrecht u. s. w.; über Naturalzehnt und Fünftel-Abzug; über Aufhebung der §§. 151—156 Landrecht II., 20 wegen unehrerbietigen Tadels und Erregung von Mißvergnügen u. s. w.; über Aufhebung der Steuerexemtion; über Jagd und resp. deren Theilung und Streitigkeiten; über Beseitigung der bisherigen Provinzial- und Kreisstände, so wie deren ferneren Beschlußnahme; über Aufhebung und Ablösung der Feudallasten, Servituten u. s. w.; ferner die Gesetzvorschläge über die Ablösung alter Gerechtigkeiten auf Waldungen im Bezirke des Rheinischen Appellationsgerichtshofes; über die Disziplinarordnung der Rheinischen Advokaten und über die Gebühren der Gerichtsvollzieher; über Errichtung eines Kreditinstituts; über Aufhebung des Zölibats; über Aufhebung der Most- und Tabaksteuer; über die Neuwahl der beförderten Beamten, sowie über die Rechtsverhältnisse ausscheidender Minister; über den Schutz der persönlichen Freiheit (Habeas-Corpus-Akte); über Holzdiebstähle; über Gleichstellung der Bergwerksabgaben; über Gemeinde-, Kreis- und Distrikts-Verfassung; über Beförderung der Holzkultur rc.; über Unterstützung der verarmten Krieger aus der Zeit der Freiheitskriege; über das Theilungsverfahren nach der Rheinischen Prozeßordnung; verschiedene Gesetzvorschläge über Ablösungen und Separationen, sowie wegen Revision der darüber noch bestehenden Gesetze; über die Servitute der Sichelgräserei; ferner über unentgeltliche Aufhebung und resp. Ablösung der Natural-Dienste; ein anderweiter Gesetzvorschlag über die auf Landrecht II. 20. §. 151—155 Bezug habenden Verordnungen, Untersuchungen und Strafen; über Ehen zwischen Christen und Nichtchristen, desgleichen Leuten verschiedenen Standes; einen Gesetzentwurf über das Verfahren in Untersuchungssachen mit Geschwornen-Gerichten; einen andern über die Presse; den Gesetzentwurf eines Einkommensteuer-Gesetzes; über die Zustimmung der National-Versammlung zu den Reichsgesetzen; über den Schutz der National-Versammlung und deren Mitglieder gegen Angriffe von Außen; über Aufhebung und Umwandlung der Kadettenhäuser u. s. w. *)

---

*) S. die Vorwürfe, welche der preußischen National Versammlung gemacht sind rc. Vom Justiz-Kommissarius F. F. Weichsel. Magdeburg, 1849.

Als dann mehrmals Arbeiterschaaren, theils von reaktionären Agenten aufgestachelt, den Dönhoffplatz füllten und die Versammlung im Sitzungs= lofale umlagert hielten, wurde das Gerücht verbreitet, die Berathungen seien nicht mehr frei. Man suchte eben nach einem geeigneten Vorwande, um die Versammlung von der Hauptstadt in die Provinz verbannen und dort schließ= lich noch vor Vollendung der Verfassung auflösen zu können. Die Versammlung suchte deßhalb sich nicht allein durch die Bürgerwehr vor dem Volke zu schützen, sondern dachte auch daran, ein besonderes Ge= setz zu ihrem Schutze zu beschließen. Doch ohne einen blutigen Sieg, erfochten in einer neuen Straßenschlacht Berlin's, ließ sich das rasch hereinbrechende Verhängniß nicht mehr aufhalten.

Durch den Oktobersieg der Wiener Revolutionäre war ganz Deutsch= land in Bewegung gerathen. Die Demokraten der kleinen Staaten fühl= ten sich erleichtert, und sogar der würtembergische Minister Römer sprach jetzt von der Nothwendigkeit, die Fürsten der Einzelstaaten zu mediati= siren. Allein die Wirkung des demokratischen Erfolges hielt nicht län= ger vor, als dieser Erfolg selbst. Wien wurde von drei Heeren bedroht. Das Frankfurter Parlament glaubte in dieser Krisis nichts Anderes thun zu dürfen, als ein Paar Kommissäre, die natürlich sich durch ihre Ohn= macht lächerlich machten, nach Oesterreich zu entsenden.

Auch die Berliner hielten sich verpflichtet, den Wienern eine ähn= liche Hülfe leisten zu müssen. Arnold Ruge veranstaltete eine Straßen= Demonstration, unter deren Drucke er dem Abgeordneten d'Ester am 31. Oktober, am Tage der gänzlichen Unterwerfung Wien's, eine Petition zu Gunsten der Wiener überreichte. Im Zuge war der demokratische Bürgerwehr=Klub, der souveräne Linden=Klub und die politische Ecke ver= treten. Ein anderer Zug mit einer Deputation der Maschinenbauer an der Spitze zog über den Gendarmen=Markt, um der preußischen Natio= nal=Versammlung eine gleiche Petition zu überbringen.

Im Schoose der Versammlung wurde nun an diesem Tage von Waldeck und d'Ester der lächerliche Antrag gestellt:

„Die Versammlung wolle beschließen, das Staatsministerium auf= zufordern, zum Schutze der in Wien gefährdeten Volksfreiheit alle dem Staate zu Gebote stehenden Mittel und Kräfte schleunigst anzubieten."

Waldeck setzte also voraus, daß die preußische Reaktion durch einen Beschluß der Versammlung vermocht werden würde, der österreichischen Demokratie beizustehen. Sein Antrag wurde aber abgeworfen. Nicht besser erging es dem wo möglich noch lächerlicheren Amendement Dun= cker's, dahin lautend:

„Die Regierung Sr. Majestät aufzufordern, bei der deutschen Zen=
tral=Gewalt mit Entschiedenheit dahin zu wirken, daß nicht in Folge der
neuesten Wiener Ereignisse die Freiheit und Nationalität eines deutschen
Bruderstammes gefährdet werde."

Dagegen nahm die Versammlung ein von Rodbertus und Berg ge=
stelltes Amendement an, welches diese Fassung hatte:

„Sr. Majestät Regierung aufzufordern, bei der Zentral=Gewalt
schleunige und energische Schritte zu thun, damit die in den deutschen
Ländern Oesterreichs gefährdete Volksfreiheit und die bedrohte Existenz
des Reichstages in Wahrheit und mit Erfolg in Schutz genommen, und
der Friede hergestellt werde."

Dieses Amendement wurde mit 261 gegen 51 Stimmen zum Be=
schlusse erhoben. Während dergestalt die Berliner Versammlung ihre
politische Weisheit leuchten ließ, kam es draußen vor dem Sitzungs=
lokale, wo eine unabsehbare Menschenmasse mit Fackeln und rothen Fah=
nen umherwogte, zwischen der Bürgergarde und dem Volke zum leichten
Konflikt, in welchem mehrere Verwundungen vorfielen.

Will man sich die Absurdität des Rodbertus'schen Antrages nur
einigermaßen veranschaulichen, braucht man sich bloß zu vergegenwär=
tigen, daß der Reichsverweser, welcher zu Gunsten der österreichischen
Demokratie interveniren sollte, nachdem die preußische Regierung zuvor
und zu gleichem Behufe bei ihm intervenirt gehabt hätte, damals in
Uebereinstimmung mit den ihn berathenden Gesandten der deutschen Ein=
zelstaaten fünf mobile Korps, welche die Demokratie der kleinen Länder
im Zaume zu halten bestimmt waren, auf den Beinen hielt. Diese Korps
waren so vertheilt:

a) Ein Korps, bestehend aus 9,800 österreichischen, preußischen, bai=
erischen, kurfürstlich hessischen und hessendarmstädtischen Truppen, stand in
und bei Frankfurt am Main;

b) ein anderes, ebenfalls 9,800 Mann starkes Korps, welches aus
Würtembergern und Badensern zusammengesetzt war, lagerte bei Freiburg
im Breisgau;

c) 8,000 Mann preußische, nassauische und Frankfurter Truppen
waren bei Mannheim aufgestellt;

d) ein viertes Korps, gebildet aus baierischen Truppen, stand hin=
ter der Iller zwischen Ulm und Memmingen;

e) das fünfte Korps hatte Thüringen in Schach zu halten und be=
stand aus 8,100 königlich sächsischen, weimarischen, altenburgischen und

reußischen Truppen.*) Seine erste Aufgabe war die Beruhigung Altenburgs.

Zu dem letzterwähnten Korps sollte eine österreichische Brigade hin-
zukommen. Da aber der Oktoberaufstand in Wien ausbrach, wurde
statt ihrer die Aufstellung einer hannöverischen Brigade unter dem Kommando eines hannöverischen Generals angeordnet. Selbige sollte zwischen
Meiningen und Hildburghausen vorrücken und das meiningische, ferner
das koburg-gothaische, sowie die beiden Kompagnien des schwarzburg-
sondershäusischen und die beiden Kompagnien des schwarzburg-rudol-
städtischen Kontingents an sich ziehen.**) Hinsichtlich der Verpflegung
verfügte ein Erlaß des Reichs-Kriegs-Ministeriums ***) unterm 28. September 1848, daß die Offiziere, Unteroffiziere und Gemeinen einstweilen
die landesübliche Quartierverpflegung und die nöthige Fourage von den
mit Truppen unterstützten Territorial-Regierungen empfangen sollten.
Nach einer Verfügung vom 22. Oktober 1848 hatten die Offiziere und
die ihnen an Rang gleichstehenden Beamten der mobilen Korps außer-
gewöhnliche Verpflegungsgelder zur Bestreitung ihrer Verpflegungs- und
Vergnügungsbedürfnisse zu empfangen, wobei das Quartier, auf welches
sie unentgeltlichen Anspruch hatten, keineswegs in Betracht kam. Diese
Extra-Besoldung zur Verschönerung ihres Lebens betrug:

Für einen Lieutenant . . . . täglich	1	Guld.	6 Kr.
„ „ Hauptmann . . . . „	1	„	34 „
„ „ Stabsoffizier . . . „	2	„	12 „
„ „ Regiments-Kommandeur „	2	„	50 „
„ „ Brigade-Kommandeur „	4	„	28 „
„ „ Divisions-Kommandeur „	6	„	— „

Außerdem wurde jedem Offiziere und Militär-Beamten, damit
sie freudig die reaktionären Befehle vollzögen und vor demokratischer
Verführung sicher wären, eine einmonatliche Gage unter dem Titel „Aus-
rüstungsgeld" zugelegt. Die Beamten der Einzelstaaten wurden vom

---

*) Vergl. Erlaß des Reichs-Kriegs-Ministeriums vom 23. September 1848
und Denkschrift vom 12. November 1848.

**) Vergl. Erlasse des Reichs-Kriegs-Ministeriums vom 10. und 27. Oktbr. 1848.

***) S. Beilage 6 zu §. 236, 21. Sitzung der deutschen Bundesversamm-
lung vom 12. August 1852. — Promemoria über die Aufstellung und Befriedigung der von den einzelnen Bundesregierungen an die Gesammtheit des Bundes
gemachten Ansprüche auf Ersatz der seit dem Jahre 1848 gemachten militärischen
Leistungen.

Reichsverweser ermahnt, energisch gegen die Demokraten einzugreifen, und Reichs-Kommissäre *) wurden ausgeschickt und mit ausgedehnten Vollmachten versehen, damit sie auf alle Fälle das Ansehen der Gesetze und Regierungen zu schützen im Stande wären. Nachdem ein Rundschreiben der Reichs-Ministerien des Innern und des Krieges verfügt hatte, daß kraft eines Beschlusses des Gesammt-Reichs-Ministeriums der Aufwand für die Truppen der Reaktion vom ganzen Reiche bestritten, und daß die Verpflegung nach den landesüblichen Normen vor sich gehen müsse, wurden die Regierungen aufgefordert, dafür Sorge zu tragen, daß, wenn in ihren Staaten sogenannte Reichstruppen erschienen, die tarifmäßige Natural-Verpflegung von der Bevölkerung vorschußweise gegen Empfangsbescheinigungen der Truppen-Kommandanten unverweigerlich geleistet werde, worauf eine nachträgliche Vergütung aus der sogenannten Reichskasse erfolgen sollte. Als aber die quartiergebenden Gemeinden diese Reichslasten nicht mehr zu erschwingen vermochten, da bewilligte die Frankfurter National-Versammlung dem Reichs-Ministerium einen Kredit von 1,750,000 Gulden. In Gemäßheit dessen wurde eine Matrikular-Umlage ausgeschrieben, wie die desfallsige Verordnung vom 27. November 1848, sowie eine Zirkular-Note des Reichs-Finanz-Ministeriums vom gleichen Tage bezeugt!

Unter diesen Umständen vom Reichsverweser zu erwarten, daß er auf das Ansuchen Preußens — wenn nicht schon die Voraussetzung solchen Ansuchens an den höheren Blödsinn gränzt hätte! — zu Gunsten der Freiheit in Oesterreich einschreiten werde: das war doch wohl ein sehr bedenkliches Symptom vom völligen Uebergewicht eines verstörten Gemüths über den ganz gewöhnlichen Menschenverstand. Solche Schwachköpfe und jämmerliche Querpfeifer brauchte die Reaktion freilich nicht zu fürchten!

Nachdem die Berliner Versammlung jenen abderiten-mäßigen Beschluß gefaßt hatte, sandte General v. Pfuel dem Präsidenten der Versammlung, Hrn. v. Unruh, ein Schreiben ein, um ihn zu benachrichtigen, daß er dem Könige seine Entlassung eingereicht habe. Die Regierung fürchtete sich jetzt nicht mehr vor der Demokratie, zumal da sie gesehen hatte, daß der nach Berlin ausgeschriebene Demokraten-Kongreß als gänzlich mißlungen zu betrachten war, und daß wegen der allgemeinen Knau-

---

*) Die Ausgaben für die von Frankfurt am Main ausgehenden Kommissäre des Fünfziger-Ausschusses, des Parlaments und des Reichsverwesers beliefen sich im Jahre 1848 auf circa 100,000 Gulden.

ferei die Baarschaft in der Demokraten-Kasse bloß **v i e r T h a l e r u n d
n e u n P f e n n i g e** betrug. Leute, die mit ihrem Gelde so filzig waren,
setzten noch viel weniger ihr Leben für die schönen Worte der reinen Demokratie ein. Die preußische Nation wurde also jetzt wieder mit einem
neuen Ministerium versorgt. Die bisherigen Ministerien waren gewesen:
1) das Ministerium Arnim-Boytzenburg vom 19. März 1848 bis zum
Frankfurter Reichsverweserbeschluß; 2) das Ministerium Auerswald-Han-
semann, das sich selber als ein „Ministerium des Ueberganges" bezeichnete, vom 26. Juni bis zur Frankfurter Debatte über den Malmöer Waffenstillstand; 3) das Ministerium Pfuel, Eichmann, Bonin, Kisker und
Tönhoff, vom 22. September bis zur Niederschmetterung der süddeutschen Demokratie oder bis zum Falle Wien's. Jetzt kam das Ministerium, welches die Demokratie in Preußen niederzuwerfen hatte, bestehend
aus dem General Grafen von BrandenburG (Präsident und Aeußeres),
dem General v. StrothA (Krieg), dem Freiherrn Otto v. ManteuffeL
(Inneres), von LadenberG (Kultus), von Pommer-EschE (Handel), von
RintelN (Justiz) und Kühne (Finanzen): ein Ministerium, allgemein das
„G a l g e n - M i n i s t e r i u m," auch das „der rettenden That" genannt.
Nach Kurzem trat van der Heydt in dasselbe.

Die preußische National-Versammlung sträubte sich gegen die Einsetzung des Ministeriums Brandenburg-Manteuffel. Sie beschloß eine
Adresse an den König zu richten; allein ihre Deputation wurde erst gar nicht
vorgelassen. Der Präsident und Vizepräsident der Versammlung hatten
ein gleiches Schicksal. Ja Herr v. Unruhe wurde durch den König, weil
Höchstdieselben zu stark beschäftigt seien, nicht einmal als Privatmann
empfangen. Am 9. November wurde die Versammlung nach dem von
Oesterreich gegebenen Beispiele bis zum 27. November vertagt und nach
Brandenburg verlegt. Den 10. November rückte General von Wrangel,
da die beschlußfähige Mehrzahl der Versammlung die Sitzungen in Berlin fortzusetzen drohte, mit 22,000 Mann Truppen, welche zunächst bei
den Bürgern einquartiert wurden, in Berlin ein. Die in Berlin bleibenden Deputirten wurden nun sechs Tage lang, wenn sie sich versammeln
wollten, von Ort zu Ort vertrieben. Obschon von allen großen Städten
Deputationen und von allen Theilen des preußischen Gebietes zustim-
mende Adressen bei der Versammlung einliefen, wagte sie zusammt der
Berliner Bürgerwehr doch keinen Straßenkampf. Ja nicht einmal einen
eigentlichen Steuerverweigerungsbeschluß wagten die übrig gebliebenen
Abgeordneten zu fassen. Sie hielten keine eigentlichen Sitzungen mehr,
sondern machten bloß noch ungefährliche Demonstrationen in Zusammen-

künften, bei denen sie durch das Militär verjagt wurden. Die letzte die=
ser Zusammenkünfte fand am 15. November im Mielentz'schen Lokale statt,
wo man auf den Antrag Schulze's aus Delitsch vor dem Auseinander=
gehen eilig die einfache Erklärung abgab: „daß das Ministerium Bran=
denburg nicht befugt sei, Steuern zu erheben oder zu verwenden." So=
nach verlegte man sich nach dem Rathe des Hrn. v. Unruh auf den pas=
siven Widerstand, während die Aufstände, welche um diese Zeit in man=
chen Theilen Preußens losbrachen, mit Heeresmacht niedergeschlagen wur=
den. Herr v. Unruh stützte sich beim passiven Widerstande auf den von
ihm ausgesprochenen, aber in der Folgezeit grell verletzten Satz:

„Die Willkür wird schon ausgeschlossen durch das in jeder wirk=
lichen Konstitution den Kammern unvermeidlich zustehende Recht, die Steu=
ern jährlich zu bewilligen, also auch zu verweigern. Es bleibt dann der
Willkür nur noch eine Hinterthür: ein Wahlgesetz, welches nicht die Na=
tion, sondern die Minorität, gewisse Klassen in den Kammern repräsen=
tiren läßt, und — die Korruption. Ist das Wahlrecht nicht auf einzelne
Klassen beschränkt und haben die Kammern ungeschmälert das Steuer=
bewilligungsrecht; so ist es eine Sünde gegen die Krone, ihr zu rathen,
dennoch durch Willkür sich und das Land zu gefährden, nicht offen und
wahr in das konstitutionelle Staatsleben einzutreten."

Nachdem die Berliner Opposition durch die Verkündigung des pas=
siven Widerstandes alle diejenigen Demokraten, welche in den Provinzen
sich zu ihrem bewaffneten Schutze aufgeworfen, der Verfolgung des Ab=
solutismus preisgegeben hatte, verharrte sie nicht einmal lange bei ihrem
passiven Widerstande. Zwar wurde die nach Brandenburg verlegte Ver=
sammlung bei ihrer Eröffnung am 27. November nicht vollzählig, ja
nicht einmal beschlußfähig; da aber die preußische Reaktion drohte, die
Stellvertreter der weggebliebenen Abgeordneten einzuberufen, so fanden
sich schon am 1. Dezember über 80 Oppositionelle ein, die doch erst am
9. November feierlich erklärt hatten, daß die Versammlung weder ver=
legbar noch auflösbar sei. Hierdurch wurde die Brandenburger Ver=
sammlung beschlußfähig und sie beschloß nun, damit auch alle andern
zum Herbeikommen Zeit hätten, sich auf einige Tage zu vertagen. Da
erschien am 5. Dezember eine oktroyirte Verfassung im Staatsanzeiger.
Um die Volksvertretung mit Schmach zu überhäufen, wurde sie nun,
als sie sich in die Verlegung gefügt hatte, zu guterletzt aufgelöst.

Aber auch die Frankfurter National=Versammlung mußte ihren Theil
dazu beitragen, um die Berliner Versammlung in den Staub zu ziehen.
Zwar hatte sie unterm 14. November auf Empfehlung des Biedermann'=

schen Ausschusses mit 239 gegen 189 Stimmen die beiden Anträge an=
genommen, daß 1) die Rücknahme der Verlegung nach Brandenburg
erfolgen müsse, sobald die Würde und Freiheit der Berathungen in Ber=
lin durch die nöthigen Maßregeln sicher gestellt seien, und daß 2) die
preußische Krone sich mit einem Ministerium zu umgeben habe, welches
das Vertrauen des Landes besitze; allein binnen Kurzem schwenkte das
Frankfurter Parlament nach der entgegengesetzten Seite ab, indem es sich
gegen die Berliner Kollegen einnehmen ließ. Erst weilte Bassermann als
Reichs=Kommissär in Berlin und sprach nach seiner Rückkunft von jenen
unheimlichen „Gestalten", welche hinfort nach seinem Namen benannt
wurden. Darauf kamen die Kommissäre Hergenhahn und Simson von
Frankfurt nach Berlin, und obwohl sie daselbst die Bassermann'schen
Gestalten nicht erblickten, so war doch das Resultat ihrer Sendung den
Berlinern nicht günstig .Denn am 20. November erklärte die unter Ga=
gern's Leitung stehende Frankfurter National=Versammlung die Steuer=
verweigerung des Berliner Parlaments für null und nichtig, fügte jedoch,
um die bittere Pille zu versüßen, hinzu, daß sie die Rechte und Frei=
heiten des preußischen Volks gewahrt wissen wollte. Die Frankfurter
Herren ließen außer Acht, daß die königliche Verordnung vom 6. April
1848 ausdrücklich besagte: „Den künftigen Vertretern des Volks soll
jedenfalls die Zustimmung zu allen Gesetzen, sowie zur Festsetzung des
Staatshaushalts = Etats und das Steuerbewilligungsrecht
zustehen."

Am 9. November war durch die Erschießung Robert Blum's die Unver=
letzlichkeit der Frankfurter National=Versammlung in Wien für null und
nichtig erklärt und an demselben Tage durch die Wegverlegung der preu=
ßischen National=Versammlung nach Brandenburg und durch das mili=
tärische Einschreiten der folgenden Tage auch in Berlin, der Hauptstadt
des zweiten deutschen Großstaats, die Unverletzlichkeit des preußischen
Parlaments in Zweifel gezogen worden. Jetzt herrschte der Belagerungs=
zustand in Wien und Berlin. Die Reaktion war jetzt ihrer Sache sicher.
Nun erließ der Reichsverweser, um die Konfusion der Volksmänner zu
vermehren und um seine Pflicht als Mandatar des Bundestags getreulich
zu erfüllen, unterm 21. November 1848 nachstehenden Aufruf:

„Preußen! Die Reichsversammlung zu Frankfurt vertritt die Ge=
sammtheit der deutschen Nation; ihr Ausspruch ist oberstes Gesetz
für Alle! .... Ich werde die Vollziehung jenes Beschlusses nicht dul=
den, welcher durch Einstellung der Steuererhebung in Preußen die Wohl=
fahrt von ganz Deutschland gefährdet. Ich werde aber auch die Bürg=

schaft der Rechte und Freiheiten des preußischen Volkes zur Geltung bringen; sie sollen ihm unverkümmert bleiben, wie allen unsern deutschen Brüdern. Ich rechne auf euch, Preußen; ihr werdet mir beistehen.... Haltet den Frieden; ich werde ihn wahren." Die deutschen Patrioten waren weit davon entfernt, das Spiel der Reaktion zu durchschauen. Denn: „die Bedeutung und der Zweck solcher Worte blieben Jedem unverständlich", heißt es in der bei F. A. Brockhaus erschienenen „Gegenwart." *) Die Oktroyirung der neuen preußischen Verfassung erfolgte, obschon zuvor, um der befürchteten allgemeinen Erhebung vorzubeugen, die Frankfurter Oberpostamts-Zeitung, das Organ des Reichs-Ministeriums, versichert hatte, es solle in Preußen keine Oktroyirung stattfinden. In den Kleinstaaten hatte man jetzt viel Stoff für patriotische Reden. Einestheils bot nämlich hierzu die Feier für den nach seinem Tode in einen entschiedenen Demokraten und politischen Heiligen verwandelten Robert Blum, den Märtyrer der parlamentarischen und revolutionären Freiheit, anderntheils die den Berliner oppositionellen Parlaments-Märtyrern zuzusendende Beistimmungserklärung eine sehr günstige Gelegenheit, welche von den Nationalen, die immer tapfer in Worten waren, nicht unbenutzt gelassen wurde. Sie verherrlichten die größte Verkehrtheit, die je erfunden werden konnte: den sogenannten passiven Widerstand. Aber die Verkehrtheit lag damals gleichsam in der Luft. Denn Diejenigen, welche die Reichseinheit herstellen zu können glaubten ohne Staatseinheit, waren doch mindestens eben so thöricht, wie Diejenigen, die passiv bleiben zu können meinten, wenn sie Widerstand leisten wollten.

Die Prozesse gegen die Steuerverweigerer in Preußen wurden unter den Hochverrath klassifizirt. Haussuchungen, Unterdrückung der demokratischen Zeitungen, Auflösung der demokratischen Vereine, Verhaftungen, Verhöhnung und Schmähung der Demokratie, Erfindung von Verschwörungen und von allerlei politischen Verbrechen und Vergehen, das Auftreten falscher Zeugen und dergleichen mehr bezeichneten die neue Aera, welche für Preußen nunmehr angebrochen war. Dennoch gaben sich die Nationalen mit der oktroyirten Verfassung, da sich dieselbe in den meisten Punkten mit dem ausgearbeiteten Entwurfe der konstituiren-

*) Neunter Band, im Artikel: „Deutsche National-Versammlung." Leipzig 1854. — Man begriff nicht, daß Oesterreich und Preußen nach gemeinschaftlichem Plane verfuhren, und daß der Reichsverweser als Stellvertreter des Bundes seinen Aufruf erließ.

den Versammlung konform hielt, schnell zufrieden und nahmen keinen
Anstoß daran, daß der König bei der Verkündigung den bedenklichen
Wunsch hinzusetzte: er hoffe, daß die einzuberufenden Kammern mit
dieser Verfassung eine solche Revision vornehmen würden, wodurch ihm
das Regieren ermöglicht werde. Der frühere Absolutismus führte sich
jetzt als Schein-Konstitutionalismus ein; er bereitete Preußen am 6. Dezember für ein neues Wahlgesetz vor und suchte durch die Schöpfung einer
ersten, mehr aristokratischen Kammer, sowie durch die Schwierigkeit
einer Vereinigung beider Kammern unter sich und mit der Krone, den
Weg einer größeren Reaktion für die Zukunft anzubahnen, einstweilen
aber nur eine mehr reaktionäre Verfassung durch die den Deputirten
anempfohlene Revision zu Stande zu bringen. Dieses Manöver glückte
vollständig. Schon am 30. Mai 1849 erschien eine „Verordnung über
die Ausführung der Wahl der Abgeordneten zur zweiten Kammer,"
worin sich die Bestimmungen befanden:

Die Abgeordneten der zweiten Kammer werden von Wahlmännern in
Wahlbezirken, die Wahlmänner von den Urwählern in Urwahlbezirken gewählt
(§. 1). Auf jede Vollzahl von 250 Seelen ist ein Wahlmann zu wählen
(§. 4). Die Urwahlbezirke müssen, soweit es thunlich ist, so gebildet
werden, daß die Zahl der in einem jeden derselben zu wählenden Wahlmänner durch drei theilbar ist (§. 7). Die Urwähler werden nach Maßgabe der von ihnen zu entrichtenden direkten Staatssteuern (Klassensteuer, Grundsteuer, Gewerbesteuer) in drei Abtheilungen getheilt, und
zwar in der Art, daß auf jede Abtheilung ein Drittheil der Gesammtsumme der Steuerbeträge aller Urwähler fällt. Diese Gesammtsumme
wird berechnet: a) gemeindeweise, falls die Gemeinde einen Urwahl-
Bezirk für sich bildet oder in mehrere Urwahl-Bezirke eingetheilt ist;
b) bezirksweise, falls der Urwahl-Bezirk aus mehreren Gemeinden zusammengesetzt ist (§. 10). Die erste Abtheilung besteht aus denjenigen
Urwählern, auf welche die höchsten Steuerbeträge bis zum Belaufe eines
Drittheils der Gesammtsteuer fallen. Die zweite Abtheilung besteht aus
denjenigen Urwählern, auf welche die nächst niedrigeren Steuerbeträge
bis zur Gränze des zweiten Drittheils fallen. Die dritte Abtheilung besteht aus den am Niedrigsten besteuerten Urwählern, auf welche das
dritte Drittheil fällt. In diese Abtheilung gehören auch diejenigen Urwähler, welche keine Steuer zahlen (§. 12). Jede Abtheilung wählt
ein Drittheil der zu wählenden Wahlmänner (§. 14). Die Wahlen erfolgen abtheilungsweise durch Stimmgebung zu Protokoll, nach absoluter
Mehrheit und nach den Vorschriften des Reglements (§. 21). Zum

Abgeordneten ist jeder Preuße wählbar, der das dreißigste Lebensjahr vollendet, den Vollbesitz der bürgerlichen Rechte in Folge rechtskräftigen richterlichen Erkenntnisses nicht verloren hat und bereits ein Jahr lang dem preußischen Staatsverbande angehört (§. 29). Die Wahlen der Abgeordneten erfolgen durch Stimmgebung zu Protokoll (§. 30).

Nachdem das Wahlrecht an einen Zensus geknüpft worden war, wurde sowohl hierdurch, als auch namentlich durch Verkümmerung des freien Worts in Rede und Schrift, durch Beschneidung des Vereins- und Versammlungsrechts und andere ähnliche Manipulationen, die Ver- fassungs-Urkunde vom 31. Januar 1850 zuwege gebracht, durch welche allerdings dem Könige das absolutistische Regieren möglich gemacht wurde.*) Doch legte selbst diese schon hinlänglich reaktionäre Verfassung wieder den Grund zu weiterer Reaktion. In dieser Hinsicht sei nur auf den Art. 95 verwiesen, welcher so lautet:

„Es kann durch ein mit vorheriger Zustimmung der Kammern zu erlassendes Gesetz ein besonderer Gerichtshof errichtet werden, dessen Zuständigkeit die Verbrechen des Hochverraths und diejenigen Verbrechen gegen die innere und äußere Sicherheit des Staats, welche ihm durch das Gesetz überwiesen werden, begreift."**)

Anfänglich war eine erste Kammer mit Zensus eingeschmuggelt worden. Während dann der Wahl-Zensus auf die zweite Kammer übertragen ward, bestimmte jetzt Art. 65—68 der neuen Verfassung:

„Die erste Kammer wird durch königliche Anordnung gebildet, welche nur durch ein mit Zustimmung der Kammern zu erlassendes Ge- setz abgeändert werden kann. Die erste Kammer wird zusammengesetzt aus Mitgliedern, welche der König mit erblicher Berechtigung oder auf Lebenszeit beruft."

Indem nun die Reaktion immer weiter um sich griff, konnten bezüglich der Bildung der ersten Kammer das Gesetz vom 7. Mai 1853 (Gesetz-

---

*) S. Verfassungs-Urkunde für den preußischen Staat. Vom 31. Januar 1850. Nebst den **interimistischen Wahlgesetzen** für die zweite Kammer vom 30. Mai 1849 und 30. April 1851, der Verordnung wegen der Bildung der ersten Kammer vom 12. Oktober 1854, nebst den dazu gehörenden Re- glements. Berlin 1866. Geheime Oberhof-Buchdruckerei.

**) Dieses reaktionäre Gesetz vom 25. April 1853 betraf die Kompetenz des Kammergerichts zur Untersuchung und Entscheidung wegen der Staatsverbrechen und das dabei zu beobachtende Verfahren. Bildung des Staatsgerichtshofes.

ſammlung S. 181) und die Verordnung vom 12. Oktober 1854 ver=
fündigt werden.

Somit bildete die Oktroyirung der Verfaſſung vom 5. Dezember
1848 nur den Anfang unerſättlicher Reaktion und geſchah mit Hinter=
gedanken, zu deren Ausführung unter Anderm die oktroyirten Wahl=
geſetze dienten. Die nach dieſen Wahlgeſetzen gewählten Deputirten ver=
traten nicht mehr das ganze Volk, ſondern die bevorrechteten Klaſſen.
Auch beim norddeutſchen Parlamente iſt das allgemeine Wahlrecht im
Grunde nicht hergeſtellt worden, da die Beſtimmung, wonach die Volks=
vertreter keine Diäten empfangen, Nichts weiter als ein verkappter Zen=
ſus — vielleicht ſchlimmer, als der offene Zenſus — iſt.

Faſt gleichzeitig mit der Verfaſſung wurden mehrere Geſetze oktroyirt.
Hierher gehört die Verordnung vom 4. Januar 1849, welche an der
Stelle der durch die konſtituirende Verſammlung abgeſchafften Vermögens=
Konfiskation gegen Deſerteure und ausgetretene Militär=Pflichtige eine
Geldbuße von 50 bis 1000 Thalern verhängte; ferner die Verordnung
über die Aufhebung der Privatgerichtsbarkeit und des eximirten Gerichts=
ſtands, ſowie über die anderweitige Organiſation der Gerichte vom
2. Januar 1849; endlich die Verordnung über die Einführung des
mündlichen und öffentlichen Verfahrens mit Geſchwornen in Unterſuchungs=
ſachen vom 3. Januar 1849. Zufolge der letzterwähnten Verordnung
konnte zum Geſchworenen nicht berufen werden:

1) wer nicht die Eigenſchaft eines Preußen beſaß;

2) wer nicht 30 Jahre zählte;

3) wer ſich nicht im Vollgenuſſe der bürgerlichen Rechte befand;

4) wer nicht leſen und ſchreiben konnte;

5) wer nicht wenigſtens ein Jahr in der Gemeinde, in welcher er
ſich aufhielt, wohnhaft war;

6) die Miniſter und Unter=Staats=Sekretäre;

7) die richterlichen Beamten, die Staatsanwälte und deren Ge=
hülfen;

8) die Regierungs=Präſidenten, Provinzial=Steuer=Direktoren, Land=
räthe, Polizei=Präſidenten, Polizei=Direktoren;

9) die im aktiven Dienſte befindlichen Militär=Perſonen;

10) die Religionsdiener aller Konfeſſionen;

11) die Elementar=Schullehrer;

12) die Dienſtboten;

13) wer 70 Jahre zählte;

14) wer nicht wenigstens jährlich 18 Thaler an Klassensteuer oder 20 Thaler an Grundsteuer (ausschließlich der Beischläge) oder 24 Thaler Gewerbesteuer entrichtete oder doch unter Voraussetzung des Bestehens dieser Arten der Besteuerung nach seinen Verhältnissen zu entrichten gehabt hätte.

Dagegen waren ohne Rücksicht auf den sub 14) erwähnten Steuersatz wählbar zu Geschwornen: die Rechts-Anwälte und Notarien, die Professoren, die approbirten Aerzte und diejenigen Beamten, welche entweder vom Könige unmittelbar ernannt waren oder ein Einkommen von wenigstens 500 Thalern jährlich bezogen und nicht zu den ausgeschlossenen Kategorien gehörten.

Also wurde auch das Geschwornen-Amt, wenngleich man sich an das rheinische Verfahren hielt, an einen hohen Zensus geknüpft. Das Gesetz vom 3. Mai 1852 beschnitt selbst diese Verordnung und nahm ihr viel von der noch übrig gebliebenen Volksthümlichkeit,*) bis endlich durch das in der oktroyirten Verfassung verheißene Gesetz alle politischen und Preßsachen ganz der Kompetenz der Geschwornengerichte entzogen wurden.

Hieraus wird ersichtlich, daß die Reaktion vorsichtig und schrittweise, aber unaufhaltsam und mit Methode um sich griff. Sie sah sich zu diesem bedächtigen Verfahren genöthigt, weil der Horizont Europa's noch eine Zeit lang mit dunkeln Revolutionswolken umzogen war. Eine glückliche Erhebung der französischen Sozial-Demokraten würde zweifelsohne neue Erhebungen in Deutschland herbeigeführt und die ganze Berechnung der schlauen Diplomaten gestört haben. Dazu konnten die Kleinstaaten mit Oesterreich und Preußen in der Reaktion nicht gleichen Schritt halten, und ferner waren in die Gesetzgebungen eine Menge demokratischer Bestimmungen eingedrungen, die man nicht ohne Weiteres, wenn man beim Volke nicht allen Sinn für Gesetzlichkeit vertilgen wollte, auszumärzen vermochte. Endlich hatten die Staatsleute, um die Throne zu retten, sich an die nationale Partei angeklammert, mit deren Hülfe sie die Sozialisten oder eigentlichen Revo-

---

*) So zum Beispiel bestimmte §. 24: „Mitglieder des königlichen Hauses und der beiden Hohenzollern'schen Fürstenhäuser werden in ihrer Wohnung vernommen. Die Eidesformel wird ihnen von dem mit der Vernehmung beauftragten Richter vorgelesen und zur eigenhändigen Unterschrift vorgelegt. Zur Hauptverhandlung werden sie nicht vorgeladen, sondern es soll statt dessen ihre protokollarische Aussage verlesen werden."

lutionäre am Aufkommen verhindert hatten. Dem Nationalthum durfte man also nicht jählings auf den Kopf treten, wenn man nicht eine allgemeine Entrüstung hervorrufen wollte, sondern man mußte dasselbe irre zu leiten und zu zersetzen suchen.

Die hierbei einzuhaltende Richtschnur wurde durch die Sachlage von selbst vorgezeichnet. Es ist schon oben angegeben worden, daß Preußen die positive, Oesterreich die negative Rolle beim Irreführen und Zersetzen der nationalen Bewegung auszufüllen hatte. Die innere und äußere Lage der beiden deutschen Großstaaten, so wie die historische Ueberlieferung derselben gaben dieses Zuwerkegehen an die Hand. Oester=reich war der Ausfluß, der Bewahrer und Träger der deutschen Legi=timität, Preußen ein aufrührerischer, annexionslustiger Emportömmling des heiligen römischen Reiches deutscher Nation. Demgemäß mußte Preußen durch trügerische Experimente die Unmöglichkeit einer deutschen Wiedergeburt darthun, während Oesterreich als Bundes=Präsidial=Macht die völlige Wiederherstellung des alten Rechtszustandes allmählich her=beizuführen hatte. Beide waren darin völlig einig, daß mit der De=mokratie und ihren sämmtlichen Errungenschaften aufgeräumt werden müßte. Doch war die österreichische Politik, obschon es auch bei ihr nicht ohne Winkelzüge abging, im Ganzen viel ehrlicher und offener, als die preußische. Wurde anstatt eines republikanischen deutschen Ge=meinwesens ein Kaiserthum mit dem Könige von Preußen an der Spitze zu errichten gesucht, so zersetzte sich die nationale Partei in Solche, die um der Einheit willen die Freiheit preisgaben, und in Solche, die starr an der Freiheit festhielten. Auf diese Weise wurden die Republikaner einer Menge seitheriger Bundesgenossen beraubt und ein Zwiespalt er=zeugt, welcher zu Hader und Feindschaft führte und die Republikaner lahm legte. Weil aber die Schöpfung eines preußischen Kaiserthums den Ausschluß Oesterreichs bedingte, so konnte es nicht fehlen, daß ein großer Theil der Nationalen am ganzen Deutschland festhielten und daß somit unter den nationalen Volksführern, welche sich schon in Betreff der Freiheits=Parole zersetzt hatten, auch eine Zersetzung hinsichtlich der Einheit vor sich ging.

Der Dualismus zwischen Preußen und Oesterreich zog demnach einen Dualismus im Volke nach sich, wodurch die ganze Einheitsbe=wegung zu Grunde gerichtet werden mußte. Zugleich wurde, wenn ein Theil der Nationalen sich an Preußen, der andere an Oesterreich an=hing, die nationale Bewegung unvermerkt auf das staatliche Gebiet über=gelenkt, worauf die staatliche Reaktion zur Restaurirung des alten Rechts=

zuſtandes volle Gelegenheit und weiten Spielraum erhielt. Denn nicht mehr das Volk im Großen und Ganzen, nicht mehr die Nation als ſolche, nicht mehr das mit allgemeinem Stimmrecht gewählte deutſche Parlament, ſondern die einzelnen Staaten, die hin- und herſchwankten, bis der eine Theil derſelben definitiv an die preußiſche, der andere an die öſterreichiſche Reaktion angekettet war, gaben nun den Ausſchlag. Reichten ſich ſodann die im Kampfe gegen die Demokratie innig ver- bundenen Großſtaaten — jeder mit ſeinen ſtaatlichen Anhängern — ſchließlich brüderlich die Hände, ſo war der zeitweilig verſchwundene Bundestag wieder fertig und die allſeitige Einigkeit erreicht.

So beſchaffen war der Feldzugsplan der Reaktion. Derſelbe wurde mit vielem Geſchick in's Werk geſetzt. Die durch die doppelte Zer- ſetzung und durch den Dualismus erzeugte Verblendung der Parteien nahm ſo ſtarke Dimenſionen an, daß die wenigen ſcharfſichtigen De- mokraten, welche den Plan durchſchauten, bald nicht mehr in dem allge- meinen Getöſe ihre Stimme hörbar machen konnten.

Zwei Männer waren es, welche ſich um das Gelingen des reak- tionären Planes Hauptverdienſte erwarben: Freiherr von Schmerling und Freiherr von Gagern. Beide waren Freunde, beide in die Geheimniſſe des preußiſchen und öſterreichiſchen Kabinets eingeweiht; doch galt in der Oeffentlichkeit Schmerling für einen ſpeziellen Oeſterreicher und einen Feind Preußens, Gagern für einen entſchiedenen Anhänger des Groß- preußenthums und einen Feind Oeſterreichs.

Im Programm von Kremſier ſagte ſich Oeſterreich von dem in Frankfurt zu ſchaffenden neuen Deutſchland los. Denn das Miniſterium Schwarzenberg erklärte es für ſeine Aufgabe, alle Lande des Kaiſer- ſtaats zu einem einheitlichen Staatskörper zu verſchmelzen, indem es ausdrücklich die Worte gebrauchte: „Erſt wenn das verjüngte Oeſter- reich und das verjüngte Deutſchland zu neuen und feſten Formen ge- langt ſind, wird es möglich ſein, ihre gegenſeitigen Beziehungen ſtaatlich zu beſtimmen; bis dahin wird Oeſterreich fortfahren, ſeine Bundes- pflichten zu erfüllen."

Nun trat Schmerling am 16. Dezember 1848 vom Reichsminiſterium zurück und empfahl Gagern zu ſeinem Nachfolger. Er verſicherte, daß er demſelben unbedingtes Zutrauen ſchenke, und nannte ihn auf der Rednerbühne des Parlaments (bei der Debatte vom 11. bis 13. Januar 1849) ſeinen hochgeachteten Freund. Umgekehrt bezeichnete Gagern den öſterreichiſchen Staatsmann ebenfalls als ſeinen Freund. Preußen und Oeſterreich waren einig.

Als Gagern im November 1848 nach Berlin gereist war, hatte er sich den Sekretär Schmerling's als Begleiter erbeten. Zufolge dem Programm, welches Gagern beim Antritt des Ministeriums aufstellte, war es die Pflicht der Reichsgewalt, während des provisorischen Zustandes das Bundesverhältniß Oesterreichs zu Deutschland zu wahren; doch sollte Oesterreich nicht in den zu errichtenden Bundesstaat eintreten. Schmerling, der früher bei den 17 Vertrauensmännern für das deutsche Kaiserthum gestimmt hatte, erklärte sich mit dem Gagern'schen Programm ganz einverstanden.

Um den Dualismus in den Schoos des Parlaments zu tragen, bildete sich nun im Pariser Hofe eine sogenannte großdeutsche Partei, die Heckscher als ihren Führer anerkannte und die Mitglieder der Linken mit freiheitlichen Zugeständnissen köderte. Damit die Linke völlig demoralisirt würde, stimmten jetzt häufig Männer, welche sich bisher als die erbittertsten Feinde der Demokratie gezeigt hatten, für die Anträge derselben. Die Linke, geführt von den beiden Schwätzern Karl Vogt und Ludwig Simon, ging in die Falle; sie kokettirte einmal mit den Groß-Deutschen, dann wieder mit den Erbkaiserlichen oder Kleindeutschen, und glaubte sehr klug gehandelt zu haben, als sie solchergestalt das demokratische Wahlgesetz und das suspensive Veto durchbrachte. Sie vergaß die unumstößliche, bewährte Regel, daß die größte Klugheit demokratischer Volksführer darin besteht, eine gerade, offene und völlig prinzipielle Politik einzuhalten. Denn da das Volk die feinen Winkelzüge nicht versteht, verkennt es die falschen Bundesgenossen, geräth unter den Einfluß derselben und wird auf diese Art irregeführt.

Nachdem die Demokraten einmal in den sauren Apfel des Dualismus gebissen hatten, begann jener pfiffige Notenwechsel, der den Eifer der auf falsche Fährte Gerathenen immer mehr aufstachelte. Dieser Notenwechsel vollzog sich zwischen den Regierungen von Preußen und Oesterreich einestheils, und zwischen den nun für oder gegen die eine der beiden Großmächte Partei ergreifenden Regierungen der Kleinstaaten und der Reichsgewalt oder dem Reichsministerium anderntheils. Dabei schickten auch Oesterreich und Preußen Noten an Zentral-Gewalt und Reichsministerium, gleichwie sich auch unter einander die Regierungen der Einzelstaaten Noten und Erklärungen zusandten. Preußen nahm den Schein an, als ob seine Politik direkt auf den Gagern'schen Bundesstaat lossteuere, während Oesterreich ein siebenköpfiges Direktorium, ein von den Ständekammern gewähltes Staatenhaus ohne Volkshaus und den Eintritt seines Gesammtgebietes in den deutschen Bund zu wollen schien. Eine österreichische Note vom 23. Januar 1849, die nach Berlin gesandt wurde, ist nicht bekannt geworden. Dagegen ver= lautete bald darauf eine preußische Zirkular=Depesche, die zwar an die deutschen Kabinette gerichtet, aber mehr für das Parlament und für die Beeinflussung der öffentlichen Meinung bestimmt war. Das Ministerium Brandenburg=Manteuffel sprach darin die Hoffnung aus, daß jetzt, wo das deutsche Verfassungswerk sich seinem Abschluß nähere, eine jede deutsche Regierung bemüht sein werde, dafür zu sorgen, daß dasselbe zu einem gedeihlichen Resultate führe. Die Depesche sprach von einem Bundes= staate innerhalb des deutschen Staatenbundes. Doch die Hauptsache war die starke Betonung des Zustimmungsrechts der Regierungen zu dem in Frankfurt ausgearbeiteten Ver= fassungswerke, wobei auch der Gefahr gedacht wurde, welche aus den einander widersprechenden Ansichten der Regierungen hervorgehen könne.

Letztere wurden aufgefordert, ihre Bemerkungen und Vorschläge an die National-Versammlung rechtzeitig gelangen zu lassen, damit sie bei der zweiten Lesung der Verfassung berücksichtigt werden könnten. Preußen könne keine ihm angebotene Stellung annehmen, außer wenn es in dieser Hinsicht die freie Zustimmung der Regierungen er= halte. Sehr verführerisch klangen die Worte: „Preußen hält sich ver= pflichtet, sich bereit zu erklären, Deutschland diejenigen Dienste zu leisten, welche dieses im Interesse der Gesammtheit verlangen sollte, selbst wenn dieß nicht ohne Opfer von seiner Seite geschehen könnte." Weiter besagte die Depesche: Preu= ßen strebe nach keiner Machtvergrößerung oder Würde; im Gegentheil werde es sich zu Allem willig finden lassen, was die Selbständigkeit und Unabhängigkeit der einzelnen Staaten zu erhalten geeignet sei. Auch halte der König die Aufrichtung einer neuen deutschen Kaiser= würde zur Herbeiführung einer wirklichen und um= fassenden Einigung nicht für nöthig, und das wünschenswerthe Ziel werde sich wohl auch unter einer andern Form erreichen lassen.

Nun forderte auch die Zentral=Gewalt in einer Note vom 28. Ja= nuar die deutschen Fürsten auf, ihre Erklärungen einzusenden. Die Volks=Souveränetät, welche Gagern bei der Eröffnung des Parlaments pomphaft verkündet hatte, wurde hiermit bei Seite geschoben, und dafür der Vereinbarungsstandpunkt eingetauscht. Das geschah jetzt, als Gagern an der Spitze des Reichsministeriums stand. Die meisten kleinen Re= gierungen gaben Erklärungen ab, welche der Errichtung eines preußisch= deutschen Erbkaiserthums günstig waren. Manche Fürsten, wie z. B. der Großherzog von Oldenburg, machten sogar den König von Preußen als das einzig mögliche Reichsoberhaupt namhaft. Sie lebten der Zuversicht, daß der preußische König, wenn es ihm gelang, sich der Einheitsbewe= gung zu bemeistern, den deutschen Monarchismus retten und den Kampf gegen die Republikaner mit starker Macht zu allseitiger Zufriedenheit ausfechten würde.

Als der preußische König am 26. Februar 1849 in Berlin, wo immer· noch der Belagerungszustand herrschte, die Kammern eröffnete, sagte er triumphirend: der Weg zur Verständigung aller deutschen Für= sten mit der National=Versammlung sei angebahnt!

Es würde zu weit führen, wollten wir den Noten=Wechsel und das Frankfurter Ränkespiel im Einzelnen auseinandersetzen. Bei der Kaiser= macherei fielen viele komische Auftritte vor, die um des Raumes willen gleichfalls übergangen werden müssen. So lief Welcker, als er die Nach= richt des Kremsierer Staatsstreiches erfahren, unter dem Schreckensrufe, „das Vaterland sei in Gefahr", von den Großdeutschen zu den Erbkai= serlichen über, winkte aber auch den Republikanern die Hoffnung zu, einer der Ihrigen noch zu werden, wenn sich mit dem Kaiserthume Deutsch= land nicht einig und frei machen lasse. Zuletzt wurde durch einen Bund zwischen der Kaiserpartei und der gemäßigten Linken das Verfassungs= werk rasch seinem Ende zugeführt. Ueber hundert Erbkaiserliche verpflich= teten sich nämlich mündlich und schriftlich, für das suspensive Veto und für das demokratische Wahlgesetz zu stimmen. Ferner gaben der Linken achtzig Erbkaiserliche — darunter Gagern — das schriftliche Versprechen: „die Verfassung, wie solche von der Nationalversammlung beschlossen werde, für dergestalt gültig anzuerkennen, daß sie für irgend wesent= liche Abänderungen derselben, oder irgend erhebliche weitere Zugeständ= nisse, von welcher Seite dieselben etwa verlangt werden sollten, nicht stimmen würden." — Nun wurde die Verfassung in 4 Tagen zum Ab= schlusse gebracht.

Am 28. März 1849 fand die Kaiserwahl statt. Die Zahl der an= wesenden Mitglieder betrug 538; denn es fehlten nur 29. Von den an= wesenden Deputirten stimmten 290 für Friedrich Wilhelm IV. von Hohen= zollern. Die übrigen 248 enthielten sich der Wahl. Unter den Kaiser= machern befanden sich folgende bekannte Mitglieder der Linken: Temme, Löwe von Kalbe, Heinrich und Max Simon, Rösler von Oels, Scho=

der, Graf Oskar Reichenbach, Zimmermann von Spandau, Vogel aus
Guben, Wöhler aus Schwerin, Mölling aus Jever, Levysohn aus
Grünberg, Grubert aus Breslau. Dagegen gaben andere Mitglieder der
Linken, die sich der Abstimmung enthielten, beim Namensaufrufe beson=
dere kurze Erklärungen ab. Moriz Hartmann z. B. erklärte: er stimme
für keinen Anachronismus.

Am Abend der Kaiserwahl, die allerorts in Deutschland mit Glocken=
geläute und Kanonendonner gefeiert wurde, notifizirte der Reichsverweser
in Gegenwart seines Ministeriums dem Präsidenten Simson, der im
November als Reichskommissär in Berlin gewesen, und dem Schriftführer
der National=Versammlung, daß er sein Amt als Mandatar des Parla=
ments nun für erloschen ansehe und insofern seine Würde niederlege. Nach
dem Reichsverwesergesetze hatte nämlich der Erzherzog mit der Vollzie=
hung, beziehentlich Einführung des Verfassungswerks Nichts zu thun.
Aber der Erzherzog blieb noch an seinem Posten in seiner Eigenschaft
als Mandatar der Bundesversammlung, als welcher er in der Folge
den für die Einführung der Reichsverfassung ausbrechenden Volksauf=
ständen entgegentrat. Die Ankündigung seines Rücktritts war demnach
eine bloße Farce.

Eine sehr pikante Posse mit den Kaisermachern führte der König
von Preußen auf. Eine Deputation, 33 Mann stark, von denen jeder
stolz auf seinen geschichtlichen Beruf war, Deutschland einen Kaiser zu
geben, brach nach Berlin auf, um dem dort herrschenden Hohenzollern
die getroffene Volkswahl kundzuthun und ihn um die Annahme der
Reichskrone zu bitten. Der König ließ diesen Kronhausirern anfangs
Hoffnung machen, daß er die Kaiserwürde annehmen werde, obwohl Ga=
gern und Andere, die die Wahl betrieben hatten, genau persönlich durch
den König unterrichtet waren, daß er mit Stolz und Entrüstung jede
Volkswahl von sich wies. Graf Brandenburg sagte am 2. April zu den
Deputirten auf jesuitische Weise, so daß sie auf Annahme schlossen:

„In dem zu Frankfurt erfolgten Beschlusse erkennt die Regierung
einen wesentlichen Fortschritt. Sie wird Alles aufbieten, um das jetzt er=
reichte Ziel bald ganz erreicht zu sehen; sie wird aber daran festhalten,
daß jener Beschluß nur für diejenigen deutschen Regierungen und Fürsten
giltig ist, welche demselben aus freier Wahl beistimmen. Sie wird nicht
nachlassen, die Erreichung des angestrebten Zieles zu fördern." — Aehn=
lich sprach Graf Brandenburg in der zweiten Kammer: „Die Regierung
wird Nichts unversucht lassen, eine Einigung unter den Fürsten
zu Stande zu bringen."

Am 3. April 1849 wurden die Deputirten feierlich beim Könige eingeführt. Wie begossene Pudel standen sie da, als ihnen der König im Rittersaale des Schlosses folgenden Bescheid gab:

„Ich erkenne in dem Beschlusse der National = Versammlung die Stimme der Vertreter des deutschen Volks. Ich bin bereit, durch die That zu beweisen, daß die Männer sich nicht geirrt haben, welche ihre Zuversicht auf meine Hingebung, meine Treue und Liebe zum gemein= samen Vaterlande stützen. Aber ich würde ihr Vertrauen nicht rechtfer= tigen, ich würde dem Sinne des deutschen Volkes nicht entsprechen, ich würde Deutschlands Einheit nicht aufrichten: wollte ich, mit Verletzung heiliger Rechte und meiner früheren ausdrücklichen Versicherungen, ohne das freie Einverständniß der gekrönten Häupter, Fürsten und freien Städte Deutschlands, eine Entschließung fassen, welche für sie und die von ihnen regenerirten deutschen Stämme die entscheidendsten Folgen haben muß. An den Regierungen der einzelnen deutschen Staaten wird es jetzt sein, in gemeinsamer Berathung zu prüfen, ob die Verfassung dem Ein= zelnen wie dem Ganzen frommt; ob die mir zugedachten Rechte mich in den Stand setzen würden, mit starker Hand, wie es ein solcher Beruf von mir fordert, die Geschicke des großen deutschen Vaterlandes zu leiten und die Hoffnungen seiner Völker zu erfüllen!"

Der preußische König nahm Rache dafür an den Deputirten des deutschen Bürgerthums, daß ihn die Revolution am 19. März 1848 gefangen gehalten und sogar gezwungen hatte, vor den todten Barrikaden= kämpfern den Hut zu ziehen. Kamen sie auch als Kronenschenker, gehörten sie doch immerhin jener Bewegung an, welche den vornehmen Hohen= zoller so tief erniedrigt hatte. Er schlug daher nicht nur die Kaiserwürde aus, sondern verhöhnte die Deputirten obendrein im Privatgespräche. Bei einem erkundigte er sich nach dem Wasser der Vaterstadt; dem andern bemerkte er spöttisch, daß sein Bruder wohl in Schleswig=Holstein regiere dem dritten warf er die Worte hin: Sie bringen mir wohl auch, was Sie nicht haben, u. s. w. Erst hatte er sein Müthchen an der Berliner Ver= einbarungsversammlung gekühlt; jetzt machte er sich seinen Spaß mit dem Frankfurter Parlamente.

Am nämlichen Tage, an welchem den Kaisermachern der Korb er= theilt wurde, sandte das preußische Ministerium des Aeußern an die preußischen Gesandtschaften eine Zirkularnote, derzufolge die Gesandten die deutschen Regierungen auffordern sollten, Bevollmächtigte nach Frank= furt zu schicken, damit der nunmehr drohenden Gefahr vorgebeugt werde. Es hieß in der Note:

„Während auf der einen Seite die Bedeutung der in Frankfurt ge=
troffenen Wahl anerkannt und in Folge dessen an die Spitze von Deutsch=
land zu treten erklärt ward, hat Se. Majestät auf der andern Seite
festgehalten daran, daß die Verfassung Deutschlands nur im Wege der
Vereinbarung festgestellt werde, und daß die getroffene Wahl nur durch
das freie Einverständniß der Regierungen zur vollen Gültigkeit gelangen
kann.... In Anbetracht, daß der Erzherzog Reichsverweser den Ent=
schluß gefaßt hat, seine Stelle niederzulegen und in Betracht der großen
Gefahren, welche für Deutschland aus der Verwirklichung dieses Ent=
schlusses erwachsen können, sind Seine Majestät der König bereit, auf
den Antrag der deutschen Regierungen und unter Zustimmung der deutschen
National=Versammlung die provisorische Leitung der deutschen Angelegen=
heiten zu übernehmen. Seine Majestät sind, dem ergangenen Rufe Folge
leistend und eingedenk der Ansprüche, welche ihm Preußens Stellung in
Deutschland gewährt, entschlossen, an die Spitze eines Bundesstaats zu
treten, der aus denjenigen Staaten sich bildet, welche demselben aus
freiem Willen sich anschließen."

Somit verwerthete die preußische Regierung die auf ihren König
gefallene Kaiserwahl dazu, um die deutschen Kabinette zu einem Bunde
zu vereinigen, welcher unter preußischer Führung bei der Reichsverfas=
sungs=Agitation ein Gegengewicht gegen die Bestrebungen der demokra=
tischen Partei herstellen sollte. Indeß wurde dem Parlamente nicht auf
der Stelle alle Hoffnung abgeschnitten; denn es sollte sich langsam zu
Tode zappeln.

Als am 21. Dezember 1848 die Grundrechte des deutschen Volkes
vom Parlamente verkündet worden waren, hatten bloß Oesterreich, Baiern,
Preußen und Hannover sie nicht bekannt gemacht. Alle übrigen deutschen
Staaten hatten es für klug erachtet, die Grundrechte bei sich zur gesetz=
lichen Geltung gelangen zu lassen. So auch erkannten aus Furcht vor
dem Volke 28 kleine Regierungen die Reichsverfassung an, und zu ihnen
kam noch der König von Würtemberg hinzu, der nach vielem Wider=
streben ebenfalls sich dem Willen der National=Vertretung fügte. Die
verfassungsfreundlichen Regierungen erließen unterm 14. April 1849 eine
Kollektivnote, welche besagte:

„Die Reichsverfassung vom 28. März 1849 entspricht zwar nicht
in allen Punkten den Ansichten, welche von den anerkennenden Regierun=
gen gehegt und schon früher hervorgehoben worden sind. Allein abge=
sehen davon, daß einige dieser Regierungen die Beschlüsse der Reichsver=
sammlung im Voraus als verbindlich anerkannt haben, und daß der von

andern ebenso wie von der preußischen Regierung festgehaltene Stand= punkt der Vereinbarung in seiner konsequenten Durchführung die Errei= chung eines gedeihlichen Resultates leicht unmöglich machen kann; so er= schienen auch die von ihnen gegen die Verfassung gehegten Bedenken nicht im Verhältniß mit den Gefahren, welche ein längerer Verzug des Ver= fassungswerkes dem gemeinsamen Vaterlande nothwendig bringen muß." Hätten sich die kleinen Regierungen nicht zur Anerkennung der Reichs= verfassung verstanden, so wären sie unfehlbar gestürzt worden. In solchem Falle hätte sich die Revolution über eine weite Strecke von Teutschland verbreitet, und es wäre auf diese Weise eine Bewegung entzündet worden, die zu ersticken sehr schwierig gewesen sein würde. Darum die Anerken= nung von dieser Seite. Aber die größeren Regierungen erkannten die Reichsverfassung nicht an. Am Schlimmsten benahm sich Preußen, dessen König doch von der Reichsverfassung an die Spitze Teutschlands gestellt wurde. Preußen sicherte den kleinen Staaten seine Unterstützung zu. Oester= reich gab die Erklärung ab, daß es gar Nichts zu erklären habe, aber es forderte als Bundes=Präsidial=Macht den Erzherzog = Reichsverweser auf, in dieser Zeit der Gefahr an seinem Posten zu bleiben. Baiern, Hannover und das Königreich Sachsen lehnten die Anerkennung der Reichsverfassung ab, indem sie besonders darauf hinwiesen, daß sowohl Oesterreich durch dieselbe aus Deutschland ausgeschlossen als auch die Souveränetät der Einzelstaaten beeinträchtigt werde. Baiern betonte außerdem die Unauflöslichkeit des deutschen Bundes, der kraft des Art. V. der Wiener Schluß=Akte nach wie vor zu Recht bestehe.

Nachdem am 26. April die National=Versammlung diejenigen Re= gierungen, welche der Reichsverfassung noch nicht beigetreten, zur schleu= nigen Anerkennung aufgefordert hatte, erschien zwei Tage darauf eine preußische Erklärung, durch welche Friedrich Wilhelm IV. die Kaiserkrone unwiderruflich ausschlug. Zugleich wurden von ihm die deutschen Re= gierungen eingeladen, sich mit Preußen zu einigen, um der Revolution entgegenzutreten und nöthigenfalls eine den Bedürfnissen Teutschlands an= gemessene Verfassung zu oktroyiren. Demgemäß wurden sämmtliche Re= gierungen aufgefordert, Bevollmächtigte nach Berlin zu schicken.

Wenn die Frankfurter National=Vertreter am 26. April die Er= wartung aussprachen, daß die Kammern überall den Volkswillen würden zum Ausdruck bringen können, so mußten sie leider die Erfahrung machen, daß nicht nur die Stände da, wo sie, wie in Baiern, vertagt waren, vertagt blieben, sondern daß auch in den refraktären Königreichen die ver= sammelten Kammern, damit dieselben keinen Einfluß zu Gunsten der

Reichsverfassung ausüben könnten, aufgelöst und nach Hause geschickt wurden. Vor allen geschah diese Kammerauflösung in Preußen. Auch Hannover löste die Ständeversammlung am 25. April auf, und den sächsischen Kammern passirte das Nämliche am 28. April.

Hierzu kam, daß die widerspenstigen Regierungen die Parlaments-Mitglieder, indem sie deren Mandat für erloschen erklärten, von Frankfurt abberiefen. Oesterreich ging hierin mit gutem Beispiele voran; Preußen, Hannover, Baiern und Sachsen folgten nach. Die meisten Parlamentsabgeordneten waren ein feiges, erbärmliches, verrätherisches Gesindel, das jetzt ehrlos das Bündel packte und davonlief. Schon am 30. April sah man sich genöthigt, die beschlußfähige Zahl der Parlaments-Mitglieder auf 150 herabzusetzen. Nun wurden vom Parlamente die Regierungen, die Gemeinden, die Einzelstaaten, das gesammte deutsche Volk aufgefordert, die Reichsverfassung zur Geltung zu bringen. Der Zusammentritt des Reichstags wurde vom Parlament auf den 15. August (1849), die Parlaments-Wahlen auf den 15. Juli festgesetzt und die Bestimmung getroffen, daß, wenn Preußen etwa unvertreten sein sollte, alsdann der Fürst des mächtigsten verfassungstreuen Staats als Reichsstatthalter zu fungiren habe. Das Präsidium wurde ferner ermächtigt, das Frankfurter Parlament jederzeit an jeden Ort zu verlegen.

Um diese Zeit hielt der Märzverein einen Kongreß in Frankfurt ab. Dieser Verein war schon am Ende des Jahres 1848 entstanden. Er sollte, wie Fenner von Fenneberg*) sagt, die liberalen Fraktionen Deutschlands zur Erhaltung und Durchführung der Märzerrungenschaften vereinigen; er sollte das leisten, was der demokratische Kongreß in Berlin nicht erreicht hatte: die Organisation der Demokratie im großartigen Maßstabe, und schließlich sollte er von Frankfurt aus durch Parlaments-Mitglieder des Donnersbergs, der Westendhall und des deutschen Hauses geleitet werden. Er bestand aus einem Bunde von circa 3000 Zweigvereinen, deren Organisation sich aber auf dem Papier viel besser ausnahm, als in Wirklichkeit.

Der Zentral-Verein gebärdete sich sehr revolutionär. Denn er überwies jetzt dem engern Ausschusse ein Aktenstück, betitelt: „Vorbereitender Akt zum Losschlagen." Darin wurden den Zweigvereinen folgende Fragen zur Beantwortung gestellt:

---

*) In seinem Buche: „Zur Geschichte der rheinpfälzischen Revolution und des badischen Aufstandes." Zürich 1849.

„Welche Orte des Bezirks haben Besatzung? Aus welchen Waffen=
gattungen besteht sie? Wie stark ist jede derselben an Mannschaft,
Pferden und grobem Geschütz? Welcher Geist herrscht bei den Offizieren?
bei den Soldaten? Wo befinden sich Vorräthe von blanken und Schuß=
waffen? Von Munition (Pulver, Kugeln, Zündhütchen, Blei)? Von
Feldgeräthen (Wagen, Fourgons, Pontons)? Von Bekleidungsstücken,
Getreide und Lebensmitteln? Von Reit = und Zugpferden? Von
Fourage? In welcher Menge und unter welcher Verwahrung sind
diese Gegenstände vorhanden? Wo befinden sich Aerarial=Pulvermühlen
und Laboratorien, Gewehrfabriken, Kanonengießereien und Bohrmaschinen?
In welchem Zustande befinden sich die Befestigungswerke, und wie wird
der Dienst in denselben versehen? Wie ist die Stimmung der Bevöl=
kerung des Bezirks im Allgemeinen beschaffen? In welchen Orten be=
stehen Landwehren, Bürgerwehren und andere Genossenschaften? In
welchen Waffengattungen und von welcher Stärke ist eine jede? Von
welchem Geist sind die Führer und die Wehrmänner beseelt? Wie viel
ist jüngere Mannschaft zum Dienst in erster Linie, wie viel ältere zum
Dienst im Innern oder zur Reserve vorhanden? Sind gediente Leute
darunter, und von welchen Waffen? Wie viel ausgediente unver=
heirathete Leute bis zum 40. Jahr sind im Bezirke und in welchen
Waffen haben sie gedient? Wie ist der Bezirk im Allgemeinen und die
Wehrmannschaft insbesondere mit Waffen und Munition versehen? Wie
viel Pferde sind zum Kriege verfügbar? Haben die Gemeinden Vor=
räthe von Waffen, grobem Geschütz, Wagen= und Feldgeräth? Welche
Mittel besitzen die Gemeinden zur Beschaffung von Waffen, Munition
und andern Kriegsbedürfnissen? Bezüglich der Vereine: Wo befinden
sich Pulver= und Waffenvorräthe, Pulvermühlen, Gewehrfabriken und
Gießereien von Privaten? Kann der Verein über Büchsenmacher,
Schlosser, Schmiede ꝛc. zur Anfertigung von Waffen ꝛc. verfügen?“

Natürlich konnte mit einem Haufen solcher Fragen nicht im Nu ein
Reichsverfassungsheer auf die Beine gebracht werden. Die Mitglieder
der Linken des Parlaments hatten schon nach der Erschießung Robert
Blums den Antrag auf Errichtung eines Parlamentsheers gestellt, waren
aber nicht damit durchgedrungen. Sie nahmen den Gegenstand jetzt
wieder auf, jedoch nicht mit besserem Erfolg. Man verstieg sich höchstens
bis zum Uhland'schen Aufrufe an's deutsche Volk. In einem Rund=
schreiben, betitelt: „Kein Geld und keine Truppen für den Absolutismus
des Erzherzogs Johann,“ theilten Raveaux, Ludwig Simon von Trier
und Professor Schüler (Pandekten=Schüler) aus Jena als Vorstand des

Zentral=Märzvereins ihren Filialen unterm 18. Mai mit, daß sie die Absetzung des Reichsverwesers beantragen wollten.

Inzwischen brachen in Deutschland an manchen Orten Unruhen aus, welche die Verhängung des Belagerungszustandes zur Folge hatten. Wien und Berlin waren vom Oktober und November her noch im Be= lagerungszustande. Am 7. Mai wurde der Belagerungszustand auch über Breslau, am 10. Mai über Düsseldorf und Prag, am 16. Mai über die westphälischen Kreise Iserlohn und Hagen, sowie über die rhei= nischen Kreise Eberfeld und Solingen verhängt. An andern Orten war der Aufstand anfangs entschieden siegreich, wurde jedoch, wie unten ge= schildert werden wird, von den Reichstruppen der Zentral=Gewalt und namentlich von dem „Volke in Waffen" des gewählten Erbkaisers nieder= geworfen. Was die Zentral=Gewalt anbelangt, so geschah die Einleitung zu den Anordnungen behufs Bewältigung der Reichsverfassungsbewegung noch unter dem Ministerium Gagern, das sich vor dem Parlamente nichtsdestoweniger den Anstrich der Verfassungsfreundlichkeit zu erhalten wußte, bis der Edle am 9. Mai seine Entlassung nahm. Er legte bei Zeiten, ehe er unpopulär wurde, das Präsidium des Reichsministeriums nieder, angeblich, weil der Reichsverweser das Gagern'sche Programm nicht genehmigt hatte, und gründete seinem der Linken gegebenen schrift= lichen Versprechen zum Trotz kurz nachher zu Gotha jene liberale Partei, welche zur Abwiegelung der Bewegung dem preußischen Ministerium Brandenburg=Manteuffel sehr gute Dienste leistete.

An die Stelle des Ministeriums Gagern trat das für einen Hohn auf die National=Versammlung erklärte Ministerium Grävell, Detmold, Jochmus, Merk und Fürst Wittgenstein am 16. Mai.

Gagern's Freund Schmerling, welcher seit Januar als österreichischer Gesandter bei der Zentral=Gewalt fungirt hatte, war gleich nach der Erbkaiserwahl von seinem Posten zurückgetreten und nach Wien zurück= gekehrt. Die Verehrer Gagern's dachten anfangs daran, diesen als Reichsstatthalter einzusetzen: weßhalb am 19. Mai Professor Biedermann den Antrag auf Ernennung eines Reichsstatthalters stellte. Allein Ga= gern, der dieser Ehre entsagen zu müssen glaubte, war am Tage der Entscheidung krank. Widemann, Riesser, Soiron, Dahlmann sprachen für Ausharren, und der kranke Gagern pflichtete dieser Ansicht bei. Doch immermehr lichteten sich die Bänke der Versammlung, die Preußen Reichsfriedensbruch vorgeworfen hatte. Der Edle von Gagern verließ mit 74 seiner Getreuen (worunter Dahlmann) Frankfurt am 21. Mai. An diesem Tage wurde die beschlußfähige Zahl auf 100 herabgesetzt, und nach dem 26. Mai, an welchem der Uhland'sche Aufruf angenommen wurde, ward das Flüchten der National-Vertreter so allgemein, daß keine Sitzung mehr abgehalten wurde. Auch die Linke dachte ans Aus= reißen. Doch faßte sie, um ihre Flucht zu bemänteln, mit schwacher Majorität (71 gegen 64 Stimmen) den Beschluß, nach Stuttgart, auf neutralen Boden, überzusiedeln. Also sagten auch die Mitglieder der Linken der Paulskirche Lebewohl. Die bemoosten Burschen zogen am 30. Mai nachmittags zwischen 2—3 Uhr von Frankfurt aus. In Stutt= gart trieben sie ihre Redeübungen in der Fritz'schen Reitschule weiter, erklärten den Reichsverweser für abgesetzt, ernannten eine Reichsregent= schaft, bestehend aus Raveaux, Karl Vogt, Heinrich Simon, Schüler aus Zweibrücken und Becher aus Würtemberg, dekretirten ein Volksheer, schrieben eine Matrikular=Umlage von fünf Millionen Gulden aus und ordneten Neuwahlen an. Der Frankfurter Reichsverweser aber richtete unterm 9. Juni an die würtembergische Regierung die Aufforderung, das ungesetzliche Treiben des Rumpfparlaments nicht zu dulden. Als sie nun auch von Würtemberg 5000 Mann Truppen haben wollten, um sich selbst und die Bundesfestung Rastatt zu schützen: da wurden sie am 18. Juni durch würtembergische Reichstruppen am Eintritt in die Reit= schule verhindert und ausgewiesen, nachdem sie schon 5 Tage vorher vom Ministerium Römer aufgefordert worden waren, ihren Sitz anders= wohin zu verlegen. Schließlich lud ihr Präsident, der Kaisermacher Löwe aus Kalbe, sie ein, sich am 25. Juni wieder in Karlsruhe zu ver= einigen. Indeß blieb es in dieser Beziehung bei dem frommen Wunsche, da am festgesetzten Tage der Prinz von Preußen mit seinen Reaktions= Truppen in Karlsruhe erschien.

Die Reichsverfassung war ein sehr gebrechliches Machwerk.*) Sie zerfiel in sieben Abschnitte, welche die Titel führten: das Reich, die Reichsgewalt, das Reichsoberhaupt, der Reichstag, das Reichsgericht, die Grundrechte des deutschen Volks und die Gewähr der Verfassung. Ihre Hauptverfasser waren Professor Dahlmann, Waitz und Beseler. Sie enthielt so viele innere Widersprüche und schwebte dermaßen in der Luft, daß ihr alle Lebensfähigkeit abging. Doch das Schlimmste in ihr war die Kaiserkrone, von der doch die Professoren aus der Botanik hätten wissen sollen, daß selbige zu den Giftpflanzen gehört. Diejenigen

---

*) S. Verfassung des deutschen Reichs. Frankfurt am Main, Verlag von Auffarth, 1849, 12°.

Staatsmänner, welche die Anerkennung der Reichsverfassung verweigerten, handelten jedenfalls recht und leisteten der geschichtlichen Entwickelung einen großen Dienst. Wäre die Reichsverfassung in Wirksamkeit gekommen, so wäre nicht nur der Entwicklungsgang Deutschlands gehemmt gewesen, sondern das Volk wäre auch dauernd mit vielen neuen, vorher ungekannten Lasten bebürdet worden. Die Reichsverfassung war nicht werth, daß zu ihrer Ausführung sich ein einziger Arm erhob, ein einziges Leben in die Schanze geschlagen wurde. Dessenungeachtet erfolgten einige Aufstände, weil die Demokraten jene Verfassung als Agitations= Mittel gegen die überhand nehmende Reaktion benutzen zu müssen glaubten. Außer den Unruhen im preußischen Rheinlande und in Westphalen, wo die Landwehr sich gegen die Einkleidung sträubte, geschahen Aufstände in Dresden, in der Pfalz und in Baden. Auch Franken würde sich erhoben haben, wenn nicht Karl Vogt auf einer großen Volksversammlung bei Nürnberg aus Feigheit den guten Rath ertheilt hätte, von allen gewalt= samen Schritten abzustehen.

In Sachsen war nach dem Rücktritte von Braun, Oberländer und Pfordten seit dem 24. Februar 1849 das Ministerium Held am Ruder. Als die Frage hinsichtlich der Anerkennung der Reichsverfassung auf= tauchte, indem Schaffrath in der zweiten Kammer den Antrag auf un= bedingte Anerkennung stellte, löste Held die Kammer auf. Indeß empfahl die Mehrzahl der Minister (Held, von Ehrenstein, Dr. Weinlig) in An= betracht der großen Gefahr, die seitens der Verfassungsbewegung drohte, dem Könige die Anerkennung an; die Minderheit dagegen, deren An= sicht der König beistimmte, warnte ihn davor. Diese Minderheit bil= deten Freiherr von Beust und General Rabenhorst. Da der König un= erschütterlich bei der Nichtanerkennung verharrte, warfen am 3. Mai in Dresden die Männer der Bürgerwehr und herbeigekommene Freischaaren Barrikaden auf. Sie stellten der Regierung ein Ultimatum. Der König flüchtete sich am folgenden Tage, da der Kampf begann, auf sein festes Schloß Königstein. Nun wurde in Dresden eine provisorische Regierung eingesetzt, bestehend aus dem Triumvirat Heubner, Tschirner und Todt, welches streitbare Kräfte aufbot und Befehle zur Herbeischaffung von Geld, Waffen, Munition und Lebensmitteln erließ, während der Russe Bakunin und zwei Polen die Vertheidigungsanstalten und den Kampf leiteten. In Folge der Unterstützung, welche der berühmte Architekt Semper nebst seinen Zöglingen, sowie die aus dem Planenschen Grunde herbeiströmenden Bergleute leisteten, wurde die Macht der Aufständischen so stark, daß die sächsischen Truppen immer weiter zurückweichen mußten.

Da langte am 5. Mai unter Oberst Graf Walderfee ein preußisches Gardebataillon an, und am 7. Mai kam ein zweites. Jetzt wurden die Insurgenten, die sich indeß noch bis zum 9. Mai tapfer schlugen, aus der Stadt getrieben und theilweise auf der Flucht gefangen genommen.

Manche Graufamkeit wurde von dem siegreichen Militär verübt, und viele Demokraten hatten im Zuchthause von Waldheim, wie Röckel ausführlich geschildert hat, sowie in andern Strafanstalten ihre Betheiligung an der Reichsverfassungsbewegung jahrelang bitter zu büßen. Es gereicht der Reaktion zum Vorwurf, daß sie die politischen Gefangenen unnöthig und übermäßig streng behandelte, obschon vielleicht übertriebener Diensteifer der untern Beamten an der Durchprügelung der gefangenen Demokraten die Hauptschuld trägt. Ganz brutal und grausam benahm sich das preußische Militär in Dresden nach erfochtenem Siege.

Der pfälzische Aufstand war separatistisch; denn er bezweckte die Lostrennung von Baiern. Er begann mit einer am 2. Mai zu Kaiserslautern abgehaltenen Volksversammlung. Die bald darauf eingesetzte provisorische Regierung, welche sich durch ihre Nichtsnutzigkeit auszeichnen sollte, bestand aus den Herrn Hepp, Fries, Greiner und Schmidt. Nachdem die Pfalz am 16. Mai von der Frankfurter National-Versammlung unter den Schutz des Reichs gestellt worden war, beorderte die Zentral-Gewalt gegen den Aufstand Reichstruppen, konnte aber die erforderliche Truppenmacht nicht zusammen bringen. Hieraus erklärt sich die Entstehung des in manchen Geschichtsbüchern aufgetischten Mährchens, daß der Reichskommissär Eisenstuck vom Abgeordneten Schmidt mit einem vorgeblichen Befehle des Reichsverwesers getäuscht, die Reichstruppen zur Umkehr bewogen habe. Die provisorische Regierung der Pfalz berief zum Oberbefehlshaber den alten, dicken, polnischen Oberst Sznayde, während erst Fenner von Fenneberg und dann der Weinhändler Blenker ein Volksheer zu errichten bemüht waren. Obschon aus den Festungen Landau und Germersheim die baierischen Soldaten massenhaft zu den Aufständischen übergingen, war man doch nicht im Stande, sich dieser festen Plätze zu bemächtigen. Ueberhaupt bewährte sich in der Pfalz allein das Maulheldenthum; weßhalb sie auch ohne Schwertstreich und ohne Flintenschuß von den Truppen der Reaktion endlich wieder unterworfen wurde.

Nachhaltiger war der badische Aufstand, welcher ausbrach, obschon der Großherzog die Reichsverfassung anerkannt hatte. Nachdem die badische Kammer am 10. Mai die Vereidigung des Heeres und der badischen Staatsbürger auf die Reichsverfassung, die Zurückweisung jedes

Angriffs auf die Existenz des Frankfurter Parlaments und die Anordnung der Wahlen zum künftigen Reichstage beschlossen hatte, empörten
sich am folgenden Tage die Truppen von Rastatt gegen ihre Offiziere und
nöthigten den von Karlsruhe mit zuverlässiger Mannschaft herbeigeeilten
Kriegsminister Hoffmann zur Flucht. Hierdurch kam die wichtige Festung
in die Gewalt der Revolutionäre. Gleichzeitig erhob sich auch die
Besatzung von Bruchsal, wo Struve in Freiheit gesetzt wurde, sowie die
von Lörrach und Freiburg. Die in Rastatt liegende österreichische Besatzung zog alsbald ab. Jetzt wurde am 13. Mai auf einer Volksversammlung zu Offenburg die Revolution für permanent erklärt, und
aus Brentano, Gögg, Werner, Rehmann, Richter und H. Hoff ein
Landesvertheidigungsausschuß niedergesetzt, der bald nach der Hauptstadt
des Landes, wo ebenfalls die Truppen sich erhoben, übersiedelte. Dieser
Ausschuß ernannte, nachdem der Großherzog nebst Familie über Ha-
genau und Koblenz nach Frankfurt und Mainz geflüchtet war, eine
Exekutiv-Kommission, in welcher Brentano das Innere, Eichfeld den
Krieg, Gögg die Finanzen und Peter die Justiz verwaltete. Der kaum
einundzwanzigjährige Lieutenant Sigel übernahm einstweilen die Führung
der Neckar-Armee, bis Düfour von Genf, den man aus völliger Unkenntniß der Schweizer-Verhältnisse berufen hatte, herbeigekommen sein
würde. Allein der Genfer Aristokrat lehnte den Ruf ab, und nun wurde
der polnische General Microslawski zur Uebernahme des Oberbefehls
über das ganze Heer aus Paris verschrieben. Mit den Freischaaren
war die Streitmacht der Aufständischen anfangs etwa 30,000 Mann
stark. Die Badenser begingen den großen Fehler, daß sie — anstatt
sich eine kompakte Operations-Basis zu schaffen und mit allen Mitteln
Würtemberg sofort in die Bewegung hineinzureißen — sich nach dem
Großherzogthume Hessen warfen, wo Sigel am 30. Mai bei Heppenheim
geschlagen wurde. Die Bundes-Protokolle geben Aufschluß über die von der Frankfurter Zentral-Gewalt gegen die badische und Pfälzer-Revolution getroffenen Maßregeln.*) Demnach schien der Zentral-Gewalt außer dem
bis dahin bei Frankfurt am Main aufgestellt gewesenen mobilen Korps
die Konzentrirung eines zweiten mobilen Korps von Reichstruppen
zwischen Darmstadt und dem Neckar nöthig, um mit hinlänglichen Kräften
nicht nur in Frankfurt selbst, als dem Sitze der provisorischen Zentral-

---

*) Beilage 5 zu § 236 der 21. Sitzung vom 12. August 1852.

Gewalt für Deutschland, die gesetzliche Ordnung und öffentliche Sicherheit aufrecht zu erhalten, sondern auch der weitern Verbreitung „der von
Baden und der Rheinpfalz her drohenden, gesetzwidrigen und anarchischen
Bestrebungen" eine feste Schranke entgegenzusetzen.*) Beide Korps
waren unter dem Oberbefehl des kön. preußischen Generallieutenants von
Peucker gestellt und rückten im weitern Verlauf nach Baden vor. Sie
bestanden aus kön. preußischen (1 Bataillon), baierischen (1 Bataillon),
würtembergischen (2 Bataillone), kurfürstlich-heſſiſchen (1 Bataillon), groß-
herzoglich-heſſiſchen, ſchwerinischen, naſſauiſchen, hohenzollern'ſchen und
Frankfurter Reichstruppen. Mecklenburg-Strelitz, ebenfalls aufgefordert,
hatte keine Folge geleistet.**) Ebenso wurde der an die kurheſſiſche und
braunſchweigiſche Regierung ergangenen Aufforderung behufs Bereithaltung, beziehungsweiſe Abſendung, von Truppen nicht entſprochen.***)
Dasselbe war der Fall mit der, der kön. preußischen Regierung abver-
langten Heeresabtheilung von 8= bis 10,000 Mann.†) Außer den
obigen Truppen war sodann noch ein kaiserlich königlich öſterreichiſches
Korps von circa 9000 Mann in Bregenz und Feldkirch aufgestellt.
Durch Erlaß des Reichs-Kriegs-Miniſteriums unterm 26. Mai 1849
wurde beſtimmt, daß dieſe Truppen nur bei ihrer wirklichen Verwen=
dung im Reichsdienſte die für mobile Reichstruppen festgeſetzten Kom=
petenzen beanſpruchen könnten. Ferner wurden, nachdem die Abſendung
von Reichstruppen nach der im Zuſtande offener Empörung befindlichen
Pfalz in Ermangelung diſponibler Kräfte hatte abgelehnt werden müſſen,
baieriſcherſeits 2 Korps aus den bis dahin in Franken geſtandenen
Truppen konzentrirt, wovon das weſtfränkiſche in die Rheinpfalz vorzurücken beſtimmt war, um zunächſt Germersheim und Landau zu
entſetzen und dann Ordnung und Geſetz im Lande herzuſtellen. Der
von dem Reichs-Kriegs-Miniſterium gemachte Vorſchlag, dieſes Korps
für die Dauer der Operationen als Reichstruppen unter den Befehl des
Prinzen Emil von Heſſen zu ſtellen, wurde abgelehnt.††) Hinſichtlich

---

*) Beſchluß des Geſammt-Reichs-Miniſteriums unterm 27. Mai 1849.

**) Erlaſſe des Reichs-Miniſteriums unterm 13., 14., 21., 26., 31. Mai
und 2. Juni 1849.

***) Erlaß des Reichs-Kriegs-Miniſteriums unterm 19. Mai 1849. —
Schreiben des kurfürſtlich-heſſiſchen Miniſteriums unterm 25. Mai und des
braunſchweigiſchen Bevollmächtigten unterm 29. Mai 1849.

†) Erlaß des Reichs-Kriegs-Miniſters, dd. 6. Juni 1849.

††) Schreiben des kön. baieriſchen Bevollmächtigten, dd. 25. Mai, 5. und
9. Juni, und die Erläſſe des Reichs-Kriegs Miniſteriums, dd. 27. Mai und
7. Juni 1849.

der Verpflegsverhältnisse der unter den Oberbefehl Peucker's gestellten mobilen Korps wurden keine besondern Bestimmungen getroffen. „Die Verpflegsbedürfnisse sind von den betreffenden Gemeinden, in welchen die Truppen Quartiere erhielten, abgegeben worden, und eine baare Vergütung hierfür scheint nirgends geleistet worden zu sein."

Zufolge des in der Festung Rastatt ausgebrochenen militärischen Aufstandes, welcher den Besitz dieser Festung in die Hände der Empörer fallen ließ, wurde vom Reichs-Kriegs-Ministerium durch Erlaß vom 13. Mai 1849 dem kön. würtembergischen Generallieutenant v. Miller, Befehlshaber des bei Freiburg aufgestellten mobilen Korps, der Auftrag ertheilt, mit allen zu seiner Verfügung stehenden Truppen sich nach Rastatt zu begeben, um sich wieder in den Besitz dieses wichtigen Platzes zu setzen. Gleichzeitig wurde die würtembergische Regierung ersucht, in möglichster Schnelle alle verfügbar zu machenden würtembergischen Truppen zu dem mobilen Korps des Generallieutenants von Miller zu dirigiren, woselbst sie als Observations-Korps aufgestellt blieben. Im Erlasse des Reichs-Kriegs-Ministeriums an das würtembergische Kriegs-Ministerium, dd. 31. Mai 1849, wurde ausgesprochen, daß alle dem Miller überwiesenen Truppen als in den unmittelbaren Reichsdienst getreten zu betrachten wären, und daß diese Truppen daher auf alle den mobilen Korps bewilligten Kompetenzen Anspruch hätten.

Man ersieht hieraus, daß manche Regierungen, weil sie arg bange waren, der Zentral-Gewalt keine Folge leisteten. Selbst die preußische Regierung, welche der Großherzog von Baden — nachdem er wegen Truppenmangels vom Reichsverweser abschlägig beschieden worden — um Hülfe anflehte, ließ lange auf ihre Unterstützung warten, da in manchen Gegenden Preußens die Landwehr sich nicht einkleiden lassen wollte und sich gegen die Regierung aufrührerisch zeigte. Hätten die Mitglieder der National-Versammlung mehr Muth und Geschick besessen, so würden sie ihre Reichsverfassung durchgesetzt haben. Ebenso würde unter diesen günstigen Umständen die badische Erhebung siegreich um sich gegriffen und andere Lande mit sich fortgerissen haben, wäre sie weniger exklusiv badisch gewesen und hätte sie vor allen Dingen Würtemberg sofort erobert. Denn von Würtemberg aus hätte der Aufstand Franken und ganz Baiern ergriffen, wäre vielleicht nach Wien hinübergesprungen und hätte das noch blutende Sachsen zu neuer Energie erweckt. Die preußischen Staatsleute, welche ihren Gegnern weniger Schwachköpfigkeit zutrauten, als diese wirklich besaßen, gaben Süddeutschland bereits verloren und wollten dem republikanischen Südbunde im Dreikönigsbündnisse einen monarchischen Nordbund entgegenstellen. Manteuffel sprach dieß offen aus. Dieser Umstand ist ebenfalls zu be= rücksichtigen, wenn man erklären will, warum Preußen nicht schneller gegen die Pfalz und Baden vorrückte. Das preußische Kabinet wollte seine Kräfte für den Norden aufsparen; es war stutzig geworden und befürchtete aufrührerische Explosionen im Rücken des preußischen Heeres. Die Reichsverfassung ist also bloß an der Feigheit und Ungeschicklichkeit der Führer des deutschen Bürgerthums gescheitert. Hätte die badische provisorische Regierung eine große Zahl von revolutionären Agenten mit be= deutenden Geldsummen ausgeschickt und namentlich in den verschiedensten Gegenden Preußens Aufstandsversuche veranstaltet, so würde der Süden vor der sogenannten „deutschen Aufgabe Preußens" noch lange hinaus sicher geblieben sein.

Aber die badische Regierung bestand aus Männern, die weder die in ihren Händen befindliche Macht kannten, noch die reichlich vorhan= denen Mittel und Gelegenheiten zu benutzen verstanden. Die reaktionären Beamten, die den neuen Eid verweigerten, wurden in ihren Stellen be= lassen, die Pfaffen durften ungestraft konspiriren, die Polizei und nament= lich die fast durchgängig reaktionäre Gendarmerie wurde nicht reorgani= sirt, die schlimmsten Reaktionäre konnten unbehelligt mit ihrem Gelde das Land verlassen, die Spione trieben sich ohne Scheu überall herum, das Heer wurde nicht hinlänglich vermehrt, die Freischaaren nicht ge= ordnet, gehörig bewaffnet und disziplinirt, die Anordnungen der Re= gierung, wenn sie das Murren der opferscheuen Philister hervorriefen, nicht pünktlich durchgeführt, die Gesinnungsgenossen aus andern deutschen Staaten wie Ausländer behandelt und die Erhebung wie eine speziell badische betrachtet. Selbst der sonst so energische Mögling konnte sich aus übel verstandener Generosität so schwach zeigen, daß ihm, wie er Seite 186 in den „Briefen an seine Freunde" (Solothurn 1858) er= zählt, ein alter Bauer in Sinsheim richtig prophezeite: „Herr! Sie werden Ihre Gutmüthigkeit zu bereuen haben; denn wenn diese schlechten miserabeln Kerls Sie in ihre Gewalt bekommen, wovor Sie Gott be= wahren wolle, werden diese anders mit Ihnen umgehen!" Indem man sich den Gegnern generös bewies, schädigte man die eignen Gesinnungs= genossen. Um in den Kampf für die Reichsverfassung einigermaßen Sinn und Verstand zu bringen, hätte man sogleich die giftige Kaiser= krone aus ihr ausjäten und an die Stelle derselben die Diktatur des aus Amerika herbeigerufenen Hecker und bis zu dessen Ankunft die Vize= Diktatur des als Zivil=Kommissär in Heidelberg fungirenden Schöffel setzen müssen. Denn einestheils verspritzten doch bloß Demokraten in diesem Kampfe ihr Blut, und anderntheils war Hecker 1848—9 der beste Repräsentant und Führer des deutschen Bürgerthumes, wie Schöffel der beste des Landvolks war. Aber Brentano sprach offen die Maxime aus: man müsse sich ein Hinterpförtchen offen halten. Er gehörte also zu jener Klasse von Leuten, welche der alte Marat les petits intrigants (die kleinen Intriganten) oder auch les hommes d'état (die Staatsmänner) zu benennen pflegte. Was den Finanzminister Gögg anbelangt, so wurde der Verfasser dieses Buches mit ihm in London gut bekannt und fragte ihn einstmals: „Ist es wahr, daß Sie von dem Vorhandensein mehrerer Millionen Werthpapiere in der badischen Staatskasse nicht eher Etwas gewußt haben, als bis dieselben von der Reaktion Ihnen entwendet waren, und ist es ferner wahr, daß Sie für ein Paar Millionen Silber nicht haben prägen lassen, weil Sie keinen andern, als den großherzoglichen Münzstempel hatten?" — Gögg, eine ehrliche Haut, antwortete: „Es ist freilich wahr, nur wird der Betrag etwas zu hoch angegeben; doch darf man das mir nicht übel nehmen, denn ich besaß keine Erfahrung; ich war ein junger Mann von 27 Jahren und bis dahin nur im Rechnungsfache bewandert; man erhob mich ohne mein Zuthun zum Finanzminister, weil ich aus einer wohlhabenden Familie stammte." — Wie untauglich der Kriegsminister war, geht, abgesehen von den bei Betreibung des Kriegs begangenen zahlreichen Fehlern, unter Anderm auch aus den Aufschlüssen hervor, welche die Bundes-Protokolle in Betreff der Festung Rastatt geben. Daselbst steht zu lesen: *)

„Als im Mai 1849 die Revolution ausbrach, so verfügte das vormalige Reichsministerium des Krieges, daß die in Rastatt liegenden Bundesgelder ohne Unterschied zu baulichen Zwecken, so viel thunlich, verwendet werden sollten, um sie dadurch den Aufrührern zu entziehen. Zu diesem Behufe sind die oben in Ausgabe erscheinenden 50,000 Gulden an die Festungsbau-Kasse verabfolgt, und, da die bauleitenden Offiziere noch längere Zeit nach Ausbruch der Revolution behufs möglichster Erreichung des beabsichtigten Zweckes in Rastatt verblieben, dadurch auch wirklich dem Bunde gerettet worden... Nach=

---

*) Summarische Nachweisung der Einnahmen und Ausgaben der Proviant-Kasse der Bundesfestung Rastatt in den Jahren 1848 und 1849. (Beilage zu §. 14 des Protokolls der 2. Sitzung der deutschen Bundesversammlung vom 12. Januar 1852, Seite 147. Original-Ausgabe.)

dem im Laufe des Monats Juni 1849 auch die bauleitenden Offiziere den Platz verlassen hatten, und vorauszusehen war, daß die Empörer auch der sich anfänglich zwar unter Aufsicht gestellten, doch aber unbe= rührt gelassenen Bundesgelder bemächtigen würden, welche nicht mehr zu baulichen Zwecken hatten verwendet werden können, so unternahm Pro= viant=Verwalter Koch die Rettung eines Theiles der unter seiner Ver= waltung gestandenen Baarvorräthe der Kanzlei=, Wach=, Kasern=, Hospi= tal= und Proviant=Kasse, nämlich durch Bergung einer Summe von 9,333 Gulden 20 Kreuzern in einem Lokale des Schlosses zu Rastatt und einer Summe von 3,492 Gulden 52 Kreuzern an einem andern Orte, worauf er sich nach ebenfalls vollzogener Bergung der Kassen= bücher ꝛc. den Empörern durch die Flucht entzog, zu deren Bewerkstelli= gung er aus der Kanzlei=Kasse 100 Gulden, der Wachverwaltungs=Kasse 50 Gulden, der Kasern= und Hospital=Kasse 140 Gulden, zusammen 290 Gulden, entnahm. Der erstere Theil der geborgenen Summe mit 9,333 Gulden 20 Kreuzern wurde später von den Empörern entdeckt und hinweggenommen, der zweite Theil aber mit 3,492 Gulden blieb gerettet und wurde nach Uebergabe der Festung wieder abgeliefert."

Nachdem die preußische Regierung eine Reichsverfassung ihres Kali= bers oktroyirt und mit Hülfe Gagerns die Freunde der deutschen Einheit von den Verehrern der Freiheit getrennt, auch keine weitern Aufstände im deutschen Norden zu besorgen hatte, erachtete sie die Zeit für gekom= men, die Revolution im Süden auszutilgen. Der König ernannte den Prinzen von Preußen (den jetzigen König Wilhelm I.) zum Oberbefehls= haber der pfälzisch=badischen Okkupations=Armee, und nun durchschritt ohne Widerstand das herrliche Kriegsheer vom 13. bis 20. Juni die Pfalz, eingedenk der hochjunkerlichen Reime:

„Also hausen durch das Land
Die unsaubern Geister,
Bis das Kreuz mit fester Hand
Drüber schlägt der Meister:
Bei dem ersten Trommelklang,
Fahren sie davon mit Staul!
Gegen Demokraten
Helfen nur — Soldaten!"

Während die Generäle von der Gröben und Hirschfeld mit ihren beiden Armee=Korps die Vergnügungsreise durch die Pfalz zurücklegten, daselbst Landau entsetzten und von da den Rheinübergang am 20. Juni bei Germersheim vollzogen, rückten die Reichstruppen unter dem preußi-

ſchen General von Peucker direkt auf der Bergſtraße in Baden am
15. Juni ein und drangen bis in die Nähe Heidelbergs vor. Am 21. Juni
kam es bei Waghäuſel mit den Preußen zur Schlacht, worin dieſelben,
nachdem ſie mit Verluſt zurückgeworfen worden waren, durch den Verrath des badiſchen Oberſt Beckert ſchließlich über die 15,000 Mann ſtarke,
von Mieroslawski befehligte Revolutions-Armee ſiegten. Letztere mußte
nach Wiesloch zurückweichen. Der Prinz befand ſich beim Hirſchfeld'ſchen
Korps, von welchem bei Waghäuſel die Diviſionen von Hanneken und
von Brun ins Gefecht gekommen waren. Peucker ſetzte den 21. bei He-
ringenberg, Gröben den folgenden Tag bei Ladenburg über den Neckar,
um Mannheim und Heidelberg in Beſchlag zu nehmen. Sowie ſich
die Preußen näherten, erhob die Reaktion in Heidelberg keck wieder
das bis dahin demüthig geſenkte Haupt, ſo daß einzelne Wehrmänner
der tapfern Flüchtlings-Legion und des Mannheimer Arbeiter-Bataillons,
die den Rückzug zu decken beordert waren, Kämpfe mit den Gendarmen
zu beſtehen hatten und auch nicht, wie ſie beabſichtigten, die Brücke in
die Luft ſprengen konnten. *)

Noch ärger ging es in Mannheim her. „Die guten Bürger der
Stadt Mannheim", ſagt Fenner von Fenneberg,**) „in Verbindung mit
dem dort liegenden zweiten badiſchen Dragoner-Regimente, welches mit
ſeinen übrigen Kameraden in Wortbrüchigkeit und Verrätherei wetteiferte,
empörten ſich, als die Nachricht kam, daß die Reichstruppen die Laden-
burger Brücke genommen, gegen die proviſoriſche Regierung, verhafteten
den Zivilkommiſſär Trützſchler und andere Revolutionsmänner, während
die außerhalb der Stadt poſtirte Volkswehr dem Feinde gegenüberſtand.
Die Kanonen am Neckar und am Rheinufer wurden abgefahren, und
eine Deputation ging an die vorrückenden Preußen ab, die Stadt zu be-
ſetzen, welche am Abend beim Einzug derſelben feſtlich illuminirt war
(22. Juni), während die übergegangenen Dragoner zur Verfolgung Mieroslawski's abgeſchickt wurden."

Nachdem die Preußen am 24. Juni in den blutigen Treffen bei
Ubſtadt, Neudorf und Bruchſal durch ihre Uebermacht geſiegt hatten, hielt
der Prinz von Preußen am 25. Juni ſeinen Einzug in Karlsruhe. Nun
fielen die Aufſtändiſchen auf die Alb und Murg zurück. Indem ihnen

---

*) Der Verfaſſer berichtet dieß als Augenzeuge; er ſtand bei der genannten
Legion und wurde ſpäter zur Unterſtützung des Majors Mangold, eines Schweizer Militärs aus Baſelland, dem Mannheimer Arbeiter-Bataillon zugetheilt.

**) Am angeführten Orte. Seite 71—72.

die Preußen und die Reichstruppen nachfolgten, kam es zwischen den erstern und den, den Rückzug deckenden, Freischaaren (der Flüchtlings-Legion und dem Willich'schen Korps) zu einem heißen Gefecht bei Baden-Durlach, wobei das Städtchen in Brand gerieth. Noch einmal hielt das Revolutionsheer bei Rastatt Stand. Auf der einen Seite den Rhein, auf der andern das als neutral vorausgesetzte würtembergische Gebiet, gestützt auf die Festung Rastatt und mit der Deckung der Murg und des Waldes, hatte es eine sehr günstige Position. Um den Muth anzu-feuern, wurden die Gerüchte verbreitet, daß 20,000 Franzosen zu Hülfe kämen, und daß die Ungarn, nachdem sie glänzend über die Kaiserlichen gesiegt, mit zwei Armeen nach Deutschland eingebrochen wären, wovon die eine auf Wien, die andere über Breslau auf Berlin losmarschirte. Auch verlautete, daß Hecker aus Amerika angelangt sei. Indeß bedurfte es dieser künstlichen Anfeuerung nicht; denn die sämmtlichen Revolutions-Truppen, mit alleiniger Ausnahme der Dragoner, welche bloß zu Esta-fetten-Diensten brauchbar waren, schlugen sich äußerst tapfer, die preußi-schen Zündnadelgewehre verrichteten keine Wunder, und unter den Wehr-männern war die Redensart zum Sprichwort geworden: „So schnell schießen die Preußen nicht!" Durch ganz vorzügliche Tapferkeit und Prä-zision im Schießen zeichnete sich, wie die Feinde selbst anerkannt haben, die badische Artillerie aus.

Die Feinde marschirten gegen die Insurgenten folgendermaßen heran. Gröben bildete den linken, das Peucker'sche Reichsheer und die preußische Brigade von Schack den rechten Flügel und Hirschfeld befehligte das Zentrum. Den 29. Juni blieb die Schlacht bei Rastatt, dessen Festungs-kanonen mitwirkten, unentschieden, aber am 30. Juni überschritten die Feinde die Murg, nahmen Dos und trieben das umgangene Revolutions-Heer in die Flucht. Nun fiel kein Treffen im offenen Felde mehr vor, obschon Sigel auf badischer Gränze bei Jestätten noch bis zum 12. Juli ausharrte. Gegen 11,000 Flüchtlinge suchten ein Asyl in der Schweiz; nur wenige gingen nach Frankreich, weil die meisten fürchteten, von der Regierung des Prinz-Präsidenten Louis Napoleon Bonaparte in die Fremden-Legion nach Afrika gesteckt zu werden.

Nach der Niederlage bei Rastatt warf sich ein großer Theil der Freischaaren in die Festung, und es wären noch etwa 1000 Mann mehr hineingegangen, wenn der Verfasser dieses sie nicht am Festungsthor auf-gehalten und ihnen das Verderbliche ihres Vorhabens in einer Ansprache auseinander gesetzt hätte. Der Reichsverfassungskampf mußte mit der Schlacht bei Rastatt als beendigt angesehen werden; folglich hatte, wer in der Festung staf, nur noch die Freiheit der in einer Falle gefangenen Maus. Obschon die Festung ganz von den Preußen eingeschlossen wurde, war es ihnen doch nicht möglich, sich ihrer zu bemächtigen. Im Gegentheil machten die Belagerten glückliche Ausfälle und fügten den Preußen bedeutende Verluste zu. Schon beorderte der Prinz von Preußen, um Bresche zu schießen, von Koblenz schweres Geschütz, als die Regierungen von Oesterreich und Baiern gegen die Zerstörung der Bundesfestung kräftige Einsprache erhoben. Da gerieth irgend ein Lieutenant auf die Kriegslist, auf der Murg wohlverschlossene Flaschen mit Zeitungen hinabschwimmen zu lassen, damit die Belagerten, wenn sie selbige auffingen, sich von dem gänzlichen Aufhören des Kampfes überzeugten und dadurch den Muth verlören. Das wirkte. Unter den Belagerten befand sich der zweideutige, bereits oben im zweiten Hauptstücke erwähnte von Corvin-Wiersbitzki, der in seinen dickbändigen Memoiren seinen Ursprung aus einem alten römischen Adelsgeschlechte herleiten will. Dieser suchte die tapfern Freischaaren zu entmuthigen und brachte es dahin, daß man ihn nebst dem Major Langen damit betraute, sich am 18. Juli bei den Preußen als Parlamentär zu melden und bis hinauf nach Freiburg und Konstanz zu reisen, um zu sehen, ob noch Entsatz möglich sei. Diese Reise machten die beiden Genannten in Begleitung eines preußischen Offiziers und zweier Unteroffiziere. Corvin gab bei seiner Rückkunft den Belagerten nicht nur Nachricht von der in Baden eingetretenen Grabesruhe, sondern er benachrichtigte sie auch davon, daß der Großherzog unterm 5. Juli eine Amnestie für Alle, welche sich bis zu einem gewissen Zeitraume freiwillig unterwerfen würden, verkündet habe. Ferner wurde ein Kapitulations-Vertrag auf Betreiben Corvin's abgeschlossen, in welchem den Belagerten volle Amnestie zugesichert wurde. Nun ergaben sie sich auf Treue und Glauben, und die Kapitulation ward am 23. Juli vollzogen. Bei dieser Feierlichkeit ritt der Festungs-Kommandant Tiedemann dem an der Spitze seines Generalstabes haltenden preußischen General von der Gröben entgegen und überlieferte ihm seinen Degen. Die Festungs-Kavallerie, welche absaß, und die Offiziere legten ihre Säbel auf die Erde, und die Infanterie stellte ihre Gewehre zusammen. Nachdem aber die Freischaaren ihre Waffen abgeliefert hatten, wurden sie Räuber und Lumpengesindel genannt und als Gefangene in die Kasematten der Festung eingesperrt, wo sie eine sehr harte Behandlung erleiden mußten. Die Preußen erklärten den Kapitulations-Vertrag jetzt für ungültig, weil denselben nicht der Prinz von Preußen selber, sondern in seinem Namen nur ein untergeordneter Generalstabs=Offizier, Major von Alvensleben, unterzeichnet hatte.

Noch während der Dauer des Krieges waren durch die Reichstrup= pen Kriegsgefangene erschossen, und durch die Preußen Turner, die man von einem Kirchthurme herabwarf, unten mit Bajonetten aufgespießt wor= den. Jetzt sollte auch gestandrechtet werden. Zwar war Baden kein preu= ßisches Land, und folglich konnte der Aufstand als kein Hochverraths= verbrechen gegen den preußischen souveränen König gedeutelt werden; auch waren viele von Denen, die gefangen genommen worden waren, weder preußische noch badische Unterthanen und standen folglich zu dem Prinzen von Preußen in keinem andern Rechtsverhältniß, wie jeder Mensch im Allgemeinen zu seines Gleichen; ferner war der Kampf formell und ausdrücklich für die in Baden gesetzlich anerkannte Reichsverfassung ge= führt worden, während dieselbe doch der König von Preußen, der in ihr für Deutschland bestimmte Erbkaiser, abgelehnt hatte, weßhalb nach dem in Baden gültigen Rechte der Prinz von Preußen sich bei seinem Kriege gegen die Reichsverfassungskämpfer entschieden im Unrechte befand: allein die Reaktion dürstete nach Rache, sie wollte Blut sehen und kümmerte sich, als sie sich einmal nach so vielen bangen Tagen und durchwachten Nächten wieder im Vollgenusse der unbestrittenen höchsten Macht sah, um keine rechtlichen und gesetzlichen Bedenken, wie sie etwa befangene Sterb= liche hinsichtlich der Heiligkeit der Menschenleben in Friedenszeiten und hinsichtlich der in den Frieden aufgenommenen Kriegsgefangenen hegen. So wurden denn gerade die tapfersten Männer der Demokratie, und zwar deßhalb, weil sie die tapfersten waren, standrechtlich hingeschlachtet. Zu Mannheim wurde auf Anordnung des preußischen Kriegsgerichts das aus Sachsen gebürtige Parlamentsmitglied Adolph von Trützschler erschossen, da man ihm seine sozial=demokratischen Ansichten um so mehr verargte, als Trützschler aus einer altadeligen, hochangesehenen und be= güterten Familie war.*) Dagegen wurde der schwer verwundete Mög= ling bloß zum Zuchthaus verurtheilt, weil er den Tod, welchen er für

---

*) Der Verfasser hat im Jahre 1863 für den Verlag von Reinhold Baist in Frankfurt am Main eine Broschüre über die Hinschlachtung dieses Sozial Demokraten geschrieben, weil Baist sich anheischig machte, den Reinertrag der Schrift, wie auch auf deren Titelblatte angegeben ist, zur Errichtung eines Trützschler-Denkmals zu verwenden. In Thüringen ist die Schrift stark gekauft worden: was jedoch das Mißvergnügen von Trützschler's Witwe, deren Söhne in preußi= schen Dienst getreten sind, erregt hat.

eine Wohlthat ansah, herbeiwünschte. Der gefangene Professor Gottfried Kinkel aus Bonn erhielt ebenfalls bloß Zuchthaus, weil er vor dem Kriegsgericht in seiner Vertheidigungsrede erklärte, daß er damit einverstanden sei, wenn der Prinz von Preußen Herrscher von Deutschland würde; nur mußte Kinkel, bis er durch Karl Schurz und sehr hochstehende Freunde befreit wurde, im Zuchthause Wolle spinnen. Dagegen wurden die wirklichen Revolutionäre, während Corvin-Wiersbitzki mit heiler Haut davonkam, alle erschossen. Zu Rastatt erlitten, trotz der in der Kapitulation zugesicherten Amnestie, Elsenhans, Dortü, Tiedemann, Näff, Böhning und zahlreiche andere den Märtyrer-Tod. Sie starben alle muthig mit dem Rufe: „Es lebe die Republik!" Als der ehrwürdige Vater Böhning aus Nassau, ein Greis von 72 Jahren, erschossen werden sollte, verlangte er selber zu kommandiren und ließ sich nicht die Augen verbinden. Nachdem er laut das Gebet gesprochen hatte: „Vater, ich komme, dich anzuflehen um Rache gegen unsere Mörder!" kommandirte er: „Schießt gut, Feuer!" Da entsanken den preußischen Soldaten die Gewehre und sie weigerten sich, den alten ehrwürdigen Mann zu erschießen. Darauf wurden frische Truppen zum Verrichten des Henkerdienstes beordert. Als die preußischen Standgerichte bis zum 27. Oktober gedauert hatten, hörten sie auf, um von den ordentlichen badischen Kriegsgerichten abgelöst zu werden. Das neue, seit Ende Juni in Karlsruhe befindliche badische Ministerium, welches unter preußischem Schutze die Reaktions-Arbeit verrichtete, war zusammengesetzt aus den Leuten der alten Verwaltungspartei: v. Roggenbach, v. Marschall, Stenzel, Klüber, Regenauer und Stabel. Der Belagerungszustand dauerte bis zum Jahre 1852, und die mit ihm verbundenen Schrecken trieben Hunderttausende von Menschen zur Auswanderung nach Amerika, so daß sich das Land entvölkerte. Den von der Revolution dem badischen Staatsschatze zugefügten Schaden berechnete die badische Regierung auf 8,302,890 Gulden 14 Kreuzer;[*] der dem Bundes-Aerar erwachsene Verlust ward laut Zusammenstellung vom 24. September 1852 auf 97,437 Gulden 25 Kreuzer angegeben. Der von den Urhebern und Theilnehmern an der Revolution bis zum Jahre 1856 eingetriebene Schadenersatz belief sich ungefähr auf eine halbe Million Gulden, wovon an das Bundes-Aerar 5,799 Gulden 36 Kreuzer abgeliefert wurden.

Mit der Besiegung der Reichsverfassungsaufstände war die Wirksamkeit des Reichsverwesers thatsächlich zu Ende. Zwar blieb der Erz-

---

[*] 26. Sitzung der deutschen Bundesversammlung vom 2. August 1856, §. 250.

Herzog Johann scheinbar bis zu Ende des Jahres 1849 im Amte; allein der Wegfall des deutschen Parlaments und das gänzliche Scheitern der nationalen Bewegung hatten die Aufgabe, die ihm zugewiesen war, erledigt. Er reiste am 30. Juni nach Gastein ab, ohne nach Frankfurt am Main zurückzukehren. Die Errichtung der Reichsverweserwürde war dem deutschen Volke sehr theuer zu stehen gekommen. Sie hatte nicht allein an und für sich viele Kosten verursacht, sondern war auch recht eigentlich der Nagel zum Sarge der nationalen Erhebung gewesen. Wenn bei den Matrikular-Umlagen, welche unter dem Reichsverweser ausgeschrieben wurden, regelmäßig die Kosten der provisorischen Zentral-Gewalt mit jenen des Parlaments klugerweise zusammengeworfen wurden, um die aus der Steuererhöhung entspringende Gehässigkeit auf die Schultern der nationalen Demokratie abzuladen: geben uns doch die Protokolle der deutschen Bundesversammlung über eine Menge spezieller, aus der Einsetzung einer Reichsverweserschaft allein herrührender Ausgaben genaue Mittheilung. So betrug die vierteljährliche Miethe vom 5. August bis zum 5. November 1848 für die Wohnung des Reichsverwesers 3,500 Gulden.*) Die 2. Beilage zu §. 65 der 7. Bundestagssitzung vom 14. Februar 1856 führt in einer sorgfältigen Zusammenstellung die nachstehenden Posten auf:

6,407 Gulden 13 Kreuzer für Gehalte und Tagegelder an den Kanzleivorstand, den Sekretär, die Kanzlisten und Diener des Reichsverwesers; 250 Gulden Remuneration an dieselben; 89 Gulden für Schreibaushülfe in den Kanzleien des Reichsverwesers; 17,900 Gulden Miethzins für dessen Wohnung; 934 Gulden 56 Kreuzer zu Schreibmaterialien und Bureau-Erfordernissen für dessen Kanzlei; 14,802 Gulden 21 Kreuzer als Kosten der für die Wohnung des Reichsverwesers angeschafften Mobilien und Inventar-Gegenstände; 4,674 Gulden 37 Kreuzer als Kosten der für die Wohnung des Reichsverwesers angeschafften, einer schnellen Abnutzung unterworfenen Gegenstände und die Reparatur-Kosten derselben; 8,406 Gulden 7 kr. Kosten für eine zweckmäßiger befundene Einrichtung und die damit verbundenen Arbeiten und Reparaturen in der Wohnung Sr. kaiserlichen Hoheit; 4,093 Gulden 45 kr. Heizungskosten dieser Wohnung; 1,894 Gulden 43 kr. Beleuchtungskosten der betreffenden Wohnung.

---

*) §. 243 der 30. Sitzung der Bundesversammlung vom 2. Dezember 1851.

Der Gesammtaufwand aus Bundesmitteln für die deutsche National-Versammlung betrug zufolge der nämlichen Zusammenstellung 277,130 Gulden 17 Kreuzer. Die an sämmtliche Reichsminister vom 1. September 1848 bis zum letzten September 1849 bezahlten Besoldungen beliefen sich auf 80,861 Gulden 6 kr. Die Besoldung der Unterstaats-Sekretäre verursachte im genannten Zeitraume eine Ausgabe von 34,766 Gulden 40 kr., während die Reichsministerialräthe, Assessoren, Sekretäre Registratoren und Revisoren an Besoldung und Remuneration 45,664 Gulden 45 kr. bezogen. Die zum Reichskriegsministerium kommandirten Offiziere erhielten an Zulage und Remuneration 52,508 Gulden 20 kr. Die Besoldung der Bundeskassenbeamten und Diener erforderte die Summe von 10,447 Gulden. Die im Reichsministerium des Handels und zwar in der Marine-Abtheilung angestellten Direktoren und Räthe, ferner die verwendeten Sachverständigen, Sekretäre und Diener kosteten dem deutschen Volke bis zur Abdankung des Reichsverwesers (Ende 1849) 21,878 fl. 2 kr. Den Kanzleisekretären und Kanzlisten wurden an Besoldungen und Taggeldern verabreicht 28,473 Gulden 10 kr. Die Dienerschaft der Reichsministerien bezog 14,408 Gulden 50 kr. Die für Reichsgesandtschaften bestrittenen Ausgaben betrugen 94,880 fl. 18 kr. Die unter dem Reichsverweser ausgesandten Reichskommissäre erforderten an Diäten und Reisekosten 23,671 fl. 8 kr. Die zugezogenen Sachverständigen und das nebenbei laufende Dienstpersonale verursachten den Aufwand von 9,147 Gulden 31 kr. und an erlaufenen Diäten und Reisekosten 28,157 fl. 5 kr. Die für Inspektion der Bundesfestungen entstandenen, auf die Zentral-Verwaltung zu verrechnenden Diäten und Reisekosten beliefen sich auf 3,290 fl. 58 kr. Aus den Bureau-Bedürfnissen der sämmtlichen Reichsministerien erwuchs die Ausgabe von 11,406 fl. 7 kr. Für die Geschäftslokalitäten, für Beleuchtung, Heizung und sonstige Erfordernisse des Gesammt-Reichs-Ministeriums wurden verausgabt 9,708 fl. 13 kr. Für Material-Verwaltung zur Bestreitung von Bureau-Bedürfnissen wurden verrechnet 1,900 fl. Die in den Geschäfts-Lokalitäten des Gesammt-Reichs-Ministeriums angeschafften Inventar-Gegenstände kosteten 5,572 fl. 30 kr. Die Miethe dieser Geschäfts-Lokalitäten kam auf 5,660 fl. zu stehen.

Außerdem finden sich verrechnet:

1,564 fl. 44 kr. für Bau-Reparaturen im Thurn und Taxis'schen Palais, welches dem Gesammt-Reichsministerium überlassen worden war; 450 fl. für Beaufsichtigung des Bundes-Mobiliars; 1,176 fl. 23 kr. an Bureau-Kosten und verschiedenen Ausgaben des Ministeriums für auswärtige Angelegenheiten; 1500 fl. 31 kr. für dergleichen Ausgaben im Ministerium des Innern; 1,431 fl. 29 kr. für dergleichen Ausgaben im Reichsministerium der Justiz; 10,255 fl. 28 kr. Druckkosten für das Reichsgesetzblatt; 2,809 fl. 20 kr. Bureau-Kosten und verschiedene Ausgaben des Reichs= ministeriums des Handels; 33,944 fl. 50 kr. dergleichen Ausgaben im Ministerium der Marine; 3,115 fl. 53 kr. Bureaukosten und verschiedene Ausgaben des Reichskriegs=Ministeriums; 564 fl. 49 kr. ähnliche Aus= gaben des Finanz=Ministeriums und 48 fl. zu gleichem Zwecke für die Reichskassenverwaltung; 5,956 fl. 50 kr. Ausgaben für die Auseinander= setzung des Reichskammergerichts=Archivs zu Wetzlar; 1,428 fl. 4 kr. für Pensionen und Unterstützungen; 11,773 fl. 20 kr. an Gehalten und Zu= lagen für mehrere solche Beamte hoher deutscher Regierungen, welche zur Ausgleichung der Kosten für Truppenaufstellungen nach Frankfurt be= ordert waren; 2,922 fl. 18 kr. und 20 fl. Diäten und Reisekosten für angeordnete Dienstreisen in Angelegenheiten der Bundestruppen=Auf= stellung.

Das vom deutschen Parlamente diskutirte und vom provisorischen Reichsverweser als Finanzgesetz bestätigte Budget vom 22. Dezember 1848 enthielt die Ueberweisung der Baarbestände in der Bundeskasse und der bei Rothschild deponirten Gelder, dann sämmtlicher Rückstände auf frühere Umlagen von beziehungsweise 120,000 Gulden und 217,456 Gulden 32 Kreuzern für die National=Versammlung und Zentral=Ver= waltung, ferner die Umlage unterm 10. Oktober 1848 von 5,250.000 Gulden für die deutsche Marine und endlich die Umlage unterm 27. No= vember 1848 von 1,750.000 Gulden für die Verpflegung der Reichs= truppen. Für das Jahr 1849 wurde kein allgemeines Budget aufgestellt. Die Ausgaben während dieser Zeit wurden nach Maßgabe des Bedürf= nisses und durch besondere Anordnungen des Reichsfinanz=Ministeriums bestritten. Die Einnahmen flossen aus den noch vorhandenen Bundes= fonds und aus den bundesmäßig feststehenden beiden Umlagen von 1,812.318 fl. 23 kr. für den Bau der Festungen von Ulm und Rastatt sowie von 117,888 fl. 39 kr. für die Dotation von Mainz und Luxem= burg, und aus der Umlage von 5,250,000 fl., ausgeschrieben unterm 12. Februar 1849, für die deutsche Marine. Außer der oben angeführ= ten Sammlung für die Flotte liefen auch 8,458 fl. 35 kr. freiwillige Beiträge für die Reichstruppen ein.

Neben den Ausgaben für die deutsche Flotte verursachte, wie wir unten noch des Weitern sehen werden, die Aufstellung der Reichstruppen

die meisten Kosten.*) Beim Rechnungsabschlusse vom 31. Dezember 1847
hatte der deutsche Bund folgende Kassenbestände vorräthig gehabt:

1) in der Bundes-Kanzlei-Kasse	43,756 fl. 35 kr.	
2) in der Bundes-Matrikular-Kasse	63,885 „ 22 „	
3) Reserve-Fonds der Festung Mainz	137,243 „ 33 „	
4) detto Luxemburg	25,140 „ 13 „	
5) Approvisions-Fonds von Mainz	363,198 „ 47 „	zusammen:
6) Approvisions-Fonds Luxemburgs	512,504 „ 40 „	6,389,797 fl. 41 fr.
7) Armirungsfonds von Mainz und Luxemburg . .	196,355 „ 29 „	
8) detto von Ulm und Rastatt	4,888,285 „ 4 „	
9) Zinsenfonds der 20 Millionen Franken	267,069 „ 55 „	

Wenn also am 1. Januar 1848 das bei Rothschild deponirte Bundesvermögen betrug: 6,389,797 fl. 41 kr., dazu die eingezahlten Matrikular-Umlagen bis zum 31. August 1848 2,101,553 fl. 36 kr. und die
Zinsen bis zum letztgenannten Tage 126,856 fl. 56 kr., während der
Saldo der Fonds bis dahin sich auf 2,264,349 fl. 58 kr. belief: so
hatte sich das Bundesvermögen bereits binnen 8 Monaten um nicht
weniger als 6,353,858 fl. 15 kr. vermindert.

Rechnet man zu den Reichsausgaben für das Parlament, für die
Reichsverwesung, die Truppenaufstellung und die Flotte noch die vielen
Steuern hinzu, welche in den Einzelstaaten durch Truppenaufgebote,
Truppenverpflegung, Rüstung, durch die Einberufung der Stände und
der konstituirenden Versammlungen, durch Absendung von Kommissären,
durch Einlösung von Pfändern, durch Anstellung geheimer Agenten und
Gewinnung käuflicher, aber gefährlich scheinender Schreier, durch Bürgerwehr und Volksbewaffnung, sowie durch eine Menge anderer Anlässe
hervorgerufen wurden: so wird man es nicht unbegreiflich finden, wenn

---

*) Zufolge dem Bericht der Rechnungslassen Revisionskommission des Bun-
destags fanden sich in der Buchführung der provisorischen Zentral Gewalt viele
Unregelmäßigkeiten vor. Die Rechnung, welche „den für die Finanzen des Bundes verhängnißvollen Zeitabschnitt" vom 1. Sept. 1848 bis zum 31. Dez. 1851
umfaßte, bestand in 51 Bänden mit 8,364 Belegen.

sich namentlich unter den Bauern die Meinung festsetzte, daß dem Volke durch die Demokraten nichts Anderes, als erhöhte Steuerlast, bescheert worden sei.

Die von der preußischen Regierung ins Leben gerufene, auf Vereinbarung beruhende Union, welche als die Verdünnung der wässerigen Frankfurter Reichsverfassung anzusehen ist, hatte zunächst die Trennung der Anhänger der deutschen Einheit von denen der Freiheit zum Zweck, während ihr geschichtliches Ziel in der allmählichen Anbahnung und Wiederherstellung der alten Bundesverfassung bestand. In der Denkschrift der preußischen Regierung vom 9. Mai 1849 wird jener Zweck bestimmt angegeben, wenn es darin heißt:

„Die Gefahren der gegenwärtigen Lage Deutschlands erwachsen hauptsächlich aus der Verbindung der unitarischen mit der demokratischen Partei.... Durch diese Verbindung allein gewinnt die demokratische Partei, welche im deutschen Volke keine tiefen und festen Wurzeln hat, ihre Kraft, indem sie das tiefgefühlte Bedürfniß, von dem die unitarischen Bestrebungen ausgehen, als Hebel und Vorwand für ihre eignen Zwecke benutzt; während die unitarische Partei in der demokratischen ein thätiges und wohlorganisirtes Werkzeug gefunden hat und dadurch über ihre eigenen ursprünglichen Tendenzen weit hinausgeführt worden ist. Diese Verbindung wird sich von selbst lösen, wenn das wirkliche Bedürfniß, dessen Ausdruck die Bestrebungen der unitarischen Partei sind, befriedigt wird. Dieß ist die Aufgabe, welche die Regierungen sich stellen müssen."

Zu diesem Behufe schloß die preußische Regierung das Dreikönigsbündniß mit Sachsen und Hannover ab. Daß selbiges aber nur für die Tage der Gefahr berechnet war und vorübergehend sein sollte, sprach der preußische Ministerpräsident Graf von Brandenburg ausdrücklich in dem Erlasse an den Generallieutenant von Canitz unterm 25. Mai 1849 mit den Worten aus: *) „Erwarten zu dürfen aber glauben wir von der bundesfreundlichen Gesinnung der kaiserlich königlichen Regierung, daß sie weder gegen den Abschluß eines solchen vorübergehenden Bündnisses Preußens mit den dazu willigen Regierungen, noch gegen die Leitung der Angelegenheiten innerhalb dieses Bündnisses durch Preußen Widerstreben hegen oder Befürchtungen daran knüpfen könnte."

*) Ebendaselbst, Seite 159.

Ebenso ausdrücklich besagt die Note *) des Grafen Brandenburg an die baierische Regierung unterm 3. Juli 1849: „Hierüber (nämlich zur Beseitigung der das Vaterland erschütternden Krisis) eine Einigung unter den Regierungen zu erzielen, war einer der wesentlichsten Zwecke des eingegangenen Bündnisses, und es versteht sich von selbst, daß die Erreichung dieses angestrebten Zieles durch die zu treffenden p r o v i s o= r i s ch e n E i n r i ch t u n g e n ebenso wenig in Frage gestellt werden kann, als die Existenz und Entwicklung des Bündnisses selbst, w e l ch e s s i ch i n n e r h a l b d e r V e r t r ä g e v o n 1815 b e w e g t.“

Noch an vielen andern Stellen der betreffenden Aktenstücke wird die Union als provisorisch bezeichnet, während nicht undeutlich der faktisch wiederherzustellende alte Bund des Jahres 1815 als das Definitivum in Aussicht gestellt ist. So sagt z. B. der Geheime Legationsrath von Sy= dow in seiner Eröffnungsrede des provisorischen Fürsten=Kollegiums: „Hoffentlich ist daher der Tag nicht fern, wo dem noch beschränkten Provisorium das erwünschte Definitivum folgt, wahrer Freiheit ein star= ker Schutz, der Revolution aber, der politischen wie der sozialen, eine unübersteigliche Schranke.“ **)

Es lag auf der Hand, daß die preußische Regierung, wollte sie beim Bunde des Jahres 1815 verharren, einestheils nur provisorische Einrichtungen schaffen und anderntheils dabei immer auf das alte Bun= desrecht hinweisen mußte. Obschon sie daher, weil ihr an dem Hinhal= en der unitarischen Partei mit leeren Hoffnungen Alles gelegen sein mußte, nicht ganz mit der Sprache herausgehen und einfach den Wieder= zusammentritt des alten Bundestags verkünden konnte, so wurde sie doch nicht müde, immer wieder die Gültigkeit der Verträge von 1815 zu be= tonen, bis endlich die unitarische Maske fallen gelassen wurde. Der Streit mit denjenigen Regierungen, welche entweder nicht zum Bündnisse vom 26. Mai hinzugetreten oder von demselben wieder abgefallen waren, diente bloß dazu, die unitarische Partei zu beschäftigen, sie irre zu füh= ren und ihr schließlich den Beweis von der Unmöglichkeit der Herstellung der preußisch=deutschen Einheit zu liefern. Außer den veröffentlichten Aktenstücken existiren zweifelsohne noch verschiedene geheim gebliebene, wie denn auch in der fraglichen Publikation jener Aktenstücke der geheime Artikel zu dem mit Dänemark abgeschlossenen Friedensvertrag, o b s ch o n er dem von Preußen scheinbar noch nicht anerkannten Bun=

*) Aktenstücke. Erster Band. — Neue Folge. Berlin 1849. Seite 36.
**) Aktenstücke. Zweiter Band. Drittes Heft. Berlin 1851. Seite 79.

bestage durch das nämliche Preußen mitgetheilt wurde, weislich ausgelassen ist. Wer da glaubt, daß Brandenburg, Manteuffel und Radowitz, Schwarzenberg, von der Pfordten und Genossen der öffentlichen Meinung durchaus reinen Wein eingeschenkt haben, und wer an diesem naiven Glauben, trotz der erfolgten Wiederherstellung des Bundestags, noch jetzt festhalten kann: der verräth in der That einen so großen Mangel an politischem Verstande, daß jeder Versuch, ihn eines Bessern zu belehren, unnütz erscheinen muß.

Nachdem, wie oben mitgetheilt wurde, das preußische Kabinet den deutschen Regierungen am 28. April 1849 den dringenden Wunsch ausgedrückt hatte, daß sie es durch die Sendung von Bevollmächtigten oder durch Ertheilung von Instruktionen bald in den Stand setzen möchten, eine weiter eingehende Verhandlung zu eröffnen: traten am 17. Mai der österreichische Gesandte Baron Prokesch von Osten, der preußische Bevollmächtigte General von Radowitz, der baierische Bevollmächtigte Graf von Lerchenfeld, der königlich sächsische Bevollmächtigte Staatsminister von Beust und der hannöverische Bevollmächtigte Staatsminister Stüve, welcher letztere in Zustand des hannöverischen Klosterraths von Wangenheim erschienen war, zu einer Konferenz zusammen. Die übrigen Regierungen hatten angesichts der großen Gefahren des Reichsverfassungskampfes Preußen zwar den gedeihlichsten Erfolg gewünscht, jedoch geglaubt, durch die Anerkennung der Reichsverfassung an einer aktiven Theilnahme „zur Zeit noch behindert zu sein." Nur Anhalt-Bernburg hatte einen Bevollmächtigten in der Person Walter's geschickt, der jedoch sich an der Konferenz nicht betheiligte, als ihm eröffnet wurde, daß seine Regierung sich durch die vorherige Erklärung einer wenigstens eventuellen Annahme der Konferenz-Beschlüsse binden müsse, wenn sie von dem Fortgang und dem Ergebniß der Konferenz in Kenntniß gesetzt zu werden wünsche. Auch der österreichische Gesandte blieb schon den 18. Mai aus, indem er in einem eingesandten Schreiben hervorhob, daß der von Preußen für den engern Bund vorgelegte Verfassungsentwurf in der Fassung, welche für Oesterreich keinen Platz lasse, den österreichischen Bevollmächtigten entweder gar nicht oder doch nur unter der Voraussetzung der Annahme des Unions-Projektes berühre, wo dann das aus den Verhandlungen Hervorgegangene abermals eine Umarbeitung erfahren müßte, und daß sich sonach die Verhandlung vor der Hand in einer von dem Unions-Projekte völlig unabhängigen Richtung bewege, wodurch des Gesandten Beisitz wenigstens unnothwendig werde. Doch erbat sich der österreichische Gesandte Nachricht über das Resultat der Verhandlungen und erhielt vom General Radowitz die schriftliche Zusicherung, daß seine Bitte erfüllt werden solle. Hätte Oesterreich nicht gewußt, daß die Errichtung eines engern Bundesstaats bloß vorübergehend sein und der völligen Restauration der deutschen Bundesverfassung vorarbeiten sollte, so würde sein Bevollmächtigter auf der Konferenz schon am ersten Tage sofort energisch protestirt und mit ernsten Verwickelungen gedroht haben. Indem die spätern zwischen Oesterreich und Preußen ausgetauschten feindseligen Noten nicht so böse gemeint waren, wie sie der um ihre letzte Hoffnung besorgten gothaischen oder unitarischen Partei vorkamen, verwickelten sich die beiden großstaatlichen Regierungen in Widersprüche, welche an den alten Erfahrungssatz erinnerten, daß ein Lügner ein gutes Gedächtniß haben muß. Bald nämlich verlangte Preußen den Eintritt Gesammtösterreichs in Deutschland unter dem Vorschlage der innigen Union, und Oesterreich verhielt sich dann abwehrend dagegen; bald stellte Oesterreich ein solches Verlangen, worauf Preußen sich dagegen sträubte. Aehnliche Widersprüche finden sich in Bezug auf die provisorische Zentral-Gewalt vor. Man hatte eben diesen Federkrieg nöthig, um Zeit zu gewinnen und Verwirrung anzustiften.

Der baierische Bevollmächtigte wohnte, ohne im Namen seiner Regierung die bestimmte Erklärung des Beitritts zum Bündnisse zu geben, den Sitzungen der Konferenz bei und nahm an den Diskussionen über den Verfassungsentwurf Theil; weßhalb der jesuitische Radowitz die bezeichnenden Worte hinwarf: „nach Diskussion des letzten Paragraphen bleibe Rückblick auf das Ganze, Bemerkung zum Einzelnen und definitive Entschließung vorbehalten, sowie jeder Regierung ja zudem überlassen werden solle, das jetzt aus gemeinschaftlichen Berathungen und obwaltenden Zeitumständen hervorgegangene Werk auf dem zu berufenden Reichstag nach Maßgabe der alsdann existenten Sachlage in geeigneten Betracht zu ziehen." Hierauf gab der baierische Bevollmächtigte zur Antwort: Baiern könne es nicht für rechtlich erachten, etwa nur aus momentaner Verlegenheit jetzt der Vorlage Preußens zuzustimmen, in der Voraussicht, später in Hauptpunkten wieder davon abzugehen; zu einer solchen reservatio mentalis (Hintergedanken Politik) könne es sich nicht bestimmt finden.*) Erklärte doch Preußen auch in dem Promemoria des Generallieutenant von Canitz an den Fürsten von Schwarzenberg unterm 18. Mai 1849, daß der Unions-Plan „nicht sowohl freiwillig entworfen, als vielmehr durch die Ereignisse vorgezeichnet" sei. Die baierische

*) Aktenstücke. Erster Band. Seite 40.

Regierung war so vorsichtig, daß sie, die „der Schlußstein des ganzen Werkes werden" sollte, mit ihrer Entscheidung für oder gegen die Union wartete, bis der Reichsverfassungsaufstand im südwestlichen Deutschland überwunden worden war. Als sie sich durch den Sieg der Reaktions= Waffen sicherfühlte, dann erklärte sie sich gegen die Errichtung eines engeren Bundes in einem Zirkular vom 12. Juli und sprach den Wunsch aus, daß, obschon dieß schwer zu hoffen sei, die Lösung der Frage nicht eine gewaltsame werde, insbesondere aber nicht aus einer innern deutschen Angelegenheit sich in eine europäische verwandle.

Sachsen und Hannover legten sogleich am 26. Mai Verwahrungen nieder, durch welche sie, wenn die Revolution bezwungen wurde, ihren Rückzug vom Bündnisse decken und motiviren konnten. Der Nichtbeitritt Baierns zum Bündnisse diente dem Austritte Sachsens zum Vorwand; denn nach der Erklärung des sächsischen Bevollmächtigten, einstweilen abgegeben in der Konferenz=Sitzung vom 23. Mai 1849, änderte sich hierdurch das Ziel, das Sachsen bei seiner Zustimmung im Auge hatte, sowie auch die Oberhauptsfrage dadurch in eine ganz andere Lage ge= bracht wurde. Obschon Sachsen und Hannover dem — um mit den Worten des preußischen Minister=Präsidenten Brandenburg zu reden*) — „durch die Gefahren des Augenblicks hervorgerufenen Bündnisse" sich anschlossen, bedauerten sie doch gleich von Vornherein in der zum Pro= tokoll vom 26. Mai 1849 hinzugefügten Erklärung: „darin um so weni= ger Beruhigung finden zu können, als die in diesem (Verfassungs=) Ent= wurfe thatsächlich gegebene völlige Entfremdung Oesterreichs von Deutsch= land nur geeignet sein würde, jene Mängel, die sie im Bündnisse ent= deckt hatten, auf das Schärfste hervortreten zu lassen." Während aber die größern Regierungen, ermuthigt durch die Besiegung des badisch= pfälzischen Aufstandes, dem Bündnisse den Rücken kehrten, um die un= geschminkte Wiederherstellung des Bundestags einzuleiten, sagten — mit Ausnahme Würtembergs und Hessen=Homburgs — ihrerseits diejenigen Kabinette, welche die Reichsverfassung anerkannt hatten, dieser Lebewohl, um sich unter den preußischen Verfassungsentwurf zurückzuziehen. Somit ging auf der ganzen Schlachtlinie der Reaktion eine übereinstimmende Bewegung vor sich, deren Planmäßigkeit freilich den blöden Augen jener Transaktionäre, welche unter der Führung Gagerns am 25. Juni 1849 in Gotha zusammentraten, um sich für das Eingehen auf den neuen

---

*) Zirkular=Note an die sämmtlichen deutschen Regierungen unterm 28. Mai 1849.

preußischen Unions-Entwurf zu entscheiden, bis auf den heutigen Tag verborgen blieb.

Die preußische Regierung bezauberte die verfassungsschwindsüchtige Partei mit einem neuen Verfassungsentwurfe, dem sie die Frankfurter Reichsverfassung unter Ausmärzung der demokratischen Bestimmungen zu Grunde gelegt hatte. Dieser Entwurf verdient nicht, hier ausführlich auseinander gesetzt zu werden, weil er wegen der Unaufrichtigkeit, mit welcher er dargeboten wurde, und wegen des Todes, welcher ihn schon bei seiner Geburt ereilte, keinen geschichtlichen Werth hat. Es genügt, die lächerliche Bestimmung gleich des ersten Paragraphen zu erwähnen, wonach „das deutsche Reich aus dem Gebiete derjenigen Staaten des bisherigen deutschen Bundes besteht, welche die Reichsverfassung anerkennen," und wonach „die Festsetzung des Verhältnisses Oesterreichs zu dem deutschen Reiche gegenseitiger Verständigung vorbehalten bleibt." — Da die Union die Rückkehr zum Bundestage bemänteln sollte, bestimmte das Statut des Bündnisses vom 26. Mai 1849 Folgendes im ersten Artikel:

„Die königlichen Regierungen von Preußen, Sachsen und Hannover schließen, in Gemäßheit des Art. 11 der deutschen Bundes-Akte vom 8. Juni 1815, ein Bündniß

> zum Zwecke der Erhaltung der äußern und innern Sicherheit Deutschlands und der Unabhängigkeit und Unverletzlichkeit der einzelnen deutschen Staaten.

„Sie behalten dabei sämmtlichen Gliedern des deutschen Bundes alle aus diesem hervorgehenden Rechte und die diesen Rechten entsprechenden Verpflichtungen ausdrücklich vor."

Als Zweck des alten deutschen Bundes von 1815 aber war wörtlich hiermit übereinstimmend, im Artikel II der Bundes-Akte und im Artikel I der Wiener Schluß-Akte ebenfalls bezeichnet worden: die „Erhaltung der äußeren und inneren Sicherheit Deutschlands und der Unabhängigkeit und Unverletzbarkeit der einzelnen deutschen Staaten."

Sonach stellte Preußen, indem es die provisorische Union schuf, einstweilen den Bundestag im Kleinen wieder her. Der Unterschied zwischen dem Frankfurter alten und dem norddeutschen neuen Bunde lag bloß in dem Parlamentarismus, welcher dem letztern als unliebsames, schnell wieder hinwegfallendes Anhängsel hinzugefügt worden war, und im geringern Umfange des norddeutschen Bundesgebiets. Fiel der Parlamentarismus wieder weg und dehnte sich, wie allgemein von den Regierungen gewünscht wurde, der Bundesumfang auf alle deutschen Staaten aus, so war der alte Bundestag fix und fertig. Daher sagt die in der Note des Herrn von Schleinitz vom 12. Dezember 1849 erwähnte preußische Denkschrift ganz treffend: *)

„Der Zweck des Bundes und des Bündnisses ist also auf dasselbe Ziel gerichtet. Dieses Ziel ist nicht ein solches, dessen gleichzeitige Verfolgung von zwei Seiten her sich gegenseitig ausschlösse. Es besteht daher nicht nur neben einander, daß der Bund und das Bündniß ein und dasselbe Ziel verfolgen, sondern die Zuversicht, daß der Bund seinen Zweck erreichen werde, wird durch die Rich= tung des Bündnisses auf eben diesen Zweck verstärkt. Zwei Theile, welche dasselbe Ziel verfolgen, können allerdings sich dabei, sei es durch die Wahl der Mittel, sei es durch die Art ihres Verfahrens, hindernd in den Weg treten. Dem ist jedoch vorgesehen. Unmittelbar auf die Aufstellung des Zweckes folgt im Art. 1 des Bündnisses die Bestim= mung, daß sämmtlichen Gliedern des deutschen Bundes alle aus diesem hervorgehenden Rechte und die diesen Rechten entsprechenden Verpflich= tungen vorbehalten seien. Die Rechte des deutschen Bundes sind also auch in dieser Beziehung gewahrt.“

Während aber das preußische Kabinet gegenüber dem deutschen Volke eine sehr unehrliche und treulose Politik einschlug, waren auch seine Ab= sichten in Bezug auf Oesterreich und die deutschen Regierungen nicht ganz lauter. Denn die scheinbar angestrebte Verwirklichung der deut= schen Einheit sollte einstweilen Propagande für die im Schilde geführte preußische Vergewaltigung, Eroberung und Herrschaft machen. Die preu= ßische Regierung rieb sich im Stillen die Hände darüber, daß die Inte= grität Oesterreichs durch den ungarischen Krieg in Frage gestellt wurde. Darum war es sehr natürlich, daß die österreichische Regierung die Ju= tervention Preußens in Süddeutschland mit scheelen Augen ansah und gegen die Verlegung des badischen Militärs nach Preußen Einsprache erhob. Ihre Aufgabe war es, fortwährend Preußen mit Noten zu bom= bardiren, worin das Fallenlassen des Parlamentarismus und die Beseiti= gung des norddeutschen Bündnisses gefordert wurde; dahingegen die preußische Regierung, um zum Bundestage zurückkehren zu können, Oesterreich seine für die Gesammt=Monarchie verkündete Verfassung vom 4. März 1849 als mit dem deutschen Bundesrechte unverträglich zum Vorwurfe machen mußte. **) Hier wie dort stand das Verfassungswesen der Rückkehr zum Bundestage im Wege.

---

*) Aktenstücke. Zweiter Band. Zweites Heft. Seite 22.

**) S. die rechtliche Stellung der deutschen Union im deutschen Bunde. Von Hugo Freiherrn von Bülow. Berlin 1850. Seite 30. — Ferner: Preußische Denkschrift im 2. Hefte des 2. Bandes der Aktenstücke. Seite 18.

Trotz allen Zwiespalts einigten sich gleichwohl auf Grund des am 9. August 1849 von Herrn von Biegeleben in Berlin gemachten Vorschlags die beiden großstaatlichen Regierungen über die Einführung eines „Interims für den deutschen Bund von 1815," das heißt über das unerläßliche Zwischen-Stadium für die Wiederherstellung des alten Bundestags. Die Uebereinkunft, welche am 30. September 1849 zum Abschluß kam, lautete:

„Ratifizirte Konvention."

Nachdem der Herr Erzherzog-Reichsverweser wiederholt den Wunsch ausgesprochen hat, daß ihm die Möglichkeit geboten werde, seiner Würde zu entsagen, und die ihm mit Bundesbeschluß vom 12. Juli v. J. anvertrauten Gewalten wieder an die Gesammtheit der Mitglieder des deutschen Bundes zurückzugeben; und in Erwägung, daß für einen solchen Fall ein neues, allgemein anerkanntes Zentral-Organ die Leitung der gemeinsamen Angelegenheiten des deutschen Bundes übernehme und bis zur definitiven Gestaltung seiner inneren Verhältnisse besorge: — haben die Höfe von Wien und Berlin sich behufs der Bildung einer solchen neuen provisorischen Bundes-Zentral-Gewalt über einen ihren übrigen Bundesgenossen vorzulegenden Vorschlag zu verständigen gesucht. Demgemäß sind die Unterzeichneten am heutigen Tage zusammengetreten, um auf Grundlage der zwischen ihren allerhöchsten Höfen gepflogenen Verhandlungen über nachstehende Punkte übereinzukommen und diese Uebereinkunft unter Vorbehalt der Ratifikation durch ihre Unterschrift zu beglaubigen.

§. 1. Die deutschen Bundesregierungen verabreden im Einverständniß mit dem Reichsverweser ein Interim, wonach Oesterreich und Preußen die Ausübung der Zentral-Gewalt für den deutschen Bund im Namen sämmtlicher Bundesregierungen bis zum 1. Mai 1850 übernehmen, insofern dieselbe nicht früher an eine definitive Gewalt übergehen kann.

§. 2. Der Zweck des Interims ist die Erhaltung des deutschen Bundes als eines völkerrechtlichen Vereines der deutschen Fürsten und freien Städte zur Bewahrung der Unabhängigkeit und Unverletzlichkeit ihrer im Bunde begriffenen Staaten, und zur Erhaltung der inneren und äußeren Sicherheit Deutschlands.

§. 3. Während des Interims bleibt die deutsche Verfassungsangelegenheit der freien Vereinbarung der einzelnen Staaten überlassen. Dasselbe gilt von den nach Artikel VI. der Bundes-Akte dem Plenum der Bundesversammlung zugewiesenen Angelegenheiten.

§. 4. Wenn bei Ablauf des Interims die deutsche Verfassungsangelegenheit noch nicht zum Abschlusse gediehen sein sollte, so werden die
deutschen Regierungen sich über den Fortbestand der hier getroffenen
Uebereinkunft vereinbaren.

§. 5. Die seither von der provisorischen Zentral-Gewalt eingeleiteten
Angelegenheiten, insoweit dieselben, nach Maßgabe der Bundesgesetze,
innerhalb der Kompetenz des engern Rathes der Bundesversammlung
gelegen waren, werden während des Interims einer Bundes-Kommission
übertragen, zu welcher Oesterreich und Preußen je zwei Mitglieder ernennen, und welche ihren Sitz zu Frankfurt nimmt. Die übrigen Regierungen können sich einzeln oder mehrere gemeinschaftlich durch Bevollmächtigte bei der Bundes-Kommission vertreten lassen.

§. 6. Die Bundes-Kommission führt die Geschäfte selbständig
unter Verantwortlichkeit gegen ihre Vollmachtgeber. Sie faßt ihre Beschlüsse nach gemeinsamer Berathung. Im Falle sie sich nicht zu vereinigen vermag, erfolgt die Entscheidung durch Verständigung zwischen den
Regierungen von Oesterreich und Preußen, welche erforderlichen Falls
einen schiedsrichterlichen Ausspruch veranlassen werden. Dieser Ausspruch
wird durch drei deutsche Bundesregierungen gefällt. Im eintretenden
Falle hat jedes Mal Oesterreich einen, und Preußen den anderen
Schiedsrichter zu wählen. Die beiden auf diese Weise designirten Regierungen vereinigen sich zur Ergänzung des Schiedsgerichts über die Wahl
des dritten. — Die Mitglieder der Bundes-Kommission theilen sich in
die ihr zugewiesenen Geschäfte, die sie, der bestehenden Bundesgesetzgebung und insbesondere der Bundeskriegsverfassung gemäß, entweder selbst
besorgen, oder deren Besorgung leiten und überwachen.

§. 7. Sobald die Zustimmung der Regierungen zu gegenwärtigem
Vorschlage erfolgt ist, wird der Reichsverweser seiner Würde entsagen
und die ihm übertragenen Rechte und Pflichten des Bundes in die Hände
Sr. Majestät des Kaisers von Oesterreich und Sr. Majestät des Königs
von Preußen niederlegen. . . . .

Geschehen zu Wien im Ministerium der auswärtigen Angelegenheiten am 30. September 1849.

(L. S.)

gez. Bernstorff.   gez. F. Schwarzenberg.

Ratifizirt und durch den preußischen Minister-Präsidenten Brandenburg, sowie durch den preußischen Staatsminister Schleinitz unterzeichnet,
wurde vorstehende Uebereinkunft am 10. Oktober 1849. Der Reichsver-

weſer Erzherzog Johann aber gab ſeine Zuſtimmung unterm 6. Oktober 1849 in folgenden Worten:

„Zu der am 30. September d. J. zu Wien zwiſchen der kaiſerlich
königlich öſterreichiſchen und der königlich preußiſchen Regierung abge-
ſchloſſenen und vom Fürſten Schwarzenberg und Grafen Bernſtorff unterzeichneten Konvention über Bildung einer neuen proviſoriſchen Zentral-Gewalt für Teutſchland gebe Ich hiermit Meine Zuſtimmung und
die Erklärung, daß, wenn die in jener Konvention erwähnte Zuſtimmung
ſämmtlicher deutſcher Regierungen erfolgt ſein wird, Ich bereit ſein
werde, Meiner Würde als deutſcher Reichsverweſer zu entſagen, und die
Mir am 12. Juli 1848 von der deutſchen Bundesverſammlung übertragenen Rechte und Pflichten in die Hände Sr. Majeſtät des Kaiſers
von Oeſterreich und Sr. Majeſtät des Königs von Preußen niederzulegen.“

Nachdem ſich die ſämmtlichen Regierungen mit der Einſetzung der
neuen proviſoriſchen Bundes-Zentral-Gewalt einverſtanden erklärt hatten,
trat dieſelbe am 20. Dezember 1849 in's Leben. Sie beſtand öſterreichi-
ſcherſeits aus Freiherrn von Kübeck und Feldmarſchall-Lieutenant von
Schönhals, preußiſcherſeits aus dem ſpäter durch von Peucker abgelöſten
General-Lieutenant von Radowitz und Bötticher. Indem die Kommiſſion ihre Einſetzung den auswärtigen Regierungen notifizirte, trat ſie
auch in die ihr durch die Konvention vom 30. September zugewieſene
völkerrechtliche Stellung ein. Ihre Thätigkeit zerfiel in einen politiſchen
und in einen adminiſtrativen Theil. Eine ihrer erſten Handlungen war
die Verhinderung der Vollziehung der mecklenburg-ſchwerin'ſchen Verfaſſung und die Anordnung einer zu dieſem Zwecke dienenden Kompromiß-
Inſtanz: wobei das von der preußiſchen Regierung getriebene Doppel-
ſpiel an's Tagslicht kam, da die preußiſchen Bevollmächtigten der Bundes-
Zentral-Kommiſſion ſich in Widerſpruch zu dem Beſchluſſe des Unions-
Verwaltungsrathes ſetzten. Ferner übernahm die Bundes-Zentral-Kom-
miſſion in den Streitigkeiten zwiſchen der würtembergiſchen Krone und
dem Fürſten von Thurn und Taxis die Vermittlung, griff in den Streit
über die gräflich Bentinck'ſche Erbfolge der Grafſchaft Kniphauſen ein
und arbeitete eine ſtaatsrechtliche Denkſchrift über die Verhältniſſe der
Schweiz zum deutſchen Bunde aus. Auch machte ſie Vorarbeiten für ein
allgemeines deutſches Seerechts- und Handelsgeſetzbuch. Die neue proviſoriſche Zentral-Gewalt fand die Geldmittel des Bundes bei ihrem Eintritt bis auf 29,514 Gulden 5 Kreuzer erſchöpft. Ihre nächſte Aufgabe
beſtand darin, wieder einige Ordnung in den zerrütteten Bundesangelegenheiten herzuſtellen, indem ſie theils die Feſtungs- und Marineverhält-

niſſe regelte, theils die Bundes=Finanzen wieder auf eine leibliche Höhe zu bringen ſuchte. Zwar ließ ſie ſich bei ihrem Eintritt keineswegs Rechnung legen, wie ſie ſelber am 5. Juni 1851 ihre Geſchäfte ohne Rechnungslage abtrat; auch ließ ſie die unter dem Reichsminiſterium eingeführte Vereinigung der Bundeskanzlei= und Matrikular=Kaſſe bis zum 8. November 1850 fortbeſtehen: aber ſie ſuchte, wenn auch unter den mannigfachſten Schwierigkeiten, die nöthigen Geldmittel für die Be= ſtreitung der Bedürfniſſe des Bundeshaushaltes aufzutreiben. Vom 1. September 1848 bis Ende 1849 hatten die wirklichen Ausgaben des Bundes 9,876.949 Gulden 33 Kreuzer betragen, nämlich: *)

Reichsverſammlung und Zentral=Gewalt	834,144	fl.	22 kr.
Reichstruppen	620,669	fl.	58 kr.
Marine	4,797,404	fl.	19 kr.
Feſtungen	3,501,339	fl.	54 kr.
8 noch nicht zurückerſtattete Vorſchüſſe .	123,391	fl.	— kr.
Total=Ausgabe:	9,876.949	fl.	33 kr. **)

Die Bundes=Zentral=Kommiſſion entwarf nun am 17. Januar 1850 einen einſtweiligen Voranſchlag ihrer Geldbedürfniſſe für die vier Monate Januar bis März im Betrage von 1,115.157 Gulden 57 Kreuzern ***) und ſchrieb am 22. Januar 1850 „auf Abrechnung der nächſten ordent= lichen Umlage" eine Bundesſteuer von 1,200.000 Gulden aus, ohne derſelben einen beſtimmten Titel zu geben. ****) Da indeß die meiſten Regierungen ſtatt baarer Einzahlungen jene Vorſchüſſe, welche ſie für die Feſtungen, die Marine oder für die Aufſtellung von Reichstruppen gemacht hatten, zur Kompenſation brachten, hatte die Ausſchreibung die= ſer Umlage nur ſehr geringen Erfolg. Darum beſchloß die Bundes= Zentral=Kommiſſion, ein förmliches Budget für das Jahr 1850 aufzu= ſtellen, und die leitenden Grundſätze in der ſogenannten erſten Finanz= darſtellung (vom 1. März 1850) darzulegen, indem an die ſämmtlichen

---

*) Fünfte Beilage zu §. 65 der 14. Sitzung der deutſchen Bundesverſamm= lung vom 8. Juli 1851.

**) Sonſt hatten die Bundesausgaben nur in folgenden jährlichen Poſten beſtanden: 60,000 Gulden gewöhnliche Matrikular=Umlage, 117,888 Gulden Feſtungs = Dotation und 1,812.318 Gulden für die Ulm=Raſtatter Baufonds.

***) Erſte Beilage zu §. 65 der 7. Sitzung der deutſchen Bundesverſamm= lung vom 14. Februar 1856.

****) Unteranlage a der zweiten Beilage zu §. 8 der 2. Sitzung des Bun= destags vom 13. Januar 1853.

Regierungen unterm 3. März 1850 das dringende Ersuchen um Einzahlung ihrer Beiträge gerichtet wurde. Demgemäß würden die Einnahmen für das Jahr 1850 betragen haben:

a) durch die Rückstände auf Umlagen für die Festungen . . . . 174,192 fl. 12 kr.

b) durch die Marine = Rückstände sämmtlicher Regierungen außer Preußen u. Oesterreich 2,138,712 fl. 27 kr.

c) durch die beiden Umlagen für Ulm und Rastatt . . . . 1,812,318 fl. 23 kr.

und für die Dotation von Mainz und Luxemburg . . . . 117,888 fl. 39 kr.

zusammen: 4,243,111 fl. 41 kr.

Weil jedoch auch jetzt wieder manche Regierungen die in dieser Finanzdarstellung nicht berücksichtigten Vorschüsse auf ihre Einzahlungen zur Kompensation brachten, während andere, gegen die Verrechnung ihrer Beiträge zur Vorschußumlage von 1,200.000 Gulden auf ihre Rückstände protestirend, dieselben auf die Matrikular=Umlage von 1,200.000 fl. für die Bundesfestungen pro 1850 schlugen: so erreichte die Bundes=Zentral=Kommission ihren Zweck wiederum nicht, und ihre Finanznoth stieg von Tag zu Tag. Hierdurch wurde sie zur Abfassung einer zweiten Finanzdarstellung bewogen, welche sie den Regierungen unterm 23. April 1850 zusandte. In derselben setzte sie auseinander, daß der Baarbestand der Bundeslasse am 15. April 1850 nur 318,986 Gulden 28 kr. betrug, und wies deßhalb auf die Nothwendigkeit der schnellen Einzahlung der Marine=Rückstände hin. Nachdem sie noch zwei besondere Denkschriften vom 22. Mai und 11. Juni abgefaßt und von der österreichischen Regierung aus der augenblicklichen Klemme durch einen Vorschuß von 130,198 fl. 27 kr. gerettet worden war, schritt sie unterm 15. Juli 1850 zu ihrer dritten Finanzdarstellung, worin sie zeigte, daß der Bundeskassenbestand am 13. Juli auf 290,397 fl. 42 kr. herabgesunken, und daß für die Bedürfnisse der Bundes=Zentral=Gewalt im Budget pro 1850 nur bis zum 1. Mai d. J. Fürsorge getroffen worden war. In einem Rundschreiben vom 20. Juli 1850 drang sie daher wiederholt auf Einzahlung der Rückstände. Damit sie jedoch den nächsten Erfordernissen genügen könnte, entnahm sie theils aus den Festungsgeldern von Mainz und Luxemburg, theils von der österreichischen Regierung während der Monate August und September 1850 drei Vorschüsse im Betrage von 282,087 fl. 38 kr. Nichtsdestoweniger verblieb, wie aus der vierten Finanzdarstellung vom 8. Oktober 1850 hervorging, am

1. Oktober in der Bundeskasse nur ein Rest von 64,339 fl. 2 kr., ob=
schon zur Bestreitung der allerwichtigsten Ausgaben bis zu Ende des
Jahres noch 415,288 fl. 20 kr. gebraucht wurden. Als ein neues Um=
schreiben vom 12. Oktober 1850, welches nochmals auf Einzahlung der
Rückstände drang, nicht die geringsten Einzahlungen zu Wege brachte,
fanden sich, um dem völligen Bankerott der Bundeskasse vorzubeugen,.
die Regierungen von Oesterreich und Preußen veranlaßt, am 31. Okto=
ber 1850 jede 40,000 fl. und am 4. Dezember jede 60,000 fl., zusam=
men also 200,000 fl. Vorschüsse zur Abrechnung auf die nächsten Matri=
kular=Umlagen zu leisten. Hätten sich nicht Preußen und Oesterreich des
Bundes angenommen, so hätten die kleinen Staaten, die alle noch ver=
hältnißmäßig hohe Ausgaben für Reichstruppen=Aufstellung und Ver=
pflegung zu verrechnen hatten, ihn getrost bankerott werden und verfal=
len lassen. Aber den beiden Großstaaten war an der Erhaltung des
Bundes gelegen, weil dieselbe ihre gemeinsame Herrschaft über die Klein=
staaten bedingte, und weil die konsequent durchzuführende Reaktion um
der gemeinsamen Sicherheit willen gemeinsame, nur im Bunde wirksame
Maßregeln nöthig machte. Die völlige Einigkeit Oesterreichs und Preu=
ßens manifestirte sich während der kurhessischen Wirren also in der
Bundes=Zentral=Kommission, von welcher Preußen auch dann nicht seine
Bevollmächtigten zurückrief, als der 1. Mai 1850, der Termin des Auf=
hörens des am 30. September 1849 abgeschlossenen Uebereinkommens,
erschien, ohne daß über die Fortdauer der neuen provisorischen Zentral=
Gewalt mit den kleinen Regierungen eine Verständigung stattgefunden
hatte. Wahrscheinlich wäre der im Mai 1850 von Oesterreich einberu=
fene Bundestag als solcher auch von Preußen und dessen Verbündeten
sofort ohne allen Protest beschickt worden, wenn nicht die um dieselbe Zeit
erfolgte Pariser Wahl der drei sozialistischen Kandidaten Vidal, de Flotte
und Carnot neuen Schrecken unter den sämmtlichen Reaktionären
Europa's verbreitet und sie zur Vorsicht gemahnt hätte. Vom 1. Mai 1850
ab beschränkte sich die Thätigkeit der Bundes=Zentral=Kommission auf
die Verwaltung des Bundeseigenthums, auf die Beschaffung der hierzu
erforderlichen Mittel und auf die Weiterbildung der vorhandenen Bun=
des=Organsatioinen. Das Bundesheerwesen wurde in Anbetracht, daß
selbiges nicht von einem politischen Charakter zu entkleiden gewesen wäre,
von dem Zeitpunkte an, wo die politische Wirksamkeit der Bundes=
Zentral-Kommission auf den durch Oesterreich berufenen Bundestag über=
ging, ihrer Fürsorge entzogen. Doch beschäftigte sie sich mit Vorarbeiten

für Kontingents-Angelegenheiten und für Liquidirung der Reichstruppen-leistungen. *)

Die Einberufung eines Unions-Reichstags wurde grundsätzlich von der preußischen Regierung so weit als möglich hinausgeschoben. Mittlerweile wurde die öffentliche Meinung mit dem Kreuzfeuer der Regierungs-noten und mit den Verhandlungen des Verwaltungsrathes der Union beschäftigt. Das Vereinbaren der Kabinette unter sich war ja eine recht amüsante Unterhaltung, welche die gothaische Partei immer in athemloser Spannung und im erwartungsvollen Hin- und Herschaukeln zwischen Furcht und Hoffnung erhielt. Endlich aber mußte, wenn den Gothaern die Geduld nicht ausgehen sollte, der Verfassungsspielerei und der Schönrednerei des Parlamentarismus denn doch einigermaßen Rechnung getragen werden. Es ward also, während der sächsische Bevollmäch-tigte jede Theilnahme an der Wahl-Kommission ablehnte und die hannö-verische Regierung entschiedenen Protest erhob, in der Sitzung des Ver-waltungsraths vom 19. Oktober 1849 mit eilf gegen drei Stimmen die Ausschreibung der Wahlen auf den 15. Januar 1850 festgesetzt und diese Beschlußnahme trotz eingetretenen Zwiespalts unterm 17. November 1849 endgültig bestätigt. Zugleich wurde der hannöverischen Regierung wegen ihres Ausscheidens aus der Union mit der Anhängigmachung einer Klage bei dem in Erfurt provisorisch niedergesetzten Reichsgerichte gedroht. Nun erschien ein Dekret des Verwaltungsraths unterm 13. Februar 1850 zur Einberufung der Reichsversammlung auf den 20. März d. J. Zum Sitz der Reichsversammlung wurde die Festung Erfurt als „eine pari-tätische, militärisch gesicherte und mit ausreichenden Lokalitäten versehene Stadt" auserkoren. Während jedoch die österreichische Regierung in einer Note Schwarzenbergs unterm 28. November 1849 gegen den Zusammentritt des Erfurter Reichstags Protest erhob, setzten die drei Könige von Baiern, Sachsen und Würtemberg, um die Verwirrung komplet zu machen, dem preußischen Verfassungsentwurfe den Münchner Entwurf vom 27. Februar 1850 entgegen, worin eine Direktorial-Regie-rung und eine von den Landständen gewählte National-Vertretung als konstitutionelles Arcanum empfohlen wurde. Mit diesem Entwurfe er-klärte sich auch die österreichische Regierung einverstanden und befürwor-

---

*) Siehe Denkschrift über die Wirksamkeit der Bundes-Zentral-Kommission während der Dauer ihrer Wirksamkeit. Zu Protokoll gegeben von den königlich preußischen Kommissarien bei der Uebergabe der Funktionen der gedachten Kommission an den von der hohen Bundesversammlung zu deren Uebernahme verordneten Ausschuß von sieben Bundesgesandten, am 5. Juni 1851.

tete denselben in Noten, welche sie an die einzelnen deutschen Regierungen richtete.

An den Wahlen für den Erfurter Reichstag betheiligten sich die Demokraten nicht; ebensowenig die beiden Königreiche Sachsen und Hannover. Es kamen daher lauter kleinstaatliche Abgeordnete der konstitutionell-monarchischen und reaktionären Richtung neben die Abgeordneten Preußens zu sitzen. Die gothaische Partei bildete unter den Deputirten des Volkshauses, welchem die Erfurter Augustinerkirche als rhetorischer Tummelplatz angewiesen worden war, die weitaus überwiegende Mehrheit, und bei ihr fehlte neben andern Koryphäen der einstimmig gewählte Edle Heinrich von Gagern mit den buschigen Augenbrauen nicht. Im Staatenhause, zu dessen Präsidenten Auerswald erwählt wurde, waren am 20. März 63 Mitglieder eingetroffen, unter denen die Linke gar nicht vertreten war. Das Volkshaus erwählte Simson zum Präsidenten, sowie den geheimen Rath von Schenk zu Schweinsberg aus Kassel und den Obergerichtsanwalt Rüder aus Oldenburg zu Vizepräsidenten. Die Linke des Volkshauses wurde geführt vom preußischen Rechtsritter von Vincke und Heinrich von Gagern, das linke Zentrum vom preußischen Minister von Bodelschwingh, das rechte Zentrum von Urlichs, und die äußerste Rechte von Gerlach, Stahl, Buß und Reichensperger. Zur äußersten Rechten gehörte unter Andern Herr von Bismarck, welcher sich nicht bloß durch seine reaktionären Reden und Anträge bemerkbar zu machen suchte, sondern auch im Volkshause die Stelle eines Schriftführers bekleidete. Dem Reichstage wurden die Entwürfe der Verfassung des deutschen Reichs und eines Gesetzes über die Wahlen der Abgeordneten zum Volkshause, nebst der den Verfassungs-Entwurf authentisch interpretirenden Denkschrift, bei der Eröffnung vorgelegt. Mit den auf die Einrichtung und Thätigkeit des Reichsgerichts bezüglichen Gesetzentwürfen erhielt der Reichstag auch den Entwurf eines Gesetzes über das Verfahren wegen Untersuchung und Bestrafung des Hoch- und Landesverraths gegen das Reich, bestehend aus nicht weniger als aus 139 Paragraphen. Letzterer Gesetzentwurf, ein Hohn auf den Reichstag, verlangte als Zugabe zur Oeffentlichkeit und Mündlichkeit und zum Geschwornenverfahren die Einsetzung eines Reichsanwalts und die Einführung eines Reichs-Kriminal-Gerichtshofs; doch wurde dieser Entwurf durch den Reichstag von der Hand gewiesen. Der polnische Graf Titus Dzialynski schied unter Protest aus der Versammlung aus.

Der Parlamentarismus offenbarte auf diesem Reichstage das volle Bewußtsein seiner Ohnmacht; denn Goltdammer und Camphausen, die

Referenten des Verfassungsausschusses, indem sie zu ahnen schienen, was das preußische Vereinbarungs=Prinzip zu bedeuten hatte, empfahlen, obschon sie die vielen Mängel des Verfassungsentwurfes hervorhoben, die unbedingte Annahme der Verfassung, so wie sie war. Die konstitu= tionelle Partei glich einem gehetzten Wilde, welches von einem Rudel wüthender Windspiele bellend verfolgt wurde. Sie pflichtete der Ansicht des Ausschusses bei und nahm die Verfassung en bloc an, um hierdurch den Regierungen jeden Vorwand der Vereitelung des Verfassungswerkes abzuschneiden. Nur empfahl sie den Regierungen einige Abänderungs= vorschläge zur Erwägung. Sie schlug trotz der Abmahnung der preußi= schen Minister diesen Weg ein, da sie bei der Verfassungsangelegen= heit aus sittlichem Anstande immer die Machtfrage über der Rechts= frage vergaß. Uebrigens waren die Diskussionen sehr lebhaft, und wir heben aus ihnen, weil sie als das letzte Aufflackern der nationalen Be= wegung Beachtung verdienen, Einiges hervor.

Bei der Diskussion über die Verfassungsannahme drückte sich Man= teuffel so aus: „Es läßt sich bestreiten, ob die Auffassung, wie sie in dem außerordentlich scharfsinnigen Bericht Ihres Ausschusses ausgeführt ist, ob diese Auffassung hier auf diesem staatsrechtlichen Boden zutrifft. Aber gesetzt, sie träfe zu, und es wäre möglich, das Netz, in welchem nun einmal die Regierungen wären, zuzuziehen und sie darin festzuhal= ten: wen, meine Herren, würden Sie festhalten? Wer den bösen Willen und die Kraft hätte, der würde das Netz doch zersprengen, und wer die Kraft nicht hätte, an dem wäre Ihnen nicht gelegen." — Stahl sagte: „Unser Kampf besteht nicht mehr allein zwischen Preußen und Deutsch= land, sondern zwischen Königlich und Parlamentarisch. Auch wir wollen Volksvertretung und Verantwortlichkeit der Regierungs=Ge= walt. Da aber ein Gleichgewicht der Gewalten naturgemäß unmöglich ist, so wollen wir den Schwerpunkt nicht in die Parlamente, sondern in die Krone gelegt wissen. Nur diese kann Preußen, nur Preußen kann Deutschland schützen gegen das ganze Rüstzeug der Revolution, welches man überall vorbereitet, welches man unzweifelhaft bald gegen uns er= heben wird. Daher wollen wir nicht die Verfassung um jeden Preis, sondern eine unangetastete preußische Krone um jeden Preis, wir wollen nicht die Annahme en bloc, sondern verlangen für den Fortbestand und die Stärke Preußens vorher genügende Garantie. Es handelt sich hier um etwas Höheres, als um die augenblickliche Streitfrage; es gilt, die umgeworfene Säule des Rechts in Deutschland wieder aufzurichten. Wir erkennen an, daß die Union der Weg dazu ist. Darum wol=

len wir sie, aber nur, wenn zugleich der Keim in sie hineingelegt wird, durch den sie mit dem übrigen Deutschland zusammenwachsen kann: nur als einen engeren Bund im weiteren. Wir bedürfen des Bundes mit Oesterreich. Die Fittige des preußischen und österreichischen Adlers müssen gleichzeitig über Deutschland schweben." — Vincke vertheidigte die Annahme en bloc, gestützt auf's preußische Landrecht, und Gagern suchte die Nothwendigkeit des Bundesstaats zu beweisen. — Rabowitz drohte: „Der Antrag, wie er vorliegt, erleichtert nicht, sondern erschwert, ja — ich sage es mit tiefem Schmerz — gefährdet vielleicht ernstlich das Zustandekommen des Bundesstaats." — Bismarck, der wegen seiner unparlamentarischen Ausfälle vom Präsidenten zur Ordnung gerufen werden mußte*), stellte den Antrag auf Beseitigung der Ausdrücke: „Reich, Reichstag, Reichsgesetz zc.", indem er zur Begründung sagte: „Die Ausdrücke Reich, Reichstag zc. sind bereits durch die Additional-Akte abgeschafft. Faktisch besteht übrigens kein Reich mehr seit Kaiser Ludwig, der (wie in der Chronik von Spangenberg, Fol. 95, zu lesen), um der derzeit sehr überhand genommenen Schinderei ein Ende zu machen, den letzten Reichstag aufhob. Schaffen daher auch wir nicht nur vorläufig, sondern für Immer diese Bezeichnungen ab." — Gerlach wollte alle Ausdrücke aus der Verfassung entfernt wissen, welche die Anmaßung in sich schlössen, daß das norddeutsche Bündniß ganz Deutschland umfassen solle, und bemerkte dabei: „Man stützt sich bei Befürwortung solcher Ausdrücke auf das Nationalitäts-Prinzip. In Bezug hierauf sind wir niemals Virtuosen gewesen, und auch heute finde ich, soweit meine Beobachtung reicht, nirgends einen Drang, eine Sehnsucht nach Einheit, sondern gerade das Gegentheil. Man parallelisirt die Bewegung des Jahres 1848 mit der des Jahres 1813 in Bezug auf Nationalitäts-Schwärmerei; diese beiden Jahre stehen aber fast in allen Punkten einander gegenüber." — Bei einem andern Antrage Bismarck's, unterstützt von Stahl, Gerlach und Genossen, sprach der Antragsteller geradezu aus: er (Bismarck) und seine Freunde wollten lieber gar keinen Bundesstaat, als einen mit dieser Verfassung. Den preußischen Abgeordneten hielt Bismarck vor, daß sie bei der Rückkehr ihren Wählern eingestehen müßten, daß sie den König von Preußen hätten mediatisiren lassen; daß sie zugegeben hätten, 6 Millionen bevorrechtete Deutsche sollten über das Schicksal von 16 Millionen Minderberechtigter entscheiden, — und diese Minderberechtigten seien die Preußen." — Beckerath rief dem Bismarck

---

*) Aktenstücke. Zweiter Band. Zweites Heft. Berlin 1851. Seite 146.

Becker, Reaktion. 28

und Genossen zu: „Wenn Sie den Bundesstaat nicht wollen — und Sie
wollen ihn nicht — so sagen Sie es gerade heraus; wir werden Ihre
Ansicht achten; aber muthen Sie uns nicht zu, aus dem Bundesstaate
eine Reaktions=Maschine zu machen, wie Sie ihrer bedürfen." — Stahl
behauptete, daß in Preußen zwar der Form nach eine parlamentarische
Staatsform bestehe, aber dem Wesen nach eine königliche. Wenn letztere
nicht stattfände, so hätte das November=Ministerium sehr oft abtreten
müssen. Sein Fortbestehen sei ein Beweis dafür, daß in der That eine rein
königliche Regierung vorhanden sei. — Wantrup bedeutete die Linke in
den Worten: „Sie, meine Herren, haben wir nie für Revolutionäre ge=
halten, aber auch nicht für Konservative, sondern für Transaktionäre." —
Manteuffel erläuterte die Grundrechte folgendergestalt: „Wir müssen vor
Allem dem praktischen Bedürfniß Rechnung tragen, und ich halte es für
ein, wenn auch nicht in der Verfassung stehendes Grundrecht eines jeden
Staatsangehörigen, daß er eine Regierung habe, daß er wirklich regiert
werde."

Auch das Staatenhaus nahm die Verfassung, die interpretirende
Denkschrift und das Wahlgesetz en bloc mit großer Majorität an. Am
29. April 1850 erklärte Radowitz die Sitzungen des Parlaments für
geschlossen. Er schloß sie mit einer kleinen Ansprache; doch drückte er
sich dabei nicht so prophetisch aus, wie in seiner Rede vom 26. März,
in welcher er als Kommissär des Verwaltungsrathes verkündet hatte:

„Erst wenn die Binde von Aller Augen fällt, dann wird man er=
kennen, daß Dasjenige, was die deutsche Nation zu einem wahren Ge=
meinwesen erhebt, auch Dasselbe ist, was das österreichische Kaiserreich
in seiner großen europäischen Stellung kräftigt, Dasselbe, was Preußens
historische Mission erfüllt, Dasselbe, was den einzelnen Staaten die Si=
cherheit gewährt, ohne welche sie den nächsten Stürmen zum Opfer fallen
werden. Aber es werden noch manche Nebel sinken müssen,
ehe dieser helle Tag hervortritt. Gott gebe, daß es dann nicht
zu spät sei."

Während der Reichstag in Erfurt noch versammelt war, sandte die
österreichische Regierung ein Zirkular (unterm 26. April 1850) an
sämmtliche bei deutschen Regierungen beglaubigte kaiserliche Gesandt=
schaften, um nach Frankfurt am Main zu einer Bundes=Plenar=Ver=
sammlung auf den 10. Mai einzuladen. Diese Versammlung sollte sich
erstens mit der Einsetzung eines neuen provisorischen Zentral=Organs
und zweitens mit der „allgemein als nothwendig anerkannten Revision
der Bundesverfassung" beschäftigen. Indem sich der kaiserliche Hof auf

seine Stellung als Präsidial-Macht des deutschen Bundes berief, erklärte
er die zu fassenden Entschließungen zur Erfüllung der Bundeszwecke für
unerläßlich und sprach das Urtheil aus, daß somit keiner der Bundesgenossen seine verhältnißmäßige Theilnahme und Mitwirkung verweigern könne, wenn selbiger nicht aufhören wolle, ein Mitglied des Bundes zu sein, da die Nichterfüllung der Verbindlichkeiten, welche die Bundeszwecke sämmtlichen Genossen auferlegten, ohne Verletzung der ange-
lobten Bundestreue nicht wohl denkbar wäre. Trotzdem betonte das
Zirkular „eine zeitgemäße Reform der Bundesverfassung" und gab selbst
die Versicherung, daß an die Wiederherstellung des alten Bundestags
nicht gedacht würde, in den ausdrücklichen Worten: „Treu übrigens den
wiederholt und bestimmt gegebenen Zusagen, daß sie (die österreichische
Regierung) nicht zu dem Bestandenen, den Bedürfnissen der Gegenwart
nicht mehr Entsprechenden zurückzukehren bezwecke, sondern nur auf den
gegebenen, auf Vertrag und Recht begründeten Verhältnissen jene entwickelt zu sehen wünsche, welche für die Zukunft geschaffen werden sollen, wird die kaiserliche Regierung redlich dazu mitwirken, daß nach solchen Grundsätzen ein Werk zu Stande komme, welches gerechten und
billigen Ansprüchen allseitig zu entsprechen vermöchte."

Indeß leisteten die dem preußischen Bündnisse beigetretenen Regierungen der österreichischen Einladung nicht ohne Weiteres Folge, sondern sandten, dem Rufe Preußens entsprechend, ihre Bevollmächtigten
nach Berlin, wo vom 10. bis zum 15. Mai eine Konferenz stattfand.
Hier in Berlin ward, weil nun einmal Alles, was aus der Revolution
hervorgegangen war, bloß provisorisch sein sollte, angeblich wegen der
vom Erfurter Reichstage vorgeschlagenen Verfassungsveränderungen die
Einsetzung eines Definitivums der Union und die Promulgation der
Unions-Verfassung für unmöglich erklärt, indem man sich dahin einigte,
die Ausübung der in dem Bündniß-Statut der Krone Preußen übertragenen Befugnisse selbiger als provisorischem Vorstande auch fernerhin zu
überlassen, die Befugnisse des Verwaltungsraths aber einem provisorischen
Fürsten-Kollegium zu übertragen. Das Provisorium sollte, dem Antrage
der preußischen Regierung gemäß, einstweilen bis zum 15. Juli dauern *).
Die preußische Regierung betheuerte wie gewöhnlich ihren guten Willen.

---

*) Protokolle der Konferenz der verbündeten deutschen Regierungen in den
zu Berlin stattgehabten Sitzungen vom 10. bis 15. Mai 1850. Abdruck aus
dem Preußischen Staatsanzeiger Nr. 140 vom 24. Mai 1850. Berlin 1850, 8.
— Nach Ablauf der Frist wurde das Provisorium verlängert.

Abgesehen von Sachsen und Hannover, die der Union längst den Rücken gekehrt hatten, zeigten sich jetzt auch mehrere andere Regierungen — so nicht nur Kurhessen, sondern auch Schaumburg-Lippe, Mecklenburg-Strelitz, Hessen-Darmstadt, Bremen und Hamburg, ja auch Baden — sehr schwierig und ließen auf einen Abfall schließen. Ueber die Beschickung der nach Frankfurt am Main von Oesterreich berufenen Bundes-Plenar-Versammlung wurde ein geheimes Protokoll aufgenommen, welches die für die Oeffentlichkeit bestimmte Verwahrung, die auf Preußens Vorschlag in Bezug auf die Herstellung des alten Bundestags angenommen wurde, in einem sehr zweifelhaften Lichte erscheinen läßt. Nachdem die Konferenz ihre Aufgabe beendet hatte, berief der König von Preußen die ebenfalls und gleichzeitig in Berlin anwesenden Fürsten nebst den Vertretern der freien Städte zu einer Schlußversammlung ins königliche Schloß, um ihnen eine Rede zu halten, an deren Schluß es hieß: „In dem Bewußtsein, daß der drohenden Zerstörung nur durch ein lebendiges und organisches Schaffen des Rechten ein Damm gesetzt werde, und daß nur die Einigkeit der Regierungen diesen Damm aufbauen kann, möge für diese Einigkeit eine Bürgschaft gegeben sein. Preußen wenigstens, dem ein höheres Geschick die Kraft verliehen, schon in mehr als einem Falle das Werk des Verderbens in Deutschland mit den Waffen niederzukämpfen, wird diese seine Aufgabe nie vergessen; von den verbündeten Regierungen erwartet es dafür Vertrauen und herzliches Mitgehen auf den Wegen, die es für Deutschlands Heil betreten wird."

Die Zeitumstände schienen der einfachen Restauration des Bundestages noch ungünstig. Die preußische Regierung stellte sich daher in der Oeffentlichkeit wie ein prüdes Mädchen an. Als die Unions-Gesandten in Frankfurt angekommen waren, fragten sie den 6. Juni 1850 an, ob der kaiserliche Präsidial-Gesandte sie in die Versammlung aufnehmen würde, wenn sie sogleich einen Protest gegen das Präsidial-Recht Oesterreichs und den Charakter der Versammlung zu Protokoll gäben. Hierauf erhielten sie eine entschieden verneinende Antwort. Nachdem auch ihr Vorschlag, Verhandlungen auf freien Konferenzen zu pflegen, verworfen worden war, wies unterm 27. Juli das preußische Kabinet seinen Bevollmächtigten, den Wirklichen Geheimen Oberregierungsrath Mathis zur Abreise von Frankfurt an und ersuchte die unirten Regierungen, ihre Bevollmächtigten ebenfalls abreisen zu lassen. Der preußische Generallieutenant von Peucker jedoch hatte als Mitglied der provisorischen Bundes-Zentral-Kommission in Frankfurt zurückzubleiben. Die Frage der deutschen Einheit nahm somit auch vor der Oeffentlichkeit bereits den

Charakter eines kleinlichen Rangstreites zwischen Oesterreich und Preußen an. Mit der Zeit sollte dieser Charakter immer entschiedener sich äußern, bis schließlich die feindlichen Brüder in reaktionärer Rührung einander ans Herz sanken und „Alles beim Alten" blieb.

Zu der Bundes-Plenar-Versammlung am 10. Mai 1850 hatten sich eingefunden: *)

1) Für Oesterreich — der kaiſ. Geheime Rath Friedrich Graf von Thun-Hohenstein;

2) für Sachsen — der kön. Geheime Legationsrath Julius Grünler;

3) für Baiern — der kön. Generalmajor Ritter Joſ. von Xylander;

4) für Hannover — der kön. Legationsrath Hermann Detmold;

5) für Würtemberg — der königl. Geheime Legationsrath von Reinhard;

6) für Kurhessen — der kurf. Kammerherr und Legationsrath von Baumbach;

7) für Holstein und Lauenburg — der kön. dänische Kammerherr Bernh. Ernst von Bülow;

8) für Liechtenstein — der Wirkl. Geh. Rath Ad. Freiherr von Holzhausen;

9) für Hessen-Homburg — der vorgenannte Freiherr von Holzhausen.

Es wurde beschlossen, die Sitzung und das Protokoll vom 10. Mai nicht abzuschließen, sondern in der nächsten Zukunft fortzusetzen, und zwar die Fortsetzung auf den 16. Mai anzuberaumen. Am letztgenannten Tage trat Freiherr von Nostiz und Jänckendorf an die Stelle Grünlers, und der Kabinetsrath Strauß überreichte als Gesandter des Fürsten von Schaumburg-Lippe seine Vollmacht. Die Versammlung erklärte die Plenar-Sitzung für eröffnet, indem sie jedoch neu eintreffenden Bevollmächtigten sowohl den Eintritt, als auch das Protokoll offen hielt. Wegen der Bildung eines neuen provisorischen Bundes-Zentral-Organs wurde ein Ausschuß, bestehend aus den Gesandten Oesterreichs, Sachsens, Hannovers und Würtembergs, niedergesetzt. In der zweiten Sitzung vom 2. Juni 1850 erschienen der großherzoglich hessische Kammerherr, Territorial- und Provinzial-Kommissär Reinhard Freiherr von

---

*) Protokolle der deutschen Bundesversammlung vom Jahr 1850. (Bundeskanzlei. Deutscher Bund.) Sitzung 1.—24. Frankfurt a. Main. Druck von C. Krebs & Schmitt.

Dalwigk und der großherzoglich mecklenburg = strelitzsche Geheime Justiz=
rath von Dertzen auf Leppin. Eine der Registratur einverleibte Denk=
schrift bezeichnete die Mängel der alten Bundesversammlung als in fol=
genden Punkten bestehend: 1) daß für die Verwaltung, die Gesetzgebung
und die Rechtspflege des Bundes nur ein und dasselbe Organ vorhan=
den war; 2) daß diese gemischte Kompetenz die unaufhörliche Einholung
von Spezial=Instruktionen erforderte und hierdurch), sowie 3) durch die
große Zahl der Bevollmächtigten, die Bundesversammlung ein viel zu
schwerfälliger Körper ward, um mit Leichtigkeit, Schnelle und Energie
die Verwaltung zu handhaben; 4) daß der gesetzgebenden Thätigkeit der
Bundesversammlung alle ständische Mitwirkung fehlte, die doch in man=
nigfaltiger Gestalt in allen einzelnen Staaten bestand, und 5) daß die
verordnete Austrägal=Instanz nicht genügte, ein ordentliches höchstes
Bundesgericht zu ersetzen. In der hierauf folgenden vertraulichen Be=
sprechung vom 15. Juli 1850 ersetzte der kurhessische Staatsminister
Hassenpflug den Legationsrath Baumbach und der hessen=darmstädtische
Geheime Staatsrath Dr. von Linde den Freiherrn von Holzhausen. In
der nächsten ordentlichen dritten Sitzung vom 7. August trat anstatt
Dalwigt's der Zeremonien=Meister, Kammerherr und Oberappellations=
und Kaffationsgerichtsrath Freiherr von Münch=Bellinghausen ein, und
die am 16. Mai gewählte Kommiffion erstattete ein materielles Gutach=
ten, laut welchem der frühere Bundestag sich nicht für aufgelöst oder
aufgehoben erklärt, sondern nur einfach seine Befugniffe und Verpflich=
tungen übertragen hatte. Hieraus wurde der Schluß gezogen, daß nie=
mals der Begriff der Uebertragung der Ausübung eines Rechts mit dem
des gänzlichen Aufgebens desselben zusammenfallend betrachtet werden
dürfe, da nur von der eigenen Ausübung der Inhaber zurücktrete, wenn
durch ihn ein Ausübender hingestellt werde. Schließlich ließ sich der
kaiserliche Präsidial=Gesandte durch ein Vertrauensvotum die Vornahme
der Einberufung der alten Bundesversammlung anheimstellen, indem er
betheuerte, daß „seinem Antrage nicht die Absicht zu Grunde liege, zu
den früheren Zuständen und Formen als letztem Zwecke zurückzukehren,
und sein Schritt ihm im Gegentheil als das einzige noch erübri=
gende Mittel gelte, zu einer den Bedürfniffen der Zeit
entsprechenden Neugestaltung des Bundes zu gelangen*)
und bis dahin die Leitung der gemeinsamen Angelegenheiten des Vater=

---

*) Diese Worte sind im betreffenden Protokoll ebenfalls mit gesperrten Let=
tern gedruckt.

landes auf eine, seine Würde, seine Bedeutung im europäischen Staaten=
systeme, sowie seine Einheit und seine Interessen wahrende, den Grund=
gesetzen des Bundes gemäße Weise sicher zu stellen."

Als nun Oesterreich die Bundesversammlung förmlich einbe=
rufen hatte, sand am 2. September 1850 die förmliche Wiedereröffnung
des Bundestags und dessen erste Sitzung nach so langer Unterbrechung
statt. Nachdem der dänische Gesandte die Ratifikation des mit Preußen
unterm 2. Juli d. J. abgeschlossenen Friedens beantragt hatte, stellte er
an die Versammlung das weitere Ersuchen: „Hochdieselbe wolle mit
Rücksicht auf die drohende Sachlage und die dem Bunde im Frieden re=
servirte Intervention behufs Herstellung der legitimen Autorität in Hol=
stein sofort ein Inhibitorium an die sogenannte Statthalterschaft in
Rendsburg beschließen, etwa dahin lautend, daß selbige sich fernerer krie=
gerischer Maßregeln, namentlich alles Ueberschreitens der holsteinischen
Gränze zu enthalten und den Status quo in Holstein nicht im Wider=
spruche mit dem Namens des Bundes abgeschlossenen Frieden zu al-
teriren habe."

Gegenwärtig waren die deutschen Regierungen in zwei Fürsten=Kol=
legien vereinigt, wovon das eine zu Berlin, das andere zu Frankfurt
tagte. Die Sachlage war sehr vereinfacht; denn beide brauchten sich bloß
zusammenzuthun, um die frühere Bundesversammlung in Frankfurt wieder
herzustellen. Nachdem die beiden Hessen aus der Union ausgeschieden
waren, befand sich die Majorität, nämlich von den 17 Stimmen des engeren
Rathes neun ganze und zwei halbe Stimmen im Frankfurter Lager. An Preu=
ßen hingen bloß noch die Liliputer=Staaten. Wir können wohl den Er=
laß des Freiherrn von Schleinitz an den Grafen Bernstorff unterm
5. August, die Weisung Schwarzenbergs an Freiherrn von Prokesch in
Berlin unterm 12. August, sowie die Schleinitz'sche Note an Bernstorff
unterm 20. August 1850 mit dem Bemerken übergehen, daß die preu=
ßische Regierung, wenn sie sich gegen die Repristinirung des Bundes=
tags sträubte, nebenbei einige kleine Vortheile erhaschen gesucht zu haben
scheint, und daß, um das deutsche Volk an die Wiederherstellung des
Bundestags zu gewöhnen, ein Aufgebot bedeutender militärischer Kräfte
für nöthig erachtet wurde. Die praktische Lösung des Zwiespalts sollte
bald durch Kurhessen den beiden großstaatlichen Regierungen an die
Hand gegeben werden. Dieses Land also wird unsere Aufmerksamkeit
in Anspruch zu nehmen haben.

Kurhessen war der preußischen Union am 6. August 1849 beige=
treten. Doch wurde unterm 23. Februar 1850, an welchem Tage der

Präsident Hassenpflug aus Greifswalde in Kurhessen die Ministerien des Innern und der Justiz übernahm, *) der kurhessische Obersteuer-Direktor Pfeiffer aus dem Unions-Verwaltungsrathe abbernfen und durch Freiherrn von Dornberg, den kurhessischen Geschäftsträger am preußischen Hofe, ersetzt, bis am 4. März 1850 der Oberstlieutenant von Ochs als neuer kurhessischer Bevollmächtigter anlangte. Während der Erfurter Reichstag versammelt war, richtete von Baumbach, der kurhessische Minister des Aeußern, an die preußische Regierung eine Note mit dem Hinweis, daß die Einigungsversuche ihren Zweck nicht erreicht hätten, und daß auch die Union die sämmtlichen deutschen Länder außer Oesterreich zu vereinigen nicht im Stande gewesen sei. Auf der andern Seite, setzte die Note auseinander, sei das Bedürfniß einer Revision der deutschen Bundesverfassung anerkannt worden, und nachdem der kaiserliche Hof seinen Beitritt zu der zwischen den Höfen von Baiern, Sachsen und Würtemberg am 27. Februar vereinbarten Proposition erklärt habe, glaube die kurhessische Regierung in Anbetracht ihrer Rechte und Pflichten gegen das Gesammtvaterland sich den Frankfurter Berathungen nicht entziehen zu dürfen und beantrage deßwegen, indem sie jedoch ihre unverbrüchliche Treue gegen die Union betheuere, die Vertagung des Erfurter Unions-Parlaments. Zu der Berliner Konferenz der Unions-Regierungen vom 10. bis 15. Mai traf in Begleitung des Kurfürsten zwar Hassenpflug ein, doch machte er zuerst Opposition gegen die Anwesenheit nichtverantwortlicher Minister und erklärte dann die Union für gesetzlich ungültig. Merkwürdig waren folgende Auslassungen Hassenpflugs, weil selbige die kommenden Ereignisse andeuteten. „Nochmals aber," sagte er, „spreche sich Kurhessen gegen ein Weitergehen in den seitherigen Verhandlungen über die Einführung der Unions-Verfassung mittelst des projektirten Provisoriums aus. Die vorhandene Gereiztheit der widersprechenden Staaten werde gesteigert werden; der alte Ausweg, Differenzen der Bundesgenossen bei der Bundesversammlung zum Austrag zu bringen, sei leider vermauert und so die Möglichkeit der furchtbarsten Folge nicht zu läugnen, daß der Krieg mit all' seinem Unglück die Entscheidung in Deutschland übernehmen werde." Schließlich sprach sich Hassenpflug für Kurhessen dahin aus, im Bündniß vom 26. Mai 1849 zu bleiben, dasselbe bis zum Schluß des Frank-

---

*) Als Kollegen Hassenpflugs fungirten im Ministerium des Krieges v. Haynau, im Ministerium des Aeußern v. Baumbach, im Ministerium der Finanzen erst Lometsch, dann Volmar.

furter Kongresses zu verlängern und zu verhindern, daß zwischenzeitlich irgend Etwas in's Leben trete, was bisher bezüglich der Union behandelt und vorbereitet worden. Nachdem seitens Preußens erwidert worden war, ein gewaltiger Zusammenstoß würde nicht Krieg, sondern Landfriedensbruch zu nennen sein, antwortete Hassenpflug: daß von Seiten Kurhessens der Wunsch wie der Anlaß zu einem Krieg außer allem und jedem Betracht gestanden, und daß es im Uebrigen für das Kriegsunglück ohne Erheblichkeit sei, ob man den Krieg — Krieg oder Landfriedensbruch nenne.

Angesichts dieser Aeußerungen Hassenpflugs könnte man auf die Vermuthung gerathen, daß der Plan zu jener Lösung der deutschen Frage, welcher im Herbst des nämlichen Jahres ausgebaut wurde, schon im Mai 1850 feststand, und daß die Worte Hassenpflugs, die durch den preußischen Staatsanzeiger am 24. Mai der Oeffentlichkeit übergeben wurden, den Zweck hatten, die öffentliche Meinung einstweilen auf jene Lösung vorzubereiten. Auch die von den Unions-Regierungen mit Ostentation im Juni zu Frankfurt vorgeschlagenen freien Konferenzen sollten, wie wir sehen werden, einen wesentlichen Theil der Lösung, d. i. der völligen Beseitigung der nationalen Bewegung, und der rabikalen Durchführung der staatlichen Reaktion, in der Folge ausmachen.

Nachdem Hessen-Darmstadt am 4. Juli 1850 durch Freiherrn von Lepel erklärt hatte, daß es sich nicht an dem preußischen engen Bunde betheiligen könne, sagte sich auch Kurhessen am 22. Juli förmlich von der Union los, worauf am 12. September der für Kurhessen substituirte sächsische Gesandte dem Bundestage Anzeige von dem innern kurhessischen Konflikte machte und um eine moralische Unterstützung für die kurhessische Regierung bat: „damit nicht auch diejenigen Behörden und Unterthanen, welche der Regierung anhingen, in den Alles in Frage stellenden Strudel der Begriffsverwirrung hinein gerissen würden."

In Folge hiervon wurde noch in der nämlichen Bundestagssitzung auf Antrag des Bundes-Präsidiums Kurhessen aufgefordert, ungesäumt der hohen Versammlung die nöthigen Aufklärungen über die gegenwärtige Lage des Kurfürstenthums zu geben und zugleich bestimmte Anträge über die Art des erforderlichen Beistands des Bundes zu stellen. In Erwägung der Dringlichkeit der Umstände und der daraus möglicherweise erwachsenden Gefährdung der innern Ruhe des Landes, sowie der Gefahr der weitern Verbreitung einer solchen Bewegung, trug das Präsidium ferner darauf an, und beschloß einstimmig die Versammlung: die königlich baierische und hannöverische Regierung zu veranlassen, für den

Fall, daß eine beschleunigte Bundeshülfe zur Aufrechterhaltung oder Wie=
derherstellung der Ordnung nothwendig sein sollte, dieselbe in Bereit=
schaft zu halten. Demnach erschien in der dritten Sitzung vom 17. Sep=
tember 1850 der kurhessische Staatsminister Hassenpflug, um den ge=
wünschten Aufschluß zu geben und den kurhessischen Konflikt als einen
„Kampf der Prinzipien der Revolution gegen die Monarchie" darzu=
stellen. Zufolge seiner Schilderung war mit dem Schlusse des Monats
Juni l. J. die Periode vollendet, in welcher auf Grund des für das
Jahr 1849 erlassenen Finanzgesetzes die Erhebung der Steuern und Ab=
gaben stattfand. Die Regierung hatte, gestützt auf eine häufig befolgte
Praxis, vor Mitte Juni eine Gesetzesvorlage zur Forterhebung der Steuern
und Abgaben auf weitere sechs Monate gemacht, aber die dermalige Stände=
versammlung, die das am Ende Februar eingesetzte Ministerium mit
Mißtrauen betrachtete, behandelte diese Vorlage in einer Weise, daß eine
völlige Ablehnung derselben in Aussicht stand. Um eine formelle Steuer=
verweigerung zu verhüten, löste das Ministerium die Ständeversammlung
in der zweiten Hälfte des Juni auf und verständigte sich mit dem stän=
dischen Ausschusse dahin, daß die indirekten Abgaben bis zur Eröffnung
der Ständeversammlung, für welche neue Wahlen ausgeschrieben wur=
den, vom 1. Juli an zwar erhoben, aber deponirt werden sollten, während
alle indirekten Einnahmen unerhoben blieben. Nachdem im August 1850
die neuen Stände zusammengetreten waren, legte ihnen die Regierung
ein Gesetz vor, welches wegen des bereits seit dem 1. Juli ausgesetzt
gebliebenen Steuerbezugs die Forterhebung der Steuern bis zum Schluß
des Monats September verlangte. Die Ständeversammlung gab diesen
Gesetzentwurf dem Landtags=Kommissär, ohne eine direkte Steuerver=
weigerung zu beschließen, mit folgendem Zusatze zurück:

„Dieses Abkommen soll jedoch auf die Steuern und Abgaben, welche
für die Jahre 1850 und 1851 durch das künftige Finanzgesetz der sieben=
ten Finanz=Periode werden bewilligt werden, demnächst eingerechnet und
deßwegen vorerst nicht verausgabt, sondern als Depositum bei
Unserer Hauptstaatskasse und den betreffenden sonstigen Steuerkassen
aufbewahrt werden. Für die genaue Befolgung dieser Vorschrift
wird Unsere Direktion der Hauptstaatskasse besonders verantwortlich er=
klärt."

Da das kurhessische Ministerium in diesem Zusatze eine eigentliche
und wirkliche Steuerverweigerung erblickte, erging, nachdem die Stände
am 2. September nochmals aufgelöst worden waren, auf Grund des

§. 95 der kurhessischen Verfassung*) nachstehende Ministerial = Verordnung:

„§. 1. Es sollen die sämmtlichen durch das Finanzgesetz vom 5. April v. J. zur Bestreitung der Staatsausgaben Unserm Finanz= Ministerium überwiesenen Steuern und Abgaben, soweit solche seit dem 1. Juli l. J. nicht eingezogen sind, auf den Grund dieser Verordnung sofort erhoben werden, bis mit den, sobald als thunlich einzuberufenden Landständen anderweite Vereinbarung getroffen ist. — §. 2. Die zur Erhebung kommenden Steuern und Abgaben sowohl, als die in Gemäß= heit der Ausschreibung Unseres Gesammt = Staats = Ministeriums vom 27. Juni und 24. Juli l. J. bereits erhobenen oder deponirten Be= träge der indirekten Abgaben, sind zu den in dem obenerwähnten Finanz= gesetz festgesetzten Ausgaben zu verwenden. — §. 3. Unsere Ministerien haben bei der Verwendung der Staatseinnahmen auf die nothwendigen Ausgaben sich zu beschränken und den nach Bestreitung solcher Ausga= ben etwa sich ergebenden Ueberschuß als einen Fond, über welchen durch das demnächstige Finanzgesetz Verfügung getroffen werden soll, zu asser= viren. Urkundlich Unserer allerhöchsteigenhändigen Unterschrift und des beigedruckten Staatssiegels gegeben zu Kassel am 4. September 1850. Friedrich Wilhelm. — Vt. Hassenpflug. Vt. Haynau. Vt. Baumbach."

Da jedoch diese Verordnung für verfassungswidrig angesehen wurde, verweigerten die obern Finanzbehörden die Vollziehung derselben, sowie

---

*) §. 95 lautete: „Ohne ihre (der Stände) Beistimmung kann kein Gesetz gegeben, abgeändert oder authentisch erläutert werden. Im Eingange eines jeden Gesetzes ist der landesständischen Zustimmung ausdrücklich zu erwähnen. Ver= ordnungen, welche die Handhabung oder Vollziehung bestehender Gesetze bezwecken, werden von der Staatsre= gierung allein erlassen. Auch kann, wenn die Landstände nicht versammelt sind, zu solchen ausnahmsweise erfor= derlichen Maßregeln, welche bei außerordentlichen Bege= benheiten, wofür die vorhandenen Gesetze unzulänglich sind, von dem Staatsministerium (i. §. 102) auf den Antrag der betreffenden Ministerial=Vorstände für wesentlich und unaufschieblich zur Sicherheit des Staates oder zur Er= haltung der ernstlich bedrohten öffentlichen Ordnung er= klärt werden sollten, ungesäumt geschritten werden. Hier= auf aber wird nach dem Antrage jenes Ausschusses so bald als möglich die Ein= berufung der Landstände stattfinden, um deren Beistimmung zu den, in gedachten Fällen erlassenen, Anordnungen zu erwirken."

von andern Behörden der Verwendung von Stempelpapier widerspro=
chen wurde, indem alle sich auf ihren die Beobachtung und Aufrechter=
haltung der Verfassung versichernden Eid beriefen. Deßhalb sah sich die
kurfürstliche Regierung bewogen, auf Grund des §. 95 der Verfassung
und in Gemäßheit der durch den Bundesbeschluß vom 28. Juli 1832
gegebenen Anweisung, den Kriegszustand durch eine Verordnung vom
7. September über den Kurstaat zu verhängen und durch eine andere
Verordnung vom nämlichen Tage dem Generallieutenant Bauer, Kom=
mandeur der Infanterie=Division, den Oberbefehl zu übertragen. Indeß
wurde auch diesen Verordnungen von den Behörden und Gerichten der
Gehorsam verweigert, da man geltend machte, daß der Bundesbeschluß
vom 28. Juli 1832 zu jenen Ausnahme=Gesetzen und Beschlüssen ge=
höre, welche am 2. April 1848 von der Bundesversammlung ohne nä=
here Bezeichnung aufgehoben worden seien, und daß den Verordnungen,
die auf Grund des §. 95 der Verfassungsurkunde erlassen worden wä=
ren, die Eigenschaft von einstweilig gültigen Gesetzen abgehe. Nun
suchte das Gesammt=Staats=Ministerium die Behörden, um ihren Wi=
derstand zu beseitigen, über die Natur des Verfassungseides zu belehren,
indem es ihnen unterm 11. September auseinandersetzte, daß der be=
treffende Eid nicht auf einzelne Paragraphen, sondern auf die Verfassung
überhaupt, die darum in ihrem Zusammenhange aufgefaßt werden müßte,
geleistet worden sei, und daß ferner die Landesverfassung und das kur=
hessische Staatsrecht nicht aus der Verfassungsurkunde allein und einzel=
nen damit zusammenhängenden Gesetzesvorschriften, sondern zu einem
sehr bedeutenden Theile auch aus den in der Gesetzgebung des Bundes
sich findenden Bestimmungen bestehe. Doch das neue Rescript über die
Bedeutung des Verfassungseides nützte so wenig, daß der Oberbefehls=
haber Bauer wegen der Erklärung des Kasseler Oberappellations=
gerichts, daß die Verordnung vom 4. September ungesetzlich sei, am
12. September seine Funktion in die Hände des Generals von Haynau
niederlegte, und der Kurfürst am 13. die Hauptstadt verließ, um in
Wilhelmsbad Sicherheit zu suchen. Die Offiziere, welche ebenfalls den
Eid auf die Verfassung geleistet hatten, weigerten sich fast sämmtlich,
die Verordnungen, wegen deren der ständische Ausschuß am 7. Sep=
tember das Ministerium in Anklagezustand versetzt hatte, vollziehen
zu helfen.

Nachdem Hassenpflug am 17. September persönlich der Bundesver=
sammlung den Zustand Kurhessens geschildert hatte, hütete er sich gleich=
wohl, das bewaffnete Einschreiten des Bundes anzurufen. Er verlangte

bloß moralische Hülfe, bestehend in einer Bundes-Erklärung über die Steuerverweigerung und über die Gültigkeit der als aufgehoben betrachteten Bundesbeschlüsse. Er bediente sich sogar der Worte: „Daß bei der Erwähnung tauglicher Mittel nicht von der zu Gebote stehenden bewaffneten Macht die Rede ist, versteht sich von selbst." Doch fügte er seinen Anträgen die Bemerkung hinzu: er glaube sich darauf beschränken zu müssen, es hervorzuheben, daß es der Erwägung der hohen Versammlung überlassen bleiben könne, in wie weit dieselbe durch die bisherigen Vorgänge und Mittheilungen Veranlassung bekommen habe, von Amtswegen Maßregeln zu ergreifen, welche in den Bundesgesetzen ihre Grundlage haben. Anders sprach Hassenpflug in der 9. Sitzung vom 15. Oktober. Denn nachdem er in dieser Sitzung das Nutzlose aller Maßregeln der kurhessischen Regierung dargethan, fuhr er fort:

„Es tritt dem Allen, um die Verwirrung auf die Spitze getrieben zu sehen, noch hinzu, daß das höhere Kriegsgericht, das General-Auditoriat, die seitens des bleibenden landständischen Ausschusses gegen den Oberbefehlshaber erhobene Anklage angenommen und die Einleitung der Untersuchung gegen denselben durch ein Dekret angeordnet hat, in welchem eine Entwicklung enthalten, welche es unternimmt, die Verfassungswidrigkeit der erlassenen Verordnungen nachzuweisen. Dieser Zustand setzt die Regierung in die Lage, sich aller und jeder Ausführungsmittel beraubt zu sehen, deren sie als Organe bedarf, da eben diese, wo nicht positives Entgegenwirken, wie von den Gerichten geschehen, vorliegt, doch mitwirkend aufzutreten sich weigern, wonach die Regierung nicht die Kräfte besitzt, um die Steuererhebung zu sichern, deren Anordnung sofort erfolgen wird, um die Presse niederzuhalten, um das Versammlungsrecht wirksam auszuschließen, um die Gerichte in ihrer Maßnahme gegen die Verordnungen in Schranken zu halten, von welchen bereits Straferkenntnisse gegen solche Beamte erlassen sind, welche die Verordnungen pflichtmäßig an ihrem Theil in Vollzug setzten. Es ist sogar alle Möglichkeit weggefallen, das angeordnete und bereits gebildete Kriegsgericht in Thätigkeit zu bringen. Daß es unmöglich geworden, nach solcher Entwickelung der Zustände des Landes, die jeden Augenblick zu neuen Erscheinungen sich ausbilden, durch eigene Kräfte die landesherrliche Autorität aufrecht zu erhalten, möchte eines Beweises nicht bedürfen." — Er trug deßhalb darauf an zu beschließen: „daß nach Maßgabe des Artikels 26 der Wiener Schluß-Akte und Artikels 6 der Exekutions-Ordnung die Hülfeleistung alsbald eintreten solle, indem, was Letzteres angehe, um Gefahr im Verzuge sei."

Nur mit Stimmenmehrheit wurde der Bundesbeschluß gefaßt, mit den Exekutions-Maßregeln zur Wiederherstellung der gesetzmäßigen Ord= nung Kurhessens die Regierungen von Baiern und Hannover zu beauf= tragen, und zwar sollte die baierische Regierung das bereits aufgestellte Truppen-Korps auf 10,000 Mann erhöhen und eine Reserve von glei= cher Stärke in Bereitschaft halten, während an die hannöverische Regie= rung, welche schon auf Präsidial-Antrag am 5. Oktober aufgefordert worden war, ein Truppen-Korps von 8 Bataillonen Infanterie nebst der dazu gehörigen Artillerie und Kavallerie in möglichster Nähe der kurhessischen Gränze aufzustellen, das Ersuchen erging, jenes Truppen= Korps zum unmittelbaren Einrücken bereit zu halten und den im 8. Artikel der Exekutions-Ordnung vorgeschriebenen Zivil-Kommissär zu ernennen.

Indeß wagte die hannöverische Regierung in Anbetracht der öffent= lichen Stimmung in Hannover nicht, über die betreffenden Bundesbe= schlüsse eine bestimmte Erklärung abzugeben, geschweige denn sie zu voll= ziehen; weßhalb die 20,000 Mann Baiern, verstärkt durch das in Frank= furt liegende österreichische Jäger-Bataillon, die Exekution allein zu voll= ziehen hatten. Die schon oben ausgesprochene Vermuthung, der gemäß der kurhessische innere Konflikt von langer Hand her vorbereitet war, gewinnt dadurch an Wahrscheinlichkeit, daß die baierische Regierung bereits während des Monats August „in Voraussicht der kommenden Dinge" *) eine Brigade am Untermain aufgestellt hatte. Dem Bundes= Präsidial-Antrage, zur Bestreitung der Exekutions-Kosten eine Matriku= lar-Umlage von 600,000 Gulden auszuschreiben, stimmten die Gesandten Hannovers und der Niederlande nicht bei. Die öffentliche Meinung sprach sich so stark gegen die bundesstaatliche Reaktion, welche sich unter dualistischer Form in Kurhessen vollziehen wollte, überall aus, daß der niederländische Gesandte sogar aus dem Bundestage wieder ausschied. Die baierische Regierung dagegen beschleunigte die Aufstellung des vom Kaval= lerie-General Fürsten von Thurn und Taxis geführten Exekutions-Korps dergestalt, daß die erste Division dieses Korps unter dem Kommando des General-Majors von Damboer seit dem 23. Oktober bereit stand, auf Befehl sofort über die kurhessische Gränze zu rücken. Während der Bundestag auf Empfehlung des Präsidiums den österreichischen Käm= merer Bernhard Grafen von Rechberg zum Bundes-Zivil-Kommissär erwählte, ernannte die baierische Regierung den Oberst-Lieutenant Piel

---

*) S. Bundestagssitzung vom 28. April 1851.

zum baierischen Militär-Bevollmächtigten, und die kurhessische Regierung
setzte den kurfürstlichen Regierungsrath Scheffer als Beigeordneten der
Intervention ein.

Der Widerstand in Kurhessen ging von den Beamten aus; denn
in Hessen war 1848 bei der Verfassungs-Revision der sogenannte Rechtsstaat, das heißt diejenige Staatseinrichtung, zufolge welcher die Staatsbeamten bevorzugt sind und in wichtigen staatlichen Dingen die Entscheidung geben, verwirklicht worden. Darum leistete man in Kurhessen
ebensowenig, wie im November 1848 in Preußen, gegen die Reaktion
einen andern, als den juristischen „passiven" Widerstand. Man gab
vor, an die unbezwingbare Macht des Rechts zu glauben, und benützte
nach der Flucht des Kurfürsten und des Ministeriums die zur Verfügung stehende Staatsmacht nicht, um der drohenden Gewalt eine wirksame Gegengewalt entgegenwerfen und die Erhebung über die engen
kurhessischen Gränzen hinaustragen zu können. Die Bureaukraten, jene
in der Schreibstube aufgewachsenen Helden, zeigten sich überall, wo sie
sich in die Politik mischten, äußerst unbeholfen und beschränkt. Sie verstanden nie, die errungenen günstigen Positionen zu benützen, und ergaben sich, indem sie die Hände in den Schooß legten, voll des stärksten
Aberglaubens in das Rechts-Fatum. Im gegenwärtigen Falle kam
hinzu, daß sie, anstatt sich selber zu helfen, obendrein auf preußische
Hülfe hofften, weil sie sich von der dualistischen Spiegelfechterei täuschen
ließen. Als der Jesuit Radowitz am 27. September an Stelle des
langbeinigen Schleinitz Minister des Aeußern geworden war, fanden sie
darin sogar eine Bürgschaft für den Sieg der guten deutschen Sache.
Sie konnten indeß bald mit Händen greifen, in wie weit sich ihre thö-
richte Hoffnung auf Preußen verwirklichte. Zwar wurden zwischen dem
preußischen und österreichischen Kabinet einige scheinbar stachelige Noten
ausgetauscht, wodurch ein Theil der öffentlichen Meinung irre geleitet
ward: aber selbst in diesen Noten wünschten die preußischen Staatsleute
nichts Anderes als eine Verständigung über die kurhessische Angelegenheit
im Interesse der Wahrung der obrigkeitlichen Autorität und des monarchischen Prinzips in Deutschland." *) Folglich stand die preußische
Regierung mit Hassenpflug im Grunde auf einem und demselben Standpunkte. Sie wünschte bloß eine „gemeinsame Behandlung" der kurhessischen Sache sowohl wegen „der geographischen Lage Kurhessens" überhaupt, als auch insbesondere wegen der Gefahren, mit denen die in

---

*) Aktenstücke. Zweiter Band. Drittes Heft. Seite 201.

Kurhessen ausgebrochene Revolution die angränzenden preußischen Landes=
theile zunächst bedrohte. *) Manteuffel sprach sein Urtheil über den
kurhessischen passiven Widerstand in der 8. Sitzung der ersten preußi=
schen Kammer am 8. Januar 1851 folgendermaßen aus:

„Ja meine Herren, ich erkenne eine solche Revolution für sehr
gefährlich, gerade darum, weil man sich dabei im Schlafrock und Pan=
toffeln betheiligen kann, während der Barrikadenkämpfer wenigstens den
Muth haben muß, seine Person zu exponiren."

Wenn also die preußischen Staatsleute die zum scharfen Ausdruck
ausgeprägte kurhessische Rechts=Sentimentalität als gefährliche Schlaf=
rocks=Revolution verurtheilten: warum hätte denn anders zu Gunsten der
kurhessischen Rechtskämpfer die preußische Regierung mit Waffengewalt
einschreiten sollen? Etwa wegen der preußischen Union, die bloß noch
dem Scheine nach bestand? Oder wegen der nämlichen Sache, wegen
deren sie selbst nicht bloß den Staatsstreich Ende 1848 gemacht hatte,
sondern auch jetzt noch innerhalb ihres eignen Landes mit allen demo=
kratischen Einrichtungen und Gesinnungen aufzuräumen suchte? Was
die Union anbelangt, so legte Manteuffel in der erwähnten Sitzung der
ersten Kammer das Geständniß ab: **)

„Als ein Rest aus der Vergangenheit war die Unions=Verfassung mit
überkommen. **Um sie nicht sogleich fallen zu lassen,** erfand
man ein Provisorium, dieses konnte nicht verlängert werden."

In Bezug auf das preußische Verfahren in der kurhessischen Ange=
legenheit äußerte sich später Manteuffel so: „Ja meine Herren, es ist
ein Wendepunkt in unserer Politik: es soll entschieden mit der Revolu=
tion gebrochen werden. Und der geehrte Redner hat daher ganz Recht,
wenn er unsere Politik jetzt eine durchsichtige nennt.
Ich wünsche, daß sie nie mehr in Nebel eingehüllt sein
möge." — Offenbar waren jetzt die Nebel, von denen Radowitz auf
dem Erfurter Reichstag gesprochen hatte, gesunken.

Demnach haben die preußischen Staatsleute selbst eingestanden, und
die geheimen Archive werden es einst schwarz auf Weiß bündig beweisen,
daß die preußische Politik dem deutschen Volke mit ihrer Union blauen
Dunst vorgemacht hat. In Kurhessen sollte der Rechtsstaat vernichtet
werden. Daher mußte ein großes Heeresaufgebot erfolgen. Die Vor=
wände, warum die Reaktions=Truppen von verschiedenen Seiten anrück=

---

*) Ebendaselbst. Seiten 202 und 204.
**) Ebendaselbst. Seite 251.

ten, waren verschieden, aber der Zweck des Herbeikommens derselbe. Die einen kamen als falsche Freunde, die andern als offene Feinde des kur=hessischen Verfassungswesens. Ueber dem M{ai}ue des unglücklichen Landes besiegelten sie öffentlich die Einigkeit, welche insgeheim zwischen ihnen immer bestanden hatte. Wenn Hassenpflug am 26. Oktober und 8. No=vember den Bundestag um Hülfe gegen das Einrücken der die Etappen=Straßen besetzenden Preußen anging, wenn ferner der Kaiser Franz Joseph vom 10. bis 14. Oktober zu Bregenz eine Zusammenkunft mit dem baierischen und würtembergischen Könige abhielt, und wenn endlich auf dem Warschauer Kongreß vom 15. bis zum 29. Oktober der russische Kaiser Nikolaus angeblich als Schiedsrichter auftrat: so waren das jene Mittelchen, durch welche man auf den krummen Pfaden, auf denen man in der schleswig=holsteinischen Angelegenheit schon gewandelt war, bereits wiederholt mit Erfolg den unerfahrenen Leuten Sand in die Augen gestreut hatte. Wer einen klaren Blick hat, läßt sich durch dergleichen diplomatischen Firlefanz kein X für ein U vormachen.

Wohl machen sich Eifersüchteleien und Reibungen unter den Faktoren der alten Welt geltend, so lange als diese sich selbst überlassen sind und nur einander gegenüberstehen; sobald es aber den Kampf gegen den ge=meinsamen Feind, der die Grundlage Aller angreift, gilt, stellen sie ihre Feindseligkeiten unter einander ein und vereinigen sich zu gemeinsamer Abwehr.

Am 1. November rückten die Baiern in Hanau, die Preußen am folgenden Tage in Kassel und am 3. November in Fulda ein. Nach dem am 8. November aus einem Mißverständnisse herrührenden Vorpo=stengefecht bei Bronzell gab der preußische General von der Gröben Fulda auf, um sich auf der Etappenstraße nach Hersfeld zurückzuziehen. Die Bundestruppen rückten erst am 22. Dezember in Kassel ein. Aber die preußischen Truppen durften in der Hauptstadt stehen bleiben, und schon bald wirkten ein preußischer und österreichischer Kommissär zusam=men, um in Kurhessen die absolutistische landesherrliche Autorität wieder herzustellen. Jetzt begann das Kriegsgericht seine Thätigkeit, die ver=fassungstreuen Beamten wurden entsetzt und eingekerkert, das verfassungs=treue kurhessische Heer des Eides auf die Verfassung entbunden und reorganisirt. Nachdem die preußischen Truppen am 7. November schon Hamburg geräumt hatten, verließen sie am 29. desselben Monats auch Rastatt, um daselbst durch eine österreichische Garnison ersetzt zu werden. Preußen wurde in Kurhessen nicht gedemüthigt, sondern mit den übrigen Exekutions=Mächten bundesgemäß gleichgestellt. Es erlitt nur eine De=

müthigung in den Augen und der Person der Gothaer und der sonstigen Preußenthümler, die, weil sie sich von den Nebeln der preußischen Politik hatten täuschen lassen, durch die unerwartete, aber längst vorgesehene Wendung der Dinge sehr unangenehm berührt wurden.

Jetzt war auch die Zeit gekommen, da durch freie Konferenzen alle deutschen Staaten in den Schooß des Bundestags zurückgeführt werden konnten. Am 29. November wurde daher zu Olmütz vom österreichischen Ministerpräsidenten Fürsten von Schwarzenberg und dem preußischen Minister des Auswärtigen Freiherrn von Manteuffel folgende Punktation unterzeichnet:

„§. 1. Die Regierungen von Oesterreich und Preußen erklären, daß es in ihrer Absicht liege, die endliche und definitive Regulirung der kurhessischen und holsteinischen Angelegenheit durch gemeinsame Entscheidung aller deutschen Regierungen herbeizuführen. — §. 2. Um die Kooperation der in Frankfurt vertretenen und der übrigen deutschen Regierungen möglich zu machen, sollen in kürzester Frist von Seiten der in Frankfurt vertretenen Bundesglieder, sowie von Seiten Preußens und seiner Verbündeten, je ein Kommissär ernannt werden, welche über die gemeinschaftlich zu treffenden Maßregeln in Einvernehmen zu treten haben. — §. 3. Da es aber im allgemeinen Interesse liegt, daß sowohl in Kurhessen, wie in Holstein ein gesetzmäßiger, den Grundgesetzen des Bundes entsprechender und die Erfüllung der Bundespflichten möglich machender Zustand hergestellt werde; da ferner Oesterreich in seinem und im Namen der ihm verbündeten Staaten die zur Sicherung der Interessen Preußens von letzterem geforderten Garantien über die Okkupation des Kurstaats in vollem Maße gegeben hat, so kommen die beiden Regierungen von Oesterreich und Preußen für die nächste Behandlung der Frage, und ohne Präjudiz für die künftige Entscheidung, überein: a) In Kurhessen wird Preußen der Aktion der von dem Kurfürsten herbeigerufenen Truppen kein Hinderniß entgegenstellen und zu dem Ende die nöthigen Befehle an die dort kommandirenden Generäle erlassen, um den Durchgang durch die von Preußen besetzten Etappenstraßen zu gestatten. Die beiden Regierungen von Oesterreich und Preußen werden im Einverständnisse mit ihren Verbündeten Se. königl. Hoheit den Kurfürsten auffordern, seine Zustimmung dazu zu ertheilen, daß ein Bataillon der von der kurfürstlichen Regierung requirirten Truppenmacht und ein königlich preußisches Bataillon in Kassel verbleiben, um die Ruhe und Ordnung zu erhalten. b) Nach Holstein werden Oesterreich und Preußen nach gepflogener Rücksprache mit ihren Verbündeten, und zwar so schleu-

nig als möglich, gemeinsam Kommissäre schicken, welche im Namen des
Bundes von der Statthalterschaft die Einstellung der Feindseligkeiten, die
Zurückziehung der Truppen hinter die Eider und die Reduktion der
Armee auf ein Drittel der jetzt bestehenden Truppenstärke verlangen,
unter Androhung gemeinschaftlicher Exekution im Weigerungsfalle. Dage=
gen werden beide Regierungen auf das königlich dänische Gouvernement
dahin wirken, daß dasselbe im Herzogthume Schleswig nicht mehr Trup=
pen aufstelle, als zur Erhaltung der Ruhe und Ordnung erforderlich
sind. — §. 4. Die Ministerial=Konferenzen werden unver=
züglich in Dresden stattfinden. Die Einladung dazu wird von
Oesterreich und Preußen gemeinschaftlich ausgehen, und zwar so erfolgen,
daß die Konferenzen um die Mitte Dezember eröffnet werden können."

Nachdem die innerlich längst vorhandene Eintracht auch äußerlich
zwischen den beiden deutschen Großstaaten hergestellt war, nahm das
Reaktions=Werk in Kurhessen einen sehr geregelten und gründlichen Ver=
lauf. Hassenpflug befolgte die Maxime, daß ein Volk, welches mäßig
hungert, sich am Leichtesten regieren läßt. Indeß war durch die Anhäu=
fung von Truppen in der ohnehin ärmlichen Gegend von Fulda bis
Bebra ein so großer Nothstand herbeigeführt worden, daß selbst Hassen=
pflug am 11. Dezember durch seinen Bundestagsgesandten Herrn von
Trott den Antrag stellen ließ, die Zahl der Exekutions=Truppen auf
etwa 8,000 Mann herabzusetzen. Hierauf zeigte unterm 24. Januar 1851
das Präsidium der Bundesversammlung an, daß eine abermalige Vermin=
derung der Bundestruppen in Kurhessen eingetreten sei, und demnach
4 Bataillone, 4 Schwadronen und 1½ Batterien nach Baiern zurückge=
kehrt seien. Auch der Fürst von Thurn und Taxis war um diese Zeit
mit seinem Hauptquartier von Kassel nach München aufgebrochen und
hatte das Kommando der zurückbleibenden Baiern dem Generalmajor
Grafen du Ponteil überlassen. Die baierische Regierung machte hinsicht=
lich der Kosten für ihre Truppenaufstellung folgende Rechnung: 1) für die
Aufstellung vom 16. September 1850 bis Ende Januar 1851 wollte sie,
nach Abzug der budgetmäßigen Beträge für die gewöhnliche Präsenz, ver=
ausgabt haben: 1,464.751 fl. 15³/₅ kr. *); ferner setzte sie die Kosten vom
1. Februar bis Ende Juli 1851, bis wohin die letzten baierischen Exekutions=
Truppen in ihre gewohnten Garnisons=Orte wieder einrückten, auf
288,076 fl. 53 kr., die ganze Exekution also auf 1,752.828 fl. 8³/₅ kr. an.**)

---

*) Bundestagssitzung vom 28. April 1851.
**) §. 226 der 29. Bundestagssitzung vom 25. November 1851.

Es war jedoch der baierischen Regierung in der Folge unmöglich, eine Rückerstattung ihres Aufwandes zu erlangen, und als sie endlich 1856 in der Bundesversammlung auf Bezahlung drang, wurde von Kurhessen in sehr schlagender und scharfsinniger Beweisführung dargethan, daß eine Schuldverbindlichkeit zwischen Baiern und Kurhessen nicht bestehe. Der Gegenstand wurde hierauf dem Ausschusse für die kurhessische Angelegenheit überwiesen, um von demselben der Vergessenheit anheimgegeben zu werden. *) Auf den Grafen Rechberg war der Feldmarschall-Lieutenant Graf von Leiningen-Westerburg als Bundes-Kommissär gefolgt. Am 24. Januar 1851 wurde Letzterem jedoch die direkte Bevollmächtigung entzogen und der preußische Kommissär Staatsminister Uhden ihm völlig gleichgestellt, damit „die wenigstens scheinbare Sonderstellung des preußischen Kommissärs der Oppositionspartei in Hessen nicht mehr Veranlassung bieten könnte, dieselbe, auch wider dessen Willen, zu ihren Zwecken auszubeuten und zu mißbrauchen, um dem Bundes-Kommissär Schwierigkeiten bei der Ausübung seines Amtes zu bereiten." Den beiden Bundes-Kommissären wurde von ihren Regierungen die doppelte Aufgabe gestellt: 1) sich im Einverständniß mit dem kurhessischen Gouvernement einer Revision der kurhessischen Verfassung zu unterziehen und 2) die kurhessische Regierung in den Stand zu setzen, eine geregelte Verwaltung zu führen und Ruhe und Ordnung im Lande herzustellen. **) Das kurhessische Verfassungsrecht war so klar und sprach so stark gegen die Hassenpflug'sche Staatsretterei, daß sich die Kommissäre genöthigt sahen, vermittelst ihrer Machtsprüche im Namen des Bundes der Reaktion auf die Beine zu helfen. Sie unterwarfen die Staatsbeamten und das Heer der landesherrlichen Diszplin, verdrehten durch sogenannte Erläuterung den §. 61 der kurhessischen Verfassung, verhinderten die gesetzliche Einberufung der Stände, hoben die Gleichstellung der Offiziere mit den Zivil-Staats-Dienern auf, setzten den Kurfürsten wieder als unumschränkten Kriegsherrn ein, schafften die Volksgewalt der Bezirksräthe ab, ertheilten der kurhessischen Regierung

---

*) S. 27. Sitzung der Bundesversammlung vom 30. Oktober 1856 und die 33. Sitzung vom 18. Dezember 1856.

**) Denkschrift der Kommissäre des deutschen Bundes, des kaiserlich königlich österreichischen Feldmarschall-Lieutenants Grafen von Leiningen und des königlich preußischen Staatsministers Uhden über die von ihnen zur Wiederherstellung der Ruhe und Ordnung im Kurfürstenthum Hessen veranlaßten, beziehungsweise vereinbarten Verordnungen und Maßregeln. Frankfurt a. M., den 18. September 1851.

das Recht, an denjenigen Orten, wo sie es für nothwendig erachten würde, die Landespolizei durch eigne Organe verwalten zu lassen, nahmen der Ständeversammlung das Vorschlagsrecht für die Mitglieder des Oberappellations=Gerichts, führten positive Qualifikationen für die Geschworenengerichte ein und schafften die Diäten ab, damit die Proleta=rier nicht als Geschworene fungiren könnten, verminderten die Zahl der Obergerichte von 6 auf 2, vernichteten den §. 34 der kurhessischen Ver=fassungsurkunde, kraft dessen einem Jeden, der sich in seinem Recht ver=letzt glaubte, die gerichtliche Klage offen stand, trafen die Vorbereitung zu einer gänzlichen Umgestaltung des demokratischen Vereins= und Preß=gesetzes, bedrohten den Zusammentritt des gesetzlichen Ständeausschusses mit der Strafe des Aufruhrs, untersagten jede amtliche Erörterung oder Berührung der Kompetenzfrage bezüglich der Bundes=Aktion in Hessen mit kriegsrechtlichem Verfahren und trafen die Bestimmung, daß bei Lösung von Jagdscheinen für eine zweijährige Erlaubniß, Schießwaffen tragen zu dürfen, 5 Thaler gezahlt werden mußten, während bis dahin die Jagdscheine nur einen Stempelsatz von 2½ Sgr. bis 1 Thaler gehabt hatten. In Betreff der Verfassungsumgestaltung verfuhren sie noch viel gründlicher; denn sie gingen hierbei auf das sechzehnte Jahr=hundert und sogar vor die Zeit der Reformation zurück, um eine Ver=fassung im völlig ständischen Sinne zu Wege zu bringen. *) Wegen dieses gründlichen Verfahrens konnte erst am 27. April 1852 der kur=hessische Gesandte dem Bundestage die Mittheilung machen, daß die neue Verfassungsurkunde am 13. des Monats in gesetzlicher Form im Kurfürstenthume publizirt worden sei. **) Uebrigens hatte sich der Bun=destag die definitive Regelung der kurhessischen Zustände vorbehalten, so daß die reaktionären Maßregeln, mit welchen Kurhessen überschüttet wurde, erst endgültige Rechtskraft erlangten, nachdem der Bundestag dieselben einer sorgfältigen Prüfung unterzogen hatte. Das Zweikammer=System wurde eingeführt, „weil solches, sich dem frühern geschichtlichen Zustande anschließend, hauptsächlich dem monarchischen Prinzipe einen festen Stützpunkt und außerdem auch die den Mediatisirten nach der Bundesakte zugesicherte bevorzugte politische Stellung gewährt." (Siehe Denkschrift vom 30. September 1851.) Der von Hassenpflug mit den

---

*) Denkschrift der Kommissäre des deutschen Bundes, des k. k. österreichischen Feldmarschall=Lieutenants ec., die Reform der zur Zeit bestehenden kurhessischen Verfassung betreffend.

**) S. §. 121 der 12. Sitzung vom 27. April 1852.

Bundeskommissären vereinbarten und 1852 oktroyirten Verfassung gab der Bundestag im Allgemeinen seine Zustimmung, ohne über die Billi= gung der in ihr enthaltenen einzelnen Bestimmungen des älteren Rechts, welche mit den Bundesgesetzen nicht wohl in Einklang zu bringen waren, sich auszusprechen. Nachdem am 25. Januar 1855 die kurhessische Ver= fassungsfrage wieder in Anregung gebracht, aber beseitigt worden war, wurde erst im Jahre 1859, als die Reaktion ihre Macht schwinden sah, in Folge einer Petition von Mitgliedern der zweiten kurhessischen Stände= kammer um Wiederherstellung der ebenfalls nicht sehr freisinnigen Ver= fassung vom Jahre 1831, der kurhessische Verfassungs=Konflikt im Schoose des Bundestags wieder behandelt und unter Anderm die kur= hessische Regierung aufgefordert, über den Erfolg der zur Befestigung der wiederhergestellten gesetzlichen Ordnung getroffenen Maßregeln, sowie über die Beendigung des verhängten Kriegszustandes, sobald solche für zulässig erkannt sein werde, demnächst nähere Mittheilung an die Bundesversammlung gelangen zu lassen. *) Ueber acht Jahre hatte bis dahin der Kriegszustand gedauert: — gewiß eine lange schreckliche Zeit!

Mit der Wiederherstellung der absolutistischen Ordnung in Kurhes= sen ging zufolge den Olmützer Stipulationen die Beruhigung Schleswig= Holsteins Hand in Hand. Bald nach Abschluß des Malmöer Waffenstill= standes hatte die provisorische Regierung Schleswig-Holsteins ihre Be= fugnisse (am 22. Oktober 1848) in die Hände einer Regierungs=Kom= mission niedergelegt, welche aus dem Grafen Reventlow-Jersbeck, dem Grafen Moltke, Heintze und Preußer bestand. Weil aber der Waffen= stillstand schon mit Ende des Monats März 1849 zu Ende ging und die gemeinsame Regierung nur für die Dauer desselben ernannt worden war: so setzte im Einverständniß mit der schleswig-holsteinischen Lan= desversammlung die deutsche provisorische Zentral = Gewalt unterm 26. März 1849 eine sogenannte Statthalterschaft ein, deren Mitglieder der Graf Reventlow, Beseler und von Harbou waren. Diese sollte im Namen des Landesherrn die Regierung Schleswig = Holsteins bis zum Friedensschlusse führen. Nachdem Graf Moltke dänischerseits den Waf= fenstillstand am 23. Februar 1849 gekündigt hatte, wurde vom 27. März ab die Blokade der deutschen Küsten angesagt. Die Feindseligkeiten nah= men am 3. April ihren Anfang. Die Zahl der in Holstein befindlichen

*) §. 254 der 29. Bundestagssitzung vom 28. Juli 1859.

Preußen war nicht stärker als diejenige der Truppen aus den andern deutschen Staaten: — aus Baiern, Hannover, Sachsen, Würtemberg und Baden. Den Oberbefehl führte nicht mehr Wrangel, sondern der Kommandeur der preußischen Garden, General von Prittwitz. Die Schleswig-Holsteiner hatten ihre Armee nebst den Freischaaren dem preußischen General von Bonin anvertraut, welcher sich als militärischer Schriftsteller durch das Werk: „Grundzüge für das zerstreute Gefecht," bekannt gemacht hatte. Das in vier Divisionen eingetheilte deutsche Heer zählte 45,000 Mann und verfügte über 150 Geschütze. Die Dänen musterten bloß 36,000 Mann. Gleichwohl lief der Feldzug, weil der Verrath im Spiele war, für die Deutschen unglücklich ab. Zwar erfolgte am 5. April der Sieg bei Eckernförde, wo die dänische Fregatte „Gefion" die Segel streichen mußte, und am 13. April die Erstürmung der Düppeler Schanzen, worauf Bonin die jütische Gränze überschritt und die Stadt Kolding eroberte: aber schon am 23. April siegten die Dänen bei Kolding, und wenn nun auch am 7. Mai die Holsteiner bei Gudsoe die Oberhand gewannen und die Preußen Veile erstürmten, so wurden doch die Siege nicht benutzt, sondern sechs Wochen mit Unterhandlungen vergendet. Dann kam die Niederlage der Teutschen, die blutige Schlacht bei Friedericia am 6. Juli, welche den Rückzug des deutschen Heeres aus Jütland zur Folge hatte. Während die Schleswig-Holsteiner darauf bedacht waren, die erlittene Schmach zu rächen, schloß Preußen im Namen des deutschen Bundes am 10. Juli, unter englischer Vermittlung, ein Uebereinkommen ab, welches in einer offenen Waffenstillstands-Konvention und vier geheimen Artikeln bestand. Die deutschen Truppen mußten Jütland aufgeben und sich in Schleswig bis zu einer bestimmten Demarkations-Linie zurückziehen, die Zahl der zur Festhaltung des abgegränzten Theils von Schleswig zu verwendenden preußischen Truppen ward festgesetzt, und die Bestimmung getroffen, daß der nördliche an die Demarkations-Linie gränzende Theil des Landes von schwedischen Truppen inne gehalten werden sollte. Schleswig, welches nicht in den deutschen Bund aufgenommen worden war, wurde von Holstein getrennt; denn für Schleswig wurde eine besondere, aus beiderseitigen Kommissären zusammengesetzte Behörde unter dem Namen einer „Landesverwaltung" ernannt. Preußen machte sich anheischig, der dänischen Regierung die Summe von 7,778 Thalern 27 Sgr. 9 Pf. zu zahlen, welche die preußische Regierung in Folge des Artikels 7 der Waffenstillstands-Konvention und der zur Ausführung jenes Artikels zwischen beiden Regierungen getroffenen Verabredung vom 23. September 1849 als einen Theil der insbesondere von der jütischen Stadt Riepen erhobenen Kontributionen als Entschädigung an Dänemark im Namen des Bundes vorschußweise leistete. Obschon diese Friedens-Präliminarien nicht ratifizirt wurden, weil die in Frankfurt eingesetzte Bundes-Zentral-Kommission bloß die Befugnisse des engeren Rathes der Bundesversammlung besaß, und weil sie nicht ganz mit dem Bundesbeschlusse vom 17. September 1846 übereinstimmten, *) trat der Waffenstillstand trotzdem in Wirksamkeit. Laut der Verabredung vom 23. September 1849 zahlte die preußische Staatskasse ferner vorschußweise an Dänemark als Entschädigung: 1) für in Jütland von den schleswig-holsteinischen Truppen erhobene Natural-Prästation die Summe von 5,000 Thalern und 2) für die zum Gebrauche der von den schleswig-holsteinischen Truppen requirirten Pferde den Betrag von 5,167 Thalern 15 Sgr., welcher letztere in der durch das fragliche Abkommen auf 14,442 Thaler 15 Sgr. festgestellten Entschädigung für in Jütland zum Gebrauche der deutschen Truppen requirirte Pferde eingeschlossen war. Am 7. Juli 1851 erkannte die Bundesversammlung auch einen Vorschuß Preußens an Dänemark, der in Folge der Waffenstillstands-Konvention vom 26. August 1848 mittelst Uebereinkunft vom 9. August 1849 im Betrage von 165,000 Thalern geleistet worden war, als eine für einen Bundeszweck präsentirte Ausgabe an.

Da Schleswig kein deutsches Bundesland war, behandelte die Bundes-Zentral-Kommission die Statthalterschaft nicht wie eine schleswig-holsteinische Behörde, sondern unterhielt mit derselben nur Beziehungen unter dem Titel: „Statthalterschaft in Kiel," durch einen von der letztern nach Frankfurt geschickten Agenten, dessen offizielle Eigenschaft ebenfalls nicht anerkannt wurde. Um den vollständigen Frieden mit Dänemark herbeizuführen, ertheilte die Bundes-Zentral-Kommission unterm 20. Januar 1850 der preußischen Regierung die Ermächtigung: „mit der Krone Dänemark wegen des Abschlusses eines Friedens im Namen des Bundes und unter Wahrung der dem Bunde zustehenden Rechte in Unterhandlungen zu treten und dieselben unter der bereits von beiden Theilen angenommenen Vermittlung der kön. großbritannischen

*) Laut dieses Beschlusses hatte der Bund die Geltendmachung folgender Punkte zu wahren getrachtet: 1) die Selbständigkeit des Herzogthums Holstein; 2) dessen Verfassung und sonstige auf Gesetz und Herkommen beruhende Beziehungen; 3) die Verhältnisse Holsteins als eines Bundeslandes, und 4) die eventuelle Sicherstellung erbberechtigter Agnaten.

Regierung, vorbehaltlich der von sämmtlichen deutschen Bundesstaaten einzuholenden schließlichen Genehmigung des Friedensvertrags, zu Ende zu führen." Hierdurch geschah es, daß die preußische Regierung mit Dänemark den Frieden vom 2. Juli 1850 abschloß und ihre Offiziere aus dem schleswig-holsteinischen Heere abberief. Kraft dieses Friedens wurden alle vor dem Kriege zwischen Deutschland und Dänemark abgeschlossenen Verträge und Uebereinkünfte wieder in Kraft gesetzt (Art. 2 und 3); der König von Dänemark durfte als Herzog von Holstein in Gemäßheit des Bundesrechts die Intervention des deutschen Bundes anrufen, um die Ausübung seiner gesetzlichen Autorität in Holstein herzustellen, indem er zugleich seine auf die Beruhigung des Landes gerichteten Absichten mittheilte, und wenn dann auf solchergestalt geschehene Reklamation der Bund für jetzt (pour le présent) nicht interveniren zu dürfen glaubte, oder wenn seine Intervention unwirksam blieb, so sollte Sr. dänischen Majestät die Freiheit zustehen, die militärischen Maßregeln auf Holstein auszudehnen und zu diesem Behufe die bewaffnete Macht zu verwenden (Art. 4). Binnen einem halben Jahre nach Unterzeichnung des Vertrags sollte der König von Dänemark und der deutsche Bund Kommissäre ernennen, um, gestützt auf Dokumente und andere hierher gehörige Beweismittel, die Gränze zwischen den nicht im deutschen Bunde einbegriffenen Staaten Sr. dänischen Majestät und den zum Bunde gehörenden Staaten festzusetzen (Art. 5). Das zwischen Dänemark und Preußen aufgenommene Protokoll bestimmte die Fristen, binnen welchen nach Ratifizirung des Vertrags die preußischen Truppen Schleswig, Holstein und Lauenburg zu räumen hatten; demzufolge durfte das dänische Heer in Schleswig vor dem Abzuge der Preußen nur dann einrücken, wenn auch die schleswig-holsteinischen Truppen dieses Land besetzten, und die neutralen Truppen hatten Schleswig zugleich mit den Preußen verlassen. In Schleswig durfte der dänische König alle militärischen Anordnungen treffen. Besonders ist der dem Protokoll beigefügte, zu Berlin am 2. Juli 1850 unterzeichnete geheime Artikel hervorzuheben, welcher wörtlich lautete *):

„Se. Majestät der König von Preußen verpflichtet sich, an den Verhandlungen theilzunehmen, welche Se. Majestät der König von Dänemark zu dem Zwecke einleiten wird, um die Erbfolgeordnung in den unter dem Szepter Sr. dänischen Majestät vereinig-

---

*) Beilage b zu §. 5 der ersten Bundestagssitzung vom 2. September 1850.

ten Staaten zu regeln. Der gegenwärtige geheime Artikel wird zugleich mit dem am heutigen Tage unterzeichneten Protokoll ratifizirt und die Ratifikationen davon gleichzeitig ausgetauscht werden."

Dieser geheime Artikel war der Vorläufer des Warschauer Proto= kolls vom 5. Juni 1851 und des schmählichen Londoner Vertrags vom 8. Mai 1852, wodurch dem Czaren die Erbschaft der dänischen Krone angebahnt werden sollte *). Von dem durch Oesterreich einberufenen Bundestage, der damals scheinbar von der preußischen Regierung noch nicht anerkannt wurde, ward der im Namen des Bundes von Preußen mit Dänemark abgeschlossene Friedensvertrag am 26. Oktober 1850 ratifizirt **).

Die Schleswig=Holsteiner kehrten sich nicht an den von Preußen mit Dänemark eingegangenen Frieden; denn sie suchten den Krieg auf eigne Faust fortzusetzen. Leider berief die zweideutige Statthalterschaft den verabschiedeten preußischen General von Willisen zur Führung ihres 24,000 Mann starken Heeres, der es im Interesse der Reaktion darauf abgesehen zu haben schien, die aufständischen Herzogthümer von Nieder= lage zu Niederlage und an den Rand des Verderbens zu führen. Nach= dem Tillisch am 13. Juli die Verwaltung Schleswigs übernommen hatte, erschien am 14. d. M. ein Manifest des dänischen Königs, worin in Aussicht gestellt wurde, daß „unverweilt achtbare Männer aus dem Herzogthum Schleswig, dem Königreiche Dänemark und dem Herzogthume Holstein berufen" werden sollten, „um ihre Meinung über die Ordnung der Verhältnisse des Herzogthums Schleswig einer= und des Herzog= thums Holstein andrerseits zu hören." Ferner erließ der dänische Kö= nig an demselben Tage eine allerhöchste Bekanntmachung, welche den die Waffen niederlegenden Soldaten Huld und Gnade versprach, den zu ihrer Pflicht zurückkehrenden Unteroffizieren das Verbleiben in ihrer Stellung oder aber den Abschied mit Pension zusicherte, und den aus den Herzogthümern gebürtigen, sich unterwerfenden Offizieren die „freie" Wahl ließ, ob sie fernerhin in ihrer Charge zu dienen wünschten, oder etwa die Entlassung mit Pension vorzögen. — An guten Offizieren litt das schleswig=holsteinische Heer Mangel.

Nachdem die Feindseligkeiten begonnen hatten, wurden die schleswig=

---

*) Succession to the crown of Denmark. Maritime rights. Presen-
ted by a Deputation from the Lancashire Foreign Affairs Committees.
London, Oakey 10, Cannon Row S. W.

**) Beilage II zu §. 34 der 12. Bundestagssitzung vom 26. Oktober 1850.

holſteiniſchen Truppen am 25. Juli 1850 bei Idſtedt nach heftigem
Widerſtande total geſchlagen und zum Rückzuge auf Rendsburg genö=
thigt. Den 6. Auguſt ſetzten ſich die Dänen in Huſum, am 7. in Frie=
drichſtadt feſt, ohne daß es Williſen gelang, letzteren Platz am 4. Okto=
ber mit Sturm zu nehmen. Als endlich Williſen am 8. Dezember den
Oberbefehl an den General von der Horſt abtrat, ſchritten die beiden
deutſchen Großſtaaten vereint in den Herzogthümern ein. Um ihrer In=
tervention Nachdruck zu verleihen, erſchien ein öſterreichiſches Korps un=
ter Führung des Feldmarſchall = Lieutenants Legebitſch und ſetzte am
am 17. Januar 1851 bei Boitzenburg über die Elbe.

Der in Frankfurt theilweiſe verſammelte Bundestag hatte ſich ſchon
vorher in die Angelegenheiten der Herzogthümer eingemiſcht. Die Statt=
halterſchaft nämlich hatte eine Koſtenberechnung unter dem Titel: „Lei=
ſtungen der Herzogthümer Schleswig = Holſtein an deutſche Reichs=
truppen während des Krieges mit Dänemark im Jahre 1848," im Be=
trage von 1,638,703 Thalern 18¼ Sgr. preußiſch Kourant (oder
2,867,731 fl. 19 kr.), ferner eine Koſtenberechnung über gleiche Leiſtun=
gen im Jahre 1849 von 1,079,449 Thaler 24¼ Sgr. preuß. Kour.
(oder 1,889,037 fl. 10 kr.) aufgeſtellt und ſich noch folgende drei Nach=
weiſungen beizubringen vorbehalten: 1) eine Berechnung der für die
ſchleswig = holſteiniſchen Truppen wegen des Kriegs gegen Dänemark
aufgewendeten Koſten aus den Jahren 1848 und 1849; 2) einen Nach=
trag zur Koſtenberechnung vom Jahre 1849 für Leiſtungen an deutſche
Reichstruppen, und 3) eine Berechnung der von den Herzogthümern für
die Reichs=Marine aufgewendeten Koſten, welche bis zur Zeit der Rech=
nungseinreichung (6. April 1850) auf 278,406 Thaler (oder 487,210 fl.
30 kr.) angeſchlagen wurden. Ob dieſer Forderungen erhob der däniſche
Bundestagsgeſandte am 3. Oktober 1850 Einſpruch dagegen, daß die
Statthalterſchaft in Kiel von den einzelnen Bundesregierungen Kriegs=
verpflegungskoſten verlange, da doch die deutſchen Truppen ſich vorzugs=
weiſe in Schleswig aufgehalten hätten und die Statthalterſchaft min=
deſtens ſeit dem 10. Juli 1849 nicht mehr anerkannt wäre. Außerdem
proteſtirte er dagegen, daß die Statthalterſchaft bald thunlichſt ſilberne
und kupferne Scheidemünze zu einem ſehr bedeutenden Betrage prägen
laſſen wollte, und er wiederholte die ſchon ausgeſprochene Hoffnung,
daß die hohe Bundesverſammlung ſchleunigſt ein Inhibitorium an die
Statthalterſchaft ergehen laſſen möge. Als das Inhibitorium endlich ab=
gegangen war, beantwortete die Statthalterſchaft daſſelbe unterm 5. No=
vember 1850. Um dem Willen des Bundestags Nachdruck zu verleihen,

wurde die hannöverische Regierung ersucht, einen ihrer höheren Beamten als Bundes = Kommissär vorzuschlagen, worauf dieselbe nach einigem Zaudern den Geheimen Regierungsrath Freiherrn von Hammerstein= Loxten designirte, „in der Voraussetzung, daß hieraus nicht Konsequenzen für eine Betheiligung der königlichen Regierung an einer demnächst von der Bundesversammlung zu beschließenden Exekution gezogen werden" würden.

Hatte der eben erwähnte Eingriff des Bundestags seinen Zweck nicht erreicht, so sollte doch die bald nachfolgende Intervention, bei welcher die Kommissäre der beiden deutschen Großmächte erschienen und mit 50,000 Mann preußischer, sowie österreichischer Exekutions=Truppen drohten, eine um so bessere Wirkung haben. Unter der Leitung dieser Bundes=Kommissäre nahm die Herstellung gesetzlicher und bundesgemäßer Zustände ihren ungehinderten Fortgang. Die seit dem 24. März 1848 erlassenen Gesetze wurden, als der landesherrlichen Sanktion entbehrend, für ungültig erklärt. Insbesondere erregte die während des Aufstandes eingeführte Verfassung Anstoß; weßhalb sie außer Kraft gesetzt und die auf Grund derselben zusammentretende Landesversammlung aufgelöst wurde. Einer der ersten Schritte behufs Herstellung der landesherr= lichen Autorität in Holstein bestand darin, daß die Statthalterschaft veranlaßt wurde, die Feindseligkeiten einzustellen, die Truppen hinter die Eider zurückzuziehen und die vorhandenen Streitkräfte auf den dritten Theil zu reduziren. Als die Statthalterschaft dann zum Rücktritte ge= nöthigt worden war, übernahmen die beiden Bundes = Kommissäre ge= meinschaftlich mit dem vom dänischen Könige ernannten Kommissär im Namen des Königs=Herzogs und im Auftrage des Bundes die oberste Regierung. Ferner unternahmen die intervenirenden Mächte, weil die Herzogthümer von den Aufständischen gewöhnlich für „ewig untheilbar" ausgegeben worden waren, die nöthigen Schritte, um die im 5. Artikel des von Preußen abgeschlossenen Friedens enthaltenen Bestimmungen wegen Ausmittelung der Gränze zwischen Holstein und Schleswig zu er= ledigen. Zu dieser Ausmittelung wurden einestheils drei mit Wahrneh= mung der Interessen des Bundes und Holsteins betraute Kommissäre, anderntheils eine gleiche Anzahl dänischer Bevollmächtigten an jenen Stellen, wo die historische Gränze Anlaß zu Zweifeln geben konnte, verwendet. *)

---

*) Die Gränzregulirung dauerte vom 11. April bis zum 3. Dezember 1851. Die Streitfragen betrafen die Insel Fehmarn, den Kieler Hafen, die Festung

Ueber die Thätigkeit der Bundes-Kommissäre wird das Inhalts-
verzeichniß der von ihnen der Bundesversammlung mitgetheilten Protokolle kurzen Aufschluß geben. Daß übrigens dem Bundestage nicht alle
Protokolle von dem österreichischen und preußischen Kommissär eingehän-
digt worden waren, kam aus Tageslicht, als die schleswig-holsteinischen
Offiziere v. Eggers, Hellmundt, Hoffmann und Genossen eine von Hamburg unterm 20. Juli 1852 datirte Eingabe an die Bundesversammlung
einreichten und in beglaubigter Abschrift ein Protokoll dd. Kiel den
20. März 1851 nebst den darauf bezüglichen Stücken mit einsandten:
ein Protokoll, wonach die Bestimmung getroffen worden war, daß zur
Unterstützung der Invaliden, sowie der Witwen und Waisen der Gefallenen ein holsteinischer Landesfond errichtet und demselben eine jähr-
liche, nach und nach in entsprechendem Grade zu verringernde Summe
von 60,000 Thalern Kourant zugewiesen werden sollte. Die dem Bundestage mitgetheilten Protokolle aber waren folgende:

Protokoll vom 6. Januar 1851 über die erste Zusammenkunft der
Bundes-Kommissäre mit der Statthalterschaft.

Prot. v. 12. Jan. 1851, betreffend die Einstellung der Feindseligkeiten. Schreiben der Statthalterschaft an die Bundes-Kommissäre über
den nämlichen Gegenstand.

Prot. v. 13. Jan. 1851. Fortsetzung der Verhandlungen vom vorhergehenden Tage. — Rückzug der Truppen hinter die Eider.

Prot. v. 17. Jan. 1851. Verlangen des dänischen Kommissärs, die Altstadt Rendsburg mit dänischen Truppen zu belegen. Schreiben der Statthalterschaft vom 16. Jan. an die Bundes-Kommissäre, das Zurückziehen
der Truppen hinter die Eider und die Reduktion der Armee betreffend.

Prot. v. 20. Jan. 1851. Die Loslassung der gegenseitigen Gefangenen betreffend.

Prot. v. 25. Jan. 1851. Fortsetzung der Berathungen.

Prot. v. 2. Febr. 1851. Einsetzung der obersten Zivil-Behörde. —
Beilage: Bekanntmachung der Statthalterschaft vom 1. Februar, die
Uebertragung ihrer Gewalt an die Bundes-Kommissäre betreffend. —
Beilage: Schreiben der Bundes-Kommissäre an Grafen Reventlow, dd.
Kiel 2. Febr. 1851, die Besetzung der Altstadt Rendsburg betreffend.

Prot. v. 20. März 1851. Regulirung des holsteinischen Kontingents.

Rendsburg, die Landschaft Stapelholm, den Eiderfluß und Warleberg. S. die
Protokolle der Gränzregulirungs Kommission (mit 10 Heften Beilagen, zum Theil
Landkarten).

Prot. v. 21. März 1851. Fortsetzung.

Prot. v. 31. März. 1851. Auflösung der holsteinischen Armee, Ablegung der Embleme. — Beilage: Schreiben des Kommissärs Freiherrn von Plessen, die Auflösung der holsteinischen Armee betreffend.

Prot. v. 15. April 1851. Beschlüsse über die Ablegung der Embleme und deren Ersetzung.

Prot. v. 20. Mai 1851. Besetzung der Offiziersstellen im holsteinischen Kontingente.

Prot. v. 12. November 1851. Uebertragung des Kommando's an General von Bardenfleth, Anstellung der Mittelstabsbeamten, Brigade-Kommando, Einrangirung der dänischen Offiziere, Gagirung der Zulagen, Kopfbedeckung im Kontingente u. s. w.

Erklärungen wegen Beilegung der stattgehabten Streitigkeit zwischen Dänemark und dem deutschen Bunde, nebst Bekanntmachung vom 28. Januar 1852.

Drei Protokolle vom 18. Februar 1852. Uebergabe der obersten Gewalt seitens der Bundes-Kommissäre an den kön. dänischen Kommissär. Enthebung der obersten Zivil-Behörde und des Departements des Krieges von ihren Funktionen. — Beilage: Bekanntmachung des Grafen Reventlow vom nämlichen Datum über die Verhandlungen desselben Tages. — Beilage: Schreiben des General-Kommando's des holsteinischen Bundes-Kontingents vom 16. Februar 1852, die Ueberlieferung des unter der Verwaltung des holsteinischen Kriegs-Departements gestandenen Materials betreffend.

Protokoll vom 21. Februar 1852. Uebergabe des Kommando's der Festung Rendsburg.

Diese Protokolle sind unterzeichnet von den Mitgliedern der Statthalterschaft, Grafen von Reventlow, Francke und Beseler, sowie vom preußischen Generalmajor von Thümen und dem österreichischen Generalmajor Grafen von Mensdorff, ingleichen von den Adjutanten der genannten Generäle, nämlich vom österreichischen Rittmeister Karst von Karstenwerth und dem preußischen Premier-Lieutenant von Schwarz.

Ebenso arg wie die Reaktion innerhalb Deutschlands mit der Demokratie hauste, verfuhren bei der Restauration in den Herzogthümern die Dänen mit den Schleswig-Holsteinern. Auch der Herzog Christian August zu Schleswig-Holstein sah sich veranlaßt, unterm 22. Juni 1851 die Bundesversammlung um Vermittlung wegen der Zurückgabe seiner auf der Insel Alsen und der Halbinsel Sundewitt gelegenen Besitzungen zu ersuchen. Die vertragsmäßig stipulirten Pensionen wurden theils unregel-

mäßig, theils nur auf kurze Zeit, theils gar nicht ausgezahlt, weil offen=
bar, wie schon aus der erwähnten Nichtmittheilung des auf den holstei=
nischen Landesfond bezüglichen Protokolls sich schließen läßt, die Bundes=
Kommissäre sich die Sorge für die schleswig=holsteinischen Rebellen nicht
sehr zu Herzen genommen hatten. Vorzüglich machte unter den Be=
sitzenden die Annullirung der schleswig=holsteinischen Anleihen aus den
Jahren 1848 und 1850 viel böses Blut. Ein großer Theil des schles=
wig=holsteinischen Heeres ließ sich nach Brasilien anwerben, wo er ein
jämmerliches Ende fand. Jedes Jahr wurde der deutsche Bund mit Be=
schwerden und Bittgesuchen seitens der schleswig=holsteinischen Offiziere
überhäuft. Selbst der dänische Fähranstaltenpächter Dethlef zu Friedrich=
stadt an der Eider, welcher für den Transport deutscher Reichstruppen
seit dem August 1849 eine Forderung von 1,131 Mark 15 Schillingen
zu stellen hatte, petitionirte noch am 15. Februar 1858 vergebens bei
dem Bundestage um Befriedigung. Dethlef hatte eine baierische, eine kur=
hessische und eine preußische Brigade über die Eider gesetzt, war hinsicht=
lich der Bezahlung beruhigt und auf die Zukunft vertröstet worden, wurde
aber von den betreffenden deutschen Regierungen an Dänemark gewiesen,
das ebenfalls die Zahlung verweigerte. Indeß fand sich der Bundestag,
weil ihm der in der Presse geschlagene Lärm unlieb war, denn doch be=
wogen, manchen schleswig=holsteinischen Offizieren aus Bundesmitteln Un=
terstützung zu gewähren. Indem Dänemark nicht angehalten wurde, den
Beschwerden der in ihren gegründeten Ansprüchen Geschädigten gerecht zu
werden, gewinnt es den Anschein, als ob die zwischen den Bundes=
Kommissären und der dänischen Regierung vereinbarten Bestimmungen
über die Pensionirung der schleswig=holsteinischen Offiziere, Invaliden,
sowie der Witwen und Waisen von Gefallenen, nur als schlaues Mit=
tel gedient haben, um desto leichter das Heer des aufständischen Landes
zum Strecken der Waffen zu bewegen. Rebellen wird schlecht Wort ge=
halten!

Schon am 2. August 1850 hatten die Regierungen von Oester=
reich, Rußland, Frankreich, England und Schweden zu London mit der
dänischen ein Protokoll unterzeichnet, worin sie nicht nur die Integrität
der dänischen Monarchie aufrecht erhalten zu wollen erklärten, sondern
auch die Zweckmäßigkeit der Regelung der dänischen Erbfolge anerkann=
ten. Das Warschauer Protokoll vom 5. Juni 1851 bezeichnete den
Prinzen von Glücksburg mit Uebergehung des Hauses von Augustenburg
als präsumtiven Thronerben und gebrauchte am Schlusse einer Beilage
die Worte: daß die Verhandlungen, welche nöthig wären, um diesen Be=

stimmungen den Charakter einer europäischen Transaktion zu geben, in London stattfinden sollten. Daher entstand der Londoner Vertrag vom 8. Mai 1852, der zum Vortheile Rußlands in vertragsmäßige und völ=kerrechtliche Form brachte, was das Warschauer Protokoll vorgeschrieben hatte. Die preußische Regierung gab auf der Londoner Konferenz Schles=wig=Holstein dem russischen Interesse preis gegen das in einem Proto=koll (ddo. Foreign Office, 24. Mai 1852) niedergelegte Zugeständniß, daß die Regierungen Oesterreichs, Frankreichs und Rußlands bei der schweizerischen Eidgenossenschaft behufs der Zurückgabe des Kantons Neuen=burg an den preußischen König auf diplomatischem Wege interveniren wollten.*) Auf diese Weise opferte Preußen seinem vermeintlichen Sonder=Vortheile eine allgemein deutsche Sache. Es war weder das erste, noch das letzte Mal, daß Preußen auf solche Art an Deutschland handelte; allein im gegenwärtigen Falle erhielt es wenigstens die verdiente Strafe für seine perfide Politik, da es Neuenburg trotz Alledem verlor. Preußen war schließlich der Geprellte.

Die von der österreichischen und preußischen Regierung einberufenen Dresdener Konferenzen nahmen ihren Anfang am 23. Dezember und schlossen am 15. Mai 1851. Da die kleinen Staaten vor der Ungeheuerlichkeit der da=selbst gemachten reaktionären Pläne erschraken und ihnen nicht durchaus bei=zustimmen wagten, wurden die Konferenzen zwar am 23. Februar 1851 durch Manteuffel und Schwarzenberg vertagt; allein die niedergesetzten Kommissionen fuhren mit ihren Arbeiten bis in den Mai fort. Als die preußische Regierung mit ihrem Anspruche auf Parität und Wechsel des Vorsitzes nicht durchdringen konnte, schlug sie einfach am 27. März 1851 die Wiederherstellung des alten Bundestags vor: „weil er zu einem ge=deihlichen Resultat der Arbeiten der Dresdener Konferenz beitragen werde." Diese Dresdener Arbeiten zerfielen in zweierlei Vorlagen, nämlich 1) in solche, die bereits in Dresden die volle Zustimmung der sämmtlichen Bundesregierungen mit Ausnahme einer einzigen, deren Bevollmächtigter nicht instruirt zu sein vorgab, erhielten und daher nur der spätern Sanktion der Bundesversammlung bedurften, um als bundesgesetzlich verpflichtende Norm zu gelten; 2) in solche, worüber keine allseitige Verständigung er=zielt wurde.**) In die erste Kategorie gehört folgender Beschluß, der be=

---

*) Das betreffende Protokoll steht in der Beilage zu §. 271 der 27. Sitzung der deutschen Bundesversammlung vom 30. October 1856.

**) §. 67 der 14. Bundestagssitzung vom 8. Juli 1851.

weist, daß man wegen der Wiederherstellung des Bundestags eine Volks=
erhebung erwartete:

„Die sämmtlichen Bundesmitglieder verpflichten sich — für jetzt und
bis zu weiterer Beschlußnahme — um die Vollziehung der Bundesbe=
schlüsse auf das Schleunigste stets bewirken zu können, eine Militärmacht
von Zweifünfteln des im §. 28 der Bundeskriegsverfassung vom 12. April
1821 bestimmten Kontingents binnen 8 Tagen nach der ersten vorläufi=
gen Benachrichtigung seitens der Bundesversammlung in völliger Marsch=
bereitschaft zu halten."

Sonst wurden gewisse Abänderungen hinsichtlich der bundestäglichen
Geschäftsordnung, namentlich die Beschränkung der Frist für Instruktions=
Einholung, verabredet. Als leitender Grundsatz wurde bei den Dresdener
Arbeiten die Maxime aufgestellt, daß die politischen Zustände der einzelnen
Bundesstaaten den Zwecken des Bundes, seinen Gesetzen und Beschlüssen
nicht entgegenstehen dürften, und man ging von der Voraussetzung aus,
daß nach einem an Erschütterungen reichen Zeitraume der Bund der
deutschen Staaten nicht nur in seinem Bestande aufs Neue gesichert sei,
sondern daß ihm auch die erforderlichen Mittel zu Gebote ständen, um
Alles auszuführen, was die Regierungen in einer noch immer bewegten
Zeit als ihr Recht und ihre Pflicht erkannten. Die eingesetzten Kom=
missionen beschäftigten sich mit den aus der Revolution hervorgegangenen
Einrichtungen, besonders mit den Grundrechten, den Wahlgesetzen, den
Organen der Staatsgewalt und der Presse, um die geeigneten Mittel zu
entdecken, durch welche sich die revolutionären Errungenschaften unschädlich
machen ließen. Allerdings berührten manche Dresdener Arbeiten auch das
Gebiet der Handels= und Zollgesetzgebung oder bezogen sich auf solche
nützliche Institutionen, wie die Einsetzung eines obersten Bundesgerichts:
allein die Fragen politischer Reaktion wogen bei Weitem über alle an=
dern Gegenstände vor und zogen, wie wir sehen werden, auch glänzende
Resultate nach sich. Denn jene reaktionären Maßregeln, welche von der
restaurirten Bundesversammlung zu Frankfurt über Deutschland verhängt
wurden, waren auf den Dresdener Konferenzen laut dem Zeugnisse der
Bundes=Protokolle vorbereitet worden.

Seitens derjenigen Regierungen, welche zum norddeutschen Bunde gehört
hatten, beschickte zuerst Baden den deutschen Bundestag wieder, indem am
2. Mai 1851 der Geheime Rath Freiherr Marschall von Biberstein mit
einer am 26. April d. J. ausgefertigten Legitimation als Bundestagsge=
sandter zu Frankfurt eintraf. Er sprach bei seinem Eintritt in einer kleinen
Rede die Erwartung aus, daß die unzulänglichen und mangelhaften bun=

desgesetzlichen Normen ergänzt und verbessert, die einer Fortbildung und Belebung bedürftigen aber in befriedigender Weise entwickelt und angewendet werden möchten. Darauf erschienen am 10. Mai für Nassau Freiherr von Dungern, für die ältere und jüngere reußische Linie Freiherr von Holzhausen und für die freien Städte Dr. Brehmer aus Lübeck und Dr. Harnier aus Frankfurt am Main. Am 12. Mai stellte sich als preußischer Bundestagsgesandter der preußische Generallieutenant Herr von Rochow ein. Auch er hielt bei seinem Eintritt eine kleine Rede, die jedoch als Komödiantenstück — Friedrich Wilhelm IV. liebte dergleichen Sachen — nicht weiter zu beachten ist. Endlich kam am 30. Mai Freiherr von Fritsch für die sächsischen Herzogthümer, Dr. von Eisendecher für Oldenburg, Anhalt und Schwarzburg, Smidt für Bremen und Banks für Hamburg. Die Auflösung der provisorischen Bundes-Zentral-Kommission und die Ernennung eines Ausschusses zur Uebernahme der Geschäfte derselben erfolgte am 30. Mai 1851.

Um diese Zeit kannte die Reaktion keine Rücksichten mehr. Ueberall wurden die politischen und Preßsachen dem Geschwornenverfahren zu entziehen gesucht, und es ward dafür Sorge getragen, daß keine Leute aus dem Proletariat zu Geschworenen gewählt werden konnten. Gegen die Demokraten wurden eine Menge politischer Prozesse angestrengt, von denen hier nur der Waldeck'sche Prozeß, der Kölnische Kommunisten-Prozeß, der Hätzel'sche Handgranaten-Prozeß und die Untersuchung in Betreff des Bremer Todtenbundes erwähnt werden sollen. Eine ganz vorzügliche Strenge wurde gegen die, demokratischen Ansichten huldigenden Literaten an den Tag gelegt, von denen einem selten in einem deutschen Staate, welcher nicht sein Heimathland war, gestattet wurde, sich länger als 24 Stunden aufzuhalten. Ausweisungen waren an der Tagesordnung. Indem viele Leute ihr Heimathland schon lange verlassen hatten und dort nicht mehr als heimathberechtigt anerkannt, aus den Adoptiv-Staaten aber ausgewiesen wurden, entstand eine Klasse Heimathloser, die aus einem Staate in den andern geschoben wurden*). Um eine feste Regel in die Ausweisungen zu bringen, wurde von den Regierungen Preußens, Baierns, Sachsens, Weimars, Oldenburgs, Meiningens, Koburgs, Altenburgs, Dessaus, Köthens und Bernburgs, Rudolstadts und Son-

---

*) Der Verfasser kannte einen jungen Kaufmann, Namens Platzer, der, ohne der geringsten Gesetzesübertretung sich schuldig gemacht zu haben, mit gemeinen Verbrechern zusammengekuppelt per Schub von Gefängniß zu Gefängniß zu wandern hatte und auf diese Weise 17 deutsche Gefängnisse kennen lernte. — Die Bundes-Protokolle weisen verschiedene Gesuche Heimathloser auf.

bershausens, Reuß-Plauens älterer und jüngerer Linie, Waldeck's und Lippe's ein besonderer, aus 11 Paragraphen bestehender Vertrag zu Gotha wegen gegenseitiger Verpflichtung zur Uebernahme der Auszuweisenden unterm 15. Juli 1851 abgeschlossen und zu gleichem Zwecke eine Konferenz zu Eisenach im Juli 1854 abgehalten. Dabei wurden die Strafen wegen Verletzung der Sicherheit des Eigenthums und der Person in hohem Grade verschärft, so daß die vorhandenen Gefängnisse nicht mehr ausreichten und namentlich in Preußen Steuerverweigerer Jahre lang zu warten hatten, ehe sie die ihnen zudiktirte Strafe absitzen konnten. Die große Volksmasse benahm sich gegenüber diesem frechen Gebahren der Reaktion meistens überall feig und erbärmlich. Viele von Denen, die 1848 und 1849 das große Wort geführt hatten, schlugen ins Gegentheil um und wurden die Augendiener und Lobhudler der Gewalt. Die Beamten wurden unter strenge Kontrolle gestellt, aber oft als Stützen des Staats mit bessern Gehalten bedacht, und diejenigen von ihnen, welche in der Bewegungszeit mit der Demokratie geliebäugelt hatten, suchten durch speichelleckerisches Benehmen und übertriebenen Diensteifer die Vergangenheit gut zu machen. Ueberall steckten die Frösche die Köpfe wieder übers Wasser und ließen ihr reaktionäres Gequacke hören. Leider ist die Reaktion nicht von dem Vorwurfe frei, daß sie die politischen Gefangenen gequält und unanständig behandelt hat.

Besonders schlimm erging es dem Schullehrerstande. Die Seminarien, welche vor dem Jahre 1848 verhältnißmäßig gut gewesen waren, wurden sehr verschlechtert, und die Lehrer allerorts der Aufsicht der schwarz uniformirten Herren unterworfen. Die Volksschulen sollten, wie man das ausdrückte, zu ganz christlichen Anstalten gemacht werden, und die Kinder wurden eher verdummt, als aufgeklärt; denn man sagte sich, daß, wer die Erziehung der Jugend in der Hand habe, zugleich die Herrschaft über das heranwachsende Geschlecht besitze. Sogar die harmlosen Fröbel'schen Kindergärten wurden in manchen Staaten verboten, da der Bruder des Stifters dieser Kindergärten, der Apostat Karl Fröbel, mit seiner Frau zu Hamburg eine weibliche Hochschule zur Herbeiführung der Frauen-Emanzipation zu errichten den Einfall gehabt hatte.

Während in den protestantischen Ländern eine strenge Sonntagsfeier eingeführt wurde, begann daselbst die Unduldsamkeit und Verfolgung gegen die Lichtfreunde, freien Gemeinden und Deutschkatholiken. Die Altlutheraner sonderten sich streng von den Reformirten ab, um den Glaubenseifer zu beleben. In Kassel erließ Vilmar 1852 das Verbot, „den zurechnungsfähigen Selbstmördern, Ehebrechern, Hurern, Säufern,

Aufrührern, Deutschkatholiken, Lichtfreunden und Verächtern der Gna=
denmittel" das kirchliche Begräbniß zu gestatten. Unglückliche Mädchen
sollten wegen unehelicher Schwangerschaften in der Kirche Buße thun
und öffentlich beschimpft werden. Mit der erwachsenen Jugend wurde
regelmäßig Katechisiren des Sonntags in der Kirche angestellt. In
Preußen, wo vom 20. bis zum 24. September 1853 zu Berlin auf
einem großen Kirchentage der Kampf zwischen den Konfessionellen und
Unionisten angefacht wurde, verbot der Oberkirchenrath das Zulassen der
Lichtfreunde und Deutschkatholiken zu Pathenstellen. Dabei wurde der
Aberglaube des Volkes auf jede Weise gefördert, um dasselbe stupid und
blind gehorsam zu machen. Eine Menge Geister= und Gespenstergeschich=
ten tauchten auf, die Beschäftigung mit dem Tisch= und Hutrücken kam
in Schwung, und in Mitteldeutschland hielten manche Pfaffen andachts=
volle Versammlungen ab, um vermittelst des Storchschnabels mit den
Geistern der Abgeschiedenen zu verkehren. Dazu wurde, namentlich durch
Wiggers vom Rauhen Hause in Hamburg aus, die innere Mission in
den Gefängnissen, unter den Nothleidenden und den Handwerksburschen
betrieben und Tausende von frommen Traktätchen, voll des ungeheuer=
lichsten Unsinns, unter's Volk geschleudert. Man verlegte sich in pro=
testantischen Ländern auf die Gründung von Rettungshäusern, von
Missions=, Mäßigkeits- und Bibelvereinen, und stiftete Diakonissinnen=
Anstalten, in die einzutreten selbst manche zur Betschwester gewordene
vornehme Dame nicht verschmähte. Aber nicht genug hiermit. Selbst
in protestantischen Staaten konnten die Jesuiten unter dem Zudrange
Neugieriger predigend umherziehen, woher es denn kam, daß der besagte
Orden, welcher am Ende des Mittelalters in der damaligen Schreib=
weise die Gesellschaft der „Jesuwider" hieß, nicht blos in Baiern, dem
Lande geistlicher Herrschaft, sondern auch in Schlesien und Ostpreußen,
in den Rheinlanden und in Westphalen seine Umtriebe ungescheut ins
Werk setzen durfte. Weil man durch die Gegensätze den Glaubenseifer
rege machen wollte, schickte der preußische Oberkirchenrath protestantischer=
seits ebenfalls Reise- und Missionsprediger aus. In den katholischen
Gegenden wurden Pius= und Vinzenzvereine gestiftet; auch die Maria=
Herz=Bruderschaften und Rosenkranzvereine kamen in allgemeine Auf=
nahme. In Aachen fanden große Heiligthumsfahrten statt, und überall
anderwärts belebte man die Wallfahrten, die Buß=, Bet= und Fastübnun=
gen. Nachdem die Jesuiten eine starke Anzahl Niederlassungen gegrün=
det hatten, entbrannte zwischen ihnen und den beiden Orden der Kapu=
ziner und Franziskaner der Streit über die Aufsicht der Klöster. Der

Erzbischof von Freiburg, Hermann von Vicari, hielt am 10. und 11. Februar 1852 mit den Bischöfen von Mainz, Fulda, Limburg und Rottenburg eine Konferenz ab, auf welcher die Bischöfe die Befugniß, die niederen Geistlichen in ihren Sprengeln anzustellen, beanspruchten und sich nicht minder die Disziplinar-Gewalt über ihren Klerus, die Zuständigkeit, Konvikte und Priester-Seminare zu gründen, sowie das Einwilligungsrecht beim Verwenden der Kirchenfonds beilegten. Als am 24. April 1852 der Großherzog Leopold von Baden gestorben war und die badische Regierung auf den 10. Mai 1852 für ihn einen Trauergottesdienst angeordnet hatte, lehnte sich der Freiburger Erzbischof gegen eine solche Todtenfeier auf, indem er geltend machte, daß der dahingeschiedene Fürst nicht in der Gemeinschaft der Kirche gestorben sei. Die Regierungen hatten sich der Bourgeoisie und der Geistlichkeit in die Arme geworfen. Daher überall die Wahlen mit Zensus für die Ständekammern und die Gründung von Zettelbanken, und daher die zwischen Rom und Oesterreich, Baden, Hessen-Darmstadt und andern Ländern abgeschlossenen Konkordate. Zugleich beanspruchten in den meisten deutschen Staaten die Regentenhäuser die Staats-Domänen, die größtentheils aus der in der Reformations-Zeit vorgenommenen Einziehung der Stifts-, Kloster- und Kirchengüter hervorgegangen waren, als ihr Privat-Eigenthum und prozessirten deßhalb mit den Ständen bis auf die neueste Zeit herab.

Als Zentral-Organ der deutschen Regierungen hatte der Bundestag die Aufgabe, in das reaktionäre Treiben sowohl Einheit zu bringen, als auch da, wo die kleinen Staaten sich zum Beseitigen demokratischer Errungenschaften zu schwach fühlten, mit kräftiger Hand einzugreifen. Unter allen Staaten that sich Preußen bei dieser Reaktions-Arbeit am Meisten hervor; denn der deutsche Beruf dieses Staats besteht nicht in der Förderung der Freiheit, des vernünftigen Fortschritts und der Humanität, sondern in der Herstellung despotischer Einheit, in Unterdrückung und in der Ausbreitung der Herrschaft des Junkerthums. Nachdem am 4. Juli 1851 der preußische Bundestagsgesandte Generallieutenant von Rochow abberufen worden war, trat für ihn der Geheime Legationsrath von Bismarck-Schönhausen (der jetzige norddeutsche Bundeskanzler) ein, um Deutschland einig machen zu helfen. Dieser erschien zum ersten Male in der 22. Bundestagssitzung vom 6. September 1851, wurde Mitglied von 13 Bundestagsausschüssen, bewährte sich als eifriges Reaktions-Instrument Manteuffels und sah sich erst am 24. Februar 1859 zum Austritt genöthigt, als nach schrecklicher Reaktion die Zeit sich wieder aufzurollen anfing. Er ging dann als Gesandter an den für ihn passenden Platz — nach St. Petersburg, wo er sich weiter ausbildete; doch seine Stu= dien in der deutschen Einheit hatte er auf der Hochschule des Bundes= tags in Frankfurt am Main gemacht.

Als sich die Herren der Eschenheimer Gasse wieder bei einander sahen, war ihre Losung das Aufräumen mit Allem, was an das Jahr 1848 erinnerte. Sie richteten sich daher zunächst im alten Style ein, und die Großmächte bedrohten die kleinen Staaten, welche nicht rasch genug die „wahre Freiheit und Einheit" herstellten, mit Intervention und mili= tärischer Exekution. Damit der Bundestag vor aller Beunruhigung ge= schützt wäre, brachten Oesterreich und Preußen am 6. September 1851, am Eintrittstage Bismarcks, den Antrag ein, ein Armee=Korps von 12,000 Mann aufzustellen, zu dessen Befehlshaber die preußische Regie= rung den Generallieutenant Freiherrn Roth von Schreckenstein bezeichnete. Dieses Armee=Korps, gegen dessen Aufstellung sich die Gesandten Olden= burgs, Anhalts, Schwarzburgs und der sächsischen Herzogthümer verge= bens sträubten, bestand aus preußischen, baierischen, badischen, kurfürstlich und großherzoglich hessischen Truppen und wurde, damit das Publikum Nichts davon merkte, derart verlegt, daß nur die wichtigsten nach Frank= furt führenden Punkte sicher gestellt waren, und die entferntesten Trup= pentheile im Laufe eines Tages in Frankfurt eintreffen konnten.*) Vor Allem mußte dem Bundestage daran gelegen sein, die durch die Reichs= verweserschaft arg mitgenommenen Bundes=Finanzen zu verbessern. Für im Jahre 1850 dem Bunde geleistete Vorschüsse hatte die österreichische Regierung noch 335,198 fl. 27 kr., die preußische 100,000 fl., der Ap= provisionsfond in Mainz 78,481 fl. und der Approvisionsfond in Luxem= burg 98,606 fl. zu beanspruchen. Sonst hatte die Bundes=Zentral=Kom= mission, ehe sie abtrat, die auf den Dresdener Konferenzen beschlossenen Matrikular=Umlagen für das Jahr 1851 so repartirt:

für den Ulm=Rastatter Festungsbau .	1,812,318 fl.	23 kr.
für Mainz=Luxemburg	217,888 „	39 „
für den übrigen Bedarf (Marine und Zen= tral=Verwaltung) bis Ende Juni 1851	910,000 „	— „
Zusammen	2,940,207 fl.	2 kr.

*) §. 133 der 22. Bundestagssitzung vom 6. September 1851. Die Ab= stimmung und einhellige Beschlußnahme über den Antrag fand am 30. Sep= tember statt.

Der Bundestag setzte nun einen Ausschuß für das Bundesfinanz- und Rechnungswesen ein und stellte die alte Kasseneinrichtung völlig wieder her. Im Uebrigen wurden Ausschüsse gewählt: für Uebernahme der Geschäfte aus der Hand der Bundes-Kommissäre, für die Flotte, für das Heerwesen, ein Reklamations-Ausschuß, ein Beutinet'scher Ausschuß, einer für Einsetzung eines Bundesgerichts, einer für die Abfassung von Berichten über die Bundestagssitzungen, einer für Bundes-Zentral-Polizei, ferner auf Grund der Dresdener Verhandlungen noch drei wichtige Ausschüsse, nämlich: ein Ausschuß für Ordnung und Sicherheit, ein aus sieben Mitgliedern bestehender politischer Ausschuß und ein handelspolitischer Ausschuß. Die Bundes-Militär-Kommission trat wieder in ihre frühere Thätigkeit am 6. Juni 1851 ein.

Zu den revolutionären Ueberlieferungen, welche der Bundestag nach seiner Weise in Sicherheit bringen wollte, gehörte das Eigenthum der früheren deutschen National-Versammlung. Dieses bestand, abgesehen von dem Inventare der dem Gottesdienste drei Jahre lang verschlossen gebliebenen Paulskirche, vornehmlich aus der Reichsbibliothek und aus den Akten. Die Bibliothek zählte 4500 Bände oder 2800 Werke in 6000 Theilen, wovon 1000 Bände, welche Sammlungen deutscher Gesetze und landständischer Verhandlungen enthielten, meistens von deutschen Regierungen herrührten. Mit der Bibliothek verbunden war das statistische Archiv des Freiherrn von Reden. Dr. Juchow, Advokat und Notar in Frankfurt, dem das National-Versammlungs-Eigenthum anvertraut worden war, weigerte sich, die Bibliothek an den Bundestag auszuliefern, weil die meisten Bücher Geschenke von Privatpersonen und weil sie für die deutsche Nation bestimmt waren. Als er endlich dazu gezwungen worden war, wurde die Bibliothek am 15. Dezember 1851 in's Thurn- und Taxis'sche Palais gebracht und dann laut Bundesbeschlusses vom 4. Januar 1855 dem germanischen Museum in Nürnberg überlassen, wohin sie unterm 24. März des letztgenannten Jahres abging. Einen großen Theil der Akten, darunter das Heiligthum der Reichsverfassung, erhielt der Bundestag nicht, da selbige nach England gerettet und dort durch das Haus Beneke in der Bank deponirt worden waren.

Eine andere revolutionäre Ueberlieferung, über die der Bundestag in seinem Sinne disponirte, war die deutsche Flotte. Auch sie mußte weggeschafft werden, und zwar betrieb Preußen durch seinen Bundestagsgesandten Bismarck, den Einigmacher Deutschlands, am Heftigsten die Auflösung derselben. Einestheils stand sie nämlich Preußens Herrschafts- und Machtplänen im Wege, und anderntheils suchte die preußische Regierung die besten Schiffe der Flotte für sich zu erwerben. In Folge der mangelhaften Einzahlung der Marine-Umlagen mußte der weit vor= gerückte Bau eines Trockendocks, wozu die oldenburgische Regierung Vorschüsse geleistet hatte, aufgegeben, nothwendige Reparaturen unter= lassen, eine für unerläßlich erkannte Uebungsfahrt, die 3—4 Monate gedauert hätte, beanstandet und die Vervollständigung und neue Anwer= bung der Mannschaft aufgegeben werden. Die Rückstände auf die Ein= zahlungen für die Flotte waren sehr groß, denn sie betrugen allein auf die Umlage von 910,000 fl. für die ersten sechs Monate des Jahres 1851 nicht weniger als 264,969 fl. 56 kr., worunter ein preußischer Rückstands= posten von 160,176 fl. 16 kr.*) Auf die am 8. Juli 1851 beschlossene Vorschußumlage von 532,000 fl. kamen nur 348,437 fl. 13 kr. ein. Im Ganzen stellten sich diese Rückstände bei der Rechnung vom 13. Januar 1853 auf 6,917,867 fl. 21 kr. heraus. Da die nothwendigsten Bedürf= nisse aus den Festungsgeldern entnommen worden waren, hatte die baie= rische Regierung schon unterm 18. Juni 1849 durch ihren Bevollmäch= tigten dem vormaligen Reichsministerium der Finanzen ihre Bedenken deßhalb mitgetheilt und hierauf am 23. April 1850 in einem Schreiben an die Bundes=Zentral=Kommission gegen eine Wiederholung solcher Ver= wendung Verwahrung eingelegt. Indeß betrug das Ordinarium für die Flotte monatlich bloß 56,000 fl., also jährlich nur gegen 700,000 fl.**) Die deutsche Marine hatte drei Verwaltungs=Perioden aufzuweisen,***) nämlich: 1) die Verwaltung des Reichsministeriums von 1848 bis 1849; 2) die Verwaltung der Bundes=Zentral=Kommission, und 3) die Verwaltung der Bundesversammlung vom Juni 1851 bis zur Flottenauflösung. Die Ein= nahmen betrugen:

a) in der ersten Periode . 3,172,266 Thaler 20 Sgr. 9 Pf.
b) „ „ zweiten „ . 773,878 „ 2 „ 7 „
c) „ „ dritten „ . 1,456,009 „ 10 „ — „

Summe . 5,402,154 Thaler 3 Sgr. 4 Pf.

---

*) §. 264 der 32. Sitzung der Bundesversammlung vom 20. Dezember 1851.

**) §. 235 der 29. Bundestagssitzung vom 25. November 1851.

***) Hierbei ist das im Mai 1848 zu Hamburg errichtete Komité, welches bis zum 15. Oktober 1848 selbständig blieb, nicht mitgerechnet. Dasselbe unter- hielt zur Besorgung der Kassengeschäfte 2 Zahlmeister in Bremerhaven, wovon der eine Intendant war.

Ausgaben:

zu a) . . . . 3,199,077 Thaler 19 Sgr. — Pf.
zu b) . . . 702,021 „ 12 „ 9 „
zu c) . . . 1,501,055 „ 2 „ 7 „
_____
5,402,154 Thaler 3 Sgr. 4 Pf.

Von dieser Summe wurde nur der geringere Theil, nämlich 2,002,549 Thlr. 22 Sgr. 7 Pf. für den Ankauf und Bau der Schiffe, ingleichen 236,736 Thaler 8 Sgr. 10 Pf. für Anschaffung von Waffen, Geschützen und Munition verwandt, während die größere Hälfte durch die Anlegung von Arsenalen, Magazinen und Docks, durch die Reparaturen, den Unterhalt und die Erhaltung der Flotte aufgezehrt wurde. Die Sollstärke der Flotte betrug an Mannschaft 1 Kontreadmiral, Namens Brommy, 83 Offiziere, 60 Seejunker, 236 Unteroffiziere, 890 Matrosen, 138 Jungen, 6 Marinir-Offiziere, 23 Marinir-Unteroffiziere, 225 Marinir-Soldaten, 29 Spielleute, 16 Aerzte, 32 Beamte, 45 Maschinisten, 151 Heizer: zusammen 1935 Mann. Weil aber die Flotte vernachlässigt worden war, fehlten an dieser Mannschaft: 34 Offiziere, 22 Seejunker, 138 Unteroffiziere, 543 Matrosen, 81 Jungen, 3 Marinir-Offiziere, 15 Marinir-Unteroffiziere, 145 Marinir-Soldaten, 14 Spielleute, 8 Aerzte, 11 Beamte, 5 Maschinisten und 73 Heizer: zusammen 1092 Mann, so daß in Wirklichkeit die Bemannung nur 843 Mann zählte. Hierzu kamen 9 Beamte, Diätarien und Diener der Intendantur und ferner 2 Offiziere, 18 Beamte und Diätarien, 2 Aerzte und Apotheker, 9 Wärter und Diener, 1 Unteroffizier, 16 Matrosen, 1 Auditor und 1 Aktuar der Seezeugmeisterei, Material- und Medizinal-Verwaltung, endlich 3 Marine-Kassen-Beamte, wodurch die Zahl der Gesammt-Flottenmannschaft — abgesehen von der Bemannung der Kanonenboote — auf 905 Köpfe stieg. Der Bundestag würde aus Kostenersparniß gern diese ohnehin kleine Zahl verringert haben: allein der Mangel eines geschlossenen Bassins, in welchem die Fahrzeuge abgetakelt und nur unter der Obhut von Wachtposten gefahrlos hätten liegen können, machte eine umfassendere Reduktion des Flottenpersonals unmöglich.

Preußen hatte an der ersten Umlage von 1848 1,580,686 fl. 50 kr., auf die zweite Rate aber bloß 39,709 fl. 50 kr. bezahlt. Es machte geltend, daß es für die Bemannung und Indienststellung seiner Fahrzeuge im Bundeskriege gegen Dänemark bei Weitem größere Summen aufgewendet habe, als der Rest seines Matrikular-Antheils an der zweiten

Rate auf jene Umlage betrage, und daß es jetzt bereits in der Lage sei, in seiner eigenen Marine, mit Einschluß der, gemäß Uebereinkunft mit der provisorischen Zentral-Gewalt, für Rechnung der zweiten Rate be= schafften Fahrzeuge und deren vollständiger Ausrüstung, einen Material= Werth von dem vollen Betrage seines Matrikular-Antheils an der gan= zen Umlage von 6 Millionen Thalern nachweisen zu können. Mit andern Worten ließ Preußen Deutschland im Stiche, um seinem eigenen Vor= theile zu fröhnen. Der preußische Gesandte erklärte im Bundestage rundweg:

„Preußen muß aber schon jetzt (im Juni 1851) ganz entschieden gegen eine Auffassung sich erklären und auf die Auflösung des bisherigen Verhältnisses dringen, nach welchem die so= genannte Nordsee=Flottille allein als gemeinschaftliches Bundeseigenthum auf gemeinschaftliche Kosten unter= halten wird. Wenn es sich nun um vorläufige Beibehal= tung der Nordsee=Flotille auf noch fernere 6 Monate (Juli bis incl. Dez. 1851) handelt, wozu nach dem Voranschlag ein Kostenaufwand für Rückstände von 91,000 fl., für die laufenden Bedürfnisse von 441,000 fl., in Summa von 532,000 fl. erforderlich ist, so ist der königliche Gesandte nicht ermächtigt, sich für die Aufbringung dieses Geldbedürfnisses im Wege einer neuen matrikularmäßigen Umlegung zu erklären. Derselbe soll vielmehr darauf bestehen, daß sämmtliche Rückstände auf die im Jahre 1848 ausgeschriebenen Matrikular=Umlagen eingezahlt, hieraus zunächst die obigen Erfordernisse für die weitere Erhaltung der Nordsee= Flottille bestritten, auch demnächst fördersamst die Abrechnungen mit Preu= ßen gehalten werden, wegen der seitens desselben bereits geleisteten Zahlungen."

Die kleinen Küstenstaaten Hannover in Verbindung mit Braun= schweig, Oldenburg und den Hansastädten suchten die Flotte zu erhalten, indem sie vorschlugen, die deutsche Marine in drei Theile zu theilen, nämlich in eine österreichische, eine preußische und in die Nordsee-Flotte, die alle drei aus Bundesmitteln, und zwar jährlich die österreichische mit 1½ Millionen Gulden, die preußische mit einer Million Thaler, und die Nordsee=Flotte mit einer Million Thaler, welche letztere Summe alle Staaten außer Oesterreich und Preußen aufzubringen gehabt hätten, dotirt werden sollten. Aber gegen diesen Vorschlag sprachen sich außer Preußen besonders Baiern, Sachsen, Würtemberg, das Großherzogthum Hessen und die sächsischen Herzogthümer aus. Würtemberg z. B. sagte in der entscheidenden Verhandlung: „Wenn der Art. 2 der Bundes=

Akte keineswegs die Auslegung zuläßt, als ob dem Bunde nach seinen Grundgesetzen die Verpflichtung obliege, für den Schutz oder die Beförderung des von den Angehörigen einzelner Staaten in fremden Meeren getriebenen Handels auf gemeinsame Kosten eine Bundesflotte zu schaffen und zu unterhalten, so kann die kön. Regierung auch jetzt für die nachträgliche Uebernahme einer solchen Verpflichtung seitens des Bundes sich um so weniger erklären, als die auf Würtemberg zu übernehmenden Kosten eine für das Land drückende Last bilden würden, während bei dem dermaligen Stande der Handels- und Zollverbindungen zwischen den deutschen Staaten eine Gemeinsamkeit der Interessen bezüglich der Schifffahrt in fremden Meeren zwischen Süd- und Norddeutschland leider noch nicht besteht, und daher die Blüthe dieser Schifffahrt den süddeutschen Staaten nur ganz entfernte indirekte Vortheile verheißt." — Die kleinen Binnenstaaten glaubten eben ihre Rechnung bei der Unterhaltung einer solchen Nordsee-Flotte nicht zu finden. Dazu wäre mit der Ausführung des betreffenden Vorschlags, gegen die übrigens Oesterreich Nichts einzuwenden hatte, das der Gründung der Flotte zu Grunde gelegte Prinzip, demzufolge eine Flotte für ganz Deutschland erstehen sollte, aufgegeben worden. Nun erbot sich die preußische Regierung zu dem von der technischen Marine-Kommission angenommenen Werthe das Schiff „Eckernförde" für 262,500 fl., und den „Barbarossa" für 451,200 fl. zu kaufen. *) Die Annahme des preußischen Angebots schloß aber die Auflösung der Flotte in sich; denn, wenn die beiden besten Schiffe verkauft wurden, so war nicht bloß dieser Akt an sich schon der Anfang der Flottenauflösung, sondern es verlohnte sich auch kaum der Mühe, den übrig bleibenden schlechten Rest noch beizubehalten. Endlich erfolgte der definitive Beschluß, die beiden genannten Schiffe an Preußen abzulassen und die Flotte aufzulösen, am 2. April 1852. Obschon die kleinen Küstenstaaten für die Erhaltung der Flotte eingetreten waren, so liegt doch die Vermuthung nicht fern, daß sie es nur mit Rücksicht auf die öffentliche Meinung und ohne alle Aussicht auf Erfolg thaten, um sich auf leichte Weise eine gewisse Popularität zu erwerben. Das Schiff „Deutschland" wurde in der Auktion vom 18. August 1852 ohne Armatur an das Handlungshaus Rössing und Mummy in Bremen um 9,200 Thaler verkauft und der Zuschlag am 27. August genannten Jahres ertheilt. Die sechs Dampfer „Ernst August, Großherzog von Oldenburg, Frank-

---

*) §. 30 der 4. Bundestagssitzung vom 16. Februar 1852.

furt, Lübeck, Hamburg, Bremen" wurden gegen Erlegung von 238,000 Thalern an den Bevollmächtigten der englischen General-Steam-Navigation-Compagny verabfolgt. Die 26 zu Vegesack gelagerten Kanonenboote wurden, nachdem ein Auktions-Versuch wegen zu geringer Angebote (4—5% des Ankaufspreises) gescheitert war, im Submissions-Wege am 3. Januar 1853 ohne Armirung an das Haus Vödecker in Bremen veräußert. Das 27. Kanonenboot, welches zu Lübeck lagerte, kaufte der dortige Senator Heyfe um 457 Thaler 20 Sgr. 9 Pf. Endlich wurden die beiden letzten Schiffe in der Auktion zu Brake am 16. März 1853 für den Preis von 306,250 Gulden an englische und hanseatische Schiffsrheder verkauft. Im Ganzen betrug der Erlös der Auktionen für die Fahrzeuge, die Munition, Waffen ꝛc. 830,973 Gulden, wozu noch 587,863 fl. 54 kr. Außenstände (darunter der Rückstand für die beiden von der preußischen Regierung gekauften Schiffe) kamen. Rechnete man hierzu den vorhandenen Baarbestand, so ergab sich die Summe von 1,147.166 fl. 4 kr. *)

Ein geringer auf den Werth von 20,000 Thalern abgeschätzter Theil des Flotten-Materials an Waffen, Munition und chirurgischen Instrumenten wurde zur weiteren Aufbewahrung in die Bundesfestung Mainz gebracht, wo er bei der großen Pulver-Explosion am 18. November 1857 geschädigt wurde. Der oberbaierische Flottenverein forderte vom Bundestage die seiner Zeit gesammelten freiwilligen Beiträge im Belauf von 15,278 Gulden zurück. Die Marine-Offiziere und Beamten erhielten zunächst auf ein Jahr Pensionen, darunter der Kontre-Admiral Brommy einen monatlichen Gehalt von 125 Thalern. Dr. Wilhelm Jordan, der nach seinem Abfall von der Demokratie am 15. November 1848 mit Patent als Marine-Rath angestellt worden war, bezog zuerst einen Jahresgehalt von 3,000 Gulden, doch wurde ihm derselbe, indem Jordan jedes Jahr um Unterstützung petitionirte, auf 1750 Gulden herabgesetzt. Im Jahre 1858 bezahlte der Bundestag verschiedenen Marine-Offizieren und Beamten noch 10,220 Gulden an jährlicher Unterstützung. Als die Rechnung des Marine-Wesens am 10. Januar 1856 erledigt wurde, ergab sich Alles in Allem als Baarbestand ein Restbetrag von 12,634 Gulden 34 Kreuzern. Dieser Restbetrag nebst der Enttäuschung der Patrioten war Alles, was von den vielen für die deutsche Flotte gebrachten Opfern übrig geblieben war. Die Auflösung

---

*) Beilage 1 zum Protokoll der 26. Sitzung der Bundesversammlung vom 11. August 1853.

der deutschen Marine wirbelte viel Staub auf, und sie hatte in ihrem Gefolge 3 Prozesse, welche bis zum Jahre 1858 herab das schlimme Andenken an die rücksichtslose Veräußerung des nationalen Eigenthums lebendig erhielten. Der eine davon betraf eine Klage, die der Flotten-Auktionär, der oldenburgische auf Wartegeld gesetzte Staatsrath Dr. Hannibal Fischer 1853 in seiner Eigenschaft als Bundes-Kommissär gegen den Kapitän Wieting in Bremerhaven wegen Amtsehrenbeleidigung anstellte. Der andere Fall, eine Klage der Bundesversammlung wegen einer Kaufschillingsforderung von 970 Thalern 32 Grooten Gold für verkauftes Ballasteisen gegen den Marine-Stabsarzt Heins zu Geestemünde, endete mit einem Vergleich und wurde am 19. März 1857 erledigt. Drittens prozessirte die Bundesversammlung gegen den Zimmerbaas Cornelius zu Bremerhaven, weil dieser sich weigerte, einen zur Flotte gehörigen Anker sammt Kette im Werthe 1514 Gulden 52 Kreuzern, welche Summe erst am 25. November 1858 auf dem Zwangswege an die Bundeskasse eingezahlt wurde, herauszugeben.

War den deutschen Bundesstaaten bereits die Auseinandersetzung hinsichtlich der deutschen Marine sehr schwer gefallen, so sollte ihnen der Ausgleich bezüglich der Reichstruppenkosten, oder ihrer gegen die Revolution gemachten militärischen Leistungen, geradezu unmöglich werden. Denn einestheils war eine solche Volkserhebung wie die von 1848 in Deutschlands neuerer Geschichte noch nicht dagewesen und das Bundesrecht hatte sie deßhalb nicht vorgesehen, anderntheils aber waren auch vom Reichsministerium trotz mehrmaliger desfallsiger Versuche keine hinreichenden Normen und Grundsätze hinsichtlich der Truppenaufstellungen festgesetzt worden. *) Bis zum 1. März 1852 betrugen die an die Bundeskasse unter dem Titel militärischer Leistungen gemachten Forderungen 14,918,821 Gulden 6 Kreuzer, wozu im Laufe des Monats März noch liquidirte Beträge von zusammen 103,138 Gulden 19 Kreuzern hinzukamen. Wurden hierzu noch die nicht ordnungsmäßig liquidirten, sondern einfach angemeldeten Beträge mit 7,679,071 Gulden 27 Kreuzern gerechnet, so ergab sich eine Summe von 22,701,030 Gulden 52 Kreuzern. Die Zusammenstellung vom 1. April 1852 bot folgenden Ueberblick: **)

---

*) S. Denkschrift des badischen Kriegsministers vom 21. Februar 1849. — Beilage 6 zu §. 236 der 21. Sitzung der deutschen Bundesversammlung vom 12. August 1852.
**) Beilage 7 zu §. 236 der 21. Bundestagssitzung vom 12. August 1852.

Bundesstaaten	Dänische Kriege von 1848—1849		Truppenaufstellungen in Baden und der Pfalz. Frühjahr u. Sommer 1848		Die 6 mobilen Korps i. Folge b. Frankfurter Sept.-Aufstandes u. die 1849 aufgestellten mobilen Korps zwischen Main u. Neckar. Reichsverfassungskampf.		Gesammtbetrag	
	fl.	kr.	fl.	kr.	fl.	kr.	fl.	kr.
1. Oesterreich								
2. Preußen	6,209.659	9			15.955	31	6,225.614	40
3. Baiern	siehe unten							
4. Kön. Sachsen					222.857	33	222.857	33
5. Hannover	1,225.670	24			50.110	21	1,275.780	45
6. Würtemberg	179.024	5	849.951	10	48.229	26	1,077.204	41
7. Baden	377.208	32			2,020.406	51	2,397.615	23
8. Kurhessen					1.720	17	1.720	17
9. Hessen-Darmst.	70.975	51	73.941	57	622.227	26	767.145	14
10. Holst. u. Lauenb.								
11. Luxemb. u. Limb.								
12. Braunschweig	105.597	28					105.597	28
13. M.-Schwerin	340.477	59			332.179	30	672.657	29
14. Nassau	322.037	55	104.297	5	150.031	14	576.366	14
15. S.-Weimar	47.474	4			152.334	40	199.808	44
16. S.-Meiningen					148.341	13	148.341	13
17. S.-Kob.-Gotha	30.101	51			76.777	39	106.879	30
18. S.-Altenburg					321.290	23	321.290	23
19. M.-Strelitz	17.287	39					17.287	39
20. Oldenburg	211.967	50					211.927	50
21. Anh.-Dessau	44.516	8					44.516	8
22. A.-Bernburg					1.310	1	1.310	1
23. A.-Köthen	33.663	44					33.663	44
24. Schw. Sondersh.					27.983	26	27.983	26
25. Schw.-Rudolst.					18.942	10	18.942	10
26. H.-Hechingen								
27. Liechtenstein								
28. Sigmaringen					37.311	1	37.311	1
29. Waldeck								
30. Reuß ä. Linie	15.633	35			21.202	38	36.836	13
31. Reuß j. Linie					105.909	44	105.909	44
32. Schaumb.-Lippe								
33. Lippe	352	11					352	11
34. H.-Homburg	12.612	50			355	—	12.967	50
35. Lübeck								
36. Frankfurt	14.641	54			302,994	20	317.636	14
37. Bremen	30.433	40					30.433	40
38. Hamburg	25.962	—					25.962	—
Zusammen	9,315.298	49	1,028.190	12	4,678.470	24	15.021.959	25

Die bloß angemeldeten, aber nicht ordnungsmäßig liquidirten Kosten betrugen seitens Baierns für militärische Leistung 1848 in Baden und der Pfalz 2,263.509 fl., seitens Kurhessens für Truppenaufstellung des Jahres 1848 in Baden 121,312 fl. 27 kr. und für Leistungen zur Unter= drückung des Reichsverfassungskampfes 43,905 fl. 31 kr., seitens Hessen= Darmstadt's für militärische Leistung im dänischen Kriege 6335 fl. 30 kr., endlich seitens Schleswig-Holsteins 5,243.978 fl. 59 kr.: — zusammen 7,679.071 fl. 27 kr. Doch hierzu kamen neue Ansprüche. So zum Bei= spiel meldete am 20. Januar 1853 der Gesandte der freien Städte für Frankfurt Ersatz= und Kompensations=Ansprüche im Gesammtbetrage von 1,011.938 fl. 32 kr. an unter Wahrung der besonderen Rechte der Stadt und der spätern Liquidstellung. Zuletzt trat Oesterreich auf und überbot alle andern Ansprüche. Es lieferte nämlich 1) eine Berechnung der in den Jahren 1848 und 1849 zum Zwecke der Aufrechterhaltung der Ruhe in dem deutschen Bundesgebiete und der Abwehr von Angriffen gegen die Bundesgränzen (mit Ausschluß von Ungarn, Siebenbürgen und Italien) bestrittenen Kriegsauslagen im Betrage von 68,008.666 fl. und 2 einen Ausweis des von den Mainzer Garnisons-Truppen außer= halb der Festung im Reichsdienste gemachten Aufwands im Betrage von 56,263 fl. Die Forderung Oesterreichs an Dänemark wegen der 1851 und 1852 durch kaiserliche Truppen nach Holstein ausgeführten Expe= dition betrug 7,386.214 fl. In Folge dieser enormen österreichischen Rechnung mußten alle andern Forderungen deutscher Staaten bezüglich militärischer Leistungen verstummen. Man ließ nun den Gegenstand fal= len, und wenn er einmal berührt wurde, so empfanden alle Bundestags= gesandten, daß man diese empfindliche Stelle inskünftig völlig verschonen mußte. Wer am Meisten bei den militärischen Leistungen gegen die De= mokratie sich hervorgethan hatte, mußte jetzt die meisten Kosten an's Bein wischen. Baiern unter Andern konnte ein Lied davon singen. Preußen freilich hatte sich, weil seine Truppen nach Dresden, in die Pfalz und nach Baden nicht als Reichstruppen gerückt waren, einigermaßen vorgesehen.

Bei der Berechnung der militärischen Leistungen kam auch der Polen= Transport zur Sprache. *) In dieser Beziehung erhob Preußen nicht bloß für Transport, sondern auch für Internirung einen Anspruch von 54,181 Thalern 27 Sgr. 2 Pf., Braunschweig berechnete 1433 Thaler 16 Sgr., Hannover 1733 Thaler 16 Ggr. und Baden 4,377 fl. 21 kr.

---

*) §. 41 der 7. Sitzung des Bundestages vom 24. Februar 1853.

Es braucht kaum bemerkt zu werden, daß der Polen-Transport mit den militärischen Leistungen in dasselbe Grab gelegt wurde. Hatte Preußen in der Polensache Rußland, wie gewöhnlich, Gendarmen-Dienste geleistet, so hatte es doch dadurch auch — allerdings ohne dieß zu wollen — Europa ein revolutionäres Element erhalten, welches sich überall, wo es Unruhen gab, thätig zeigte.

In Anbetracht, daß Preußen 1848 mit allen seinen außerdeutschen Besitzungen bis auf ein kleines polnisches Gebiet dem deutschen Bunde beigetreten war, mußte jetzt entweder Oesterreich ebenfalls mit allen seinen außerdeutschen Besitzungen in den deutschen Bund eintreten, oder Preußen mußte genöthigt werden, die 1848 bewirkte Einverleibung rückgängig zu machen. In dieser Beziehung überreichte Herr von Tallenay, außerordentlicher Gesandter und Bevollmächtigter, Minister der französischen Republik, eine vom 9. Juli 1851 datirte Note mit einem Protest gegen die Einverleibung Gesammt-Oesterreichs und Gesammt-Preußens in den deutschen Bund. Gleichzeitig überreichte der englische Gesandte Lord Cowley eine Note zu gleichem Zwecke. Die englische Note erlaubte sich zu bemerken: „daß der Grundsatz, welcher durch die Annahme des von Oesterreich und Preußen angeblich bei der Bundesversammlung beabsichtigten Vorschlags festgestellt werden soll, dem deutschen Bunde seinen nationalen Charakter benehmen würde, indem zu dem Bunde Länder hinzugefügt würden, die geographisch von Deutschland getrennt, und Bevölkerungen, die an Sprache und Abstammung durchaus von Deutschland verschieden sind; ein solcher Vorgang, wenn er einmal festgestellt wäre, könnte den Bund zu ferneren und selbst noch bedeutenderen Abweichungen von dem nationalen Charakter führen, dessen Aufrechterhaltung hinsichtlich der den deutschen Bund bildenden Länder die Absicht des Wiener-Vertrags war.“ *) — Zwar wurde die „fremde Einmischung in die innern Angelegenheiten des deutschen Bundes,“ welche „niemals zugestanden werden könne,“ entschieden zurückgewiesen; allein unterm 6. September 1851 erhielt die Bundesversammlung neue und viel dringlichere Noten von Frankreich und England, worauf am 20. September der preußische Gesandte Bismarck folgenden Antrag stellte:

„Hohe Bundesversammlung möge zur Beseitigung jeder Ungewißheit über das Rechtsverhältniß der königlichen Provinzen Preußen und Posen erklären, daß diese Landestheile nicht als zum Gebiete des deutschen Bundes gehörig zu betrachten seien.“

---

*) §. 79 der 16. Sitzung des Bundestags vom 17. Juli 1851.

Hiermit hing die Aufhebung der provisorischen Matrikel vom 3. Mai 1848 und die Wiederherstellung des alten Heeres-Kontingent-Verhältnisses zusammen. Man stellte nun, trotzdem daß die deutschen Staaten den Beschluß der deutschen National-Versammlung vom 15. Juli 1848 ausgeführt hatten, die Behauptung auf: „daß von einer permanenten Vermehrung des Heeres überhaupt nicht die Rede war, sondern nur eine augenblickliche Vermehrung der disponiblen Truppen, der damaligen politischen Lage gegenüber, bezweckt wurde." Weil jedoch der alte Heeres-Satz als unzulänglich erkannt wurde, beschloß man, die Feststellung derjenigen Normen zu begutachten, welche, unbeschadet der allgemeinen Grundzüge der Bundeskriegsverfassung, sei es provisorisch oder definitiv, für die Stärkung und Zusammensetzung der Bundes-Kontingente maßgebend sein sollten. Nach langwierigen Verhandlungen kam endlich (1855) die Organisation des Bundes-Kontingents „in Folge der durch §. 1 der revidirten Kriegsverfassung vom 4. Januar 1855 gebotenen Erhöhung des Haupt-Kontingents um Ein-Sechstel-Prozent der Matrikel vom Jahre 1842" zu Stande.

Um die für die Reaktion so wünschenswerthe deutsche Einheit und „wahre Freiheit" zu begründen, war es unerläßlich, daß Preußen und Oesterreich auf die Regierungen der Kleinstaaten, die sich in diesem Falle gern deßhalb zwingen ließen, weil sie nun die Schuld der Reaktion auf den Bundestag von sich abwälzen konnten, einen wohlthätigen Druck ausübten. Eines der ersten Opfer bundesstaatlicher Reaktion waren die „Grundrechte des deutschen Volks." Ueber diese hieß es in der Motivirung des von Oesterreich und Preußen gemeinsam gestellten An-trags: *) — „welchen eine formelle Gültigkeit nur insofern beigelegt werden kann, als dieselben durch die Landesgesetzgebung einzelner Bundesstaaten, unter Beobachtung der hiefür vorgeschriebenen Formen, erlassen sind. Aber auch in diesem Falle werden dieselben für unverbindlich zu halten sein, wenn ihr materieller Inhalt mit den ausgesprochenen Bundeszwecken und den Grundgesetzen des Bundes in Widerspruch steht." — Der mit Stimmenmehrheit am 23. August 1851 gefaßte desfallsige Beschluß lautete:

„Die in Frankfurt unter dem 27. Dezember 1848 erlassenen, in dem Entwurfe einer Verfassung des deutschen Reichs vom 28. März 1849 wiederholten sogenannten Grundrechte des deutschen Volks können weder als Reichsgesetz, noch, so weit sie nur auf Grund des Einführungs-

---

*) §. 81 der 16. Bundestagssitzung vom 17. Juli 1851.

gesetzes vom 27. Dezember 1848, oder als Theil der Reichsverfassung in den einzelnen Staaten für verbindlich erklärt worden sind, für rechtsgültig gehalten werden. Sie sind deßhalb in so weit in allen Bundesstaaten als aufgehoben zu erklären. Diejenigen Staaten, in denen Bestimmungen der Grundrechte durch besondere Gesetze ins Leben gerufen worden sind, sind verpflichtet, diese Bestimmungen sofort außer Wirksamkeit zu setzen, sofern sie mit den Bundesgesetzen oder den ausgesprochenen Bundeszwecken in Widerspruch stehen."

Die deutsche Einheit und „wahre" Freiheit schien aber auch zu erfordern, daß für die höhern Polizeibehörden der verschiedenen Bundesstaaten ein Vereinigungspunkt geschaffen wurde, weil nur durch die eingreifende Wirksamkeit einer Bundesbehörde erzielt werden konnte, „die Pläne und Unternehmungen der staatsfeindlichen Parteien in ihrem innern Zusammenhange zu erfassen, ihre Verzweigungen und die Anschläge ihrer Führer auf frischer Spur in weiterem Umfange zu verfolgen, und die Angriffs- und Widerstandsmittel der Revolution planmäßig und nachhaltig zu bekämpfen." Doch mußte die Empfindsamkeit der einzelnen Bundesregierungen, wenn selbige auf ihre Souveränetät eifersüchtig waren, insoweit geschont werden, daß die Zentral-Polizei-Behörde nicht in ihrer vollen Bestellung aus permanent versammelten Mitgliedern zusammen zusetzen war, sondern daß die Geschäfte theils in einem ständigen Bureau, theils in periodischen Zusammenkünften der aus höhern Polizeibeamten mehrerer Bundesstaaten zu ernennenden Mitglieder ihre Erledigung erhielten. Der Sitz der Zentralstelle sollte in die Mitte Deutschlands verlegt werden, und zwar schien hierzu Leipzig der passendste Ort zu sein. Nachdem die beiden Gesandten Oesterreichs und Preußens sowohl am 8. Juli als auch am 11. Oktober 1851 gemeinsam die Nothwendigkeit der Einsetzung einer deutschen Zentral-Polizeibehörde in ausführlichem Vortrage begründet hatten, wurde zur Ausführung des Projektes am letztgenannten Tage ein Ausschuß aus fünf Mitgliedern (bestehend aus den Gesandten Oesterreichs, Preußens, Sachsens, Kurhessens und Mecklenburgs, mit dem baierischen Gesandten als Stellvertreter) gewählt, ein Ausschuß, dessen auf die gleichmäßige Ueberwachung des deutschen Volks gerichtete Wirksamkeit erst am 8. Juli 1858 aufgegeben wurde. *) Während der Bundestag sich solchen einheitlichen Bestrebungen widmete, wurden jene berüchtigten schwarzen und rothen Bücher abgefaßt, worin mit großer Ausführlichkeit, beziehentlich Ungenauigkeit, alle

*) §. 305 der 22. Sitzung der deutschen Bundesversammlung vom 8. Juli 1858.

halbwegs im Geruch der Freisinnigkeit stehenden Personen Europa's ver=
zeichnet standen.

Behufs Begründung einer dauernden Ruhe war es auch wün=
schenswerth, die den Kontinent fortwährend mit Aufstandsversuchen be=
drohenden Flüchtlinge aus England fortzuschaffen. Zu diesem Zweck
richtete auf den Antrag Oesterreichs und Preußens unterm 20. De=
zember 1851 der Bundestag eine geharnischte Note an die englische
Regierung, erhielt aber eine ablehnende Antwort vom 13. Januar 1852,
worin es hieß:

„Kein Ausländer als solcher darf von der Exekutiv=Regierung aus
diesem Lande ausgewiesen werden, ausgenommen Personen, die in Ge=
mäßheit mit andern Staaten über gegenseitige Auslieferung von Ver=
brechern abgeschlossener und durch Parlamentsakte bestätigter Verträge
fortgeschafft werden. Britische Unterthanen jedoch oder Unterthanen irgend
eines anderen Staats, die in diesem Lande sich aufhalten und daher
dessen Gesetzen Gehorsam schuldig sind, können, sobald sie überwiesen
werden, bei kriegerischen Angriffen gegen irgend eine Regierung, mit
Geld= und Gefängnißstrafen belegt werden. Verbrecher dieser Art kön=
nen ebenso wohl von Individuen als von der Regierung belangt werden.“

Indeß unterwarf nicht nur die englische Regierung die Flüchtlinge
einer — allerdings anständigen — Ueberwachung, sondern bot ihnen
auch Gelegenheit zur Auswanderung, indem jedem Exilirten freie Fahrt
nach den Vereinigten Staaten bis zum Juli 1852 bewilligt wurde. Die
Kosten trugen vornehmlich die kontinentalen Großmächte. Auch fungirte
eine Zeitlang in London eine Art deutscher Bundes=Polizei, deren Haupt=
Agent ein gewisser Krause, Sohn eines in Dresden hingerichteten Raub=
mörders, war. Dieser lebte dort unter dem Namen Fleury als Kauf=
mann, war besonders thätig bei der Fälschung von Schriftstücken für
den Kölner Kommunisten=Prozeß und wurde später wegen zweier großen
Schwindeleien von den englischen Gerichten zu vieljähriger Zuchthaus=
strafe verurtheilt. Nachdem am 18. Februar 1853 der ungarische Schnei=
der Libenyi auf den österreichischen Kaiser ein Attentat verübt hatte,
stellte die großherzoglich hessische Regierung, indem sie die in England
lebenden „Hochverräther“ in sehr ungeziemender Sprache *) als Anstifter
und Mitschuldige bezeichnete, beim Bunde den Antrag: „die kön. großbri=
tannische Regierung auf das Dringendste zu ersuchen, die das Asyl=
recht mißbrauchenden flüchtigen Hochverräther vom englischen Gebiete

---

*) §. 36 der 7. Bundestagssitzung vom 24. Februar 1853.

auszuweisen, oder dieselben doch durch andere zu diesem Zweck aus=
reichende Maßregeln unschädlich zu machen." Herr von Dalwigk konnte
offenbar nicht begreifen, wie es kommt, daß in England kein Ausländer
ausgewiesen werden darf, sondern daß derselbe ebenso gut des Schutzes
der Gesetze genießt und in jeder Beziehung der nämlichen gesetzlichen
Strafen theilhaftig wird, wie jeder geborene britische Unterthan. *) Der
Bundestag gab jedoch, die Nutzlosigkeit des angemutheten Schrittes
voraussehend, dem hessischen Antrage keine Folge.

Auf Antrag von Oesterreich und Preußen wurde auch energisch
mit der einheitlichen Arbeit gegen die in den einzelnen Bundesländern
noch bestehenden anstößigen Verfassungen vorgeschritten und zu dem
Behufe am 23. August 1851 ein besonderer Ausschuß, welcher die
genaue Kontrolle über das Verfassungsleben zu führen hatte, eingesetzt.
Wenngleich die Bundesversammlung die zuversichtliche Erwartung hegte,
daß alle hohen Regierungen die unerläßliche Uebereinstimmung ihrer In=
stitutionen mit den Grundgesetzen des Bundes herzustellen bemüht sein
und durch ihr eignes Verhalten in Fragen der öffentlichen Ordnung
volle Genüge leisten würden, so glaubte sie sich doch ihre verfassungs=
mäßige Einwirkung für solche Fälle vorbehalten zu müssen, wenn die
als nothwendig erkannten Abänderungen auf Hindernisse stoßen sollten, wo
dann die in der Kompetenz des Bundes liegenden Mittel und Wege, na=
mentlich auch die Absendung von Bundes=Kommissären, in Anwendung zu
bringen waren. **) Darauf begann der Bundestag eine langwierige und
mühsame, bis zum Jahre 1859 herab andauernde Thätigkeit in Bezug auf
das Verfassungsleben der einzelnen Länder. Vorzüglich hatten sich folgende
Staaten in dieser Hinsicht der Intervention des Bundestags zu erfreuen:
Frankfurt, Hannover, Bremen, Hamburg, Gotha, die anhaltischen Län=
der, Würtemberg, Lippe, Luxemburg, das Großherzogthum Hessen. ***)
Hierbei entblödete man sich nicht, bisweilen auch, wie zum Beispiel in
Würtemberg geschah, Gesetze mit rückwirkender Kraft zu erlassen.

Als die Reaktion einmal im vollen Zuge war, brauchte der Aus=
schuß vom 23. August 1851 nicht erst mühsam umher zu spähen, wo für

---

*) Vergl. Geschichte der Gesetzgebung über Fremde in England. Von Bern=
hard Becker. Deutsche Jahrbücher für Politik und Literatur. Berlin 1863.
Sechster Band. Februar-Heft.

**) §. 112 der 18. Bundestagssitzung vom 9. August 1851.

***) Für die Verfassungsangelegenheiten der Herzogthümer Holstein und
Lauenburg, sowie Kurhessens fungirten besondere Ausschüsse, weßhalb diese Länder hier nicht mit aufgezählt sind.

ihn Etwas zu thun sei. Denn förmlich schien es dann reaktionäre Beschwerden an den Bundestag zu regnen. Da kamen denn Eingaben von der Grafen-Kurie und Ritterschaft Gotha, von der Ritterschaft Friesland, von der Ritterschaft des Fürstenthums Osnabrück, von der Landschaft des Fürstenthums Lüneburg, von der Ritterschaft des Fürstenthums Hildesheim, von der Ritterschaft des Fürstenthums Kalenberg-Grubenhagen, von der Provinzial-Landschaft des Herzogthums Bremen, vom Prinzen von Waldeck, vom Fürsten Waldburg = Zeil = Trauchburg, vom Prinzen zu Oettingen-Wallerstein, von der Ritter= und Landschaft der Grafschaft Hoya, von Hamburger Bürgern, vom Grafen Erbach, vom Fürsten zu Isenburgk und Löwenstein-Werth-Rosenberg im Groß- herzogthum Hessen, vom Fürsten Georg zu Löwenstein-Wertheim-Freu- denberg, vom Grafen Quadt = Wykradt = Isny, von der Gesammtland- schaft Anhalts, von den sämmtlichen der Krone Würtemberg unterwor- fenen standesherrlichen Häusern, vom Fürsten von Thurn und Taxis, von den sämmtlichen hessen-darmstädtischen Standesherren, vom Amtsrichter Pistorius zu Burleswagen, von den Fürsten Hohenlohe-Kirchberg und Hohenlohe-Langenburg, vom Fürsten Windischgrätz, von dem reichsritter- schaftlichen Adel Würtembergs, von dem gräflichen Hause Stolberg- Wernigerode, von der lauenburgischen Ritter= und Landschaft u. s. w. u. s. w. Da die Bundestagsgesandten fast sämmtlich der Klasse, welche über den Verlust ihrer Vorrechte sich beschwerte, angehörten, so hatten sie schon durch die Erziehung und durch die Gesellschaft, in welcher sie aufge- wachsen waren, einen gewissen natürlichen Hang erhalten, den Be- schwerdeführern immer Recht zu geben. Unter allen Regierungen, die sich durch das reaktionäre Treiben zuletzt selbst in ihren Souveränetäts- Rechten bedroht sahen, leisteten die würtembergische und koburgische den meisten Widerstand. Aber die Reaktion siegte auf allen Punkten.

In Folge dieser reaktionären Umtriebe wanderten die Menschen zu Hunderttausenden aus Deutschland aus. Die Regierungen sahen diese Auswanderung gern *); denn sie verhofften von ihr wohlthätige Fol-

---

*) S. die am 16. Dezember 1858 dem Bundestage überreichte baierische Denkschrift. Daselbst finden sich die Worte: „Die Auswanderung macht in einzelnen Gegenden Deutschlands empfindliche Lücken und wird unangenehm ver- spürt; allein im Großen und Ganzen kann sie, auch staatlich betrachtet, keines- wegs als ein Nachtheil oder gar als ein Unglück angesehen werden. . . . Durch die Auswanderung hat Deutschland Hunderttausende von Politisch-Mißvergnügten verloren."

gen für die Ruhe, Ordnung und Sicherheit ihrer Länder. Daher wurden in allen denjenigen Staaten, wo in Bezug auf die Auswanderung noch keine umfassenden gesetzlichen Bestimmungen vorhanden waren, solche erlassen. Indem den Auswanderungs = Agenten ein weiter Spielraum gelassen wurde, geschah es, daß die deutschen Auswanderer, wie eine Note der englischen Regierung vom 29. Dezember 1855 an den Bundestag dar= legte, oft in das größte Elend geriethen. Auf das Betreiben der baieri= schen Regierung wurde alsdann der erfolglose Versuch gemacht, die deutsche Auswanderung zu organisiren. *)

Mit den schon aufgezählten reaktionären Maßnahmen konnte sich der Bundestag unmöglich beruhigt fühlen, wenn er nicht zugleich einheitliche Maßregeln gegen die Presse, gegen die Vereine und Versammlungen er= griff. Was die Presse anlangte, glaubte er, ungeachtet der vielen während der Bewegungszeit gesammelten Erfahrungen, sehr behutsam, umsichtig und gründlich zu Werke gehen zu müssen. Ehe er also dazu kam, ein Musterpreß=Reglement für die sämmtlichen Staaten des deutschen Bundes zu erlassen, berief er erst aus den Staaten Oesterreich, Preußen, Sachsen und Hessen=Darmstadt vier Fachleute, welche bis dahin mit der Aufsicht über die Presse betraut gewesen waren und daher in dem Gebiete, auf dem sie der Bundestag gebrauchte, sehr bewandert waren. Diese Fachleute hießen von Lakenbacher, Zitelmann, Gersdorf und von Bechtold. Nach= dem sie mit großem Fleiße zwei Entwürfe (einen preußischen und einen österreichisch=sächsisch=hessischen) ausgearbeitet hatten, entschied sich der Bundestag für den zweiten, nichtpreußischen Entwurf. Doch wurde der= selbe, ehe er zum Beschluß erhoben wurde, den Regierungen zugesandt, die nun in vertraulichen Mittheilungen noch Verbesserungen, beziehent= lich Verschlechterungen, anbrachten. Nach angestrengter Arbeit wurde auf diese Weise das Bundespreßgesetz vom 6. Juli 1854 fertig gezim= mert, welches in seinen 26 Paragraphen alles bisher Dagewesene über= traf. Indem der Bundestag darüber wachte, daß diese Preßbestimmun= gen in allen einzelnen Staaten zum Gesetz erhoben und durch landes= herrliche Verordnungen verkündet wurden, ward jeder einzelnen Regie= rung die Pflicht auferlegt, dem Bunde Anzeige zu machen, sobald sie die

*) Die „Zusammenstellung der in den einzelnen Bundesstaaten geltenden, in Folge Beschlusses vom 3. April 1856 von den höchsten und hohen Regierun= gen dem (Auswanderungs) = Ausschusse mitgetheilten Verordnungen über Aus= wanderung" — steht in Beilage I zu §. 289 der 21. Bundestagssitzung vom 1. Juli 1858.

Publikation bewirkt hatte. Viele Staaten, wie Würtemberg, Olden=
burg, das Großherzogthum Hessen, Meiningen, Lübeck, Weimar und
Luxemburg, gelangten erst im Jahre 1856 dazu, die Preß=Ordonnanz
zu publiziren. Ja der badische Gesandte machte erst am 19. Februar
1857 die Anzeige, daß im großherzoglichen Regierungsblatte vom 5. Fe=
bruar der Bundesbeschluß vom 6. Juli 1854 wegen Verhinderung des
Mißbrauchs der Presse publizirt und zu dessen Vollzug ein Gesetz vom
15. Jan. 1857 nebst hierauf bezüglicher landesherrlicher Verordnung erlas=
sen worden sei. Aehnlich wurde in Betreff des Vereinswesens verfahren.
Den in dieser Hinsicht gefaßten Bundesbeschluß vom 13. Juli 1854,
welcher durch die Reaktion der sämmtlichen deutschen Vereinsgesetzgebung
zu Grunde gelegt wurde, hatten ebenfalls alle einzelnen Bundesstaaten
zu publiziren und darüber beim Bunde in Frankfurt Anzeige zu erstat=
ten. Unter dem 4. August 1853 war auch ein Beschlußentwurf in Be=
treff des Wanderns der deutschen Handwerksgesellen und Arbeiter, der
das Wandern nach politisch gefährlichen Ländern verhüten sollte, dem
Bundestage vorgelegt worden. Allein man sah ein, daß ein solches
Wanderverbot nutzlos und darum unzeitgemäß sein würde. Auf Gut=
achten und Antrag des politischen Bundestagsausschusses wurde also der
einstweilige Wegfall der in dem Entwurf beabsichtigten Maßregeln be=
schlossen, um solche nöthigenfalls in den einzelnen Bundesländern zur
Geltung zu bringen, auch, wenn sich besonderer Anlaß bieten sollte, bei
der Bundesversammlung darauf zurückzukommen.*) Bei der vorgän=
gigen vertraulichen Anfrage, die bei einer solchen einheitlichen Maßregel
geboten schien, stimmten Baiern, Hannover, Kurhessen, Meiningen, Al=
tenburg, Braunschweig, Nassau, Oldenburg, Anhalt=Dessau=Köthen, An=
halt-Bernburg, Sondershausen, Rudolstadt, Liechtenstein, die beiden
Reuß, Lippe, Hessen=Homburg, Bremen, Hamburg und Frankfurt für
Erlassung des Wanderverbotes. Unter Modifikationen erklärten ihre Zu=
stimmung: Oesterreich, Sachsen, Baden und Großherzogthum Hessen.
Gegen die das Wanderverbot selbst betreffenden Anträge und nur für
die Bestimmungen, welche sich auf die Beaufsichtigung der Handwerks=
gesellen und Arbeiter bezogen, stimmten: Würtemberg, Weimar und Lü=
beck. Die niederländische Regierung gab ihre Zustimmung für Luxem=
burg, wollte aber Limburg von dem zu fassenden Beschlusse ausgenom=
men wissen. Gegen den ganzen Entwurf endlich stimmten Preußen und
Waldeck. In Folge dieser Uneinigkeit der Regierungen fiel der Entwurf.

---

*) §. 123 der 11. Bundestagssitzung vom 27. April 1851.

Die Reaktion nahm eine Position nach der andern; denn sie begegnete keinem irgend nennenswerthen Widerstande mehr. Was man immer gerühmt hatte: daß der deutsche Michel zwar sich Vieles gefallen lasse, aber, wenn er einmal wild geworden, dann auch nicht mehr zu bändigen und dann der Freiheit nur um so beständiger zugethan sei, bewahrheitete sich nicht. Vielmehr traf das Wort Börne's ein, daß andern Völkern schwere Fesseln angelegt werden müßten, um sie zu Sklaven zu machen, während sich die Deutschen dermaßen an die Dienstbarkeit gewöhnten, daß ihre Landes= herren sie zuletzt an einer langen Kette umherlaufen lassen könnten. Selbst der doch vielen Lärm machende National = Verein dachte in der Zeit seiner Blüthe nie daran, die volle Freiheit der Presse, des Vereins= und Versammlungsrechts, der Grundbedingungen für die Selbständigkeit des Volkslebens, zu fordern, das Zweikammersystem, den Wahlzensus, so= wie in der Volkserziehung die Pfaffenwirthschaft aufzuheben und alle jene Hindernisse hinwegzuräumen, welche die übermüthige Reaktion der deut= schen Kulturentwicklung in den Weg gelegt hatte. Daher hatten die deutschen Patrioten sehr Unrecht, wenn sie mit Fingern auf Frankreich deuteten und Gott dankten, daß sie zehnmal besser daran wären, als die Franzosen. Im Gegentheil ging die Initiative der Umkehr von schran= kenloser Reaktion wieder aus Frankreich hervor, trotzdem daß ein Zwing= herr, wie Louis Napoleon Bonaparte, dort regierte. Denn als der fran= zösische Despot, um der Aufrechterhaltung des Kaiserreichs willen, wel= ches unablässig sowohl im Innern, als auch von Außen bedroht war, den italienischen Krieg zu unternehmen für klug hielt: da rollte sich, wenngleich langsam, das Pergamentblatt der Zeit wieder auf und ließ auch die Deutschen etwas frische Luft schöpfen. Hierdurch langte man in Deutschland wieder bei der preußischen Union oder beim norddeutschen Bündniß des Jahres 1850 an. Der italienische Krieg signalisirt also wie ein geschichtlicher Markstein den Wendepunkt von der abwärts rol= lenden zur wiederaufsteigenden Bewegung. Die Deutschen verdankten die Abnahme der Reaktion demnach nicht ihrer eigenen Kraft, sondern einzig und allein den europäischen Zusammenhängen, welche schon mächtig auf die deutsche 1848er Bewegung eingewirkt hatten.

Diese Einwirkung wollen wir zum Schluß noch ganz kurz betrach= ten. Sie war eine doppelte, insofern einerseits die Bewegungs-Elemente, andrerseits dagegen die Reaktions-Faktoren von Außen beeinflußt wur= den. Auf die Bewegungs-Elemente äußerten die französische Sozialisten= Schule, sowie die Schriften eines Proudhon, Louis Blanc und Lam= menais, einen nicht geringen Einfluß. Ferner verfehlte die Ueberliefe=

rung der ersten französischen Revolution auf die deutschen Revolutionäre ihre Wirkung nicht. Insofern nun die französischen Quellen nicht immer genau studirt worden waren und folglich nicht genau verstanden wurden, oder auch insofern jene Autoritäten selbst in Irrthümer verfallen waren: erzeugten sie in den Köpfen ihrer deutschen Nacheiferer Verwirrung und stifteten Unheil. Die Niederlage der französischen Sozialisten im Juni 1848 war auch für den Sozialismus Deutschlands entscheidend. Die monarchisch-konstitutionelle Partei nahm sich England und Belgien zum Vorbild, ohne die Zustände jener Länder gründlich zu kennen: woher es denn kam, daß sie auf allerhand Lächerlichkeiten und grobe Mißgriffe verfiel. Die staatlichen Revolutionäre aber fanden ihr Muster in den Föderativ-Republiken der Schweiz und Nordamerika's und wollten Zustände herbeiführen, welche sich nicht mit den in Deutschland gegebenen Grundlagen vertrugen. Auf diese Art wurden Fehler über Fehler gemacht. Rechnet man nun zu den schon aufgezählten Bewegungs-Elementen noch die Jünger der alten und neuen Burschenschaft, die das Hauptgewicht ausschließlich entweder auf die deutsche Einheit oder aber auf die Freiheit legten, hinzu: so hat man einen kleinen Einblick in jene Zersplitterung der deutschen Bewegungspartei, die eine großartige geschlossene Parteibildung nicht aufkommen ließ und darum den Streichen der Reaktion zum Opfer fiel. Die Trennung der Völker nach Nationalitäten war ebenfalls ein nicht unwichtiger Grund, warum die demokratische Solidarität nicht zur Geltung gelangte. Denn die Nationalitäten-Konflikte, namentlich aber der schleswig-holsteinische Kampf, dienten im hohen Grade dazu, der Bewegung Deutschlands den Untergang zu bereiten.

Die europäische Reaktion dagegen war seit langer Zeit daran gewöhnt, ihr Interesse gegenüber der Revolution als völlig solidarisch zu betrachten, wie das europäische Gleichgewicht und die heilige Allianz zur Genüge lehrt. Von der Revolution des Jahres 1848 waren die Länder England, Belgien, Schweden und Norwegen, Rußland und die Türkei verschont geblieben. Diese ruhig gebliebenen Staaten bildeten wegen der europäischen Zusammenhänge, auf die wir schon öfters hinwiesen, einen natürlichen Niederschlag, selbst wenn sie sich, was jedoch nicht der Fall war, als ruhige Zuschauer verhielten. Besonders unterstützten England und Rußland, die nicht bloß europäische Großmächte, sondern auch Weltmächte sind, die deutsche Reaktion mit Rathschlägen und mit Geld. Beide griffen in den dänischen Krieg ein, und Rußland machte obendrein Oesterreich wieder zum Herrn über Ungarn. Auch ist die Hülfe, welche die geistliche Weltmacht Rom, sowohl durch ihre Religionsdiener als auch besonders durch den weltlichen Orden der Jesuiten, der Reaktion leistete, nicht gering anzuschlagen. Weil eben das Bewußtsein der Solidarität in der Reaktion lebendig war, beeilte sich der Kaiser von Rußland, den von Oesterreich wieder einberufenen Bundestag nach erhaltener Notifikation sofort in einem Schreiben aus Tsarskoe-Selo vom 11. November 1850 anzuerkennen und ihm seine aufrichtigen Glückwünsche darzubringen, gleichwie seinerseits der Bundestag, nachdem ihm das vom 3. Dezember 1852 datirte Notifikations-Schreiben bezüglich der Errichtung einer neuen Kaiserwürde Frankreichs am 9. Dezember d. J. zur Kenntniß gebracht worden war, schon unterm 13. Januar 1853 seine „große Befriedigung" über dieses Ereigniß in einer Note an den Marquis von Tallenay, den beim Bundestage beglaubigten französischen Gesandten, ausdrückte.

Die Rückgängigkeit der demokratischen Bewegung Frankreichs hatte fortwährend die Reaktion Teutschlands gefördert. Als der Staatsstreich Louis Napoleon Bonaparte's feststand, konnten auch die erschütterten Throne Teutschlands als wieder festgestellt betrachtet werden. Darum priesen die Reaktionäre allerorts den französischen Staatsstreich als die Rettung der Gesellschaft. Kein Wunder also, daß der allverehrte französische Kaiser von den deutschen Regierungen bereitwilligst anerkannt wurde. Seine Existenz war die Bürgschaft ihrer Existenz.

Wären die Völker Europa's ebenso einig untereinander gewesen und hätten sie einander ebenso eifrig, aufopfernd und thätig unterstützt, wie die Regierungen es thaten, so würde die gewaltige Bewegung des Jahres 1848 nachhaltigere Resultate zu Tage gefördert haben. Alsdann würden die nationalen Bestrebungen freilich in den Hintergrund geschoben und anstatt ihrer die Fahne der europäischen Freiheit aufgepflanzt worden sein. Aber in der Geschichte, weil selbige vernünftig ist, gibt es keine Sprünge. Sobald die bestimmenden Ursachen anders geworden sind, werden auch die Wirkungen anders, und wenn die Völker Europa's eine neue Probe zu bestehen haben, werden sie, wie nicht zu bezweifeln ist, den veränderten Verhältnissen gemäß handeln.

Namen- und Sach-Register.

Bundestag oder Versammlung des deutschen Bundes.

Druck und Verlag von A. Pichler's Witwe & Sohn in Wien.

Druckfehler.

Man wolle lesen:

Seite 19, Zeile 7 v. u. Dingelstedt statt Dingelstädt.
„ „ „ 1 „ „ „ „ „
„ 24, „ 1 „ „ konsignirt „ designirt.
„ 35, „ 10 „ „ Hatzfeldt „ Hatzfeld.
„ 44, „ 12 „ „ Kondeputirten „ Krondeputirten.
„ 112, „ 3 v. o. vergeben „ vorgeben.
„ 136, „ 1 v. u. zwei „ wei.
„ 140, „ 6 „ „ modernen „ moderner.
„ 171, „ 6 v. o. serait „ cernit.
„ 200, „ 16 „ „ Uebelgesinnte „ Uebelgesinn.
„ 226, „ 8 v. u. Jacoby „ Jakoby.
„ 229, „ 1 v. o. Eutin „ Euting.
„ 262, „ 8 v. u. hätte „ habe.
„ 296, „ 9 „ „ dem „ den.
„ 344, „ 5 „ „ lehrte „ lehrte.
„ 398, „ 8 v. o. Elberfeld „ Eberfeld.
„ 429, „ 5 v. u. Organisationen „ Organsatioinen.

Auf Seite 305, Z. 18 v. o., ist nach „ihn" einzuschalten: „nachdem er angekauft worden sei."